L E I S H A N   Y E A R B O O K   2 0 1 9

雷山年鉴

（2019）

雷山县县志编纂委员会办公室　编

方志出版社
Publishing House of Local Records

图书在版编目（CIP）数据

雷山年鉴. 2019 / 雷山县县志编纂委员会办公室编
. -- 北京：方志出版社，2020.12
ISBN 978-7-5144-4861-0

Ⅰ. ①雷… Ⅱ. ①雷… Ⅲ. ①雷山县—2019—年鉴
Ⅳ. ① Z527.34

中国版本图书馆 CIP 数据核字（2021）第 253598 号

雷山年鉴（2019）

编　　者：雷山县县志编纂委员会办公室
责任编辑：李　静

出 版 者：方志出版社
地址　北京市朝阳区潘家园东里 9 号（国家方志馆 4 层）
邮编　100021
网址　http://www.zgfzcb.cn
发　　行：方志出版社图书经销中心
电话　（010）67110500
经　　销：各地新华书店
排　　版：北京纺印图文设计制作有限公司
印　　刷：北京中科印刷有限公司

开　　本：889mm × 1194mm　1/16
印　　张：22.375
字　　数：820 千字
版　　次：2020 年 12 月第 1 版　2020 年 12 月第 1 次印刷

ISBN 978-7-5144-4861-0　**定价**：118.00 元

序

贫困问题一直是困扰人类社会发展的重大问题。中国作为世界上最大的发展中国家，为解决贫困问题进行了长期不懈的努力。改革开放以来，特别是党的十八大以来，以习近平同志为核心的党中央把脱贫攻坚作为全面建成小康社会的底线任务和标志性指标，纳入“五位一体”总体布局和“四个全面”战略布局，以前所未有的力度推进精准扶贫、精准脱贫，扶贫开发成就举世瞩目，显著改善了贫困地区和贫困群众生产生活条件，具有重大的现实意义和深远的历史意义。身处中华民族几千年发展历史上将首次整体消除绝对贫困现象的伟大时代，如何更好地发挥地方志的存史、育人、资政的作用，是新时代全国地方志系统必须深入研究和着力解决的重大课题。

党的十八大以来，在党中央国务院的正确领导下，全国地方志系统深入学习贯彻习近平新时代中国特色社会主义思想，紧紧围绕党和国家事业发展需要，深入推进地方志改革创新发展，凝心聚力，稳扎稳打，勇于担当，主动作为，全国地方志形势和地方志工作者的精神面貌发生了深刻变化，取得了优异成绩。其中，为贯彻落实《全国地方志事业发展规划纲要（2015—2020 年）》，经中国地方志指导小组领导批准，中国地方志指导小组办公室于 2015 年、2017 年先后启动民族地区与贫困地区志书、年鉴出版资助工程（以下简称“志鉴出版资助工程”），对国家级贫困县（区、旗、县级市），中西部地区、少数民族边疆地区面临出版经费困难的志书和综合年鉴给予出版资助。实施志鉴出版资助工程是紧扣时代脉搏、坚持创新发展、传承弘扬中华优秀传统文化的一项创举，不仅有力推动了“两全目标”的实现，而且数十部资助出版的志书、年鉴及时记述了民族地区与贫困地区在全面建成小康社会伟大征程中取得的新成绩和新经验、出现的新情况和新问题、涌现的优秀人物和典型事迹，留住地方文化的“根”和“魂”，为这些地区的经济社会发展、地域文化传播、爱国主义教育、精神文明建设等提供了历史借鉴和智力支持，对全面提升民族地区与贫困地区文化建设水平、确保民族地区与贫困地区和全国其他地区同步全面建成小康社会具有重要意义。

尤为可喜的是，志鉴出版资助工程促成了一批扶贫志书的编纂出版，在文化脱贫攻坚中发挥了独特的作用。例如，《贵州省减贫志》全面系统客观记述了从 1978

年至2015年贵州省扶贫、减贫工作的历程及取得的经验，为贵州省实施大扶贫战略提供了有力的资政辅治参考，集中体现了地方志工作因时而动、顺势而为的新作为。前不久，由福建省地方志编委会和人民网共同编纂的《闽宁扶贫协作图志》，是全国首部扶贫协作图志，图文并茂、直观立体、全方位地展现闽宁扶贫协作波澜壮阔的历程，弘扬“闽宁一家亲”“携手奔小康”的深厚情谊和滴水穿石、久久为功的精神，是贯彻落实习近平总书记扶贫工作重要论述精神，服务国家精准扶贫、精准脱贫战略的有力举措。希望各地以此为鉴，编纂出版更多、更好的扶贫志书、年鉴，助力国家精准扶贫、精准脱贫战略的实施，充分展现地方志的独特价值和作用。

当前，我国脱贫攻坚已进入全面决战决胜的关键时期，尚未脱贫的贫困地区集中分布在中西部深山区、极端干旱山区、高寒阴湿地区等，文化建设还比较薄弱，文化产品还不够丰富，文化精品更是少之甚少。同时，这些地区往往是民族文化、历史文化、红色文化、生态文化富集区，具有发展文化旅游、推进文化扶贫的巨大潜在优势，也是繁荣发展地方志事业的巨大文化宝库。要发挥好文化扶贫凝聚人心的优势，善于利用方志文化优势为贫困地区“赋能”，在脱贫攻坚中做出方志人应有的贡献。要发挥好中国名镇志文化工程、中国名村志文化工程的引领作用，大力加强乡镇村志编纂，让百姓记得起乡情、记得住乡愁，凝聚贫困乡镇村庄的强大民心，补齐贫困乡镇村庄的文化短板，以“扶智”的方式“扶志”，践行习近平总书记强调的“扶贫先扶志，扶贫必扶智”的重要理念。

求木之长者，必固其根本；欲流之远者，必浚其泉源。扶贫扶起的是志气骨气，传承的是家国情怀，守护的是绿水青山。扶贫既要富口袋，也要富脑袋。必须坚持文化脱贫和物质脱贫两手抓，筑牢贫困地区文化之基，补足信仰精神之钙，引领脱贫发展之舵。全国地方志系统要围绕中心、服务大局，坚决投入脱贫攻坚这场必须打赢的硬仗，积极参与脱贫攻坚战，发挥优势和特长，深入挖掘文化资源，着力补齐文化短板，努力帮助民族地区与贫困地区的文化建设实现较大的发展提升，在全面建成小康社会、实现中华民族伟大复兴中国梦的征程中贡献方志人的力量。

是为序。

中国社会科学院院长
中国地方志指导小组组长　谢伏瞻

民族地区与贫困地区年鉴出版资助工程领导小组

组　　　长：高　翔

常务副组长：冀祥德

副　组　长：高京斋　邱新立

民族地区与贫困地区年鉴出版资助工程领导小组办公室

主　　　任：冀祥德

副　主　任：邱新立

成　　　员：于伟平　刘永强　冷晓玲　李　静

《雷山年鉴（2019）》编纂委员会

《雷山年鉴（2019）》编辑部

编辑说明

一、本年鉴坚持以马克思列宁主义、毛泽东思想、邓小平理论、“三个代表”重要思想、科学发展观和习近平新时代中国特色社会主义思想为指导，坚持辩证唯物主义和历史唯物主义的立场、观点和方法。

二、《雷山年鉴》是地方性、综合性年鉴，旨在全面、系统地记述雷山县政治、经济、文化和社会等各行业年度基本情况和发展变化，力争为党政领导制订计划、作出决策提供可靠的根据和信息，为各行业规划发展提供翔实且有价值的资料。

三、《雷山年鉴（2019）》的资料收录时限为2018年1月1日至12月31日。为保持事物的完整性，部分资料作历史追溯，如脱贫攻坚等。

四、《雷山年鉴（2019）》采用条目体，按事物分类的方法进行编辑，主体内容分为类目、分目、条目3个层次，条目下层次较多的分段记述，条目标题黑体字并加【 】括注表示。

五、《雷山年鉴（2019）》设特载、大事记、县情概况、中国共产党雷山县委员会、雷山县人民代表大会、雷山县人民政府、中国人民政治协商会议雷山县委员会、中共雷山县纪律检查委员会、群众团体、法治、军事、脱贫攻坚、经济管理与监督、农业 农村经济、工业、商贸、城乡建设、交通 邮政 通信、财税 金融、教育 科技、文化 传媒旅游、卫生、社会生活、乡镇、人物、附录共26个类目，每个类目下设分目，分目以下设条目。

六、《雷山年鉴（2019）》中的雷山人物根据各单位报送的材料刊登，按姓氏笔画顺序排列，收录范围为在世人物为省部级以上表彰的人物，逝世人物为副县级（实职）以上人物。

七、《雷山年鉴（2019）》资料均由各部门（单位）指定专人撰写提供后，经县委党史研究室（县志办）编辑人员整理而成。涉及全县的经济统计资料，均以统计局公布的数字为准。统计局没有的数据，以部门提供的数据为准。

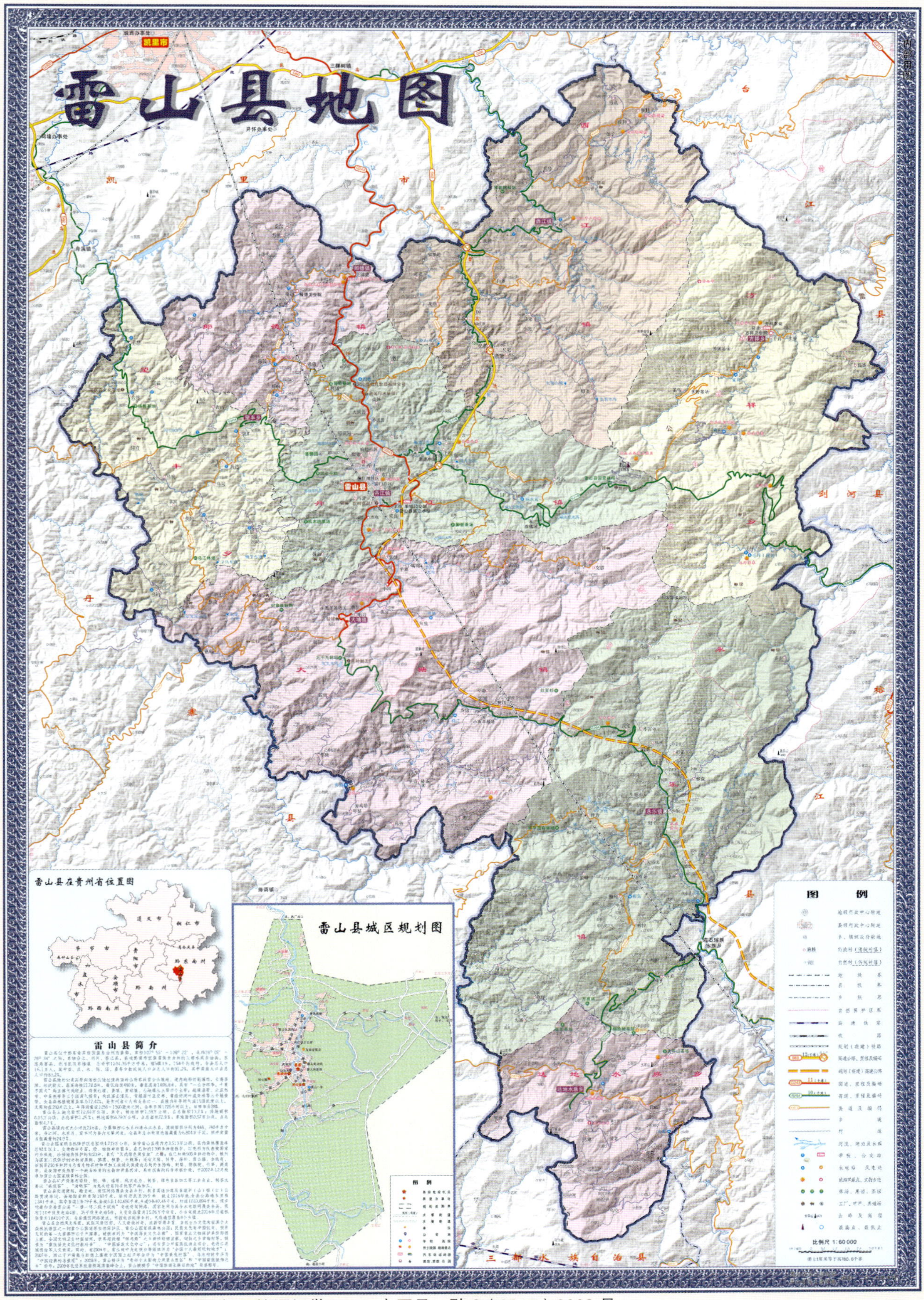

资料由雷山县国土资源局组织协调提供　　审图号：黔S（2017）0003号

2018 年 8 月 18 日，国务院扶贫办副主任陈志刚（右二）到雷山调研

2018 年 7 月 2 日，贵州省委常委、省纪委书记、省监委主任夏红民（前右四）到雷山调研

2018 年 3 月 20 日，贵州省委常委、省委组织部部长李邑飞（前左三）到雷山县郎德镇调研

2018 年 8 月 9 日，贵州省人大常委会副主任、秘书长陈鸣明（右二）到雷山调研

2018 年 2 月 1 日，雷山县委书记黄清发（左一）到大塘镇遍访贫困户

2018 年 4 月 9 日，雷山县委副书记、县长袁刚（左二）率队到雷山县城羊排易地扶贫搬迁小区建设项目调研

2018 年 8 月 29 日，雷山县人大常委会主任刘光信（中）到达地水族乡也蒙村调研脱贫攻坚工作

2018 年 7 月 7 日，雷山县政协主席韦通贤（右一）到大塘镇掌坳村、鸡鸠村调研脱贫攻坚工作

重要会议

2018 年 7 月 12 日，中国共产党雷山县第十三届委员会第五次全体会议召开

2018 年 1 月 17—20 日，雷山县第十七届人民代表大会第二次会议召开

2018 年 7 月 18 日，政协第九届雷山县委员会第四次全体会议召开，会议选举罗爵（左一）为县政协副主席

2018 年 11 月 10 日，杭黔东西部扶贫协作签约暨雷山文化形象征集活动启动仪式举行

2018 年 11 月 10 日，雷山县举办基层干部扶贫能力提升培训班

2018 年，雷公山八月笋在雷山电商平台热销，图为雷山电商打包的竹笋

马天星茶场

2018 年 6 月 7 日，吉利控股集团帮扶雷山县脱贫攻坚茶旅文化示范项目启动仪式在雷山县望丰乡三角田村举行

2018 年 6 月 7 日，中国三星 2018—2020 年贫困地区帮扶计划暨美丽乡村及电商扶贫项目捐赠仪式在雷山县丹江镇白岩村举行

2018 年 7 月 1 日，雷山县脱贫攻坚"七一"表彰大会召开

2018 年，雷山县永乐镇和平村唐珍发住房改造对比图

2018 年，雷山县郎德镇欧波农合作社乌流村大棚蔬菜基地

2018 年，雷山县郎德镇乌吉明村林下菌基地

2018 年 7 月 5 日，杭州市上城区到雷山县开展 2018 年夏季劳务输出招聘，图为招聘现场

2018 年 2 月 17 日，雷山县郎德上寨苗族同胞以十二道拦门酒迎嘉宾

2018 年 10 月 1 日，西江村民与游客同场歌唱《歌唱祖国》

2018 年 2 月 17 日，雷山县苗族同胞在县城木鼓广场跳芦笙迎新年

2018 年 4 月 26 日，雷山县西江镇麻料村第一届旅游发展大会召开，图为村民唱起酒歌庆贺

2018 年 11 月 18 日，雷山苗族同胞喜庆苗年

2018 年，大型舞剧《蝴蝶妈妈》正式向社会公演

2018 年 11 月 18 日，雷山苗年期间西江景区超级高山流水拦门酒表演

2018 年 2 月 16 日，雷山县西江景区游客观看歌舞表演

2018 年 10 月 1 日，雷山县西江景区观景台游客如织

2018 年，雷山县城至大塘镇快速通道建成使用

2018 年底，雷山县城羊排易地扶贫搬迁安置小区建成投入使用

2018 年 5 月 21 日，雷山县大塘小学、莲花小学拆点并校搬迁至新校址

2018 年 9 月 15 日，雷山县永乐镇和平村上羊乌“通组公路”完成路面硬化投入使用

2018 年，雷山县思源实验学校教学楼建成投入使用

2018 年，雷山县第三小学教学楼建成投入使用

2018 年 5 月，雷山县大塘卫生院新办公大楼建成投入使用

2018 年，雷山县西江镇堡子村“通组公路”路面硬化现场

2018 年 12 月 27 日，雷山县丹江镇大固鲁村开展人居环境整治暨评比大会

目　录

中国共产党雷山县委员会

工作综述

重要会议

县委办公室工作

督查工作

组织工作

宣传工作

统战工作

雷山县妇女联合会

雷山县科学技术协会

雷山县工商业联合会

雷山县文学艺术界联合会

雷山县残疾人联合会

雷山县红十字会

法 治

军　事

雷山县人武部

武警雷山中队

人防工作

脱贫攻坚

扶贫管理

产业扶贫

基础设施扶贫

保障扶贫

志智双扶

扶贫措施

小康创建

经济管理与监督

发展与改革

市场监督

安全产生监管

森林管理与地质公园

工　业

工信商务

电力供应

投资促进

商 贸

供销合作

雷山石油

食盐购销

烟草专卖

城乡建设

住房和城乡建设

新农村建设

水库生态移民

城镇投资开发

交通 邮政 通信

交通运输

公路管理

邮政管理

电信通信

移动通信

联通通信

财税 金融

财 政

税 务

档案工作

广电网络雷山分公司

七六四台电视转播

旅游发展

卫 生

卫生计生

特　载

在县委十三届六次全会上关于县委常委会工作的报告（摘要）

（2019年1月20日）

县委书记　黄清发

县委十三届四次全会以来，在以习近平同志为核心的党中央坚强领导下，在省委、州委的亲切关心和正确领导下，县委常委会坚持以习近平新时代中国特色社会主义思想为指导，认真学习贯彻党的十九大精神和习近平总书记对贵州工作的系列重要指示批示精神，全面贯彻落实中央、省委、州委的各项决策部署，统筹推进“五位一体”总体布局，协调推进“四个全面”战略布局，强化“四个意识”，坚持新发展理念，落实高质量发展要求，坚持以脱贫攻坚统揽经济社会发展全局，大力实施主基调主战略，牢牢守好发展和生态两条底线，用好民族文化和生态环境两个宝贝，以打造国内外知名苗族文化旅游目的地为战略定位，强力实施大扶贫、大数据、大生态、大健康战略行动，坚定不移坚持“生态立县、文化兴县、旅游强县”，坚定不移地走“一主导四围绕”的特色发展之路，全县呈现出脱贫攻坚扎实推进、经济持续高质量发展、社会和谐稳定、文化繁荣发展、生态环境持续改善、人民安居乐业、干部群众感恩奋进、党的建设全面加强的良好局面。

县委十三届四次全会以来，县委常委会带头忠诚担当、真抓实干，主要做以下工作。

一、深学笃用习近平新时代中国特色社会主义思想，更加坚定自觉地做到“两个维护”

县委常委会始终把学习贯彻党的十九大精神和习近平总书记对贵州工作的系列重要指示批示精神作为首要政治任务，作为树牢“四个意识”、增强“四个自信”、认真践行“两个维护”的根本要求，坚持用习近平新时代中国特色社会主义思想武装头脑、指导实践、推动工作，做到学在深处、谋在新处、抓在真处、干在实处。

（一）坚持以上率下，学懂弄通做实习近平新时代中国特色社会主义思想。县委常委会坚持以上率下，抓住“关键少数”，坚持对习近平新时代中国特色社会主义思想先学一步、深学一层，习近平总书记每次发表重要讲话、作出重要指示后，县委常委会都第一时间传达学习贯彻、深入学习研讨；县委每次召开全县有关重要会议，都首先对习近平总书记有关重要思想、重大判断、重要论述进行深入学习、深刻领会，先后对习近平总书记经济、生态文明等重要思想以及关于脱贫攻坚、“三农”工作、金融工作、全面从严治党、巡视、思想宣传等重要论述进行认真学习，努力做到学深悟透、知行合一。成立县委学习习近平新时代中国特色社会主义思想领导小组，持续在全县开展大学习，深入开展“七进”大宣讲，县委常委带头深入基层宣传宣讲党的十九大精神和习近平总书记在贵州省代表团重要讲话精神，带头撰写学习心得体会，带头抓好党的十九大精神学习宣传贯彻各项工作，在全县迅速掀起学习宣传贯彻高潮。积极开展“牢记嘱托、感恩奋进”教育，兴办新时代农民（市民）讲习所、新时代学习大讲堂，引导全县干部群众把思想和行动统一到党的十九大精神要求上来，激起全县干部群众决胜脱贫攻坚、同步全面小康的磅礴力量。

（二）保持政治定力，切实增强“两个维护”的政治自觉、思想自觉、行动自觉。县委常委会始终旗帜鲜明讲政治，时时事事处处坚决维护习近平总书记的核心地位，坚决维护党中央权威和集中统一领导，引领全县各级党组织和广大党员干部树牢“四个意识”，坚定“四个自信”，恪守“四个服从”，更加紧密地团结在以习近平同志为核心的党中央周围，坚决贯彻落实中央、省委、州委的决策部署，始终保持头脑清醒、立场坚定，不断强化“两个维护”的政治自觉、思想自觉和行动自觉。对标对表，制定《中共雷山县委关于坚决维护习近平同志为核心的党中央权威和集中统一领导的规定》，就坚决维护以习近平同志为核心的党中央权威和集中统一领导作出明确规定，做到党中央提倡的坚决响应、党中央决定的坚决执行、党中央禁止的坚决不做，确保党中央政令畅通。

（三）强化责任担当，不折不扣落实中央、省委、州委的决策部署。坚持紧跟中央、省委、州委的步伐，及时召开县委十三届五次全会，全面贯彻落实《中共中央、国务院关于打赢脱贫攻坚战三年行动的指导意见》、省委十二届三次全会、州委十届五次全会精神，作出《中共雷山县委关于举全县之力深入实施高质量打赢打好脱贫攻坚战三年行动的决定》。认真践行“五步工作法”，广泛运用“晒比评述”和“抓两头带中间”工作机制，自觉对照中央、省委、州委决策部署，把任务项目化，把工作责任化，把措施具体化，一件一件抓好落实、一项一项抓出成效，确保党中央、省委、州委的各项重大决策部署在雷山落地生根、开花结果。

（四）突出问题导向，扎实抓好巡视反馈问题整改。县委常委会切实把中央巡视贵州、省委巡视黔东南州及省委巡视雷山反馈问题整改作为推进全面从严治党向纵深发展、政治生态持续向好的重要契机和重要政治任务，进一步提高政治站位，自觉把巡视整改作为践行“两个维护”的具体行动，作为衡量“四个意识”的试金石，坚决扛起巡视整改工作的主体责任，真认账、真反思、真整改、真负责，及时成立县委巡视整改工作领导小组和整改工作专班，认真制定整改方案，全面从严从实从速抓好整改落实。截至年底，中央第四巡视组巡视贵州、省委第七巡视组巡视黔东南、省委第二巡视组巡视雷山反馈问题已基本整改完毕，省委第二专项巡视组脱贫攻坚“回头看”专项巡视反馈问题整改正在积极推进中。通过扎实有效的整改，有力地巩固发展全县持续向好的政治生态。

二、坚持以脱贫攻坚统揽经济社会发展全局，脱贫攻坚取得决战之年决定性进展

县委常委会始终坚持以脱贫攻坚统揽经济社会发展全局，坚持把脱贫攻坚作为头等大事和第一民生工程，坚决扛起打赢打好脱贫攻坚战的政治责任，认真落实精准扶贫精准脱贫基本方略，深入实施大扶贫战略行动，紧扣如期实现整县高质量脱贫出列目标，强力推进“春风行动”“夏秋攻势”“冬季充电”，坚决打好“四场硬仗”，扎实开展“八项专项治理”，着力做好“四个聚焦”，打好“六大歼灭战”，落实好“八要素”

深入推进农村产业革命，人人时时事事处处聚焦脱贫攻坚，切实抓好责任落实、政策落实、工作落实，2018年，全县预计出列贫困村53个，脱贫4562户16965人，贫困发生率从2017年的14.05%下降到1.9%。据州级脱贫出列县审查初步反馈，我县“一达标两不愁三保障”和“三率一度”全面达标，脱贫攻坚取得决定性进展。

（一）主体责任压紧压实。坚持和加强党对脱贫攻坚工作的全面领导，落实党委脱贫攻坚主体责任，充分发挥县委总揽全局、协调各方作用，深入践行“五步工作法”，研究制定整县“减贫摘帽”实施方案和减贫摘帽“百日攻坚”工作方案，并配套制定22个专项子方案，先后召开整县“减贫摘帽”动员大会、脱贫攻坚推进会，对整县脱贫出列工作进行安排部署。每月召开2次以上县委常委会会议或县扶贫开发领导小组会议对全县脱贫攻坚工作进行微观调度，确保各项任务按清单推进、按既定时间节点落实。严格落实党政“一把手负总责”的责任制，层层签订脱贫攻坚责任书，坚持县、乡、村三级“一把手”抓脱贫攻坚，建立县、乡、村高效统一的指挥体系，实行县级干部包乡镇、科级干部包村、单位“一把手”驻村、“副职守家”，县委常委带头分别挂帅乡镇战区指挥长，全县共选派967名干部脱产驻村“网格化”工作。将每周五、周六定为全县“扶贫工作日”，组织全县2419名结对帮扶干部下村到户开展帮扶工作，做到人人头上有任务、个个身上有责任，构建上下联动、横向联合、齐抓共管的工作格局。

（二）精准基础更加夯实。紧扣“一达标两不愁三保障”和“三率一度”考核标准，以村为单元、户为单位，对2018年拟脱贫建档立卡贫困户退出情况、非脱贫户情况进行研判，同步做好数据核查、数据比对、数据衔接、数据分析，确保做到客观有的、系统录的、墙上挂的、袋里装的、群众说的、部门讲的“六个一致”。在“八项专项治理”中，排查出漏评795户1921人，错评437户1451人。在此基础上，又结合动态调整，再次认真开展排查和研判，排查出漏评风险户51户104人，返贫风险户7户25人。对因灾、因病致贫和返贫的农户，一户不漏地建档立卡。通过几轮的反复排查和整改，坚决防止错评、漏评。组织村“两委一队”，一个村一个村、一户一户地开展大排查、大回访，重点关注深度贫困村、边远村和基础差的村，聚焦农村低保户、农村危房（破旧房）户、大病（重病、慢性病）户、“五保户”、孤儿和留守儿童等10类重点风险对象，一户不漏地摸底调查，一项一项地核对信息，宣讲宣传脱贫攻坚政策，调查分析致贫原因，按照“缺什么补什么”的原则，因户施策、精准帮扶，决不让一个贫困村、一户贫困户、一个贫困人口掉队。同时，对2014—2017年脱贫对象进行回头看，聚焦“一达标两不愁三保障”标准，逐一进行分析研判，查漏补缺、堵塞风险漏洞，严防错退。全面规范建档立卡工作，统一县、乡、村三级的“一户一档”标准，形成资料目录及模板，统一定制各户连心袋，充分发挥村级指挥所的作用，对本村所有建档立卡贫困户和非贫困户档案资料一项一项核实、一户一户地查漏补缺，进一步收集完善相应的佐证材料，做到“一户一档”资料准确、全面，确保有据可查，群众认账、上级认可。

（三）“六大歼灭战”战果连连。扎实打好农村危房和破旧房改造歼灭战，按照一户一整改单、一村一施工队、竣工一户验收一户的原则，统筹组织好施工力量，加快施工步伐，全面完成全县1718户危房改造和2121户破旧房改造，并完成农村住房安全“户户鉴定”工作，坚决杜绝因房造成漏评、错退。扎实打好易地扶贫搬迁歼灭战，坚持一天一调度，完成2017年度易地扶贫搬迁工作；2018年共建设32栋85个单元安置房，已全部完成主体结构封顶，正全力以赴加快配套设施建设，确保在2019年2月底前全部入住完毕。精准落实“一步搬到位，培训、产业、就业、帮扶、服务、政策六个全覆盖”政策，实现有劳动力的搬迁户每户1人以上稳定就业创业，确保搬得出、稳得住、能脱贫，逐步致富。扎实打好农村安全饮水歼灭战，全县2018年度农村安全饮水工程覆盖建档立卡贫困户4420户19889人，目前工程已全面竣工，让户户用上安全放心的自来水。扎实打好“组组通”歼灭战，建成农村“组组通”公路143.064公里，基本实现30户以上自然寨通组公路硬化全覆盖，完成144个村寨串户步道硬化205公里。扎实打好教育医疗社会保障歼灭战，认真落实教育扶贫政策，开通贫困家庭学生资助“绿色通道”，累计落实教育资助资金1697万元，资助学生5204人次。加强控辍保学，采取“一生一方案”措施，实现义务教育阶段建档立卡贫困户学生因贫“零辍学”。加强医疗保障，投入2100万元新建和改扩建村级卫生室92所，招聘村医121名，基本实现村村有卫生室和村医；建档立卡贫困户参合率100%、家庭医生签约率100%、住院报销达90%以上，“先诊疗、后付费”一站式服务得到较好落实。认真落实社会保障兜底政策，切实做好低保和扶贫两项制度的衔接，做到应扶尽扶、应保尽保。扎实打好人居环境改善歼灭战，扎实开展“讲卫生·除陋习·树新风”专项行动，集中开展村容寨貌“七整治”（一割、二净、三清、四堆、五进、六拆、七美），引导农户搞好家庭环境卫生，努力做到“三净四治三整洁”（地面干净、墙面干净、门窗干净；整治白色垃圾、整治残墙断壁、整治乱搭乱建、整治草堆粪堆；室内物品整洁、厨房卫生整洁、个人衣物整洁）。组织结对帮扶干部帮助和督促贫困户搞好家庭环境卫生，组织各村“两委一队”开展家庭环境卫生评比，积极开发农村保洁员等公益性岗位，通过综合施策，进一步改善农村人居环境。

（四）产业扶贫成效逐步显现。认真落实“八要素”，扎实推进农村产业革命，积极推广“乡村旅游+”产业扶贫模式，围绕乡村旅游，大力发展茶、药、菜（菌）、畜禽等特色优势产业，对各乡镇、各村主导产业发展进行精准指导、系统研究，制定县、乡、村产业扶贫实施方案，重点抓实结构调整、产销衔接、利益联结三个薄弱环节，狠抓闯市场、扩规模、带农户关键环节，持续优化产业结构、扩大产业规模、提升质量效益，实现农民人均1亩茶、半亩药、半亩菜（菌）、1头猪，做到村村有增收项目、户户有脱贫门路。

（五）“四个聚焦”落地落实。认真落实“四个聚焦”的要求，坚持把大塘镇（极贫镇）和全县37个深度贫困村作为脱贫攻坚的“决战点”，实质性启动实施大塘镇（极贫镇）子基金项目26个，累计划拨使用子基金2.143亿元；启动实施非子基金项目70余个，累计完成投资约4.6亿元。莲花小学、幼儿园及大塘镇医养结合医院已投入使用，5个茶叶加工厂已投入运营，建成31个村养殖小区；县城至大塘快速通道、大塘九丰生态农业园、大塘乡村旅游景区及“水上粮仓”酒店等重点项目加快推进。同时，聚焦37个深度贫困村精准发力，缺什么补什么，加快补齐基础设施和产业发展短板。2018年，投入2889.28万元实施“组组通”72.23公里；投入1083.77万元实施农村饮水安全工程36处；投入878.8万元实施农村危房和破旧房改造999户；实施易地扶贫搬迁556户2187人；大力推进人居环境整治，不断改善群众生产生活条件，提高深度贫困地区自我发展能力。

（六）群众内生动力持续激发。持续加强“志智”双扶，以村为单位，积极开展“懒转勤、勤转能、能转富”“三转”活动，注重抓两头带中间，加大自力更生脱贫先进典型的宣传报道力度，加大对争当贫困户、甘当贫困户、因懒致贫、不讲卫生、“等靠要”等反面典型的曝光力度，组织、引导、支持贫困群众自力更生、光荣脱贫。利用各村的广播，采取“苗汉双语”的形式，滚动开展政策宣传，充分利用电视台、手机报、微信公众号等载体，因地制宜召开小组会、院坝会、火塘会，向贫困户反复宣传扶贫政策，营造浓厚氛围。全面开展在校学生“大手小手同牵、共创美好家园”助力脱贫出列系列活动，引导父母靠勤奋脱贫。开展“千名干部（教师、医生）结亲”工作，发挥“乡贤”引导带动贫困群众通过勤劳脱贫致富的作用。进一步完善因户施策先建后补、“特惠贷”和农业产业结构调整补助等政策，制定村级公益性岗位开发方案，除没有劳动能力的外，其他的贫困群众都要参加劳动，才能获得相应的帮扶和报酬，激发贫困群众内生动力，实现“群众干、干部帮”。有序推进农村移风易俗，狠刹滥办酒席、大办酒席、高价彩礼等陈规陋习和歪风，形成文明乡风、良好家风、淳朴民风。

（七）干部作风明显转变。从严抓好干部作风整顿，组建4个脱贫攻坚干部作风纪律专项督查组和9个综合督查组，严格督查干部到岗到位、作用发挥情况，重点跟踪督查各级干部特别是领导干部按照既定目标、既定工期、既定责任推进具体工作的情况，抓问题整改落实的情况，把干部思想松懈、作风不实抓早抓小，解决在萌芽状态，督促全体干部主动担当作为。坚持实施最严格的督查问责制度与加大表扬激励力度相结合，持续表扬提拔一批、批评处理一批，确保压力传递到位、力量整合到位、履职尽责到位。2018年以来，对在脱贫攻坚中敢于担当、善作善成的通报表扬62人，14个单位，提拔27人，职级晋升3人；对在脱贫攻坚中作风不实、工作不力的干部问责252人，其中全县通报批评221人并约谈126人（诫勉谈话27人，提醒谈话99人）；免职3人，组织调整3人；党政纪立案调查25件25人，其中党内警告处分16件16人，政务警告处分9件9人。

（八）攻坚合力进一步凝聚。进一步抓好对口帮扶、定点帮扶，推进东西部扶贫协作，国务院扶贫办积极帮助雷山协调解决脱贫攻坚中的一系列难题，在资金、项目、政策、产业、人才培养、工作指导等方面给予大力帮扶和倾斜支持；牵线搭桥三星集团、吉利集团、传化基金、融创基金等给予一大批项目和资金支持，发动和促成一批发达地区乡村与我县贫困乡村进行结对帮扶；先后选派4名干部驻点帮扶，在精准扶贫、精准脱贫方面大力督导。省纪委省监委积极协调省发改委、省交通厅、省教育厅、省司法厅等省直部门对雷山特别是大塘镇（极贫镇）脱贫攻坚给予大力支持，牵线搭桥中建八局、兴业银行、省农信社、天津泰达集团等社会力量帮助大塘贫困村贫困户解决实际困难，切实有效助力极贫镇脱贫攻坚。省国资委协调建工集团、黔晟国资和机场集团等9家国企倾力帮扶，并筹资1亿元启动建设大塘中药材智慧生态循环经济扶贫产业园。杭州市上城区选派4名干部到我县挂职，2018年捐赠我县100万元，并帮扶支持我县3800万元用于脱贫攻坚，持续支持3年，对口帮扶精准有力。中国农业银行捐赠我县315万元用于产业扶贫，资助贫困大学生163名。

三、坚持发展第一要务，推动经济社会持续健康高质量发展

县委常委会始终坚持发展第一要务，坚持稳中求进总基调，切实加强和改进对经济工作的领导，落实高质量发展要求，强化经济运行精准调度，采取一系列稳增长调结构的工作措施，持续推动经济社会高质量发展，经济运行稳定在合理区间，没有发生区域性、系统性金融风险，主要经济指标没有大起大落，增速高于全国、高于全省、高于全州，多项指标增速排在全州前列，雷山在全州经济工作会议上作经验交流发言，经济

发展呈现出“稳中有进、增速较快、结构优化、质效提升”的良好态势。初步预计，2018年地区生产总值完成36.2亿元，增长10.5%；500万元以上固定资产投资完成31亿元，增长15%；规模工业增加值完成4120万元，增长10%；社会消费品零售总额完成8.63亿元，增长10.5%；财政总收入完成3.02亿元；城镇居民人均可支配收入29786元，增长9.8%，农村居民人均可支配收入9330元，增长11%。

（一）坚决打好防范化解重大风险攻坚战。强化底线思维，集中力量，坚决处理可能威胁经济社会稳定和引发系统性区域性风险的问题。积极稳妥处理政府性债务风险，严格落实“七严禁”等债务管理系列政策，全面清查政府性债务底数，采取PPP模式、融资平台公司实体化转型等方式，妥善化解政府性债务存量，坚决遏制政府性债务增量，规范政府举债融资行为，坚决守住法纪红线。积极引导全县各金融机构主动为雷山战略发展服务，支持雷山依法依规合理融资，真正做到既要防风险又要促发展，推动全县经济社会高质量发展。高度重视防范其他风险，有效防范化解金融风险，加大不良贷款处置力度，依法惩处非法集资等行为，坚决打击各类高利贷活动。有效防范安全生产和社会稳定风险，确保社会大局稳定。

（二）文化旅游业持续“井喷”。紧紧围绕“打造国内外知名民族文化旅游目的地”的战略定位，以创建国家旅游度假区为抓手，加快大西江苗寨群景区、郎德景区、雷公山景区、大塘景区等景区景点建设，加快全域旅游化、全县景区化步伐，推动旅游市场淡季不淡、旺季更旺、持续井喷。西江景区游客突破400万人次，郎德景区成功申报国家AAAA级旅游景区。2018年，全县接待游客总人次、旅游综合收入分别同比增长30.04%、37.88%。深入实施“旅游扶贫九大工程”，进一步完善股份合作型、劳动就业型、辐射带动型、经营型等乡村旅游带贫致富机制，旅游扶贫成效不断显现，通过乡村旅游发展直接或间接带动贫困户增收脱贫7400人以上。“西江模式”在全省旅发大会上作经验介绍，并被列为贵州改革开放40年40典型案例之一。

（三）农村产业革命深入推进。坚持以农业供给侧结构性改革为主线，以“一减四增”工程为抓手，牢牢把握“八要素”，迅速掀起振兴农村经济的深刻的产业革命，完成调减玉米种植面积2.2万亩，重点发展茶叶、大宗蔬菜、食用菌、中药材、精品水果、黑毛猪、稻鱼综合种养等高附加值产业，具有雷山特色的农产品品牌不断培育壮大，绿色农产品持续“泉涌”。2018年，全县完成低产茶园及幼龄茶园改造2万亩，茶产品产量3900吨，实现综合产值10.5亿元，建成茶园15.2万亩；完成中药材抚育1.8万亩、药用玫瑰种植2200亩，中药材面积达7.5万亩；建成食用菌生产大棚628亩；生态畜禽达30万头（羽）。加强产销对接，完成生鲜农产品销售1800吨。加快创建“国家有机产品认证示范县”和“国家农产品质量安全县”，全县有机认证企业达29家、有机认证面积达1.58万亩，全县无公害产业基地认证面积达16.8万亩、无公害农产品认证达11个，是黔东南州有机认证企业数和有机认证面积最多的县。全国农产品安全县创建通过考核验收，农林牧渔业总产值预计增长6.7%。

（四）特色生态工业不断发展壮大。以“双千工程”为抓手，深入实施工业倍增计划和绿色园区建设行动，启动乌开工业小区第二期基础设施和冷链物流仓储中心建设，建设冷库2750吨，年产1万吨坚果炒货技改、年产30万立方米混凝土等项目建成投产，苗岭风电场和大塘风电场成功并网发电。千方百计发展壮大特色生态工业，全县特色农产品、手工艺品、特色食品、中药材、山泉水等绿色工业发展不断加快，逐步形成集生产、加工、销售为一体的完整产业链。茶叶、鱼酱酸、天麻、苗族银饰刺绣等特色产品知名度和市场占有率持续提升。

（五）现代服务业蓬勃发展。积极推进“千户精品民宿、千户精品客栈”建设，坚持星级酒店和精品民宿同步推进，全县已有4星级标准酒店4家，精品民宿、农家乐600余家，可接待游客的床位数13000多张，农家乐、精品民宿酒店等业态规模化发展。大力发展电子商务等新兴服务业，苏宁易购、网易严选入驻我县，雷山列入阿里巴巴打造的10个电商脱贫样板县，荣获“中国社交电商消费扶贫示范县”称号，2018年网络零售额达3.6亿元，在全省县域第三方阵乙类县中总量第一、增速第二，顺利通过国家级电子商务进农村示范县绩效考评。建成全省首家“通村村”农村出行服务平台，成为交通运输部农村客运智能化应用示范项目，并得到省委书记孙志刚的批示推广。

（六）基础设施支撑能力不断夯实。牢牢抓住项目建设“牛鼻子”，扎实推进雷榕高速、县城至大塘快速通道、县城区南部路网建设，加快推进西江水库、望丰（排卡）水库、翁养水库建设，全力推进西街、苗界、悦榕庄酒店、西江索道、郎德景区、大塘景区、雷公山景区旅游项目建设，加快九丰生态农业园、黔晟国资中药材智慧生态循环经济扶贫产业园、吉利云尖茶叶加工厂等农业产业项目建设步伐，进一步支撑全县发展。加快推进城乡电网、通信设施和能源基础设施建设，农村电压可靠性达99.84%；全面实现4G网络“乡乡通”，移动电话网络“村村通”，广播电视“户户用”，极大地改善全县经济社会发展基础条件。

（七）城乡统筹发展大踏步前进。坚持走山地特色新型城镇化道路，以建设全省城市设计试点城市为抓手，结合打造国家旅游度假区，加快西江—县城—大塘特色城镇带建设，基本完成城镇带的城市设计工作。大力推进棚户区改造和罗浪洲地、红枫水岸、苗都公馆房地产项目，羊排易地扶贫搬迁特色小镇基本建成，县城区延伸到莲花、陶尧片区，配套完善教育、文化、体育、卫生、休闲等公共服务设施，推动城镇向生态化、特色化、景区化、人性化、现代化迈进，城镇建设品质品位大幅提升，农业转移人口市民化加快，全县常住人口城镇化率提高到42.02%。研究出台乡村振兴战略实施意见，大力实施“四在农家·美丽乡村”小康行动升级版，大力推进农村人居环境整治，推动行政村和30户以上的自然村寨建设规划全覆盖，农村环境和发展条件持续改善。

四、坚持生态优先、绿色发展，生态文化建设水平稳步提升

县委常委会始终牢固树立“绿水青山就是金山银水”的理念，坚持生态优先、绿色发展，坚持守好发展和生态两条底线，深入实施大生态战略行动，坚决打好污染防治攻坚战，让雷山天更蓝、地更绿、水更清、空气更清新。

（一）污染防治攻坚战取得新突破。集中火力打好蓝天保卫、碧水保卫、净土保卫、固废治理、乡村环境整治五场标志性战役，深入实施“双十”“双源”行动，开展“绿盾2018”“六个严禁”专项行动，以零容忍态度严厉打击生态环境违法行为。坚持把中央环保督察作为加强环境整治和生态建设的重要机遇，持续在整改措施的谋划与落实、整改情况的调度与督导、整改工作的督办和问责上下功夫，不断完善工作机制，动真碰硬抓好每一个问题的整改落实。目前，中央环保督察组反馈的19个突出问题，已基本整改完成。

（二）生态治理取得新突破。深入开展习近平生态文明思想进机关、进学校、进企业、进社区、进农村、进网络活动，加强习近平生态文明思想宣传，切实增强全县干部群众生态环境保护意识。深入推进绿色贵州建设行动计划，加强退耕还林、植树造林、天然林保护、封山育林等生态工程建设，完成新一轮退耕还林1.01万亩和

人工造林1.92万亩，全县森林覆盖率达72.56%，县城环境空气质量优良天数率达99.7%。科学划定生态保护红线和永久基本农田，全面落实“河长制”，切实加强水污染的监测防治，区域河流监控监测断面水质达到Ⅲ类以上地表水标准。完成11个集中式饮用水源地环境保护规范化建设项目，各集中式饮用水源水质达标率为100%，城乡生活垃圾无害化处理率达90%，节能减排碳指标控制在省下达计划范围内。

（三）绿色发展取得新突破。坚持把发展绿色经济作为雷山新的经济增长点，深入实施绿色经济倍增计划，积极发展生态利用型、循环高效型、低碳清洁型、环境治理型“四型”产业，打响一批生态特色产品品牌，推动生态要素向生产要素、生态财富向物质财富转变，绿色发展红利更多惠及群众。大力建设绿色家园，提倡绿色消费，组织开展世界环境日、贵州生态日、全国节能宣传周和低碳日等宣教活动，普及生态文明理念，引导群众增强生态伦理、生态道德和生态价值观念。

五、坚持纵深推进改革开放创新，不断激发加快发展的动力和活力

县委常委会始终把改革开放作为加快发展的关键一招，把创新驱动作为引领发展的第一动力，大力促进外部资源和要素集聚，进一步激发加快发展的内生动力。

（一）改革动力持续增强。全面贯彻落实中央、省委、州委全面深化改革安排部署，及时召开县委深化改革领导小组会议，第一时间贯彻上级精神，安排部署推进全县改革工作，有力推进改革要点任务139项，党和国家机构改革、农村集体产权制度改革、监察体制改革、“最多跑一次”改革、商事制度改革等重点改革事项蹄疾步稳、扎实推进。深化改革“三督三察”，全面深入开展改革“回头看”，督促各级各部门系统梳理、对账盘点、查缺补漏，列出问题整改清单，采取有效措施加以整改。出台《雷山县全面深化改革落实问责实施细则（试行）》，切实强化对各项改革任务的督察督办，确保改革方向不偏离、改革责任不懈怠、改革任务不落空。加强改革典型宣传，全县上下了解改革、支持改革、参与改革的氛围进一步增厚。吉利集团社会企业帮扶模式得到中共中央政治局常委、全国政协主席汪洋的肯定。“乡村旅游+”产业扶贫模式、“西江模式”、“通村村”等改革实践，得到省委、州委的肯定，并在全州、全省推广。

（二）开放引力持续汇聚。积极主动融入“一带一路”“长江经济带”、高铁经济带发展，持续深化与长三角、珠三角、成渝经济区和省内外重要城市在旅游、生态产业、商贸服务等方面的合作与交流。扎实开展产业大招商和优化营商环境集中整治“两大行动”，开展“减证便民”专项行动，各种政务“玻璃门”“弹簧门”“旋转门”被打破。出台《雷山县招商引资项目推进工作机制》《招商引资联席会议制度》等办法，组建工作专班，主动出击、招大引强，新引进项目10个，资金到位率排全州前列。

（三）创新活力持续激发。主动把握新趋势、新特征、新需求，创新发展理念和发展方式，积极推动新经济、新业态、新模式，大力发展绿色经济、健康经济和电子商务等新兴产业，深挖经济发展新动能。大力推进知识产权保护，健全知识产权创新奖励机制，完成专利申请240件，专利授权49件。加快建立以企业为主体、市场为导向、产学研深度融合的技术创新体系，持续加强对中小企业创新的支持，认真指导企业申报发明专利，新增科技型企业备案21家，完成企业申报科技项目12个。

六、坚持发展社会主义先进文化，着力筑牢自觉自信自强的精神高地

县委常委会始终高度重视宣传思想文化和意识形态工作，全力推动习近平总书记关于宣传思

想工作的重要思想和全国、全省、全州宣传思想工作会议精神在雷山落地生根，为全县改革发展稳定构建良好的思想基础和舆论氛围。

（一）意识形态建设得到新加强。坚持党管意识形态，进一步完善意识形态工作联席会议制度，加强对意识形态重点领域重大问题的研判和处置。严格落实意识形态工作责任制，落实好《意识形态工作责任制追责问责制度》，把意识形态责任制纳入对各级各部门综合目标绩效考核内容以及县委巡察、县委县政府督查的重点工作。严管互联网等各类阵地，加强对突发事件和热点敏感问题的舆论分析引导，以“亮网”行动强化网上正面宣传，以“净网”行动清理整治网络环境，牢牢把握网络意识形态工作的领导权、主动权和话语权，提升新闻舆论的传播力、引导力和公信力。坚持加强和改进新形势下党对宗教工作的领导，研究制定《关于加强和改进新形势下宗教工作的实施意见》，进一步规范宗教活动场所管理，确保社会大局和谐稳定。

（二）精神高地得到新巩固。扎实开展党的十九大精神和习近平总书记在贵州省代表团重要讲话精神宣讲，认真开展中央、省、州、县重要会议精神的宣传报道，把党的声音广泛传播到全县千家万户。大力培育和弘扬“团结奋进、拼搏创新、苦干实干、后发赶超”的新时代贵州精神，着力将之融入社会主义核心价值观建设内容，引导各行各业对标对表。开展“弘扬新时代奋斗精神”、改革开放40周年等主题宣传，着力抓好新闻宣传，主流媒体发稿量创历史新高，中央电视台刊播雷山专题持续走在全州前列，雷山县委宣传部被评为“2018年度黔东南州新闻宣传工作先进集体”。持续开展“明理知耻·崇德向善”活动，扎实做好“最美雷山人”道德模范、“脱贫攻坚群英谱”等典型选树，榜样示范引领作用持续强化。广泛开展群众性精神文明创建活动，获得州级以上文明乡镇、文明村寨、文明单位、文明行业、文明窗口、文明家庭称号106个，创建数量在全州排名第一。推进青少年思想道德建设和文明校园创建，公民文明素质和社会文明程度不断提升。加强农村精神文明建设，坚决整治农村赌博、滥办酒席等不正之风，塑造新时代乡村文明新风尚。

（三）文艺文产呈现新气象。不断推进文化兴县建设，挖掘用好民族文化、山地文化等优势资源，推进文化与旅游深度融合发展，做大做强雷山民族文化品牌，西江旅游公司获得省长质量奖提名奖和贵州省文化产业十佳企业称号，全县文化产业增加值占GDP比重达9.05%，排在全省第三方阵乙类县第一位。不断推进文艺繁荣发展，加强对县内民族建筑、歌舞、饮食等文化的凝练萃取，推出多彩贵州《蝴蝶妈妈》《仰欧桑》《美丽西江》等一批精品佳作，《西江盛典》大型实景演艺项目加快推进，年内推向市场，促进文化产业大发展、大繁荣。深入实施文化惠民工程，扎实推进民族文化遗产保护传承和开发利用，雷山纳入全国首批10个“非遗＋扶贫”重点支持地区之一，承办全国非遗工作站现场会，有10个民族村寨入选第五批“中国传统村落”名录。抓好文化产业扶贫“千村计划”，乡村两级公共文化服务实现全覆盖。深入推进文军扶贫，广泛开展“全民阅读”“文化进万家”、文化科技卫生“三下乡”等群众性文化活动，基层文化生活更加丰富多彩。

七、坚持推进社会主义民主政治建设，团结繁荣发展的生动局面持续巩固

县委始终坚持统揽全局、协调各方，坚持党的领导、人民当家作主、依法治县有机统一，扎实推进社会主义民主政治建设，努力实现各项工作制度化、规范化、程序化、法治化，不断凝聚起团结奋斗、后发赶超的强大智慧和力量。

（一）坚持和完善人民代表大会制度。加强对人大工作的领导，支持人大及其常委会依法

履职。支持县人大围绕全县经济社会发展需要开展调研论证工作。认真研究审议县人大常委会呈报的请示事项和建议报告，支持县人大开展“脱贫攻坚·人大代表在行动”主题活动。推动县人大常委会依法对“一府一委两院”及有关职能部门开展监督，支持其依法开展听取审议有关工作报告、执法检查、询问和质询等工作以及对人大所任命的“一府一委两院”人员开展任命后履职监督。助推县人大加强自身建设，推动实行人大代表述职制度，加快代表联络站、人大信息化等建设。

（二）充分发挥民主协商重要作用。加强党政协商、人大协商、政府协商、政协协商、人民团体协商和基层协商，积极拓展协商民主形式。进一步完善人民政协民主监督形式，规范人民政协民主监督工作程序，健全人民政协民主监督工作机制。支持县政协紧扣全县重点工作、民生热点问题开展协商议政，开展“脱贫攻坚·政协委员在行动”主题活动和脱贫攻坚“百千万行动”，广泛动员政协委员助力脱贫攻坚。积极为县政协和广大政协委员协商议政创造条件，支持和保障人民政协依章程开展民主监督，始终重视民主监督发现的问题和收集的社情民意，认真采纳议政建议，促进民主决策。

（三）大力推进“法治雷山”建设。坚决维护宪法法律权威，广泛开展宪法宣传教育和“七五普法”活动，大力弘扬法治精神，加强法治文化建设，干部群众法治观念明显增强。我县被评为“全国法治县（市、区）创建活动先进单位”。扎实推进法治政府建设，建立完善合法性审查、公平竞争审查和终生责任追究等制度，积极稳妥推进综合执法体制、司法体制改革、律师制度改革等工作。积极推进公共法律服务中心建设，建成12个村级公共法律服务工作室，154个行政村聘请法律顾问，纵深推进法律援助向基层延伸。大力推进“诚信雷山”建设，实行在县电视台、政务公开栏等相关媒体进行公示曝光，依法加大联合惩戒失信被执行人工作力度，多层面构筑失信惩戒机制。

（四）持续巩固团结和谐共同发展局面。大力支持各民主党派、工商联加强组织建设，着力构建大统战工作格局。鼓励、支持、引导非公有制经济健康发展和非公有制经济人士健康成长，深入推进民营企业“千企帮千村”精准扶贫行动。注重发挥工会、共青团、妇联等群团组织围绕中心、服务大局作用，积极稳妥推进工会、共青团、妇联、科协等群团组织改革。加强党管武装工作，支持国防和军队建设，扎实开展军民共建活动，促进军民融合。积极稳妥推进国家综合性消防救援队伍建设工作。认真贯彻落实党的民族宗教政策，加大达地水族乡脱贫工作支持力度，扎实推进民族团结进步繁荣发展示范创建工作，达地水族乡政府荣获“贵州省民族团结进步模范集体”称号。

八、坚持践行以人民为中心的发展思想，持续提升人民群众获得感、幸福感和满意度

县委常委会始终坚持践行以人民为中心的发展思想，把保障和改善民生作为一切工作的出发点和落脚点，全力解决人民群众最关心最直接最现实的问题，全面提升人民群众的获得感、幸福感和满意度。

（一）坚持把稳就业摆在突出位置。落实积极的就业政策，着力推动创业带动就业。整合各类培训资源，大力开展贫困劳动力全员培训，全年培训贫困劳动力11858人。坚持以贫困家庭人口和易地扶贫搬迁家庭劳动力为重点，千方百计推动就业意愿、就业培训、就业技能与就业岗位精准对接，提高劳务输出组织化程度和就业扶贫覆盖面，多渠道帮助贫困群众就业增收。加强高校毕业生、就业困难人员等重点群体就业工作，积极开展“就业援助月”等公共服务活动，认真实施“三支一扶计划”，全年新增城镇就业2217人，城镇登记失业率为3.06%，推动返乡农民工就业创业1400余人次，积极帮助零就业家庭成员、大龄失业人员、复退军人等解决就业难题。

（二）坚持教育优先发展。坚持优先发展教育事业，全年累计投入3.64亿元用于教育事业，完成5所村级幼儿园和12个标准食堂建设，配齐60所幼儿园（班）设施设备，完成一批“全面改薄”等教育工程建设，不断消除超大班额现象，学前教育营养改善计划实现全覆盖，义务教育均衡发展持续巩固。深入实施高中教育教学质量提升工程，高考录取率为90.14%。大力推进职业教育，“百年职校”在我县开办分校，为推动职业教育质量提升搭建良好的平台。县职校与西江旅游公司探索“旅游产业+职校”工学交替的办学模式，实施订单式培养人才，实现“职教1人、就业1个、脱贫1家”。

（三）加快推进健康雷山建设。大力实施基层医疗卫生服务能力三年提升计划，全县新型农村合作医疗参合率达99.9%，住院补偿15.61万人次、7283.87万元，居民电子健康档案建档率达97.78%。完成县妇幼保健院和大塘、西江、郎德卫生院建设，丹江、永乐、西江卫生院成功创建为一级甲等中心乡镇卫生院，启动县医院与永乐卫生院“医共体”试点建设，公共医疗服务能力不断提升。加强妇幼健康服务体系建设，出生缺陷干预和“两癌”筛查普遍开展。严格食品药品安全监管，全力保障人民群众“舌尖上”的安全。积极开展全民健身和竞技体育活动，着力推动群众体育、竞技体育和民族传统体育协调发展，举办第六届“雷公山之巅·巴拉河之夏”山地自行车赛、职工周末足球联赛等体育赛事，建成一批绿色健身步道，让体育运动融入百姓生活。

（四）社会保障水平不断提升。全面实施全民参保计划，城乡居民基本养老保险、基本医疗保险、失业保险、工伤保险、生育保险参保人数和保障水平大幅度提升，建设项目参加工伤保险扎实有效推进，社会保障安全网进一步织密扎牢。积极推进养老项目建设，完成老年养护楼建设，老人基本生活和权益得到有效保障。社会救助、优抚安置等工作有序开展，实行社会救助和保障标准与物价上涨挂钩联动机制，城乡低保年均标准分别提高到6984元和3887元，分别增长6.92%和9.7%。特困供养标准由上年的9576元提高到10260元。进一步加大对残疾人、未成年人、困境儿童和农村留守儿童、留守老人、留守妇女的关爱救助力度。累计发放低保、救济款物等8325万元，发放特困供养人员补助515万元，发放1886名残疾人护理补贴131万元。

（五）平安雷山建设持续巩固。制定《雷山县扫黑除恶专项斗争实施方案》，始终保持严打高压态势，围绕“十大类”涉黑涉恶情形，紧盯重点区域和重点事、重点人，发现一起、依法打击一起，绝不姑息迁就，侦办涉黑专案1起，处理涉黑人员36人，扫黑除恶专项斗争形成压倒性态势。大力实施重大矛盾风险“百日攻坚战”“六个专项治理”等行动，矛盾纠纷“三调联动”机制不断完善。西江“大数据+民族自治+全民共治”成为社会治理新亮点，“雪亮工程”全面推进，“无毒害县”创建成果得到巩固，全县刑事案件发案数大幅下降。扎实推进安全生产“双控”体系建设，不断深化重点行业领域专项整治。雷山被评为“全国平安农机示范县”。2018年，全县未发生重特大安全生产事故，没有发生较大影响的群体性事件，重要敏感节点期间实现“七个坚决防止”和“六个零”目标，社会治安形势持续向好，群众安全感继续保持全省前列。

九、全面落实新时代党的建设要求，持续巩固风清气正的良好政治生态

县委常委会始终把政治建设摆在首位，坚决扛起管党治党政治责任，坚持“两个毫不动摇”，发挥“关键少数”表率作用，始终严字当头、真管真严、敢管敢严、长管长严，纵深推进新时代党的建设，持续巩固风清气正的良好政治生态。

（一）进一步严明政治纪律和政治规矩。坚持把严明政治纪律和政治规矩挺在前面，严肃查处有令不行、有禁不止行为，加强对各级各部门特别是“一把手”贯彻落实中央、省委、州委及县委决策部署落实情况的监督检查，坚决查处搞上有政策、下有对策，打折扣、做选择、搞变通，不作为、慢作为、乱作为等问题，全力解决无视政治纪律和政治规矩“七个有之”的问题。全年对落实“两个责任”不力的4个党组织、16名党员领导干部进行问责。认真贯彻执行《关于新形势下党内政治生活的若干准则》，严格落实“三会一课”、谈心谈话、请示报告、民主集中制等制度，切实培育积极健康的党内政治文化，进一步严肃党内政治生活。

（二）着力加强干部人才队伍建设。坚持好干部标准，制定《关于进一步激励广大干部新时代新担当新作为的实施意见》，健全干部培养选拔“五大体系”，把选人用人各个环节精准衔接起来，推动干部在新时代有新担当新作为。2018年以来，县委常委会共研究干部10批次，讨论干部任免158人次。进一步加大年轻干部培养使用力度，提拔35岁以下年轻干部9人。选派56名优秀干部到国务院扶贫办、国家发改委、杭州市上城区、贵安新区、省发改委等单位、地区挂职锻炼，有力提升干部的能力和素养。充分发挥好党校等载体作用，通过开展党的十九大精神专题研讨班、脱贫攻坚实践能力提升培训班、乡村振兴战略专题培训班等专题培训，各级干部“八大本领”不断增强。全面加强干部日常管理监督，落实“四位一体”从严管理干部机制和《关于调整不适宜担任现职干部的实施意见》，认真开展干部不担当不作为突出问题集中整治，加大提醒、函询、诫勉力度，调整不适宜担任现职科级干部3名，免职3人。加强人才工作，通过公务员招考、高层次和急需紧缺人才引进等渠道引进各类人才377人。大力推进人才“三名工程”建设，评选各领域“名人才”41人，全县人才总量和质量稳步提升。

（三）着力建强基层战斗堡垒。大力实施抓党建促脱贫攻坚“十项行动”和“12345”党建帮扶行动，选优配强深度贫困村党组织书记，全面推广“十户一体”抱团发展和“党社联建”模式，充分发挥农村基层党组织的战斗堡垒作用，党建促脱贫攻坚成效进一步显现。深入开展“铸魂行动”，严格“三会一课”、民主生活会、组织生活会，着力推进“两学一做”常态化制度化。扎实开展“党支部建设年”活动，持续开展后进村党组织整治提升工作，发展党员194名，整顿软弱涣散党组织16个。扎实抓好城市党建工作，积极探索推行社区“大党委制”，在易地扶贫搬迁安置小区分别建立观音阁社区党工委和城南社区党工委，有力强化社区服务管理。统筹推进各领域基层党建工作，研究制定国有企业、教育系统、卫计系统党的建设工作方案，成立工作领导小组，分别由县委常委牵头主抓，从严加强国企、教育和卫计系统党建工作，非公有制企业和社会组织党建工作稳步推进。

（四）深入推进党的作风建设。锲而不舍落实好中央八项规定实施细则及省委十项规定、州委十二项规定、县委十二项规定及省、州进一步贯彻落实中央八项规定精神切实加强作风建设实施细则，深入开展“茅台酒乱象”自查自纠，持续深入严查“四风”，紧盯易发时间节点进行明察暗访，查处违反中央八项规定精神问题9起，党纪处分4人，约谈5人。深入开展形式主义、官僚主义专项整治，查处形式主义、官僚主义问题3起，处理6人，其中党纪处分2人，政务处分4人。集中整治干部不担当不作为突出问题，对不作为、慢作为的乡镇和部门约谈126人次；问责作风不实、工作不力干部271名，其中3人被组织处理，221 人被点名道姓通报曝光，全县党员干部作风持续向好。

（五）持续巩固发展反腐败斗争压倒性胜利。坚持零容忍无禁区惩贪肃腐，2018 年，全县共立案 101 件、结案 96 件、处分 94 人、移送司法机关 3 人。坚持把纪律和规矩挺在前面，抓早抓小、防微杜渐，2018 年共约谈干部 1555 人次。严格执行“一案一整改”，通过采取宣布处分决定书、案件通报曝光、警示教育课堂、短信提醒等方式，进一步筑牢全县广大党员干部的思想防线。2018 年以来，全县各级纪检监察机关到案发单位宣布处分决定 96 份，开展“一案一整改”部门单位 11 个，典型案例剖析 8 个，开展警示教育 150 余场次。坚决查处群众身边的腐败问题和不正之风，大力开展“访村寨、重监督、助攻坚”专项行动，深入群众发现民生领域问题线索 197 条，立案 86 件 86 人，给予党纪政务处分 81 人，移送司法机关 2 件 2 人。充分发挥巡察“利剑”作用，组织开展 3 轮巡察，发现问题 161 个，移交问题线索 6 条，转立案 4 件 4 人，约谈被巡察单位主要责任人 5 人，巡察的震慑遏制治本作用持续彰显。

县委常委会坚持“打铁还需自身硬”理念，始终把自身建设摆在突出位置，牢固树立“四个意识”，坚定“四个自信”，践行“两个维护”，牢记嘱托、感恩奋进，不回避矛盾、不惧怕困难，积极发扬斗争精神，敢于、善于跟贫穷落后斗争，跟矛盾困难斗争，跟不正之风斗争，切实增强政治担当、历史担当、责任担当，以苦干实干实绩诠释对党的绝对忠诚。坚持带头学习党章、遵守党章、贯彻党章、维护党章，自觉加强党性修养，严格党内政治生活，强化党内监督，坚持民主集中制原则，严肃开展批评和自我批评。坚持做到忠诚干净担当，带头将作风建设融入日常工作，着力提高把方向、管大局、做决策、保落实的能力。

以上报告是县委十三届四次全会以来的主要工作。这些工作的推进和成绩的取得，是在以习近平同志为核心的党中央坚强领导下，坚定不移地贯彻落实中央的路线方针政策的结果，是贯彻落实省委、州委决策部署的结果，是全县各级基层党组织、广大党员和各族干部群众齐心协力、奋力拼搏的结果。

在总结工作的同时，县委常委会也分析存在的困难和问题，主要有：脱贫出列任务紧迫艰巨，实现高质量稳定脱贫的任务还相当繁重；发展不平衡不充分的问题比较突出，经济总量小、人均水平低，实体经济依然比较薄弱，缺乏引领性、带动性、旗舰型企业，新型工业化、城镇化和农业现代化进程相对滞后；营商环境不够优化，开放创新需进一步深化，一些改革部署和重大政策措施需要进一步落实；基础设施相对落后，财税收支增长压力大，社会保障机制还不够健全，医疗卫生资源不足，文化事业发展水平不高，公共服务能力较弱，安全生产、社会治理等领域还存在薄弱环节，社会矛盾和问题交织叠加，民生领域还有不少短板；一些干部作风不实、执行力不强，政策落实存在“中梗阻”“最后一公里”等问题，一些地方和部门不作为、慢作为、乱作为现象仍然存在。对这些问题，我们要高度重视，认真采取有效措施加以解决。

雷山县人民政府工作报告（摘要）

——在县第十七届人民代表大会第三次会议上

（2019 年 1 月 11 日）

县人民政府县长　袁　刚

2018 年工作回顾

2018 年，我们坚持以习近平新时代中国特色社会主义思想为指导，全面贯彻党的十九大和十九届二中、三中全会精神，深入贯彻落实习近平总书记对贵州工作系列重要指示批示精神，在上级党委政府和县委的坚强领导下，在县人大、县政协的监督和支持下，以脱贫攻坚统揽经济社会发展全局，落实好新发展理念，守好发展和生态两条底线，用好民族文化和生态环境两个宝贝，坚决打好精准脱贫、防范化解重大风险和污染防治三大攻坚战，积极应对新挑战、有效化解新矛盾，推动经济社会持续健康发展。初步预计：全县地区生产总值完成 36.2 亿元，增长 10.5%，其中，第一产业增加值完成 8.62 亿元，增长 6.7%；第二产业增加值完成 5.72 亿元，增长 10.1%；第三产业增加值完成 21.86 亿元，增长 13%，三产占比为 23.8 : 15.8 : 60.4；500 万元以上固定资产投资完成 31 亿元，增长 15%；农业增加值完成 7.9 亿元，增长 6.7%；规模工业增加值完成 4120 万元，增长 10%；财政总收入完成 3.02 亿元，其中，一般公共预算收入完成 1.37 亿元；城镇、农村居民人均可支配收入分别为 29786 元、9330 元，分别增长 9.8% 和 11%；社会消费品零售总额完成 8.63 亿元，增长 10.5%。各项主要经济指标增速排在全州前列。

一年来，我们紧扣脱贫出列目标，尽锐出战打好精准脱贫攻坚战。一是抓牢抓实精准识别。围绕“一达标两不愁三保障”要求，累计新增识别贫困人口 795 户 1921 人，清退不符合政策贫困户 437 户 1451 人。二是抓牢抓实易地扶贫搬迁。2017 年度 1798 户 7598 人已搬迁入住；完成 2018 年度 1398 套安置房建设，已搬迁 1347 户 5279 人。三是抓牢抓实农村基础设施建设。投入 5309 万元，建成“组组通”公路 143 公里，全县 30 户以上自然寨通组公路硬化基本实现全覆盖。投入 1921 万元，完成 89 个村庄亮化工程，完成 144 个村寨串户步道硬化 205 公里。投入 3208 万元，完成 60 个村饮水安全工程，农村安全饮水实现全覆盖。四是抓牢抓实产业扶贫。积极推动“乡村旅游 + 产业扶贫”建设，大力发展茶、药、菜、畜（禽）等特色产业。获批财政专项产业扶贫资金 9405 万元，实施产业扶贫、因户施策项目 65 个，贫困户人均“1 亩茶、半亩药、半亩菜（菌）、1 头猪”的目标基本实现。五是抓牢抓实住房教育医疗“三保障”。投入 5092 万元，完成农村危房改造 1718 户、破旧房改造 4128 户，群众安全住房问题得到解决。开通贫困家庭学生资助“绿色通道”，累计落实教育资助资金 1697 万元，资助学生 5204 人次，确保全县适龄儿童不因贫因残辍学。投入 2100 万元新建和改扩建村级卫生室 92 所，招聘村医 121 名，基本实现村村有卫生室和村医；建档立卡贫困户参合率 100%、家庭医生签约率 100%、住院报销达 90% 以上，“先诊疗、后付费”一站式服务得到较好落实。六是抓牢抓实专项扶贫。全面落实扶贫小额信贷政策，累计发放“特惠贷”“惠农贷”资金 5.28 亿元，受益 1.07 万户。抓好生态扶贫，累计发放公益林补偿资金 1254 万元，受益 6100 户 2.48 万贫困人口；聘用 437 名贫困人口为生态护林员，每人每年收入近 1 万元。完成农村贫困劳动力全员培训 198 期 1.19 万人。七是抓牢抓实大塘镇（极贫镇）

深度脱贫。累计投入2.46亿元，启动实施九十九园区、大塘景区、九丰生态农业园、黔晟国资中药材全产业链基地等一批项目建设；累计投入9300万元，完成土地整治、串户路硬化、饮水安全、危房和破旧房改造等一批项目建设，大塘镇基础条件显著提升，特色产业加快发展。全年实现脱贫933户3347人，贫困发生率由15.95%下降到2.01%。八是抓牢抓实定点帮扶和对口帮扶。国务院扶贫办、省纪委监委、省国资委、杭州市上城区等帮扶单位累计协调落实各类资金2.5亿元。中国农业银行、吉利集团、中国三星、融创集团、浙江传化集团、贵州黔晟国资、贵州高速集团、贵州建工集团、贵州老倪青钱柳公司等企业全力帮助雷山发展，特别是贵州黔通智联公司还将总部从贵阳迁移落户雷山助力发展。雷山东西部扶贫协作得到中央政治局常委、全国政协主席汪洋批示肯定。2018年，全县预计出列贫困村53个，脱贫4562户16965人，贫困发生率从2017年的14.05%下降到1.9%，脱贫出列工作已通过州级审查。

一年来，我们坚守安全风险底线，打好防范化解重大风险攻坚战。严格落实政府性债务管理“七严禁”，妥善处置存量债务，坚决防止新增隐性债务，大力开展金融风险排查和不良贷款清收，积极筹措资金化解债务2578.35万元。深入推进扫黑除恶专项斗争，依法查处3起涉黑案件。“雪亮工程”和三级综治中心建设顺利推进。深入开展禁毒“两打两控”等行动，无毒害县创建成果进一步巩固。完成重点行业重点领域安全隐患专项排查整治，全县未发生重特大安全生产事故，被评为“全国平安农机示范县”。普法依法治理工作成效显著，被表彰为第四批全国法治县（市）创建先进单位。

一年来，我们不断提高治理能力，打好污染防治攻坚战。扎实推进森林保护“六个严禁”、环境保护“六个一律”行动，全面完成中央环保督察反馈问题整改。投入8240万元，完成53个传统村落农村环境综合整治项目建设。加大执法力度，检查整治油烟餐饮烧烤门面摊点110家，责令污染企业停业整顿20家，处理娱乐场所噪声污染投诉35件。加强环境质量监测，县城环境空气质量优良天数率为99.7%，各集中式饮用水源水质达标率为100%，城乡生活垃圾无害化处理率为90%。投入2600万元，完成新一轮退耕还林1.01万亩和人工造林1.92万亩。森林覆盖率为72.56%。

一年来，我们坚持产业引领，实体经济加快提档升级。一是文化旅游业稳步发展。西江索道、悦榕庄酒店、大塘短裙苗精品民宿、《西江盛典》剧场等项目建设有序推进。苗年系列活动转为民间主办获得成功。多彩贵州中国原生态国际摄影大展永久落户郎德苗寨，并建立原生态文化艺术中心。第六届“雷公山之巅·巴拉河之夏”山地自行车赛等系列活动完美落幕。“非遗+扶贫”绣娘技能培训成效显著，雷山纳入全国首批十个“非遗+扶贫”重点支持地区之一，承办全国非遗工作站现场会。大型舞剧《蝴蝶妈妈》正式向社会公演。全县文化产业增加值占GDP比重为9.05%，排在全省第三方阵乙类县第一位。接待游客1255.27万人次，旅游综合收入106.69亿元，分别增长30.04%和37.88%。西江旅游公司获得省长质量奖提名奖和贵州省文化产业十佳企业称号。二是农业结构调整加快。完成粮食总产量4.58万吨。调减玉米种植2.2万亩，完成中药材种植抚育1.8万亩、药用玫瑰种植2200亩，建成食用菌生产大棚628亩。加强农产品产销对接，完成生鲜农产品销售1800吨，销售收入3621万元。完成低产茶园及幼龄茶园改造2万亩，茶产品产量3900吨，实现综合产值10.5亿元。全国农产品安全县创建通过考核验收。预计全县农林牧渔业总产值完成12.72亿元，增长6.7%。三是工业商贸提质升级。启动乌开工业小区二期基础设施、康利6万吨山泉水等项目建设。投入450万元扶持小微企业100户。新增市场主体1347户，增长28.73%。借助淘宝、京东、苏宁易购、网易严选等电商平台，积极创新电商扶贫模式，推进农特产品“出山”。联合网易投入1000万元在西江苗寨建设全国第一家扶贫体验馆——网易“严选·雷山”体验馆。全县电商网络零售额突破2亿元，顺利通过国家级电子商务进农村示范县绩效考评，列入阿里巴巴重点打造的10个电商脱贫样板县之一，荣获“中国社交电商消费扶贫示范县”称号。民营经济对全县经济的贡献率达51.2%。

一年来，我们坚持城乡统筹，基础设施日臻完善。一是交通运输发展加快。累计投入6.72亿元，启动雷榕高速、大塘快速通道、永乐至榕江平阳、雷山至西江、雷山至舟溪等公路建设，自加压力完成30户以下村寨“组组通”公路建设90公里，建成农村客运招呼站56个，完成郎德至望丰公路改造等项目建设。投入420万元加强县内公路日常养护。二是水利设施得到完善。累计投入6.27亿元，加快推进西江、望丰（排卡）、翁养等水库建设。累计投入3900万元，完成沟渠防渗51.1公里和大塘农田水利设施、巴拉河灌区节水改造，改善和恢复灌溉面积1.3万亩。投入3453万元，完成丹江河河道治理8.85公里。三是农村条件全面改善。投入2270.6万元，完成改厨2873户、改厕1907户、改圈357户、配备移动灶台3833户。投入1940万元，完成4个村污水处理和消防设施建设。投入465万元，建成10个停车场、16个村级公厕，为96个村配备垃圾桶4180个、手推垃圾车285辆。投入6000余万元，完成58个传统村落消防设施改造，建成数字博物馆12个。格头村荣获“2018年中国最美村镇·生态宜居奖”，新申报的10个国家级传统村落通过住建部审查公示。投入1.27亿元，完成129个村寨农村电网升级改造，建成西江110千伏、大塘35千伏变电站，建成10千伏以下线路299公里，10千伏配变193台，实现村村通动力电。广电网络“户户用”新增8178户，自然寨4G网络覆盖率达99.8%。四是县城加速提质扩容。申报获批用地指标622亩。推进环卫市场化试运行，城镇精细化管理水平得到提升。加大“两违”清理力度，依法强制拆除“两违”建筑33处。永乐南路和城北棚户区改造有序推进，完成罗浪洲地、红枫水岸、苗都公馆、苗疆华府等房地产项目建设，羊排易地扶贫搬迁特色小镇基本建成，县城区逐步延伸到莲花、陶尧片区，城镇化率提高到42.02%。

一年来，我们持续深化改革，红利释放明显增多。一是深化“放管服”改革。完成行政审批服务事项清理1908项，完善办事指南1628项。完成第一批“最多跑一次”事项清理826项。“减证便民”专项行动扎实推进，完成27个单位、125项证明清理，取消证明事项26项。二是深化农业农村改革。整合资金5489万元，推进71个试点村开展“三变”改革，形成股金4683万元，量化到村集体2526万元、量化到户2157万元，受益农户8939户3.36万人。农村土地确权登记颁证工作通过省级验收，颁发证书3.14万户，确权面积24.55万亩。整合现有涉水资产，推进西江、永乐供水运营水务一体化改革。三是创新开放取得成效。申报科技项目12个，争取项目资金230万元；完成专利申请240件，专利授权49件，有效发明专利累计8件。成功创建省级“四好农村路”示范县，在全国率先推出“通村村”农村智慧交通服务平台，被交通运输部列为农村客运智能化应用示范项目在全国推广。加大产业大招商力度，新引进项目10个，到位资金23.34亿元。成功引进贵州高速石油公司、贵州农旅共济实业公司等一批企业落户雷山。

一年来，我们注重民生保障，人民生活持续改善。一是教育发展不断推进。投入1434.9

万元，完成5所村级幼儿园和12个标准食堂建设，配齐60所幼儿园（班）设施设备，完成掌批、小乌等8所学校运动场改造。将陶尧小学撤并到县思源实验学校，将大塘、莲花小学并入大塘小学莲花新校区办学。高考录取1207人，录取率为90.14%。与省财政学校等合作开设全免费精准脱贫班，完成招生100人。全年累计投入3.64亿元用于教育事业。二是健康保障水平明显提高。完成县妇幼保健院和大塘、西江、郎德卫生院建设，丹江、永乐、西江卫生院成功创建为一级甲等中心乡镇卫生院。启动县医院与永乐卫生院“医共体”试点建设。全县新农合参合率达99.9%，住院补偿15.61万人次、7283.87万元。居民电子健康档案建档率达97.78%。办理适龄儿童预防接种证1.29万人，建证率为99.84%。三是社会保障更加有力。完成老年养护楼、儿童福利院建设。累计发放低保、救济款物等8325万元，发放城乡居民养老金2210万元，发放特困供养人员补助515万元，发放1886名残疾人护理补贴131万元。新增城镇就业2217人，城镇登记失业率为3.06%。“十件民生实事”除县殡仪馆建设因适应县城发展需要调整规划设计未完成外，其余民生实事已全部完成。

一年来，我们不断加强自身建设，政府作风明显转变。自觉接受人大、政协和社会监督，办理人大代表建议155件、政协委员提案117件，满意率均达99%以上。严格落实党风廉政建设责任制，严格执行中央八项规定，严厉整治“四风”，强化行政监察和审计监督，行政效能明显提升。共选派968名干部脱产到村开展脱贫攻坚工作，组织全县2419名结对帮扶干部下村到户开展帮扶工作，吃住在村，工作在村，与广大群众同甘共苦，攻坚克难，建立深厚感情，干群关系更加融洽。与此同时，国防动员、后备力量建设、双拥共建取得新成果，应急救援、外事侨务、民族宗教、气象保险、档案县志、邮政通信、烟草盐务、供销石油、智力支边等工作取得积极成效，与工会、共青团、妇联等人民团体的联系进一步加强。

在充分肯定成绩的同时，我们也清醒地认识到发展不平衡不充分的问题还比较突出，面临的挑战还比较多。一是脱贫出列任务仍然繁重，后扶工作还需加大力度。目前减贫摘帽验收条件基本具备，但离精准脱贫、精彩出列和实现高质量稳定脱贫，任务还相当繁重。扶贫产业发展滞后，还不能支撑长期稳定脱贫。二是经济下行压力较大，收支矛盾较为突出。受经济下行和结构性减税等影响，财政收入增长缓慢，中央转移支付补助增幅下降，财政金融政策趋紧，而以脱贫攻坚为重点的各方面保障任务只增不减，财政保障压力不断增大。三是产业基础薄弱，辐射带动力不强。新型工业化、城镇化和农业现代化进程相对滞后，农业基础薄弱，工业支撑不够，民营经济实力不强，市场化发育不足，缺乏支撑性、引领性和带动性。四是民生兜底保障面大，社会综合治理有待加强。群众对教育、医疗等领域需求不断提高，公共服务还不能满足群众期望。随着经济社会加快发展，社会矛盾风险隐患交织叠加，群众的安全感、获得感还有待提升。五是干部干事创业激情不够，能力素质还需提升。在工作上创新不够，方法不多，有的干部责任心、事业心不强，敢于善于担当不够等等。这些问题，我们将予以高度重视，认真加以解决。

2019年工作重点

2019年是中华人民共和国成立70周年，是实施乡村振兴战略、“十三五”规划承上启下的关键之年，也是我县实现脱贫出列、决胜全面建成小康社会的重要一年。做好今年政府工作，至关重要、意义重大。

2019年政府工作的总体要求是：以习近平新

时代中国特色社会主义思想为指导，全面贯彻党的十九大和十九届二中、三中全会精神，认真落实中央、全省、全州、全县经济工作会议精神，深入贯彻落实习近平总书记对贵州工作系列重要指示批示精神，统筹推进“五位一体”总体布局，协调推进“四个全面”战略布局。坚持以脱贫攻坚统揽经济社会发展全局，坚持稳中求进工作总基调，坚持新发展理念，坚持推进高质量发展，坚持以供给侧结构性改革为主线，坚持守好“两条底线”，用好“两个宝贝”，统筹推进稳增长、促改革、调结构、惠民生、防风险工作，进一步做好“六稳”工作，在巩固增强提升畅通上下功夫，坚定不移地走“一主导四围绕”特色发展之路，继续打好三大攻坚战，推动三大战略行动，保持经济持续健康发展和社会大局稳定，确保如期实现整县高质量脱贫出列，为全面建成小康社会收官打下决定性基础，以优异成绩庆祝中华人民共和国成立70周年。

2019年全县经济社会发展主要预期目标是：地区生产总值增长9%以上，农业增加值增长6%以上，规模以上工业增加值增长12%以上，服务业增加值增长13%以上，固定资产投资增长15%以上，社会消费品零售总额增长11%以上，一般公共财政预算收入增长5%以上，城镇、农村居民人均可支配收入分别增长9.5%和10.5%。其他目标控制在上级下达的计划以内。

为实现上述目标，重点抓好以下工作：

（一）继续打好精准脱贫攻坚战，夯实全面建成小康社会基础。始终坚持以脱贫攻坚统揽经济社会发展全局，对标对表“一达标两不愁三保障”，确保7个贫困村出列、减少贫困人口500人以上，贫困发生率巩固在1.9%以内，力争下降到1.5%以下。

持续提升精准脱贫质量。围绕“三率一度”核心指标，继续打好“四场硬仗”，全面完善易地扶贫搬迁、危旧房改造、破损路面修复、串户路硬化、安全人饮、村卫生室建设收尾工作，确保2月底前全面完成各项硬件设施建设。重点抓好统一建档立卡、农村人居环境整治和提升群众认可度；扎实做好数据比对和分析，确保各方面数据全面准确、逻辑关系清楚。把握好时序要求，加大问题整改力度，积极筹备做好迎检工作，确保顺利通过第三方评估，实现减贫摘帽、脱贫出列。

持续巩固脱贫攻坚成果。落实中央、省、州关于打赢打好脱贫攻坚战各项决策部署，保持工作定力，始终坚持摘帽不摘政策、摘帽不摘责任、摘帽不摘帮扶，抓好脱贫出列“回头看”，以问题为导向，紧盯薄弱环节，建立“扶上马、送一程”后续扶持机制，全面补齐短板，夯实工作基础，统筹衔接乡村振兴战略实施，巩固提升脱贫攻坚成果，确保实现稳定脱贫、防止返贫，向全面小康迈进。

持续加大就业扶贫力度。深入落实易地扶贫搬迁后续综合扶持政策，做好搬迁群众“一步搬到位、六个全覆盖”的后续扶持工作，着力解决搬迁户“一户一就业”问题。开展好搬迁劳动力全员培训，依托对口帮扶城市和帮扶企业、县内企业，推动就业意愿、就业培训、就业技能与就业岗位精准对接，提高劳务输出组织化和就业扶贫全覆盖。

持续发展壮大扶贫产业。投入8000万元，实施因户施策、家庭农场等项目，落实好项目利益联结机制。积极发展茶叶、笋用竹、中药材、精品水果、蔬菜、黑毛猪、土鸡等扶贫产业，采取“1+N”模式，发展壮大“一乡一业”和“一村一品”经济，确保贫困户有稳定增收项目，每个村集体经济年收入达3万元以上。

持续聚焦深度贫困扶贫。汇集各类资源、政策优先向极贫乡镇、边远乡镇、深度贫困村、边远村寨倾斜；聚焦弱势群体，统筹社会救助体系建设，促进扶贫开发与社会保障有效衔接，健全农村留守儿童和妇女、老人以及困境儿童关爱服务体系，充分发挥农村低保等社会救助制度在稳定脱贫中的保障作用。

持续凝聚脱贫攻坚力量。最大限度利用帮扶资源，抓好定点帮扶、结对帮扶，推进东西部扶贫协作，发动社会力量，加大项目资金筹集、基础设施改善、智力文化帮扶、旅游开发推介等争取支持的力度。充分运用东西部扶贫协作帮扶资源，帮助完善易地扶贫搬迁安置区学校、幼儿园、卫生室等配套设施。实施好东西部扶贫协作项目，带动贫困户增收。广泛动员社会各界参与脱贫攻坚，形成大扶贫工作格局。

持续激发群众内生动力。注重扶贫与扶志、扶智、扶技相结合，通过召开群众大会、小组会、院坝会、入户走访等形式，加大扶贫政策宣传和解读力度。持续开展“我要脱贫、助你脱贫”等主题活动，加大自力更生脱贫先进典型的宣传报道的力度，加大对反面典型的曝光力度，充分激发和调动贫困群众脱贫致富的内生动力。加强感恩教育，帮助和指导贫困群众提升脱贫致富综合素质，树立“宁愿苦干、不愿苦熬”观念，增强“自我造血”功能，真正实现贫困群众通过自己的辛勤劳动脱贫致富。

（二）继续打好防范化解重大风险攻坚战，营造良好发展环境。树立底线思维，强化问题导向，做好风险防范，全力营造领域更广泛、人民更满意的发展环境。

化解政府债务风险。坚决贯彻中央和省、州防范化解重大风险要求，认真落实政府性债务管理“七严禁”，落实管控债务规模、规范债务管理、防范化解风险的主体责任。强化对国有企业和事业单位监管，加强举债必要性审查，管控好新增项目融资。争取发行地方政府专项债券解决土地收储、棚改等项目资金，破解融资难问题。积极盘活资产化解债务，加强债务风险隐患排查、处置和化解，确保政府债务风险总体可控。

强化防控金融风险。持续开展非法集资、各类交易场所和互联网金融三大专项整治行动，依法联动制裁“老赖”行为，推进银行不良贷款清收。完善金融风险防范机制，坚决杜绝各种金融乱象，防范金融市场各类风险隐患，坚决守住金融风险底线。

加强社会风险防控。深入推进扫黑除恶专项斗争，抓好反恐防恐工作，着力提升基层社会治理水平。强化毒品预防教育和缉毒执法力度，完善吸毒人员管控机制，巩固无毒害县创建成果。强化矛盾纠纷多元化解，依法治理信访突出问题。全面推进“雪亮工程”“天网工程”建设，健全完善社会治安防控体系。强化应急管理和应急处置，加大重点领域、重点行业安全隐患综合整治力度，切实增强群众安全感和满意度。强化食品药品安全监管，加强非洲猪瘟疫情防控处置，保障人民群众“舌尖上的安全”。

（三）继续打好污染防治攻坚战，坚守生态保护发展底线。深入贯彻习近平生态文明思想，坚定“生态立县”战略不动摇，加强环境污染防治，促进绿色发展。

严格落实监管责任。严格落实生态环境保护“党政同责、一岗双责”，推进森林保护“六个严禁”、环境保护“六个一律”执法行动，继续开展环保执法“风暴”和“利剑”行动。加强生态治理机制建设，深入落实“水十条”“土十条”和“河长制”。强化信用管理，落实企业环保“黑名单”制度。严厉打击非法占用林地湿地、肆意破坏森林和野生动植物资源的违法犯罪行为。抓好环保督察反馈问题及“回头看”发现问题整改工作。

强化环境污染防治。完成县环境监测站业务用房、沿河村寨农村生活污水和生活垃圾治理项目建设。启动西江连城河口污水处理厂、西江景区污水处理厂改扩建工程建设。完成县城区高污染燃料禁燃区划定和整改，完成县城区、西江景区餐饮企业油烟净化设施安装。加强土壤环境监测监管和噪声污染整治。加强工业企业、建筑工地、道路运输扬尘治理。确保集中式饮用水源地水质达标率100%、县城环境空气质量综合指标优良率98%以上。

保护利用生态资源。深入推进新一轮绿色贵州建设行动计划、十大生态修复工程和森林扩面提质增效三年行动计划，加快推进国家重点生态功能区建设。持续开展自然保护区、饮用水源等生态环境保护。积极推进营造林工作，完成人工造林2.64万亩，确保森林覆盖率在72.56%以上。

（四）坚持不懈狠抓文化旅游，切实提高服务承载能力。围绕国家旅游度假区创建，狠抓景区提质扩容，发展壮大文化旅游业，力争接待游客1300万人次以上、旅游综合收入增长30%以上。

推进全域旅游提质增效。加快全域旅游化、全县景区化步伐，大力发展满意旅游、优质旅游、智慧旅游，着力打造世界知名的苗族文化旅游目的地，确保通过全域旅游示范县验收。力争西江景区AAAAA创建成功，推进雷公山景区创AAAA工作。启动雷山风景名胜区各景区详细规划编制，积极谋划精品旅游线路，打造白岩、龙塘等一批乡村旅游示范村。推进乡村旅游标准化建设，评定通过标准级以上旅游村寨2个、农家乐及客栈10家以上。

加快景区开发建设。推进西江苗寨群景区建设，加快西江景区“两索道”、悦榕庄酒店、旅游观光火车、控拜生态博物馆建设；启动西江小北门多层停车场、诺纳达生态文化旅游区、北大门至干荣古村落项目、西江南门综合体、西江枫林民宿酒店项目建设。加快郎德景区完善提升，完成第三期郎德上寨古建筑群修缮建设，着力打造报德、南猛等民族村寨，拓展景区容量。推进大塘景区建设，完成大塘景区短裙苗精品民宿、旅游驿站、服务设施和《西江盛典》剧场项目建设。加快推进雷公山景区开发建设。

提高旅游服务综合能力。围绕旅游六要素，优化旅游供给结构，大力发展田园观光、果蔬采摘、民俗体验、休闲度假，做实周末游、节庆游，促进旅游与一、二、三产业融合。推进智慧景区建设，加快完善交通、住宿、餐饮、购物、标识标牌等配套设施，大力发展电商、物流、金融、创意、设计等服务业。积极引进旅游专业人才，规范旅行社、导游人员准入机制，提高导游服务水平。扎实开展西江景区去商业化专项整治，规范景区市场秩序，提升旅游服务质量，继续做大做强西江旅游品牌。

加强文化旅游宣传促销。加大旅游宣传推介力度，继续在主要客源城市开展宣传促销活动，巩固重点客源市场，拓展北方市场和境外市场。加强与各类媒体和网络运营商对接，依托新闻媒体、旅游达人、网络自媒体等平台加强宣传。办好雷山苗年、多彩贵州第十二届中国原生态国际摄影大展、环雷公山超100公里跑国际马拉松赛、苗岭之晨国际徒步大赛、“雷公山之巅·巴拉河之夏”山地自行车赛、苗岭斗牛大赛等活动，让观光游变成体验游，增加过夜游客比重。

促进文旅融合发展。积极申报国家、省、州级非物质文化遗产项目和代表性传承人。开展手工艺品公共品牌、手工艺品工作坊、非遗扶贫就业工作坊建设，加大对银饰、刺绣等小微企业扶持力度，传承民间技艺，丰富旅游产品，力争民族传统手工艺品电商销售平台运营。支持具有民族特色的文创企业发展，培育形成文化产业发展新亮点。加强民族文艺精品创作，提高民族传统歌舞展示表演水平。做好民族村寨保护提升，加快发展乡村文化旅游业。

（五）着力夯实农业农村基础，扎实推进乡村振兴战略。深入推进农村产业革命，不断激发农村发展活力，促进农业增效、农民增收、农村繁荣。

着力培育山地高效农业。提升发展茶产业，完成低产茶园改造5万亩。完成吉利集团茶旅文化扶贫示范项目建设，完成初级加工厂建设2家，新增认证SC企业2家以上。积极推动“雷公山”公共商标品牌宣传和成果运用。加大茶叶农药化肥管控力度，开展茶叶技术、茶产品质量安全等培训1200人次以上。完成茶产品产量4000吨以上，产品产值达5.8亿元，实现综合产值10亿元以上。全力发展茶园套种桂花树等经济林产业，完成茶园套种桂花树5万亩，建成示范基地1000亩，建成桂花树育苗基地70亩。加快发展竹产业，完成笋用竹基地建设3万亩、抚育1万亩。稳定粮食生产，推进粮食生产功能区和重要农产品生产保护区划定，确保粮食总产量稳定在4.5万吨左右。扩大特色养殖规模，肉类总产量达8600吨以上，水产品产量达1060吨以上。加快发展林下鸡、蜂蜜等林下产业，实现林下经济产值2亿元以上。

扎实推进乡村振兴发展。科学编制乡村振兴实施方案，完善村寨建设规划，区域化布局乡村主导产业。加大“两违”“大棚房”清理整治力度，保障乡村建设和产业发展用地需求。大力培养重技术、懂经营、善管理的新型职业农民，培养一批产业示范带头人、农村电商人才。扎实推进小康行动计划和“四在农家·美丽乡村”建设。注重传统村落保护与开发，完成贵州省传统村落保护发展示范村项目建设。推进乡村农民体育健身工程全覆盖建设。实施广电“户户用”工程2000户以上。加快农村电网升级改造，推动“数字雷山”智能化电网建设，提前完成国家新一轮农网升级改造目标。稳定扩大乡村、交通沿线和旅游景区4G网络覆盖面。

完善农业服务体系建设。积极培育农村产权交易体系、创新农业经营体系，完善社会化服务体系。持续抓好产销对接，突出抓好“农校、农超对接”，深入推进“农旅结合”。加大农村专业合作社培育力度，提升生产营销服务能力。实施农业科技人才服务“三农”行动计划，引导鼓励农技人员扎根一线，服务“三农”，推动154个村专业人才联系服务全覆盖。完成农机推广2000台以上。

切实改善农村人居环境。加强村寨环境卫生整治，强化农户室内外环境卫生治理，引导群众形成讲究卫生良好习惯。充分利用每村10万元人居环境整治经费，开展道路水沟清理、整治乱堆乱放、拆除危险建筑物等工作，推进农村环卫保洁常态化。继续推进“厕所革命”、垃圾治理工作，改善村容寨貌。推进“讲卫生、除陋习、树新风”行动，遏制乱办酒席等不良之风，打击邪教、传销、赌博等违法行为。创新开展“三下乡”服务，支持举办民间歌舞、体育赛事、民族节庆等活动，丰富群众精神文化生活。

（六）全力以赴扶持特色工业，推动实体经济健康发展。以绿色循环理念引领转型升级，扩大营销渠道，提高经营效益，努力构建多点支撑的经济发展模式。

力促工业园区扩能增效。扎实推进工业园区建设，着力将乌开工业小区和螺丝山工业园区打造成为移民搬迁创业就业扶贫园区；完善九十九等农业园区企业布局规划，增强园区承载能力。探索“园区办+国企”管理模式，进一步规范工业园区管理。开展“僵尸企业”、闲置厂房及土地清理，促使资产效益最大化。工业固定资产投资完成2.3亿元以上。

加大培育市场经营主体力度。完成黔晟国资中药材加工厂、吉利云尖茶叶加工厂、贵州绿野谷生物公司果汁厂等项目建设，推进年产200吨魔芋系列产品加工、康利、尚品源山泉水技改项目建设，启动西江旅游公司西江山泉水项目建设。研究做好益明食品厂扶持服务机制。落实好减税降费、放宽融资等政策，推动民营经济发展壮大。积极支持贵州黔通智联公司加快上市步伐。清理注册未生产经营主体，引导企业守法诚信经营。加大“四上企业”培育力度，扶持个改企5户、企业技术改造2家，新增市场主体1500户。培育规上工业企业2家以上，规上工业增加值达5000万元以上。

打响特色产品质量品牌。抓好“苗侗山珍”区域公用品牌使用，巩固西江旅游公司省长质量奖提名奖成果，加快省级名牌产品培育申报，争取新增贵州名牌、贵州著名商标2家以上，推动雷山鱼酱酸申报国家地理标志产品。推进雷公山茶省级知名品牌示范区创建。打造“有机绿色雷山”品牌，推进“三品一标”认证工作，争取通过国家有机认证示范区创建验收，完成认证1.5万亩。

提高电子商务发展水平。加快省级农商联动示范项目建设，完善物流、收集配送、销售、溯源等体系。整合供销、西江旅游商品开发公司等资源，深化与淘宝、京东、网易严选、苏宁等知名企业合作，推动线上平台维护运营。加强产品包装、设计及营销，打造雷山特色旅游商品，推动“黔货出山”。完成网易严选 · 雷山体验馆建设并投入运营，集聚打造西江苗寨电商品牌效应，激发县、乡、村三级电商站点活力，加快线上线下一体化建设，实现电商网络零售额稳定在2亿元以上。

积极促进社会消费增长。完成县级冷链、物流集配中心和达地、望丰、大塘等乡镇冷库建设。推进副食、百货、民贸、物资等企业改制，培育城投公司等转型承接新的商贸业务。结合棚户区和移民搬迁聚集区，打造餐饮、休闲等特色创业基地，建设羊排、观音阁等区域农贸市场。规范房地产交易，加强物业管理服务。培育壮大限上批零住餐企业，力争入库6家以上，实现社会消费品零售总额9亿元以上。

（七）持之以恒抓好项目建设，不断扩大有效投资。发挥投资的关键作用，抓好重点领域项目建设，注重扩大有效投资，加快补齐城乡基础设施短板。

做好项目谋划争取。紧紧抓住中央补短板扩内需增后劲政策机遇，聚焦重点领域和薄弱环节，加强项目储备库建设，谋划储备一批重大项目，争取更多重大项目进入国家和省投资计划，确保争取中央预算资金2亿元以上，启动和推进重大项目60个以上，年度完成投资41亿元以上。

加强城镇基础设施建设。启动县城控制性详细规划编制，加快建立“多规合一”、有机衔接的城乡规划体系，做好郎德、望丰、方祥、永乐、达地等特色小城镇规划建设，搭建“一心一带五点”特色城镇化空间骨架，为项目落地奠定基础。完成县城南部路网、生活垃圾收运系统二期、“智慧雷山”一期等项目建设。实施棚户区改造800户以上，加快推进县城区周边路灯安装工程、银饰街公路连接线、羊排风貌整治等项目建设。启动供水改扩建二期建设，启动红枫水岸二期等5个房地产开发项目建设，争取启动莲花小镇项目建设。加快设施维护、园林绿化养护、清扫保洁等市场化步伐，提升城镇管理水平。

加快交通路网项目建设。完成雷山经黄里—西江、雷山—舟溪、塔石—达地、朗利—西江、达地—乌空、夺鸟—背略、营上—白水河路面拓宽修复，完成永乐—平阳、九十九经掌批—开屯坳公路建设。加快雷榕高速公路、雷山—大塘快速通道、永乐环线等项目建设。新增实施一批农村公路安全防护工程、农村客运招呼站和公交站台建设。积极争取凯里—雷山快速通道、西江环线旅游公路项目。

实施水利重点工程项目。完成鸡鸠水库输水管网、水土流失综合治理、小型农田水利、甘益河治理等项目建设。完成望丰（排卡）水库、翁养水库建设。推进西江水库项目建设。启动乔兑、大塘水库建设和达地、柳乌、排荷水库前期工作。完成渠道防渗50公里以上，改善灌溉面积

9300亩以上。

强化项目要素保障。做好资金保障，全力争取国家一般性转移支付、专项投资、地方债券等方面支持；强化金融支持，深化“政银担”合作，抓好项目融资对接服务，增强金融服务地方经济发展能力。加强用地保障，强力推进在建项目征地拆迁，确保有效供地，切实解决“项目等地”问题；抓好旱改水工作，做好占补平衡，争取更多用地指标。提高服务水平，倡导“立即就办”，对项目审批实行绿色通道，提高项目审批效率。

（八）毫不动摇深化改革创新，推动经济高质量发展。坚决破除一切不合时宜的体制机制，选准发力点推动创新发展，激发全社会创造力和发展活力。

深化重点领域改革。全面完成新一轮政府机构改革，深化事业单位和综合行政执法改革；狠抓“放管服”“最多跑一次”改革。加大“双随机、一公开”力度，推进“证照分离”和“多证合一”商事制度改革。深化农业供给侧结构性改革和农村集体产权制度改革，抓好农村集体建设用地和宅基地确权登记。全面推进水务一体化和生态文明、食品安全监管体制改革。深化文化旅游、教育科技、医疗卫生、国有企业、财税体制等领域改革。

实施创新驱动发展。加强技术集成和流通模式创新步伐，提高生产、现代物流及施工设备技术水平，新增省级科技型企业备案10家、知识产权试点企业5家以上，新增专利申请60件、专利授权50件以上。完善综合治税措施，创新征管工作方式，重点加强对西江景区税收征管。鼓励保险公司创新民生保险、特色农业保险等产品。抓好第四次全国经济普查和第三次全国国土调查工作，为推动经济社会高质量发展摸清底数。

提升招商引资质量。加大“走出去、请进来”力度，抓好产业链“延链、补链、强链”招商，强化要素保障，提升招商引资质量。高质量编制项目40个，新引进产业项目20个以上，新增产业项目到位资金15亿元以上，力争新引进全国500强企业1家。

优化营商发展环境。紧盯重点领域和薄弱环节，采取积极有效措施，扎实开展营商环境整治，建立营商环境定期调度分析研判机制。推行“精细化”“保姆式”服务，加强与企业沟通服务和意向企业跟踪对接，切实破解企业融资难、用地难、审批难等问题，进一步优化营商环境，让企业放心投资、安心生产、顺心办事、舒心创业。

（九）坚定不移保障民生福祉，推进社会事业全面发展。突出民生福祉，织密扎牢民生保障网，提升人民群众获得感幸福感。

教育优质均衡发展。加大教育投入力度，启动县第三幼儿园建设，加快移民搬迁安置区学校配建，积极争取第五中学建设和桃江小学搬迁项目。进一步优化永乐、郎德等乡镇校点布局。强化“三名工程”师资提升培养，实施师德师风建设工程，落实乡村教师生活补助政策，营造尊师重教氛围。持续推进义务教育阶段“两免一补”和农村营养餐改善计划。落实教育资助政策，实现“应助尽助”。加快普高、职业教育发展，高中阶段毛入学率达90%以上。加快普及幼儿教育，全县幼儿园入园达5100人以上。

提高全民健康水平。巩固提高“五个全面建成”和县级公立医院综合改革成果，优化计生服务，持续推进健康扶贫工作。完成西江、郎德、达地卫生院中医馆建设，推进永乐、望丰、达地卫生院扩建，启动西城社区卫生服务中心建设。积极争取县医院扩建、县城移民新区卫生院项目建设。建设疫苗数字化监控系统和县级妇幼保健机构远程医疗系统，全面推进分级诊疗，加大远程会诊服务力度。巩固卫生基层基础，加强家庭医生签约服务，提升医疗服务水平。建立考核激励机制，充分调动医护人员工作积极性。

加大社会保障力度。落实国家各项社会救助政策，在城乡低保、特困供养、自然灾害生活救助、孤儿保障、医疗救助、临时救助等方面开展社会保障兜底工作。健全完善社会救助、养老服务体系，认真做好大病、重病医疗及精神病人等特殊人群救助。推进城乡居民养老保险等社会保险制度平稳运行。完成救灾物资储备库项目建设。

着力促进创业就业。成立城南社区服务中心和观音阁社区服务中心，不断提升移民安置区服务水平。采取建立就业扶贫车间、加工点等多种渠道，为贫困劳动力搭建就业平台。深化与杭州上城区劳务协作，实施劳动力全员培训计划，推动农村劳动力转移。扶持退役军人就业创业，做好高校毕业生就业促进工作。确保城镇失业率控制在 3.5% 以内。

全力抓好十件民生实事。一是完成劳动力技能培训 3000 人次以上，新增城镇就业 2000 人以上；完成“非遗 + 扶贫”就业工坊 8 个和就业扶贫车间 30 个，吸纳就业 1000 人以上；确保具有劳动力的移民搬迁家庭实现每户 1 人以上就业。二是启动县城第四小学建设，完成 8 所幼儿园及丹江小学运动场建设。三是完成县中医院、丹江卫生院、丹江社区卫生服务中心建设并投入使用；实现全县 137 个行政村卫生室、村医全覆盖，村医培训全覆盖；每个乡镇卫生院配备 1 辆救护车。四是全面普及推广“通村村”运用，全面推进通村公路破损路面修复和养护，解决交通运输服务群众“最后一公里”问题。五是完成县城污水处理二期工程，日处理能力从 3000 吨提高到 8000 吨；完成县城污水管网改扩建 15 公里。六是整县推进农村生活垃圾收运处置体系建设，确保农村垃圾无害化处理率达 90% 以上。七是城乡居民基本养老保险基础养老金提高到每人每月 93 元；城乡低保按省州提高标准做好提标发放。八是完成 10 个村水污染防治项目和 10 处 1000 人以上集中式饮用水源地环境保护设施项目建设。九是完成县政府政务服务中心办事服务大厅建设。十是启动县城规划区背街小巷亮化绿化美化工程，完成消防大队至第三小学、羊排移民小区至雷山民中以及县城移民搬迁小区亮化美化工程建设；加强行政村和自然寨亮化路灯和串户步道硬化建设并实现全覆盖。

加强政府自身建设

发展的重任、竞争的态势、人民的期盼，对政府自身建设提出更高要求，必须把全面从严治党要求落实到从严治政之中。打铁还需自身硬，我们将在县委的坚强领导下，坚持以新理念引领政府工作，以新思路推动发展建设，以新形象凝聚民心民力，努力建设让群众满意的人民政府。

（一）坚持依法行政，全力推进法治型政府建设。围绕打造法治政府，忠实履行宪法和法律赋予的职责，自觉运用法治思维和法律方式推动工作。以政府机构改革为契机，大力推行权力清单、责任清单、负面清单制度，及时向社会公开。自觉接受人大法律监督、政协民主监督和社会公众监督，认真办理人大代表建议和政协提案，坚持重大事项向人大报告和向政协通报制度。坚持民主集中制，坚持公众参与、专家论证、风险评估、合法性审查和集体讨论重大决策法定程序。落实“谁执法、谁普法”责任制，深入推进“七五”普法，推行法律顾问制度。全面推进政务公开，加强决策、执行、结果等事项公开，接受社会公众监督。

（二）坚持担当作为，全力推进务实型政府建设。进一步强化责任担当和效率意识，完善考核问责机制，严格效能督查、责任倒查、全程问责机制，坚决整治乱作为、慢作为、不作为。加快政府职能转变，推进政府规范化和效能建设，坚持实事求是的原则，坚决纠正表态调门高、行动少、落实差的行为，严厉查处懒政怠政、推诿扯皮的行为，破除政令不通，增强执行力。抓好巡视审计发现问题的整改，弘扬实干之风，做到察实情、干实事、求实效，切实把心思和精力放到破解难题、推动发展上。落实好激励干部担当作为干事创业办法和支持干部改革创新合理容错办法，加大奖优罚劣力度，旗帜鲜明为敢于担当、踏实做事、不谋私利的干部撑腰鼓劲，激发全县上下干事创业的积极性。

（三）坚持从严治政，全力推进廉洁型政府建设。始终把政治建设放在首位，牢固树立“四个意识”，坚定“四个自信”，做到“四个服从”，坚决维护习近平总书记核心地位，拥护党中央权威和集中领导。认真落实《中国共产党纪律处分条例》《中国共产党廉洁自律准则》《中国共产党支部工作条例（试行）》《中央八项规定》及实施细则，营造风清气正的政治生态。认真履行“一岗双责”，加强重点领域、关键岗位和重要环节监管，加强对公共资金、公共资产、公共资源和民生等领域的审计监督，严厉查处各类违法违纪案件，确保干部清正、政府清廉、政治清明。

（四）坚持转变作风，全力推进服务型政府建设。进一步增强宗旨意识、为民意识、服务意识，深入推进“两学一做”学习教育常态化，持之以恒纠治“四风”，扎实推进作风建设。坚持问题导向，完善联系群众、服务企业常态化机制，从群众最期盼、企业最迫切的难事着手，创新服务模式，积极为群众排忧解难。深化政民互动，提高政府感知群众期盼、服务公众需求的能力。用好新媒体为民服务平台，规范扶贫专线管理，积极回应社会关切，打通联系服务群众“最后一公里”，不断提高政务服务效能。

大事记

1月

3日 雷山县经济工作会议召开。会议总结2017年经济工作，部署2018年的经济工作。

同日 雷山县被农业部、国家安监总局联合命名为“2017年度全国平安农机示范县”。

9日 贵州省文化厅“学习宣传十九大精神，助力脱贫攻坚”文艺巡演走进雷山县大塘镇，演出《咱来报道十九大》等12个节目，并向困难群众捐赠一批冬季御寒衣服。

同日 全国扶贫宣传教育中心调研组成员一行赴雷山县望丰乡公统村开展产业项目对接调研，了解脱贫攻坚、乡村旅游等方面工作推进情况，并进行座谈、交流。

9—11日 由全国工商联、国务院扶贫办、贵州省人民政府主办的全国“万企帮万村”消费扶贫东西部协作支持贵州发展现场会在安顺市举办，雷山县组织14家企业代表及产品参展。

10日 中组部、团中央第18批赴黔博士服务团一行到雷山县西江镇就人才“三名工程”和文化旅游产业发展进行考察调研。

11日 雷山县举办转隶后首次纪检监察干部集中学习会，组织学习新修订的《中国共产党章程》《中华人民共和国监察法（草案）》和党的十九大精神，全县45名纪检监察干部参加学习。

15日 雷山县大塘镇2018年扶贫项目暨《西江盛典》大型实景演出剧场建设项目开工典礼在大塘镇鸡鸠村举行。

16—19日 政协第九届雷山县委员会第三次会议召开。县委书记黄清发作题为“同心同德携手并进为奋力续写新时代雷山发展新篇章而努力奋斗”的讲话。县政协主席韦通贤代表政协第九届雷山县委员会常务委员会作常务委员会工作报告。县政协副主席杨慧萍受政协第九届雷山县委员会常务委员会委托，向大会报告政协九届一次会议后的提案工作。会议审议通过常委会工作报告和提案工作报告。会议对过去一年常委会的工作给予充分肯定，同意常委会工作报告和提案工作报告提出的2018年工作总体要求和主要任务，要求县政协常委会认真组织实施。会议期间，委员们列席县人大十七届二次会议，听取并认真协商讨论县长袁刚所作的《政府工作报告》，听取并讨论其他工作报告。

17—20日 雷山县第十七届人民代表大会第二次会议召开。大会听取并审议通过《雷山县人民政府工作报告》《雷山县2017年国民经济和社会发展计划执行情况与2018年国民经济和社会发展计划（草案）的报告》《雷山县2017年财政预算执行情况和2018年财政预算（草案）的报告》《雷山县人大常委会工作报告》《雷山县人民法院工作报告》《雷山县人民检察院工作报告》，大会补选雷山县人大常务委员会委员3名，选举雷林多为雷山县监察委员会主任。

17日 贵州省纪委常务副书记、监察厅厅长、省纪委驻雷山县大塘镇脱贫攻坚指挥部常务副指挥长黄文胜一行深入雷山县大塘镇开展“访村寨、重监督、助攻坚”活动。

20日 雷山县苏宁易购电商扶贫实训店开业仪式在县农村电子商务产业园区举行。

22日 民进贵州省委副主委、贵州师范学院学报编辑部主任、省政协委员刘大泯一行赴达地水族乡开展文化扶贫调研，走访慰问乌达村25户贫困户，资助乌达村文化表演队发展民族文化资金6万余元。

同日 雷山县监察委员会正式挂牌成立。

23日 贵州省商务厅授予雷山县农村电子商务产业园为2017年度电子商务示范基地。全省共授予14个。

27日 由中国林业与环境促进会、中国城市报社、国家发改委《宏观经济管理》编辑部共同主办的典范城镇与景区高峰论坛在全国人大会议中心举行，雷山获得“全国十佳文化旅游名县”称号，西江景区中获得“中国文化生态景区”称号。

2月

2日 雷山县2018年村级核心电商服务网点负责人培训班在县农村电子商务产业园开班，全县80个村级电商核心网点和8个镇级电商网点负责人共88人参训。

10—11日 雷山县以“我的年货在雷山·赶年场”为主题在铜鼓广场举办电商年货节。活动期间，参展的21家企业、6家合作社、15个家庭农场销售收入共达39万元。

11日 雷山县西江千户苗寨景区、西江千户苗寨风情旅行社、李光雄银饰店被贵州省旅游发展委员会、省文明办授予贵州省2017年度“游客满意企业”称号。

13日 中国共产党雷山县第十三届纪律检查委员会第三次全体会议召开。会议总结2017年纪检监察工作，安排部署2018年纪检监察工作。

23日 黔东南州纪委副书记龙贤润到雷山县郎德镇乌流村蔬菜种植基地和育苗养殖基地、也改村能繁母猪养殖基地、杨柳村食用菌种植基地、乌吉明村黑毛猪养殖基地、南猛村花海旅游项目规划区和食用菌种植基地实地调研脱贫攻坚工作。

同日 雷山县2018年“宣传十九大精神·助力脱贫攻坚”文化“三下乡”文艺演出活动首次走进牛王寨易地扶贫搬迁安置小区，县文化馆等单位30余名演职人员表演苗族歌曲《歌唱十九大》等10个节目。

23—28日 雷山县举行庆新春闹元宵“中顺建筑杯”篮球运动会，全县有17支代表队（男队12支、女队5支）220余名运动员参赛。经角逐，西江旅游公司代表队获得男子组冠军，郎德镇欧波农合作社代表队获得女子组冠军。

26日 雷山县2018年脱贫攻坚“减贫摘帽”暨“春风行动”动员大会召开。会议总结2017年脱贫攻坚工作，对在脱贫攻坚工作中表现突出的150名脱贫攻坚先进个人予以表彰表扬，对全县2018年脱贫攻坚“减贫摘帽”暨“春风行动”作出安排部署。

3月

1日晚 2018年雷山县“迎新春”首届电声暨民族乐器演唱（奏）大赛举行，全州各县市的乐队精英共15个乐队或组合参赛，雷山县的春冬蝶乐队获得第一名。

3—7日 雷山县举办“三八”节“西江旅游杯”男女混合制趣味篮球赛，全县共有27个单位代表队491名（男253人、女238人）运动员参赛，取前5名奖励。经角逐，西江旅游公司代表队夺得冠军。

5日 雷山县2018年“名导游、名讲解”选拔赛在西江景区举行，西江景区、郎德景区和西江苗族博物馆共23名导游和讲解员参赛，郎德景区的陆盛妮获得选拔赛第一名。

同日 雷山县纪委县监委组织全县纪检监察干部开展“庆三八·走基层·促团结”徒步穿越雷公坪活动，全程约35公里。

7日 雷山县禁毒办联合县妇联、团县委、县总工会、县科协、县红十字会、县司法局和东、西城社区等单位利用赶场天开展主题为“捍卫幸福·远离毒品”的禁毒宣传活动，发放各类禁毒宣传资料6000余份，参加活动的群众达2000余人。

同日 经专家评审，雷山县《全域旅游发展规划》符合全州全域旅游发展布局，通过评审。

9日 公安部调研组成员一行深入西江千户苗寨调研指导农村消防工作。

13日 雷山县举办首届农产品质量安全检测技能竞赛，8个乡镇和40家企业代表队共52名队员参赛，望丰乡唐红艳、绿叶香茶叶有限责任公司余志春分获乡镇组、企业组一等奖。

16日 黔东南州2018年“项目建设攻坚年”启动现场会在雷山县召开并现场观摩该县重点项目。

24—25日 雷山县组织5家单位参加中国贵州第六届人才博览会，现场开展人才引进工作，共接待300余人次，有意到雷山工作并进行报名登记有124人。

25—27日 雷山县委副书记、县长袁刚率队赴上海、杭州、苏州等地开展产业招商考察活动，先后考察传化集团等8家企业，与企业负责人就项目合作进行洽谈。

28日 雷（山）榕（江）高速公路永乐匝道工程举行开工仪式，该工程连接S308省道和雷榕高速公路。

29日 2017年度网友最喜爱的贵州旅游目的地颁奖典礼在贵阳举行，西江千户苗寨荣获“2017年度网友最喜爱的贵州十大景区”称号。

是月底 雷山县域电商平台“雷山电商”APP正式上线运营，标志雷山电商发展走向产业化和规范化。

4月

8日 雷山县委农村工作会议召开，会议总结全县“三农”工作，对实施乡村振兴战略作出安排部署。县委副书记杨冰宣读《关于推进乡村振兴战略的实施意见》。

8—10日 第九届中国国际现代农业博览会在北京举行，雷山县精选红米、黑毛猪腊肉腊肠、鱼酱酸、野生天麻等一系列原生态农副特色产品生产企业组团参展。

9日 雷山县丹江河治理工程开工。治理河段为县城二中桥至教厂桥段主河道以及羊排河、鸡勇沟、陶尧河支流河段，河道综合治理8.85公里，新建堤防8.38公里。

10日 黔东南州政府副州长肖明龙到雷榕高速公路雷山段雄水大桥、乌秀冲1号桥、1号拌和站、雷公山隧道等施工点实地察看项目建设进展情况，听取项目推进情况汇报。

14日 吉利控股集团党委书记、副总裁陈文明等一行到雷山县开展产业扶贫帮扶活动，与雷山县签订茶旅结合扶贫示范项目战略合作协议，标志着吉利控股集团帮扶雷山县2000万元资金项目正式落地。

16日 贵州省纪委常委、省委巡视办主任梁伟一行到雷山县《西江盛典》实景演出剧场项目建设现场进行调研。

19日 雷山县文体广电新闻出版局与湖南百鼎有限公司在县文体广电新闻出版局举行苗家百鼎传奇项目签约仪式，该项目选址在西江镇营上村，总投资预算1500万元。

21—27日　雷山县举行2018“水务杯”庆“五一”职工篮球赛，全县共有61支代表队800余名运动员参赛，其中45岁以上男子中年组7支、45岁以下男子青年组35支、女子组19支。经过7天7夜151场角逐，雷山县农村信用合作联社代表队获得男子青年组冠军，雷山三中代表队获得男子中年组冠军，西江文化旅游产业园区代表队获得女子组冠军。

23日　以“4·23”世界读书日为主题的雷山县中小学“爱诗词·诵美文”朗诵比赛在县城木鼓广场举行，全县3000余名中小学学生参加。

24日　雷山县疾控中心、丹江镇中心卫生院利用县城赶集日开展主题为“预防接种·守护生命”的“全国儿童预防接种日”宣传活动，发放宣传“全国儿童预防接种日”海报400余张，发放《预防接种知识》及《致儿童家长的一封信》等宣传资料2500余份，接受群众咨询150余人次。

26日　国务院教育督导委员会办公室公布“2017年全国义务教育发展基本均衡县（市、区）名单”，雷山县榜上有名，成为贵州省荣获此称号的22个县（市、区）之一。

同日　雷山县“扫黄打非”工作领导小组办公室组织文化、公安、市场监管等部门开展知识产权保护宣传和非法出版物集中销毁活动，集中销毁侵权盗版及非法出版物图书、光碟共7500余册（张）。

27日　贵州省住建厅副厅长陈维明一行到雷山县郎德镇上郎德村、下郎德村和丹江镇党高村对2018年农村危房改造工作开展督查。

5月

4日　由共青团雷山县委、雷山县农村信用合作联社团委、雷山县供电局团支部联合开展以“青春五四·拓展体育”为主题的雷山县2018年纪念“五四”运动体育活动在雷山民族中学田径运动场举行，全县共有26支代表队、220名选手参与角逐。

同日　黔东南州政协副主席杨政宇率州政协调研组成员一行到雷山县调研公立医院改革工作。

6日　4月16日起在凯里、黎平等县市举行的2018年黔东南州青少年锦标赛落幕，雷山县代表队组织80名运动员参加田径、拳击、摔跤、跆拳道、自行车5个项目角逐，获得10金12银8铜的好成绩，其中田径乙组运动员杨小龙获得男子乙组跳高冠军，1.83米的成绩打破全州记录，达到国家二级运动员的水平。

同日　由贵州省人民政府、中国国际茶文化研究会、中国茶叶流通协会联合主办的2018中国·贵州国际茶文化节暨茶产业博览会在湄潭县举行，雷山县9家茶企组团选送优质茶产品参加各项评比及交流展示活动。

同日　全国人大农业与农村委员会副主任委员欧广源，率全国人大农委“推进农村扶贫开发”专题调研组成员一行到雷山县调研农村扶贫开发工作。

10日　雷山县工业信息化和商务局兑现7家工业和批零住餐企业奖励资金81万元，其中宏星建材公司获得规模以上工业入库奖励资金40万元，兴邦建材、西江千户苗寨旅游商品开发公司等6家企业共获得年度限上批零住餐企业市场主体培育“新增入库”奖励金41万元。

13日　友成基金会“让妈妈回家”电商创业项目种子基金捐赠仪式在县电商办举行，杨树桢、陈贤梅等10位妈妈获得该基金会资助的“让妈妈回家”电商创业项目种子基金各1万元，共计10万元。

15日　雷山县2018年防范和处置非法集资

暨“5·15”集中宣传活动在县城木鼓广场举行，发放宣传资料1200余份，悬挂宣传标语5幅，陈列宣传展板16张。

19日 2018年贵州旅业品牌评选颁奖盛典在贵阳市白云区举行，西江千户苗寨景区获得“十佳创意营销景区”称号。

24日 雷山县2018年产业大招商暨营商环境整治行动动员大会在县委五楼会议室召开，总结全县招商引资工作，并就2018年产业大招商突破年行动和营商环境集中整治行动进行安排部署。

同日 雷山县举行脱贫攻坚新一轮干部驻村工作队出征仪式，872名驻村干部出征奔赴脱贫攻坚一线。

25日 民盟携手章如庚慈善基金会到雷山县开展“爱心图书室”走进贵州第二季暨“全科辅导王”公益助学捐赠仪式在雷山县第一中学举行，章如庚慈善基金会捐赠价值151万元的爱心图书5.9万册（套）、价值125万元的“全科辅导王”公益助学卡9900张。

28日 2018年黔东南州校园足球三级联赛暨黔东南青少年足球锦标赛在丹寨县举行闭幕式，雷山县代表队获初中男子组冠军、高中女子组第三名、初中女子组第六名好成绩。

29日 以“传承经典继承文明”为主题的雷山县第三届中小学生软笔书法现场书写大赛在丹江小学校举行，全县有80名中、小学生选手参赛。经县书法组委会评选，雷山民族中学罗春艳获中学组一等奖，丹江小学王伊朵、县第三小学杨金玉获小学组第一名。

30日 黔东南州委书记桑维亮到雷山县丹江小学、县幼儿园看望慰问少年儿童，并送去慰问金。

至5月底 2018年雷山县共筹得资金物资432.73万元用于助学，其中捐款152.31万元，捐赠中、小学生学习软件、图书、乒乓球桌等物资价值280.42万元。

6月

1日 由雷山县水务局、县财政局、县发改局、县扶贫办、县卫计局等部门组成的验收小组，对大塘镇（极贫镇）2017年农村饮水安全巩固提升工程进行县级完工验收，原则同意通过县级完工验收。大塘镇2017年农村饮水安全巩固提升工程总投资322.39万元，于2017年12月开工建设，2018年5月20日完工，有效解决大塘镇12个村9363人（其中贫困人口3099人）的饮水难和不安全问题。

4日 雷山县举行退役公务用车拍卖会，共拍卖标的车辆12台，总成交价为16.27万元，超出鉴定评估价6.87万元。

6—8日 2018年高考期间，雷山县交通部门发起免费接送高考学子活动，30辆出租车驾驶员参加爱心送考志愿服务。

9日 雷山县卫计局为8个乡镇95个村卫生室各发放1台健康一体机，并邀请专业技术人员对村医进行健康一体机操作应用技术培训。

11日 雷山县利用赶集日组织县安监、交警、消防等18家重点成员单位在汽车站门口开展以“生命至上·安全发展”为主题的集中宣传咨询活动，共陈列消防安全、道路交通安全事故典型宣传案例展板28块，悬挂安全生产宣传横幅4条，发放道路交通、消防等宣传资料3.9万份，发放印有安全宣传提示的文化衫、围腰、环保袋等共660件，接待群众咨询386人次。

同日 雷山县组织由县发改局、县交通运输局等8个部门有关人员组成的验收组，对2017年农村“组组通”公路建设项目进行验收，一致同意通过验收。2017年，雷山县农村“组组通”公路项目建成公路66.78公里，总投资2662.8万元。

15—16日 中国茶叶流通协会在北京展览馆举行“2018年北京国际茶业展·北京马连道国际茶文化展·梧州六堡茶文化节”茶叶产品推选

活动，雷山县推选的脚尧牌清明茶荣获金奖。

16—18日 端午节3天小长假期间，雷山县共接待游客24.62万人次，旅游综合收入2.27亿元，其中西江景区接待游客14.29万人次，旅游综合收入13083.8万元。

17日 雷山县西江千户苗寨景区举行主题为“粽子粽子·你的快乐就是我们的宗旨”端午节包粽子有奖擂台赛活动，吸引100余名游客和当地村民报名参赛。

20日 贵州省政协副主席、巴拉河省级河长左定超一行到巴拉河雷山河段开展“保护母亲河·河长大巡河”贵州生态日活动，并到县城三号橡胶坝现场投放鱼苗2000余尾。

22日 阿里巴巴集团阿里研究院调研基地授牌仪式及系列活动在北京阿里中心举行，雷山县被授予“阿里巴巴集团电商脱贫研究基地”牌匾，雷山是贵州省唯一获得授牌的县。

29日 贵州省2018年第二季度“通村村”平台调度会议暨现场交流活动在雷山大酒店举行。

是月 2018年杭州市上城区——雷山县东西部扶贫协作联席会议在杭州上城区召开。会上，两地签署2018年东西部扶贫协议工作备忘录。

7月

3日 雷山县广场舞协会成立大会在县文体广电新闻出版局举行。

同日 黔东南州政协调研组组成人员到雷山县就“推进创建黔东南‘中国有机第一州’”开展课题调研，组织召开座谈会。

3—5日 杭州市上城区副区长孙刚锋率考察团成员一行赴雷山县开展东西部扶贫协作对口帮扶考察调研，组织召开对口扶贫协作工作座谈会，杭州市城建设计研究院有限公司等企业向雷山县方祥乡陡寨村、达地水族乡也蒙村等村寨捐赠发展援助资金共60万元。

4日 杭州市上城区清波街道到永乐镇排告村调研校园建设和产业发展，并组织召开座谈会。会上，向永乐镇捐赠10万元扶贫资金。

7日 黔东南州工会十一次代表大会召开。会上，雷山县脚尧茶业有限责任公司副总经理吴先海，望丰乡乌江村村民委员会主任、乌江村茶叶专业合作社理事长李世达，西江千户苗寨文化旅游发展有限公司设计师杨昌友3人荣获“黔东南州劳动模范”荣誉称号，雷山县第三中学教师刘湖平荣获“黔东南州先进工作者”荣誉称号。

12日 中国共产党雷山县第十三届委员会第五次全体会议召开。全会审议黄清发受县委常委会委托所作的工作报告。审议通过《中共雷山县委关于举全县之力深入实施高质量打赢打好脱贫攻坚战三年行动的决定》《中国共产党雷山县第十三届委员会第五次全体会议决议》。

19日 雷山县被全国普法办公室表彰为第四批“全国法治县（市、区）创建活动先进单位”。

同日 贵州省绿通惠农大数据有限公司与雷山县人民政府签订《战略合作协议》。

21日 北京百年职校与雷山县中等职业学校在北京成功签约，拟开办雷山百年职校，合作办好民族歌舞、酒店管理两个专业。

26日 黔东南州人民政府组织评选的黔东南州第一批“名工匠”名单出炉，雷山县莫厌学、杨光宾入选“名工匠”。

同日 中国香港地区青少年代表团一行250人赴雷山县西江景区开展“同心同根万里行”主题交流活动。

是月 雷山县西江镇入选马蜂窝旅游网评选的2018中国十大清凉古镇之一。

8月

1日 以“我学习·我快乐”为主题的暑假公益性免费培训班典礼在雷山县文体广电新闻出

版局举行。培训班开办声乐等8个班次，教学时间为15天，共有235名少年儿童报名参加培训。

2日 雷山县以全州第一名的优异成绩通过商务部国家级电子商务进农村示范县绩效评价考核验收，并获得2016年国家级电子商务进农村示范县后续奖励资金500万元。

8日 2018年第六届“黔茶杯”评比结果出炉，雷山县选送的“毛克翕特级银球茶”茶样荣获一等奖。

9日 贵州省人大常委会副主任、秘书长陈鸣明一行到雷山县乌开工业园区脚尧茶叶公司、西江镇脚尧村茶叶基地实地调研茶企助推脱贫攻坚工作情况。

10日 贵州省旅发委主任李三旗一行深入西江景区和县城城市综合体九黎部落《蝴蝶妈妈》演艺剧院调研旅游工作。

13日 贵州省政府副省长、省公安厅党委书记、厅长郭瑞民赴雷山县调研新时代基层派出所备勤室、食堂规范化建设工作，并慰问基层民警。

14日 黔东南州委书记桑维亮，州人大常委会主任耿生茂，州政协主席文松波，州委常委、州委秘书长、州委政法委书记潘亮，副州长陈应勇等一行到雷山县乌开工业园区调研。

16—30日 雷山县举办为期15天的“锦绣女”第二期培训班，给48名学员颁发结业证，为学员们评选出的6名优秀绣娘颁发荣誉证书。

18日 国务院扶贫办定点扶贫工作现场推进会在雷山县召开，会议总结上一阶段由国务院扶贫办社会扶贫司牵头帮扶的贵州省雷山县、由开发指导司牵头帮扶的甘肃省渭源县、由规划财务司牵头帮扶的江西省石城县的工作情况，并部署下一阶段的帮扶工作。

21日 雷山县政府下发《关于命名雷山县第一批“三名工程”名人才的决定》，命名第一批“三名工程”名人才41人，其中教育系统名人才12人［名校（园）长1人、名教师6人、名班主任5人］、卫计系统名人才12人（名院长2人、名医生5人、名护士5人）、旅游系统名人才17人（名厨师5人、名工匠8人、名导游4人）。

同日 农业农村部检查组成员一行赴雷山县检查全国农机安全监理规范化建设工作开展情况，副县长李绍雄汇报雷山县2017年创建“全国平安农机示范县”工作开展情况，检查组对雷山县获得2017年度“全国平安农机示范县”进行现场授牌。

22日 湖北、宁夏两省区16名全国人大代表到雷山县视察生态环境保护工作。

同日 杭州市发改委副主任朱师钧一行到雷山县开展爱心助学捐赠活动，向雷山县学校捐赠教具500套，为贫困学生送上爱心书包。

23日 浙江省委常委、杭州市委主要负责人率队到雷山县考察调研对口帮扶工作。周江勇一行先后实地考察调研郎德镇杨柳村食用菌产业园区、望丰乡三角田村吉利集团茶文旅扶贫项目，并走访慰问贫困户。

24日 雷山县人大常委会组织县十七届人大代表，分别赴永乐镇、郎德镇、大塘镇、望丰乡开展培训和视察活动。

27日 贵州省雷山县黔晟中药材公司与大塘镇三农合作社签订黄精种植协议，黔晟中药材公司董事长陈星，县人大常委会副主任、大塘镇党委书记张洪智参加活动。2018年1—7月，黔晟中药材公司累计完成投资约3250万元，建成标准化薄膜大棚3个共4160平方米和标准化玻璃大棚2个共2195平方米，组培、粗加工、仓储等建筑框架工程完成地面二层建设工作；完成种植示范基地栀子药材800亩，黄精1000亩，金丝黄菊、天冬等药材200亩。

28日 黔东南州委副书记、州长罗强到雷山县大塘镇调研脱贫攻坚工作。

30日 贵州省人大常委会选任联工作委员会

副主任委员梁承祥一行到雷山县调研农村产业发展工作。

9月

4日　黔东南州政府副州长吴坦率队到雷山县调研脱贫攻坚工作。

11日　国务院扶贫办综合司副司长张良一行赴雷山县开展支部共建结对帮扶活动。

13日　浙江曙光集团总经理胡良福一行到雷山县考察调研，与雷山县达成脱贫攻坚合作项目协议。

14日　雷山县易地扶贫搬迁安置点丹江镇牛王寨社区组织召开全体团员大会，选举产生该社区首届团支部委员，雷山县易地扶贫搬迁安置小区首个团支部诞生。

15日　雷山县2018年脱贫出列督战大会召开。省、州、县、乡（镇）、村500多名有关负责人参加会议。贵州省委常委、省纪委书记、省监委主任夏红民出席会议并讲话。要求实行严格督查问责制度，确保雷山保量保质脱贫出列。会上通报了雷山脱贫攻坚工作中存在的问题，宣读对有关干部问责的通报，黔东南州委书记桑维亮、雷山县委书记黄清发分别就抓好脱贫出列工作作表态发言。

18日　雷山县召开2018年易地扶贫搬迁工程项目“百日会战”动员部署会，安排部署推进2018年易地扶贫搬迁工程项目建设工作。

20日　雷山县“雷山乌秆天麻”“雷山银球茶”2个国家地理标志保护产品分别获得贵州省科技厅（省知识产权局）奖励2万元。黔东南州共有5个产品获奖。

21日　雷山西江千户苗寨景区举行首届“中国农民丰收节”开幕仪式，西江千户苗寨景区与南方卫视联合邀请广东省和中国香港、澳门、台湾等地区的电视、报纸、广播电台等媒体记者和网络大咖、旅行商组成的采风体验团——“粤港澳台百家媒体西江千户苗寨行”70多人、游客1000余人以及西江苗族同胞2000余人参加开幕仪式。系列活动为期2天，“百家媒体”相继报道活动盛况。

26日　由商务部市建司主办，中国蔬菜流通协会、贵州省商务厅、黔东南州人民政府等单位承办的中国农产品产销对接行暨第三场产销对接活动（黔东南）在凯里市嘉瑞禾维景酒店凯悦宴会中心举行。雷山县政府副县长杨和率毛克翕茶业有限公司、万城生态农业发展有限公司等13家企业（公司、合作社）参会和参展，推介雷山县的茶叶、青钱柳、黑毛猪肉、红米、天麻、蔬菜、水果等优质农产品。

10月

7日　雷山县教育科技局、县诚信劳务派遣有限公司在县示范性幼儿园组织召开全县2018年新招聘学前教育政府购买服务岗位人员岗前培训暨见面会，对全县学前教育学校新进专任教师、保育员、炊事员、门卫等65人进行培训。

10日　贵州省委脱贫攻坚督导组组长周仕彬深入雷山县西江镇龙塘村、北建村、连城村研调指导脱贫攻坚工作。

11—13日　雷山县开展“减少灾害损失・创造美好生活”主题宣传活动，共发放消防安全宣传手册、宣传单、宣传购物袋1000余份，发送消防安全宣传提示短信5000余条。

15日　雷山县领导黄清发、袁刚、刘光信出席2018年“扶贫日”雷山现场募捐仪式活动带头捐款。截至10月17日，全县共收到捐款18.39万元。

17日　雷山县组织召开2018年脱贫攻坚先进典型表扬大会。出席会议的县领导为优秀帮扶单位县人武部、优秀援黔干部刘韬、优秀艰苦奋斗脱贫家庭刘子双、优秀致富带头人杨国超、优秀驻村第一书记李先宏、优秀村干部罗朝礼等先进典型代表颁奖。

20日 杭州市上城区·雷山县劳务协作暨建档立卡贫困户和易地扶贫搬迁户专场招聘会在雷山县城铜鼓广场举行，上城区和雷山县共有19家企业驻场招聘，正式启动东西部劳务协作、就业扶贫系列专场招聘会。

22日 黔东南州扶贫办主任龙开泉到方祥乡水寨村、提香村指导脱贫攻坚工作。

29日 雷山县2018年中小企业星光培训开班，黔东南州工信局业务负责人到场指导，全县8个乡镇的中小微企业负责人、民族旅游商品加工经营者、返乡农民工以及高校毕业生等共130人参训。

30日 雷山县移民局联合县纪委、县人社局、县司法局、东城社区及雷山县农村信用合作联社大十字分社，在羊排安置区广场开展雷山县2018年易地扶贫搬迁项目集中抽签分房工作，完成抽签共1162户。

11月

5日 共青团雷山县委联合县教育科技局在该局会议室召开共青团雷山县教育工作委员会成立大会并揭牌。

同日 共青团杭州市委、杭州市团校一行47人赴雷山县开展帮扶协作考察。

7日 由商务部、财政部、国务院扶贫办、中央电视台财经频道联合主办的“改革开放40年·2018中国电商扶贫行动”直播专场在雷山县西江千户苗寨景区“雷山电商扶贫旗舰店”举行。

8日 雷山县顺利通过2018年贵州省“四好农村路”示范县考评验收，成为黔东南州继麻江县之后第二个省级“四好农村路”示范县。

13日 共青团杭州市委党组书记马利阳一行到雷山县毛克翕茶业有限公司、郎德镇杨柳村食用菌产业园等地考察脱贫攻坚产业项目，开展“共青团助力脱贫攻坚”捐赠活动，为报德小学捐赠结对帮扶助学金5.35万元、捐赠图书4000册，向共青团雷山县委捐赠图书经费10万元。

16日 雷山县举办2018年苗年节雷山籍在外创业人士座谈会。义乌市可好贸易有限公司、义乌市依莎电子商务商行、广东敏捷地产、广州市优格环保科技有限公司等12家企业雷山籍在外创业人士代表参加座谈会。

18日 雷山莎蔓莉莎爱心助学基金会成立，莎蔓莉莎集团向雷山捐赠20万元启动资金，并组织爱心人士现场捐款34413.26元。

同日 由雷山县委、县政府主办，县电商办承办的“2018雷山‘苗年节’电商扶贫优质农产品展销会”在雷山县城木鼓广场举行，全县8个乡镇和优秀企业近20家单位参展。

21日 十二届贵州省委脱贫攻坚“回头看”专项巡视雷山县动员会召开，省委第二巡视组组长张杰讲话，副组长蒋坤洋传达学习习近平总书记关于脱贫攻坚系列重要讲话精神和省委对雷山县开展脱贫攻坚“回头看”专项巡视的通知精神。

23日 宁波舜韵电子有限公司董事长姚国祥等一行14人到雷山县掌雷小学开展捐赠活动。宁波舜韵电子有限公司向掌雷小学捐赠运动场建设资金152万元，宁波江峰塑化有限公司等6家企业向龙河村捐赠“连心桥”善款22万元。

26日 由内蒙古燕谷坊集团牵头，壹点壹公益基金会、味来智选等企业共同组织的“壹点壹公益基金会&草原公益店铺‘种子计划’启动暨爱心捐赠仪式”在雷山县郎德镇岔河小学举行，捐赠给该校电子阅览室电脑12台。

同日 贵州省农业农村厅农产品质量安全监管处副处长蔡兴洪一行专家组对雷山县国家农产品质量安全县创建工作进行考核验收。经专家组严格评比打分，雷山县顺利通过考核验收。

同日 融创中国品牌部总监、融创公益基金会秘书长崔晓雷等一行到雷山县陶尧温泉、雷公山景区、郎德景区、大塘景区、掌坳传统村落等地考察文化旅游项目并座谈。

29日 内蒙古燕谷坊集团董事长何均国一行到郎德镇南猛村举行农特优品上行签约仪式，并向南猛村岔河小学捐赠电脑、体育器材等物资。雷山县政府副县长杨和、国务院扶贫办驻南猛村第一书记余晖、燕谷坊集团成员及南猛村村民共270余人参加签约仪式。

12月

12日 在淘宝“12·12”电商消费节系列活动中，雷山县荣获“中国社交电商消费扶贫示范县”称号，雷山县西江千户苗寨旅游商品开发公司荣获“温暖中国消费扶贫企业责任奖”。

27日 雷山县人民医院医共体永乐镇卫生院签订、揭牌仪式在永乐镇卫生院举行。

29日 雷山县羊排特色移民小镇迎来雷山县2018年易地扶贫搬迁项目第一批搬迁入住群众。

是月 在贵州省质量发展领导小组办公室组织开展的“贵州名牌”评选活动中，雷山县苗家春茶业有限公司生产的“高康杯杯香”牌雷公山清明茶被确定为“贵州省名牌产品”；西江千户苗寨旅游公司被确定为“贵州省服务业名牌”。

是月 贵州雷山老倪青钱柳开发有限公司总经理吴玲丹一行在雷山县开展捐赠助学活动，向雷山县贫困大学生捐赠助学金200万元。

是年 雷山县完成受理学生助学贷款申请1641笔，申请贷款金额1111.38万元。2009年启动生源地信用助学贷款后，雷山县共受理大学生助学贷款4368人，贷款10142笔，发放贷款累计6013.22万元。

县情概况

建置区划

【历史沿革】 明代以前，雷山无行政建置，称“管外苗族地区”，为苗族内部自治。全境为22个地方，分为乌流抱得、乌瓦乌肖、乌香乌节、党高羊排、南猛南约、掌排脚雄、乌东陶尧、乌尧黄里、鸡讲干吊、干丢雀鸟、脚虾脚能、皆各脚两、咱刀排劳、乌的独南、壁虎送年、掌拉甘益、排肖排略、掌约掌翁、乌对羊卡、排卡羊欧、郎当乌秀、莲花掌坳。

清雍正七年（1729年），贵州巡抚张广泗开辟苗疆，置丹江厅（厅址老丹江），隶属都匀府。咸丰五年（1855年）9月14日，丹江厅城被杨大六、张秀眉领导的农民起义军攻破，厅城被起义军占领，厅署消失。同治十一年（1872年），起义军被清军镇压，清王朝复建丹江厅，厅城迁驻肇泰堡，辖地不变。光绪二年（1876年），都匀知府罗应旒禀建砖城于肇泰堡（今城关郑家山脚），辖土司3个，管167寨。

民国3年（1914年），丹江厅改称丹江县，置行政公署。民国16年（1927年），县行政公署改称丹江县政府，隶属贵州省。民国24年（1935年），隶属贵州省第十一行政督察区（驻独山）。民国25年（1936年）隶属贵州省第八行政督察区（驻独山）。民国30年（1941年）6月，撤丹江县建置，以丹江河为界，河东并入台拱县（今台江县），河西并入八寨县（今丹寨县）。民国32年（1943年）7月13日，贵州省政府960次会议通过《雷山设治局设置计划》后，于民国33年（1944年）4月18日置雷山设治局，隶属贵州省第一行政督察区（驻镇远）。民国37年（1948）10月1日，雷山设治局改为雷山县，辖区不变，列为三等县。

1950年9月26日雷山解放，10月建立雷山县人民政府，隶属镇远专区。1954年6月26日，经中央人民政府政务院批准，撤销雷山县，建立雷山县苗族自治区。1955年9月，雷山苗族自治区改称雷山苗族自治县。1956年7月黔东南苗族侗族自治州成立后，雷山苗族自治县改称雷山县。1958年12月，撤销雷山县建置，与麻江、丹寨、凯里合建凯里县。1961年8月恢复雷山县建置，隶属黔东南苗族侗族自治州，至2018年未变。

【地理区划】 雷山县位于黔东南苗族侗族自治州西南部，北纬26° 02′—26° 34′，东经107° 55′—108° 22′，东临台江、剑河、榕江县，南抵黔南布依族苗族自治州的三都水族自治县，西连丹寨县，北与凯里市接壤。2018年，全县总面积1204.35平方公里，年末耕地面积23.84万亩。辖丹江镇、西江镇、大塘镇、永乐镇、郎德镇、望丰乡、达地水族乡、方祥乡共5个镇3个乡、154个行政村、6个居委会、1305个村民小组。

【人口民族】2018年末，全县有户籍总人口163229人，比2017年多1352人。其中苗族人口137383人、水族人口6854人、侗族人口4115人、布依族人口277人、其他少数民族2036人，少数民族人口占比92.3%。根据统计口径，2018年，全县年末常住人口数为11.87万人，比2017年增加0.05万人，年平均常住人口数为11.845万人。

自然资源

【地形地貌】县境在地层构造上，处杨子淮地台上次级构造江南台隆的北西部，出露地层全为元古界下江群。地质构造分为断裂构造和褶曲构造，雷山地处云贵高原向湖南、广西丘陵盆地过渡的斜坡地带，境内出露地层古老，地质历史上运动繁多。由雪峰运动引起下江群岩石的变化，产生一些断裂；加里东运动形成境内地质构造骨架；燕山运动和喜马拉雅山运动的形迹叠加其上，多次旋回造山运动的结果，形成雷公山地区的地形。雷公山位于雷公山广复式背斜轴部的一个次级向斜中，为县内最主要的山脉。因其向斜构造保存完整，地势高耸，海拔多在1800米。由于河流侵蚀强烈形成主要为深切割的中山、次为低中山和高、中山形态的轴貌特征。沟谷纵横，山峦重叠，地形复杂。相对高差悬殊，从县境南部达地背略亚麻河口最低海拔484米到中部雷公山顶最高海拔2178.8米，相对高差1694.8米。按海拔高度可将全县划为低山、中山、高山等地貌类型。其中低中山和中山地貌占全县总面积90.5%。

雷公山为苗岭之巅，雷山县因此得名。雷公山国家级自然保护区群峰起伏，由冷塘山、乌东山、野草坡、木姜坳、雷公坪、冷竹山、猫鼻岭、九洞山等11座海拔1800米以上的山峰组成，地跨雷山、台江、剑河、榕江四县，总面积71万亩，其中雷山县辖区52.7万亩，占保护区总面积的74.23%，占雷山县总面积的29.08%。雷公山是母亲山，地处长江水系和珠江水系的分水岭地带，是清水江、都柳江主要支流的发源地，长江水系和珠江水系的重要维持者。雷公山又是神奇的山，它有三绝：“万木之王”秃杉、佛光胜景、雷公山“天书”；有七特：穿衣树、苗皇城、八封林、飞瀑群、猴啸谷、千角场、睡莲池。1997年4月，联合国专家考察雷公山后向世界公布：雷公山是当今保护得最好的一块未受污染的生态文化净地，是人们追求返璞归真、重返大自然的理想王国，是世界十大森林旅游区之一。

【水能资源】全县境内大小河流有216条，分属清水江和都柳江水系。其中属清水江水系的有丹江河、望丰河、公统河、黄里河、乌迷河、白水河、乌江河等大小河流142条，流域面积763.5平方公里，占全县总面积的62.7%；属都柳江水系的有永乐河、南江河、乔桑河、背略河、也卡河、孔勇河、羊乌河等大小河流74条，流域面积455平方公里，占全县总面积37.3%。丹江河、永乐河、望丰河为县内主要河流。全县集水面积达20平方公里、长度达10公里以上河流有15条。全县年总水能理论蕴藏量为6.8万千瓦，可开发水能资源为1.91万千瓦。

【土地资源】林地面积占全县总面积的19.07%，草地面积占总面积的28%，县境有黄红壤、黄壤、黄棕壤、山地灌丛土四个带，分7个土类，17个亚类，33个土属，74个土种。

【林业资源】全县森林资源丰富，林地总面积8.47万公顷，活林木储量459.74万立方米，森林覆盖率达70.32%。县境内森林植被中种子植物种类有177科721属1962种。林木树种共有35科54种，占全国55科的63.6%。县境内属国家一级保护植物的有银杏、红豆杉属（所有种）、柏乐树（钟萼木）、单性木兰、穗花杉、金佛山兰6种。属国家二级保护植物的有台湾杉（秃杉）、三尖杉、柔毛油杉、翠柏、福建柏、华南五针松、榧树、十齿花、半枫荷、樟树（香樟）、润楠、闽楠、楠木、降香（降香檀）、花榈木（花梨木）、紫檀（青龙木）、大叶木兰、厚朴、凹叶厚朴、水青树、鹅掌楸、红椿、喜树（旱地莲）、马尾树、榉树、红花木莲、香果树、金钱槭、含笑、黄杉属（所有种）、黄檗（黄柏）31种。属国家三级保护植物的有长苞铁杉、白梓树、银鹊树、天麻、天女花、八角莲6种。

【生物资源】 全县野生动物资源丰富，已经鉴定的有53目280科2239种。在野生动物中有国家一级保护物种4种、二级保护物种31种及其他珍稀濒危动物物种110余种。鸟类中国家一级保护的有白颈长尾雉1种；国家二级保护的有鸳鸯、黑鸢、雀鹰、普通鵟、秃鹫、白尾鹞、白鹇、红腹锦鸡、草鸮、雕鸮、领鸺鹠、灰林鸮、长耳鸮13种。兽类中属国家一级保护动物有云豹、金钱豹、林麝3种；国家二级保护动物有猕猴、藏酋猴、中国穿山甲、豺、黑熊、水獭、大灵猫、小灵猫、斑灵狸、金猫、斑羚、鬣羚、青鼬13种。两栖动物中国家二级保护动物有大鲵和细痣疣螈。

【气候资源】 雷山县属典型亚热带季风湿润气候区。冬季无严寒，夏季无酷暑。大部分地区年平均气温在14℃～15℃。无霜期248～259天，年总积温5110℃～5475℃。年最高气温35.6℃，年最低气温-8.9℃。无霜期240～250天，年均降水量1375毫米，年均日照1098.8小时。全县农业气象灾害有暴雨、冰雹、倒春寒、雨凇（凌冻）、干旱、秋绵雨、秋风等。

【矿产资源】 县境内矿产资源主要有锑、铅、锌、铜等，矿床、矿点有开屯小型锑矿床、大槽中型锑矿床、冷竹山锑矿、开屯锑矿点、小开屯锑矿点、交腊锑矿点、丰塘多金属矿点、乌江多金属矿点、独南多金属矿点、排肖多金属矿点、开觉多金属矿点、固鲁多金属矿点、楼梯坝多金属矿点、咱刀多金属矿点。此外，还有丰塘、迪气、脚猛等多金属矿化点和乌开、乔洛、永乐等锑矿矿化点，以及开觉钨矿重砂异常区，羊排铅矿重砂异常区，咱刀铅矿重砂异常区，干扭白钨矿重砂异常区，独南铜矿异常区等。

【旅游资源】 雷山县旅游资源有1197个，五级有10个，四级有24个，三级有56个，二级有508个，一级有410个，未定级有189个。3～5级（优良级）旅游资源共计90个。县境内主要景点有20余处。自然景观主要有雷公山以及雷公坪、大坪山、将军山、雷公山国家级森林公园、响水岩瀑布、乌芒瀑布、高岩大峡谷。人文景观有中国历史文化名镇西江千户苗寨、全国第一座露天民族博物馆郎德上寨、铜鼓发源地掌坳村、超短裙之乡新桥苗寨、芦笙之乡南猛村、全国卫生村猫猫河村，此外还有58个传统村落。

经济社会发展

【经济状况】 2018年，地区生产总值完成35.29亿元，同比增长11.1%，增幅居全州第4位。其中第一产业增加值完成8.05亿元，同比增长6.6%；第二产业增加值完成5.88亿元，同比增长12.5%；第三产业增加值完成21.36亿元，同比增长12.2%。三次产业结构为22.8∶16.7∶60.5，对经济增长的贡献率分别为13.2%、18.7%、68.1%。财政总收入完成30237万元，公共财政预算收入完成13712万元。公共财政预算支出145971万元，其中财政八项支出90676万元。全税收收入26960万元，同比增长2.5%。500万元以上固定资产投资完成31.15亿元，同比增长19.7%；规模以上工业增加值4807万元，同比增长6.5%；社会消费品零售总额8.13亿元，同比增长8%；农村居民人均可支配收入达9297元，同比增长10.6%；城镇居民人均可支配收入达29705元，同比增长9.5%。

【脱贫攻坚】 抓牢抓实易地扶贫搬迁，2017年度项目搬迁入住1798户7598人；完成2018年度

1398套安置房建设，搬迁1347户5279人。投入5309万元，建成“组组通”公路143公里，全县30户以上自然寨通组公路硬化基本实现全覆盖。抓牢抓实产业扶贫，积极推动“乡村旅游+产业扶贫”建设，大力发展茶、药、菜、畜（禽）等特色产业。获批财政专项产业扶贫资金9405万元，实施产业扶贫、因户施策项目65个，贫困户人均“1亩茶、半亩药、半亩菜（菌）、1头猪”的目标基本实现。抓牢抓实住房教育医疗“三保障”，投入5092万元，完成农村危房改造1718户、破旧房改造4128户，群众安全住房问题得到解决。开通贫困家庭学生资助“绿色通道”，累计落实教育资助资金1697万元，资助学生5204人次，确保全县适龄儿童不因贫因残辍学。建档立卡贫困户参合率100%、家庭医生签约率100%、住院报销达90%以上，“先诊疗、后付费”一站式服务得到较好落实。雷山东西部扶贫协作得到中央政治局常委、全国政协主席汪洋批示肯定。2018年，全县出列贫困村53个，脱贫4562户16965人，贫困发生率从2017年的14.05%下降到1.9%。

【农牧渔林】 2018年，全县实现农林牧渔业总产值14.04亿元，同比增长6.7%，增加值8.43亿元，同比增长6.6%；粮食作物播种面积10463公顷，完成粮食总产量4.46万吨。调减玉米种植2.2万亩，完成中药材种植抚育1.8万亩、药用玫瑰种植2200亩，建成食用菌生产大棚628亩。加强农产品产销对接，完成生鲜农产品销售1800吨，销售收入3621万元。完成低产茶园及幼龄茶园改造2万亩，茶产品产量3905吨，实现综合产值10.5亿元。黑毛猪、林下鸡等特色养殖业规模化发展，肉类总产量达到6310吨，同比增长3.9%。全国农产品安全县创建通过考核验收。畜牧业呈现平稳增长。扶贫项目覆盖扩大，充分调动养殖户的积极性，推动畜牧业发展。2018年畜牧业增加值完成1.96亿元，同比增长4.8%。生猪出栏62472头，增长3.3%；牛出栏2720头，增长8.8%；羊出栏2620只，增长4.8%；禽蛋产量325吨，增长8.3%。

【固定资产】 2018年，完成500万元以上固定资产投资31.15亿元，同比增长19.7%。其中房地产开发投资3.2亿元，同比增长1.9%；5000万元以上项目联网直报完成投资23亿元，同比增长12.4%。

【交通邮政电信】 2018年，全社会货物周转总量35070万吨公里，同比增长4.7%；旅客周转量5852万人公里，同比增长13.1%。年末全县境内公路里程1596.46公里，其中高速公路11.5公里（主道，不含支线），国道19.3公里，省道219.45公里，县道203.81公里，乡道234.06公里，村道716.8公里，组道191.54公里。通水泥（沥青）路行政村154个，通客运车辆行政村154个。全县营运载客汽车151辆。

全年完成邮政业务总量2277万元，比2017年增长29.9%；电信业务总量6.83亿元，比2017年增长198.3%。全县年末电信业用户到达数（持卡）140264户。手机普及率99.2部/百人，互联网普及率39.3户/百户。

【工业建筑】 2018年，全部工业增加值完成2.43亿元，同比增长10.2%。其中，规模以上工业增加值4807万元，同比增长6.5%。启动乌开工业小区二期基础设施、康利6万吨山泉水等项目建设。建筑业快速发展，资质以内建筑业企业总产值4.53亿元，同比增长29.1%；全县建筑业增加值3.46亿元，同比增长14.5%。

【城乡面貌】 2018年，启动雷榕高速、大塘快速通道、永乐—榕江平阳、雷山—西江、雷山—舟溪等公路建设，完成30户以下村寨“组组通”公路建设90公里，建成农村客运招呼站56个，完成郎德—望丰公路改造等项目建设。水利工程加快推进。累计投入6.27亿元，加快推进西江、望丰（排卡）、翁养等水库建设。累计投入3900万元，完成沟渠防渗51.1公里和大塘农田水利设施、巴拉河灌区节水改造，改善和恢复灌溉面积1.3万亩。乡村面貌日新月异。投入2270万元，完成改厨2873户、改厕1907户、改圈357户、配备移动灶台3833户。投入465万元，建成10个停车场、16个村级公厕，为96个村配备垃圾桶4180个、手推垃圾车285辆。投入6000余万元，完成58个传统村落消防设施改造。投入1.27亿元，完成129个村寨农村电网升级改造。

【文化旅游】 西江索道、悦榕庄酒店、大塘短裙苗精品民宿、《西江盛典》剧场等项目建设有序推进。苗年系列活动转为民间主办并获得成功。多彩贵州中国原生态国际摄影大展永久落户郎德苗寨，并建立原生态文化艺术中心。第六届“雷公山之巅·巴拉河之夏”山地自行车赛等系列活动完美落幕。“非遗+扶贫”绣娘技能培训成效显著，雷山纳入全国首批十个“非遗+扶贫”重点支持地区之一，承办全国非遗工作站现场会。大型舞剧《蝴蝶妈妈》正式向社会公演。全县文化产业增加值占GDP比重为9.05%，排在全省第三方阵乙类县第一位。接待游客1291.35万人次，旅游综合收入106.88亿元，分别增长33.78%和38.13%。西江旅游公司获得省长质量奖提名奖和贵州省文化产业十佳企业称号。

【商业贸易】 2018年，全年完成网络零售额3.68亿元，顺利通过国家级电子商务进农村示范县绩效考评，列入阿里巴巴重点打造的10个电商脱贫样板县之一，荣获“中国社交电商消费扶贫示范县”称号。餐饮住宿、交通运输、商品零售、汽车销售等产业在旅游的带动下持续旺盛，2018年限额以上贸易服务业企业达到29家。2018年，全县实现社会消费品零售总额8.13亿元，同比增长8%。完成规模其他营利性服务业营收入18332万元，同比增长44.3%。加大产业大招商力度。新引进项目10个，到位资金23.34亿元。成功引进贵州高速石油公司、贵州农旅共济实业公司等一批企业落户雷山。

【财政金融】 2018年，财政总收入完成30237万元，公共财政预算收入完成13712万元。公共财政预算支出145971万元，其中财政八项支出90676万元。全税收收入26960万元，同比增长2.5%。大力开展金融风险排查工作，针对金融风险领域的风险专项排查行动，加大对非法集资防范、处置和打击工作力度，扶持中小微企业贷款，推进项目融资，设立脱贫攻坚基金产业子基金，推出小额扶贫贷款产品，全县金融活力不断增强。2018年期末，金融机构存贷款余额88.5亿元，同比增长17.5%，其中金融机构存款余额达49.62亿元，同比增长10.2%，金融机构贷款余额达38.88亿元，同比增长26.9%。

【人　口】 2018年末，按公安部门户籍数据统计，全县有户籍总人口163229人，比2017年多1352人。其中苗族人口137383人，水族人口6854人，侗族人口4115人，布依族人口277人，其他民族2036人，少数民族人口占比92.3%。根据统计口径，2018年，全县年末常住人口数为11.87万人，比2017年增加0.05万人，年平均常住人口数为11.85万人。“全面两孩政策”平稳推进，2018年，全县出生人口1538人，人口出生率12.38‰。开展集中整治“两非”专项行动5次。全县累计投入利益导向资金98.3万元，受益计生“两户”2691人次。

【教　育】 2018年投入1434.9万元，完成5所村级幼儿园和12个标准食堂建设，配齐60所幼儿园（班）设施设备，完成掌批、小乌等8所学校运动场改造。将陶尧小学撤并到县思源实验学校，将大塘、莲花小学并入大塘小学莲花新校区办学。高考录取1207人，录取率为90.14%，其中二本及以上上线628人。与省财政学校等合作开设全免费精准脱贫班，完成招生100人。全年累计投入3.64亿元用于教育事业。全县共有各级各类学校113所，其中独立开办的幼儿园42所（民办8所），小学64所（完小25所、教学点39所），初级中学4所，九年一贯制1所，普高1所，中职1所。在园（班）幼儿5105人，小学在校生11924人，初中在校生5895人，普通高中在校生3113人，中等职业技术学校在校生288人。全县在职公办教职工2389人，其中幼儿园396人、小学1051人、初中560人、普通高中317人、中职65人。全县学校专任教师1795人，其中幼儿园299人，公办园专科及以上学历教师占76.25%；小学807人，专科及以上学历教师占88.72%；初级中学426人，本科及以上学历教师占79.58%；普通高中210人，本科及以上学历教师占99.05%，研究生学历教师占1.9%；职业高中53人，本科及以上学历教师占84.91%。全县学前三年毛入园班率85.58%，小学入学率99.51%，初中入学率96.19%，九年义务教育巩固率101.8%，高中毛入学率90.19%。学生人均校舍建筑面积，小学12.36平方米，初中13.17平方米，普通高中23.46平方米，中职57.15平方米。生均图书册数，小学27.92册，初中46.47册，普通高中40.15册，中职17.36册。2018年雷山参加中考1966人，参加高考1216人，二本及以上上线628人。

【卫　生】 健康保障水平明显提高，完成县妇幼保健院和大塘、西江、郎德卫生院建设，丹江、永乐、西江卫生院成功创建为一级甲等中心乡镇卫生院。启动县医院与永乐卫生院“医共体”试点建设。全县新农合参合率达99.9%，住院补偿15.61万人次、7283.87万元。居民电子健康档案建档率达97.78%。办理适龄儿童预防接种证1.29万人，建证率为99.84%。2018年，全县共有医疗机构165个，其中医院7个，卫生院8个，民办非企业（诊所）9个，村卫生室139个。医疗机构共有床位892张，其中医院661张，卫生院188张，妇幼保健站43张。全县医疗机构在岗职工992人（卫生技术人员769人），其中执业（助理）医师213人（执业医师151人），注册护士297人，药师25人，技师76人，其中检验师41人，见习医师59人，其他技术人员25人，管理人员35人，工勤人员22人。全县医疗机构诊疗35.63万人次，入院27860人，出院27503人。

【社会保障】 2018年全县农村居民人均可支配收入达9297元，同比增长10.6%；城镇居民人均可支配收入达29705元，同比增长9.5%。社会保障更加有力，完成老年养护楼、儿童福利院建设；累计发放低保、救济款物等8325万元，发放城乡居民养老金2210万元，发放特困供养人员补助515万元，发放1886名残疾人护理补贴131万元。新增城镇就业2217人，城镇登记失业率为3.06%。

【环境治理】 全县总面积1204.35平方公里，年末耕地面积23.84万亩，森林覆盖率达72.56%。水环境质量及管理指数1.91，大气环境质量及管理指数2.93，城乡生活垃圾无害化处理率89.84%。

中国共产党雷山县委员会

工作综述

【**概况**】2018年，中共雷山县委坚持以习近平新时代中国特色社会主义思想为指导，深入学习宣传贯彻党的十九大精神和习近平总书记在贵州省代表团重要讲话精神，全面贯彻党的十九届二中、三中全会精神，牢记嘱托、感恩奋进，大力培育和弘扬新时代贵州精神，以脱贫攻坚统揽经济社会发展全局，牢牢守好发展和生态两条底线，用好民族文化和生态环境两个“宝贝”，以打造国内外知名苗族文化旅游目的地为战略定位，强力实施大扶贫、大数据、大生态、大健康战略行动，坚定不移坚持“生态立县、文化兴县、旅游强县”，坚定不移地走“一主导四围绕”的特色发展之路，全县呈现出脱贫攻坚扎实推进、经济持续健康发展、社会和谐稳定、文化繁荣发展、生态环境持续改善、人民安居乐业、干部群众感恩奋进、党的建设全面加强的良好局面。2018年，全县地区生产总值完成35.6亿元，比2017年增长11%；500万元以上固定资产投资完成36.23亿元，比2017年增长15.8%；规模工业增加值完成4700万元，比2017年增长11%；社会消费品零售总额完成8.63亿元，比2017年增长10.5%；城镇居民人均可支配收入29786元，比2017年增长9.8%，农村居民人均可支配收入9305元，比2017年增长10.7%。全县引进招商引资项目10个，其中开工在建4个，投产6个，招商引资到位资金21.5亿元。

【**党建工作**】持续加强干部人才队伍建设，全年县委常委会共研究干部10批次，讨论干部任免158人次，提拔35岁以下年轻干部9人；选派56名优秀干部到国务院扶贫办、国家发改委、杭州市上城区、贵安新区、省发改委等单位、地区挂职锻炼；加强干部日常管理监督，调整不适宜担任现职科级干部3名，免职3人；通过公务员招考、高层次和急需紧缺人才引进等渠道引进各类人才377人；评选各领域“名人才”41人。扎实开展“党支部建设年”活动，发展党员194名，整顿软弱涣散党组织16个。召开全县脱贫攻坚“七一”表彰大会，表彰一批基层优秀共产党员、优秀党务工作者及先进基层党组织。持续深入严查“四风”，查处违反中央八项规定精神问题9起，党纪处分4人，约谈5人。查处形式主义、官僚主义问题3起，处理6人，其中党纪处分2人，政务处分4人。集中整治干部不担当不作为突出问题，对不作为、慢作为的乡镇和部门约谈126人次；问责作风不实、工作不力干部267名，其中3人被组织处理，219人被实名通报。

抓好巡视整改工作。2018年1月3—23日，省委第二巡视组对雷山县开展巡视，并于4月16日反馈巡视意见，指出在党的领导、党的建设、全面从严治党3个方面存在的问题。县委迅速成立整改工作领导小组，研究制定整改方案，将巡视组反馈的3个方面问题细化为55个具体问题并建立整改台账进行整改。11月21日，省委第二巡视组再次对雷山县开展脱贫攻坚“回头看”专项巡视，对巡视组指出的问题，县委做到边巡边查边改、立行立改，确保整改任务条条有着落、事事有回音、件件有落实。

开展对政治纪律和政治规矩执行情况的监督检查，对落实“两个责任”不力的4个党组织、16名党员领导干部进行问责。坚持零容忍无禁区惩贪肃腐，全年全县共立案100件、结案73件、处分72人、移送司法机关3人。全年共约谈干部1555人次。全县各级纪检监察机关到案发单位宣布处分决定73份，开展“一案一整改”的部门单位11个，典型案例剖析8个，开展警示教育150余场次。启动二轮“访村寨、重监督、助攻坚”专项行动，发现民生领域问题线索193条，立案85件85人，给予党纪政务处分61人，移送司法机关2件2人。组织开展3轮巡察，发现问题161个，移交问题线索6条，转立案4件4人，约谈被巡察单位主要责任人5人。

【脱贫攻坚】 年内，审议通过《中共雷山县委关于举全县之力深入实施高质量打赢打好脱贫攻坚战三年行动的决定》。对2018年拟脱贫建档立卡贫困户退出情况、非脱贫户情况进行研判。在“八项专项治理”中，排查出漏评795户1921人，错评437户1451人。在此基础上，又结合动态调整，再次认真开展排查和研判，排查出漏评风险户51户104人，返贫风险户7户25人。2018年，全县标注脱贫4562户16965人，其中发展生产脱贫2610户10285人，易地搬迁脱贫802户3285人，生态补偿脱贫96户349人，发展教育脱贫447户1831人，社会保障兜底607户1215人；未脱贫1069户2634人，贫困发生率下降到1.9%。

打好农村危房和破旧房改造歼灭战，全县1718户危房改造和2121户破旧房改造全面完成。打好易地扶贫搬迁歼灭战，完成2017年度易地扶贫搬迁工作；2018年完成32栋85个单元安置房建设，年底搬迁入住。打好农村安全饮水歼灭战，2018年度全县农村安全饮水工程覆盖建档立卡贫困户4420户19889人，工程全面竣工，户户用上安全的自来水。打好“组组通”歼灭战，2018年度全县“组组通”公路建成并投入使用143.06公里。打好教育医疗社会保障歼灭战，全县落实教育资助资金2879.8万元，资助学生18614人次；全县建档立卡贫困户新农合参合率达100%，家庭医生签约率达100%，全县70个标准化村卫生室建设顺利推进，落实好健康扶贫政策，救助农村贫困人口9057人次，补助资金3423.65万元；落实社会保障兜底政策，做好低保和扶贫两项制度的衔接，做到应扶尽扶、应保尽保；落实就业保障，全年全县实现城镇新增就业2103人，农村富余劳动力转移就业3918人，城镇登记失业率为3.06%；开展贫困劳动力全员培训122期，累计培训6888人次，助推建档立卡贫困人口就业创业1.32万人。

推进产业扶贫，2018年全县茶园达15.2万亩、中药材面积达7.5万亩、生态畜禽达30万头（羽），实现农民人均1亩茶、半亩药、半亩菜（菌）、1头猪，做到村村有增收项目、户户有脱贫门路。推进深度贫困攻坚，把大塘镇（极贫镇）和全县37个深度贫困村作为脱贫攻坚的“决战点”，实质性启动实施大塘镇（极贫镇）子基金项目26个，累计划拨使用子基金2.14亿元；启动实施非子基金项目70余个，累计完成投资约4.6亿元。推进社会扶贫，省国资委协调建工集团、黔晟国资和机场集团等9家国企倾力帮扶，并筹资1亿元启动建设大塘中药材智慧生态循环经济扶贫产业园；杭州市上城区2018年捐赠雷山县100万元，帮扶支持全县3500万元用于脱贫攻坚，持续支持3年；中国扶贫基金会动员三星集团捐赠1000万元在雷山县白岩村开展乡村旅游扶贫项目，动员吉利集团捐赠2000万元在雷山县实施茶旅结合扶贫示范项目；浙江传化慈善基金会捐赠1430万元，援建70个“传化·安心卫生室”项目。

落实攻坚力量，实行县级干部包乡镇、科级干部包村、单位“一把手”驻村、“副职守家”，县委常委分别担任乡镇战区指挥长，全县共选派968名干部脱产驻村开展“网格化”工作。将每周五、周六定为全县“扶贫工作日”，组织全县2419名结对帮扶干部下村到户开展帮扶工作，进一步增强攻坚力量。年内，对在脱贫攻坚中敢于担当、善作善成的通报表扬61人、5个单位，提拔27人，职级晋升3人，表彰全县脱贫攻坚先进党组织19个、全县脱贫攻坚优秀共产党员50名、全县脱贫攻坚优秀党务工作者30名。对在脱贫攻坚中不担当、不作为的干部问责243人，其中全县通报批评215人并约谈126人，免职3人，组织调整2人，党政纪立案调查23件23人。

【文化旅游】 加快大西江苗寨群景区、郎德景区、雷公山景区、大塘景区等景区景点建设，把全县58个国家传统村落和100多个苗寨串联起来，逐步实现处处是景、随地可游，推动旅游市场淡季不淡、旺季更旺、持续井喷。全年全县接待游客1291.35万人次，旅游综合收入106.88亿元，分别比2017年增长33.78%和38.13%。2018年，“西江模式”在全省旅发大会上作经验介绍，并被列为贵州改革开放40年40事典型案例之一。坚持星级酒店和精品民宿同步推进，全县有4星级标准酒店4家，精品民宿、农家乐600余家，可接待游客的床位数13000多张。发展文化产业，推出多彩贵州《蝴蝶妈妈》《仰欧桑》等一批精品佳作，有10个民族村寨入选第五批“中国传统村落”名录。

【基础设施建设】 雷榕高速公路和旅游空铁项目实质性动工建设。南部路网市政道路、县城至大塘快速通道、苗岭天路等项目加快推进，完成雷山至西江公路改造、郎德至望丰公路改造、营上至白水河公路等项目建设，启动实施永乐至榕江平阳公路建设，加快县乡公路等级提升和农村“组组通”建设，覆盖城乡、互联互通的现代交通体系正在形成。抓好水利工程项目建设，西江水库、望丰（排卡）水库、翁养（脚尧）水库等一批骨干水利工程进展顺利，排荷水库前期工作取得阶段性进展。大力实施“四在农家·美丽乡村”小康行动升级版，加快推进城乡电网、通信设施和能源基础设施建设，农村电压可靠性达99.84%；全面实现4G网络“乡乡通”，移动电话网络“村村通”，广播电视“户户用”，极大地改善全县经济社会发展基础条件。

【生态文明建设】 加强退耕还林、植树造林、天然林保护、封山育林等生态工程建设，全县森林覆盖率达72.56%，环境空气质量优良率保持在98%以上。加强水污染的监测防治，加快县城和西江景区及营上服务区的污水收集处理设施建设，全县城镇污水处理率达85%。完成11个集中式饮用水源地环境保护规范化建设项目，集中式饮用水源水质达标率稳定在100%。加快推动绿色经济发展，稳步推进4个省级生态农业示范园区建设，加快创建“国家有机产品认证示范县”和“国家农产品质量安全县”，全县有机认证企业达29家、有机认证面积达1.58万亩，全县无公害产业基地认证面积达16.8万亩、无公害农产品认证达11个，是黔东南州有机认证企业数和有机认证面积最多的县。

重要会议

【全委会议】 7月12日，中国共产党雷山县第十三届委员会第五次全体会议召开。县委副书记、县长袁刚作《中共雷山县委关于举全县之力深入实施高质量打赢打好脱贫攻坚战三年行动的决定（讨论稿）》说明。全会审议县委书记黄清发受县委常委会委托作的工作报告，审议通过《中共雷山县委关于举全县之力深入实施高质量打赢打好脱贫攻坚战三年行动的决定》《中国共产党雷山县第十三届委员会第五次全体会议决议》。全会分析研究雷山县脱贫攻坚面临的形势任务，对打赢“减贫摘帽”攻坚战进行再动员、再部署，压实责任、尽锐出战，发起脱贫攻坚总攻，坚决夺取决胜脱贫攻坚、同步全面小康的伟大胜利。

【常委会议】 2018年，召开县委常委会会议27次，研究决定全县重大工作。

1月2日，传达学习全州经济工作会议精神、《中共贵州省委办公厅关于严格规范在省外举办各类活动的通知》（黔党办通〔2017〕40号）和州委书记桑维亮的批示精神、全州2018年领导干部报告个人有关事项工作动员部署培训会精神，研究雷山贯彻落实意见。会议讨论并原则同意《全县经济工作会议建议方案》《黄清发同志在全县经济工作会议上的讲话》《全县2017年经济社会发展情况及2018年经济工作建议》《2018年雷山县重点工程和重点项目名单（草案）》《关于增补县九届政协委员的请示》。

1月12日，传达学习州“两会”精神，《中共黔东南州委印发〈中共黔东南州委关于坚决维护以习近平同志为核心的党中央权威和集中统一领导的规定〉的通知》（黔东南党发〔2017〕31号）精神、州承办第十三届贵州旅游产业发展大会筹备工作领导小组第七次会议精神；讨论《中共雷山县人民政府党组关于研究西江旅游公司融资租赁3亿元资金的请示》《中共雷山县人民政府党组关于审定雷山县2018年一般公共预算和财政性基金预算及社保资金预算（草案）的请示》。审议并原则同意《雷山县第十七届人民代表大会常务委员会工作报告（送审稿）》《政府工作报告（送审稿）》《雷山县2017年国民经济和社会发展计划执行情况及2018年国民经济和社会发展计划（草案）报告（送审稿）》《雷山县2017年财政预算执行情况和2018年财政预算（草案）报告（送审稿）》《政协第九届雷山县委员会常务委员会工作报告（送审稿）》《雷山县人民法院工作报告（送审稿）》《雷山县人民检察院工作报告（送审稿）》《中共雷山县委关于坚决维护以习近平同志为核心的党中央权威和集中统一领导的规定（讨论稿）》。

2月2日，传达学习省“两会”精神、《关于〈领导干部报告个人有关事项规定〉和〈领导干部个人有关事项报告核查结果处理办法〉若干问题解答（二）》（中组部组工通讯〈总3002号〉）精神，研究相关工作。讨论并原则同意《全县脱贫攻坚表彰暨2018年脱贫攻坚誓师大会建议方案》《雷山县2018年整县减贫摘帽工作实施方案（征求意见稿）》。

2月11日，传达学习中央、省委农村工作会议精神，州扶贫开发领导小组第十六次会议精神，《中共黔东南州委办公室黔东南州人民政府办公室关于印发〈进一步贯彻落实中央八项规定精神切实加强作风建设实施细则〉的通知》（黔东南党办发〔2017〕37号）精神，十九届中央纪委二次全会、十二届省纪委二次全会和十届州纪委三次全会精神，省委常委、省纪委书记、省监委主任夏红民到雷山慰问调研时的讲话精神。会议要求贯彻落实好上述会议精神，加快推进脱贫攻坚步伐，让群众满意、让领导放心、让干部工作有成就感。会议讨论《在十三届县纪委三次全会上的工作报告（讨论稿）》

2月26日，传达学习州委农村工作会议精神，全省扶贫开发工作会议暨脱贫攻坚“春风行动”启动会议精神，全国、全省、全州组织部长会议精神，中央、省委、州委政法工作会议和全国、全省、全州扫黑除恶工作会议精神，会议要求贯彻落实好上述会议精神。讨论《雷山县2018年脱贫攻坚“春风行动”实施方案》《中共雷山县人民政府党组关于审定雷山县2018年重大工程和重点项目责任分解的请示》。讨论机构编制问题，原则同意撤销中共雷山县教育局委员会，设立中共雷山县教育和科技工作委员会；原则同意给县人民医院增加1名副院长领导职数；原则同意成立雷山县中医医院，为县卫生和计划生育局管理的正科级公益一类事业单位。

3月13日，讨论并原则同意县人民政府党组提交的《关于西江旅游公司向江苏金融租赁股份有限公司申请融资租赁的请示》中关于融资一亿元的请示事项。

4月4日，传达学习《中共贵州省委办公厅贵州省人民政府办公厅关于认真学习贯彻习近平总书记重要批示精神科学务实推进重大民生工程建设的通知》（黔党办发〔2018〕15号）精神，省委书记、省人大常委会主任孙志刚到黔东南州调研时的讲话指示精神及十届州委常委会第73次（扩大）会议精神；省委常委、省委组织部部长李邑飞到雷山县调研时的讲话精神，州委书记桑维亮到雷山调研时的讲话精神，全州城镇棚户区改造工作动员部署大会暨2018年第一季度项目现场推进会精神，十届州委2018年巡察工作动员部署电视电话会精神，全国、全省、全州宣传部长会议精神，全国、全省、全州统战部长会议和全州对台工作会议精神，要求贯彻落实好上述会议和讲话精神。会议讨论《中共雷山县委雷山县人民政府关于推进乡村振兴战略的实施意见（讨论稿）》《中共雷山县人民政府党组关于增加雷山县2018年度易地扶贫搬迁规模的请示》《中共雷山县西江镇委员会关于审批〈西江十年编撰策划工作方案〉的请示》《中共雷山县人大常委会党组关于雷山县人大常委会2018年工作要点及监督工作计划的请示》《中共雷山县政协党组关于审定〈政协第九届雷山县委员会常务委员会2018年工作要点〉的请示》《2017年度雷山县党政领导班子及州管干部年度考核评定等次建议》等问题。会议原则同意以社会购买服务的方式充实县文明办3名工作人员、县文化馆2名工作人员。

4月20日，传达学习中央政治局委员、中央书记处书记、中央组织部部长陈希在黔东南州台江调研时的重要讲话指示精神和十届州委常委会第74次（扩大）会议精神，全省县以上党政主要领导干部学习贯彻习近平新时代中国特色社会主义思想研讨班精神，全省县以上党政主要领导干部学习贯彻习近平新时代中国特色社会主义思想研讨班精神，十二届省委第二轮巡视黔东南州有关县集中反馈会议精神，副省长吴强赴黔东南州调研指导脱贫攻坚工作调度会议精神。会议要求贯彻落实好上述讲话和会议精神。会议讨论《关于落实十二届省委第二巡视组巡视雷山反馈意见的整改方案（讨论稿）》，要求深刻剖析原因，狠抓整改落实，为如期实现整县“减贫摘帽”奠定坚实基础。

5月3日，传达学习全省集中整治不担当不作为的突出问题业务培训电视电话会议精神，2018年中国苗族姊妹节暨黔东南州第八届旅游产业发展大会精神，黔东南州开展全国禁毒示范城市创建活动启动会议暨2018年全州禁毒工作会议精神，全州2018年经济领域风险防范化解工作会议精神，提出贯彻落实好上述会议精神的意见。听取全县禁毒工作情况汇报，讨论《雷山县关于整治干部不担当不作为突出问题工作实施方案（讨论稿）》。

5月17日，传达学习2018年全省第一次项目建设观摩会精神，全省金融工作会议精神，全省国有企业和高等院校党的建设工作推进会议精神，全省国有企业和高等院校党的建设工作推进会议精神，研究贯彻落实意见。会议明确由县委办、县委组织部牵头起草雷山县《关于进一步加强和改进全县国有企业党的建设工作的实施意见》和《关于进一步加强和改进全县学校党的建设工作的实施意见》，按程序送审后下发执行，推动国企和学校党的建设各项工作落到实处、见到实效。

6月2日，传达学习《中共黔东南州委黔东南州人民政府关于雷山县要加快易地扶贫搬迁有关工作的通知》精神和州委常委、州纪委书记、州监委主任黄兴文，州委常委、州委秘书长、州委政法委书记潘亮的讲话精神。会议要求抓好2017年、2018年度易地扶贫搬迁项目建设，确保按时按质按量全面完成易地扶贫搬迁各项工作任务，坚决打赢打好精准脱贫攻坚战。

6月9日，传达学习习近平总书记在全国生态环境保护大会上的重要讲话精神，中共中央政治局会议精神、省委书记孙志刚到黔东南州调研时的讲话指示精神和十届州委常委会第83次（扩大）会议有关精神，国务院扶贫办党组成员、副主任陈志刚到雷山调研时的讲话指示精神。会议要求贯彻落实好上述会议、讲话精神。会议明确由县发改局牵头，各相关部门配合，结合雷山实际，抓紧编制雷山县乡村振兴战略规划，尽快形成城乡融合、区域一体、多规合一的乡村振兴规划体系。

7月1日，传达学习习近平总书记在十九届中央政治局第五、第六次集体学习时的重要讲话精神及中共中央政治局召开审议《关于适应新时代要求大力发现培养选拔优秀年轻干部的意见》会议精神，省委十二届三次全会、州委十届五次全会和州扶贫开发领导小组第十九次会议暨脱贫攻坚存在问题专项治理工作会议精神及州委书记桑维亮就全州当前易地扶贫搬迁工作作出重要批示精神，要求学习和贯彻落实好上述讲话和会议精神。会议原则同意《关于增补罗爵为政协第九届雷山县委员会委员的请示》。

7月9日，传达学习省委常委、省纪委书记、省监委主任夏红民到雷山调研时的讲话精神，全省党风廉政警示教育大会精神，全州国有企业、教育系统和卫计系统党的建设工作推进会议精神，会议要求贯彻落实好上述会议和讲话精神。会议听取全县党风廉政建设和反腐败工作情况汇报，讨论《关于进一步加强和改进全县国有企业党的建设工作实施方案（讨论稿）》《关于进一步加强和改进全县教育系统党的建设工作实施方案（讨论稿）》《关于进一步加强卫计系统党的建设工作实施方案（讨论稿）》。

8月3日，传达学习中共中央政治局分析研究当前经济形势和经济工作会议精神，第十三届贵州旅游产业发展大会精神，全省生态环境保护大会暨国家生态文明试验区（贵州）建设推进会精神。会议听取县人民政府党组关于全县上半年经济运行情况汇报及下半年工作建议。

8月14日，传达学习孙志刚在省委常委会第66次会议传达学习贯彻习近平总书记关于巡视工作的重要指示精神及中央第四巡视组巡视贵州省情况反馈会议精神时的讲话、在省委常委会第68次会议研究部署进一步做好中央巡视组巡视反馈意见整改工作时的讲话和在省委常委会第69次会议暨省委巡视整改工作领导小组会议审议整改方案时的讲话精神，要求全县各级各部门抓紧抓好巡视整改工作。

8月19日，传达学习国务院扶贫办定点扶贫工作现场推进会精神，通报全省脱贫攻坚存在问题专项治理成效检查评估反馈情况、脱贫攻坚第三方评估专家组调研指导反馈问题情况和州扶贫开发领导小组办公室关于对2018年拟脱贫摘帽6个县7月交叉检查工作情况。会议原则同意调整2018年雷山县食用菌菌棒生产基地建设项目内容，确定2018年第二批中央财政专项扶贫资金（少数民族发展资金）和2018年省级少数民族发展资金全部用于支持达地水族乡农村串户路建设，切实改善该乡农村人居环境。

8月31日，传达学习全州2018年工业项目现场观摩会精神，全州2018年工业项目现场观摩会精神，全州网络安全和信息化工作会议精神，全州第三季度经济运行调度视频会议精神，研究贯彻落实意见。

9月13日，传达学习《中共中央　国务院关于防范化解地方政府隐性债务风险的意见》（中发〔2018〕27号）、《中共中央办公厅国务院办公厅关于印发〈地方政府隐性债务问责办法〉的通知》（中办发〔2018〕46号）、《中共贵州省委办公厅贵州省人民政府办公厅关于印发〈贵州省地方政府性债务管理问责暂行办法〉的通知》（黔委厅字〔2017〕67号）、《中共贵州省委办公厅贵州省人民政府办公厅关于政府性债务管理“七严禁”的通知》（黔党办发〔2017〕25号）和《中共贵州省委办公厅贵州省人民政府办公厅关于认真学习贯彻〈地方政府隐性债务问责办法〉的通知》（黔办发电〔2018〕33号），会议要求扎实做好防范化解政府隐性债务风险各项工作。

9月15日，传达学习雷山县2018年脱贫出列督战大会精神，并研究制订整改方案等相关工作。讨论并原则同意《雷山县2018年整县高质量脱贫出列“百日会战”实施方案（讨论稿）》。

9月21日，传达学习全省组织工作会议精神，9月18日州委常委会关于研究黔东南州中央环保督察问题整改落实会议精神，要求贯彻落实好上述会议精神。会议听取全县中央环保督察问题整改落实情况汇报，要求严格按照标准、要求和时限，不折不扣高质量完成中央环保督察反馈问题整改任务。

10月11日，传达学习中共中央政治局第八次集体学习会议精神以及《中共中央国务院关于实施乡村振兴战略的意见》（中发〔2018〕1号）和《中共中央国务院关于印发〈乡村振兴战略规划（2018—2022年）〉的通知》（中发〔2018〕18号）精神，州委书记桑维亮在《黔东南州住房和城乡建设局关于各县市2019—2022年城镇棚户区改造计划申报情况的报告》上的批示精神，要求贯彻落实好上述会议和文件精神。会议听取全县棚户区改造工作推进情况汇报，要求加快棚户区改造推进进度，确保全面完成棚户区改造工作任务。

10月28日，传达学习全省产业大招商突破年行动推进会暨2018年全省第二次项目建设现场观摩会精神，10月25日十三届贵州省人民政府第14次常务会议研究部署全省2018年拟退出贫困县脱贫摘帽工作会议和2018年贫困县退出考核评估业务培训会精神，研究贯彻落实措施。会议听取全县扶贫对象动态管理和信息采集、脱贫攻坚基础设施建设、户口清理整顿工作情况汇报，要求持续抓好高质量完成脱贫攻坚各项工作，确保如期实现整县高质量脱贫出列。

10月31日，传达学习省委十二届四次全会精神，省委第七巡视组巡视黔东南州情况集中反馈会议精神，讨论《中共雷山县委关于省委第七巡视组巡视黔东南州反馈意见整改方案（讨论稿）》及有关方案，省委第二巡视组巡视雷山县反馈意见整改完成情况汇报，并研究相关工作。

11月22日，传达学习全省宣传思想工作会议精神，全省公立医院党的建设工作推进会议和全省抓党建促脱贫攻坚推进易地扶贫搬迁社区组织党的建设工作座谈会议精神，要求贯彻落实好上述会议精神。会议讨论《中共雷山县委宣传部关于审定雷山县融媒体中心建设工作方案的请示》《中共雷山县委组织部关于成立城南易地扶贫搬迁特色小镇临时党工委和西出口易地移民社区临时党工委建议方案的请示》。

12月11日，传达学习州委书记桑维亮在雷山县督导脱贫攻坚座谈会议讲话精神，12月9日州委常委会传达中央第五生态环境保护督察“回头看”典型案例（二十九）贵州黔东南州台江经济开发区整改不力重金属污染隐患突出的通报会议精神，并研究相关工作。

12月21日，听取县委深化党和国家机构改革领导小组关于雷山县机构改革方案的情况汇报，审议并原则同意县委深化党和国家机构改革领导小组提交的《雷山县机构改革方案（讨论稿）》。

【县委重要专题会议】 2018年，召开县委专题会议共31次。

1月11日，召开全县2018年易地扶贫搬迁工作调度会议，听取各乡镇2018年易地扶贫搬迁任务和对象完成情况汇报，通报2018年易地扶贫搬迁任务落实情况，并就相关工作进行专题研究。

1月18日，召开专题会议，听取国务院扶贫办定点帮扶白岩等9个村脱贫攻坚工作情况汇报，并就雷山县赴美国斯坦福大学参加自然资本研讨会及生态、自然资源文化交流宣传有关事项进行专题研究。

1月20日，召开县扶贫开发领导小组会议，传达学习《省扶贫开发领导小组办公室关于国家精准扶贫工作成效贵州省第三方评估工作有关进展情况的通报》和省委书记孙志刚，州委书记桑维亮，州委副书记、州委政法委书记杨昌鹏的批示精神，通报全县脱贫攻坚年终交叉检查工作情况，听取2018年全县脱贫攻坚工作安排打算，并就相关工作进行专题研究。

1月29日，召开会议，传达学习全州防抗凝冻会议、全州道路交通安全紧急电视电话会议和《州委书记桑维亮同志，州委副书记、州长罗强同志给各县（市）委书记、县（市）长和州直有关部门主要负责同志关于积极有效应对凝冻灾害的信》精神，听取全县抗凝冻、保民生工作情况汇报，并就相关工作进行专题研究。

2月3日，召开专题会议，传达黔东南州地方银行金融机构风险隐患化解专题会议精神，听取关于雷山县农村信用合作联社风险隐患防范化解的情况汇报，并就相关工作进行研究。

3月8日，大塘镇（极贫镇）项目建设工作调度会议召开，会议听取了大塘镇项目建设推进情况汇报，并就相关工作进行专题研究。

3月16日，召开县扶贫开发领导小组会议，传达州扶贫开发领导小组第十七次会议暨2018年整县脱贫摘帽工作会议精神，听取全县脱贫攻坚“减贫摘帽”和农业产业结构战略性调整工作安排和推进情况，通报近期脱贫攻坚督查情况，并就相关工作进行专题研究。

3月17日，召开全县农业产业结构战略性调整专题会议，就加快全县农业产业结构战略性调整、助推全县脱贫攻坚进行专题研究。

4月23日，召开县扶贫开发领导小组会议，传达2018年全省扶贫业务工作培训会议精神，听取全县2018年脱贫攻坚“减贫摘帽”有关方案的情况汇报，并就相关工作进行专题研究。

5月7日，召开专题会议，传达学习5月4日省委常委会听取全省中央环保督察反馈问题整改情况汇报会议精神和黔东南州环境保护督察整改工作领导小组2018年第一次会议精神，听取全县落实中央环境保护督察组反馈问题整改工作情况汇报，听取全县易地扶贫搬迁、农业产业结构战略性调整工作情况汇报，审议脱贫攻坚“减贫摘帽”相关工作方案，并就相关工作进行研究。

5月15日，召开专题会议，听取县城南易地扶贫搬迁小镇建设推进情况汇报，就相关工作进行研究。

5月19日，召开专题会议，听取“苗岭天路·花海幽谷”乡村旅游带建设推进情况汇报，并就相关工作进行专题研究。

6月15日，召开县委财经领导小组会议，会议听取县人民政府关于全县筹资融资工作的汇报，并进行专题研究。

6月22日，召开专题会议，听取大塘水上粮仓酒店及旅游驿站项目景观设计和内装设计方案的情况汇报，并就相关工作进行研究。

7月6日，召开县扶贫开发领导小组会议，传达学习全州迎接国务院扶贫督查巡查工作会议精神，通报6月全县脱贫攻坚综合督查情况，听取县脱贫攻坚“减贫摘帽”总指挥部各作战部工作推进情况、全县脱贫攻坚“5+3”问题专项治理工作情况和各乡镇主导产业发展情况汇报，讨论《雷山县全省易地扶贫搬迁大检查反馈问题整改方案（送审稿）》和《2018年杭州对口帮扶黔东南第二批项目预报计划表（送审稿）》，并就相关工作进行研究。

9月8日，县扶贫开发领导小组会议召开，通报省扶贫办到雷山县调研发现问题及工作建议，听取县考察组到瓮安县、江口县、玉屏县、正安县考察学习脱贫攻坚工作情况和全县农村危房改造和农村破旧房改造推进情况汇报，并就相关工作进行研究。

10月3日，县扶贫开发领导小组会议召开，听取县脱贫攻坚“减贫摘帽”总指挥部各督查组督查全县脱贫攻坚工作情况、全县农村危房和破旧房改造工作推进情况、全县2018年拟脱贫建档立卡贫困户和2018年非脱贫户对象名单情况汇报，并就相关工作进行研究。

10月16日，县扶贫开发领导小组会议召开，听取全县破旧房改造及人居环境整治对象有关事项和“特惠贷”有关工作情况汇报，讨论《雷山县2018年扶贫对象动态管理和信息采集指导工作方案（送审稿）》，并就相关工作进行研究。

10月21日，县扶贫开发领导小组会议召开，传达学习习近平总书记、李克强总理10月17日对脱贫攻坚工作作出重要指示批示精神，省委常委、省纪委书记、省监委主任夏红民在《关于对雷山县脱贫攻坚工作的阶段性督查报告》上的批示精神和州扶贫开发领导小组第二十二次会议精神以及《中共贵州省委巡视工作领导小组办公室关于转发〈关于对雷山县脱贫攻坚驻村干部进行督查的情况〉的通知》精神，听取脱贫出列“百日会战”大战20天工作推进情况、全县户口清理整顿工作情况汇报，讨论《雷山县2018年易地扶贫搬迁项目建设补充协议（送审稿）》，并就相关工作进行研究。

11月3日，县扶贫开发领导小组会议召开，听取脱贫出列“百日会战”大战20天工作完成情况、全县户口清理整顿工作情况、全县扶贫对象动态管理和信息采集工作完成情况汇报，并就相关工作进行研究。

11月8日，县扶贫开发领导小组会议召开，听取国务院扶贫办党组成员、副主任陈志刚到雷山调研准备工作情况汇报，传达学习省委常委、省纪委书记、省监委主任夏红民在《关于贯彻落实雷山县2018年脱贫出列督战大会精神的情况汇报》上的批示、《中共贵州省委巡视工作领导小组关于开展十二届省委第四轮巡视脱贫攻坚“回头看”专项巡视的通知》（黔巡〔2018〕5号）和《州督战队督战整改通知书“生态移民搬迁房建设未达到入住条件及搬迁户未完全入住”》（州督战队〔2018〕第21号）精神，通报县综合督查组专项督查情况并研究问题整改方案，就相关工作进行研究。

11月12日，县扶贫开发领导小组会议召开，传达学习国务院扶贫办党组成员、副主任陈志刚到雷山调研讲话精神，听取全县扶贫对象动态调整工作推进情况和2018年度易地扶贫搬迁对象锁定工作情况汇报，就相关工作进行研究。

12月20日，县扶贫开发领导小组会议召开，讨论《雷山县—上城区东西部扶贫协作三年行动计划（2018—2020年）》，并就相关工作进行研究。

【全县专项工作会议】 1月3日，全县经济工作会议召开。会议的主要任务是，全面贯彻落实中央、全省、全州经济工作会议精神和全省脱贫攻坚表彰暨秋季攻势总结电视电话会议精神，总结2017年经济工作，部署2018年经济工作。

2月26日，雷山县2018年脱贫攻坚“减贫摘帽”暨“春风行动”动员大会召开。会议总结2017年脱贫攻坚工作，对全县2018年脱贫攻坚“减贫摘帽”暨“春风行动”作出安排部署。会议对150名2017年脱贫攻坚先进典型进行表扬。

4月8日，县委农村工作会议召开。会议的主要任务是全面贯彻落实中央、省委、州委农村工作会议精神，总结全县“三农”工作，对实施乡村振兴战略作出安排部署。会上，县委副书记杨冰宣读《关于推进乡村振兴战略的实施意见》，郎德镇、西江旅游公司分别作交流发言。

5月24日，全县2018产业大招商暨营商环境整治行动动员大会召开。会议传达省、州有关会议精神，总结全县招商引资工作，并就2018产业大招商突破年行动和营商环境集中整治行动进行安排部署。

7月1日，全县脱贫攻坚“七一”表彰大会召开。会上，对脱贫攻坚先进基层党组织、优秀共产党员和优秀党务工作者代表进行表彰。

8月30—31日，全县进一步打好“夏秋攻势”决胜脱贫攻坚推进会召开。会议通报脱贫攻坚工作存在的问题，提出解决问题的办法措施，并对全县干部履行脱贫攻坚职责和工作纪律提出要求。

县委领导重要活动

5月8日，县委书记黄清发率队到城南易地扶贫搬迁小镇、县城至大塘快速通道、大塘水上粮仓酒店群、《西江盛典》演艺项目、九十九农业产业园区、“苗岭天路·花海幽谷”等项目建设现场实地调研，听取项目负责人相关工作情况汇报，就推进项目建设进度提出要求。县领导袁刚、韦通贤、周哲云、金光翔等参加调研。

5月29日，县委副书记向波深入大塘镇独南村、也耶村开展脱贫攻坚工作调研，组织召开座谈会，了解产业发展、合作社运营模式及利益分配连接机制等情况。

5月31日，县委常委、副县长范军武率雷山县信用合作联社部分员工和北京爱心人士一行人到郎德镇岔河小学开展“你的心愿我来实现”捐资助学活动，捐赠校服106套、电脑器材1套、书包若干。

6月1日，县委常委、县委统战部长、县移民局局长金光翔，县人大常委会副主任邱兆娟分别到丹江镇教厂村和陶尧村、水电村、长丰村、排翁村、干皎村看望驻村干部，就丹江战区脱贫攻坚工作进行调研。

12月30日，县委书记黄清发，县委副书记、县长袁刚到县水务投资有限公司看望和慰问奋战在抗雪凝保供排水一线上的职工，并送上慰问金。

县委办公室工作

【概　况】 2018年，县委办公室紧扣县委的重大决策和工作部署，按照规范、高效、优质的要求，秉承实事求是、精细管理、严而又严、细而又细的工作理念，紧紧围绕办公室工作要点，不断提高工作质量和办事效率，进一步提高“三服务”能力。

【调查研究】 围绕县委的中心工作和重点工程以及人民群众关注的热点、焦点问题，加强调研工作的组织、协调，开展重大课题调研，完成产业发展、基础设施建设、民生改善及改革发展等方面综合性调研报告13篇。特别是针对县委重要文件、重要会议材料的起草，始终坚持采取集体研讨方式，广泛听取征求各方面的意见和建议，力求使文稿成为领导和各方面认可的精品力作，起草县委领导重要讲话稿87篇。

【督促检查】 围绕县委、县政府决策部署、重点工作、重要事项、重大项目以及领导关注、群众关心的热点难点问题，建立督查事项管理数据库，采取实地督查、联合督查、跟踪督查等方式，定期和不定期组织开展决策督查、专项督查和实地督查，推动各项决策部署和工作事项落实到位。全年下发督查督办文件46期，开展督查督办242次，形成督查情况通报238期、督查专报4期，县委县政府领导对督查工作批示19件次，完成各种汇报材料上报省、州52期，完成人民网匿名网友给县委书记留言答复5件，完成州级转办信访件答复2件，完成人大代表建议答复1件、政协委员提案答复1件，完成督查调研信息上报12篇，省委督查室采用3篇、州督查室采用4篇。

【信息工作】 坚持“求快、求真、求全、求精”，充分发挥党委信息主渠道作用，信息工作质量和服务水平不断提高。2018年，共完成报州信息408篇，被采用27篇，调研信息11篇，被采用2篇，被省采用信息7篇，全年信息报送及采用累计分值为702分，名列全州第二。同时，整理《常委工作动态》51期，编印《雷山信息》12期，编发《雷山脱贫攻坚专报》34期、《雷山脱贫攻坚工作动态》54期，编报相关工作汇报材料50余篇。

【信访工作】 2018年，办公室共接待群众来信来电来访43件（次），转有关乡镇和部门单位具体办理21件（次），全力协调和配合成功办结、化解多起信访件。

【脱贫攻坚】 为困难群众送去衣柜、衣服、床单等100余个（件），帮助群众解决实际困难问题。组织安排帮扶干部帮助搬迁户购置棉被，锅、碗、瓢、盆、米、油等生活用品用具。购置铁皮文件柜2个、相机1台、复印机一台，出资2000元为也改村制作村规民约等党务、村务公开喷绘2张；协调贵阳银行雷山分行捐资7500元修建村委办公楼兼洗澡一体的卫生公厕1个，切实解决驻村工作队洗澡难、如厕远的实际问题。

督查工作

【概　况】 2018年，县委县政府督查室按照“解放思想、求真务实，突出重点，强化服务”的工作思路，认真贯彻落实上级党委政府的重大决策部署和重要工作任务，围绕县委、县政府中心工作，认真对各项重点工作任务、县委县政府重大决策部署、县委常委会工作要点、县政府重点工作、全县重点项目、扶贫政策的落实情况和领导督办件等开展督查督办，工作取得明显成效。

【事项督查】 年内，围绕县委、县政府2018年中心工作，对县委县政府重点工作、重大工程和重点项目、雷山县2018年十件民生实事、脱贫攻坚等工作进行责任分解和督办；对县委县政府重点工作采取季度督查方式、对重大工程和重点项目及雷山县2018年十件民生实事采取季度督查方式，累计督查督办22次，形成督查《情况通报》22期，确保县委县政府重大决策、重点工作任务落实到位。对《县委常委会2018年工作要点》等报告、讲话稿、会议纪要涉及全县工作事项按照责任领导、牵头单位、完成时限等进行责任分解，并根据完成时限进行跟踪督查，让所明确的工作事项落到实处。

【脱贫督查】 累计下发督查督办文件46期，开展专项督查和调度督查199次，形成督查《情况通报》199期，其中对在脱贫攻坚工作中工作措施有力、表现优秀的给予通报表扬22期，表扬乡镇及部门单位13个，表扬68人；对在脱贫攻坚工作中工作措施不力、工作滞后的进行通报批评33期，批评乡镇及部门单位13个，批评72人。9月18日启动“百日会战”综合督查后，累计完成行政村综合督查154个，完成率100%；入户督查27535户，占全县应查户数37883户的72.7%；督查发现问题7196户11461条，存在问题户占检查户数的26%；至年末，发现问题已整改完成5982户，整改完成率83.1%，整改完成9905条，整改完成率86.4%。

【批示督办】 对县委、县政府领导的批示件进行跟踪督办，明确责任领导、牵头单位、配合单位、责任人和办结时限，实行“每周一调度”并及时向领导反馈工作推进情况，切实做到“批必办、办必果”。同时抓好各种会议落实情况的督查督办，定期向领导报告办理结果，提高督查工作的执行力和实效性。

组织工作

【概　况】 2018年，县委组织部坚持以习近平新时代中国特色社会主义思想为指导，严格按照中央、省委、州委和县委的工作部署，紧扣决胜脱贫攻坚，以党的政治建设为统领，统筹推进干部队伍建设、基层党组织和党员队伍建设、人才队伍建设，着力抓党建，不断提高组织工作质量和水平，为全面打赢脱贫攻坚战，如期实现整县脱贫精彩出列、决胜同步小康，开创雷山百姓富、生态美的绿色发展新未来提供坚强组织保障。

【干部教育】 依托“智慧党建”开展“微党校”“微课堂”“微考试”“微服务”的“四微行动”，大力培育和弘扬团结奋进、拼搏创新、苦干实干、后发赶超的新时代贵州精神，全面推行“每日一学，每月一考”模式，发布学习资料140期，组织考试8期12000余人次。采取项目化、清单式推进，把全县纳入“铸魂行动”平台管理党组织有523个，覆盖率100%，实行“月量化、季考评、年评定”，适时通过平台抽查和实地督导，组建专班进行审核，确保各基层党组织“三会一课”、主题党日、组织生活会工作有序开展。年内，全县累计接收任务量12928条，1—11月按时完成率为100%。

【干部问责】 建立雷山县整治不担当不作为协调联动工作机制，对全县深入开展干部不担当不作为突出问题集中整治工作进行安排部署，对州委组织部转办的不担当不作为问题线索开展调查研判、问责处理2件，通过自查和调查核实发现在脱贫攻坚等工作中干部不担当不作为问题线索18人次，涉及科级干部3名、股站所负责人3名、一般干部12名，给予通报批评8名、谈话诫勉4名、立案调查4名、并对县直部门干部就地转为乡镇干部2名。

【干部任用】 坚持好干部标准，突出事业为上、以事择人，注重实践实干，注重担当作为，注重基层历练，打破论资排辈、平衡照顾，大力选拔使用在“三大攻坚战”“四大战略行动”中有实绩干部。2018年，开展干部推荐考察94人次，干部人事方案报州预审4批次，调任6人次，双重管理征求意见7人次，协助完成县委常委会干部议题10次，涉及干部调整158人次，提拔科级领导干部27人（正科级14人，副科级13人。从脱贫攻坚一线提拔14人），试用期满转正41人。认真贯彻落实公务员职务与职级并行制度，年内经民主测评和考核，全县享受职务与职级并行政策晋升职级干部3名，其中晋升副处级职级3名。年内，拿出20%公务员岗位比例，面向优秀村干部、大学生村官、第一书记和驻村干部招录，从村干部、驻村干部中招考录用公务员7人；着力选拔任用在脱贫攻坚一线实绩突出、群众公认的干部，从脱贫攻坚基层一线提拔干部26人，占提拔任用科级干部83.8%，通报表扬奋斗在一线的脱贫攻坚优秀干部、村干55人。

【后备干部培养】 注重培养一批“80后”“85后”“90后”优秀年轻后备干部，10月，在全县范围内开展科级后备干部集中推荐工作，由各党委（党组）推荐后备干部初步人选508名，其中正科级后备干部122名，副科级后备干部386名。配合州委组织部干部考察组完成推荐考察正县级领导干部初步人选1名、副县级领导干部初步人选2名，完成考核晋升正处级职级领导1名，配合中央、省、州有关部门完成考察卢立群、向波等人挂职工作；协助省委组织部调研组考察雷山副厅级后备干部人选，及州委组织部调研组推荐考察雷山县县级后备干部。

【党支部建设】 研究制定《关于在全县实施党支

部规范化建设提升组织力的实施方案》《雷山县党支部建设年推进方案》，强化基层党组织书记培训，举办“党支部建设年”暨乡村振兴战略示范培训班3期，全县农村、机关和企业事业单位等各领域各单位党支部书记参训450人。紧扣提升组织力的目标要求，强力推进组织生活、组织体系、班子队伍、工作机制、阵地建设、工作保障、档案管理、职能职责“八个规范化”建设。加强对后进基层党组织排查整顿和研判工作，累计排查出后进村党组织16个，完成整改提升8个，指导乡镇党委配齐配强村党组织书记7人。从农村致富带头人、高校毕业生、大学生村官、返乡创业人员、合作社负责人、复退军人中培养村级后备力量757人，其中党员259人、占34.4%，35周岁以下467人、占61.7%，大专以上文化148人、占19.6%，致富能手464人、占61.3%。扎实开展“村霸”排查整治和村干部背景核查工作，完成村干部背景核查1933名，指导乡镇免职调整村干部12名。完成党组织书记的述职评议435个。争取财政投入2415.85万元，并整合闲置校舍等国有资产，对未达标的村级组织活动场所统一实施规范化建设112个（新建64个，改扩建26个，整合资源修缮扩建项目22个）。在全州党支部建设年观摩评估中，县纪委党支部名列全州机关支部第二名。

【党员发展】 建立发展党员党组织初审、基层党（工）委预审、组织部审核“三级联审”常态机制，对党员发展程序、政治标准等进行全面审核，层层把关，从严做好发展党员工作，这一做法得到州委组织部肯定被写入2018年全州组织工作要点;《雷山县实施“三级联审”从严发展党员的实践与启示》2018年10月19日被省委政研室评选为全省优秀文章。研究制定2018年发展党员指导性计划，加大农村党员发展力度，实行每月研究调度1次、每季度通报1次，完成党员发展对象培训2期252人，发展党员194名，全面消除2年以上未发展党员村，完成州下达任务数100%。

【干群培训】 针对部分党员干部本领不够、方法不对、思路不清等问题，采取案例教学、现场观摩、外出交流经验等方式，开展抓党建促脱贫、乡村旅游服务、“妈妈回家创业”电子商务、特色种养殖技能技术、少数民族传统手工艺技能等实战化培训，着力提升党员干部谋划项目、申请项目、推动落实的能力和广大群众就业创业能力，累计开展远程教育站点培训308期，培训农村党员和群众8252人次，完成驻村第一书记和驻村干部轮战脱贫攻坚培训2期367人次，开办贫困户全免费订单职业教育精准脱贫班，开展旅游服务、电工、厨师、护工、电子商务等劳动技能培训56期，受训群众4560人次。

【行业党建】 研究制定《雷山县关于进一步加强和改进全县国有企业党的建设工作的实施方案》《雷山县关于进一步加强和改进中小学校党的建设工作的实施方案》《雷山县关于进一步加强和改进全县卫生计生系统党的建设工作的实施方案》，组建成立全县国有企业，全县教育系统和全县卫生计生系统党的建设工作领导小组，具体负责指导全县国有企业，全县教育系统和全县卫生计生系统的党建各项工作开展。

【党建宣传】 年内，各乡镇在各级主流党报党刊、电视台、网站刊登信息62篇，其中被国家级主流媒体采用3篇条，省级主流媒体采用3篇条。全县在州级及以上各类主流报刊、电视、广播、网络媒体刊播党建信息317篇（条），其中《人民日报》、央视、《中国组织人事报》等国家级主流媒体采用9篇（条），《贵州日报》、贵州电视台、贵州新闻广播等省级媒体采用26篇（条），《黔东南日报》、黔东南电视台等州级媒体采用139篇（条）。全面改版“雷山党员先锋微平台”微信公众号，创设雷山党建APP，每日更新和传递全县党建工作动态，及时转载中央、省、市各级指示精神，线上线下同步宣传，扩大宣传覆盖面。年内，累计更新160余期，推送各类党建信息750余条。围绕脱贫攻坚中心工作，通过实地采访、邀请媒体记者采访等，加大对第一书记、驻村干部、村干部的宣传力度，成功推出余晖、王泽智、王先贵、杨冰、大塘镇委员会、西江旅游公司等脱贫攻坚一线的先进典型。

【党员管理】 指导各乡镇、各党（工）委高质量完成民主生活会和组织生活会；自查并完善党员档案826份，补充完善党员材料1362份；全面排查两年以上未发展党员的村工作开展情况，并强化监督指导，全县年内确定入党积极分子培养对象295人，发展对象252名，全面消除2年以上不发展党员村。问责处理干部92人，其中党政纪处分1人、组织处理1人，诫勉28人、批评教育3人、作出深刻检查9人，约谈提醒50人。

【人才引进】 通过公务员考录、事业单位公开招聘、急需紧缺人员引进、高层次人才引进、柔性引进等方式，积极引进各类人才，进一步充实全县的人才队伍。2018年，全县累计引进各类人才377人，其中招录公务员35人（选调生12人）；招聘事业单位人员28人（免费医学生3人）；备案编制人员招聘94人（教师69人，医生25人）；招聘扶贫、移民、运输、水务、消防、法检、税务等系统政府购买服务人员220人。

【“三名工程”】 印发《关于加强“三名工程”评选管理工作的实施意见》《雷山县名师、名医、名匠、名厨、名导等“三名工程”实施方案》。经组织申报，层层推荐，完成评选并命名表彰全县首批“三名工程”名人才41名，编印《雷山县“三名工程”名人才风采录》。

【农业专家服务脱贫攻坚】 年内，全县有农业专家123名，其中科技副职4名，科技特派员19名，县级农业辅导员100名。按照要求，充分发挥县、乡、村三级农业专家精准服务脱贫攻坚工作的联络协调作用，组织农业专家采取微信、电话及实地下村指导等方式深入基层开展各项工作，累计完成技术培训19期1100余人次，提供技术需求指导168人次，解决生产难题139个。

【人才服务】 推进人才、平台、项目一体化，建设名教师、名医师、名厨师、名工匠、名导游等“三名工程”名人才工作室和电子商务、茶叶产业、文化旅游、银饰刺绣、民间技艺等一批乡土专家工作站，完成名教师等名人才工作室建设6个，银饰刺绣等工作室8个，其余名人才工作室建设正在推进中，年底前完成挂牌工作。加大经费投入力度，强化高层次人才管理服务，2018年，全县累计投入人才工作经费1716.03万元，比2017年增加298.89万元，增长21.09%。兑现落实高级职称人才、州级专家、州级拔尖人才补贴5.04万元。

【人才培训】 年内，实现全县干部培训全覆盖目标。利用杭州市对口帮扶雷山干部教育培训经费，完成与贵州大学联合举办的乡科级领导干部学习十九大精神培训班1期56人；完成在杭州市桐庐县委党校举办的县企事业单位管理人才培训班1期50人。完成驻村指挥长、第一书记、驻村干部和村干部学习十九大精神、“五步工作法”、产业发展“八要素”等脱贫攻坚培训4期2023人次；完成全县旅游行业系统培训4期450人；完成茶叶和农技培训8期2200人次；完成全县贫困劳动力就业培训122期7316人次；完成全县基层干部扶贫能力提升培训1期600人。

【挂职锻炼】 年内，完成选派干部外出挂职锻炼56名，其中选派到国家发改委、国务院扶贫办、国家旅游局等中直单位3名，省发改委、省扶贫办、省人民医院、省旅发委等省直部门12名，杭州市上城区及其他地区41名。同时做好挂职帮扶人才引进工作，累计接收州外到雷山县挂职帮扶干部人才67人，其中杭州市15人。2018年3月，完成全县驻村第一书记和驻村干部轮战驻村选派462名，其中中央机关选派干部2人，省直机关选派干部15人，州直机关选派干部18人，县直机关选派干部115人，乡镇选派干部140人，大学毕业生86人，农村知识青年86人。确保90个贫困村每个驻村工作组达5人，37个深度贫困村确保有科级以上党员干部担任第一书记。

【“十户一体”经验推广】 大力推广“十户一体”和塘约经验，深入推进“党社联建·十户一体”，创建乡镇工贸公司（乡镇合作总社）8个、村集体经济公司（村合作社）154个、产业发展主体2138个、社会治安和环境卫生管理主体2733个，带动贫困户抱团发展全覆盖。以西江千户苗寨旅游扶贫投资有限公司、雷山银枫生态农林开发有限公司等6家龙头企业为引擎，围绕六大主导产业，大力推行“党组织+”模式，形成支部引领、村集体公司（合作社）经营、“十户一体”生产的合作发展共赢格局，形成规模化发展常规商品蔬菜1.34万亩，食用菌71万棒，优质茶园16.16万亩，中药材4.45万亩，带动脱贫2.1万人。

【脱贫攻坚】 按照50户左右为一脱贫攻坚作战网格，选派到村工作干部968名，明确村级脱贫攻坚第一指挥长154名，主要由帮扶单位主要领导担任（除帮扶村较多的单位由班子成员担任部分村第一指挥长外）。抽调80人组建脱贫攻坚综合业务督查组9个和干部作风纪律督查组4个。开展集中培训14期，累计培训2600人次。完成驻村第一书记和驻村干部轮战脱贫攻坚培训2期367人次。通过远程教育站点开展培训308期，累计培训农村党员和群众8352人次。在观音阁、红屯堡、小河沟、牛王寨等县城易地扶贫搬迁集中安置小区设立苗族刺绣、芦笙制作、藤编工艺、床单制品等生产车间10余个，并建立车间党小组，有效解决搬迁群众就地就业问题。2018年6月后，通过举办大塘镇交腊村藤编手工艺培训，成立藤编手工艺品车间党小组，实现每月订单生产4万个。

【驻村保障】 落实好村干部享受副科级干部经济待遇政策，按规定兑现优秀村干部享受乡镇副科级经济待遇3名。把选派第一书记、驻村干部和经费保障同安排部署，县级部门选派第一书记、驻村干部的人身意外保险、生活补助和第一书记工作经费统一由县级财政预算给予保障，累计划拨第一书记工作经费61万元，统一为第一书记和驻村干部购买保额为65万元的人身意外保险，并按月兑现落实驻村干部生活补助和往返交通补助。落实154个行政村每村每年脱贫攻坚工作经费4万元，保障脱贫攻坚干部驻村食宿补助60元/天·人和每周往返交通费，并购买不低于50万元的意外人身伤害保险，让基层一线干部全身心投入脱贫攻坚工作。

【非公党建】 全县非公有制企业320户，党员415名，单独建立党支部68个，挂靠组建211个，党组织覆盖率达87.19%，非公企业全部选派党建指导员，实现党的工作全覆盖。全县登记在册的社会组织共37个，党员180名，单独组建32个（非功能型党组织7个），联合组建覆盖4家社会组织1个，挂靠组建1个，党组织覆盖率达100%。

【推荐表彰】 开展脱贫攻坚先进典型评选表彰，推荐在脱贫攻坚中表现优秀、突出的共产党员、党务工作者、基层党组织至省、州进行评选表彰。2018年“七一”期间，获表彰为全省脱贫攻坚优秀共产党员3名、优秀第一书记1名、优秀党组织书记1名、先进基层党组织3个；获表彰为全州脱贫攻坚优秀共产党员5名、优秀党务工作者5名、先进基层党组织6个；县委表彰全县脱贫攻坚优秀共产党员50名、优秀党务工作者50名、先进基层党组织19个。

宣传工作

【概　况】 2018年，县委宣传部努力推进理论武装、阵地建设、对外宣传、脱贫攻坚等各项工作，取得较好成效。组建县、乡、村三级宣讲团，开展党的十九大精神“七进”大宣讲和“党的声音进万家新时代思想进讲堂总书记话儿记心上”等主题宣讲活动共宣讲815场次，受众达5万余人。组建“新时代农民（市民）讲习所”“新时代干部讲习所”县级讲习员队伍100人，完建新时代农民（市民）讲习所165个，其中县级3个（干部讲习所1个、社区讲习所2个）、乡镇级8个、村级154个，乡镇讲习人员1700人，围绕党的十九大精神及脱贫政策、扫黑除恶等内容，农民（市民）讲习活动常态化、全覆盖开展。完成《西江模式——西江千户苗寨景区十年发展报告（2008—2018）》发布。

【文化阵地管理】 严格落实主管主办和属地管理原则，对各类论坛、报告会、讲座等严格实行批准、审查和备案制度；严格落实新闻、消息和刊物总编辑负责制和“三审三校”制度，执行内容审核把关。深入开展“扫黄打非”活动，出动执法人员1212人次，检查文化市场580家次，集中销毁侵权盗版教辅教材、图书2000余册，教辅试卷及试卷答案2500多张，非法出版书籍2000余册，盗版光碟1000余张。完成极贫乡镇大塘镇的小河村、掌雷村农民文化家园项目建设。

【媒体宣传】 重点推出《在习近平新时代中国特色社会主义思想指引下——新时代新气象新作为聚焦脱贫攻坚》《脱贫攻坚·春风行动》《抓党建促脱贫》《秋后喜算丰收账》《脱贫路上话攻坚》等专栏近20余个，制作或播出《乡村旅游扶贫铺就雷山产业扶贫新路》《西江模式十年跨越铸就脱贫致富典范》《要务工上杭州》等专题片共10部。坚持传统媒体与新媒体同步发声，电视、报刊、广播、手机报、微信等平台同频共振，《雷山新闻》播出新闻1421条，《黔东南日报雷山专版》组稿刊发雷山专版23期，《悠然雷山》推文3225条次，《雷山手机报》编发信息258期，雷山农村应急广播“村村响”播出广播时长共计732小时。主流媒体刊发稿件9368篇（条），其中国家级媒体（报纸、广电、网络）刊发、刊播相关稿件2756篇（条），省、州级媒体（报刊、广电、网络）5012篇（条），县级媒体1600篇（条）。同时，邀请上级媒体深入雷山县实地采访，推出新华社《贵州雷山：苗寨迎来旅游旺季》《百年银匠村锻造富民新路》，新华每日电讯《杭州“政府+电商”精准扶贫贵州雷山》，人民日报《千户苗寨千般美（寻找最美乡村）》，人民日报海外版《订单成了脱贫“保单”》、央广网《贵州雷山县特色旅游发展如火如荼第三产业贡献率达75.8%》，中国旅游报《西江模式：西江千户苗寨十年持续跨越发展的经验》，贵州日报《雷山“通村村”破解农村群众出行难》等一批深度报道文章。中央电视台各频道记者采访雷山15批次189人次，播放雷山专题片41次。

【“三媒三助”产业扶贫】 开展“三媒三助”（媒体助销、媒介助市、媒农助产）产业扶贫行动，加强与多彩贵州网、今贵州、今日头条、掌上黔东南等各大新媒体合作，向广大网友推荐短嘴黑毛猪腊肉、鱼酱酸、银球茶、青钱柳等雷山特色农产品，通过各方面深度体验，从电视、报纸、广播、社交平台等渠道，全方位向观众展现西江千户苗寨的魅力，发稿量共计147条，其中“魅力肇庆”关于苗寨迎宾礼仪的视频观看量达152万人次；利用杭州黔东南东西部扶贫协作签约暨雷山文化形象征集启动仪式，杭州市依托网易公司等龙头企业，通过“网易严选”电商项目，帮扶雷山县开展电商扶贫，全面助力“黔货出山”。新华社、新华每日电讯、人民网、中新网、央广网等国内主流媒体争相报道，其中新华社客户端发文《杭州：政府+电商精准扶贫贵州雷山》，浏览量高达41.9万人次。

【未成年人教育】 共建成乡村学校少年宫10所，覆盖8个乡镇。丹江小学乡村学校少年宫耿建云的《拍手歌〈优秀的我〉》被评为2018年省级优秀童谣；丹江小学三（四）班赵建平以“品学兼优、乐于公益、孝敬长辈”事迹被评为贵州省2018年“新时代好少年”。

【文化产业发展】 全县文化产业有效名录个体户为315家、企业129家（规上企业6家）、社团5家、行政事业单位35家。全县文化产业增加值为28815.99万元，增加值占GDP比重为9.05%，持续位于全省第二、全州第一，第三方阵排名第一。同时，完成上报省级文产专项资金项目2个、省级文化产业示范基地1个，《西江盛典》项目被认定为全省2018年省级重点文化产业项目。实施文化产业“千村计划”刺绣培训工程，完成丹江镇排卡村、乌东村和望丰乡青山村等3个村132户132名绣娘分别为期7天的培训。完成《雷公山》文学季刊复刊3期；完成“学习宣传十九大精神·助力脱贫攻坚”主题摄影展活动，组织开展书画、摄影等文艺助推脱贫攻坚志愿服务采风活动5次，完成写生作品200余幅。完成全县156个村（社区）文化活动场所建设52639平方米。

【乡风文明建设】 全县154个行政村将治理农村滥办酒席、树立乡风文明纳入《村规民约》。并以以奖代补的方式从县财政划拨51万元，支持8个乡镇17个行政村建设农村“合约食堂”示范点。

【脱贫攻坚】 县委宣传部帮扶西江镇控拜村、乌高村、堡子村和望丰乡乌的村共4个村，其中乌高村和堡子村为深度贫困村；4个村共计1032户4305人，其中建档立卡贫困户374户1533人。年内，通过开展工作，堡子村由2016年人均纯收入3987元提高到2018年的4564元，贫困发生率降为1.57%，乌高村由2016年人均纯收入3700元提高到2018年的4500元，贫困发生率降为2.82%，控拜村2018年贫困发生率降为1.5%，4个村通过产业脱贫156户627人。

统战工作

【概　况】 2018年，全县统战工作坚持以习近平新时代中国特色社会主义思想为指引，深入贯彻落实党的十九大精神，整合资源、深化服务、拓展平台，发挥统一战线优势，稳步推进各项工作开展。组织召开雷山县工商联（民间商会）第十一届三次执委会、第二次常委会议，成功补选县工商联第十一届执委、副主席（副会长）。

【商会发展】 指导县工商联加强与各乡镇党委政府进行沟通协调，落实基层商会办公场所，并为各商会解决办公桌椅、室内粉刷、制度上墙等困难，不断改善基层商会办公条件。全县共有商协会27个，其中乡镇基层商会8个，基层商会覆盖率为100%。异地商会2个（湖南和川渝商会），行业商协会17个。打造湖南商会和西江商会作为“四好”商会建设的示范点。年末，全县共有会员2746户，其中个体会员2637户，企业会员82户，团体会员27户。

【统战扶贫】 聚焦脱贫攻坚，组织工商联、民族宗教、民主党派、党外知识分子联谊会等统一战线各组织，共同参与脱贫攻坚工作，有目的、有计划开展工作。年内，资助资金300多万元，解决贫困大学生和雷山民族中学在校贫困生等生活学习困难。制定下发《雷山县民营企业“千企帮千村”精准扶贫行动实施方案》。全县民营企业47个帮扶贫困村90个。通过采取组织帮扶村村民到企业厂家实地参观、现场技术培训、讲解指导、重点培养与选送深造等帮扶措施，帮扶贫困村90个，带动村民发展茶叶5万亩，其中可采茶面积2万亩，帮助茶农收购茶青152吨；药材种植1万亩，解决农民工短期固定就业0.8万余人。累计投入资金和物资达1000万元以上，完成望丰乌江村茶叶基地建设80亩，大塘镇新桥村公路维修2公里，大塘镇村黑毛猪养殖2个，桃江乡村黑毛猪养殖项目4个，郎德镇南猛小学校舍维修等项目，取得良好的效果，帮扶对象村的生产生活条件和产业得到很大的改善和发展。雷山县益明公司大力开展产业扶贫，利用大量生产加工葵花花生原料优势，在雷山县西江镇连城村、干荣村，望丰乡公统村、排肖村，大塘镇乔王村等乡镇、村寨种植葵花、花生920余亩，有种植户700余户，其中建档立卡贫困户600余户，公司无偿提供三系杂交葵花种子和无偿送给葵花种植户每户2.5公斤装花生油1桶，累计价值10万元。并与村两委签订实行最低收购保护价措施。按正常每亩产葵花250公斤计算，户均增收2000元。西江镇连城村葵花基地在西江高速路口连片种植将连成花海300多亩，西江镇西江村、营上村、连城村旅游业增加景点，解决建档立卡贫困户劳动力到益明公司就业102人。雷山银枫生态公司采取“公司＋基地＋家庭农场＋农户”的模式，带动大塘镇10余个村贫困农户养殖黑毛猪，并以每公斤高于市场价10～50元不等的价格上门回收，助力周边村寨的精准扶贫工作，实现“双赢”的良好格局。

【民族宗教工作】 民宗局累计争取到上级资金487万元，其中少数民族发展资金445万元，涉及项目21个；民族宗教工作专项资金37万元，涉及项目13个；教育专项资金5万元，涉及项目2个。开展认定民贸企业调查和建档清理工作，省民宗委、省财政厅、人民银行贵阳中心支行对认定为民贸企业的企业档案资料进行评审。2018年，全县民族贸易企业有27家。扶持民族乡发展，深入达地水族乡调查研究，立足推动民族乡经济社会发展，落实民族乡项目资金241万元，涉及项目5个，覆盖达地水族乡10个村。累计投入5万元，通过校园传承、抢救传承传播，抓好民族特色村寨保护和建设，进一步加强民族文化传承传播工作。

【党外干部工作】 组织选送党外干部参加各类学习培训，同时邀请有关专家教授举办读书会、专题讲座等，以会代训，丰富党外干部的政治理论、统战理论、经济理论，不断提高其政治把握、组织协调、参政议政和合作共事等能力。搭建参政议政平台，组织党外代表人士参加有关座谈会、协商会、情况通报会，安排党外干部开展调研，为党外干部了解情况、参政议政、建言献策创造条件。建立健全党外知识分子数据库，进一步加强对党外知识分子的管理，充分发挥党外知识分子为社会主义建设服务的作用。

机关党建

【概　况】 2018年，县直机关工作委员会以建设“服务型党工委、健康型党组织”为目标，以“提升常规党建、推动党建创新”为思路，以“支部建设年”为契机，围绕脱贫攻坚中心工作，认真履行职责，抓实主责主业，思想、组织、作风、纪律、制度和反腐倡廉建设等工作取得新成效。

2018年，县直机关工委所管理党支部中：获得省级优秀共产党员表彰1人，先进党组织1个；州级优秀共产党员表彰1人，先进党组织2个；县级优秀共产党员5人，优秀党务工作者5人。县直机关党组43个、党总支18个、党支部96个、党员1356名，认真学习、宣传宣讲、贯彻落实党的十九大精神，重点对新修订《党章》进行系统性学习和宣传，实现学习全覆盖。

【组织建设】 年内，县直机关工委指导任期届满的基层党组织按时进行换届，并配齐配优班子队伍；优化党组织设置，撤销党总支2个，撤销党支部10个，新成立党支部8个；完成对县直机关工委管理党支部组织生活会和民主评议党员的指导和回头看工作；把好“进口”档案关和“出口”党费关，接转党员202人；发展党员7人、发展对象备案16人、入党积极分子备案38人、撤销党员资格3人；举办县直机关党（总）支部书记培训1期，参加培训71人；协助县委组织部举办“支部建设年示范培训班”1期，参加培训92人；开展党组织书记党务知识应知应会考试1次。

【扶贫工作】 各支部直接参加到脱贫攻坚一线工作党员有300余名。县直机关工委累计为帮扶独南村提供党建、基础设施建设等经费1万元，班子成员到村开展具体帮扶31次；协调县交通局帮助修好独南村的小独南和党果两个自然寨的公路防护工程。

机构编制

【概　况】 2018年，严格按照“严控总量、盘活存量、优化结构、增减平衡”的总体要求，将编制数控制在2015年州编委办下达雷山县的各类编制总量内，只减不增。县直党政机关从2012年底超编207名降至年末空编19名。认真研究落实控编减编措施，多措并举盘活编制资源。事业单位空编一律收回由编委办实行集中统一管理，按需统一调剂分配使用。严格用编审批和职数管理。严格执行空编补员制度、年度用编计划申报制度、领导职数使用审核制度以及机构编制年度审核制度。

【行政审批】 制定《雷山县权责清单动态调整管理办法（试行）》，印发《雷山县关于开展县乡（镇）政府部门权责清单2017年动态调整工作的通知》《关于开展2018年县、乡（镇）政府部门权责清单和权利运行流程图动态调整工作的通知》。调整审核后26个政府部门行政权责清单共3155项，其中行政许可351项；8个乡镇人民政府权责清单661项，其中行政许可60项。完成网上办结事项清单56项，当场办理事项清单66项，承诺办理事项清单53项，限时办理事项清单112项，便民化服务事项清单39项，从严监管事项清单1195项，并公布于县人民政府网站。

【网上域名】 雷山县网上域名注册480家，注册率为100%，2018年续费单位480个，续费率100%，自建网站8个，挂标率100%，网络红页378个，挂标率100%。

【法人登记】 严格要求事业单位开展法人登记管理，积极开展事业单位法人实地核查工作，不断推进机关群团社会信用代码赋码工作。2018年，在登记系统上对事业单位法人年度报告公示信息进行抽查，共抽查4次，涉及20个事业单位，并随机对事业单位开展实地核查，确保事业单位登记信息的合法性和真实性。

【机构改革】 认真收集整理学习党中央和国务院关于机构改革的决策文件，对党政机关、部门二级行政机构及承担行政职能的事业单位的职责职能、领导职数、人员编制及在职人员情况等机构编制事项进行全面的清理和摸底，确保底数清、情况明，同时对相关部门权责事项、职能分工以及根据职能所需配备的人员编制等情况进行调查，为全面推开改革后部门职能划转和人员调配奠定基础。

【脱贫攻坚】 雷山县机构编制委员会办公室帮扶村为永乐镇乔配村和长坡村，先后选派5名干部到村开展帮扶工作。2018年，协调解决近3万元用于春节活动、修产业桥等；帮助协调县直相关部门帮助长坡村修篮球场1个，停车场1个，帮助乔配村修停车场1个，积极向州无线电管理局争取帮助乔配村安装移动信号发射台。

离退休干部工作

【概　况】 2018年，认真贯彻落实全国、全省老干部工作“双先”表彰大会和全国老干部局长会议、全省老干部工作会议精神，切实加强离退休干部思想政治工作和党组织建设，完善和创新服务管理工作，加强自身建设，不断开创老干部工作新局面。

【离退休干部学习】 坚持一月一次老干学习制度，将局直接服务管理的老干部、科级退休干部、离退休党支部书记、社会协会、健身团队退休干部代表、社会影响力大退休干部代表纳入老干部活动中心一月一次的集中学习。学习内容为党的十九大和十九届二中、三中全会精神、全国“两会”精神及省、州重要会议精神。同时，为离休老干、县级待遇退休老干订阅《黔东南日报》《当代贵州》《晚晴》《贵州老年报》人手一份，丰富老干学习资料。

【离退休干部待遇落实】 做好走访慰问离休干部、实职县级退休干部及遗孀工作。2月11日至14日，县级领导组成14个小组，分赴全县各地慰问离休干部7人、享受副县级以上待遇退休干部15人和离退休干部遗孀5人。县委离退局受县委、县政府委托慰问全县离休老干部3人、退休老干部9人、离休干部遗孀16人和退休老干部遗孀12人，并分别对每位慰问对象送去慰问金500元；对特困的离休干部4人、离退休干部遗孀16人、解放初期参加工作退休人员2人，按照生活困难情况发放困难补助金1000～3000元，累计发放帮扶补助金5万元。5月31日，审批退休老干享受高龄补助15人，探望慰问住院老干部9人次。提高全县离休干部护理费标准10人。2018年11月起，离退休干部担任党组织书记职务的要按照每人每月300元的标准给予工作补贴，从各部门单位党建工作经费中列支。

【脱贫攻坚】 引导离退休干部参与决战脱贫攻坚“总攻势”，实施“311”工程。5月4日，组织全县离退休干部党支部书记（或委员）16人，相关部门单位分管负责人，在县委宣传部会议室召开离退休老干部脱贫攻坚宣传动员会。5月中旬，组织调研督查组到方祥乡雀鸟村、格头村和大塘新桥村开展离退休党支部及退休党员投入脱贫攻坚帮扶调研工作2次。年末，县离退休干部创建产业发展示范点2个、离退休干部党支部创建党建扶贫示范村4个、离退休干部创建脱贫攻坚示范户20户。5月24日，按照县委、县人民政府实行“3+3”工作安排，派进帮扶村和帮扶点开展脱贫攻坚工作5人。9月中旬，县离退局局长任吉祥到帮扶村担任第一责任人，其余干部按照相关文件要求，每周周五、周六两天为“扶贫日”，按时走访帮扶对象家。年内，累计投入帮扶资金2.6万元，为帮扶村采购电脑、打印机、布衣柜、棉被、三件套等物资。

【关心下一代工作】 2018年春节前，县关工委慰问郎德、大塘、丹江的留守和困境儿童15人，每人发放慰问金500元，累计发放慰问金7500元；在有关企业和爱心人士的支持下，表彰鼓励品学兼优青少年52人、资助留守及困境儿童55人，累计资助6.6万元。积极与浙江省企业家姚国祥联系，续建掌雷小学到位资金50万元，校服413套；资助二中优秀贫困生20人1.6万元。西江镇关工委与旅游扶贫基金会联系获得扶贫资金27.83万元，资助全镇就读贫困学生和优秀学生18人。与有关部门深入学校开展“关爱明天·普法先行”“宪法至上·守法光荣”等宣讲教育6场次，受教育青少年13000多人次。

党校教育

【概　况】 2018年，中共雷山县委党校在服务大局、体制改革、干部教育培训、科研、师资培训等各项工作中取得较好成绩，充分发挥干部教育培训主渠道和理论武装主阵地作用，为助推雷山脱贫攻坚工作，打赢打好脱贫攻坚战，确保2018年雷山县“脱贫摘帽”，“整体出列”作出应有贡献。

【体改复评】 按照复评7个方面（党委重视、队伍建设、教育培训、教学管理、学员管理、科研资政、办学保障）68个子项目对照检查，作出工作部署，按照复评7个方面的内容，分成7个责任分解组落实责任，各司其职，充分按照软件从实，硬件从严的要求，及时发现和整改工作中存在的问题，各项工作得到有序进行。

【干部培训】 2018年，与县委组织部、县委办、县政府办、县委党建办、县扶贫办、丹江镇政府、永乐镇镇政府、县工信和商务局等部门联合培训党员干部、党员发展对象、农村产业致富带头人等。先后举办雷山县2018年乡科级干部学习十九大精神研讨班、企事业单位管理人才培训班、全县党员发展对象培训班、全县中小企业管理人员培训班等8期，各级干部累计参加培训达1420余人次。

【师资素质】 重视教师队伍培养，积极派遣教师到上级党校及省内外师资培训基地学习和下基层锻炼，夯实理论功底，提高教学能力。全校教职工有15人。教师学历层次高，专科以上学历达100%，其中，研究生学历2人，本科学历12人，专科学历1人。有高级称职3人，有中级职称4人。

【科研资政】 全年累计完成州县级科研课题10个，其中州级课题7个，县级课题3个。年内，获准州委党校社科课题立项5项，分别是常务副校长蒙昌元的《发展乡村旅游助推脱贫攻坚路径探析——以雷山为例》、副校长杨继武的《雷山县新时代农民讲习所初探》、张健英老师的《短裙苗的婚姻禁忌探析》、吴学文老师的《雷山县乡村振兴战略研究》和邰胜华老师的《县级党校开展“不忘初心牢记使命”主题教育的调查研究》，共完成5个。另外，李成杰还完成州级课题《辉煌的成就美好的未来——雷山县改革开放40周年成果报告》等各类调研文章。年末，累计在州级以上刊物发表文章4篇。以上调研报告或论文都分别载入州委党校、黔东南教育学会的《论文集》和州委党校、州委组织部编印的《砥砺前行伟业功成》专辑，分别荣获二等奖和优秀奖。

信访工作

【概　况】 2018年，雷山县群众工作中心（雷山县信访局）牢固树立稳定压倒一切的工作理念，扎实做好初信初访，大力化解信访积案，努力减少信访存量，扎实化解矛盾纠纷，努力控制信访增量，各项信访工作扎实有效推进。

【来信来访】 全县信访总量197批（件）334人（次），与2017年141批（件）229人（次）相比增加56批105人次，批次上升40%，人次上升46%，其中集体访5批（件）45人（次），与2017年7批（件）74人（次）相比批次下降29%和人次下降39%；按期办结185件，按期办结率100%，按期办结率同比不变。进京访2批7人次，其中越级访2批3人次，到省访8批22人次，上州访12批20人次。

【转办交办信件】 全年共接到国家转信10件、省转信15件、州转信28件，省委书记、省长、州委书记、州长直通交流台9件，至年末化解办结48件，5件未到期正在办理中。省、州集中交办件共21件信访件，至年末化解办结21件，办结率达100%。

【“百日攻坚战”和“六个专项治理”】 全县共排查矛盾纠纷和信访突出问题65件，经梳理并报县委研究，将19件分解到6位县级领导及6个责任单位部门包案化解，化解办结19件，46件由属地乡镇、部门化解，化解办结46件；省、州信访联席办集中交办的58件信访件，按期化解办结58件，化解办结率达100%；“六个专项治理”共排查4件，化解办结4件，办结率100%。

【领导接访】 全县全年共有26名县级领导177人次接访，共接待来访群众65批172人次。同时，县级领导结合各自分管工作和联系帮扶的乡镇、部门有针对性的选择一些疑难复杂信访问题开展“带案下访”、走访、约访等活动，深入雷榕高速公路、西江园区建设工地、雷山至大塘快速通道、南部路网工程、生态移民工程等建设工地帮助群众解决征地拆迁安置、群众生产生活困难问题，多起疑难复杂信访问题在县级领导接访、下访中得到有效化解。县级领导包案督办化解34件信访案件。在来信来访和上级转办交办信访件办理中，县信访局转办交办117件，县级领导阅批督办17件，县级领导阅批督办件占信访局自办件、上级转办件立案办理信访件的25%，办结率100%。

【信访信息系统建设】 全县8个乡镇、28个县直部门全部并入贵州省网上信访信息系统，信访业务查阅、登记、转办、交办、办理结果、上报、录入、查询、评价全面推行网上信访办理。至年末，群众网上信访162件，办结134件，28件正在办理中，按期办结率100%；按照有访必录、应录尽录原则，全县共录入信访件197件，录入率100%。认真对网上信访系统2018年信访件规范化录入和办理情况进行自查，共自查250件，其中国家转交办件10件，省转交办件15件，州级转交办件21件，县级自录件197件，发现问题10件，全部进行自查整改。

雷山县人民代表大会

工作综述

【概　况】2018年，县人大常委会以习近平新时代中国特色社会主义思想为指导，以习近平总书记关于坚持和完善人民代表大会制度的重要思想统领人大工作，深入贯彻落实党的十九大和十九届二中、三中全会精神以及习近平总书记在贵州代表团重要讲话精神，牢固树立“四个意识”，切实增强“四个自信”，坚决维护习近平同志在中央和全党的核心地位，自觉在思想上政治上行动上同以习近平同志为核心的党中央保持高度一致，自觉把党的领导贯穿于人大工作的各方面和全过程，保证县委的决策部署在人大得到全面落实。县人大常委会党组认真履行把方向、管大局、保落实的政治领导责任，健全重大事项向县委请示报告制度，召开重大会议、作出重大决议以及监督中的重大问题，及时向县委请示汇报，并按照县委要求抓好贯彻落实。

县人大常委会依法履职，积极作为，较好地完成县十七届人大二次会议确定的各项工作任务，为推动全县经济社会发展和民主法治建设作出积极贡献。全年召开常委会会议10次、主任会议16次、专题会议4次，听取和审议“一府两院”工作报告13个、专项汇报6次，提出审议意见56条，做出决议决定8项、组织代表视察调研和考察18次，执法检查1次。

【脱贫攻坚】2018年是雷山县减贫摘帽出列之年，县人大常委会始终把打赢脱贫攻坚战作为履职的重中之重，充分发挥人大监督职能，主动聚焦脱贫攻坚，倾心尽力于脱贫攻坚工作。县人大常委会班子成员分别担任县减贫摘帽“百日会战”综合督察组总指挥、乡镇战区副指挥长和州“减贫摘帽”县交叉检查督导组组长，有效地推动脱贫攻坚工作。按照“常委会委员创办的龙头企业＋合作社＋农户”的发展模式，充分发挥委员和代表创办的龙头企业带动作用，使龙头企业在吸纳农村富余劳动力就业、带动地方特色产业发展做出积极贡献。县人大常委会委员唐俊平、吴先海带领群众种植蔬菜、发展茶叶，帮助群众增收脱贫9532人。坚持把代表参与脱贫攻坚作为检验代表履职成效的重要内容，积极引导和支持代表在脱贫攻坚中展示才能、发挥优势、彰显作用，涌现出一批真心助贫、真情帮贫、真诚扶贫的“明星”代表。李世达代表带领全村种植茶叶达3620亩，带动全村脱贫；余志章代表在发展蔬菜产业中，吸纳牛王寨和脚雄村贫困户劳动力就业20多名；文冲代表积极带领群众建设稻田养鱼基地，种植玫瑰、荷花，大力发展农业生态旅游产业，增加农民收入，壮大村级集体经济。积极探索“2+N”支部联动发展模式［机关和帮扶村党支部＋龙头企业（合作社）＋基地＋农户］，有力地推动也蒙村种植两季蔬菜创收60.61万元，种植户户均增收 8190 元。

【监督工作】 年内，常委会先后听取和审议“易地扶贫搬迁、全县重大工程及重点项目建设和‘十件民生实事’落实、全县中小学校幼儿园建设管理和教育教学工作、农村医疗卫生保障和服务、县城棚户区改造工作推进和实施”等情况报告，提出的意见建议得到县委支持和县人民政府采纳，有效地促进各项工作顺利开展；听取和审议县人民政府关于 2017 年财政决算及 2018 年上半年财政预算执行情况的报告、关于 2017 年度财政预算执行和其他财政收支的审计工作情况的报告，提出建设性意见，并批准预算；听取审议和批准县人民政府《关于审议调整 2018 年雷山县财政预算的议案》；听取和审议县人民政府关于 2018 年上半年国民经济和社会发展计划执行情况报告、关于文化和旅游融合发展的报告、关于规划编制及执行情况的报告等；听取和审议县人民政府关于实施《黔东南苗族侗族自治州农村消防条例》情况报告、县人民法院关于刑事审判工作情况报告、县人民检察院关于保护未成年人合法权益工作情况报告、县人民政府关于全县扫黑除恶专项斗争工作情况报告；将县第十七届人大二次会议通过的工作报告、决定决议和常委会决定决议列入 2018 年人大监督的重点内容，通过代表视察、专题调研、听取和审议政府专项工作报告等形式抓好监督，增强监督实效。

【重大事项决定】 行使好重大事项决定权，审议和批准县人民政府《关于审议调整雷山县 2018 年政府工作报告目标任务的议案》、关于国有资产管理情况的报告；行使好重点工作监督权，抓住打好脱贫攻坚“四场硬仗”重点环节，实施全方位、全过程监督，不走过场、不走形式，取得实效；行使好重要人事任免权，年内先后组织任前法律知识考试 15 人，任命国家机关工作人员 15 人，任命人民陪审员 13 人，选举上级人大代表 1 人，免去职务 3 人，接受辞职 2 人。

【代表培训】 通过创新培训方式、优化培训内容，培训县人大代表 150 人。坚持常委会领导联系代表和代表联系选民制度，坚持邀请人大代表列席常委会议、参加视察调研和执法检查活动，加强代表素质培养，增强代表履职意识，在实践中锻炼提高代表履职能力。

【意见建议办理】 及时移交县十七届人大二次会议收到的 155 件代表意见建议，专门听取和审议县人民政府关于办理代表意见建议情况的报告。代表对建议办理工作表示满意的有 154 件，基本满意的有 1 件，满意率为 99.35%。

重要会议

【人民代表大会会议】 1 月 17—20 日，雷山县第十七届人民代表大会第二次会议召开。大会听取并审议《雷山县人民政府工作报告》《雷山县 2017 年国民经济和社会发展计划执行情况与 2018 年国民经济和社会发展计划（草案）的报告》《雷山县 2017 年财政预算执行情况和 2018 年财政预算（草案）的报告》《雷山县人大常委会工作报告》《雷山县人民法院工作报告》《雷山县人民检察院工作报告》，大会补选雷山县人大常务委员会委员 3 名，选举雷林多为雷山县监察委员会主任。会议表决通过关于雷山县人民政府工作报告的决议，关于雷山县 2017 年国民经济和社会发展计划执行情况与 2018 年国民经济和社会发展计划的决议，关于雷山县人大常委会工作报告的决议，关于雷山县人民法院工作报告的决议，关于雷山县人民检察院工作报告的决议。

【常委会会议】 年内，在县人大常委会五楼会议室召开 10 次常委会会议。

1 月 12 日，县第十七届人大常委会第十一次会议召开。会议讨论《关于召开雷山县第十七届人民代表大会第二次会议的决定（草案）》《雷山县第十七届人民代表大会第二次会议议程（草案)》《雷山县第十七届人民代表大会第二次会议主席团和秘书长名单(草案)》《雷山县第十七届人民代表大会第二次会议预备会议日程(草案)》《雷山县第十七届人民代表大会第二次会议列席人员名单(草案)》;审议通过“一府两院”工作报告(讨论稿);对《雷山县人大常委会工作报告(讨论稿)》进行讨论;听取、审议并同意代表资格审查委员会《关于补选县第十七届人民代表大会代表资格审查和代表异动情况的报告》。会议决定免去冷玉洁雷山县人大常委会办公室副主任(兼)职务,任命高明旺为雷山县人大常委会办公室副主任。

1月22日,县第十七届人大常委会第十二次会议召开。会议决定免去杨华平雷山县监察局局长职务,任命杨华平、龙星2人为雷山县监察委员会委员、副主任,莫玉成、余福、姚茂清、刘毅4人为雷山县监察委员会委员。

4月23日,县第十七届人大常委会第十三次会议召开。会议听取、审议并同意县人民政府关于《黔东南苗族侗族自治州农村消防条例》实施情况的报告。

5月24日,县第十七届人大常委会第十四次会议召开。会议决定任命范军武、周骆斌、潘本均3人为雷山县人民政府副县长(挂职);任命王安福为雷山县发展和改革局局长,梁定华为雷山县统计局局长,唐劲松雷山县旅游发展委员会主任;任命盘祖光、杨志刚、李俊、余俊、余青、王义、杨天茂、唐千武、白柜铭、罗森、杨显明、李兴科、张文兰13人为雷山县人民法院人民陪审员;免去潘社莲雷山县国土资源局局长职务。

6月12日,县第十七届人大常委会第十五次会议召开。会议听取、审议并同意县人民政府《关于文化与旅游融合发展情况的报告》《关于土地利用规划和近三年执行情况的报告》。

8月25日,县第十七届人大常委会第十六次会议召开。会议分别听取和审议县人民政府《关于2017年财政决算及2018年上半年财政预算执行情况的报告》《关于2017年度财政预算执行和其他财政收支的审计工作情况的报告》《关于2018年上半年国民经济和社会发展计划执行情况报告》《关于国有资产管理情况的报告》4个报告,表决通过《关于开展第七个五年法治宣传教育的决议(草案)》。会议决定同意龙星辞去雷山县第十七届人民代表大会常务委员会委员职务。

10月12日,县第十七届人大常委会第十七次会议召开。会议通过关于调整县人大常委会2018年常委会、主任会议监督议题事项。会议决定任命潘珊为雷山县人民政府副县长(挂职)、潘晓明为雷山县人民法院行政审判庭庭长,免去罗曙东雷山县人民法院行政审判庭庭长职务。

11月30日,县第十七届人民代表大会常务委员会第十八次会议召开。会议听取和审议县人民政府《关于办理县十七届人大二次会议代表意见、建议和批评情况的报告》《关于全县重点工程建设和“十件民生实事”实施情况的报告》;听取和审议县人民法院《关于刑事审判工作情况的报告》并对报告进行满意度测评;听取和审议县人民检察院《关于保护未成年人合法权益工作情况的报告》并对报告进行满意度测评;会议原则同意这几个报告。会议听取、审议并同意县人民政府《关于审议调整2018年雷山县财政预算的议案》《关于审议调整雷山县2018年政府工作报告目标任务的议案》。会议同意余莉辞去雷山县第十七届人民代表大会代表职务。

12月20日,县第十七届人民代表大会常务委员会第十九次会议召开。会议补选范省伟为州第十四届人大代表。

12月28日,县第十七届人大常委会第二十次会议召开。会议听取、审议并同意县人民政府《关于雷山县城棚户区改造工作推进和实施情况的报告》《关于开展雷山县基础教育发展现状情况的报告》《关于扫黑除恶工作情况的报告》。

会议听取、审议并同意县人民政府提出的《关于审议调整雷山县“十三五”规划部分预期目标任务的议案》，决定批准雷山县“十三五”规划部分预期目标任务调整。会议听取和审议县人民法院《关于提请确定人民陪审员选任名额的报告》，会议根据《中华人民共和国人民陪审员法》的规定，决定县人民法院人民陪审员选任名额为39名。会议听取和审议县人大常委会代表资格审查委员会《关于部分代表的代表资格的报告》，并通过这个报告。

【主任会议】 年内，在县人大常委会五楼会议室召开6次主任会议。

1月11日，县人大常委会召开主任会议。会议讨论关于召开雷山县第十七届人民代表大会第二次会议的决定（草案）、雷山县第十七届人民代表大会第二次会议议程（草案）、雷山县第十七届人民代表大会第二次会议日程（草案）、雷山县第十七届人民代表大会第二次会议主席团和秘书长名单（草案）、雷山县第十七届人民代表大会第二次会议列席人员名单（草案）、县人大常委会工作报告和人事事项。会议听取县十七届人大二次会议筹备情况汇报。

3月19日，县人大常委会召开主任会议。会议讨论《雷山县人大常委会2018年工作要点及监督工作计划》《雷山县人大常委会2018年各次会议议题计划》《雷山县人大常委会2018年理论中心组学习计划》《雷山县人大常委会帮扶联系村产业发展脱贫攻坚实施方案》。

3月23日，县人大常委会召开主任会议。会议讨论《雷山县人大常委会2018年工作要点及监督工作计划》《雷山县人大常委会2018年各次会议议题计划（讨论稿）》《雷山县人大常委会脱贫攻坚产业发展实施方案（讨论稿）》《雷山县人大常委会机关帮扶联系村产业发展脱贫攻坚实施方案（讨论稿）》《关于赴广东省英德市、广州市、深圳市等地考察调研的请示》。

5月21日，县人大常委会召开主任会议。会议讨论脱贫攻坚相关工作和人事事项。

5月24日，县人大常委会召开主任会议。会议听取县人民政府《关于农村医疗卫生保障和服务情况的汇报》。

7月26日，县人大常委会召开主任会议。会议讨论《雷山县人大常委会“脱贫攻坚·人大代表在行动”主题活动实施方案（讨论稿）》《雷山县人大代表培训视察方案（讨论稿）》《雷山县人民代表大会常务委员会关于开展第七个五年法制宣传教育的决议（草案）》和全州人大脱贫攻坚工作推进会在雷山召开相关事宜。

【其他会议】 3月26日，全州人大农业与农村委员会座谈会（西部片区）在雷山县召开。会上，州人大常委会农业与农村委副主任委员刘仁翔传达学习《中共黔东南州委印发〈关于进一步开好州县人民代表大会会议的意见〉的通知》等文件精神。各县常委会副主任分别就贯彻落实3月7日在丹寨帮扶工作现场会的情况作汇报，并就如何做好各县农业与农村委的监督工作作交流发言。

7月27日，全州人大脱贫攻坚工作推进会在雷山县召开，州人大常委会部分班子成员，全州16县市人大常委会领导、人大主席团及各级人大代表共80余人齐聚雷山，聚焦脱贫攻坚工作，交流先进经验做法，宣传各级人大代表在脱贫攻坚中的先进典型。

县人大常委会领导重要活动

1月9日，县人大常委会副主任邱兆娟分别对丹江镇第2选区、第16选区等选区的代表补选工作情况进行检查。

2月2日上午，县人大常委会副主任邱兆娟到丹江镇脚雄村走访慰问经济困难大学生，将团省委搭建的爱心人士助学捐助款5000元送到余凤手中。

3月21日，县人大常委会副主任邱兆娟、杨胜荣，县水务局有关专家一行到也蒙村大毛坡组、水利组、白米组、古月组，实地调研蔬菜种植情况，解决灌溉困难问题。

3月22—23日，县人大常委会副主任邱兆娟深入丹江镇脚雄、掌排、乌开、郎当等村开展脱贫攻坚“春风行动”调研。

8月24日，县人大常委会组织县十七届人大代表，分别赴永乐镇、郎德镇、大塘镇、望丰乡开展培训和视察活动。培训内容为代表的权利和义务、代表履职规范和技巧、代表履职有关要求和《中华人民共和国宪法》《中华人民共和国监察法》《中华人民共和国监督法》等法律法规。视察组深入4个乡镇围绕茶叶产业、旅游扶贫、中草药产业、蔬菜产业4个方面进行视察。

县人大常委会机关工作

【概　况】 2018年，县人大常委会机关在县人大常委会的领导下，紧扣县委中心工作和县人大常委会2018年工作计划，不忘初心、牢记使命，开拓创新、奋发进取，扎实履行人大工作职责，较好地完成各项工作任务。2018年，县人大机关党支部被州委表彰为“全州脱贫攻坚先进党组织”。

【调查研究】 上半年，按照县人大常委会年度工作计划安排，各工委（室）开展农村医疗卫生保障和服务、易地生态移民搬迁工作、《黔东南苗族侗族自治州农村消防条例》实施、文化与旅游融合发展等情况调研；下半年，配合县人大常委会领导推进和实施雷山县城棚户区改造工作、雷山县基础教育发展现状开展调研，充分听取和吸收基层群众意见建议，综合分析汇总形成调研报告，为常委会会议审议专项工作报告、发出审议意见书提供重要参考依据。

【代表工作】 年内，加强代表培训，以乡镇为单位，累计举办县乡人大代表培训467人。为人大代表赠送人大刊物和资料，发送工作信息，让代表了解人大工作动态，提高代表依法履职能力。搭建与代表联络平台，坚持常委会领导联系人大代表和人大代表联系选民制度，发挥好乡镇人大主席团和代表小组的作用，为人大代表知情知政、履行职责创造条件。

【脱贫攻坚】 县人大常委会机关成立县人大常委会脱贫攻坚产业发展领导小组，常委会主任刘光信任组长，制定并印发《雷山县人大常委会机关帮扶联系村产业发展脱贫攻坚实施方案》《2018年度雷山县人大常委会机关帮扶联系达地水族乡也蒙村产业脱贫值周安排表》。将机关科级以下干部分为4个组，按照值周安排，每周4—5人轮流到也蒙村与村两委及群众同吃同住同劳动，确保每个人每个月都有一周时间在也蒙村，围绕蔬菜、黑毛猪、茶叶等产业开展帮扶工作，负责帮助联系龙头企业，指导也蒙村发展好蔬菜种植、黑毛猪养殖、茶叶种植等工作。推动帮扶村按照“龙头企业＋合作社（村两委）＋农户”的模式，发展优质蔬菜、茶叶、黑毛猪等生产效益高、市场前景好、带动能力强、当地群众容易接受的特色产业。也蒙村西葫芦特色蔬菜种植316亩；茶叶种植1300多亩，茶青产量2500公斤。此外，县人大常委会还协调县水务局整合资金投入约20万元解决也蒙村发展蔬菜产业的用水问题；协调县农业局对也蒙村田土进行土壤检测，对特色蔬菜种植提供技术指导。

雷山县人民政府

工作综述

【概　况】 2018年，坚持以习近平新时代中国特色社会主义思想为指导，全面贯彻党的十九大和十九届二中、三中全会精神，深入贯彻落实习近平总书记对贵州工作系列重要指示批示精神，在上级党委政府和县委的领导下，在县人大、县政协的监督和支持下，以脱贫攻坚统揽经济社会发展全局，落实好新发展理念，守好发展和生态两条底线，用好民族文化和生态环境两个宝贝，坚决打好精准脱贫、防范化解重大风险和污染防治三大攻坚战，积极应对新挑战、有效化解新矛盾，推动经济社会持续健康发展。

【经济指标】 2018年，地区生产总值完成35.29亿元，同比增长11.1%，增幅居全州第4位。其中第一产业增加值完成8.05亿元，同比增长6.6%；第二产业增加值完成5.88亿元，同比增长12.5%；第三产业增加值完成21.36亿元，同比增长12.2%。三次产业结构为22.8∶16.7∶60.5，对经济增长的贡献率分别为13.2%、18.7%、68.1%。财政总收入完成30237万元，公共财政预算收入完成13712万元。公共财政预算支出145971万元，其中财政八项支出90676万元。全年税收完成26960万元，同比增长2.5%。500万元以上固定资产投资完成31.15亿元，同比增长19.7%；规模以上工业增加值4807万元，同比增长6.5%；社会消费品零售总额8.13亿元，同比增长8%；农村居民人均可支配收入达9297元，同比增长10.6%；城镇居民人均可支配收入达29705元，同比增长9.5%。

【脱贫攻坚】 围绕“一达标两不愁三保障”（“一达标”是指农村建档立卡贫困户家庭年人均可支配收入稳定超过当年全国扶贫标准，“两不愁”是指不愁吃、不愁穿，“三保障”是指农村贫困人口义务教育、基本医疗、住房安全有保障）要求，累计新增识别贫困人口795户1921人，清退不符合政策贫困户437户1451人。2017年度项目搬迁入住1798户7598人；完成2018年度安置房建设1398套，搬迁入住1347户5279人。投入5309万元，建成“组组通”公路143公里，全县30户以上自然寨通组公路硬化基本实现全覆盖；投入1921万元，完成村庄亮化工程89个，完成村寨串户步道硬化144个205公里；投入3208万元，完成农村饮水安全工程60个，农村安全饮水实现全覆盖。获批财政专项产业扶贫资金9405万元，实施产业扶贫、因户施策项目65个，贫困户人均“1亩茶、半亩药、半亩菜（菌）、1头猪”的目标基本实现。投入5092万元，完成农村危房改造1718户、破旧房改造4128户，群众安全住房问题得到解决。开通贫困家庭学生资助“绿色通道”，累计落实教育资助资金1697万元，资助学生5204人次，确保全县适龄儿童不因贫因残辍学。投入2100万元新建和改扩建村级卫生室92所，招聘村医121名，基本实现村村有卫生室和村医；建档立卡贫困户参合率100%、家庭医生签约率100%、住院报销达90%以上，“先诊疗、后付费”一站式服务得到较好落实。全面落实扶贫小额信贷政策，累计发放“特惠贷”“惠农贷”资金5.28亿元，受益1.07万户。抓好生态扶贫，累计发放公益林补偿资金1254万元，受益6100户2.48万贫困人口；聘用437名贫困人口为生态护林员，每人每年收入近1万元。完成农村贫困劳动力全员培训198期1.19万人。累计投入2.46亿元，启动九十九园区、大塘景区、九丰生态农业园、黔晟国资中药材全产业链基地等一批项目建设；累计投入9300万元，完成土地整治、串户路硬化、饮水安全、危房和破旧房改造等一批项目建设，基础条件显著提升，特色产业加快发展。大塘镇全年实现脱贫933户3347人，贫困发生率由15.95%下降到2.01%。国务院扶贫办、省纪委监委、省国资委、杭州市上城区等帮扶单位累计协调落实各类资金2.5亿元。中国农业银行、吉利集团、中国三星、融创集团、浙江传化集团、贵州黔晟国资、贵州高速集团、贵州建工集团、贵州老倪青钱柳公司等企业全力帮助雷山发展，特别是贵州黔通智联公司还将总部从贵阳迁移落户雷山助力发展。雷山东西部扶贫协作得到中央政治局常委、全国政协主席汪洋批示肯定。2018年，全县出列贫困村53个，脱贫4562户16965人，贫困发生率从2017年的14.05%下降到1.9%，脱贫出列工作通过州级审查。

【风险防范】 严格落实政府性债务管理“七严禁”［严禁违法违规举债；严禁违法违规担保；严禁违法违规进行政府购买服务；严禁“名股实债”；严禁“三边”（边勘测、边设计、边施工）工程；严禁违规建设楼堂馆所；严禁政府性债务管理不作为］，妥善处置存量债务，坚决防止新增隐性债务，大力开展金融风险排查和不良贷款清收，积极筹措资金化解债务2578.35万元。深入推进扫黑除恶专项斗争，依法查处涉黑案件3起。顺利推进“雪亮工程”（以县、乡、村三级综治中心为指挥平台、以综治信息化为支撑、以网格化管理为基础、以公共安全视频监控联网应用为重点的“群众性治安防控工程”）和三级综治中心建设。深入开展禁毒“两打两控”（打击制毒犯罪、打击贩毒犯罪和管控制毒物品、管控吸毒人员）等行动，进一步巩固无毒害县创建成果。完成重点行业重点领域安全隐患专项排查整治，全年未发生重特大安全生产事故，雷山被评为“全国平安农机示范县”。普法依法治理工作成效显著，雷山被表彰为第四批全国法治县（市）创建先进单位。

【污染防治】 扎实推进森林保护“六个严禁”（严禁盗伐滥伐林木、严禁掘根剥皮等毁林活动、严禁非法采集野生植物、严禁烧荒野炊等容易引发林区火灾行为、严禁擅自破坏植被从事采石采砂取土等活动、严禁擅自改变林地用途造成生态系统逆向演替）、环境保护“六个一律”（建设项目未经环评审批及未按环评要求落实污染防治设施的一律停建、停产；对环保设施不正常运行、污染物超标排放、私设暗管等环境违法行为一律依法从重处罚；对直接向环境排放污染物的单位一律依法足额征收排污费；排污单位严重违法导致较大以上突发环境事件和造成严重后果且社会影响恶劣，负有监管职责的国家公职人员存在失职、渎职行为的，一律追究行政责任；涉及国有企业的，同时追究国有企业相关人员的行政责任；对污染饮用水水源，非法排放、倾倒、处置危险废物，非法排放含重金属、持久性有机污染物等严重危害环境、损害人体健康，私设暗管排放、倾倒、处置有放射性的废物、含传染病病原体的废物、有毒物质等严重污染环境违法行为，构成犯罪的，一律移交司法机关追究刑事责任；对排污企业环境违法行为一律向社会公开，接受社会监督，并进入环保黑名单，记入贵州省企业诚信信息网信用信息数据库，对其进行失信惩戒）行动，全面完成中央环保督察反馈问题整改。投入8240万元，完成传统村落农村环境综合整治项目建设53个。加大执法力度，检查整治油烟餐饮烧烤门面摊点110家，责令污染企业停业整顿20家，处理娱乐场所噪声污染投诉35件。加强环境质量监测，县城环境空气质量优良天数率为99.7%，各集中式饮用水源水质达标率为100%，城乡生活垃圾无害化处理率为90%。投入2600万元，完成新一轮退耕还林1.01万亩和人工造林1.92万亩。森林覆盖率为72.56%。

【产业发展】 有序推进西江索道、悦榕庄酒店、大塘短裙苗精品民宿、《西江盛典》剧场等项目建设。苗年系列活动转为民间主办获得成功。多彩贵州中国原生态国际摄影大展永久落户郎德苗寨，并建立原生态文化艺术中心。第六届“雷公山之巅·巴拉河之夏”山地自行车赛等系列活动完美落幕。“非遗+扶贫”绣娘技能培训成效显著，雷山纳入全国首批十个“非遗+扶贫”重点支持地区之一，承办全国非遗工作站现场会。大型舞剧《蝴蝶妈妈》正式向社会公演。全县文化产业增加值占GDP比重为9.05%，排在全省第三方阵乙类县第一位。接待游客1255.27万人次，旅游综合收入106.69亿元，分别增长30.04%和37.88%。西江旅游公司获得省长质量奖提名奖和贵州省文化产业十佳企业称号。完成粮食总产量4.58万吨。调减玉米种植2.2万亩，完成中药材种植抚育1.8万亩、药用玫瑰种植2200亩，建成食用菌生产大棚628亩。加强农产品产销对接，完成生鲜农产品销售1800吨，销售收入3621万元。完成低产茶园及幼龄茶园改造2万亩，茶产品产量3900吨，实现综合产值10.5亿元。全国农产品安全县创建通过考核验收。2018年全县实现农林牧渔业总产值14.04亿元，同比增长6.7%，增加值8.43亿元，同比增长6.6%。启动乌开工业小区二期基础设施、康利6万吨山泉水等项目建设。投入450万元扶持小微企业100户。新增市场主体1347户，增长28.73%。借助淘宝、京东、苏宁易购、网易严选等电商平台，积极创新电商扶贫模式，推进农特产品“出山”。联合网易投入1000万元，在西江苗寨建设全国第一家扶贫体验馆——网易“严选·雷山”体验馆。全县电商网络零售额突破2亿元，顺利通过国家级电子商务进农村示范县绩效考评，列入阿里巴巴重点打造的10个电商脱贫样板县之一，荣获“中国社交电商消费扶贫示范县”称号。民营经济对全县经济的贡献率达51.2%。

【基础设施建设】 累计投入6.72亿元，启动雷榕高速、大塘快速通道、永乐—榕江平阳、雷山—西江、雷山—舟溪等公路建设，自加压力完成30户以下村寨“组组通”公路建设90公里，建成农村客运招呼站56个，完成郎德—望丰公路改造等项目建设。投入420万元，加强县内公路日常养护。累计投入6.27亿元，加快推进西江、望丰（排卡）、翁养等水库建设。累计投入3900万元，完成沟渠防渗51.1公里和大塘农田水利设施、巴拉河灌区节水改造，改善和恢复灌溉面积1.3万亩。投入3453万元，完成丹江河河道治理8.85公里。投入2270.6万元，完成改厨2873户、改厕1907户、改圈357户、配备移动灶台3833户。投入1940万元，完成农村污水处理和消防设施建设4个。投入465万元，建成停车场10个、村级公厕16个，为96个村配备垃圾桶4180个、手推垃圾车285辆。投入6000余万元，完成传统村落消防设施改造58个，建成数字博物馆（通过音频讲解、实境模拟、立体展现等多种形式，让用户通过互联网即可身临其境地观赏珍贵展品，更便捷地获取信息、了解知识）12个。格头村荣获“2018年中国最美村镇·生态宜居奖”，新申报国家级传统村落并通过住建部审查公示10个。

投入1.27亿元，完成村寨农村电网升级改造129个，建成西江110千伏、大塘35千伏变电站，建成10千伏以下线路299公里、10千伏配变193台，实现村村通动力电。广电网络“户户用”新增8178户，自然寨4G网络覆盖率达99.8%。县城加速提质扩容，申报获批用地指标622亩；推进环卫市场化试运行，城镇精细化管理水平得到提升；加大“两违”清理力度，依法强制拆除“两违”建筑33处；永乐南路和城北棚户区改造有序推进，完成罗浪洲地、红枫水岸、苗都公馆、苗疆华府等房地产项目建设，羊排易地扶贫搬迁特色小镇基本建成，县城区逐步延伸到莲花、陶尧片区，城镇化率提高到42.02%。

【政务改革】 完成行政审批服务事项清理1908项，完善办事指南1628项。完成第一批“最多跑一次”（通过优化办理流程、整合政务资源、融合线上线下、借助新兴手段等方式，群众和企业到政府办理“一件事情”在申请材料齐全、符合法定受理条件时，从政府部门受理申请到作出办理决定、形成办理结果的全过程一次上门或零上门）事项清理826项。扎实推进“减证便民”专项行动（集中清理涉及人民群众生产生活的“奇葩证明”“循环证明”等各类不合理证明，切实解决群众办事难问题），完成27个单位、125项证明清理，取消证明事项26项。整合资金5489万元，推进71个试点村开展“三变”改革（“农村资源变资产、资金变股金、农民变股东”改革），形成股金4683万元，量化到村集体2526万元、量化到户2157万元，受益农户8939户3.36万人。农村土地确权登记颁证工作通过省级验收，颁发证书3.14万户，确权面积24.55万亩。整合原有涉水资产，推进西江、永乐供水运营水务一体化改革。申报科技项目12个，争取项目资金230万元；完成专利申请240件，专利授权49件，累计有效发明专利8件。成功创建省级“四好农村路”（把农村公路建好、管好、护好、运营好）示范县，在全国率先推出“通村村”（利用互联网应用平台解决农村出行难、农村学生周末返家难、农村货运物流难的新农村综合生活服务开放生态平台，拥有打车、包车、小件物流、汽车购票、公交查询、定制班车等群众出行服务功能。该平台由智能指挥平台、手机APP移动端和公交车、班线车、出租车、客运站等服务实体构成，群众可根据自身出行需求，通过手机APP进行点击预约，获取方便快捷的出行服务）农村智慧交通服务平台，被交通运输部列为农村客运智能化应用示范项目在全国推广。加大产业大招商力度，新引进项目10个，到位资金23.34亿元。成功引进贵州高速石油公司、贵州农旅共济实业公司等一批企业落户雷山。

【民生保障】 投入1434.9万元，完成村级幼儿园建设5所和标准食堂建设12个，配齐幼儿园（班）设施设备60所，完成掌批、小乌等学校运动场改造8所；将陶尧小学撤并到县思源实验学校，将大塘、莲花小学并入大塘小学莲花新校区办学。高考录取1207人，录取率为90.14%；与省财政学校等合作开设全免费精准脱贫班，完成招生100人；全年累计投入教育事业经费3.64亿元。完成县妇幼保健院和大塘、西江、郎德卫生院建设，丹江、永乐、西江卫生院成功创建为一级甲等中心乡镇卫生院；启动县医院与永乐卫生院“医共体”（把一个辖区内的医院与医疗服务机构组合、联系在一起，形成一个医疗体系）试点建设；全县新农合参合率达99.9%，住院补偿15.61万人次、7283.87万元；居民电子健康档案建档率达97.78%；办理适龄儿童预防接种证1.29万人，建证率为99.84%。完成老年养护楼、儿童福利院建设；累计发放低保、救济款物等8325万元，发放城乡居民养老金2210万元，发放特困供养人员补助515万元，发放1886名残疾人护理补贴131万元；新增城镇就业2217人，城镇登记失业率为3.06%。“十件民生实事”除县殡仪馆建设因适应县城发展需要调整规划设计未完成外，其余民生实事全部完成。

【行政效能】 自觉接受人大、政协和社会监督，办理人大代表建议155件、政协委员提案117件，满意率均达99%以上。严格落实党风廉政建设责任制，严格执行中央八项规定，严厉整治“四风”（形式主义、官僚主义、享乐主义和奢靡之风），强化行政监察和审计监督，行政效能明显提升。累计选派干部脱产到村开展脱贫攻坚工作968名，组织全县结对帮扶干部进村入户开展帮扶工作2419名，进一步融洽干群关系。与此同时，国防动员、后备力量建设、双拥共建取得新成果，应急救援、外事侨务、民族宗教、气象保险、档案县志、邮政通信、烟草盐务、供销石油、智力支边等工作都取得积极成效，进一步加强与工会、共青团、妇联等人民团体的联系。

重要会议

【常务会议】 2月26日，县第十七届人民政府第35次常务会议召开，审议并原则同意雷山县事业单位2018年公开招聘人员的请示，同意面向社会公开招聘事业单位工作人员60人；审议并原则同意《关于审批雷山县2018年重大工程和重点项目责任分解的请示》；同意潘文波等56人的工作调动申请。

3月12日，县第十七届人民政府第36次常务会议召开，同意按照《雷山县茶叶生产奖励办法（试行）》《雷山县中药材产业发展奖励办法（试行）》《雷山县民族手工产业发展奖励办法（试行）》文件对达到条件的生产销售企业和个人进行奖励；同意县茶叶局、县中药材办、县民族文化交流中心提出的奖励企业和个人名单以及奖励资金。

4月17日，县第十七届人民政府第39次常务会议召开，审议并原则同意《关于审定并启动实施雷山县30户以下自然寨通组公路项目计划的请示》《关于审批雷山县空铁旅游项目的请示》，同意依法依规启动雷山县空铁旅游项目建设。

4月29日，县第十七届人民政府第40次常务会议召开，审议并原则同意《关于研究西江旅游公司悦榕庄酒店建设项目融资贷款相关事项的请示》，支持西江旅游公司向银行贷款融资6亿元用于西江悦榕庄酒店项目建设。

8月29日，县第十七届人民政府第46次常务会议召开，研究解决大塘镇（极贫镇）子基金莲花小学搬迁及幼儿园建设项目农民工工资、雷山县城镇投资开发有限责任公司从贵州省西江千户苗寨文化旅游发展有限公司借款等有关问题。

9月21日，县第十七届人民政府第48次常务会议召开，就6名专业士官安置工作等有关问题进行研究。

10月30日，县第十七届人民政府第51次常务会议召开，审议并同意《雷山县享受抚恤补助的复员退伍军人体检实施方案（试行）》，同意雷山县享受抚恤补助的复员退伍军人体检所需经费列入财政预算。

11月26日，县第十七届人民政府第53次常务会议召开，审议并原则同意《雷山县2018年政府工作报告目标任务调整建议》，即国内生产总值（GDP）目标由增长13%左右调整为增长10%左右，固定资产投资目标由增长23%调整为增长15%左右，社会消费品零售总额目标由14%左右调整为11%左右，服务业增加值目标由增长18%左右调整为15%左右，一般公共预算收入目标为增长7%左右调整为下降40%左右，农村居民人均可支配收入目标由增长12.5%调整为增长11%左右；审议并原则同意县财政局提出的2018年财政预算调整建议；审议并原则同意《雷山县2018年易地扶贫搬迁建设项目资金分配方案》；同意对符合政策的县环境监测站、县环境监察大队、县人民政府污染物减排办公室的工作人员发放环境保护监测津贴。

【县长办公会议】 2月9日，县第十七届人民政府第30次县长办公会议召开，审议并原则同意《雷山县开造水田及旱改水项目建设实施方案》《关于增加雷山县2018年度易地扶贫搬迁规模的请示》《关于审定雷山县大塘风电场项目建设有关事项的请示》《关于启动排苟水库工程前期勘测设计及专题编制工作的请示》《雷山县丹江河治理工程施工招标方案》《雷山县城至大塘快速通道建设项目涉及房屋拆迁拟建安置方案》《雷山县南部路网建设项目涉及房屋拆迁安置地选址和规划设计方案》《雷山县丹江镇城北片区城市棚户区改造建设项目招标方案》《关于审定雷山无用手的艺术中心合作协议书的请示》《关于雷山无用手的艺术中心用地的请示》《贵州黔通智联科技产业发展有限公司战略合作框架协议》《雷山县公检法室外附属工程建设项目招投标方案》《雷山县公安局办公家具招投标方案》《雷山县公安局业务技术用房中央空调安装工程招投标方案》《雷山县公安局数字化管理系统建设（物证管理中心）招投标方案》《雷山县公安局业务技术用房智能枪弹柜招投标方案》《雷山县公安局会议室音响系统工程招投标方案》《雷山县公安局智能化工程（执法办案中心）招投标方案》《关于西江旅游公司向江苏金融租赁股份有限公司申请融资租赁的请示》。

3月20日，县第十七届人民政府第31次县长办公会议召开，审议并原则同意《雷山县2018年村卫生室项目建设实施方案》《雷山县人民医院2018年上半年公开招聘临床医生备案编制人员实施方案》《雷山县调整和落实原乡镇（公社）老广播员老放映员补助政策实施方案》《雷山县风景名胜区综合整治提质升级三年行动方案（2018—2019）》《关于乌开工业园区苗家春茶叶等六家微小企业项目补办〈建设工程规划许可证〉有关问题的请示》《陶尧片区房屋拆迁拟建安置方案》《关于西江旅游公司报送营上鱼田湾生态停车场建设项目招标方案的请示》《贵州省雷山县矿产资源开发公司资产处置及人员安置方案》《关于调整雷山县养老服务中心老年养护楼建设项目用地面积的请示》《关于雷山县救灾物资储备库项目选址的请示》《雷山县2018年度城乡低保提标工作方案》《雷山县环境监测能力达标建设实施方案》《关于执行人民警察法定工作日之外加班补贴和人民警察执勤岗位津贴的请示》《雷山县2017年教育工作表彰大会会议方案》《雷山县“十件民生实事”和〈政府工作报告〉责任分解方案》。

4月4日，县第十七届人民政府第32次县长办公会议召开，审议并原则同意《西江北大门停车场北侧宗地国有建设用地使用权出让方案》《雷山县2018扶贫搬迁工程项目丹江镇羊排村安置点招标方案》《关于县林业局历年借（欠）国家公款整改事项的请示》。

4月17日，县第十七届人民政府第33次县长办公会议召开，审议并原则同意《雷山县2018年产业大招商突破年行动方案》《雷山县开展优化营商环境集中整治行动方案》《雷山县招商引资项目推进工作机制》《雷山县第二次全国污染源普查实施方案》《关于印发贯彻落实中央和省州提高统计数据质量真实性系列文件的实施意见等文件的请示》《雷山县2018年农村房屋灾害保险工作实施方案》《雷山县推进义务教育优质均衡发展实施方案》《雷山县2018年大塘镇校点调整实施方案》《雷山县大塘镇卫生院搬迁实施方案和入住实施方案》《雷山县财政扶持村级集体经济发展试点方案》《雷山县2018年统筹整合使用涉农资金实施方案》《雷山县创建省级节水型城市工作方案》《雷山县2018年文化旅游茶叶招商宣传营销方案》《关于出让雷山县丹江镇乌开工业小区9号宗地第二期国有建设用地使用权的请示》《雷山县粮油购销公司丹江粮站资产征收方案》《关于批准贵州省雷山老腾食品有限公司等3家企业入驻乌开工业小区的请示》《关于返奖乌开工业小区毛克翕茶叶发展研究所土地购置优惠部分金额的请示》《关于返奖乌开工业小区雷山县福尧茶叶有限公司等7家企业土地购置优惠部分金额的请示》《关于开通雷山县“党政通”服务平台的请示》。

5月10日，县第十七届人民政府第34次县长办公会议召开，审议并原则同意《关于调整雷山县人民政府工作部门及乡（镇）人民政府权力清单和责任清单目录（2017年）的请示》《关于公布雷山县第一批群众和企业到政府办事“最多跑一次”事项清单的请示》《进一步深化“简政放权、放管结合、优化服务”推进办事“最多跑一次”改革实施方案》《预防道路交通事故防控体系之大数据+执法服务站建设工作方案》《雷山县法治政府建设实施纲要（2017—2020年）实施方案》《关于续聘县政府法律顾问的请示》《雷山县城道路改造工程实施方案》《关于请求同意雷山县城区环卫市场化试运行的请示》《雷山县茶叶产业园区标准厂房建设补贴暂行办法（试行）》《关于增加雷山县出租汽车车辆的请示》《雷山县公开招聘向社会购买服务编制村医实施方案》《关于解决大塘镇敬老院服务人员的请示》《关于调整部分事业单位退休人员养老金发放渠道的请示》。

5月17日，县第十七届人民政府第35次县长办公会议召开，审议并原则同意《雷山县十三五期间易地扶贫搬迁旧房拆除及合理开发利用实施方案》《雷山县粮食局及万吨粮仓用地选址方案》《西江千户苗寨北门和白水河索道规划与建筑设计方案》《雷山县西江千户苗寨悦榕庄酒店项目建筑设计方案》《关于研究解决2018年减贫摘帽全面推进农村人居环境整治融资贷款有关事项的请示》《关于对公益性岗位存在问题整改的请示》《雷山县政府购买服务岗位人员管理暂行办法》《关于恳请明确大塘镇掌坳弃土场治理主体单位和治理资金的请示》；同意启动方祥乡、望丰乡、老桃江乡等卫生院业务用房维修项目建设，项目总投资控制在200万元以内。

6月11日，县第十七届人民政府第36次县长办公会议召开，审议并原则同意《雷山县与贵州黔通智联科技产业发展有限公司合作协议》。

7月10日，县第十七届人民政府第37次县长办公会议召开，审议并原则同意《雷山县农村集体产权制度改革实施方案》《雷山县2018年杭州市对口帮扶第二批项目预报计划》《雷山县2018年政策性农业保险和特色农业保险工作实施方案》《雷公山国家级自然保护区核心区乔仿自然寨搬迁工作方案》《雷山县殡仪馆建设项目设计变更方案》《县住建局关于雷山县生活垃圾收运系统二期工程丹江镇（县城）垃圾中转站和环卫停车场用地选址的请示》。同意成立贵州雷山云尖茶叶实业有限公司。

7月16日，县第十七届人民政府第38次县长办公会议召开，审议并原则同意《贵州省雷山县空铁旅游示范线项目一期工程投资协议》《雷山县人民政府贵州省绿通惠农大数据有限公司战略合作框架协议》。

7月27日，县第十七届人民政府第39次县长办公会议召开，审议并原则同意《雷山县2015年度扶贫生态移民项目县城楼梯坝安置点安置住房处置方案》《县国资公司对银饰街国有资产处置公开拍卖方案》《雷山县安居工程建设发展中心存量房处置方案》《雷山县丹江镇乌开工业小区11号宗地国有建设用地使用权出让方案》。

8月13日，县第十七届人民政府第40次县长办公会议召开，审议并同意《中共雷山县委雷山县人民政府关于开展山地特色人民防空建设的实施意见》《2018年杭州市对口帮扶第三批项目预报计划》《雷山县望丰乡羊卡村传统村落农村环境综合整治项目实施方案》《S204捉水至佳荣公路（雷山县Y002枫树坳至达地段）灾毁恢复重建工程建设方案》《雷山县九十九农业园区生态茶园改造提升项目实施方案》。

8月15日，县第十七届人民政府第41次县长办公会议召开，传达学习《国务院办公厅关于加强行政规范性文件制定和监督管理工作的通知》和《州政府法制办关于呈报全国深化“放管服”改革转变政府职能电视电话会议精神传达提纲的报告》。审议并原则同意《雷山县佳诚经济开发有限公司住宅楼规划设计方案》，并就雷山苗都公馆用地改变土地使用条件等有关问题进行研究。

8月23日，县第十七届人民政府第42次县长办公会议召开，传达学习《中共中央国务院关于打赢脱贫攻坚战三年行动的指导意见》等有关文件及黔东南州政府债务风险防控、环境保护、统计工作巡视整改动员部署会议等会议精神。审议并原则同意《雷山县政府债务风险管控工作整改专班巡视整改方案》《雷山县生态环境保护工作整改专班巡视整改方案》《雷山县统计工作巡视反馈问题整改方案》《雷山县大塘集镇短裙苗族旅游文化配套基础设施建设项目招标方案》。

8月29日，县第十七届人民政府第43次县长办公会议召开，传达学习贯彻落实省政府传达贯彻国务院西部地区开发领导小组第一次会议等会议精神。审议并原则同意县教育科技局、县工信和商务局、县民政局、县住建局、县生态局、县交通局、县水务局、县文体局、县旅发委、县卫计局、县市政局、西江旅游公司提交的重大工程项目清单。

9月21日，县第十七届人民政府第44次县长办公会议召开，审议并原则同意《雷山县落实食品安全党政同责加强食品安全工作实施意见》《雷山县2018年城镇背街小巷整治项目建设工程实施方案》《雷山县乌开工业园区产业发展奖励（暂行）办法》《雷山县城市河道防洪规划报告》。

9月30日，县第十七届人民政府第45次县长办公会议召开，审议并同意《丹江镇西出口原生猪交易市场宗地国有建设用地使用权出让方案》；同意以挂牌方式出让西江景区共19宗地国有建设用地使用权。

10月30日，县第十七届人民政府第46次县长办公会议召开，审议并原则同意《关于审定2018年苗年活动方案的请示》《雷山县2018年度农村环境综合整治项目建设方案》《雷山县2018年1月至6月商业门面市场价值调查表》。听取县教育科技局等相关责任单位2017年政府工作报告及“十件民生实事”工作进展情况汇报，就下一步工作进行安排部署。

12月4日，县第十七届人民政府第47次县长办公会议召开，审议并原则同意《雷山县“十三五”规划部分指标调整建议》《关于进一步推进工业经济高质量发展的实施方案》《雷山县佳诚经济开发有限公司住宅楼规划设计方案》《雷山县第三批县级非物质文化遗产项目代表传承人和第一批县级非物质文化遗产项目传承人名单》《雷山县大塘医养结合医院洁净区装修工程建设项目招投标方案》《关于修订雷山县高学历青年应征入伍奖励及退役士兵（官）安置优待办法（试行）》《雷山县高污染燃料区划定方案》。会议还研究贵州雷山苗家大院民族文化有限公司融资相关事宜。

12月26日，县第十七届人民政府第48次县长办公会议召开，审议并原则同意《雷山县西江景区西门旅游综合服务区建设项目设计方案》《雷山县西江千户苗寨小北门多层停车场建设项目设计方案》《雷山县西江千户苗寨营上鱼田湾生态停车场建设工程项目设计方案》《雷山县工业园螺丝山片区控制性详细规划建筑设计方案》《雷山县大力发展林下经济三年行动实施方案（2018—2020年）》。

【县政府重要专题会议】 1月10日，研究《政府工作报告》专题会召开。会上，县委副书记、县长袁刚传达州十四届人大二次会议精神。对《政府工作报告》提出修改意见和建议。

2月6日，2018年春节前清理拖欠农民工工资专题会议召开，就雷山县2018年春节前保障农民工工资支付工作进行安排部署。

4月9日，县人民政府常务副县长周哲云、县人大常委会副主任邱兆娟、县人民政府副县长蒋云生率县交通局、县旅发委等相关单位负责人赴大塘镇调研大塘快速通道建设项目，就加快推进县城至大塘快速通道建设项目、南部路网建设项目召开现场会进行安排部署。

9月19日，召开专题会议。会议原则同意方祥乡提交的《方祥乡雀鸟村养殖场拆除工作方案》《雷公山国家级自然保护区核心区乔仿自然寨搬迁征收安置补偿方案》；迅速启动雷山县云井山泉有限责任公司（大塘湾山泉水厂）违法建筑物拆除工作。

10月10日，召开专题会议。会议分别听取县水务局、县教育科技局等相关部门汇报脱贫攻坚“六大歼灭战”工作推进情况，传达学习《关于开展全力奋战20天全面完成基础硬件工作的紧急通知》（雷扶指通〔2018〕46号）精神，并就有关问题进行专题研究。

【县政府重要专项工作会议】 1月8日，全县脱贫攻坚2017年终督查工作部署会召开，就全县2017年脱贫攻坚年终督查进行安排部署。为做好此次督查，县扶贫开发领导小组办公室组成8个脱贫攻坚工作督查小组，由8个乡镇党委书记分别担任组长，进行交叉督查。

4月4日，召开2018年人大建议政协提案交办会，安排部署人大代表建议和政协委员提案办理工作。

4月12日，2018年度农村清洁风暴行动工作推进会召开。会上传达学习《黔东南州2018年改善人居环境暨清洁风暴行动实施方案》。

4月12日，召开2018年度农村危房“危改”“三改”工作推进会，会议通报“春风行动”开展后各乡镇农村“危改”“三改”工作推进情况以及对永乐镇的抽查情况。

6月19日，召开行政审批制度改革工作培训会，通报全县审改工作推进情况，组织学习传达国家、省级涉及行政审批改革工作相关文件精神，并就“最多跑一次”改革和行政审批“六个一”改革作动员部署。

7月8日，全县2018年脱贫攻坚农产品产销对接“农旅结合”暨安全生产服务质量推进会议在西江镇召开。万城公司介绍农产品配送业务发展情况，并与部分农家乐签订农产品配送合作协议。

9月19日，召开第四次全国经济普查工作动员会，通报全县第四次经济普查工作开展情况，安排部署下一步各项工作。

9月20日，全县2018年河长制工作推进会召开，听取河长制工作开展情况汇报，并就推进河长制工作进行安排部署。

县政府领导重要活动

2月1日，副县长蒋云生率队到西江镇长乌村、猫鼻岭村现场实地踏勘土地整治旱改水项目选址情况。在实地踏勘选址现场，蒋云生组织召开现场会，就有关事项进行研究调度。

2月6日，副县长杨和到县电子商务产业园就苏宁易购电商扶贫实训店运营情况进行调研。

2月7日，县委常委、副县长喻谋到大塘镇龙河村、两洋村走访慰问贫困户，并就脱贫攻坚、产业发展及村集体经济发展等情况进行调研。

2月10日，雷山县2018年“我的年货在雷山·赶年场”电商年货节在县城九黎部落旅游综合体广场举行，县委副书记、县长袁刚等领导到现场参观指导。

2月27日，县委副书记、县长袁刚率队深入望丰乡乌迭、羊卡、乌局、乌江4个村造水田工作现场实地调研造水田工作推进情况。

3月27日，副县长杨和调研省级重点工程大塘风电场项目建设情况，强调重点工程建设一定要保安全、重质量、促进度。该项目总投资4.3亿元，规划建设用地约415.8亩，总装机容量48.4兆瓦。

6月7日，县委副书记、县长袁刚现场巡查2018年高考考点情况，县委常委、副县长周骆斌陪同巡查。雷山民族中学考点是雷山县唯一高考考点，2018年设有43个考场，其中理科22个、文科20个、中职单报高职考场1个，共有高考生1229人。

6月19日，县委副书记、县长袁刚主持召开雷山特色茶膳、抹茶开发座谈会。座谈会邀请享受国务院国家特殊津贴专家周定生到会进行指导。

12月1日，副县长张晓玲一行先后深入达地水族乡也蒙村、乌空村、排老村和达地水族乡卫生院等实地调研各村卫生室建设进度和也蒙传统村落排污工程等工作。

县政府办公室工作

【概　况】 2018年，县政府办加强统筹协调和谋划调度，充分发挥参谋助手作用，努力促进政务、服务有机衔接，不断锻造信仰坚定、对党忠诚、作风过硬、担当作为的新时代高素质干部队伍。处理各级来文6247份，处理各部门、乡镇各类请示2861份，共印发各类文件含请示、报告等776份，比2017年下降9.66%。发布各类信息公开数据达3000余条。

【申请信息公开】 抓好申请信息公开，共收到和办理申请公开信息7件，其中信函申请2件、网络申请5件。政府网站共刊发信息1000余篇、省政府网刊发雷山信息210多篇、州政府网刊发雷山信息200多篇；下发信息约稿通知67个，完成州政府信息约稿50多篇；组稿报送《雷山县“民族文化”同搬迁，促进安居乐业》信息被省《政务信息》采用。

【建议提案办理】 建立人大代表建议和政协委员提案办理清单，明确承办部门单位和办理时限。及时召开建议提案办理交办会和督办会。共办理建议155件、提案117件，满意率均达99%以上。

【应急管理】 督促制定完善应急预案15项，累计处理处突事件8件，指导各相关部门发布预警190余条，覆盖70000人（次）；制作上报每日应急293期、重要信息53期、其他信息82期，办理省州领导批示转办通知105份、督办通知20份。共巡查各乡镇、各部门值班值守工作情况130余次；及时采购人雨弹300发，申请作业12次，开展作业10次，用弹214发，申请批准作业率达83%。

【脱贫攻坚】 积极为方祥乡格头村申报传统村落示范点建设项目，并于6月21日获省住建厅评审通过，6月24日获得批复，项目涉及传统村落保护、非遗传承和产业发展。积极争取获得发改部门支持客栈建设项目资金50万元。启动客栈建设，总投资200万元。完成人饮消防工程，总投资28万元。完成破旧房改造38户，其中第一批13户、第二批25户，切实解决部分群众住房困难问题。加快入户步道建设，完成入户步道硬化600米。积极争取大棚食用菌香菇建设资金25万元，完成大棚建设土地流转和开田排水、大棚建设和菌棒安放工作。按照“认养一头猪、幸福两家人”销售宣传模式进行传统黑毛猪认养，通过微信朋友圈、黔东南信息港等平台大力宣传，累计预订黑毛猪20头，发放养殖黑毛猪22头。开展厨师技术培训，积极组织贫困户开展为期15天的现场就业培训，培训人员100人次。开展为期15天的非遗扶贫培训，重点培训刺绣、蜡染。组织人员外出参加传统技艺培训，选派到苏州开展为期一个月的传统技艺培训6人。5月，刺绣手工作坊建成投入使用。按照“一减四增”要求，完成青钱柳种植200亩、茶叶1012亩、铁皮石斛200亩，枇杷、石榴、杨梅共计7500株，蔬菜100亩。充分利用森林自然资源，引导村民20户养殖蜜蜂300余箱；争取支持养蜂项目92箱，完成项目落地、管理用房建设和管理人员。选派年轻有为党员干部担任驻村第一书记和到省扶贫办、国家发改委挂职锻炼3名。

【金融信贷】 支持小微企业“3个15万元”贷款40户，贷款总额506.4万元。扶贫小额贷款10582户，余额为52254.36万元；其中“特惠贷”10244户、金额为50564.36万元，“惠农脱贫贷”338户、金额为1690万元。申报5000万扶贫小额信贷落实放款260万元。融资贷款（含租赁）项目共计11个，融资到账12.5亿元。获批脱贫攻坚基金产业子基金12230万元，实际投放项目5个，投放金额9430万元，年内使用9375.51万元。积极引进政策性金融机构农业发展银行入驻设立分支机构，并于4月底开始营业。

【农企保担】 农业保险保费收入共计649.03万元，水稻承保面积为72636.56亩，能繁母猪承保458头，育肥猪承保7285头，生态鸡承保12700只，公益林承保127.27万亩，商品林承保6.5万亩，茶叶承保面积3554.26亩。积极开展金融风险防范和化解工作，从多方位、多角度地普及金融应用和防范金融诈骗知识，增强公众的风险意识和辨别能力。进一步拓宽实体经济融资渠道，降低融资门槛，与金融机构商谈开展“政银保担”合作模式。积极培育上市企业，公司被纳入省级上市后备资源库企业2个。全县存贷款余额88.41亿元，较年初增加12.74亿元，增幅16.84%，同比增加9.8亿元，同比增幅12.47%。

【国防教育】 积极开展全民国防教育日、省国防教育月、烈士纪念日等活动，以领导干部、青少年学生、民兵预备役人员为重点，通过办专栏、发放资料、广播电影电视、网络媒体等宣传和重点对象培训、应急演练、军事训练等多渠道多形式，开展国防教育进机关、进学校、进企业、进社区、进农村、进家庭“六进活动”，不断扩大宣传教育的覆盖面。完成行政审批事项清理，清理行政许可事项4项、行政处罚6项、其他权力6项。开展“双随机、一公开”执法检查3次，积极收缴人防经费159.77万元。做好“9·18”防空警报试鸣日活动，县城区安装警报器3台，建成警报器音响，覆盖率达90%以上，鸣响率达100%。采取制作展板、悬挂横幅和张贴通告、印发宣传资料等方式广泛宣传人民防空防灾知识。

【外事工作】 坚持“以人为本、为侨服务和为国家整体外交服务”的宗旨，严把审核关，共接待外宾2批次16人，办理因公出国出境2批次共2人。

政务服务

【概　况】 2018年，县政务服务中心在县委、县政府的领导下，全面贯彻落实党的十九大精神，认真落实中央、省、州、县委关于全面推进简政放权改革的总体要求，深化“最多跑一次”改革，各项工作稳步推进。年末，县政务服务中心累计受理业务34555件，其中网上受理14507件，窗口受理20048件；累计办结34548件，提前办结24209件，网上受理率为41.98%，办结率为99.98%，提前办结率为70.06%。

【行政审批】 按照省州关于“最多跑一次”改革的整体部署，结合工作实际，推动“最多跑一次”改革全面突破，紧扣营商环境重要领域和政务服务关键环节，争取实质性重大进展，实现企业群众的满意度明显提升。根据贵州省网上办事大厅数据统计，雷山县网上办事大厅进驻县、乡两级单位有48个。为确保网上办事大厅行政许可、行政确认、行政给付、行政征收、公共服务、其他权力等事项统一纳入网上办事大厅，统一发布制作办事指南，规范办理标准，组织网厅进驻单位按照权力清单，对进驻网厅事项及办事指南进行专项清理，9月，涉及县、乡、村三级审批及服务事项2380项，累计清理事项1988项，整改完善事项办事指南1828项。

【减证便民】 根据省、州关于深化“放管服”改革的决策部署和工作要求，大力推进“减证便民”，凡是没有法律法规依据的证明材料一律取消；能通过个人证照证明的证明材料一律取消；能采取申请人书面承诺方式解决的证明材料一律取消；能通过网络核验或部门联验的证明材料一律取消。从根本上解决困扰企业和群众“办证多、办事难”等难点热点问题，打通服务群众“最后一公里”，真正实现服务“零距离”，最大限度方便企业和群众办事创业。全县涉及清理单位27个、证明143项，通过组织各单位根据自身权力清单对需要保留和需要取消的申报材料进行专项清理，清理并公示保留证明材料117项，取消证明材料26项。

【部门进驻行政中心】 按照省州要求，依照“应进必进”的原则，必须进驻中心的部门有36个，设立行政审批股应进驻中心的单位有18个，受政务中心场地限制，实际进驻实体大厅的部门有23个，占应进部门的63.89%。待新政务中心办公大楼建成投入使用，将严格按照省、州实体政务大厅建设要求，实现部门及事项全部进驻。同时，对所有进驻政务服务大厅的办事项目进行流程再造，精简审批环节，压缩办理时限，实现承诺时限比法定时限压缩达50%以上。

【便民服务】 围绕“审批环节最优”“办事效率最高”目标，进一步优化审批流程，重点通过采取上门服务、下乡镇集中服务、预约服务等方式为群众提供多方式多途径的便民服务，全年累计派出服务专用车10余辆（次），为群众和企业办事150余件，受益群众300余人。依托贵州省网上办事大厅平台，健全县、乡、村三级行政审批便民服务体系，组织完成涉及网上办事后台录入工作的部门40个和乡镇8个、村居163个。通过村级便民服务站代办便民服务事项，打造上下联动的服务格局，真正实现基层群众办事“小事不出村、大事不出镇、就近跑一次”。

【窗口管理】 制定《雷山县人民政府政务服务中心窗口及工作人员绩效管理考核暂行办法》，每天安排人员到大厅巡查，了解窗口运行情况，实行一日一考勤，一季一通报，做好季度红旗窗口和服务之星的考评，提升窗口工作人员的服务水平。在大厅设立信息查询台、投诉信箱，强化社会监督，提升大厅服务质量，为办事群众提供最大的方便。

【脱贫攻坚】 定期和不定期由主要领导或分管领导带队进村入户开展帮扶工作，帮助解决帮扶村的实际困难和问题，组织技术人员对脚猛村办公设备进行更新维护、配置电脑、打印机、扫描仪等，为脚猛村“两委”添置配备文件夹、文件柜、笔墨纸张等办公用品，赠送各种用具给村食堂使用。对父母双残疾特贫困学生每月资助300元。帮助争取国务院扶贫办社会扶贫司帮扶资金90万元，硬化脚猛村产业路2公里，建便民桥3座；争取杭州对口帮扶项目资金30万元，用于村发展肉牛养殖项目；争取农业基础设施项目资金70万元，用于村修建产业路和观光凉亭；争取壮大村集体经济资金190万元，用于入股雷山县西江旅游公司，年收益13万余元。

金融工作

【概　况】 2018年，在县委、县政府的领导下，在州金融办的业务指导下，县金融办全面贯彻落实十九大、中央、省州县相关金融工作会议精神，坚持以脱贫攻坚统揽经济社会发展全局，做好金融工作，加快推进服务地方经济发展，金融风险可控，全县金融工作取得较好的成绩。全县存贷款余额88.41亿元，较年初增加12.74亿元，增幅16.84%，同比增加9.8亿元，同比增幅12.47%，其中各项存款余额为48.74亿元，较年初增加3.7

亿元，增幅8.21%，同比增加1.62亿元，同比增幅3.44%；各项贷款余额为39.67亿元，较年初增加9.04亿元，增幅29.51%，同比增加8.18亿元，同比增幅26.23%。存贷比为81.39%。

【扶贫贷款】 支持小微企业“3个15万元”累计发放小微企业贷款40户，贷款总额506.4万元；贷款企业113户，贷款余额2236.62万元。扶贫小额贷款在贷10582户，余额为52254.36万元，其中“特惠贷”10244户，金额为50564.36万元，“惠农脱贫贷”338户，金额为1690万元。5000万元扶贫小额信贷合计落实放款260万元，其中，县自来水公司、郎德镇益农专业合作社完成贷款材料申报，申贷金额650万元，经县信用社审批，放款90万元，将放贷200万元；贵州雷公山仙女塘农业生态有限公司申请贷款80万元，银行审批通过并全部放款；贵州百佳尚品农业综合开发有限公司申请贷款90万元，银行审批通过并全部放款。县惠通公司和大塘镇扶投公司正在向县信用社准备提交申贷材料，申贷金额1900万元；其余的贷款在安排中。

【项目融资】 2018年，融资贷款（含租赁）项目共计11个，融资到账12.5亿元，在向银行申请办理融资贷款项目4个，拟计划融资9.88亿元，年底前农村人居环境整治项目贷款获得审批并到位1.4亿元、2018年棚户区改造贷款5亿元获得审批并到位2亿元。

【基金推进】 脱贫攻坚基金产业子基金推进，经省投决会审批并协议投放项目共6个，获批基金12230万元；实际投放项目5个，投放金额9430万元，年内使用9375.51万元。

【金融引进】 积极引进政策性金融机构，农业发展银行在县城设立分支机构，并于4月底开始营业，填补全县政策性金融机构空白，逐步建立完善的金融体系。县辖内有金融企业有11家，其中银行业金融机构7家，保险机构2家，其他金融机构2家（银河小额贷款公司、丰元担保公司）。

【农牧林保险】 制定下发《雷山县2018年农业保险方案》，农业保险保费收入共计649.03万元，水稻承保面积为72636.56亩，能繁母猪承保458头，育肥猪承保7285头，生态鸡承保12700只，公益林承保127.27万亩，商品林承保6.5万亩，茶叶承保面积3554.26亩。

【风险防范】 重点围绕监测金融机构、重点监测行业、重点监测企业、重点监测地区，开展针对金融风险领域互联网金融风险专项整治、社会矛盾排查、校园网络借贷清理整顿、P2P网络借贷和现金贷专项排查等检查行动8次，未发生流动性风险。下发《雷山县防范和化解金融风险工作实施方案》《雷山县开展防范和处置非法集资工作专项检查实施方案》《雷山县开展非法集资风险和陈案处置化解“百日攻坚”行动方案》，开展“3·15”消费者权益保护日宣传、“5·15”宣传日宣传等活动，通过现场讲解、散发宣传单和利用电视、媒体、网络媒介等开展形式多样、面向基层、面向公众的宣传教育活动，不断增强公众的风险意识和辨别能力。

【政银保担】 在原有4321风险分担业务的基础上，与县邮政银行、贵州银行、贵阳银行开展“政银担”合作，通过财政担保资金作为风险金，对全县小微企业在一定额度内（单笔最高不超过500万元）提供无抵押无担保贷款，贷款利率执行基准利率上浮不超过30%，对降低小微企业融资成本和融资门槛，提高其贷款可得性提供便利。同时，为进一步拓宽全县实体经济融资渠道，降低融资门槛，与黔东南州农业信贷担保公司、贵州信元担保有限公司、人保财险雷山支公司、贵州银行、贵阳银行、县信用社等金融机构商谈开展“政银保担”合作模式。

【上市企业培育】 筛选重点拟上市企业进行上市培育。纳入省级上市后备资源库企业有2家（贵州省西江千户苗寨文化演艺有限公司和贵州雷山银枫生态农林开发有限公司）。西江千户苗寨文化演艺公司完成重组资产、业务划分、尽职调查等工作，为下一步挂牌上市做好前期工作准备。雷山银枫公司进入上市辅导期第三年，力争在2019年到深圳交易所挂牌上市，成为贵州省第一家上市中小板的农业企业。

应急管理

【概　况】 2018年，县人民政府应急管理办公室坚持“预防为主、积极应对”的原则，加强组织、完善预案、做好统筹，切实抓好应急管理各项工作，不断提升应对突发公共事件能力。

【应急值守】 与气象、国土、水务等部门建立应急预警信息共享机制，及时掌握信息动态，对容易形成突发事件的各类隐患问题，按照“谁主管、谁负责”的原则，落实责任措施，果断进行处置。一旦发生突发事件，县委县政府能够及时研判、有效指挥，加强对突发事件的应急值守和信息报告，确保政令畅通。年内，累计指导各相关部门发布预警190余条，覆盖70000人次；制作上报每日应急293期、重要工作信息53期、其他信息82期，办理省州领导批示转办通知105份、督办通知20份。在县应急值守值班室配备固定电话、电脑等设施，严格执行24小时应急值守制度，落实监管责任人实行应急管理日报告制度，及时处置各类突发事件和上报信息。加强对各乡镇、各部门值班工作和领导带班制度落实情况的监督力度，在严格执行部门24小时值班的基础上，实现值守工作“纵深到底”。年内，县政府值班室累计巡查各乡镇、各部门值班值守130余次。

【应急预案制定】 年内，督促制定完善《雷山县地质灾害应急预案》《雷山县气象灾害应急预案》《雷山县事故灾难总体应急预案》等15项，基本形成多层次、广覆盖、相互联动、操作性强的应急预案体系，为更好地开展应急管理工作打下基础。为推进应急平台建设，构建多部门参与，县、乡（镇）协作互通的应急机制，在省、州的指导与帮助下，完成西江营上应急平台的铺设并投入使用。及时帮助安监、民政、水务、国土等重点行业领域部门完成应急平台的安装、调试及学习培训。积极探索应急管理机构的新模式，将应急管理工作纳入县委、县人民政府重要议事日程，进一步强化县应急体系建设工作领导小组职能作用，指导、协调推进全县应急体系建设，提高各乡镇、各部门应急管理工作能力和水平。

【应急演练】 结合县武警公安、县卫生防疫、县农林水气等部门采取以会带训，会训结合，以检查带指导，检查与指导相结合等灵活多样的形式开展培训与宣传工作，坚持演练培训，做到召之即来、来之能战、战之能胜。督促指导县有关部门加大专项宣传力度，结合各部门业务工作，组织开展形式多样、丰富多彩的应急知识科普宣教活动，增强公众的公共安全防灾减灾意识。围绕各类突发公共事件和自然灾害的特点，抓好乡镇、部门及企业单位应急演练，不断提高群众应急自救能力。年内参与协调各种突发事件8件。

【应急宣传】 以“防灾减灾日”“国际减灾日”和苗族吃新节为契机，设置宣传栏、悬挂横幅、发放宣传页、手机报等多种形式开展宣传活动。围绕洪涝灾害、安全生产事故、火灾、传染病疫情等开展广泛宣传预防、避险、自救等应急知识，切实增强群众的应急知识和自救互助能力，做到应急管理知识家喻户晓。

消　防

【概　况】 2018年，县消防大队以确保全县消防安全为最终目标，按照“两个责任书”要求稳步推进各项工作。在防火监督、农村消防工作、消防宣传、灭火救援、队伍管理等方面取得一定的成绩，确保全县消防安全持续稳定。累计投入

700余万元，在58个传统村落全部搭建农村大数据防火平台，其中西江、郎德等村寨实现农户全覆盖，15个传统村落重点部位安装灭弧式监控终端，58个传统村落高位水池全部安装水位在线监测仪，另外，在西江苗寨还安装红外线温度预警系统，做到初期火灾立体化多方位监测预警。平台运行后，先后预警各类电气安全隐患500余次，实现短路、过负荷、接触不良、漏电等电气火灾零发生。大数据防火平台多次受到中央政法委原书记孟建柱、省长谌贻琴、副省长郭瑞民等各级领导的高度肯定。中央电视台等各级新闻媒体多次进行专题报道。另外，在城区，投入50余万元，对县医院、县中心福利院全面安装智慧用电管理系统。

【群防群治】 进一步梳理规范农村火灾防控有效措施，对农村“十户联防”、巡查检查、鸣锣喊寨、宣传培训、红白喜事打招呼制度、4个120火灾惩处措施等进行梳理，并将其纳入各苗寨村规民约，利用村规民约的民间强制约束力，增强农户做好火灾防范的自觉性和主动性，切实推动农村村寨形成安全自查、隐患自除的常态化模式。积极推动全民消防大演练，由政府、村委会主导，将消防演练、比武竞赛、教育培训等纳入各乡镇苗年及各类重要节日活动的必备内容。让全民参与到防灭火演练中，逐渐形成人人懂消防、会消防的良性环境。

【农村消防条例宣传】《农村消防条例》（以下简称《条例》）颁布实施后，先后提请县政府组织召开《条例》宣贯工作部署会、推进会、调度会4次，结合实际印发《条例》宣贯工作紧急通知，将各乡镇、部门开展新《条例》宣贯情况纳入县委县政府督查室重点督查内容，每月定期进行督查督办，有效压实各级在《条例》宣贯工作中的责任链条；同时，依托县、乡两级消安委，以“全面培训”为抓手，通过举办培训班、知识竞赛、专题辅导等形式，推动各级各部门熟悉掌握《条例》精神内涵；通过公安机关层面督促各派出所严格按照新《条例》的有关规定，对火灾隐患和违法行为的场所和个人进行惩处，通过严格执法，充分展现《条例》的威慑力，助推《条例》全面落实。

【景区消防】 针对西江、郎德景区小场所多，消防安全隐患突出的实际，大队从三个方面狠抓小场所源头治理：印发《关于进一步做好西江、郎德景区经营场所消防安全监督管理的通知》，全面明确西江、郎德镇政府、公安派出所、村居民委员会对宾馆、旅社、餐饮等各类场所以及公共消防设施的监督管理职责；明确由乡镇政府负责，景区管理部门、公安派出所、社区和村（居）民委员会等单位具体实施，做到场所建设前审核把关、建设中服务指导、建成后日常监督检查；下发《景区小型人员密集场所消防安全基本标准》，针对西江、郎德景区特殊实际，突出明确安全通道、消防设施，自救器材、装饰装修、日常管理、员工培训演练等六个方面的具体要求，使景区小场所消防管理可操作性和可落实性进一步提升。在西江、郎德开展旅游景区消防安全宣传行动。

【消防责任与事故查处】 全年提请县级召开联席会、专题会、常务会等研究消防工作15次，组织开展消防工作调研、督办9次，四大班子主要领导、分管联系领导亲临一线检查消防工作20余次，形成横向到边、纵向到底、纵横互联的责任体系。严格按照“四不放过”原则，加大对火灾事故的调查处理力度，2018年，累计约谈乡镇2个、村委会负责人4个，拘留火灾责任人1名，警告教育3人。

【消防整治】 在省、州的统一部署下，结合辖区火灾形势和实际，针对性部署开展春夏火灾防控、冬春火灾防控、电气火灾综合治理、电动自行车消防安全专项整治、重点领域消防安全检查等专项行动。突出抓好农村村寨、景区景点、人员密集场所、易燃易爆危险品场所、施工现场等消防安全专项整治。以开展专项整治为拳头，集中整改消除一大批火灾隐患，实现6个100%（人员密集场所检查率达100%，易燃易爆场所检查率达100%，文物古建筑、旅游景点检查率达100%，农村50户以上自然连片村寨检查率达100%，施工现场检查率100%，重大节日、重大活动涉会场所检查率达100%）。2018年，大队累计检查单位、场所5741家（次），督促整改火灾隐患4803处，查封危险场所15家，责令停业整改11家，罚款12.8万元。通过全年的常态化消防安全专项整治行动，有效确保辖区消防安全形势的持续稳定。

【消防设施建设】 自2016年来，累计投入资金1.5亿元，在全县154个行政村全面推进农村消防“六改工程”建设，58个传统村落全部建成常高压消防给水系统，2万余户全部完成消防电改；进一步优化网格划分，将全县划分为8个大网格、154个中网格、1085个小网格等三级网格，真正实现消防安全管理无盲区；投入700余万元，在西江、郎德等58个传统村落开展大数据管火项目建设，全面实现火灾预警精准管控。民政、卫计、教育、文物等行业部门采取试点打造、现场会推广的模式全面规范本行业系统消防安全标准化管理；扎实推进智慧用电管理工作，投入50余万元完成县医院、中心敬老院、郎德上寨安装智慧用电管理系统共3套；推动小区电动自行车充电桩全覆盖，完成3个居民小区、思源中学充电桩安装，并推动各居民小区与充电桩厂家签订安装合同。

【消防队伍建设】 结合雷山县农村点多面广、县消防大队远水救不了近火的实际，大力推动多种形式消防队伍建设，再投入70万元在大塘镇、达地水族乡建设政府专职消防队，全县8个乡镇、154个行政村、183个50户以上村寨全部建立志愿消防队伍，全面配备农村“四大员”，传统村落建立微型消防站58个，乡镇建立专职消防队伍6支。在城区，建立微型消防站的消防安全重点单位34家、社区2个，并实现与大队联勤联动。整体上，全县消防应急救援力量得到显著增强。

【消防宣传】 在景区售票处、检票处、停车场设置大型固定消防宣传阵地；利用景区广播在固定时段播出消防安全提示；将固定消防安全提示语纳入导游解说介绍必须的内容。在观光车上张贴具有地方特点的消防宣传提示；利用景区消防宣传车、消防服务队定时开展消防宣传、巡逻防范。景区内商场、超市、宾馆、酒店等严格落实消防精准宣传措施。利用县广播电视、户外显示屏、LED显示屏、消防微信、短信平台播发消防安全公益广告及消防安全提示，全年在电视上播放公益广告100余次，发送消防提示微信、短信50000余条。深入乡镇、村寨、学校、景区等，向广大群众宣传消防法律法规，普及防火、灭火和逃生自救知识，有效提高广大群众消防意识，全年开展消防宣传培训60余次，培训30000余人次，发放消防宣传资料80000余份。组织学校师生、人民群众3.5万余人深入教育体验馆学习消防安全知识。制作“全民消防我行动”宣传海报5000份，消防志愿者马甲、帽子100套，刻录苗侗双语歌光碟500张发放到大街小巷、村头寨尾。大队结合西江景区火灾风险大、游客多的实际，将消防提示融入门票，受到广大群众的关注；消防元素进品牌——将消防知识设计进县知名茶叶品牌；“消防苗歌”广传唱——进一步强化“消防苗歌”在村寨、学校的传唱，真正让消防知识传播到千家万户。

【雷山县开展“国际减灾日”消防安全宣传】 10月11—13日，雷山县开展“减少灾害损失·创造美好生活”主题宣传活动，共发放消防安全宣传手册、宣传单、消防购物袋1000余份，发送消防安全宣传提示短信5000余条。

中国人民政治协商会议雷山县委员会

综 述

【概 况】 2018年，县政协常委会在中共雷山县委的领导和上级政协的指导下，深入学习贯彻落实习近平新时代中国特色社会主义思想、中共十九大精神和习近平总书记在贵州省代表团重要讲话精神，坚决维护习近平总书记在党中央和全党的核心地位，坚决维护以习近平同志为核心的党中央权威和集中统一领导，牢记嘱托，感恩奋进，坚持团结和民主两大主题，围绕中心、服务大局，以脱贫攻坚统揽经济社会发展全局，认真履行政协职能，充分发挥政协作用，为推动全县经济社会高质量发展作出积极贡献。

【广泛协商】 县政协九届三次会议期间，广大政协委员本着高度负责的责任心和使命感，针对全县脱贫攻坚实现整县“减贫摘帽”“三农”工作、项目建设、产业发展等方面提出意见建议81条，一些建议被县委县政府吸纳到决策之中。如科学制定县乡村产业发展方案，选择茶、药、菜（菌）、畜（禽）等突出地方特色优势品种进行培植培育，实施“一乡一特”，打造“一村一品”的建议被产业发展采纳，助推全县围绕乡村旅游大力发展茶、药、菜（菌）、生态畜（禽）等特色产业，实现农民人均茶1亩、药半亩、菜（菌）半亩、猪1头，带动贫困户增收脱贫。如“着力解决农村人饮工程设施不足问题”的建议，县水务部门全力推进农村饮水安全巩固提升工程，解决全县安全饮水问题村60个1.26万户4.99万人。如“加快通组公路和产业路建设进度，方便群众生产生活”的建议，县交通部门大力实施农村“组组通”公路建设，建成通组公路143.06公里，实现农村串户路全覆盖，极大地改善群众出行条件。

【重点协商】 专题会议重点协商。围绕全县经济社会发展、重大工程和重点项目、茶叶产业、提案办理等方面召开政协常委会会议重点协商，围绕全县特色生态工业园区建设、农村人居环境整治等方面召开主席会议专题协商，形成2018年全县重大工程和重点项目建设情况、全县特色工业园区建设情况、全县农村人居环境整治情况等协商报告6篇，报告呈报县委、县政府参阅，得到县委、县政府主要领导高度重视，县委书记黄清发对《协商报告》都作出批示，有效推动相关工作的落实。比如，加快全县特色工业园区建设，创造更多就业岗位，解决更多易地扶贫搬迁户就地就业问题的建议，相关职能部门着力加快乌开工业小区第二期基础设施建设，引进一些企业入园发展生产，吸纳贫困群众就业300余人。又如“加大农村人居环境治理力度，消除脏、乱、差问题”的建议，在全县扎实开展“讲卫生·除陋习·树新风”专项行动中，每个村投入10万元，集中开展村容寨貌“七整治”，做到“三净四治三整洁”，极大改善农村环境卫生。

【座谈协商】 以脱贫攻坚和营商环境为主题，召开县人民政府县长与政协委员座谈会议。6名委员分别就脱贫攻坚“四场硬仗”“五个一批”“一达标两不愁三保障”“三率一度”以及招商引资投资环境等方面各抒己见，畅所欲言，提出意见建议21条。袁刚县长与委员们倾心座谈，深入交流沟通，共商全县实现整县“减贫摘帽”工作大计。一些意见建议转化为相关职能部门的工作措施，推动脱贫攻坚工作。如“着力改善农村居住条件”的建议，县住建部门加大危房、破旧房改造力度，完成改造任务，惠及13979人，基本实现农户均有安全住房。围绕学前教育事业发展，召开主席与委员协商约谈会，就加快学前教育设施建设工作提出意见建议，县教科部门积极吸纳，完成村级幼儿园建设5所，投资600多万元添置学前教育设施，解决400多名幼儿入园困难问题。

【政协提案办理】 县政协九届三次会议后共立提案127件，通过县级领导领衔督办、主席会议协商督办、民主评议提案办理等方式，加强提案办理协商，促进提案办理落实。提案办复率达100%，满意率为97.64%，有效落实《关于建立产业扶贫长效机制的建议》《关于解决村医养老保险问题的建议》和加强全县旅游产业均衡发展建议等提案60件，切实解决群众关心、社会关注的一些热点难点问题，不断增强群众获得感和认可度。

【调研视察】 围绕易地扶贫搬迁、县城南部路网建设、驻村干部作风问题、文化旅游产业发展、县城污水收集系统建设、提案办理等方面开展专题调研视察，形成关于全县驻村干部作风建设情况的调研报告、关于全县易地扶贫搬迁项目实施情况的视察报告等8篇，提出意见建议42条，一些意见建议得到县委县政府主要领导的批示和相关部门的采纳。如“切实解决易地扶贫搬迁项目建设用料难题，加快项目建设进度”的建议，实行“一天一调度”机制，三班倒加班加点施工，完成全县易地扶贫搬迁任务。又如“要调整帮扶方式，健全帮扶干部、驻村干部考核管理机制，形成合力助推脱贫攻坚”的建议，县委深入推进脱贫攻坚作风建设年各项工作，组建脱贫攻坚干部作风纪律专项督查组4个，严格督查干部到岗到位、作用发挥情况，重点跟踪督查各级干部特别是领导干部按照既定目标、既定工期、既定责任推进具体工作的情况，对在脱贫攻坚中不担当、不作为的干部进行问责，压实责任，形成合力，推动脱贫攻坚工作。

【民主评议】 按照常委会年度工作要点，对县民政局开展民主评议工作，就班子建设、为民服务、办事效率、廉政勤政等方面，通过走访、座谈和问卷调查等形式，在广泛听取意见建议的基础上，提出意见建议9条，督促县民政局整改落实。该局认真落实“一站式”医疗救助工作，发放医疗救助资金1000多万元，有效缓解困难群众看病难问题。对《贵州省传统村落保护与发展条例》实施贯彻情况进行民主监督，在组织委员认真学习条例基础上，通过走访、视察等方式，提出“保护传统村落，应当要建立健全保障机制”等五个方面的建议，为全县传统村落的保护与发展献计献策。县住建部门高度重视，组建工作专班，编制完成全县乡村规划，并经县城规委评审通过。新申报的10个国家级传统村落通过住建部审查并公示。

【社情民意反映】 常委会重视社情民意反映工作，将社情民意反映作为每次常委会会议议程，会上认真收集，会后精心整理，将群众期盼解决的热点难点问题呈报县委、县政府，督促相关部门加以解决。全年上报社情民意信息19篇（则），其中《关于加快马家屯边坡治理进度的建议》《关于恢复文体中心篮球场设施的建议》《关于在放学时段增加2路3路公交车辆的建议》等社情民意，得到重视和解决。

【脱贫攻坚】 制定《雷山县政协脱贫攻坚“百千万

行动”实施方案》，把委员参与脱贫攻坚、共建小康社会与政协工作同部署同落实。县政协办公室按照县委安排，精心组织政协机关对永乐镇开屯村、乔洛村开展帮扶工作，两个村共有853户3394人，其中建档立卡贫困户293户1065人。为切实做好帮扶工作，选派机关干部11名，分别驻两村担任第一指挥长、第一书记、网格员，从整顿村级组织抓起，协调资金1200多万元，加强基础设施建设，发展产业，开展信息核实、整治居住环境工作，激发群众内生动力，凝聚群众力量投入脱贫攻坚，群众的生产生活条件得到改善。在全体政协机关干部的努力下，开屯、乔洛两村贫困发生率大幅度下降，实现整村出列目标。

全县政协委员149名分别联系乡镇6个、贫困村61个，结对帮扶建档立卡贫困户564户，围绕“一达标两不愁三保障”开展帮扶工作。特别是25名企业政协委员，充分发挥行业引领及联系面广作用，在发展产业提供就业岗位、销售农特产品、参与村级建设、资助贫困学生等方面做出大量卓有成效的工作，直接或间接累计投入资金3500多万元，助推脱贫攻坚工作，拉动贫困人口就地就业220人，销售农特产品产值达5000多万元，带动发展产业脱贫380户1030人；积极牵线搭桥联系爱心人士，资助寒门学子。毛华、杨志勇、杨继英、文振英、余荣富、李世陆等委员发展茶叶产业，带动贫困群众增收，引资助学；李光雄、杨阿妮、李敏、张桂英、李玉芳、李兴付等委员依托民族文化资源优势，发展银饰、刺绣、酒店服务业带动群众增收；吴志勇、王应锋、杨志伟等委员发展食品、山泉水、魔芋加工，拉动贫困户就地就业；吴先锐、余俊海、黄富雁、白柜铭、李俊、陈永福、杨昌学等委员在村级一线发挥领头雁作用，担负起带领群众脱贫致富重任，全身心投入脱贫攻坚，确保实现贫困村脱贫出列。宋武、岑应霞、郑杰、郎金泽、文永清、文志伟等45名委员在村级脱贫攻坚指挥所担任第一指挥长、指挥长、网格员，全力以赴落实好县指挥中心的各项决策部署，为“减贫摘帽”艰辛工作。

【专委工作】 提案委、经科委、人资委、教卫委围绕社会管理、产业发展、环境保护、民生改善等问题开展对口协商活动，积极为相关职能部门建言，帮助提高服务效率。文史委积极开展史料收集，启动编写《雷山教育史话》，协助州政协完成《黔东南名山名水》文史资料征集。在脱贫攻坚工作中，各专委会主任服从大局、服务中心，在做好专委工作的同时，还驻村任第一指挥长、指挥长、网格员、督查员，担负起脱贫攻坚的政治责任，扎实有效抓好脱贫攻坚各项工作，为全县脱贫攻坚实现“减贫摘帽”作出应有贡献。

【委员服务】 建立主席、副主席和政协机关干部联系基层一线委员制度，主席、副主席、副县级干部、专委会主任分别联系政协委员8～10名，定期不定期深入基层了解其工作、生活情况，帮助解决困难和问题，鼓励和引导其积极参与脱贫攻坚工作。加强委员学习培训，利用省、州政协培训平台和县政协全体会议，先后选派委员参加省政协理论培训班学习15名，邀请省政协理论研究室杨沛源副主任等专家学者为委员培训新修订《中华人民共和国宪法》《中国人民政治协商会议章程》以及脱贫攻坚政策知识，进一步夯实委员履职基础，提高委员参政议政水平，增强助推脱贫攻坚的能力。

【社会联谊】 认真做好省、州政协到雷山开展课题调研及省内外政协系统、客商到雷山考察接待工作，全年累计接待70余批次，广交朋友，进一步宣传、推介雷山，不断扩大雷山对外知名度和影响力；围绕脱贫攻坚，组织脚尧茶业公司、毛克翕银球茶公司等企业主动与省国资委对接，在省国资委的协调帮助下，与其管辖企业形成销售对接机制，有效推动茶产业发展；发挥智力支边优势，加强与各民主党派和爱心人士联系，章如庚慈善基金会为雷山县部分中小学添置“爱心图书”价值200万元，谢明祥等社会爱心人士资助雷山县贫困学生190名25.16万元。

【政协宣传】 加强政协对外宣传，积极编报政协工作信息，编辑出版《雷山政协》内部季刊2期，制作宣传专栏4期，全年被省州政协报刊采用宣传报道29篇，传递政协好声音，树立政协好形象。

重要会议

【全体委员会议】 1月16—19日，政协第九届雷山县委员会第三次会议召开。县委书记黄清发代表中共雷山县委向大会召开表示热烈祝贺并讲话。县政协主席韦通贤代表政协第九届雷山县委员会常务委员会作常务委员会工作报告。县政协副主席杨慧萍受政协第九届雷山县委员会常务委员会委托，向大会报告政协九届一次会议以来的提案工作。会议审议通过常委会工作报告和提案工作报告。会议对过去一年常委会的工作给予充分肯定，同意常委会工作报告和提案工作报告提出的2018年工作总体要求和主要任务，要求县政协常委会认真组织实施。会议期间，委员们列席县人大十七届二次会议，听取并认真协商讨论县长袁刚所作的《政府工作报告》，听取并讨论其他工作报告。

7月18日上午，中国人民政治协商会议第九届雷山县委员会第四次会议召开。大会以无记名投票方式，补选罗爵为政协第九届雷山县委员会副主席，并颁发当选证书。

【常务委员会会议】 1月9日，政协第九届雷山县委员会常务委员会第七次会议召开，会议传达学习州“两会”精神和全县经济工作会议精神，听取县委统战部作委员异动说明，审议县政协九届三次会议有关事项，审议《九届县政协常委会工作报告（草案）》和《县政协九届一次会议以来提案工作报告（草案）》等事项。

1月19日，政协第九届雷山县委员会常务委员会第八次会议召开，会议听取各界别第一召集人汇报政协雷山县委员会第三次会议分组讨论情况，审议《中国人民政治协商会议第九届雷山县委员会第三次会议决议（草案）》和《中国人民政治协商会议第九届雷山县委员会第三次会议提案审查情况报告（草案）》，会议原则同意这两个草案。

3月29日，政协第九届雷山县委员会常务委员会第九次会议召开。会议主要学习2018年全国“两会”精神；听取县人民政府关于全县茶叶产业发展情况的通报，并协商讨论；讨论县政协2018年工作要点（讨论稿）；反映社情民意等事项。

7月17日，政协第九届雷山县委员会常务委员会第十次会议召开。会议主要学习传达省委十二届三次全会、州委十届五次全会、县委十三届五次全会精神及全省政协脱贫攻坚“百千万行动”推进会议精神；听取县人民政府关于全县上半年经济社会发展情况的通报，并协商讨论；听取县委统战部作委员异动情况说明；审议通过相关人事事项；审议通过县政协九届四次会议有关事项；讨论并通过《雷山县政协脱贫攻坚“百千万行动”实施方案（征求意见稿）》；反映社情民意等事项。

12月28日，政协第九届雷山县委员会常务委员会第十一次会议召开。会议主要学习习近平总书记在庆祝改革开放40周年大会上的讲话精神、中央经济工作会议精神及全国政协主席汪洋在习近平总书记关于加强和改进人民政协工作的重要思想理论研讨会上的讲话精神；听取县委办、县政府办关于2018年提案办理情况的通报，并协商讨论；审议通过相关人事事项；审议通过县政协九届五次会议有关事项；讨论《九届县政协常委会工作报告（征求意见稿）》《九届县政协常委会三次会议以来提案工作报告（征求意见稿）》；反映社情民意等。

【其他重要会议】 4月18日，县政协党组（扩大）暨2018年党风廉政建设工作会召开，传达学习省委书记孙志刚在县级以上党政主要领导学习习近平新时代中国特色社会主义思想专题研讨班开班仪式上的讲话、十二届省委第二轮巡视集中反馈会精神等，就县政协2018年党风廉政建设工作进行安排部署。

7月27日，2018年县人民政府县长与县政协委员座谈会在县政协五楼会议室召开，座谈主要围绕"脱贫攻坚实现'整县摘帽'工作"和"营造良好投资环境促进招商引资工作"进行。

11月26日，县政协召开脱贫攻坚"百千万行动"工作调度会，会议传达学习全省、全州政协脱贫攻坚"百千万行动"工作会议精神，听取各副主席在相关乡镇任脱贫攻坚副指挥长的工作开展情况、县政协九个界别委员参与脱贫攻坚情况和县政协办公室帮扶永乐镇开屯村、乔落村的脱贫攻坚工作开展情况。

县政协领导重要活动

3月27日，县政协主席韦通贤到望丰乡调研脱贫攻坚"春风行动"。在望丰村座谈会上，韦通贤向驻村第一书记、村干部及贫困户传达全国"两会"精神，向贫困户解读"因户施策"及农业产业结构调整"一减四增"等扶贫惠民政策，对做好农业产业结构调整提出要求。

4月3日，县政协主席韦通贤率雷山县毛克翕茶业有限公司、脚尧茶业有限公司、百佳尚品农业综合开发有限公司等企业相关负责人到省国资委开展茶叶推介会。

8月22日，县政协主席韦通贤率县政协视察组就县政协九届三次会议期间委员提交的《关于加强县城易地扶贫搬迁小区治安管理的建议》提案办理落实情况进行视察。视察组先后到西城社区小河沟搬迁安置小区警务室、牛王寨搬迁安置小区"暖心秘书"服务中心及牛王寨警务室进行视察，在县公安局组织召开座谈会，听取县公安局汇报提案办理落实情况，视察组对县公安局就搬迁安置社区治安管理工作提出意见建议。

中共雷山县纪律检查委员会

纪检监察

【概　况】2018年，按照省委提出的“五步工作法”，精准部署、精准发现、精准执纪，持续巩固拓展落实中央八项规定精神成果，持之以恒纠正“四风”，重拳出击惩治腐败，巩固反腐败斗争压倒性态势，坚决查处群众身边腐败问题，推动全面从严治党落到实处，党风廉政建设和反腐败工作取得明显成效。

【警示教育】通过微信公众号、广播电视台、手机报等各类媒体，定期或不定期推送党章党规党纪知识、反腐倡廉信息，建立覆盖全县2765名党员的警示教育体系。以党委党组书记上廉政党课、观看警示教育片、参观廉政警示展板、到警示教育基地接受警示教育等多种形式广泛开展警示教育。2018年，纪委监委班子成员带头到财税、金融、教育、卫生等重点部门和联系乡镇、帮扶村上廉政党课14场次，接受教育党员干部1500人次；各级党委党组书记上党课68场（次）；全县各级各部门开展警示教育活动达280余场（次）；组织208名重点单位副科级领导干部、风险岗位“一把手”或“关键人”到州警示教育基地参观学习；组织613名领导干部观看扶贫领域官僚主义、形式主义典型案件警示教育展。

【审查调查】在建立健全“电话、信件、网络、短信、来访”五位一体信访举报渠道的基础上，通过案件查办、巡视巡察、专项治理、上级转送以及健全与司法机关、财政、审计、扶贫等部门线索移送机制，变“被动接访”为“主动查找”，多渠道收集问题线索。全县受理信访举报167件，较2017年下降24.43%，办结105件，转立案12件。坚持把纪律和规矩挺在前面，按照“惩前毖后、治病救人”方针，抓早抓小，防微杜渐。全县运用“四种形态”696人次，其中第一种形态624人次，第二种形态65人次，第三种形态4人次，第四种形态3人次，真正使“红红脸、出出汗”成为常态。坚持无禁区、全覆盖、零容忍，坚持重遏制、强高压、长震慑，紧盯关键岗位、关键领域、关键行业等突出问题，重点查处党的十八大后不收敛、不收手的人，紧盯问题线索反映集中、群众反映强烈的人，关注在重要岗位且有可能提拔使用的人，持续加大监督执纪问责力度，坚决遏制腐败蔓延势头。全县立案101件（扶贫民生案件86件，生态环保案件2件，四风类案件4件，其他类案件9件）101人，同比增长13.5%，涉及乡科级干部11人，一般干部26人，其他人员64人，涉及违纪资金232.42万元，挽回经济损失238.57万元。结案96件96人，其中党纪处分80件80人，政务处分16件16人，双重处分2人，移送司法机关3件3人。

【纠治“四风”】印发《关于印发〈进一步贯彻落实中央八项规定精神切实加强作风建设实施细

则〉的通知》《关于整治干部不担当不作为突出问题工作实施方案》等文件，对落实中央八项规定、纠正“四风”提出明确要求，对落实不到位、工作部署不力的情况明确责任追究办法。全县查处违反中央八项规定精神问题9起，党纪处分4人，约谈5人。

【扶贫监察】 印发《雷山县2018年至2020年开展扶贫领域腐败和作风问题专项治理工作切实服务保障决战脱贫攻坚、决胜同步小康实施方案》《雷山县扶贫领域“护民生、促脱贫”监督执纪问责专项行动工作方案》《雷山县开展“抓项目、强作风、护民生、促脱贫”工作方案》《雷山县扶贫领域腐败和不正之风专项治理工作方案》《雷山县脱贫攻坚责任追究办法（试行）》等文件，专项行动走访154个村1749户，发现重大问题线索24条，核查24条，立案27件27人。扎实开展2018年专项监察。严格按照“见人、见项目、见资金”要求，组织交通、卫计、民政、住建等职能部门对农村“组组通”公路项目建设、农村贫困人口大病专项救治和城乡医疗救助资金、住房保障租赁补贴管理使用情况开展专项监察以及对2018年以前专项监察“回头看”。专项监察以及“回头看”发现问题线索50条，核查50条，立案18件18人。持续加大对民生资金监督系统建设和运用力度，推进民生资金数据化，保障广大人民群众对民生资金的知情权和监督权，全县共录入各类民生资金109项，数据1295.17万条，涉及金额近16.37亿元。完成90名第一书记和462名驻村干部“三评”工作，6名干部被提醒谈话，8名干部被点名通报，2名县直机关下派第一书记转为乡镇干部，5名干部被立案查处。发现扶贫民生领域问题线索197条，立案86件86人，较2017年增长8.86%，给予党纪政务处分81人，移送司法机关2件2人。开展脱贫攻坚干部作风督查1200余人次，因作风不实、工作不力共计问责271人，其中通报批评221人，约谈126人（其中诫勉谈话27人），立案25件25人。督查发现问题11461条，完成整改11038条，整改率96.3%。

【扫黑除恶】 雷山县纪委监委立足政治机关职责定位，严肃查办隐藏在黑恶势力背后的“关系网”“保护伞”案件，为打赢扫黑除恶专项斗争提供坚强的纪律保障。通过建立的线索双向移送制度，收到检察院移送线索1条，对信访件中是否存在涉黑涉恶线索进行排查93件，召开集体研判会议6次，通过研判未发现涉黑涉恶相关问题线索。

【“森林管护区”创建】 印发《中共雷山县委关于印发〈关于开展“森林管护区”创建活动为载体深入推进全县党风廉政建设的实施意见〉的通知》《中共雷山县纪委关于印发〈关于深化“森林管护区”创建活动的指导意见〉的通知》，共下发指导意见5期，督促各级党委（党组）和各级领导干部按照“分级负责、分层落实”的原则，“定区域、定主体、定责任、定任务”落实“森林管护”创建工作。全县11个党（工）委、38个部门党组制定责任清单、问题清单、履职清单，初步构建覆盖全县2765名党员、4180名干部的森林管护区。

【巡视巡察】 雷山县增设5个巡察组，配备编制10个，每个巡察组设组长1名（正乡长级），副组长1名（副乡长级），从县直单位和乡镇选拔原则性强、素质过硬、熟悉基层工作、具有相应工作经历、善于发现和分析研究问题的12名正科级干部组成巡察组长库，从纪检监察、组织人事、司法、财政、审计、政法、信访等部门选调60名优秀干部组建巡察人才库。出台《中共雷山县委巡察成果运用暂行办法》《中共雷山县委巡察工作领导小组工作规则》《中共雷山县委巡察工作领导小组办公室工作规则》《中共雷山县委巡察组工作规则》《关于规范巡察与审计工作协调机制的意见》和《雷山县委组织部与县委巡视机构协作联动工作机制暂行办法》等各类规章制度，组织开展3轮巡察，发现问题161个，移交问题线索6条，立案调查4件4人，约谈被巡察单位主要责任人5人。

【强化监督】 严格按照省、州深化监察体制改革试点工作领导小组的安排部署，照图施工，上下同力，狠抓落实，监察体制改革各项工作有序推进，县委常委会研究监察体制改革试点工作4次，召开工作推进会议5次，书记班子与转隶人员开展谈心谈话14次，开展业务培训1期，集中学习6次，组织转隶干部与纪委办案团队到浙江省杭州上城区、拱墅区、淳安县学习监察体制改革试点工作经验。

【脱贫攻坚】 纪委书记副书记在内的3名班子成员进驻一线，选派2名干部到郎德、丹江挂任乡镇副书记，3名干部派驻大塘镇（极贫镇）脱贫攻坚指挥部，24名干部选派到上下郎德村、乌开村、排高村、老猫村、乌吉民等19个村寨担任第一书记、驻村干部、第一指挥长、指挥长、网格员，11名干部参与“百日攻坚”大督查，共计41名干部在基层一线参与脱贫攻坚工作。县纪委监委68名帮扶干部帮扶的贫困户覆盖8个乡镇43个村429户1653人，通过帮扶，有388户1558人实现稳定脱贫。协调85万元修缮上、下郎德村产业路、农田水利等基础设施，从行政经费中划拨41万元帮扶乌肖村、乌吉民村和南猛村发展，向社会争取5.55万元帮助61户贫困户购买猪仔发展黑毛猪养殖，同时，全体纪检干部为贫困户捐款13300元。为联系村帮扶点争取到项目6个，协调资金431万元，解决问题21个，从办公经费中挤出8万元在夏季为战斗在一线的纪检监察干部配备电风扇、帐篷、被褥、手电筒等物资，在冬季购买取暖器、热水袋、保温瓶等保暖物资。

【雷山县举行转隶后首次纪检监察干部集中学习会】 1月11日，雷山县举办转隶后首次纪检监察干部集中学习会，组织学习新《中国共产党章程》《中华人民共和国监察法（草案）》和党的十九大精神，全县45名纪检监察干部参加学习。

【雷山县纪检系统开展登山活动】 3月5日，雷山县纪委监委组织全县纪检监察干部开展“庆三八·走基层·促团结”徒步穿越雷公坪活动。全程约35公里。县委常委、县纪委书记、县监委主任雷林多参加活动。

【范省伟赴郎德镇督导调研脱贫攻坚工作】 11月28日，州委常委、州纪委书记、州监委主任范省伟一行到郎德镇调研脱贫攻坚工作。座谈会上，郎德镇党委书记陈继山向调研组汇报郎德镇脱贫攻坚工作开展情况，范省伟要求务必保证高标准、严要求、强措施、高质量打好打赢脱贫攻坚战。座谈会后，范省伟一行前往该镇乌肖村、乌瓦村、乌吉民村进行实地调研。

巡察工作

【概　况】 2018年，雷山县巡察工作坚守政治巡察职能定位，认真贯彻中央巡视工作方针、省委巡视和州委巡察工作要求，围绕党的政治建设、思想建设、组织建设、作风建设、纪律建设和反腐败斗争，以及省委巡视整改落实情况等开展巡察工作，紧扣被巡察党组织职责，紧盯领导班子和关键少数，深入查找政治偏差，顺利完成年度巡察任务。年内巡察工作期间，累计开展问卷调查683人次、民主测评683人次、个别谈话398人次，发现问题161个，移交问题线索6条，立案调查4件4人，约谈被巡察单位主要责任人5人。

【规章制度制定】 结合省、州规章制度，先后出台《中共雷山县委巡察成果运用暂行办法》《中共雷山县委巡察工作领导小组工作规则》《中共雷山县委巡察工作领导小组办公室工作规则》《中共雷山县委巡察组工作规则》，涵盖队伍管理到工作规范等方面，不断加强协作配合机制建设。

【三轮巡察】 2018年，按照州委巡察办统一安排部署，结合县情，组织开展三轮巡察工作，被巡察部门10个、学校4所、国有企业1个。由于全县脱贫攻坚出列，经请示领导同意，9月后暂停巡察工作。三轮巡察共发现问题161个，移交问题线索6条，立案调查4件4人，约谈被巡察单位主要责任人5人。

【四轮巡察】 根据州委巡察办统筹安排，经县委巡察工作领导小组同意，3月27日至4月23日，县委成立巡察组5个，对县教科局、县民族中学、县一中、县二中、县三中5个单位进行巡察。巡察期间，累计召开动员会5次、个别谈话195人次，受理来信3件，调阅有关文件、档案、会议记录、会议纪要、账目凭证等6985份，走访调研20处，发现问题21个，移交问题线5条，转立案调查3件3人，约谈被巡察单位主要责任人5人。2018年8月27日，县委巡察办将巡察发现的问题向上述5个单位进行反馈。第四轮被巡察5个单位针对反馈的问题进行全面整改并提交整改情况报告，整改完成率100%。

【五轮巡察】 根据州委巡察办统筹安排，经县委巡察工作领导小组同意，5月22日至7月15日，县委成立巡察组5个，采取州县联动的方式对雷山县扶贫开发办公室、民政局、农业局、生态文明建设管理局和扶贫开发投资有限公司5个单位进行巡察。巡察期间，累计集中召开动员会1次、个别谈话81人次，调阅有关文件、档案、会议记录、会议纪要、账目凭证等2907份，对6个乡镇22个村居开展延伸巡察，走访调研24处，巡察扶贫项目36个，涉及资金1527.65万元；发现问题74个，移交问题线1条，转立案调查1件1人。

【六轮巡察】 根据州委巡察办统筹安排，经县委巡察工作领导小组同意，7月31日至9月15日，县委成立巡察组5个，采取州县联动的方式对雷山发展和改革局、财政局、水务局、文体广电新闻出版局、妇幼保健计划生育服务中心5个单位进行巡察。巡察期间，累计集中召开动员会1次、个别谈话76人次，调阅有关文件、档案、会议记录、会议纪要、账目凭证等3657份，发现问题66个。

【扶贫巡察】 2017年对大塘镇极贫乡镇、12个深度贫困村及3个非深度贫困村进行州县联动专项巡察，累计发现问题31个，问题线索5件5人。其中涉及扶贫领域问题15个。2018年，雷山县委巡察办根据巡察整改工作要求，督促大塘镇党委针对巡察反馈意见，制定整改实施方案，建立问题整改清单台账，落实责任人，倒计时推进。按程序要求报送单位巡察整改情况报告和“一把手”整改履职情况报告，并在党内和社会进行整改公开。5月，大塘镇党委根据巡察反馈意见逐项整改，对村级合作社管理混乱，扶贫资金“一拨了之”缺乏跟踪问效，扶贫项目落地水土不服等涉及扶贫领域问题进行全面整改，对履职不到位的党员干部进行处理，为全县如期打赢脱贫攻坚战提供政治保障。

【巡视整改】 1月3—23日，十二届省委第二巡视组对雷山县开展巡视工作。4月16日，省委第二巡视组向雷山县反馈巡视意见。雷山县委对巡视反馈意见高度重视，认真制定整改方案，多次召开会议进行研究，县委巡察办配合县委办一起认真制定整改方案，列出清单、建立台账，一项一项盯紧抓实，一件一件对账销号。巡视反馈问题被整改完毕。

【巡察宣传】 提升巡察办信息化建设水平，采取多渠道、多方式加大巡察干部选拔、培养、交流和使用力度，加强巡察宣传工作，2018年在《中国纪检监察报》《党风廉政建设》杂志等中央、省州媒体宣传巡察工作30余篇。

群众团体

雷山县总工会

【概　况】 2018年，围绕州总工会“五力目标”继续推进“六项行动”工作，锐意创新，有效作为，团结动员全县广大职工积极为促进全县经济社会平稳健康较快发展、社会和谐稳定、决战脱贫攻坚、实现同步小康作出积极贡献。

【劳动竞赛】 围绕“践行新观念、建功十三五”主题开展各类劳动技能竞赛活动。5月7日，县财税系统为深入贯彻习近平新时代中国特色社会主义思想和党的十九大精神，开展以“中国梦·劳动美”为主题的演讲比赛；5月12日，在护士节来临之际，县医院工会组织开展全县医护人员技能大比武；5月18日，贵州建工集团开展以“当好主人翁，建工新时代”为主题的市政基础设施建设重点工程劳动竞赛；6月8日，带领全县茶业行业工会推选的3名选手到毕节威宁县参加贵州省第七届手工制茶大赛。年末，累计组织茶叶、旅游、交通、水利、金融等行业开展岗位练兵和劳动竞赛活动10场次，参加竞赛职工900余名。雷山县脚尧茶业有限公司被评为全省“安康杯”竞赛优胜班组。

【职工维权】 配合雷山县棚户区改造指挥部办公室做好城北棚户区改造国有企业改革改制工作17家，摸清企业和职工的实际情况，有针对性地提出改革建议和方案，切实维护好职工的合法权益，并配合做好改革改制推进过程中职工转岗、分流人员再就业创业服务工作。

【模范推荐】 雷山县毛克翕茶叶发展研究所荣获全国“工人先锋号”称号；县脚尧茶业有限公司荣获州级“五一劳动奖状”称号；县职业技术学校职工之家成功申报为贵州省“模范职工之家”。吴先海、杨昌友、李世达被评为州级劳动模范；刘湖平被评为州级先进工作者。

【工匠培育】 按照全国总工会做强叫响“大国工匠”品牌和省总工会“农民工匠”培育行动的有关要求，进一步培养选树高技能人才，发挥示范带动作用，弘扬工匠精神，激发广大职工学习技术、增长本领的积极性。结合全县民族文化和旅游强县发展实际，积极推先选优，毛克翕银球茶业公司被评为“黔东南工匠培育基地”，该公司技术员莫应英被评为“黔东南工匠”，西江旅游公司梁建被评为“黔东南金牌工人”。

【职工帮扶慰问】 以“精准识别、一户一档、动态管理”为原则，通过就业创业扶持一批、助学行动帮扶一批、医疗救助解困一批、纳入社保覆盖一批、社会救助兜底一批，分类开展帮扶，全县困难职工解困脱困工作取得实效。同时积极组织开展送温暖活动，两节期间看望慰问困难职工（农民工）237人，累计发放慰问金15.8万元；看望帮扶村贫困户58户，累计发放慰问金1.68万元；慰问易地扶贫搬迁安置小区搬迁户90户，累计发放慰问金4.5万元；为困难企业县粮油公司送去省级财政慰问金10万元。两节期间，慰问全县省部级以上劳模16名，累计送去慰问金1.6万元。“六一”儿童节期间分别慰问雷山三小、排告小学及永乐镇加勇村困难留守儿童85名，累计发放慰问金1.7万元。

【文体活动】为丰富全县职工精神文化生活，配合县妇联在“三八”妇女节组织全县干部职工开展男女混合篮球；“五一”劳动节来临之际组织全县基层工会开展职工篮球比赛，全县各系统和行业工会共82家，参加活动有1500多人；10月21日，西江旅游公司工会组织全体员工开展第三届职工运动会。

【民主管理】按照“组织健全、制度完善、重点突出、程序规范、形式多样、运行良好、注重实效”的标准，以开展“公开解难题、民主促发展”主题活动为载体，以创建“厂务公开民主管理示范单位”为抓手，进一步推进企事业单位民主管理制度化、规范化。全县事业单位及国企职代会建制率达98%，非公企业职代会建制率达88%，事业单位及国有厂务公开建制率达100%，非公企业厂务公开建制率达86%。

【工会改革】成立由县人大常委会副主任、县总工会主席为组长的工会改革工作领导小组，起草《雷山县工会改革方案》报县委深化改革领导小组审定后，由县委办行文下发至各基层工会组织实施。联合贵州银行雷山县支行完成办理工会会员卡6652张，签约特惠商户10家、店铺18个，确保工会普惠服务工作扎实有效推进。

【脱贫攻坚】选派郑杰、杨胜禹到帮扶村任第一指挥长和第一书记，驻村配合开展好脱贫攻坚工作。帮助帮扶村“两委”解决脱贫攻坚工作经费3万余元，添置会议桌椅1套，复印机、打印机等1批。在春节前夕深入帮扶村慰问困难群众、党员、村干62名，累计发放慰问金1.86万元；“六一”期间慰问困难留守儿童学生10名，累计发放慰问金2000元；“七一”慰问困难老党员6名，累计发放慰问金1800元。帮助帮扶协调争取通组公路硬化4.85公里，入户步道硬化6040米。进一步加强易地扶贫搬迁安置社区工会组织建设，建立健全牛王寨移民安置社区工会和东城社区羊排移民安置社区基层工会组织，规范基层工会阵地建设，发挥职工之家作用，打赢脱贫攻坚战。

【雷山县举行“五一”职工篮球赛】4月21—27日，雷山县举行2018“水务杯”庆“五一”职工篮球赛。全县共有61支代表队800余名运动员参赛，其中45岁以上男子中年组7支、45岁以下男子青年组35支、女子组19支。经过7天7夜151场角逐，雷山县信用联社代表队获得青年男子队冠军，雷山三中代表队获得中年男子队冠军，西江文化旅游产业园区代表队获得女子队冠军。

共青团雷山县委

【概　况】2018年，认真贯彻落实中央、省委、州委、县委党的群团工作会议精神，全面深化共青团改革，汇聚全县广大青年攻坚深度贫困堡垒的强大正能量，在脱贫攻坚的伟大实践中谱写青春激昂的华丽乐章。

【团干管理】年内，全县8个乡镇及154个行政村均配齐团干部，配备率100%。建立县乡两级“1+100”管理员骨干队伍，并纳入微信群进行管理指导，完成录入县乡两级团干部11名，联系青年1463名，团干部绑定手机端11名；开展线上线下活动340次，精华分享150篇，基层感悟55篇，评论500人次，点赞1605次。扎实推进“智慧团建”，用好团员管理系统，完成录入团县委领导机关团干部4人，基层团干部352人。

【团员教育】严格按团中央要求控制中学生入团比例，2018年全县按照指标发展团员420人。在全县共青团系统开展“一学一做”教育实践，全县参加教育实践活动团支部324个，团员4800余名，整顿问题团支部13个。开展“文明在行动 学习雷锋好榜样”“青春志愿行温暖回家路”“青春自护平安春节”青少年自护教育、纪念五四运动99周年建团96周年知识竞赛和拓展体育、纪念“12·9”运动83周年演讲比赛等一系列活动。全年累计开展主题教育12次，引导青少年积极践行社会主义核心价值观，青少年受教育9000人次。

【共青团改革】《共青团雷山县委改革方案》下发后，团县委广泛宣传，积极组织各基层团干部认真学习文件精神，及时营造改革氛围。按照方案1+1+2+1的方式要求优化团县委班子，配备专职书记1名、挂职副书记2名（金融副书记1名）。健全政府协调机制，县级财政年底前拨付全县16名志愿者管理工作经费4.8万元，人均3000元。成立共青团雷山县教育工作委员会，受县教科局、团县委的双重领导，围绕教育事业发展这一中心，指导和协调全县教育系统各级团组织结合行业特点开展活动，加强教育系统团工作的信息联系和交流。党建带团建示范点有乌东、大固鲁、乔兑3个村。

【“两红两优”评比】 积极参与省级、州级“两红两优”评比，雷山县猫猫河村团支部被评为“全省五四红旗团支部”；雷山县西江镇旅游园区社会事务局周静、雷山县第二中学学生任瑶、雷山县思源实验学校潘万明被评为“全州优秀共青团员”；雷山县第一中学团委副书记陈瑞喜、雷山县供电局团支部书记陈婧娴被评为“全州优秀共青团干部”；雷山县民族中学团委、雷山县农信社团委、大塘镇团委被评为“全州五四红旗团委”；雷山县猫猫河村团支部、雷山县第三中学八（10）班团支部被评为“五四红旗团支部”。雷山县报德小学教师梁茂清获得第五届“TCL”希望工程烛光奖提名奖。

【少年维权】 打造重点青少年群体服务阵地，积极推广建设“留守儿童自立自强中心”，完成“留守儿童自立自强中心”建设1个，投资3万元；以春运期间、吃新节及苗年节为契机，开展禁毒宣传活动，就识毒、禁毒、防毒等方面知识进入讲解，设立咨询点1处，接受现场群众的咨询，宣传活动期间累计组织志愿者80人，发放宣传资料1200余份。并借助脱贫攻坚的大背景下，团县委积极组织志愿者赴帮扶村开展一系列禁毒宣传活动。为让广大学生树立正确的世界观、人生观、价值观；利用“6·26”全国禁毒日契机，深入开展预防青少年违法犯罪工作，联合县禁毒委、县教科局开展中小学禁毒知识演讲比赛活动。

【少先队教育】 为进一步提高全县少先队辅导员的工作水平，组建雷山县少先队辅导员工作群，加强与少先队辅导员的联系；开展建队69周年“争做新时代好队员——集结在星星火炬旗帜下”主题队日活动、建立“红领巾小记者指导站”、学习《少先队改革方案》、学习习近平总书记“7·2”重要讲话精神等活动，以“六一”国际儿童节活动为契机，在中小学广泛开展爱国主义教育，提高少先队员们的爱国情怀。积极组织少先队辅导员参加省、州、县举办的辅导员培训会，提高少先队工作技能，增长实践阅历。年内少先队参加州级团组织举办的技能提升班25人次，县级组织少先队辅导员培训80余人次。

【青年夜校创办】 贯彻落实省委书记孙志刚在全省深度贫困地区脱贫攻坚工作推进会上对共青团把青年夜校办到农村去的要求。年内，大塘镇新桥村青年志愿者脱贫攻坚夜校累计开展培训66期，培训农民群众1950人次。为深入贯彻落实党的十九大精神和习近平重要讲话精神，加强易地扶贫搬迁安置小区搬迁户后续帮扶工作，2018年10月在牛王寨老年活动中心顺利举办青年志愿者脱贫攻坚夜校开班仪式，开展夜校扫盲培训4期，参加培训贫困户156人次。

【贫困学生资助】 2018年，团县委累计争取到各类希望工程助学金、物资折合123.51万元，其中，中国农业银行“金穗圆梦”资助建档立卡贫困学生164名82万元；“国酒茅台·国之栋梁”项目资助贫困大学生5.5万元；习酒助学金资助1.5万元；国酒茅台公司资助贫困大学生4万元；贵州仰欧桑文化产业开发有限公司资助毛坪小学5.5万元，杭州团市委捐助报德小学5.35万元；温州爱心人士资助贫困学生1.22万元；浙江爱心人士捐助郎德小学10万元；省青基会资助贫困大学生0.5万元；浙江省慈溪市龙山镇捐助乌江小学0.48万元；康利公司资助贫困学生0.26万元；濮存昕爱心基金捐赠衣服物资折合3万元，包头爱心人士向乌流小学捐赠爱心大礼包物资折合4.2万元。并联系华图教育公务员培训机构为雷山县精准贫困户、低保户未就业青年免费培训公务员考试相关内容。

【精准扶贫】 团县委帮扶村是雷山县丹江镇脚雄村，通过定期走访，春节慰问、“三八”妇女节、“七一”建党活动、中秋节、扫寨活动送温暖、助学等多种方式开展帮扶工作，积极了解该村所需所求，为该村的发展建言献策。团县委干部2人帮扶贫困户12户，主要向农户宣传政策措施，为贫困户找准脱贫路子，并积极为贫困户争取项目和助学金。年内，争取得到脚雄村村委楼扩建项目资金5万元，争取到脚雄村贫困学子助学金3.18万元。

【青年创业】 自2017年初成立雷山县农村青年致富带头人协会后，积极与金融部门联系，有针对性地争取金融贷款产品和政策支持，搭建促发展交流平台，分层次设计活动，选派优秀致富带头人赴杭州参加电子商务、技术培训班学习，借助杭州对口帮扶城市大平台，发展企业对企业的结对帮扶，影响更多的农村青年就业创业，打造创建青年创业示范基地3个。

【志愿者活动】 年内，开展春节禁毒宣传志愿服务活动；在县城主街道分6个组参与保洁，并与市政保洁员22人结对开展上门服务工作；联合县红十字会、县妇联、县老年大学、黔品山泉水公司等相关单位企业组织志愿者100名，到敬老院开展志愿服务活动，丰富66名孤寡老人、孤儿的精神生活，为“双阳”对象带来欢声笑语；组织志愿者200余名，到烈士陵园举行清明节扫墓活动，缅怀革命先烈，学习烈士精神，激发爱国热情；组织志愿者共同开展“贵州生态日”活动等。

【雷山县开展弘扬“五四”精神拓展体育运动】 5月4日，由共青团雷山县委、雷山县信用联社团委、雷山县供电局团支部联合开展以“青春五四·拓展体育”为主题的雷山县2018年纪念“五四”运动体育运动在雷山民族中学田径运动场拉开帷幕，全县共有26支代表队、220名选手参与角逐。

【雷山县组织“阳光工程”文化志愿者赴镇远县考察学习】 5月30日，雷山县组织“阳光工程”文化志愿者一行23人赴镇远县青溪镇考察学习乡镇综合文化站业务及文化志愿者公共文化建设工作。

【雷山县成立首个易地扶贫搬迁安置小区基层团组织】 9月14日，牛王寨社区团支部组织召开全体团员大会，选举产生首届易地扶贫搬迁安置小区团支部委员。

【雷山县牛王寨易地扶贫搬迁安置小区青年志愿者脱贫攻坚夜校开班】 10月15日，共青团雷山县委在牛王寨老年活动中心顺利举办青年志愿者脱贫攻坚夜校开班仪式，共有80余人参加，其中西城社区、牛王寨社区以及贵州大学家庭职业学校的相关责任人出席并讲话。

【共青团雷山县教育工作委员会成立】 11月5日，团县委联合县教科局在县教科局召开共青团雷山县教育工作委员会成立大会。会上，团县委书记宣读了共青团雷山县教育团工委成立通知，并为共青团雷山县教育工作委员会揭牌。

【共青团杭州市委一行赴雷山县考察脱贫攻坚产业项目】 11月13日，共青团杭州市委党组书记马利阳一行到雷山县毛克翕茶业有限公司、绿之宝野菜食品有限公司、老倪青钱柳有限公司、农村电商产业园，郎德镇杨柳村食用菌产业园、南猛村食用菌基地实地考察脱贫攻坚产业项目，“共青团助力脱贫攻坚”捐赠活动，为报德小学捐赠结对帮扶助学金53500元、捐赠图书4000册，向雷山团县委捐赠10万元图书经费。

雷山县妇女联合会

【概　况】 2018年，全县建有8个乡（镇）妇女联合会，新建东城社区和西城社区妇女联合会，村居妇联163个，机关妇委会48个，非公经济组织妇委会6个。是年，雷山县妇联按照“围绕中心、服务大局、服务妇女、服务基层”的工作理念，不断拓宽思路、主动作为，积极创新载体、攻坚克难，深入开展“巾帼建功、巾帼脱贫、巾帼维权、巾帼关爱、巾帼文明、巾帼成才”六大行动，并取得一定成效。

【妇女培训】 年内举办锦绣计划、“三女培育”培训4期326人，培训结束后学员获得各方订单3万多元；与县电商办、有成基金联合举办“让妈妈回家创业”农村女性电商创业培训班2期100人，妇女获有成基金提供电商创业基金10人10万元，帮助实现创业致富。争取到中国人类学民族学博物馆专委会刺绣订单0.5万元，帮助西江镇小龙村绣娘临时就业28人。

【妇女担保贷款】 年内，累计发放妇女担保贷款19笔，放贷资金153万元，助妇女创办企业带动就业76人。连城姑嫂实业有限公司获2018年“全国巾帼脱贫示范基地”称号，获补助金5万元，年销售额达100万余元，解决妇女就业48名（建档立卡贫困户15名），带动妇女增收近100名。县电商办获得贵州省巾帼建功先进集体荣誉称号，甘小芝、高成春、张桂英获得州第一批“名绣娘”称号。

【环境整治】 印发《关于开展清洁家园提升人居环境助力脱贫攻坚工作的通知》，组织动员妇女积极参与农村人居环境整治助力脱贫攻坚行动，广泛参与农村垃圾治理、污水处理、厕所和村容寨貌的整治提升。同时，投入0.6万元，在县妇联帮扶村西江镇小龙村开展环境整治评比活动；投入2万余元，添置小龙村办公桌椅等设施，进一步改善办公环境。

【品牌创建】 8月8日，成功配合举办东西部扶贫协作杭州市妇联与县政府创办“一枝独绣”妇女扶贫项目和“网易严选”电商扶贫项目洽谈会，让全县妇女走出一条具有妇联特色的帮扶之路，认真撰写《雷山县刺绣产业现状分析报告》，为“一枝独绣”品牌创建和“网易严选”电商扶贫项目建设提供决策参考依据。以上两个项目于11月10日在县城成功签订，将在西江千户苗寨景区建立“严选雷山”文化馆，以业界首创的严选模式赋能雷山品牌形象打造，从产业发展规划、供应链源头、商品打造等入手，全面助力“黔货出山”。10月21—25日，推荐高成春带苗绣到杭州参加第24届义乌国际小商品博览会参展，受到国内外客商的青睐。

【妇女维权】 年内，联合县直十余家单位在赶集日开展“建设法治雷山 · 巾帼在行动”为主题的“三八”妇女维权周集中宣传活动，累计发放宣传资料3000余份，接受现场咨询260余人次；联合工会、司法等单位为金融系统、移动公司女职工以及丹江镇等农村基层妇女开展维权法律知识专题讲座。联合丹江镇司法所开展送法下乡，用通俗易懂的大白话和苗语为百余名农村妇女讲授《中华人民共和国反家庭暴力法》《中华人民共和国妇女权益保障法》等相关法律知识。

【“三八”节活动】 为积极营造尊重女性、男女平等的良好氛围，2018年“三八”节，县妇联举办“西江旅游杯”男女篮球混合赛，全县参与比赛代表队有27支、运动员有491名。期间，全县各级妇联组织也举办形式多样庆祝“三八”节活动，参加活动各族妇女约5万人。

【庆祝“六一”】 开展以“欢度童年拥抱快乐放飞梦想”为主题的“六一”系列庆祝活动，举办“传承经典继承文明”软笔书法大赛、“饮水思源、珍惜粮食、从我做起”征文、“你好，新时代”主题队日和优秀少先队员辅导员、优秀少先队员、优秀儿童评选等丰富多彩的活动，表彰全县优秀少先队辅导员、优秀少先队员、优秀儿童、先进中队195名（个）。同时，县示范幼儿园举办刺绣、织锦等更具民族特色的庆祝活动，让幼儿从小领略民族文化传承与发展理念；全县中小学开展拔河、赛跑、书法、表演等形式多样的活动。

【未成年人思想教育】 有针对性地进行未成年人思想教育，县检察院开展“关爱祖国未来，擦亮未检品牌”主题开放日活动，参加活动有部分县领导、部门负责人和县第二中学师生80余人；雷山二中开展“加强青春期教育促进留守儿童身心健康”主题班会，引导学生在青春期树立正确的人生观、价值观，养成良好行为习惯，塑造健全人格具有十分重要的现实意义。

【节日慰问】 春节前，县妇联为帮扶村留守儿童送慰问金500元；“六一”节挤出资金3400元，分别慰问贫困儿童、留守儿童和奖励优秀儿童。同时，妇儿工委成员单位、各脱贫攻坚先锋队深入帮扶村开展慰问活动，向小朋友们送上学习用品和慰问金等。此外，雷山籍大学生组建的“苗乡慈爱团”和雷山民族中学爱心社志愿者服务队队员到雷山县公统小学与该校老师一起举办“六一”爱心捐赠活动。

【妇女关爱】 联合县博爱医院开展“关爱妇女健康”活动，6—8月，免费为全县妇女爱心体检1280名。开展妇女“两癌”救助活动，2017年争取到全国“贫困母亲两癌救助专项基金”（中央彩票公益金）9万元，于春节前及时发放到救助对象手中。开展妇女“两癌”筛查，救助申报患者17名。开展巾帼志愿者献爱心活动，在第55个学雷锋纪念日期间，与团县委、红十字会、老年大学等单位组织志愿者到县敬老院开展爱心志愿服务，为老人们洗衣、体检、理发，同他们谈心，为孤儿辅导功课和作心理教育。成立雷山县广场舞舞蹈协会，促进全民健康发展。

【妇联改革】 全面完成基层妇联改革工作。2018年5月，全县8个乡（镇）、2个社区、163个村（居）完成妇联换届工作。村级选举产生妇联执委2445名，其中主席163名、兼职副主席815名、专职执委1467名，进一步夯实基层妇联组织。全县挂牌村（居）妇联组织163个。率先在全州发放村（居）专职妇联主席工资报酬，人均月补助500元，实行绩效补贴制和季度发放制，基本补贴占80%，绩效补贴占20%，绩效补贴在年终考核后一次性发放。

【妇女宣传】 大力宣传全国巾帼建功标兵杨阿妮、全省巾帼脱贫攻坚先进个人彭吉燕、黔东南州三八红旗手宋志慧等全县各类妇女先进典型，以身边典型榜样激励妇女学习和争做优秀女性。以新时代巾帼讲习所为载体，采取妇联干部上讲台、道德讲堂、院坝会等群众喜闻乐见的方式，开展宣传教育活动10余场次。利用“三八”节、安全生产月等时机开展集中宣传、知识讲座、消防演练等活动，向广大妇女宣传安全知识。到西江镇小龙村、丹江镇羊排村、锦绣女和锦绣计划培训班向妇女群众宣讲党的十九大精神、中国妇女十二大精神、《中华人民共和国反家庭暴力法》、扶贫政策等。在各网站发布全县妇女儿童工作动态60多篇（条）。

【雷山县举行男女混合篮球赛庆祝“三八”节】 3月3—7日，雷山县举办“三八”节“西江旅游杯”男女混合制趣味篮球赛，全县共有27个单位代表队491名（男253人、女238人）运动员参赛，取前5名奖励，另设组织奖12个、“优秀运动员”12名、“优秀裁判员”12名。经角逐，西江旅游公司代表队获得冠军。县人大常委会副主任、县总工会主席李胜平，县政协副主席杨光泽等出席闭幕式，并为获奖代表队颁发奖金和奖牌及荣誉证书。

【雷山县开展“三八”妇女节禁毒宣传活动】 3月7日，雷山县禁毒办联合县妇联、团县委、总工会、县科协、县红十字会、县司法、东西城社区等单位利用赶场期间开展“捍卫幸福·远离毒品”为主题活动禁毒宣传活动，发放各类禁毒宣传资料6000余份，参加与活动的群众达2000余人。

【雷山县“创业妈妈”获友成基金捐赠10万元】 5月13日，友成基金会“让妈妈回家”电商创业项目种子基金捐赠仪式在县电商办举行，杨树桢、陈贤梅等10位妈妈分别各获得由友成基金会资助的“让妈妈回家”电商创业种子基金1万元，共计10万元。

【雷山县开展第二期“锦绣女”培训】 8月16日至30日，为期15天的雷山县“锦绣女”第二期培训班结业圆满结束，给48名学员颁发结业证，为学员们评选的6名优秀绣娘颁发荣誉证书。

雷山县科学技术协会

【概　况】 2018年，认真贯彻落实省科协九大精神，围绕县委、县政府中心工作，扎实抓好科普惠农、科技助力脱贫攻坚等一系列工作，取得一定的成效。

【科普活动】 积极开展迎新春、元宵节、防灾减灾日、科技活动周、知识产权宣传周等科普主题宣传活动6次，发放科普书籍资料3800多本（份），接受群众咨询2000余人次。借“全国科技工作者日”到来之际，积极开展“全国科技工作者日”序列活动，邀请原省科协兼职副主席、省农科院原院长、现省政协农业农村委员会副主任、教授、博士生导师刘作易到雷山为科技工作者代表和新选派驻村部分科技干部等举办科技助力脱贫攻坚讲座，参加讲座210余人；与县科技中心共同举办“全县科技工作者座谈会”，为全县打赢“减贫摘帽”进行科技扶贫座谈交流、献计献策。由县委宣传部、县教育科技局牵头，组织16家成员单位在县城开展以“科技创新强国富民”为主题的科技成果宣传活动。与县文体广电局联合开展送反邪电影下乡活动，为营造“崇尚科学、关爱家庭、珍惜生命、反对邪教，共建和谐雷山”的浓厚社会氛围，7月10日后，累计播放反邪教宣传片60余场，涉及全县乡镇8个，观看宣传教育片群众2500余名，取得良好社会效果。邀请县领导走访慰问科技工作者10名。

【科技扶贫】 以发展培育新的农村产业协会、科普示范基地作为助推脱贫攻坚产业发展重要抓手，组建雷山县西江镇中寨村红心蜜柚种植协会、雷山县西江镇羊吾村红心蜜柚种植协会，带领老百姓发展产业。“银会合作”项目贴息工作是贵州省科学技术协会和邮政储蓄银行贵州省分行合作推动的“智富行动——科技助力精准扶贫工程”，为帮助农技协会员、种养殖大户、科普带头人、科普示范基地等予以贷款贴息项目，促进农业科技进步和农业发展。年末，雷山县首批上报支持的有雷山县茗聚园茶叶专业合作社、贵州省雷山县毛克翕茶业有限公司、雷山县聚鑫源农业开发有限责任公司。邮政储蓄银行支持贷款，科协支持贴息补助。

【科普信息】 推广应用科普中国平台资源，县科协在发挥原有e站作用的同时，继续申报新建e站建设，申报校园e站3个，分别为丹江小学e站、丹江第二小学e站、丹江第三小学e站。年末，3个校园e站设备均到位。积极争取中国科技馆配发的科普大篷车展品9件套到位。及时向省、州科协上报科普工作信息，其中被贵州省科协网站采用5篇、被省反邪教网站采用2篇。

【校园科普】 与县教育科技局组织有关部门科技人员进校园开展科普宣传、科普讲座4次，采取科普仪器演示、科技工作者作各类科普报告，法律讲座，展出宣传展板20张，发放宣传资料300份，大力宣传食品安全、防灾减灾、消防安全、法律知识（青少年保护法）、防邪教知识。组织雷山县民族中学高二年级优秀学生51名，参加全省中学生生物竞赛。组织永乐镇桥桑小学教师余师勇参加在六盘水市六枝特区举办“2018年贵州省青少年科技辅导员培训班”、雷山民中教师杨颖洁到毕节市七星关区参加“2018年贵州省青少年科学调查体验活动启动仪式暨骨干教师培训班”。2018年4月公布的第33届贵州省青少年科技创新大赛评选结果，雷山县获奖作品有4个。继续申报丹江小学为《全国2018年青少年科学调查体验活动推广示范学校》。丹江小学连续参加三年的青少年科学调查体验活动推广示范学校活动。组织全县科技辅导员参加第26届贵州省青少年科技辅导员征文活动，其中白考敏、罗霄、韦承凤、文金花四位教师的作品参加比赛。组织学校师生参加贵州省第34届和黔东南州第17届青少年科技创新大赛，通过评选，共选送参赛科幻绘画作品9幅、科技实践活动1个、科技辅导员创新成果4个、中学生科技创新成果10个。

【脱贫攻坚】 县科协帮扶联系西江镇中寨村，年内专题研究帮扶工作10余次，协调落实中寨村产业扶贫项目1个，涉及资金143万元，落实帮扶资金25万元。同时，帮扶县科协选派第一书记所在村西江镇羊吾村办公电脑1台。利用科协自身优势，积极为中寨村贫困户57户和第一书记所在羊吾村开展黑毛猪生态养殖实用技术培训6次，开展红心蜜柚及丹参种植技术培训3次，组织中寨村村干、村民代表到外县考察学习红心蜜柚种植技术38人。

雷山县工商业联合会

【概　况】 2018年，围绕“两个健康”积极履行职责，整合资源、深化服务、拓展平台，积极发挥好党和政府联系非公有制经济的桥梁、纽带和助手作用，各项工作得到稳步推进。召开雷山县工商联（民间商会）第十一届三次执委会、第二次常委会议，成功补选县工商联第十一届执委、副主席（副会长），增强工商联班子的战斗力。召开“四好五型”商会建设工作动员部署会，全面部署以班子建设好、团结教育好、服务发展好、自律规范好和学习型、创新型、发展型、和谐型、法治型为主要内容的“四好五型”商会建设工作。完善机关党组织队伍建设。4月下旬，根据人员调整实际，召开工商联全体党员会议，顺利进行工商联党支部、支委会的换届，选出新的支部书记和委员，及时充实党支部的组织结构。年内先后有云南省保山市工商联、江西南昌新建区工商联、杭州市上城区工商联到雷山县参观考察和交流学习，并与江西南昌新建区工商联、广东佛山南海区工商联缔结为友好工商联（商会），为推动两地商会会员企业间的经贸合作搭建平台和奠定基础。

【民企调查】 开展民营企业调查点系列走访活动，先后走访益明食品公司、雷山县民族银饰制作有限公司、雷山县苗龙魔芋食品公司、绿叶香茶叶有限公司等多家会员企业，了解会员企业需求，为进一步提升商会服务质量找准切入点；6月下旬，联合县检察院下发《关于依法保护企业合法权益营造企业健康发展法治环境工作机制》，为企业开展有针对性的普法宣传，提升送法进企业工作实效。

【工商协会】 为使各商会都能有个固定办公场

所，县工商联积极与各乡镇党委政府进行沟通协调，得到各乡镇党委政府的大力支持，落实基层商会办公场所，并为各商会解决购置办公桌椅和室内粉刷、制度上墙等经费，改善基层商会办公条件。全县共有工商协会27个，其中乡镇基层商会8个，基层商会覆盖率为100%；异地商会2个（湖南和川渝商会），行业商协会17个。着力打造湖南商会和西江商会作为“四好”商会建设的示范点。年末，全县共有会员2746户，其中个体会员2637户，企业会员82户，团体会员27户。

【光彩事业】 积极引导和组织非公企业和非公经济人士反哺家乡、回馈社会、救灾救济、捐赠助学、基础建设等光彩事业活动。春节前雷山县益明食品有限公司在县非工委、县工商联及乡（镇）党委、政府的引领下，到全县深度极贫的大塘镇龙河村、掌雷村，永乐镇乔歪村，望丰乡公统村，郎德镇乌吉明村，方祥乡毛坪村、提香村的建档立卡精准扶贫特困户进行慰问共104户。公司给每户送去2.5公斤装炒葵花1袋、2.5公斤装公司自产花生油1桶、每户送去200元“压岁钱”，为贫困户送去新年祝福。雷山县毛克翕茶业有限公司党支部在教师节期间积极组织公司人员分别到丹江小学、雷山一中、雷山二中、雷山民族中学等学校进行“教师节”慰问，把公司的关爱、温暖送到各个老师的心坎上。在全国第2个扶贫日到来之际，中共雷山县委统战部、县工商联组织全县民营企业、基层商会开展“为贫困家庭残疾儿童捐出一份爱心1次，奉献一片真情”扶贫募捐活动，在县委统战部、县工商联的组织之下，全县众多爱心民营企业和商会踊跃参与“为贫困家庭残疾儿童捐出一份爱心，奉献一片真情”扶贫募捐活动，有西江商会、湖南商会、川渝商会、望丰商会、黔兴商会5家商会爱心捐赠5198元，彰显全县非公经济人士大力弘扬致富思源、回馈社会、感恩奉献的精神。

【企业帮村】 按照上级工商联关于“万企帮万村”文件相关精神和要求，结合全县实际，积极发挥非公企业在脱贫攻坚中的重要作用，制定下发《雷山县民营企业“千企帮千村”精准扶贫行动实施方案》，积极号召全县非公企业参与脱贫攻坚，通过产业扶持、就业帮扶、基础设施援建、捐资捐物等方式，助推全县脱贫攻坚。上报“万企帮万村”信息平台帮扶结对民营企业25个，共帮扶30个村，并建立一企一档帮扶台账。年末，全县实有企业47个，帮扶贫困村90个。通过采取组织帮扶村村民到企业厂家实地参观、现场技术培训、讲解指导、重点培养与选送深造等帮扶措施，在所帮扶的90个贫困村中，带动村民发展茶叶面积达5万亩，可采茶面积2万亩，帮助茶农收购茶青152吨，药材种植1万亩，解决农民工短期就业0.8万余人。投入资金和物资合计达千万元以上，完成望丰乌江村茶叶基地建设80亩，大塘镇新桥村公路维修2公里，大塘镇养殖黑毛猪的村有6个，郎德镇南猛小学校舍维修，这些项目都取得良好的效果，帮扶对象村的生产生活条件和产业得到较大改善和发展。雷山县益明公司大力开展产业扶贫，利用大量生产加工葵花花生原料优势，在雷山县西江镇连城村、干荣村、望丰乡公统村、排肖村、大塘镇乔王村等乡镇、村寨种植葵花、花生920余亩，种植户有700余户，其中建档立卡贫困户600余户，公司无偿提供三系杂交葵花种子和无偿送给葵花种植户每户2.5公斤装花生油1桶，价值10万元，并与村两委签订实行最低收购保护价措施，按正常每亩产葵花250公斤计算，户均增收2000元。同时，西江镇连城村的葵花基地在西江高速路口连片种植300多亩，为西江镇旅游业增加景点1个，带来一定的经济价值，解决建档立卡贫困户劳动力到益明公司就业102人，扶贫成效凸显。雷山银枫生态公司采取“公司＋基地＋家庭农场＋农户”的模式，带动大塘镇贫困村养殖黑毛猪基地10个，并以每斤高于市场价5～25元不等的价格上门回收，助力周边村寨的精准扶贫工作，达到“双赢”目的。

【精准扶贫】 县工商联的帮扶联系村是西江镇乌尧村，年内主要开展以下工作：组织单位所有帮扶责任人深入西江镇乌尧村开展入户调查、走访工作，为建档立卡贫困户周志富、周六送等5户特困户每户送去慰问金200元；深入西江镇乌尧村和大塘镇平寨村为战斗在脱贫攻坚一线的驻村干部和第一书记送去越冬“四件套”，让驻村帮扶干部感受到组织的关心，安心驻村、用心帮扶；春节假最后一天凌晨，帮扶村14组村民周玉良户发生火灾，房屋财产受到损失，周玉良也因火灾烧伤住院，班子在节后第一天就赶往乌尧看望因救火负伤的户主周玉良，并送去慰问金500元，同时要求村“两委”和驻村干部以此为教训，进一步加强安全生产宣传工作；以“三八”妇女节活动为契机，支助村两委开展脱贫攻坚政策、消防安全演练等培训经费500元；吃新节支助村茶叶种植管理培训经费500元；苗年节资助村脱贫攻坚知识宣传等经费500元，进一步提高村民对脱贫攻坚政策的认识和消防安全意识及掌握茶叶种植管理技术；工商联党员干部及乌尧村“两委”干部组成“采茶”扶贫志愿服务队12人，到西江镇乌尧村茶园，开展帮助贫困户采摘春茶活动；单位各帮扶责任人对各自的帮扶对象做好扶贫政策宣传、环境卫生整治、实施好因户施策项目、临时救助申请和帮扶生活中的各种困难，做好“一户一袋”“一户一档”资料的收集、整理、归档等工作，把扶贫工作落到实处；先后帮助乌尧村协调人饮工程项目建设和村两委办公楼的建设用地，协助完善村级规民约制度，购买喇叭音响1套，价值10000元，改善所帮扶村两委办公条件；动员参与易地扶贫搬迁的对象户共20户；协助村委会做好乌尧村农村清洁风暴行动工作，整治“脏”“乱”“差”现象，通过风暴行动，乌尧村容村貌发生变化。

雷山县文学艺术界联合会

【概　况】 2018年，围绕习近平总书记在中国文联十大、中国作协九大重要讲话、《中共中央关于繁荣发展社会主义文艺的意见》和全国宣传思想工作会议精神，组织全县各文艺家协会班子成员集中学习，提高各协会工作的政治敏锐性，明确文艺创作方向，激发各文艺工作者的创作热情。

【文艺活动】 音乐舞蹈协会积极参加苗年活动，为苗年巡游和开幕式提供精彩节目。认真开展“苗岭笙歌”音乐季演出活动，全年演出8场次。积极组织开展黔东南州原创音乐创作大赛活动，共征集到原创歌曲近百首，参加比赛人员近百人。参加春节文艺“三下乡”活动，为农村群众义演20余场次。组织举办“雷山县改革开放40周年和脱贫攻坚”成就展。配合县政府到杭州参加旅游推荐摄影展。组织开展“雷山乡风文明”和各村“爬坡节”采风活动。组织书法家走进校园开展“书法进校园”活动。开展全县小学生书法大赛活动。深入移民安置小区和贫困村开展以“我用真心写对联”主题书法惠民活动，书写对联5000余幅，深受群众好评。美术家协会积极组织艺术家到大塘、达地、望丰等乡镇开展艺术写生采风活动，并完成“苗寨，最后的风景”大型美术主题作品展。

【文艺创作】 抓好学校文艺支教工作在丹江小学、西江小学、大塘小学、郎德小学开展文艺支教工作，选派4名文艺志愿者到学校开展文艺辅导工作。积极争取“艺术家写生采风创作基地”建设，西江文化艺术中心、猫猫河“高校艺术写生创作基地”和“报德文化研究院文化创作基地”“掌批农民书法艺术之村”“格头高校艺术写生创作基地”等得到州文联授牌并正常运行。办好《雷公山》文学艺术刊物。

【脱贫攻坚】 深入帮扶村望丰乡乌的村开展脱贫攻坚帮扶工作。争取部门支持，加快和完善乌的村的公共道路、人饮消防、危房改造等基础设施建设；完成异地移民搬迁工作，争取到农村文化家园资金帮助建设文化场所，从紧张的办公经费中挤出2万余元到帮扶村开展帮扶工作。

雷山县残疾人联合会

【概　况】 2018年，雷山县残疾人联合会围绕脱贫攻坚这一核心任务，认真对照单位职能分工，突出重点，狠抓落实，扎实落实各项残疾人服务措施，全县残疾人工作取得阶段性成效。全县办理“残疾证”的人员共有4939人，占全县总人口的3%。根据残疾人等级划分：一级残疾474人，占持证人员的9.5%；二级残疾1519人，占持证人员的30.8%；三级残疾1484人，占持证人员的30.2%；四级残疾1462人，占持证人员的29.6%。持有一、二级残疾证的人员为重度残疾人，生产生活受到的影响极大，重度残疾人共1993人，占持证人员的40.3%。从行业从业情况来看，全县持证残疾人中，从事农业生产的3022人，从事其他行业的1534人，完全丧失劳动能力的346人。

【残疾人参合】 通过数据比对，自开展精准扶贫工作后，全县纳入系统的建档立卡贫困残疾人2403人，占全县建档立卡贫困人口48361人的4.9%。年内，对照“一达标，两不愁，三保障”的总体要求，通过与住建部门的数据比对，全县建档立卡贫困残疾人中，累计实施农村危房改造项目127户，占建档立卡贫困残疾人的5.2%；残疾人生态异地移民搬迁691人，占建档立卡残疾人的29%。全县持证残疾人中，纳入新型农村合作医疗（以下简称“新农合”）有3636人，其中建档立卡贫困残疾人参加“新农合”2397人，参合率达99.7%；全县建档立卡贫困残疾人家庭义务教育阶段在读子女71人，均享受到“两免一补”的相关政策；在读普通高校建档立卡残疾人家庭子女24人，享受国家助学金和扶贫专项助学金22人；针对特殊的残疾人儿童、少年，积极配合县教育，采取送教上门和送读特殊学校等方式，解决“三残”儿童、少年教育问题，全县“三残”儿童入学率达129.03%。全县残疾人中，纳入农村最低生活保障制度（以下简称“农低保”）1714人，占总量的8.1%；其中，纳入“农低保”的建档立卡贫困残疾人2403人，占建档立卡贫困人口71.3%，累计兑现农低保资金97.32万元，农村贫困残疾人基本实现应保尽保；认真落实重度残疾人护理补贴和托养补助政策（以下简称“两补”政策），2018年，全县累计兑现重度残疾人“两补”政策1964人（覆盖建档立卡重度残疾人1976人），累计兑现资金107.82万元；落实验收合格符合条件的农村贫困残疾人家庭生态补偿政策。

【残疾人创业】 年内，累计投入资金25万元，扶持县内残疾人创业90户（建档立卡贫困残疾人85户），帮助其大力实施种养殖项目，促进增收；投入资金2万元，扶持建设雷山县残疾人创业示范点——雷山县丹江镇教厂村吴义肉牛养殖场，年内养殖规模达到80头，出栏肉牛35头，同时还解决残疾人的就业3人；投入省级专项资金10万元，用于扶持残疾人企业——雷山县飞碟文化发展有限公司，用于银饰产业研发和宣传销售工作，收到良好效果，同时还解决残疾人就业5人；组织召开雷山县残疾人创业就业座谈会和组织残疾人创业代表赴郎德镇观摩学习，调动残疾人创业热情。

【残疾人社保】 年末，核查兑现重度残疾人托养补助和护理补贴1964人次，兑现资金总额107.82万元；兑现残疾人燃油补贴566人次，兑现资金总额14.72万元；落实残疾人生活特困救助30人次，累计发放救助金4.42万元；大力实施残疾人“阳光家园计划”，落实项目10户，发放全自动洗衣机10台，折合资金1.5万元；投入资金6万元，扶持贫困残疾人家庭完成无障碍改造项目10户；全面加强与税务、财政部门的配合，扎实推进残疾人就业保障金的征缴工作，年内完成残疾人就业保障收缴210.8万元，比2017年增长10.5%，实现残疾人就业保障金的应收尽收，为下步全县残疾人事业发展奠定基础。

【残疾人康复】 积极配合项目实施单位雷山县城投公司，扎实推进雷山残疾人托养中心和康复中心项目建设，主体工程全面完工；兑现全县残疾人儿童（少年）赴州级康复机构进行康复治疗12人，兑现资金总额达到14.92万元；投入采购资金3万元，配发残疾人辅助轮椅25台，发放盲目辅助器具35人次，累计惠及残疾人285人次；与县人民医院合作，年内落实翼状胬肉手术140例，完成白内障复明手术167人次，累计补助资金5万元；联合县人民医院，组织开展残疾人流动筛查8次，完成筛查2510人次；积极向上争取项目，落实残疾人辅助器具配发285人，义肢安装14人，累计发放辅助器具625件（套）。

【残疾人维权】 利用“助残日”“盲人节”“爱眼日”“爱耳日”等主题活动大力宣传和普及《中华人民共和国残疾人保护法》，发放宣传资料2500余份，接受咨询110人次；年内受理各类残疾人信访问题13个，及时办理和答复13个，妥善化解残疾人生产生活矛盾。年末，未出现侵害残疾人利益的恶性案件和残疾人越级上访现象发生，有力地维护残疾人合法权益，为维护地方社会稳定做出应有贡献。

【残疾人教育】 年内，组织召开专题座谈会3次，下访残疾人家庭120余次；下拨培训资金3万元，培训残疾人350人（次）；针对全县残疾人群体，采取扶智与扶志相结合的方式，采取积极组织开展残疾人就业培训和“助残日”“盲人节”“爱眼日”“爱耳日”等主题活动，坚持把扶贫政策宣传作为工作的重点，把扶贫感恩教育摆在突出位置来抓，引导和鼓励残疾人自立自强。

雷山县红十字会

【概　况】 2018年，县红十字会认真学习党的十九大和省十次党代会精神，学习宣传新修订的《中华人民共和国红十字会法》，按照县委、县政府工作部署和州红十字会职能绩效目标管理任务，积极开展工作，充分发挥党委政府联系群众的桥梁纽带和人道领域助手作用，全年收到社会各界爱心企业为雷山县山区小学、幼儿园和红十字“博爱送万家”慰问活动捐赠款共计132.67万元。

【应急救援】 年内，上报灾情1期。5月12日，在全国第十个防灾减灾日到来之际，积极参加全县防灾减灾日宣传活动。县红十字会与县民政局、卫计局、消防大队等10多个单位在县城大十字开展“防灾减灾日”宣传活动。活动中发放红十字运动知识、应急救护小常识、防灾减灾知识读本、无偿献血知识、捐献造血干细胞步骤、交通安全知识、地震知识科普宣传、中小学防火手册等各种宣传资料1000余份，接受过往群众咨询100余人。

【应急救护】 5月2—3日，县红十字会与县卫计局、县妇幼保健和计划生育服务中心、大塘卫生院到大塘镇爬坡节现场开展红十字运动基本知识进乡村“5·8博爱周”宣传活动，发放各种宣传资料共200多份；接受群众咨询80多人次，为群众义诊50多人次。5月8日，县红十字会在第三中学组织初三年级400多名学生参加《中华人民共和国红十字会法》暨全国红十字应急救护知识竞赛答题活动，发放全国红十字应急救护知识竞赛试题400多份。

【人道救助】 在春节来临之际，在省红十字会和社会各界的支持下，县红十字会通过红十字会各团体会员单位、基层组织、社区、学校红十字会，在全县范围内开展2018“红十字博爱送万家”慰问活动，发放慰问物资价值15.88万元，发放慰问金3000元。2月7日，到项目村（帮扶村）大塘镇咱刀村开展2018年“红十字博爱送万家”慰问活动，为110多户群众送去食用油、大礼包、衣裤、鞋子等物资价值3万多元慰问物资和3000元慰问金。

1月30日，与县卫计局、县疾控中心、县民政局、县残联及丹江镇卫生院等团体会员单位利用赶集日在县城开展“世界防治麻风病日”宣传慰问活动，接受群众咨询100余人，发放麻风病防治知识、艾滋病防治知识、红十字运动知识、居民保健手册、无偿献血科普台历等宣传资料共计1000余份，张贴宣传海报10张。2月2日与县卫计局、县疾控中心、县民政深入望丰乡三角田、丰塘村看望5位麻风病患者，并为他们带去棉衣、棉被、鞋、食用油等春节慰问品及慰问金。4月18日，县红十字会联合县卫计局组织全县癫痫病患者参加贵州省红十字基金会到雷山县开展的“银杏癫痫病康复计划”免费筛查医疗救助活动，44名患者参加免费筛查，给患者发放大米或食用油等慰问品。

【献血与器官捐献】 开展“6·14世界献血者日”宣传活动，发放宣传资料1000多份，义诊100余人，并开展现场招募造血干细胞志愿者活动。2018年，全县共开展无偿献血活动3次，共有546人参加无偿献血，共采集血液182100毫升，全县临床医疗用血100%来自无偿献血。4月，李玉松、向代芳、穆兰、王兴祥4名志愿者荣获2014—2015年度全国无偿献血奉献奖铜奖，受到国家卫生和计划生育委员会、中国红十字会、中央军委后勤保障部的联合表彰，并荣获荣誉证书。开展人体器官捐献和《贵州省人体器官捐献条例》宣传、宣讲工作3次。开展人体器官捐献志愿者报名登记工作，有1名捐献志愿者实现捐献，6名患者得到医治。

【博爱家园项目管理】 年内，加强对2017年10月完工验收的咱刀村“博爱家园项目”硬件项目的管理和维护，更换宣传栏内容；对生计金、励业帮扶基地进行跟踪管理和服务。配合省红十字会委托的会计师事务所对雷山县“博爱家园”项目建设进行审计。5月11日，在全省2018年“博爱家园”项目启动会上作经验交流。成功申报雷山县郎德镇南猛村、丹江镇猫猫河村博爱家园项目两个，前期项目款到位74万元。

法 治

政法委及综治

【概　况】 2018年，县政法委深入学习贯彻落实中央、省委、州委政法工作会议精神，全面推进政法各项工作落实。全年全县无重大群体性事件、无较大以上安全事故、无造成影响赴省进京非访事件发生，可控性案件发案率低，社会治安保持良好，社会大局和谐稳定，为全县脱贫攻坚战全面建成小康社会创造良好的社会环境。

【国安工作】 在全县构建反间谍安全防范体系，层层签订反间谍安全防范工作责任书，进一步提高重点领域、部位、行业反间防谍能力和水平。开展多形式开展全民国家安全教育日系列宣传活动，发放各种宣传资料2000余份，国家安全手提袋300余个，法律知识宣传围裙500余张，现场解答群众法律咨询100余人次。

【案件评查和司法救助】 全年提供10件案件与其他县进行交叉评查，雷山县2件被评为一类，8件被评为二类。开展司法救助5件5人40000元。

【矛盾纠纷调处】 全县共排查出民间矛盾纠纷550件，调解成功530件，调解成功率达96.7%。

【平安创建】 命名8个乡镇为2017年度平安乡镇、80个机关单位为2017年度平安单位、15个企业为2017年度平安企业、3个社区为2017年度平安社区、52个学校为2017年度平安校园。

【公共安全监管】 全县发生一般以上交通事故41起，死亡8人，受伤64人，与2017年相比死亡减少3人，下降27.27%，伤人增加6人，上升8.57%，全县未发生死亡3人以上重大安全事故；全县共发生火灾20起，伤1人，财产损失60余万元，全县连续10年未发生受灾50户以上较大火灾及致人死亡火灾事故。

【“雪亮工程”建设】 扎实推进县、乡、村三级综治中心规范化建设，全县完成“雪亮工程”建设任务的93.68%；应建村级平台完成75.32%。

【扫黑除恶】 制定扫黑除恶专项斗争工作方案，建立工作联席会议制度，综合运用法律、经济、行政等多种手段推进扫黑除恶专项斗争。侦办雷山县“1·25”涉黑专案。以李某鑫等人为首，以滋事、纠缠、哄闹、聚众造势等手段有组织地操纵当地娱乐行业，非法放贷讨债、充当“地下出警队”替人摆平事端，涉嫌敲诈勒索、聚众斗殴、寻衅滋事、故意毁坏财物等违法犯罪行为30余起。

【禁毒工作】 开展“两打两控”、外流贩毒整治、禁种铲毒等行动。抓好对学生禁毒宣传工作，积极开展“6·26”国际禁毒日宣传教育活动暨全县中小学生禁毒演讲总决赛，探索创新“苗语禁毒讲堂”进驻校园活动，把禁毒教育纳入日常教学计划，安排6万元资金推进学校禁毒园地的建设，深入开展“不让毒品进社区村寨”等活动，在全县8个乡镇57个集中连片村寨开展禁毒电影放映宣传活动。

【雷山县获“全国法治县（市、区）创建活动先进单位”】 7月19日，雷山县被全国普法办公室表彰为第四批“全国法治县（市、区）创建活动先进单位”。

法治政府建设

【概　况】 2018年，县法制办紧紧围绕黔东南州2018年度依法行政考核指标，深入推进依法行政，政府法制工作取得新的进展。6月，雷山县获第四批“全国法治县（市、区）创建活动先进单位”。

【应诉案件】 2018年，县政府作为被告的行政应诉案件24件，其中胜诉22件，败诉1件，正在审理1件。胜诉率为92%、败诉率同2017年度的9%相比，降低5个百分点，仅为4%。全县应诉案件胜诉率大幅提升，不断提高政府公信力。县法制办协调组织县领导出庭应诉21次，参与法院成功调解7件。全年无因违法而被新闻媒体披露的案件。

【法律顾问】 通过协调组织，全县累计聘请法律顾问43名，其中县政府外聘法律顾问7名，24个政府组成部门及2个直属机构共聘请28名，8个乡镇分别聘请法律顾问1名共8名，覆盖全县所有政府部门、直属机构及全部乡镇，真正做到法律顾问100%全覆盖，为雷山经济社会发展、生态及历史文化保护提供强有力的法制保障。

【“放管服”督查】 2018年7月，牵头负责国务院第五次关于“放管服”大督查工作，累计涉及内容29个。做到账账相对，账实相符。

【行政复议】 年内，累计受理行政复议案件5件，其中土地纠纷2件、山林纠纷2件、行政处罚1件；撤销2件，撤销率为40%，纠错率40%。

【行政审批改革】 认真落实《国务院关于取消和调整一批行政审批项目等事项的决定》和国务院推进简政放权放管结合优化服务的相关要求，同时将“先证后照登记制度”改为“先照后证登记制度”，进一步降低市场准入门槛，减少企业创业成本。按照“依法审批、优化服务、提高效率”的原则，行政审批事项办结时限从法定10个工作日缩短为5个工作日，即时办结时限不超过3个工作日，总体在法定时限内压缩一半；市场监管、国土、住建、民政等26个具有行政审批事项全部进驻县政务服务中心，设立税务、交警、运管、房产4个分中心，纳入电子监察系统进行统一管理和监督。全面落实国务院2014年公布的3批148项工商登记前置审批改为后置审批事项，除34项前置审批项目目录外，一律不再作为公司登记前置审批项目。

【执法监督】 完成培训报名工作，全县统计需换发贵州省行政执法证人员241人；需申领贵州省行政执法证人员279人；换发贵州省行政执法监督证人员1人；申领贵州省行政执法监督证人员1人。

【收费清理】 严格按照省州有关文件要求，没有越权设立收费基金项目，没有进行行政审批中介服务项目的收费，没有擅自提高征收标准和扩大征收范围。通过检查清理，全县有行政事业性收费单位108个，贵州省定价目录（2018年版）收费项目34个。全县涉及2017年上级明文取消的行政事业性收费单位有13个，其中取消的政府性基金单位有2个，取消项目2个；取消和停征的行政事业性收费单位有9个，取消项目13个；免征的行政事业性收费项目单位有2个，免征项目4个；降低标准的行政事业性收费单位有2个，降低项目3个；调整征收的政府性基金单位有1个，调整项目1个。2018年全县涉及停征、调整的行政事业性收费项目有4项。对于取消收费项目，严格按照上级要求停止收费。

【证件换发】 按照省州编办及登记管理局要求，结合实际，多措并举，圆满完成2017年度全县事业单位登记管理工作的各项任务。累计完成统一社会信用代码证书换发224家，其中事业单位184个、机关单位51家、群团单位8家、其他机构1家，为减轻法人和其他组织负担奠定基础。严把规范性文件及合同审查关，年内累计审查规范性文件、公告、通知等7件。

【营商环境管理】 制定《注册资本登记制度改革方案》，实行“一日制”办结制度，有效提升办理效率。充分利用电视台、微信、网站等各类平台，大力宣传“五证合一、一照一码”登记制度改革相关政策和服务举措。三清理并取消一批收费项目、资质认定、企业办事关卡，办事流程得到简化。年内累计新发企业“五证合一、一照一码”营业执照221户，其中新设立企业216户、农民专业合作社设立登记5户。

【权责清理】 以2018年7月责国务院第五次大督查为契机，县法制办按照“谁实施、谁清理”的原则和“9+X”的模式，全面组织清理各乡镇政府、县级各工作部门的行政职权及对应责任，对县政府26个单位清理出的行政权力和其他权力共3155项，并于10月31日统一在县政府门户网站公布。

公 安

【概　况】 2018年，县公安局牢牢把握“对党忠诚、服务人民、执法公正、纪律严明”的总要求，坚持以人民为中心的发展思想，大力实施“六警工程”，维护政治安全、社会安定、人民安宁，为全县决战决胜脱贫攻坚和经济社会发展创造安全稳定的社会环境。2018年，局机关二支部荣获“全县脱贫攻坚先进党组织”称号，全局先后被省厅、州局和县委县政府表彰的先进集体有3个、先进个人有17个。

【风险防范】 积极贯彻涉稳领域风险排查机制，着力化解矛盾、防范风险，接待来访群众32人次，办结群众信访事项16件；排查化解工程建设、征地拆迁等可能引发重大不稳定因素的矛盾纠纷和案事件隐患10余起。严格落实网络意识形态工作责任制，编写网络犯罪情报61篇，办理配侦案件33起，提供情报线索协助抓获人员13名；侦破杨某某网上寻衅滋事案件1起，逮捕犯罪嫌疑人1人；受理查处网络行政案件3起，抓获3人。坚决做好非法集资、网络传销、P2P网络借贷平台等经济犯罪的打防工作，因地制宜，开展非法集资、金融诈骗、“3·15”打假宣传、“5·15”经侦宣传日等宣传活动，发放宣传资料5000余份，受教育群众1.2万余人次；积极协助查实稳控涉众型经济领域相关人员50余人次；受理各类经济犯罪案件线索4条，查证1条，破案1起，抓获犯罪嫌疑人1人。

【污染防治查处】 聚焦食品、药品和生态环境等重点领域，着力以打防结合方式治污防污，出动警力200余人次，对全县酒店餐馆、农家乐、茶馆及药店等重点场所开展突击检查62次，配合开展专项执法检查20余次，排查线索10余条，侦破“食药环”刑事案件3起，移送起诉4人，取保候审5人。

【政治建警】 组织全局民警开展《中国共产党章程》和十九届二中、三中全会和省委十二届三次全会精神以及习近平新时代中国特色社会主义思想等重要内容的集中学习活动10余次，党委理论中心组学习15次；邀请专家宣讲十九大会议精神2次，组织全局民警、辅警参加政治理论考试3期，深刻领会习近平新时代中国特色社会主义思想精髓，自觉将习近平新时代中国特色社会主义思想作为立身之本和行动指南，真正做到思想上充分信赖、政治上坚决维护、组织上自觉服从、感情上深刻认同、行动上始终追随，做到勇于担当、忠诚履职。

【“四个规范”建设】 制定《雷山县公安局“四个规范”建设月活动方案》，组织开展为期2个月（5月15日至7月15日）的规范学习、规范执法、规范管理、规范服务建设推进月活动。结合队伍管理实际制定出台《雷山县公安局民警日常行为规范（试行）》，从提高认识、日常管理、思想政治工作、纪律作风建设、领导班子建设、民警执行力建设、轮岗交流、树立正确的用人导向、民警思想状况定期分析、落实“一岗双责”等十个方面作出严格细致的规定，以制度管警。加强执纪问责力度，开展明察暗访、视频督察600余次，发现问题20余起，发布督察通报28期，督察记分82人次。全局民警、辅警在行动上、执行力上做到令行禁止，确保政令警令畅通。

【刑事侦查】 深入开展“冬季严打”“盗抢骗”“扫黑除恶”等专项行动，全年全县累计立刑事案件326起，破案175起，破案率53.68%；刑拘155人，批准逮捕106人，移送起诉124人。其中，立盗窃案148起，破案38起，破案率25.5%；立诈骗案43起，破案8起，破案率18.6%；累计为群众追回损失60余万元。办结行政治安案件392起，行政拘留254人，罚款93人。相继侦破“6·29”吴某某被杀害案、“8·29”杨某被故意伤害致死案、“10·22”范某某被杀害案等重大刑事案件，连续15年实现命案全破。

【扫黑除恶】 成功侦破“1·25”涉黑专案，打掉以李某鑫、杨某伟、龙某等人为首的涉黑犯罪团伙，抓获违法犯罪嫌疑人48人，以涉黑犯罪判决李某鑫、杨某伟、龙某等犯罪嫌疑人24人，另案起诉刘某、吴某成、杨某平等6人，行政处罚10人。破获聚众斗殴、敲诈勒索、寻衅滋事、开设赌场、故意毁坏财物、容留介绍卖淫、故意伤害、非法造枪、殴打他人、非法携带管制刀具等刑事治安案件30余起。打响黔东南州扫黑除恶专项行动“第一枪”，有效净化社会治安环境。

【禁毒执法】 年内，认真组织开展“两打两控”、外流贩毒整治、“天目-18”铲毒行动等三大专项行动，夯实禁毒基础和禁毒执法工作，全县累计办理涉毒刑事案件7起，起诉8人；办理涉毒行政案件31起，抓获吸毒人员31人，缴获毒品148.97克（折算后）。全县在册吸毒人员297人，比年初282人增长15人，增长率5.32%。与2017年同比下降3人（2017年增长18人），增长率下降16.67%。连续14年巩固“无毒害县”创建成果。

【安全监管】 2018年，全县累计发生一般以上交通事故46起，同比减少4起，下降8%；死亡9人，同比减少2人，下降18.18%；受伤72人，同比增加6人，同比上升9.09%，呈“两下降、一上升”趋势，未发生死亡3人以上重大安全事故。党委、政府加大消防基础设施建设投入力度，在大塘镇、达地水族乡新建政府专职消防队，全县8个乡镇、154个行政村、50户以上村寨建立志愿消防队183个，全面配备农村“四大员”，传统村落建立微型消防站58个，乡镇建立专职消防队伍6个，全县消防应急救援力量得到显著增强；年内，全县累计发生火灾8起，伤1人，财产损失80余万元，全县连续10年未发生受灾50户以上较大火灾及致人死亡火灾事故。2018年，全县安全感为99.33%，排名全省第20位、全州第3位，与2017年相比，上升0.06个百分点，在全省排名下降13个位次；公安满意度为97.31%，排名全省第26位，全州第3位，与2017年相比，下降1.95个百分点，在全省排名下降22个位次。虽然安全感满意度在全省总体排名下滑，但是在全州排名仍然处于前列，且群众安全感百分比略有上升，群众获得感、幸福感、安全感显著增强。

【执法监督】 进一步完善执法制度，细化执法流程，推动落实执法岗位责任制和质量终身负责制，最大限度公开执法依据、执法标准、执法流程、执法结果，坚决克服执法的随意性，以公开促公正。投入400余万元，初步建成局“智能执法办案监督管理中心”，实现智能监控、自动预警、实时服务、监督考评一体化、规范化运行，从源头、环节上规范执法行为，防止执法问题的发生。加强“法度智能笔录系统”的深度应用，实现讯问、询问过程比对、监督、提示、关联智能化；强化执法监督，坚持执法办案“三级审核”制，保证案件质量，确保全年全局无冤假错案发生，最大限度减少执法风险，提高执法公信力。

【减证便民】 及时向社会清理公布“最多跑一次”事项清单16项；进一步开展“减证便民”工作，取消出具证明材料事项10项；取消收取证明材料事项1项；治安部门首次办理居民（临时）身份证、准迁、迁移证等事项取消收费1000余名。出入境部门推行星期六正常上班、星期天预约办证制度以及开通24小时办证咨询电话。在原有缴费基础上，增加微信、支付宝、POS机刷卡等多种缴费方式，购置自助照相设备，免费为群众提供照相服务368名，全年累计受理公民申请出国（境）1616人次，其中办理护照712人次，办理中国香港、澳门地区通行证685人次，办理中国台湾地区通行证219人次。

【科技兴警】 2018年，新建视频监控705个，在全县各交通要道建成监控卡口26套，交警违停抓拍卡口29套，基本实现城区、乡镇政府所在地及村寨主要路口视频监控全覆盖；投资100余万元，有计划的对全局警用装备进行更换，新配备电脑65台、执法记录仪28台、单警装备100余套、echat对讲机10台、数字集群对讲机41台，不断提高一线民警装备科技含量，更好服务实战；以提升刑事技术在现场勘察中发现和提取物证的水平，不断提高刑事技术服务实战、打击犯罪的能力为目的，启动标准化刑事科学技术室建设，确保局刑事科学技术室于2018年9月成功通过省资质认定现场评审组的评审，为维护社会稳定、打击违法犯罪提供坚实的科学技术保障。

【执法培训】 坚持“立足实际、立足实战、立足实用、立足实效”的原则，紧围绕民警履职所需的体能、技能、智能，制定《雷山县公安局民警2018年“三能”达标实施方案》，认真组织开展“三能”达标训练工作。本着“缺什么，补什么”的原则，从4月开始组织全体民警结合当前岗位所需的身体素质、信息化应用基本能力、大数据分析应用能力、科技创新能力欠缺的实际，组织开展执法培训和教育训练5期，确保全体民警至少参与轮训1次，提高全体民警的综合能力素质。

【脱贫攻坚】 为驻村民警配备警用电瓶车12辆、警用摩托车5辆，不断提高驻村帮扶一线队伍工作效率和战斗力。严厉打击脱贫攻坚领域违法犯罪，侦破刑事案件2起，打击犯罪嫌疑人2人；查处治安案件7起，行政拘留7人。主动落实全县脱贫攻坚工作部署，从全局选派民警深入贫困村真蹲实驻32名，积极为帮扶村柳乌村协调帮扶项目，完成饮水安全设施改造42480.5米，通组公路8公里及步道硬化建设4.2公里，建设钢结构蔬菜大棚32个；组织全局干警为孤儿贫困户赵昌娥、赵昌美姐妹捐款1.34万元；推动帮扶村脱贫38户116人，贫困发生率降到1.02%。

检察院

【概　况】 2018年，雷山县人民检察院以习近平新时代中国特色社会主义思想为指导，深入学习贯彻党的十九大及十九届一中、二中、三中全会精神，坚持以人民为中心，以法治为方向，以改革为动力，以科技为引领，以自强为根基，积极顺应新时代新要求，奋力开创新时代检察工作新局面。年内依法受理提请批准逮捕各类刑事案件54件100人，经审查，依法批准逮捕84人，不批准逮捕16人；依法受理移送审查起诉各类刑事案件101件153人，经审查，依法提起公诉72件108人，不起诉26件33人。办案中，突出打击故意伤害、故意杀人、强奸等严重影响社会治安、侵犯人身民主权利犯罪，通过惩治犯罪以形成强大威慑。同时，认真贯彻宽严相济刑事政策，依法落实对轻伤害案件从宽处理，最大限度促进社会和谐，共适用刑事和解办理案件16件21人，其中，作相对不起诉13件18人，取得较好的办案效果和社会效果。

【扫黑除恶】 依法办理涉黑社会性质组织犯罪案件“1·25”专案，依法批准逮捕犯罪嫌疑人22人，提起公诉24人。案件办理中，办案组主动与公安机关研讨案件，提前介入引导侦查，依法收集和固定证据，严把证据质量关；检察长、分管副检察长带头出庭支持公诉，依法指控犯罪，并当庭释法说理，合理提出量刑建议，促使被告人悔罪，认罪认罚；在指控犯罪的同时，提出涉黑涉恶综合治理检察建议1份，筛查过往案件187件228人，并开创线索举报热线，运用“两微一端”宣传平台刊发工作信息9篇，做到法律效果、政治效果和社会效果的有机统一。

【未成年人检察】 坚持开展“爱心妈妈”法治宣讲、“法治进校园”等活动，累计走进中学校园开展宣讲6场次，受教育师生9000余人；组织开展“关爱祖国未来，擦亮未检品牌”主题检察开放日活动，广泛凝聚关心关爱未成年人工作的社会力量；为强化法治宣传教育效果，以办理的涉及未成年人犯罪案件为素材，制作并拍摄微电影《为花季护航》。

【法律监督】 强化刑事检察监督，监督侦查机关立案3件3人，监督撤案3件3人，纠正漏捕3件6人，切实纠正有案不立、有罪不究等问题；追诉漏犯7人，追诉漏罪1件，提出抗诉1件5人，提出量刑建议87人；参与看守所安全大检查24次，开展个别教育谈话40人次，办理羁押必要性审查案件17件17人。强化民事行政检察监督，针对审判程序违法发出检察建议1件；针对执行活动违法发出检察建议3件，其中，针对行政非诉执行存在的违法情形向审判机关发出检察建议2件，督促其依法履行职责，坚守公平正义的司法底线。

【接受监督】 推进案件信息公开接受外界对司法办案的监督，共公开案件程序性信息285条，法律文书111份，重要案件信息30条；接待律师阅卷8人次，充分保障律师执业权利。主动接受人大、政协的监督，“一对一”走访省人大代表15人（次），上门以书面答复形式办理意见建议20余条，向县人大、县政协报告专项工作及其他重大事项9次，充分保障人大代表、政协委员的监督权、知情权和参与权。

【“两法”衔接管理】 全县有16家单位接入“两法”衔接信息管理平台，全年在该平台上录入行政处罚案件1454件，经审查，通过该平台立案监督案件1件1人。通过开展“两法”衔接专项工作，拓展立案监督的线索渠道，促进行政权力运行更加公开透明，实现法律效果与社会效果的最大化。

【传统村落保护专项行动】 深入推进传统村落保护专项行动，批准逮捕涉及传统村落保护刑事案件8件8人，起诉13件15人。针对行政机关在传统村落保护工作中怠于履职的行为，依法发出检察建议57份，特别是针对丹江镇乌东村等42个传统村落的生活污水处理、生活垃圾处置、饮用水源保护等农村环境综合整治项目迟迟未竣工验收并投入使用等问题，依法向有关行政机关发出检察建议，督促整改落实，为改善传统村落人居环境和促进传统村落保护发展起到积极的推动作用。

【企业家权益保护】 扎实开展保护企业家合法权益专项工作，批准逮捕侵害企业合法权益刑事案件8件35人，起诉8件34人，针对行政机关在保护企业合法权益方面怠于履行职责的，依法发出检察建议5件，督促行政机关及时整改；认真开展“一案一回访”工作，提升企业对检察工作的满意度；深入职能部门、企业、商会等走访15次，帮助民营经济及实体经济企业解答生产经营过程中遇到的法律问题，为优化全县营商环境、保障企业和企业家合法权益起到积极推动作用。

【检察汇报】 毫不动摇地坚持党对检察工作的绝对领导，坚持重大部署、重大事项、重大问题、重大敏感案件，主动向县委汇报，积极争取支持和领导，全年坚持每季度向县四大班子主要领导汇报常规工作一次，专项工作、重大敏感案件及重要事项随时汇报形成常态，并得到肯定批示20余次。

【检察培训】 广泛开展岗位练兵和业务竞赛活动，提高司法办案水平，累计选派干警外出培训21期27人次，自行举办检察业务知识培训5期120人次；按照中国检察网络教育培训学院的网络培训计划，累计参加网络培训8期80人次。

【信息化建设】 2018年2月，县人民检察院办案和专业技术用房建设项目竣工投入使用，在全省检察机关首家加入视频录播系统，使检委会做到汇报、表决、记录等全程留痕，实现系统内有痕迹，系统外有记录；完成大数据分析服务系统建设，实现以图表式分析和反馈全院各时段所有办案信息及办案单元，为数据统计、员额制检察官考核、领导决策等提供数据支撑；启动远程审讯系统建设，将检察院审讯室与看守所实现语音流、视频流互通，再配合电子签章与指纹采集系统实现远程讯问，极大提高办案效率和质量。结合打造“4+1”工程（执法规范化、队伍专业化、保障现代化、管理科学化和检察文化建设）省级示范院建设项目，完成检察陈列室、院史馆、党员活动室、“12309”检察服务中心等硬件建设。

【脱贫攻坚】 严厉打击脱贫攻坚领域违法犯罪，依法批捕4件6人，提起公诉2件2人；依法开展国家司法救助工作，为4名被害人家庭争取到6万元司法救助金并予以发放，有效防止困难群众因案致贫、因案返贫；主动落实全县脱贫攻坚“减贫摘帽”工作部署，调派11名检察干警深入贫困村真蹲实驻，积极为帮扶村协调生产便道、观光步道等扶贫项目建设，全院向受灾村民捐助善款5000元，走访慰问困难群众并提供产业发展资金共计23400元；大力组织开展村级环境卫生整治、群众思想教育等，推动帮扶村基础设施建设不断完善及群众精神风貌不断提升。

法 院

【概　况】 2018年，县人民法院坚持认真践行“司法为民、公正司法”工作路线，依法履行审判职能，全力服务大局，打好脱贫攻坚硬仗，开展扫黑除恶专项斗争，各项工作取得新成效、新进展。全年累计受理各类案件1081件，审、执结917件，结案率为84.83%，法定审限内结案率为100%。

【刑事审判】 认真贯彻宽严相济刑事政策，全力推进完善以审判为中心的刑事诉讼制度改革，认真开展扫黑除恶专项斗争，依法审理各类刑事案件，依法严厉打击严重影响全县安全稳定的两抢一盗、涉酒驾、涉黑涉恶等刑事犯罪案件，助力平安雷山建设，切实维护全县国家安全和社会稳定。截至12月9日，共受理各类刑事案件85件118人，审结77件87人，结案率为90.59%，法定审限内结案率为100%。另有解除强制医疗案件1件，结案1件。

【民事审判】 坚持“调解优先，调判结合”的原则，及时化解矛盾，定纷止争，切实维护平等民事主体的合法权益。同时，将民商事审判工作与脱贫攻坚工作有机结合起来，对涉及赡养、抚养纠纷、涉农、涉民生等案件积极开展巡回审理。截至12月9日，累计受理民商事案件668件，审结599件，结案率为89.67%，法定审限内结案率为100%。其中，调解案件277件，经调解后撤诉104件，调撤率为63.61%。

【案件执行】 按照最高人民法院的总体安排部署及最高人民法院院长周强关于用两到三年时间基本解决执行难问题的庄严承诺，不断深化执行工作改革，不断完善执行联动长效机制建设和提升信息化工作水平，针对被执行人有能力执行而拒不执行的失信情形，重拳出击，掀起“雷霆风暴”，让老赖无处可藏，从而引导并推进诚信社会建设，切实维护当事人合法权益。截至12月9日，通过网站、微信、大显屏、县城各宣传栏向社会公开曝光失信被执行人标准头像、家庭住址、失信行为61名（24件），迫使前来法院履行案件的失信被执行人达44人（7件）；依法强制执行案件37件，对被执行人采取拘留措施8名，对妨碍执行进行罚款9人。截至12月9日，累计受理各类执行案件323件，办结236件，结案率为73.07%，执行标的到位率78.07%。此外，审查非诉行政执行案件5件，结案5件。

【审判管理】 出台雷山县人民法院《审判绩效考核办法》《审判流程管理制度》，不断提高审判管理的针对性。同时以《雷山县工作绩效考核管理办法（试行）》《员额法官及单元人员绩效考核办法（试行）》规范干部管理与考核。制定“两评查”制度，强化庭审观摩评查和案件质量评查工作。实行裁判文书校验制度，确保裁判文书质量。充分发挥车载法庭及旅游法庭试点优势，借助车载法庭和便携式科技法庭大力开展巡回审理工作，通过就地“双语”庭审、就地调解、就地宣判等方式，彰显在民族地区开展“双语”审判工作的实效。畅通群众诉求渠道，做好涉法涉诉信访案件的息诉罢访及化解信访积案。年内累计办理并答复涉诉信访案件3件。

【法院体制改革】 严格按照上级法院安排部署，全面落实司法责任制改革，推进人员分类管理，建立健全法官、审判辅助人员、司法行政人员的管理机制和绩效考核机制，实行科学化、制度化管理。进一步强化审判、执行、司法行政三个工作团队的管理及衔接，让院领导、员额法官、法官助理、书记员充分享受权利和履行职责，不断完善相关配套制度，以促进员额法官和合议庭依法独立办案，真正做到“有权、有责、有效”。2018年，院员额法官脱离日常繁杂的行政事务专心审理案件，案件平均审理天数由2017年的40.8天缩短至35.49天，当庭裁判率由2017年的51.43%提升到64.36%，有效提高司法效率。同时，认真贯彻中央和上级法院统一部署，落实全国司法体制改革推进会精神，扎实有序推进人财物改革、内设机构改革和以审判为中心的诉讼制度改革等各项改革进程。

【建院史馆】 在“尚法、致公、明断、清廉”的院训精神，“党建室、荣誉室、读书室、廉政文化长廊”为一体的法院文化展示室的基础上，在雷山县人民法院新审判大楼建成院史馆。院史馆记载雷山县人民法院建院后的重大历史事件，重要变迁等史实，新中国成立后党和国家领导人对法治工作的重要指示、中外法学思想等，对全体干警坚定中国特色社会主义法治信仰，弘扬法治精神，增强使命担当等起到积极的推动作用。

【信息化建设】 2018年，根据最高人民法院关于加快推进人民法院信息化转型升级，建成人民法院信息化3.0版的总体要求，积极推进信息化建设转型升级，努力推进高效便民的诉讼服务信息化体系，高效运用门户网站、微博、微信、审判执行案件管理系统等信息管理及传播平台，精确高效的员额法官执法办案软件管理体系，全程录音录像、适时庭审直播的科技法庭体系，联动查控、快速反应的执行指挥中心体系等建设工作，实现信息化应用全覆盖，依托现代信息技术，构建开放、动态、透明、便民的阳光司法机制，促进法院审判体系和能力现代化，真正实现让审判权在阳光下运行。年末，县法院新审判大楼主体工程及装修基本完成。新审判大楼的正式启用，将促进县法院物质装备建设实现质的飞跃，良好的诉讼服务环境，更有助于服务大局，提升司法公信力，谱写雷山法院新时代审判事业新篇章。

【脱贫攻坚】 在脱贫攻坚方面，积极开展“春风行动”。干警累计深入帮扶村走访慰问贫困户300余人次，慰问贫困党员20余户，宣传和落实好惠民政策；大力开展产业帮扶工作，争取整合资金5万元，帮助黄里村、中寨村贫困户建立标准化蔬菜大棚5个，用于种植西红柿，同时协调解决产供销的实际问题；增派干部入村决胜“减贫摘帽”，选派干警驻村帮扶12名，推行“网格化”管理；积极争取上级法院及相关部门支持，落实雷西公路复建工作，整治黄里村村容寨貌。

为庆祝中国共产党建党97周年，6月30日下午，雷山法院党总支组织全体党员干警深入帮扶村西江镇黄里村，与该村党支部党员共同开展“七一”党建活动。

司法行政

【概　况】 2018年，雷山县司法行政工作全面贯彻落实中央和省委、州委、县委政法工作会议、全国司法厅（局）长会议精神和要求，以公共法律服务体系建设统筹、盘活、做优、做强司法行政各项工作，为决胜全面小康、决胜脱贫攻坚及建设百姓富、生态美的新雷山营造优质高效的法治环境作出司法行政应有的贡献。2018年，雷山县被全国普法办命名为第四批法治县（市）创建先进单位。

【法律援助】 加强乡镇公共法律服务实体平台建设，在做实县公共法律服务中心各项工作的同时，稳步推进乡镇、村的公共法律服务实体平台建设。按照上级的安排部署，挂牌成立丹江镇猫猫河村、乌东村等公共法律服务工作室12个。联合公安局、检察院、法院等部门，整合全县法律专业人才队伍力量，义务担任全县154个行政村的法律顾问，并建立各村居法律顾问微信群，通过多种方式为群众提供及时的法律咨询服务，实现法律顾问全覆盖。指导各村明确法律明白人并组织培训，通过法律明白人的带动协助作用推动村法律宣传工作的深入开展。以丹江镇、永乐镇作为乡镇公共法律服务工作站创建示范点，将西江镇西江村作为村公共法律服务工作室创建示范点，以点带面，以优促劣，推进全县公共法律服务体系达到“六个统一”。完善法律援助对象动态数据库建立，包括全县建档立卡精准贫困户信息、低保户信息、残疾人信息，以便为特殊群体提供高效优质的法律服务，在规范受理程序的同时又简化审查程序，对城乡低保对象、特困供养人员等正在接受社会救助的对象和无固定生活来源的残疾人、老年人等特定群体，以及申请支付劳动报酬、工伤赔偿的农民工，免除经济困难审查；对情况紧急的案件可以先行受理，事后补办材料、手续；开辟法律援助“快速通道”，对未成年人、老年人、残疾人、建档立卡贫困户等符合条件的申请实行当日受理、审查，并快速办理，降低援助门槛，让法律援助惠及更多困难群众，实现应援尽援。年内，办理法援案件77件，其中民事68件、刑事9件。

【法律公证】 为特事特急的当事人优先办理公证，为行动不便当事人提供上门服务，为经济困难的群众减免公证办证费用，加强对公证案件的核实，保障公证的质量。全年办理各类公证事项250件，办理法律援助公证94件（其中建档立卡贫困户法律援助63件），为群众免收公证费用

25980元，上门办理公证28件，为全县重点项目建设办理证据保全公证52次和移民搬迁分房抽签现场公证，为地方经济发展保驾护航。

【法治宣传】 制定《雷山县2018年法治宣传教育工作要点》《雷山县开展学习宣传宪法深入推进“七五”普法工作方案》，具体安排深入开展普法工作，印发《关于开展2018年度全县国家工作人员统一在线学法考试工作的通知》，具体安排全县国家工作人员统一在线学法考试。将普法依法治理工作纳入县目标绩效考核内容，制定考核细则标准，落实普法工作责任制，形成各司其职、齐抓共管的普法工作格局。组织召开全县迎接“七五”普法中期检查评估工作推进会，落实各单位、部门的工作职责，成立工作专班，安排专人负责对各单位搜集资料进行整理及指导，查缺补漏，确保顺利通过“七五”普法中期检查。推荐猫猫河村、陡寨村顺利作为省级民主法治示范村，并组织专人对猫猫河村、陡寨村进行实地指导，为两村建设和完善法律宣传走廊及法治宣传栏。进一步加大宪法和国家基本法律法规的宣传力度，开展宪法专题宣传活动8场（次）。在全县贫困村组织开展“法律宣传惠民生法律服务助脱贫”法治宣传主题活动8场（次），结合脱贫攻坚开展义务教育、扫黑除恶等宣传教育，为出征脱贫攻坚干部讲解宣传扫黑除恶等知识870人次，让每一位出征干部都做一名法律宣传员和人民调解员。全年开展法治宣传进机关20场、进乡村73场、进企业4场、进社区14场、进学校13场、进单位24场、进班子20场、进家庭138场，累计发放普法、脱贫攻坚、扫黑除恶、宪法等宣传资料30000余份。

【纠纷调解】 在全县组织开展矛盾纠纷排查调解，认真做好化解工作，提高对潜在矛盾纠纷的预警能力、对各类矛盾纠纷的化解能力、对重大矛盾纠纷的管控能力和突发矛盾纠纷的调处能力。强化对人民调解员的培训力度，不断提高调解员的综合素质和调解水平。全县各乡镇司法所组织律师、法律服务工作者和优秀调解员等组成团队为全县8乡镇开展人民调解员和法律明白人培训，累计受训500余人、排查矛盾纠纷146件，成功调解144件，成功率达98%。

【矫正帮教】 严格按信息化、规范化、制度化、温馨化、留痕化“五化”管理法监管社区矫正人员，按照《雷山县司法行政系统预防和处置社区矫正突发事件应急预案（试行）》，加强对全县社区矫正工作安全稳定和社区矫正突发事件的预防。年末，全县累计接收社区矫正人员546人，解除矫正457人，在册107人。采用手机定位对矫正人员的行踪进行监管，并辅之以随机抽查方式，对不假外出、关机和人机分离的人员严格按制度规定进行处理。同时严格开展月考评工作及重视对考评结果的运用。全年记功1人，警告5人，表扬28人，收监1人。年内，接受县人民法院和监狱委托审前社会调查和假释前社会调查69件，完成审前社会调查和形成社会调查评估意见书68件，为监狱和法院对拟假释罪犯和法院拟宣告缓刑的被告人提供参考意见。年内，认真做好刑满释放人员安置帮教工作，全县有在册刑满释放人员103人，均落实管控措施和帮教措施。

【脱贫攻坚】 认真开展结对帮扶活动，组织干部入户核实信息和开展政策宣传，最大限度查缺补漏，努力把扶贫人口、贫困程度、致贫原因搞清楚，以便因户、因人施策，积极动员帮扶户开展“因户施策”“特惠贷”等项目，累计为帮扶户送去食用油7桶，水壶130个，慰问金2060元，棉被4床，协调争取社会（企业）捐助资金15000多元，人力40多人（次），为帮扶村解决基础设施建设中遇到的困难和问题。引导郎当村村民发展蔬菜种植面积300亩，同时利用郎当村小河沟稻田260亩，引导贫困户发展稻田养鱼，实现收入增长。

军　事

雷山县人武部

【概　况】 2018年，县人武部认真贯彻党的十九大精神和习近平新时代中国特色社会主义思想，牢牢把握强军目标要求，深入学习贯彻习近平同志系列重要指示精神，按照军委国防动员部、省军区和军分区党委（扩大）会议精神，以“科学谋求发展、服从调整改革、精心确保稳定、扎实打牢基础”的思路，求真务实，狠抓落实，各项工作有序展开，年度工作扎实推进。

【宣讲工作】 按照省军区和军分区统一部署，扎实开展“百团万人”宣讲党的十九大精神第二、第三、第四战役活动和新时代“富国强军”讲习活动，精选一批懂理论、会讲解、通民情的宣讲骨干，搞好骨干的预先培训，成立宣讲分队9个，有宣传骨干25人，开展富国强军宣讲活动15场，受众1000多人。与军分区同步扎实开展前三个专题学习教育，重点学习《习近平谈治国理政》第二卷、《习近平新时代中国特色社会主义三十讲》、《军委主席负责制学习读本》等相关内容，并结合人武部编制体制改革和迎接庆祝建军91周年之际，组织开展“学习贯彻新条令、树立军人好样子”大讨论活动。坚持利用党日、重大节日、每周一交班等时机，适时开展战备形势教育和法纪教育，强化全体人员的法纪意识。组织全体干部、职工及民兵应急骨干分队30余人，到革命烈士陵园开展以“深切缅怀革命先烈，绘就放飞中国梦”为主题的清明祭奠活动和在全国烈士纪念日组织党员干部到烈士陵园开展实地党课教育，不断强化党员干部爱国爱党意识。

【战备训练】 开展“和平积弊大起底大扫除”活动，修订完善各种战备方案和应急预案，坚持在重大节日、重要时节开展形势战备教育，认真组织战备拉练和战备演练。加强战备设施建设，严格落实“三分四定”要求，加强“三室一库”维护管理。定期协调县国安、公安、应急办、维稳办等单位负责人召开军地联防联治联席会议，建立完善信息互通机制。根据年度训练计划，按照“真、难、严、实”要求，确保“四落实”，狠抓首长机关和民兵队伍训练，高标准完成军事训练大纲试训论证工作，上半年结合新的军事训练大纲，首长机关干部主要抓共同科目训练和分业训练，重点突出体能、技能、3000米跑等科目的训练。民兵应急队伍骨干分队主要进行队列基础、战术基础、56式半自动步枪对固定目标射击、军体拳、战备勤务、应急抢险和反恐维稳技能、方案演练等科目训练。针对专武干部调整后业务常识不熟悉，武装工作开展难度大等实际情况，围绕基本体能、基本技能、基本养成，结合民兵组织整顿和兵役征集组织开展全县专武干部集训两次。组织基干民兵围绕队列、森林消防、地质灾害救援、十九大精神宣讲、国防教育、战备拉练等科目举办为期6天的训练。

【民兵整组】 2018年，全县民兵整组工作按照“作战有需求、地方有优势、建设有条件、突出重点、宁缺毋滥、力所能及、精确编组”的要求，坚持教育先行的原则，通过教育、编组、督导、点验四者有机结合，确保全县民兵整组工作按时圆满完成。3月，组织召开2018年度民兵调整改革暨组织整顿工作会议，对全县民兵整组工作进行安排部署，并利用2天时间组织专武干部进行业务培训和联合办公。

【征兵工作】 2018年，征兵工作严格按照兵役登记、网上报名、初检初审、上站体检、政治考核、择优定兵、新兵起运、跟踪管理等程序，做细做好征兵各个环节的工作，确保程序规范，公开透明。人武部积极协调移动公司、联通公司、电信公司等企事业单位，利用LED屏幕全天滚动播放征兵宣传标语；印制征兵工作宣传手册1000余份，悬挂征兵宣传标语、横幅100条（幅）。积极协调有关部门，开展“征兵宣传进校园”活动，精准掌握高学历学生信息，开展点对点、面对面的征兵宣传。按照预定新兵役前教育训练的要求，组织双合格青年开展预定新兵役前训练，采取封闭式教学、连队化管理、班组式训练的方法，重点组织队列基础、体能技能训练和条令条例、政治理论教育，为确定新兵提供参考，为新兵入营尽快适应部队训练、生活奠定基础。重新修改《雷山县高学历青年应征入伍奖励及退役士兵（官）安置优待办法》，进一步完善高学历青年应征入伍的优待政策，明确大学生入伍青年除享受国家学费补偿、代偿的优惠政策外，另对本科学历入伍青年给予入伍奖励金5000～6000元和两年经济补偿5万～6万元，大专学历入伍青年给予入伍奖励金3000～4000元和两年经济补偿3万～4万元。及时选定廉洁征兵监督员，按要求设立举报邮箱，公布举报电话，发放监督卡，签订廉洁征兵承诺书，按要求落实廉洁征兵“零报告”制度，确保征兵廉洁零问题。顺利完成2018年度夏秋季征兵任务。

【重点保安】 围绕防范人车枪弹密、水火电钱航、酒油黄赌毒等17个重点要素，采取个人深入自查、领导全面普查、重点部位反复查等方法，每逢季节转换和开展重大活动对人武部可能存在的安全隐患进行全面大排查。以干部职工人员的思想稳定为重点，突出枪弹、车辆、涉密载体等方面，扎实开展安全教育、法纪教育、作风纪律整顿和“百日安全”活动，认真学习共同条令、法律法规，观看各类警示教育片，签订安全责任书，撰写对照检查提纲，制定整改措施。深入学习军委国防动员部制定的《安全管理暂行规定》《部队管理工作若干问题暂行规定》等6个部队管理规范性文件精神，进一步规范部队秩序，夯实安全稳定工作基础。

【爱心活动】 元旦、春节、中秋节、苗年节期间，累计走访慰问62户，按照贫困户、军烈属、复退军人每户500元，官兵职工每户500～1000元的标准，共送去慰问金14000元，送去被褥10床、牛奶47箱、大米7袋、食用油7桶、猪仔2头、月饼若干。同时组织民兵骨干分队队员到县敬老院打扫环境卫生。为促进军民团结、加强军地共建，组织人员参加丹江镇白岩村和小固鲁村“三八”妇女节活动，捐赠白岩村活动奖品脸盆400个、小固鲁村慰问金500元，帮扶贫困学生8名。

【脱贫攻坚】 按照“五个一”要求，因户施策组织帮扶，发动贫困户参与特惠贷、惠农贷和因户施策等惠民项目实施。县人武部驻白岩村第一书记与村镇干部一起为白岩村争取国家扶贫基金会经费1200万元，用于美丽乡村建设，该项目由国家扶贫基金会启动一期工程。按照“要致富，靠产业”的发展理念，部党委积极组织引导帮扶户发展养殖业，为部分帮扶户购置猪苗，引导帮扶户实施稻田养鱼项目，每亩按25公斤算，可为贫困户增收近2000元。人武部组织220余人次，为残疾人、留守老人儿童、老退伍军人、老党员等帮扶户抢种抢收稻谷、整治卫生；为帮扶村协调水泥10吨，用于改善村容村貌；为改善白岩村、排卡村贫困户家庭居住环境，解决百姓急需物资，部党委高度重视，从年度扶贫工作经费中拿出4万元，购买水泥、沙子、地砖等建筑材料改造厨房、厕所、猪圈等，购买衣柜、电饭锅、电磁炉等生活必需品，改善贫困户家庭生活条件。

【维　稳】 2018年清明期间，组织民兵应急骨干分队和丹江镇民兵分队，扑灭丹江镇马家屯山火。年内参与雷山县春节、清明、五一、国庆等节庆群众文体活动和西江千户苗寨景区的秩序维护工作。每天对县城主要街道进行早中晚各巡逻1次，确保驻地安宁。

【植树造林】 参与县城“绿色贵州植树造林”行动、“3·12”义务植树等活动，完成种植面积1060亩。其中种植杉木、松木、果木540亩，种植茶叶520亩。

【文明创建行动】 参与驻地开展“创卫文明行动”，清扫街道卫生，受到驻地群众的广泛赞誉，为构建和美雷山、绿色雷山作出积极贡献。

武警雷山中队

【概　况】 2018年，中队认真贯彻落实总队、支队党委工作部署，以三级党委扩大会议精神为指导，按照“抓支部、统思想、抓主业、建队伍、强能力、正风气”的基本思路，确保中队全年安全平稳发展。

【政治教育】 把十九大精神、习近平系列重要讲话和《习近平新时代中国特色社会主义思想三十讲》《习近平论强军兴军》《军委主席负责制学习读本》等作为基本内容，通过干部导读、个人自学、专题辅导、交流心得、要点背记等方式，把集中组织与个人自学结合起来，确保官兵理论学习真学真懂真信。中队广泛开展“习主席的话儿记心上”活动，积极开展“讲故事、明道理、记名言”群众性教育活动，让战士登台演讲，让道理故事化，故事名言化，立足让战士一次教育记住一个故事，明白一个道理，记住一句名言，确保官兵学有所获。注重典型引领，以“中国武警十大忠诚卫士”刘腾飞先进事迹学习为契机，大力营造“学典型、当标兵”的良好氛围。

【思想教育与文化活动】 持续开展“双查”活动，通过干部住班，落实“五同”，谈心交心等方式及时准确掌握官兵思想心理情况，坚持周汇报、半月排查、月分析制度，运用“三互”“三帮一带”“双四一”“四心工程”等载体，搞好经常性思想工作和心理辅导，坚持一把钥匙开一把锁，做好一人一事思想工作，确保官兵身心健康。广泛开展讲红色故事、看红色影片、读红色书籍、唱红色歌曲、写红色格言“五红”活动。积极开展“三好”读书活动，丰富军营生活，融洽中队氛围。

【战备教育】 针对“高温防暑、防洪涝、防火灾”等情况进行专题研究，及时组织官兵进行紧急避险训练，增强防灾救灾能力和紧急避险能力。在“春节”“国庆”等时段，中队及时开展战备和形势任务教育，修订完善应急处突预案，检查完善战备物资，加强方案演练和紧急出动训练，时刻保持良好战备状态。

【军事训练】 针对中队干部、士官训练现状，突出抓好“学大纲、用大纲”环节，解决不懂不会问题，强化“两官”体能训练和指挥训练，采用集中学习，个人自学，考核验收等形式开展针对性训练，努力改变年年都是“一年级”的低层次训练模式。干部士官训练成绩整体进步明显。深入开展“精武强能”“岗位大练兵、大比武”“军体之星”评比竞赛活动，每周开展小会操、小评比1次，每月进行训练考核1次，制作军事训练龙虎榜，大力激发官兵训练热情，提升训练效果。

【枪弹管控】 从加强管装爱装教育、警示案例学习入手，组织全体官兵深入学习“7·19”事件通报，扎实开展《枪弹、爆材危险品专项教育整顿活动》，认真学习上级讲话精神，深入进行自查自纠，绝对铸牢枪弹顶级安全防线。

【支部建设】 中队结合整风肃纪活动，紧盯“四风”“微腐败”不放松，着力纠治和平积弊和形式主义、官僚主义问题，对照《武警部队党委第二批巡视情况通报》和总队巡视问题通报内容搞好自查自纠，着力打造一支风清气正的过硬班子。全面加强党员管理教育，注重搞好党小组组长、军人委员会主任、团支部书记培训，帮助其提升开展业务工作能力。严格按照《中国共产主义青年团支部工作条例（试行）》《中国人民解放军军人委员会工作条例》抓好团支部、军人委员会的工作指导和培训，不断增强两大组织自建能力。

人防工作

【概　况】 2018年，县人防办认真学习贯彻《中华人民共和国人民防空法》。争取省、州人防办的支持，进一步完善人防设施，健全管护制度，做好设备维护工作，为当地政府应付紧急情况提供保障。

【人防教育】 充分利用电视、报刊等新闻媒体，采取制作展板、悬挂横幅和张贴通告、印发宣传资料等方式广泛宣传《中华人民共和国人民防空法》《贵州省人民防空条例》。组织学校开展人防主题班会、人防知识竞赛等活动，使学生了解“人民防空”知识，增强国防观念和“人民防空”意识，激发学生爱国热情。利用政务公开日和安全生产宣传月等活动，发放人防知识宣传资料1000余份（册），接受群众咨询250余人次，举办人防知识问答1次，增强人民群众的国防观念和意识。

【人防执法】 年内在建教育工程有3个，按《关于免收全国中小学校舍安全工程建设有关收费的通知》（财综〔2010〕57号）规定执法。开展“双随机、一公开”执法检查3次，进一步增强执法对象人防法律法规意识，自觉遵守人防法律法规，起到良好的社会效果。认真做好人防经费收缴工作。

脱贫攻坚

概　况

雷山县是国家扶贫开发工作重点县，地处苗岭主峰雷公山腹地，“九山半水半分田”，贫困面大、贫困程度深。全县共有极贫乡镇1个，贫困村90个（深度贫困村37个），共有建档立卡贫困人口12349户48682人。2014年后，在上级党委、政府的坚强领导下，在国务院扶贫办和省纪委省监委、省国资委、杭州市上城区等有关单位的大力帮扶下，雷山县以习近平新时代中国特色社会主义思想为指导，认真贯彻落实党的十九大精神和习近平总书记对贵州省工作的重要指示批示精神，全面贯彻习近平总书记关于扶贫工作的重要论述，及时落实上级有关脱贫攻坚的决策部署，牢记嘱托、感恩奋进，扎实推进大扶贫战略行动，坚持以脱贫攻坚统揽经济社会发展全局，始终把脱贫攻坚作为头等大事和第一民生工程，作为最重要、最紧迫的政治任务来抓，紧盯“两不愁三保障”和“三率一度”，做到所有工作向脱贫攻坚聚焦、各种资源向脱贫攻坚聚集、各方力量向脱贫攻坚聚合，切实抓好“三落实”，脱贫攻坚取得决定性进展。2014—2018年，全县出列贫困村72个，脱贫11280户46048人，其余未出列贫困村18个，未脱贫人口1069户2634人，贫困发生率从28.2%下降到1.9%。全县农民人均可支配收入从6064元增加到9297元，年均增长超过10%，其中，2018年农民人均可支配收入增长10.6%，高于全国、全省、全州增速。2015年雷山县脱贫攻坚成效考评全省第一，2017年考评全州第一。2018年12月中旬完成贫困县退出自评。2018年12月22日通过州级审查。2019年3月23日，通过省第三方评估专家组评估检查。2019年4月25日，贵州省人民政府批准雷山退出贫困县序列。

扶贫管理

【精准识别】 以“村内最穷、群众公认”为原则，严格按照“户申请、组评议、村审查、乡审核、县审定”和“两公示一公告”程序，户户见面、全员核查，规范程序、阳光操作，逐村召开群众评议大会，按照“四看法”，全面完成贫困人口的精准识别和建档立卡工作，做到“村不漏户、户不漏人”。

【精准施策】 按照“缺什么补什么”的原则，对识别出来的建档立卡贫困人口，由村“两委一队”和结对帮扶干部根据致贫原因，因村因户因人施策，精准滴灌、靶向治疗，做到“户有帮扶措施、人有脱贫门路”，决不让一个贫困村、一户贫困户、一个贫困人口掉队。

【精准管理】 认真做好“五项专项治理”和贫困人口动态管理，遍访贫困村贫困户，重点关注七类重点风险对象，坚决防止漏评、错退。以户为单位，统一制作“四卡合一”帮扶档案，做到“户有档、村有册、乡有簿、县有台账”，及时更新贫困信息、及时跟进管理，严格核查把关，力求做到客观有的、系统录的、墙上挂的、袋里装的、群众说的、部门讲的“六个一致”。

【精准退出】 严格执行贫困户退出标准和程序，运用“五看法”，按照“七种不能脱”的要求，对拟退出贫困户进行逐户核查评估，实行县、乡、村签字背书制度，层层压实责任，严防数字脱贫、虚假脱贫，确保不错退一户一人。

产业扶贫

【旅游扶贫】 坚持把乡村旅游作为战略性主导产业来抓，加快全域旅游化、全县景区化步伐，旅游产业持续发展，乡村旅游扶贫之路越走越宽，贫困群众获得的实惠越来越多。2014—2018年，全县接待游客人次年均增长31.3%，旅游综合收入年均增长34.5%，全县文化产业增加值占GDP比重达9.05%，排在全省同类县第一位，乡村旅游业直接或间接带动2万余名贫困人口实现稳定增收脱贫。雷山被列为全国首批全域旅游示范区创建单位、全国首批10个“非遗＋扶贫”重点支持地区。西江千户苗寨成为贵州省的主要景区，被列入全国“景区带村”旅游扶贫示范项目。“乡村旅游＋”产业扶贫模式连续两年在全省旅发大会上作经验介绍，“西江模式”被列为贵州改革开放40年40事典型案例之一。

【农业扶贫】 扎实推进农村产业革命，积极推广“乡村旅游＋”产业扶贫模式，以“龙头企业＋合作社＋贫困户”为组织方式，全面加快农业产业结构战略性调整，围绕乡村旅游大力发展茶、药、菜（菌）、果、生态畜禽等特色产业，狠抓闯市场、扩规模、带农户关键环节，出台因户施策先建后补政策，激发群众内生动力，做到村村有增收项目、户户有脱贫门路。至2018年末，全县建成省级农业园区4个，茶园面积达15.2万亩，生态畜禽达30万头（羽），中药材面积达7.5万亩，大力发展蔬菜、食用菌和精品水果，农民人均1亩茶、半亩药、半亩菜（菌）、1头猪，特色山地农业带动2.3万名贫困人口脱贫致富。雷山荣获“全国休闲农业和乡村旅游示范县”称号。雷公山高山绿茶被选定为党的十八大、十九大用茶，雷山银球茶被列为国家地理标志产品，雷公山红茶荣获第12届茶博会金奖。雷山被列为全省中药材种植重点县，雷公山乌秆天麻被列为国家地理标志保护产品。雷山成功创建“国家有机产品认证示范区”和“国家级出口茶叶质量安全示范区”，被列为“国家农产品质量安全县”。

【工业扶贫】 深入实施工业倍增计划和绿色园区建设行动，千方百计发展壮大特色生态工业，加快全县特色农产品、旅游商品、中药材加工、山泉水、风力发电等绿色工业发展。茶叶、鱼酱酸、天麻、苗族银饰刺绣等特色产品知名度和市场占有率持续提升。雷山“鱼酱酸”在央视《舌尖上的中国2》热播。全县各类企业从2014年的702户增加到2018年年末的1947户，建成各类规模以上企业44家，为群众提供就业岗位3000余个，有1100余户贫困群众通过就近就业实现增收脱贫。

【服务业扶贫】 结合乡村旅游的发展，坚持星级酒店和精品民宿同步推进，全县建成4星级酒店4家，精品民宿、农家乐600余家，可接待游客的床位数13000多张，农家乐、精品民宿等规模化发展，为群众提供就业岗位5000余个，带动7400多户贫困群众实现增收脱贫。大力发展电子商务等新兴服务业，苏宁易购、网易严选入驻雷山县，雷山荣获“中国社交电商消费扶贫示范县”称号，2018年网络零售额在全省同类县中总量第一、增速第二，成功创建“国家级电子商务进农村示范县”。通过农村电商促进农产品上行增加销售，带动创业就业 2000 余人，脱贫 150 余户。

【生态扶贫】 充分发挥雷山生态优势，坚持绿色发展、生态脱贫，提高贫困人口受益水平。2014—2018 年，全县兑现退耕还林补助资金 1604.01 万元，涉及农户 1.19 万户 5.27 万人，其中建档立卡贫困户 0.33 万户 1.4 万人；发放生态公益林补助资金 5995.55 万元，涉及农户 1.77 万户 7.08 万人，其中建档立卡贫困户 0.61 万户 2.48 万人；聘请 597 名建档立卡贫困人口担任护林员，年人均工资 1 万元，助推群众增收脱贫。雷山被列为国家重点生态功能区、全国首批生态文明示范工程试点县、全国生态保护和建设示范区、全省生态文明先行示范区。

基础设施扶贫

【交通扶贫】 2014—2018 年，累计投入 35.5 亿元用于交通建设。建成凯雷高速公路，雷山融入国家交通大动脉和贵阳 2 小时、凯里半小时经济圈；启动雷山县—榕江县高速公路建设，打造环雷公山苗侗文化旅游线路，雷公山腹地 100 个贫困村寨 3 万人受益。加快推进县城—大塘快速通道建设，大塘镇（极贫镇）发展条件得到改善。大力推进国省干线和农村公路建设，实现 100% 的建制村通油（水泥）路，100% 的建制村通客运。通村以上公路安保工程全覆盖，是全省第一个实现通村以上公路生命防护工程全覆盖的县。完成“组组通”公路建设 191.5 公里，30 户以上村民组 100% 通水泥路。串户路实现全覆盖。成功创建省级“四好农村路”示范县。在全国率先推出“通村村”农村智慧交通服务平台，有效解决农村群众特别是贫困群众出行难、物流难、出行贵、物流成本高的问题，成为交通运输部农村客运智能化应用示范项目，并得到省委书记孙志刚的批示推广，列为 2018 年度贵州全面深化改革优秀案例之一。在交通重大项目建设中，积极探索“四结合”模式，提高群众特别是贫困群众受益水平，得到省长谌贻琴，省委常委、省纪委书记、省监委主任夏红民等省领导的批示，并在全省推广，入选 2017 年贵州全面深化改革案例评选“专家特别推荐典型案例”之一。

【水利扶贫】 2014—2018 年，共投入 7.38 亿元，加快骨干水源工程建设，全面巩固提升农村安全饮水工程，鸡鸠水库下闸蓄水，西江水库等一批骨干水利项目顺利推进。全县投入 7967.57 万元实施农村安全人饮项目 183 个，解决 13.86 万人饮水安全问题。

【电力扶贫】 2014—2018 年，累计投入 1.92 亿元，全县完成农村电网升级改造，农村户均配变容量达到 2 千伏安，农村供电可靠性达到 99.6%，实现村村通动力电。大力抓好“小康讯”建设，实现 30 户以上自然寨 4G 网络和光纤宽带全覆盖，实现移动电话网络、闭路电视“村村通”“户户用”。

【农村环境整治】 2014—2018 年，共投入 1.76 亿元，加强传统村落人居环境整治。投入 1500 万元，集中开展村容寨貌“七整治”。投入 3093.1 万元开展农村“三改工程”（改厨、改厕、改圈）。加大农村污水处理和卫生、照明、文化设施建设力度，县城周边村（居）、旅游村寨、传统村落以及连片中心村寨基本实现污水治理生态化；寨寨有垃圾桶，村村有垃圾池，城乡生活垃圾无害化处理率达 89.84%；30 户以上自然村寨照明设施建设基本完成；农家书屋实现村村全覆盖。

【易地搬迁扶贫】 推进易地扶贫搬迁工作，让搬迁群众一步住进新房子，逐步过上好日子。精准锁定搬迁对象，全部实行县城集中安置，有效杜绝“山上搬山下”或“农村搬农村”，让搬迁户从根本上改变生产生活条件。安置小区全部实行“统规统建”，严控住房面积、严控建设成本，同步做好室内外简装，基本实现“拎包入住”。2016—2018 年，共投入资金 13 亿元，在县城建成易地扶贫搬迁安置区2个，共搬迁4344户17522人，其中贫困户4202户16930人。同时，按照省、州安排，完成跨区域搬迁至凯里76户321人。围绕推动搬迁群众生产生活方式的非农化转变，加强对搬迁户劳动力的全员培训，组织他们外出务工，多渠道开发本地就业岗位，优先吸纳易地搬迁劳动力参加保洁、养路、管水、护林等工作，县内解决就业3535人，外出务工就业4095人，实现有劳动力的搬迁户“一户一就业”。

保障扶贫

【教育保障】 教育经费从2014年的2.16亿元增加到2018年的3.63亿元，累计投入教育基础设施资金3.77亿元，新建、维修学校52所、边远村寨小学低年级+幼儿园23所，实现农村学前教育全覆盖，农村学前和义务教育营养午餐全覆盖。义务教育基本均衡发展通过国家评估认定，荣获“全国义务教育发展基本均衡县”称号，基本普及十五年教育通过省人民政府考核验收。在全面落实教育精准扶贫学生资助政策的基础上，与贵州建工集团共同实施1000万元教育扶贫专项资金连续滚动四年帮扶计划，落实好县级非义务教育阶段建档立卡和“边缘户”贫困学生资助政策。2014—2018年，全县兑现各类教育资助资金1.41亿元，资助学生23.75万人次，其中教育精准扶贫资助建档立卡贫困学生10770人次，资助资金3183.49万元。抓好控辍保学，义务教育阶段建档立卡贫困户学生实现“零辍学”。组织学校教师为适龄残疾儿童开展特殊教育送教上门服务，“一生一案”、因人施教，从根本上解决适龄残疾儿童上学难的问题。

【医疗保障】 全面落实医疗扶贫政策，实现建档立卡贫困人口基本医疗保险、大病保险和医疗救助全覆盖，实行“先诊疗、后付费”和“一站式”即时结报，有效解决贫困群众“看病难”的问题。2014—2018年，全县兑现建档立卡贫困人口各类医疗补助（救助）资金8754.39万元，救助贫困人口36133人次，建档立卡贫困户新农合参合率达100%，到公立医院治疗合规费用报销达90%以上，家庭医生签约率达100%。大力改善农村医疗条件，新建维修改造村卫生室92所，村村有村医，常态化开展医生扶贫巡诊，贫困群众实现生病不愁医、看病不愁钱，从根本上遏制因病致贫、因病返贫。

【住房保障】 全面实施农村危房和破旧房改造，鼓励和支持农村建筑工匠带头人及贫困户参与农村危房和农村破旧房改造等工程建设增加收入。2014—2018年，全县累计投入1.66亿元，实施农村危房改造13693户，实施破旧房改造2121户，并按要求进行验收和鉴定，确保农村群众安居乐业。

【就业保障】 围绕“培训一人、就业一个、脱贫一户”的目标，以因缺技术致贫的贫困户为重点，结合全县产业发展现状和企业用工需求，多轮次开展农村劳动力就业技能培训、农村贫困劳动力全员培训。2014—2018年，投入1006.78万元培训农村劳动力1.28万人次，其中贫困劳动力1.25万人次。加强劳务输出组织服务，在杭州等地建立劳务联络工作站，加强与用工企业沟通协作，2014—2018年，农村劳动力转移就业3.73万人，其中建档立卡贫困人口转移就业1.1万人。积极开发各类公益性岗位，解决农村建档立卡贫困人口就业7530人。

【社会保障】 认真落实社会保障兜底政策，切实做好低保和扶贫两项制度的衔接，将农村“两无”贫困人口全部纳入民政兜底保障。全面完成低保提标工作（农村低保年保障标准由2014年的2100元/人提高到2018年的3876元/人，增幅达94.29%；城市低保月保障标准由2014年的400元/人提高到2018年的570元/人，增幅达47.5%），2014—2018年，累计发放城乡低保资金达3.38亿元。贫困人口基本养老保险实现全覆盖，全面落实养老金提标工作（发放基础养老金从70元/人/月提高到93元/人/月）。抓好农村特殊困难群体供养保障，全面落实贫困家庭残疾人扶持措施，全县纳入特困供养对象518人；全县纳入建档立卡的农村贫困残疾人2467人，2014—2018年，累计发放重度残疾人“两补”资金达431.55万元，累计投入残疾人创业就业扶持资金74.08万元。

志智双扶

【政策宣传教育】 利用“村村响”广播，采取“苗汉双语”的形式，滚动开展政策宣传。充分利用电视台、手机报、微信公众号等载体，开设“脱贫攻坚·政策问答”等专栏，编印“口袋书”和“明白卡”，向贫困户反复宣传扶贫政策，做到家喻户晓。依托“新时代农民讲习所”，组织各村“两委一队”、结对帮扶干部和“三老一新”现身讲解，通过召开群众大会、小组会、院坝会、火塘会等连心会的形式，与群众面对面算好政策支持账、收入对比账、生活变化账，进一步提高群众的获得感和认可度。全年编印扶贫政策“口袋书”和“明白卡”3.5万份，刊播“脱贫攻坚·政策问答”1.34万条（次），脱贫攻坚动态宣传1.92万篇（条、次）。召开各类群众会议3.4万余场次，干部入户宣传13万余人次。

【自力更生教育】 以村为单位，积极开展“三转”活动，注重抓两头带中间，加大自力更生脱贫先进典型的宣传报道力度，加大对争当贫困户、甘当贫困户、因懒致贫、“等靠要”等反面典型的曝光力度，采用生产奖补、劳务补助、以工代赈等机制，组织、引导、支持贫困群众自力更生、光荣脱贫。全面开展在校学生“大手小手同牵、共创美好家园”助力脱贫出列系列活动，引导学生父母靠勤奋脱贫。开展“千名干部（教师、医生）结亲”工作，全县2547名雷山籍干部回原籍村“结亲戚”，通过开好“连心会”、吃好“连心饭”、办好“连心事”等方式，激发贫困群众内生动力，实现“群众干、干部帮”。

【乡风文明教育】 加强农村精神文明建设，健全完善村规民约等村民自治管理机制，扎实抓好高价彩礼、滥办酒席、争当贫困户、子女不赡养老人专项治理行动，有序推进农村移风易俗，形成文明乡风、良好家风、淳朴民风。扎实开展“讲卫生·除陋习·树新风”专项行动，将村寨环境卫生和家庭卫生纳入村规民约管理内容，开展家庭环境卫生评比，各帮扶责任人真情帮助贫困户整理内务、美化庭院，积极引导群众养成良好卫生习惯，努力做到“三净四治三整洁”。创新“请群众当检查组”工作模式，由村“两代表一委员”、寨老、群众代表等组成检查组，通过“群众评群众”方式，教育引导贫困群众感党恩、知荣耻、明事理、革陋习。

扶贫措施

【组织领导】 成立县委书记、县长任双组长的县扶贫开发工作领导小组，制定《关于举全县之力深入实施高质量打赢打好脱贫攻坚战三年行动的决定》等文件，研究制定整县“减贫摘帽”实施方案并配套22个专项子方案。坚持县、乡、村三级“一把手”抓脱贫攻坚，开展县乡村三级书记遍访贫困村贫困户行动。成立县委书记、县长任双指挥长的“减贫摘帽”总指挥部，下设指挥中心在县扶贫办，县委副书记、县政府分管副县长坐镇指挥。以乡镇为单位组建由县委常委任指挥长的脱贫攻坚8大战区，分别成立县领导任指挥长的18个专项行业作战部和专项工作组，各乡镇、各村同步建立乡镇前线指挥部、村级指挥所。每周召开县委常委会或县扶贫开发领导小组会议对全县脱贫攻坚工作进行微观调度，县指挥中心实行日调度工作制度，第一时间掌握战况、研究问题、发布命令，确保各项任务按清单推进、按既定时间节点落实。

【干部帮扶】 实行县级干部包乡镇、科级干部包村、单位“一把手”驻村、“副职守家”的脱贫攻坚工作机制，各乡镇战区指挥长常态化到一线指挥督导，各战区副指挥长（副县级领导干部）每周一至周五驻乡镇指挥，县四大班子成员按照“下抓两级”工作安排进村入户，县直部门主要负责人（含主持工作的副职）任村指挥所第一指挥长脱产到村工作，各单位除保留基本运转工作人员以外，全县三分之二的干部全脱产、全天候、全身心下沉到村“网格化”开展工作。将每周五、周六定为全县“扶贫工作日”，组织全县2419名结对帮扶干部下村到户开展帮扶工作，实现村村有驻村工作队、户户有帮扶责任人。全面开展扶贫业务分级培训、分类轮训、闭卷测试，督促各级干部熟练掌握运用扶贫政策。在脱贫攻坚战中，全县机关干部、帮扶责任人深入田间地头、走村串户、访贫问苦，全县干部用真情真意，做到真帮真扶。先后有2名干部牺牲在脱贫攻坚岗位上。

【党建扶贫】 抓好基层组织建设，选优配强村党组织书记，真正把最能干事的人选出来、用起来。深入推进“党员脱贫攻坚先锋队”，常态化开展软弱涣散基层党组织整顿，深化推进“三变”“十户一体”“党社联建”“金种子”等改革实践，将贫困户全部组织参加村级合作社，实现抱团脱贫致富。全力推进村级集体经济发展，全县154个村集体经济均达5万元以上，村集体经济积累达百万元以上的村有19个。2014—2018年，全县受省委、州委表彰先进基层党组织38个、优秀党员37名。整顿软弱涣散党组织32个，调整配强村党组织书记14名。

【督查问责】 执行最严格的督查问责制度与加大表扬激励力度相结合，组建4个脱贫攻坚干部作风纪律专项督查组和9个综合督查组，对脱贫攻坚一线干部到岗到位、作用发挥情况一天一查、定期通报，表扬提拔一批、批评处理一批，确保压力传递到位、力量整合到位、履职尽责到位。2014—2018年，累计通报表扬干部450人次、先进集体79个，提拔重用各级各类脱贫攻坚干部347人次，晋升职级226人。对在脱贫攻坚中不担当、不作为、乱作为的干部问责530人，确保全县上下咬定目标不动摇，主攻难点不放松，合力攻坚不懈怠。

【上级帮扶】 上级帮扶单位在政策、资金、项目、人才等方面给予雷山大力支持。国务院扶贫办帮助协调解决脱贫攻坚中的一系列难题，帮助协调吉利集团、三星集团、传化基金、融创基金等给予雷山一大批项目和资金支持。省纪委省监委选派前线工作队驻点帮扶，帮助协调落实一大批项目资金，帮助引进一批优质项目，协调开展一批社会捐赠，对脱贫攻坚重点项目、重点工作、重点产业进行精准督导。省国资委筹资1亿元建设大塘镇（极贫镇）中药材智慧生态循环经济扶贫产业园，协调10个省管国企帮扶大塘镇，贵州建工集团在易地扶贫搬迁安置区、县城至大塘快速通道建设和捐资助学等方面为雷山县作出重要贡献。省扶贫办专门派出督导组蹲点雷山，选派一位干部到雷山挂职帮扶，督促整改问题。杭州市上城区用心用情用力帮扶雷山，派出2名干部挂职雷山帮扶，在人才培训、产业发展、教育卫生、民生改善等方面给予大力支持和无私援助，积极协调各类社会帮扶，特别是吉利集团社会企业帮扶模式成效明显，茶旅扶贫项目从动议到建成投产仅用10个月的时间，可增加就业岗位180余个，直接解决当地17个村850户贫困户的茶青收购、茶叶加工和销售问题，辐射带动全县茶叶生产和销售，得到中共中央政治局常委、全国政协主席汪洋的批示肯定。

【整合资金】 坚持所有的资金和项目围绕脱贫攻

坚聚合，持续加大资金争取和整合力度，优化扶贫资金投入方式。2014—2018年，全县整合涉农资金8.48亿元投入脱贫攻坚。加强财政扶贫资金日常监督和专项检查，真正把有限的扶贫资金集中投到最急需的地方、最贫困的对象和最重要的脱贫项目上。

【决战难点】 把大塘镇（极贫镇）和全县37个深度贫困村作为脱贫攻坚的“决战点”，坚决啃下最硬的“骨头”。编制大塘镇（极贫镇）脱贫攻坚总规及7个专项规划，启动实施大塘镇子基金项目26个，累计完成投资约4.5亿元；启动实施非子基金项目7个，累计完成投资约5.8亿元，一批产业发展和基础设施项目建成投入使用，大塘镇群众生产生活条件极大改善。同时，聚焦37个深度贫困村精准发力，缺什么补什么，不断改善群众生产生活条件，提高深度贫困地区自我发展能力。

小康创建

【概　况】 2018年，围绕小康社会建设主要指标，认真开展工作，取得一定成效。2018年，全县全面建成小康社会总体实现程度达97.1%，其中经济发展、社会和谐、生活质量、民主法制、文化教育、资源环境实现程度分别为94%、99.1%、97.1%、94.7%、100%、98.8%。“三个核心指标”中，人均GDP完成30699元，实现程度为97.8%；城镇居民人均可支配收入完成29786元，实现程度为100%；农村居民人均可支配收入完成9330元，实现程度为100%；环境质量指数实现程度为100%。

【督查考核】 县委、县政府将同步小康创建工作纳入2018年度目标考核中，按照分类推进、分期考核的要求，进一步建立健全全县小康工作考核机制，加大对各乡镇、各部门开展同步小康创建活动的考核评估力度，全面调动各级各部门力量参与同步小康社会建设。

【脱贫攻坚】 根据县委县政府文件，县小康办共帮扶大塘镇乌勇村18户及西江镇白碧村3户建档立卡贫困户，4次入户开展对接工作，并为结对帮扶户送去价值2000元的物资。资助帮扶村地质灾害公路维修费用3000元。

【小康宣传工作】 2018年，共向省州小康办报送简报信息128期，以丰富翔实的资料和图片，从决策部署、工作总结、示范典型、调研报告、监测分析等不同的层面和角度汇编成《小康雷山进行时》（2017年度）一书，展示雷山县同步小康创建工作取得的新进展和新成果。

经济管理与监督

发展与改革

【概　况】 2018年，县发展和改革局认真贯彻落实全国、全省发展和改革工作会议精神，以及州委州政府、县委县政府各项决策部署，着力在稳增长、调结构、惠民生、防风险上下功夫，有力促进全县经济持续向好和高质量发展，为减贫摘帽打牢坚实基础。

【改革试点】 编制完成雷山县国家重点生态功能区产业准入负面清单并上报县政府审定印发，集约高效有序地开展各类开发建设活动，坚决守住生态发展“两条底线”。完成雷山县“多规合一”工作，雷山县空间规划（2016—2030年）通过评审并完成修改。基本完成县农机办车改工作，待县政府专题会研究；积极推进机关、参公事业单位公务用车制度改革；事业单位公车改革工作有序推进。

【宏观调控】 围绕县委县政府战略决策部署，按照“保强推中提弱”的工作思路，积极发挥参谋助手作用。密切关注国家实施宏观经济调控新政策，以脱贫攻坚统揽经济社会发展全局，抓住主要矛盾，找准突破口，认真做好经济运行分析工作，有针对性地提出对策措施，做到科学监测，分析研判，为县委县政府科学决策提供依据。完成《雷山县2018年上半年国民经济和社会发展计划执行情况报告》报县政府审定后提交县人大常委会审改。组织开展雷山县“十三五”规划纲要中期评估工作，完成《雷山县“十三五”中期评估报告》，部分预计无法按照按期完成的指标调整建议通过县人大常委会会议审议同意。印发实施《雷山县经济运行分析调度工作方案》，进一步规范全县经济运行分析调度。邀请州发改委专家对全县各乡镇、各有关部门进行项目建设攻坚年暨经济社会发展专题培训，着力提高干部项目攻坚能力。2018年，地区生产总值完成35.29亿元，同比增长11.1%；500万元以上固定资产投资完成31.15亿元，同比增长19.7%。主要经济社会指标稳中有进，基本完成年初确定的目标任务。

【项目攻坚】 始终围绕“脱贫攻坚”和“同步小康”的战略目标，牢固树立“项目主导发展，投资决定增长”的理念，努力强化谋项目的意识、争项目的实效、服务项目的水平，实现投资稳定增长。根据2018年3—9月通报情况，雷山县综合排位分别为5、7、9、4、5、14、11位。分别从固投目标完成情况、固投增速情况、政府投资效益情况、项目开工和入库情况、项目云平台建设情况5个方面进行考核。根据雷山县实际，全年项目攻坚年整体排位为6～8位。

【投资入库】 加强对新开工项目、项目入库情况和固投匹配性指标完成情况的调度，制定具体的项目新开工计划，并与统计部门协调，调度项目业主是否及时按统计部门“四要件”要求准备入库材料，重点对建筑业营业税完成、亿元项目和建筑业总产值等方面指标进行调度。开展全县项目建设大比武工作，对在建和新建项目进行周调度、月报告、月分析等。1—10月，全县500万元以上固定资产投资在库68个，上报投资24.38亿元［不含雷（山）榕（江）高速公路］，增速14.3%左右，全州排前6位。2018年，根据项目进度以及预备入库项目对比，加上近期县统计局与县发改局对2017年基数调整情况，若上级同意削减基数调整为26.47亿元，全年完成投资31亿元，完成年初目标38亿元的82%，增速15%左右，雷山县年底增速排位前6位，产业投资占比26%左右，民间投资占19%左右。

【重点项目建设】 以重点项目为抓手，积极推动项目建设。2018年，全县重大工程和重点项目有88个，总投资314.35亿元，2018年计划完成投资99.86亿元。其中新建项目33个，续建项目19个，预备项目9个，收尾项目27个。开工建设项目63个，占全县重点项目的71.6%。12月底，完工项目20个，全县重大工程和重点项目累计完成投资38亿元，完成全年目标任务的38.1%。利用项目云平台，实现项目数据网络化便捷化。全县录入项目云平台项目202个，其中，在建项目52个，其余为开展前期工作项目。选派人员到省州参加项目云培训，通过电话、督办、考核、调度等多种形式组织县直有关部门具体操作人员定期或不定期集中办公、集中培训，提高项目云使用实效。全县项目云管理平台调度项目有52个，每月调度完成率均达100%。

【中央投资项目建设】 在县委县政府高度重视下，中央预算内投资项目推进效果显著，实现项目开工率100%，投资完成率64%。2018年共实施中央预算内投资项目17个，总投资7.63亿元，其中中央预算内投资2亿元，其余为地方配套。竣工项目4个，竣工率23%；在建项目13个；累计完成投资4.91亿元，累计支付0.9亿元，支付率18%；中央资金使用率43%。

【项目申报】 拟申报2019年项目62个（中央27个、省35个），总投资11.1亿元，拟争取中央及省预算资金5.88亿元。中央预算内投资项目计划下达资金项目为雷山县丹江镇陶尧小学、雷山县格头景区基础设施建设项目、雷山县殡仪馆、雷山县智慧旅游服务平台建设项目、周转宿舍等8个，下达资金0.56亿元；省预算内投资项目确定下达项目有3个，下达资金240万元。具体为殡仪馆配套基础设施建设项目、雷山民族中学运动场改扩建项目、羊排安置小区农贸市场建设项目。

【项目谋划】 拟安排2019年全县重大工程和重点项目共计62个，收尾项目13个，年度投资目标8.9亿元；新建项目22个，年度投资目标11.42亿元；续建项目16个，年度投资目标25.14亿元；预备项目11个，年度投资目标0.95亿元。拟申报州级重点项目26个，总投资260.31亿元，年度计划投资35.03亿元，其中省重点项目12个，总投资225.59亿元，年度计划投资24.87亿元。由县发改局牵头，相关部门配合，共谋划项目168个（亿元以上项目88个），总投资为401亿元，累计完成投资17.7亿元。资本金总额为131.7亿元，到位资本金14亿元；计划银行贷款92.58亿元，银行贷款到位20.2亿元。其中计划2018年新开工项目5个，总投资为64.7亿元，开展交通、城镇基础设施建设和流域水环境治理。计划2019年新开工项目96个，总投资为138.7亿元，主要为基础设施（公路、水利和城镇基础设施）和民生工程。

【生态文明建设】 积极开展雷山县2018年全国节能宣传周和全国低碳日宣传活动，印发《雷山县2018年全国节能宣传周和全国低碳日活动实施方案》，组织县教科、生态、交通、农业、工信、住建、文体、总工会、团委、妇联、供电局部门，开展雷山县2018年“全国节能宣传周”和“全国低碳日”活动，宣传普及节能低碳知识，增强全民节能低碳的意识；完成环保督察存在问题的整改；完成雷山县关于开展环境污染第三方治理、培育环境治理和生态保护市场主体工作情况报告，并上报州发改委；完成雷山县关于梳理“十二五”规划实施后风电项目信息的情况报告，并上报省能源局；开展雷山县生物质能、地热能专项调查。

【执法改革】 按照“依法监管、公正高效、公开透明、协同推进”的原则，全面推行“双随机、一公开”即随机抽取检查对象、随机选派执法人员、检查结果公开工作机制。进一步把“双随机、一公开”作为县政府各项工作开展结果评价的重要依据，为保障全县“双随机、一公开”工作顺利开展，县委、县政府高度重视政务服务工作，并成立领导小组，抽调专人进行具体办公，督导“双随机、一公开”工作，发现问题及时研究，认真解决。做到切实加强对“双随机、一公开”工作的组织领导，建立健全“双随机、一公开”工作各项制度，明确分工，落实责任。积极推进“双随机、一公开”监管工作，健全完善“一单两库一细则”，深入落实以随机抽查为主要手段的“严管”措施，提高行政机关职责履行、权力运行的透明度，转变行政执法职能，有效避免多头、多层的重复管理。将“双随机、一公开”监管工作纳入县政府2018年目标管理责任书中，要求“双随机”抽查做到全程留痕，实现责任可追溯，为2018年“双随机、一公开”监管工作实现全覆盖打下坚实的基础。年内，全县共有27个行政执法部门在贵州省双随机监管平台开展抽查工作215次，双随机抽查监管对象63次，随机抽取执法检查人员253人次。向社会公布抽查和检查结果835条。

【乡村振兴项目申报】《雷山县乡村振兴战略实施方案（2018—2022年）》于2018年4月委托省社科院编制，5月编制单位展开充分的前期调研工作，完成征求意见稿编写并修改完善。2018年，争取到中央预算内项目4个，总投资87767万元，争取中央资金11271万元。省级预算内基本建设投资项目2个，总投资1100万元，争取省级资金550万元；行政审批共完成69项，其中立项批复24项，可研批复8项，实施方案批复37项。

【健康产业】 完成大健康产业统计监测名录库认定工作，2018年上半年完成105户，完成序时进度100%。加大大健康产业投资力度，2018年，全县大健康产业项目27个，总投资为102亿元，项目开工15个，未开工12个，累计完成投资3.9亿元。2018年全县有贵州大健康产业“6个50”重点项目6个，总投资78.8亿元，累计完成投资2.27亿元，其中开工项目5个，未开工项目1个。

【项目编报】 结合雷山县社会事业发展实际和需要，社会发展股根据全县发展规划和目标，积极指导各乡镇、各部门及相关企业谋划和编报项目，通过收集整理和汇总，争取到项目6个，项目总投资2817万元，争取到中央预算内资金2204万元，资金全部下达，累计支付982万元；旅游休闲重大工程项目9个，总投资46亿元，累计完成投资6.38亿元。立项（实施方案）批复的项目为8个，投资为2367万元；初步设计批复1个，投资为637万元。

【物价管理】 实施涉农收费“阳光工程”，全面推行涉农价费公示制度。认真做好粮、面、油、肉、蔬菜、液化气、汽油、柴油等28种生活必需品和钢材、水泥、化肥等物资市场价格的日常监测。对行政事业性收费项目实行常态化管理，动态调整，收费单位严格按各自收费目录清单执行，收费单位除在网上进行收费公示外，还在醒目位置对收费项目、收费标准、价格举报电话“12358”进行公示，自觉接受社会监督。对西江千户苗寨景区开展各种价格监督检查和巡查12次，累计参与价格监督检查人员84人次，共检查单位460多个，发放商品标价签3万多张，张贴12358价格举报电话300份，分别张贴《贵州省旅游景区餐饮业明码标价指南》《贵州省旅游景区住宿明码标价指南》《贵州省旅游景区商品明码标价指南》300多份。通过加大力度检查和巡查后，西江景区的商品明码标价率达95%以上。认真开展“元旦”“五一”“端午节”等节日市场价格监督检查，共检查单位600个（户），其中菜市场3个、超市5个、门面摊点332户（含西江、郎德）、农家乐125户、宾馆酒店招待所135家。发放商品标价签5万多张，超市、农家乐、宾馆酒店招待所价格公示率达100%。确保“12358”价格举报电话畅通，专人值守，及时处理各种价格举报案件，累计受理价格举报10件，办结10件，价格办根据举报内容做好处理答复，确保群众的投诉举报案件做到件件有着落，事事有回音，回复率、办结率均为100%。完成雷山县郎德景点门票价格及景区内交通运输服务价格定价；调整雷山县污水处理收费标准；调整县城建筑工程废方填埋场收费标准；根据省州有关文件精神，启动调整雷山县城供水价格及推行居民生活用水阶梯水价和非居民用水超定额累进加价制度，经县人民政府批准后，按有关法定程序开展工作。按照工作职责，认证中心受理各种认定业务及管理性事务和价格咨询服务共计79宗（件），办结79宗（件），办结率为100%，鉴定评估总价值1640.28万元。

【效能建设】 以“铸魂行动”为契机，建立和完善局机关工作手册和相关督查制度，积极推进局机关效能建设，结合机构改革针对原来个别股室设置不够科学，职责不够明确，推诿扯皮的问题，及时对股室设置和职能定位作优化调整，使之更加适应形势发展的需要；针对办理程序繁杂问题，进一步梳理和完善办事流程，办事程序更加简化、便捷，审批时间更加缩短。2018年，在线监管平台接收项目有242个。网上备案有200个，网上申报率达83%，项目总投资达940068.66万元。

【脱贫攻坚】 选派14名业务骨干，到方祥乡平祥村、水寨村、陡寨村和大塘镇干脑村驻村开展脱贫攻坚工作。其他38名帮扶干部利用“扶贫日”下村入户开展遍访工作，做好扶贫政策宣传，引导贫困户开展环境卫生整治228户。年内，支持帮扶村基础设施建设、产业发展项目（水寨村、干脑村食用菌大棚、水寨村防洪堤道路硬化、陡寨村腊肉加工厂、平祥村节能路灯、方祥乡人居环境综合整治）等建设资金达721.8万元。在春节、“五一”等节假日，为困难群众送去大米和食用油价值5.8万余元。

市场监督

【概　况】 2018年，雷山县市场监督管理局继续按照“简政放权、放管结合、优化服务”的总体要求，以提升行政执法和服务能力水平为工作目标，着实推进各项业务工作贯彻落实。2018年新增市场主体2693户，其中企业设立登记271户，注册资金98253万元；农民专业合作社设立登记24户，注册资金6454万元；个体工商户设立登记2398户，注册资金28000.76万元。年末，全县市场主体有12165户，注册资本（金）1017535.14万元，其中内资企业341户，私营企业1502户，个体工商户9932户，农民专业合作社390户。食品经营许可证1724家，药品经营许可证44家，食品生产许可证35家，小作坊登记证68家，小餐饮登记证84家。

【行政审批】 为方便办事群众，要求工作人员做到“三个一”（政策咨询“一口清”、承办材料“一手清”、有关材料“一次性告知”），认真执行“一审一核”制，凡资料齐全的，当场办结快捷高效。行政审批事项办结时限从法定10个工作日缩短为5个工作日，即时办结时限不超过3

个工作日，总体在法定时限内压缩一半；县市场监督管理局行政审批事项全部进驻县政务服务中心。减少行政审批，全面落实国务院公布的3批148项工商登记前置审批改为后置审批事项，除28项前置审批项目目录外，一律不再作为公司登记前置审批项目。

【证照办理】 制作“多证合一”宣传手册，组织人员深入各社区、商场、企业，设立咨询点，提供商事登记政策咨询、登记指导；推行网上登记制度，规范企业名称核准、开业、变更、注销流程，实行“一日制”办结制度，有效提升办理效率。充分利用电视台、手机报、LED、政务大厅等媒介，通过挂横幅、发宣传单等途径，借助微信、网站等各类平台，大力宣传“多证合一、一照一码”登记制度改革相关政策和服务举措。解答群众“多证合一”相关咨询1000余次，向企业“多证合一”发放宣传手册1200余份，组织相关业务培训4场，参训人员30余人次，确保窗口干部熟练掌握业务流程，为推进改革夯实基础。政务办理实行“四个一”制度：即“一窗受理、一表申请、一照一码、一照通用”，一次性接受申请人提交的表格及全部材料，在3个工作日内完成审批，有效提高审批效率。全年全县共办理“多证合一、一照一码”营业执照369户，其中新设立企业343户、农民专业合作社26户。

【随机抽查监管】 根据省工商局要求，完善“一单两库”。2018年4月，清理调整执法人员名单，完善执法人员名录库，并公示，共有执法人员30名。自行开展随机抽查活动2次，随机抽查监管对象7家（次），随机选派执法人员8人次，并公示；接收国家工商总局下派“部分领域企业双随机定向抽查”任务1次，抽查企业1户事项10项；接受全省工商系统2018年第一次个体户不定向双随机抽查、农民专业合作社不定向双随机抽查、企业不定向双随机抽查共3次，其中个体户抽查44户22个事项、农民专业合作社抽查2户18个事项、企业抽查45户33个事项，参加执法20人次。完成个体户不定向抽查2户，并录入公示检查结果，其他经营户在检查中。

【微企扶持】 按照省、州下达指标，认真完成2018年度微型企业扶持发展工作，发挥微型企业助推脱贫攻坚产业发展、增加就业、联结贫困户利益的作用。2017年扶持发展微型企业110户，实际投资1115万元，带动就业416人。根据微型企业申请情况，向财政部门提交2017年度微型企业资金补助申请26户，累计提交申请97户，金额436.5万元。2018年第一批申报微型企业通过公示34户，在陆续兑现财政补助；第二批微型企业通过前期初选，提交评审委员会评审83户，通过评审，符合微型企业政策扶持条件的企业有66户，加上第一批评审通过的34户，全县圆满完成省州目标任务数。2018年扶持发展微型企业100户，实际投资1007万元，带动就业535人。根据微型企业申请情况，向财政部门提交2018年度微型企业资金补助申请100户，累计提交申请100户，金额450万元。

【食品安全观摩】 做好食品安全三年行动计划黔东南州第二次现场观摩会筹备工作，开展食品加工小作坊环境卫生和实施景区、城区小餐饮“明厨亮灶”工程；推进景区食品安全网格化监管，守住景区食品安全不出事故底线。4月初，县人民政府分管副县长主持召开专题会议研究部署观摩会相关工作；4月12日，县委常委、雷山文化旅游产业园区工委常务副书记、西江镇党委书记郭建强带领市场监管、卫计、文化、旅游、物价、安全、交警、西江景区管理局等相关部门负责人到拟选观摩点西江千户苗寨景区西江苗界酒店、西街饮食一条街实地检查，提出整治方案，逐项整改落实。7月底，全州食品安全三年行动现场观摩会顺利召开。

【食品证照监管】 加强企业证照监管。全县监管区域内生产加工环节无重大食品生产质量安全事故发生。共有食品获证企业38家，获得有效食品生产许可证38张；食品加工小作坊45家，通过日常巡查、专项整治和节假日专项检查等，累计参与执法95人次、21车次检查食品企业9家次、食品加工小作坊29家次，依法下达责令改正通知书12份，完成整改12家；2018年立案1件，尚未结案。全面落实企业质量安全主体责任，县人民政府食安委副主任、副县长杨和与县食安委成员单位签订《2018年食品安全责任书》19份。为做好全县食品生产企业换证和新办证工作，加大对企业的帮扶指导力度，多次深入3家换证企业和1家新办证企业进行帮扶指导，重点对企业的厂房布局、必要设备设施、质量管理制度等内容进行指导，争取做到合理、齐全、完善，满足申证审查要求，及时换证（办证），保障企业正常合法生产。上半年获得新证企业有4家；开展食品生产企业监督检查9家。

【食品生产检查】 牵头组织县消协、农业、公安、卫生、烟草等单位开展“3·15国际消费者权益日”宣传活动，利用3个滚动显示屏循环播放消费维权知识，发放各种宣传资料800余份，现场接待消费者咨询190余人次。为保障消费者“五一”期间吃上放心食品，组织执法人员对茶叶、山泉水、糕点、米酒、米粉等食品生产企业和加工小作坊进行检查，共检查125家次，累计参与执法25人次，检查重点为原辅材料、食品添加剂、生产环境、进货台账、出厂检验等。针对存在进货台账不完善、生产加工环境的“三防”措施达不到要求、部分生产人员健康证超过有效期等问题，执法人员依法现场责令整改。对县辖区内的酒类生产进行检查，专项整治酒类产品生产加工小作坊、制假售假黑窝点，累计参与执法56人次，出去执法车23辆次，检查白酒小作坊27户次，酒类经营户66户次，小吃摊点6户次。其中，无小作坊登记证3户，小作坊登记证过期1户，无从业人员健康证6户。对县辖区内的酸辣制品进行专项监督检查，获得食品生产许可证的酸辣制品生产企业有3家，均为鱼酱酸生产企业。累计参与执法6人次，出动执法车3辆次。通过检查，3家鱼酱酸生产企业均未发现问题。开展秋季校园及校园周边食品、食用盐检查，累计参与执法53人次，出动执法车5辆次，检查学校食堂12家、校园食品经营户65户，检查中未发现有非法使用非“三无”产品和来源不明的食用盐现象。

【食品安全专项检查】 开展春节期间食品安全专项检查，累计参与执法21人次，检查餐饮服务经营户126户，行政指导19户，当场整改餐厨脏乱3家，排查治理食品安全隐患8项。开展2018年春、秋季学校食堂食品安全专项检查，累计参与执法364人次，出动执法车86辆次；检查学校食堂95家次，其中中等职业学校食堂1家、中学食堂6家、小学食堂64家、幼儿园食堂24家、学校周边餐饮店27户，签订食品安全责任书101份，填写《学校食堂食品安全专项监督检查要点表》101份，制作《食品现场检查笔录》101份。责令未获得相应许可证的幼儿园停止餐饮服务经营活动3家。

【餐饮服务量化分级管理】 全县791家餐饮服务单位中持证餐饮服务单位实行量化分级管理的达764家，量化分级管理率为96.6%；其中，大型以上餐馆、学校食堂和旅游景区餐饮单位量化分级管理率达100%。2018年，推荐雷山县贵州苗界酒店管理有限公司、雷山县西江镇亮欢寨西江店创建省级食品安全示范店。全县餐饮单位通过玻璃幕墙方式，实现明厨亮灶230家，占全县餐饮服务经营单位29%，全县餐饮服务安全水平明显提升。

【节日食品监查】 开展元旦、春节、“五一”、中高考、中秋等重大节假日期间食品安全专项监督检查，累计参与执法590余人次，检查餐饮服务经营户389户。经检查，发现存在问题36户，行政指导32户，责令整改餐厨脏乱4户，排查治理食品安全隐患5项。

【抽样检测】 完成县级食品安全生产环节监督抽样273个批次，其中食用农产品抽检240个、米酒29个、大米2个、月饼2个，检验均为合格172个批次，尚未出检验结果农产品100个批次。并配合省州抽检36个批次，配合县级农业部门抽检50个批次，配合抽检样品正在检测中。

【药品医疗器械检查】 累计出动执法车10辆次，参与执法70人次，检查村卫生室、乡镇卫生院和诊所、零售药店及县以上医疗机构（私立医院）共50余家，未发现重大案件。开展医疗器械专项整治工作和医疗器械日常监督检查40余家，参与执法30人次，出动车6辆次，开展疫苗预防接种单位专项检查9家，督促医疗机构完成自查报告10余份。参与监督32人次、车辆2台次，开展化妆品经营使用安全检查4次，同时在全县开展摸底调查美容美发店80家，并督促美容美发店在使用特殊化妆品，必须索取供货公司相关资质、票据，并建立验收台账；开展化妆品专项检查15家、装饰性平光隐形眼镜专项检查1家。完成药品不良反应报告60例，医疗器械不良监测报告17例，药品抽验25个批次。

【禽流感防控】 为确保全县餐饮服务环节食品安全，有效防控人感染H7N9禽流感。年初对辖区内餐饮店有经营禽类及其产品者，要求需到持有近期内进货凭证和同批次有效的《动物检疫合格证明》的销售店进货，确保未经检疫的活禽及其产品进入餐饮店，防止高致病性禽流感疫情在县辖区传播扩散感染，促进经济社会稳定健康发展。

【特种设备监管】 全县共有特种设备129台，其中锅炉4台、压力容器6台、电梯69台（在用电梯41台、停用9台、安装告知19台）。累计参与执法12人次，开展安全生产检查5次，检查锅炉、电梯、厂内机动车辆等特种设备使用单位19家100台（辆），其中电梯使用单位13家38台，景区旅游观光车2家47台，锅炉2家2台，压力容器1家2台，起重机械2家3台。查处安全隐患2处，下发《安全监察指令书》2份，整改隐患2处。全县未发一起特种设备安全事故，设备注册登记率达100%，定期检验率达100%，作业人员持证上岗率达100%。全年累计发放特种设备使用登记证19份，检查发现安全隐患5条，签发《特种设备安全监察指令书》5份，均按期整改。

【景区市场管理】 加强对西江景区、县城关、郎德景区等景区景点内各类市场经营主体的巡查执法和整治，重点整治以次充好、以假充真、“天价”商品、虚假广告宣传、哄抬物价等扰乱市场秩序违法行为，及时有效处理消费者投诉举报和调解消费纠纷，有效管控市场秩序，全县景区景点旅游市场稳定、健康、有序发展。年内累计查处各类食品违法案件和不服从景区管理的无证照案件80余件，取缔不服从景区管理经营户20余起，立案查处各类违法案件50余件，查扣和没收各类商品3000余件（包、瓶、袋），罚没款达20余万元，有效震慑违法经营者，树立景区管理部门的威信。同时加强对西江景区内的风险点较高的商品进行抽样检验检测，重点对蔬菜、水果等农产品和米酒、腊肉香肠制品、木棰酥糖制品、米粉等食品进行抽样检验检测，2017—2018年共开展抽检78批次，合格56批次，合格率达72%。

【打击传销】 利用“3·15”宣传日活动与公安等多部门开展打击传销宣传，以宣传2018年“网络诚信消费无忧”为主题，组织相关部门利用民族节日和赶集天深入各乡镇、村寨、学校开展法制宣传。现场悬挂横幅、展示展板，发放打击传销相关宣传资料5000余份。充分发挥“12315”消费者申诉举报网络平台作用，累计受理各类消费者投诉162件，成功调解158件，案值5.98万元，为消费者挽回经济损失4.59万元。

【有机认证】 以建设“国家有机产品认证示范区”“国家级出口茶叶质量安全示范区”和“国家级茶叶综合标准化示范区”（以下简称“三区”）为总抓手，推进全县农业产业朝有机、绿色、安全、优质的方向发展，打造“有机绿色雷山”品牌，有效推进全县农业产业提质增效转型升级，提高农业农产品供给质量水平。年内，牵头起草并由县政府办印发《雷山县茶叶使用化肥农药管控行动方案》，县政府出台《雷山县推进有机产业发展实施意见》，采取一系列措施，加大推进示范区建设工作力度，争取资金开展有机认证工作，全县获得有机认证（或有机转化认证）企业28家，面积达15808亩，其中获得有机证书企业7家，面积4998万亩，获得有机转换证书企业21家，面积10810亩，雷山成为全州有机认证企业数和有机认证面积最多的县。

【茶品牌创建】 4月20日，为加强雷山县品牌建设工作，组织食品生产企业和服务业参加黔东南州“贵州名牌产品及服务名牌”申报培训会8家，完成申报材料1家。同时召开会议审定《雷公山茶产业知名品牌示范区创建方案》并按要求修改上报，正在起草筹建规划报告。立案查处监督抽样不合格的电器产品2起，并于2018年4月12日全部结案。省质监局深入雷山县食品企业推广宣传“贵州绿色农产品推荐平台”，并现场帮助企业录入产品132个。

【脱贫攻坚】 认真开展好驻村帮扶工作，重点宣传产业结构调整“一减四增”、因户施策等惠民政策；进一步加大培训宣传力度，掌握扶贫政策，确保贫困户应享尽享国家脱贫攻坚相关政策，竭力帮助贫困户协调解决生产生活中的困难和问题，督促和帮助贫困户搞好家庭卫生整治，提高贫困户获得感和认可度。通过梳理，帮扶村急需完成养牛、垃圾桶、消防池、茶叶新基地建设等项目12个，落实项目5个，需要一定时间协调落实的项目7个，以兴办产业助推脱贫攻坚工作。解决帮扶村达地水族乡高车村民族文化广场项目建设资金3.5万元；资助达地水族乡高车村和里勇村“两委一队”冰柜、消毒柜、办公桌椅、取暖器、空调等物资价值3.2万余元。

【雷山县成功举办首届农产品质量安全检测技能竞赛】 3月13日，雷山县举办首届农产品质量安全检测技能竞赛，有8个乡镇和40家企业代表队52名队员参赛。竞赛内容分为理论知识考试和现场操作考核。经比赛，望丰乡唐红艳、绿叶香茶叶有限责任公司余志春分别获得乡镇组和企业组一等奖。

【雷山县集中销毁一批非法出版物】 4月26日，雷山县“扫黄打非”工作领导小组办公室组织文化、公安、市场监管等部门开展知识产权保护宣传和非法出版物集中销毁活动，集中销毁侵权盗版及非法出版物2000册、教辅试卷及试卷答案2500张、盗版光碟1000张。

【雷山县国家农产品质量安全县创建工作顺利通过验收】 11月26—27日，省农业农村厅农产品质量安全监管处副处长蔡兴洪和考核专家一行对雷山县国家农产品质量安全县创建工作进行考核验收。经过专家组严格评比打分，雷山县顺利通过考核验收。

【雷山县苗家春茶业公司、西江旅游公司荣获2018年贵州“名牌产品”“服务业名牌”称号】 12月，在贵州省质量发展领导小组办公室组织开展的“贵州名牌”评选活动中，雷山县苗家春茶业有限公司生产的“高康杯杯香”牌雷公山清明茶被确定为“贵州省名牌产品”；西江千户苗寨旅游公司被确定为“贵州省服务业名牌”。

安全产生监管

【概　况】 2018年度，县安监局认真贯彻落实党中央、国务院和省、州党委、政府关于加强安全生产工作的一系列决策部署，认真开展安全生产各专项行动和整治，较好地完成全年的工作目标任务。2018年，全县发生安全生产事故8起，死亡2人，与2017年比死亡减少2人。

【落实责任】 组织起草《2018年度安全生产目标管理责任书》，由县人民政府与8个乡镇和30家负有安全生产管理责任的部门单位签订，做好跟踪督促检查工作。制订《雷山县安全生产目标管理考核细则》，进一步完善考评机制，并将安全生产纳入全县目标管理考核重要内容，严格执行季度督查、年度考评，从而有效推进全县安全生产责任制的落实。坚持安全生产工作例会制度，积极配合县委、县政府领导先后参加各级安全生产会议并召开全县安全生产专题会议11次，组织县安委办召开安全生产月例会和重点时段专题会议13次。制订出台《雷山县2018年安全生产综合监督检查计划》《雷山县2018年度安全生产监督检查计划》，不断完善安全生产督促检查长效机制。实行事故隐患“一周一调度”、重大隐患及时报告制度，明确由县安委办对全县各乡镇、各部门和企事业单位上报的隐患进行梳理、分类、评定、录入，对事故隐患排查治理台账动态管理，对重大事故隐患实行个案建档管理；对排查出的每一项事故隐患，按照“属地管理”和“谁主管，谁负责”的原则，督促由所在乡镇和所属行业领域安全监管主管部门分别落实监控、治理责任和督办责任。

【专项整治】 认真履行安委办职责，按照国家、省、州的安排部署，开展安全生产大检查大整治专项行动，突出抓好重大节假日、敏感时期及重点时段道路交通、消防、建筑施工、旅游、危险化学品和烟花爆竹等重点行业（领域）的安全隐患排查治理工作，并出台印发相关文件，组成检查组609个、参与检查1630人次，累计排查企事业单位960家，排查安全隐患455项，督促整改治理455项，整改率100%，其中排查道路交通安全隐患60项，整改治理60项；排查消防安全136项，整改治理136项；排查危险化学品9项，整改治理9项；排查建筑施工19项，整改治理19项；排查烟花爆竹47项，整改47项；排查冶金等工矿商贸6项，整改治理6项；排查民用爆炸物品和燃气74项，整改治理74项；排查旅游安全27项，整改治理27项；排查水利、电力、学校、市政设施等其他安全隐患77项，整改治理77项。

【督促检查】 制订《雷山县2018年安全生产综合监督检查计划》《雷山县2018年度安全生产监督检查计划》，明确工作任务、工作目标、工作内容。在抓好危险化学品和烟花爆竹、工矿商贸直管行业领域安全生产执法检查的同时，认真履行安委办职责，共组成4个综合督查组和20个专项检查组对8个乡镇、县安委会重点成员单位及学校、在建工程、企业进行督促检查和重点抽查，下发安全生产综合督查检查表68份，发现安全隐患和问题27条，撰写督查意见11份，对督查中发现存在的问题和隐患现场提出整改意见。组成2个督查工作小组，分别在各个重大节假日及重点时段开展直管行业领域安全执法检查和乡镇、重点行业领域安全生产督促指导。年末，累计使用安全生产行政执法文书118份，其中现场检查记录93份（危险化学品66份，烟花爆竹23份，轻工业等4份），责令改正指令书12份（危险化学品8份，烟花爆竹3份，轻工业等1份），复查意见书12份（危险化学品8份，烟花爆竹3份，轻工业等1份），现场处理决定书1份（危险化学品）。

【安全教育】 利用春节期间返乡农民工增多和各种民间节庆活动人流量大的时机，通过广播宣传、手机短信提示、张贴标语、发放宣传资料等多种形式开展安全宣传教育活动。同时，通过中国移动、联通、电信雷山公司信息平台和雷山手机报向手机用户发送安全生产公益宣传信息和安全生产知识。各乡（镇）、县安委会成员单位积极举办专题讲座，有针对性地开展全方位、多角度、立体化的集中主题宣讲活动。6月11日，雷山县安委办利用县城赶集日，组织县安监、交警、消防、住建、市监、旅发委、水务、国土、人社、工信、教科、气象、供电、卫监等18家重点成员单位及部门在雷山县城汽车站门口，开展以“生命至上、安全发展”为主题的集中宣传咨询活动。年末，全县累计开展集中宣传咨询活动18场次，悬挂宣传横幅39幅，摆放消防安全、道路交通安全事故典型宣传案例展板36块，发放道路交通、消防、电力、职业健康、工伤保险、农民出行安全、公共场所应急安全等宣传资料3.9万份，发放宣传文化衫、围腰、环保袋等共660件，受教育群众1.2万人次。

【脱贫攻坚】 深入帮扶村丹江镇乌秀村开展驻村帮扶工作，印发各类宣传资料200余册，资助电脑、打印机、文件柜等办公设备价值1.8万元；春节期间慰问贫困党员、孤寡老人、计生对象及帮扶对象，发放慰问金1.3万元；开展“七一”纪念建党97周年活动，购买纪念品和慰问贫困党员共1200元，资助伙食费1000元；落实村主干道水毁修复资金0.5万元；支助“双诚信双承诺”计生经费0.3万元；协调县文明办支持乌秀村建“合约食堂”资金3万元；帮助协调解决村级集体经济建设项目缺口资金20万元；动员贫困户发展产业项目，累计完成因户施策项目验收68户；争取扶贫项目资金12万元，用于贫困户养鹅项目，养鹅4000余只，受益6户25人。

审　计

【概　况】 2018年，县审计局创新审计理念，突出审计重点，依法履行审计监督职责，充分发挥审计在党和国家监督体系中的重要作用，促进经济社会高质量健康发展，为决战脱贫攻坚、决胜同步小康切实做好审计监督与服务工作。上级审计批复实施审计项目12个，其中财政管理审计项目3个，部门预算执行审计项目3个，领导干部经济责任审计项目2个，固定资产投资审计项目3个，专项跟踪审计1个。至年末，所有项目全部完成并出具审计报告，审计资金总额376349.14万元，查出各类违规资金2019万元，管理不规范资金90146万元，非金额计量问题37个。审计处理处罚资金2001万元，其中应上缴财政资金1961万元，归还原渠道资金24万元，应缴其他资金14万元（已缴13万元），应调账处理金额2万元。提出审计意见30多条均被采纳，出具审计报告和专项审计调查报告15篇，向纪检监察机关移送案件线索1件。2018年，累计抽派9人次，参加省、州统一组织交叉审计项目3个；机关报送审计信息27篇，被省厅、州局、县政府采用20篇次，采用率74.07%。

【财政审计】 以促进规范财政预算编报和管理，盘活财政资金存量、优化财政资金增量、调整财政支出结构，提高财政资金使用绩效，保障公共资金安全高效使用，维护国家财政资金安全为目标，重点关注财政预算管理是否规范，财政决算是否真实完整，财政资金分配是否公平合理，关注专项资金的统筹整合情况，以及中央八项规定，国务院“约法三章”、省委十项规定和州委十二项规定及县委十二项规定精神贯彻落实情况。在项目安排上努力推进审计“全覆盖”，做到财政、地税、金库年年审；在项目整合上，将部门（单位）预算执行审计结合经济责任审计同步安排、协同实施、共享成果。在审计内容上，根据中央八项规定精神和国务院“约法三章”要求，加强“三公”经费、会议费使用和楼堂馆所建设等方面审计，促进厉行节约和规范管理，并结合民生关注热点和上级审计机关的统一安排进行部署。2018年，对县本级2017年度预算执行和编制县级决算草案情况、税收管理情况、金库管理和县水务局、县生态文明建设局、县工信局等三个一级预算执行单位开展审计，项目审计工作于6月底全部完成并出具审计报告。

【经济审计】 严格执行中办、国办《党政主要领导干部和国有企事业单位主要领导人员经济责任审计规定》和《党政主要领导干部和国有企业领导人员经济责任审计规定实施细则》，稳步推进经济责任审计。科学编制年度经济责任审计计划，坚持任中审计与离任审计相结合，加大对重点单位（部门）、关键岗位领导干部的任中审计力度；拓宽经济责任审计领域，深化审计内容，更加关注领导干部落实中央八项规定的执行情况，并加强对政府债务、国有土地出让、政府投资项目建设和管理、资产资源等方面的监督；立足“审、帮、促”，加强对审计成果的分析与转化，强化审计意见、建议的针对性与指导性，增强审计监督效能。2018年，受县委组织部委托，对县第二中学校长刘志安、望丰乡党委书记李丹和乡党委副书记乡长王先贵开展任期经济责任审计，完成项目审计工作并出具审计报告。

【项目审计】 以促进提高资金使用效益，完善政府投资融资体制，推动国家重大政策贯彻落实为目标，加强对财政性投资建设项目的审计，揭露在资金管理和使用中影响效益的问题，促进提高资金管理水平，充分发挥资金使用效益为目标。重点关注工程造价真实性、严防高估冒算，同时关注征地拆迁、工程招投标、设备材料采购、资金来源管理和工程质量管理等情况，揭示重大违法违纪、重大损失浪费和重大安全隐患等问题。2018年，实施项目竣工决算审计3个：雷山县思源实验学校建设项目、雷山县就业和社会保障服务设施与县政务服务中心合建项目和雷山县桃江乡八一水库2012年度省级高标准基本农田建设土地整治项目，完成审计工作并出具审计报告。

【脱贫审计】 围绕精准扶贫精准脱贫基本方略，突出“精准、安全、绩效”主线，着力揭示资金闲置、贪污、挤占、挪用、截留、浪费和项目建设迟缓等突出问题，严肃查处脱贫攻坚政策措施落实和资金分配管理使用中存在的重大违法违规等问题，提高资金使用效益，促进脱贫攻坚政策和措施落到实处。根据上级工作安排，2018年继续对雷山县大塘镇（极贫镇）脱贫攻坚资金进行跟踪审计，项目按季度开展，其中1—3季度由县审计局具体审计，第4季度配合州审计局审计，项目按季度完成。

【政策审计】 以促进中央重大政策部署贯彻落实为目标，重点关注“三大战略”相关政策落实、“放管服”改革推进、长江经济带等重大战略推进，创新驱动发展、区域协调发展等重大战略实施，地方政府性债务控制规定、中央八项规定、国务院“约法三章”、省委十项规定、州委十二项规定和县委十二项规定等贯彻落实情况进行审计，推动政策落实。该项目是审计署统一安排，地方审计机关实施，2018年安排的所有审计项目都将国家重大政策落实情况作为重要审计内容。

【债务审计】 以推动积极稳妥化解地方政府性债务风险为目标，重点关注地方政府违规举债、违法违规融资担保，以政府投资基金、政府和社会资本合作、政府购买服务等方式变相举债等问题，摸清隐性债务底数，提出化解风险的措施建议。该项目是审计署统一组织安排，地方审计机关把地方政府隐性债务情况作为审计监督的重点内容。密切关注政策落实跟踪审计、财政收支审计、经济责任审计等项目。

【安居审计】 根据工作安排，保障性安居工程项目由省审计厅统一组织，整合全省审计力量采取“上审下、市（州）交叉审”方式实施。县审计局选派3名审计业务骨干参加交叉审计，审计时间近2个月。雷山县2017年保障性安居工程跟踪审计由省审计厅审计组实施，完成审计工作并出具审计报告。审计以推动惠民政策贯彻落实，促进保障和改善民生为目标，重点关注保障性安居工程政策落实、资金筹集管理使用、工程建设管理、住房分配管理情况等。

【搬迁审计】 易地扶贫搬迁为省审计厅统一组织

项目，采取“上审下、交叉审”等方式进行。县审计局选派5名审计业务骨干参加交叉审计，审计时间1个月。雷山县2017年易地扶贫搬迁审计工作由省厅审计组开展，项目于5月底完成并出具审计报告。主要为进一步加强易地扶贫搬迁资金审计，揭露易地扶贫搬迁工程在政策落实、资金筹集分配和管理使用以及住房分配方面存在的问题。认真分析问题产生的原因，从完善机制体制，整合部门资金方面提出具有针对性的审计建议，不断规范资金和项目管理。此外，还组织开展2017年政府非税收入征管情况审计调查、2017年城镇污水垃圾处理设施及污水管网工程项目中央基建投资资金延伸审计、机关事业单位职工借款专项审计调查、乡镇脱贫攻坚资金管理使用专项审计调查等。

【审计整改】 以促进规范、推动发展为目的，加大督查审计问题整改力度，督促被审计单位对审计问题建立台账管理，明确整改责任，制定整改措施，倒排整改时限，逐个问题整改销号。确保审计问题得到整改，不断提高审计成效。

【脱贫攻坚】 2018年，开展走访慰问老弱病残贫困户、老党员活动，送去慰问金、慰问品等价值2万余元，帮助解决帮扶村党建经费2.2万元。选派由局党组书记、局长亲自带队的5人组成驻村工作队，每周一至周六常驻帮扶村开展扶贫工作，单位其余结对帮扶干部每周五至周六全部到村到户开展帮扶工作。年内，累计投入帮扶资金26.2万元，帮扶办公设备、办公用品等物资价值8万余元，帮助协调解决项目资金390万余元。局驻村干部及村支部书记被评为全县脱贫攻坚先进典型3人。

统　计

【概　况】 2018年，雷山县统计局深入学习贯彻党的十九大精神，坚持以习近平新时代中国特色社会主义思想为指导，贯彻落实全省、全州统计工作会议和全县经济工作会议精神，充分发挥统计职能作用，着力提升服务水平，努力提高数据质量，各项工作有序开展。

【统计调查】 坚持以提高统计数据质量为中心，以GDP核算为龙头，以四上企业统计为抓手，狠抓常规统计，强化统计基层基础规范化建设和审核评估，及时、准确完成核算、农业、工业、固投、批零住餐、能源、建筑、名录库和劳资等专业年报和定报工作任务，数据质量得到明显提高。有序开展城乡一体化住户调查、贫困乡镇住户调查、重点服务业、规模以下工业、限额以下贸易业、畜禽监测、新经济、大扶贫、大健康、工业企业技术创新、科技监测、非公经济人才、文化产业、劳动力抽样调查等项专项调查，为县委、县政府及上级业务部门及时提供真实可信的统计数据。2018年全县地区生产总值完成35.29亿元，同比增长11.1%；500万元以上固定资产投资完成31.15亿元，同比增长19.7%；规模以上工业增加值4807万元，同比增长6.5%；社会消费品零售总额8.13亿元，同比增长8%；农村居民人均可支配收入达9297元，同比增长10.6%；城镇居民人均可支配收入达29705元，同比增长9.5%。

【统计执法】 严格执行入规企业申报条件、要求和流程，凡新进规入库企业，分管领导和专业人员必须进行实地核实，坚决杜绝达不到规模的企业进库。年内，“四上”企业增加5家，其中工业2家，住宿2家，餐饮1家；5000万元以上投资项目新增7个；由于前期严把关，极大提高申报材料通过率。每月数据上报期间，要求各专业人员密切关注各企业上报情况，及时向部门发出预警，发现异动立即过问，立即纠正，做到即审、即改、即验，确保数据质量。全力配合省统计局、州统计局开展“双随机”统计执法检查工作。建立健全《违规干预统计工作记录制度》，明确1人，负责按季度收集各专业记录情况，对干扰企业正常上报统计资料的实行全面如实记录、登记。把违反“四条红线”和在统计数据上弄虚作假行为，作为检查的重点，发现问题，及时处理。

【经济分析】 围绕经济社会发展目标，抓好月度分析、专题分析，及时向县委、县政府作出经济运行预测预警。同时，注重部门协同，主动加强与县发改局、县工信商务局、县农业局等部门的沟通联系，做到信息互动、资料共享、群策群力。年内先后完成《雷山县2017年领导干部手册》《雷山县2017年国民经济和社会发展统计公报》《统计参阅》1期、《统计月报》10期、《统计专报》7期、经济运行分析报告19期和统计工作简报134期，及时为县委、县政府及时、准确、全面掌握经济运行情况和统计工作情况，做好有针对性的经济运行调度提供重要参考。

【法制宣传】 将统计法制教育作为各专业培训的必备内容，充分利用各种会议、标语、电视台、手机报等方式加大对《中华人民共和国统计法》《统计法实施条例》等统计法律法规的宣传力度，利用赶集日开展主题为“全面贯彻执行《中华人民共和国统计法》，提高统计数据真实性”的宣传活动，摆设宣传栏、宣传台和悬挂横幅，向社会公众发放统计法律手册、宣传单500余份，在《雷山县手机报》上开辟专栏进行宣传，在县电视台上对《条例》进行重点解读，进一步提高社会公众对统计专业知识及统计法律知识的了解，增加统计调查对象的统计法律意识，提高统计数据真实性，形成依法统计的良好社会氛围。积极推动统计法律法规知识走进县委党校“贵州大学——雷山县乡科级干部学习十九大精神专题培训班”讲堂，使“统计法律知识进党校”成为常态。

【核查巡视】 按照《雷山县统计数据质量核查工作方案》，对全县房地产开发企业、资质内建筑业企业、500万元及以上项目实施单位、规模工业企业、规模以上服务业、限额以上批发零售和住宿餐饮业企业的数据进行质量核查。年内，对规模以上工业企业和能源、投资、商贸等项目开展专项数据核查工作，进一步夯实企业统计基础。县委县政府高度重视统计巡视整改工作，及时成立统计工作整改专班，坚持问题导向，制定巡视整改工作方案，进一步压紧压实责任，细化整改措施，建立统计工作巡视整改台账，倒排工期，整改完成一项、销号一项。

【经济普查】 为把国务院、省政府、州政府关于开展第四次全国经济普查工作贯彻落实到位，县政府下发《雷山县关于开展第四次全国经济普查的通知》(雷府发〔2018〕5号)，县经普办印发《关于认真做好第四次全国经济普查“四落实”工作的通知》，不断明确乡镇、部门的具体职责，并及时配齐配强县经普办人员，从县小康办划入县统计局的3人和从工信、市场监管、税务抽调3人到县经普办工作，县统计局按专业要求全员参与。各乡镇在脱贫攻坚十分压头的形势下，均明确2～3名工作人员到乡镇经普办常驻开展经济普查业务工作，确保基层有人抓普查。县经普办印发《雷山县第四次全国经济普查指导员和普查员选聘工作方案》，各乡镇共选聘普查员、普查指导员113名开展入户清查工作。综合考虑全县第四次经济普查的时间跨度、普查范围和工作量、物价和PDA设备购置等各种因素，本着厉行节约、实事求是的原则认真预算，县人民政府初步安排经费预算148万元，比“三经普”增加20万元，落实经济普查工作经费40万元，并下拨各乡镇4.7万元。县经普办及时添置台式电脑8台，笔记本电脑3台，大型打印机1台和高性能服务器1台，重新采购PDA充电器40个，购置手提包、笔记本、笔等普查物资。为节约成本，提高设备的使用率，对“三农普”使用过的PDA进行清理，正常使用187台，全县的PDA设备基本上能够满足第四次经济普查工作的需求。全省第四次经普工作视频会后，及时明确专人，开展普查区和普查小区的划分、普查区边界勘察和电子绘图、雷山县行政区划变动的核查和行政区划代码的更新等工作。全县划分普查区155个，普查小区170个。结合普查的范围，加强与编办、市场监管、工信、民政、交通、住建等部门协调，积极组织专人对法人单位、产业活动单位、个体工商户等进行名录更新及全面清查摸底，全县的底册清查单位为4146户，个体工商户为8941户，分支机构为582个，流动摊位为193个，打好普查工作基础。积极开展经济普查宣传，印制宣传展板3块，悬挂横幅标语38条，LED滚动5条，发放告知书12000张，广泛宣传第四次全国经济普查工作和普查条例及统计法律法规，营造关心支持普查的良好氛围。印发《雷山县第四次经济普查单位清查工作实施方案》，细化工作措施，明确工作时间和责任，采取积极有效的措施，圆满完成涉及全县2622个法人及产业活动单位、5351户个体经营户的全面摸底清查工作，为普查登记奠定坚实基础。

【基层基础】 认真对照《雷山县统计基层基础能力提升专项行动责任分解方案》(雷统发〔2018〕5号)，明确责任，强化措施，开展自查完善，同时以全国人大常委会执法检查组到贵州进行《中华人民共和国统计法》执法检查以及州统计局开展“统计服务千企”行动为契机，加大推动统计基层基础工作力度，各专业人员先后到企业开展指导23次，严格执行统计制度方法，把好调查对象入库关、数据上报关、奇异数据查询审核关，进一步规范统计档案收集、存放和保管制度，完善调查单位、项目材料，做到“一企业一档案、一项目一档案”，推动统计基层基础工作走向规范化、制度化，真正把规范基层基础工作贯穿统计调查工作全过程，切实做好新形势下的统计调查工作，从源头保证统计数据质量。

【统计培训】 根据各专业业务需要，及时召开各专业定报、年报等培训会议，深入学习《中华人民共和国统计法实施条例》《专业统计报表制度》，介绍典型统计违法案件及需要重点注意的问题，提高统计工作重视度，提升调查对象依法统计意识。2018年，先后组织开展培训15期，各专业人员先后深入各“四上”企业、项目单位等指导业务工作23次，住户专业人员先后深入各一体化住户调查点开展电子记账培训工作8次，全县各企业单位、记账户的统计业务能力得到进一步提高。年内，县统计部门持有“行政执法证”9人，持有“统计执法证”1人。通过业务培训，具有独立办案能力的执法人员10人。

【脱贫攻坚】 全力开展永乐镇加支村、加鸟村和大塘镇乌勇村的脱贫攻坚工作。积极协调争取财政、交通、水利、新农村办等部门项目支持，帮助维修灌溉沟渠2.5公里、步道硬化5公里，协调帮助安装太阳能路灯150盏，协调督促完成加支村野猪坡组和加鸟村高山、联山、太山组的通组公路建设9.7公里，督促完成步道硬化建设200米。邀请技术人员到加鸟村开展优质高产南瓜栽培技术培训，推广种植优质南瓜800亩，亩产量可达4000公斤以上。大力助推“一减四增”脱贫攻坚产业结构调整，实现贫困户产业全覆盖，促进贫困群众增收。

农业　农村经济

农　业

【概　况】 2018年，县农业局认真贯彻落实中央、省、州、县农村工作会议精神，围绕脱贫攻坚和全面建成小康社会的目标任务，积极开展服务“三农”工作，全县农业工作取得明显成效。雷山县农业人口有125441人，2018年第三季度农村人均可支配收入5450元。全县农林牧渔业总产值94942万元，同比增长6.7%；农林牧渔业增加值62484万元，同比增长6.6%（农业增加值36817万元，同比增长8.8%；牧业增加值15546万元，同比增长0.7%，占农林牧渔业增加值比重为24.87%）。农产品加工转化率，根据对2017年底全县年产值500万元以上农产品加工企业的统计，三季度总产值为28603.39万元，销售收入为21491万元，农产品原料成本14811.65万元，其中本地农产品地原料成本为8555.45万元。农产品加工转化率为9.01%。

【粮油生产】 全县完成夏粮播种面积6.76万亩，产量1.24万吨，其中马铃薯播种面积6.5万亩，产量1.23万吨，杂粮播种面积0.26万亩，产量0.02万吨。全县完成秋粮播种面积12.74万亩，产量3.79万吨，其中水稻9.65万亩、总产3.43万吨，玉米0.24万亩、总产0.04万吨。完成优质特色糯小米种植示范面积1000亩。完成油菜播种面积0.61万亩，总产量0.07万吨。全县种植鲜食及青贮玉米2455亩，占州下达控制任务数5000亩的49.1%。

【玉米调减】 全县确定调减玉米种植面积任务为2.2万亩，州下达任务为1.7万亩，年内改种其他经济作物的面积为2.2万亩，完成州下达任务的129.4%，占县任务的100%；其中蔬菜6884.84亩、茶叶103.8亩、食用菌257.52亩、中药材5537.4亩、水果1552.52亩、其他经济作物、杂粮及退耕还林还草7666亩。完成县级示范点1个，面积380亩，在西江镇连城村示范种植葵花作物品种杂葵601亩；乡村级示范点16个，总面积6520亩，主要种植莲花白、西蓝花、辣椒、精品水果（红心柚）、丹参、黄精等。

【农民培训】 通过新时代农民讲习所、农民夜校、新型农民培育等方式，针对所选产业，开展实用技能培训，促使农民思想上转变接受、技能上更新换代，不断提高农民思想认识和发展意识。至年末，全县累计开展农技培训195次，参与授课的专家、龙头企业管理骨干和本地致富能人等共124人，培训农民9976人次，其中贫困人口6543人次。

【农技服务】 加强农业技术服务，建立产业发展首席专家制度，组织农业生产专家、基层农技人员到农民专业合作社、田间地头，开展指导和服务，解决农户对调减玉米替代作物不会种植的问题，确保调减玉米替代作物有良好收成。

全县累计派出专家到基层开展技术服务198人，指导农民2363人次，农民专业合作社技术服务实现全覆盖。

【项目实施】 全县申报产业扶贫子基金获批项目73个，项目资金6099.2万元，全部下拨到项目实施单位，占100%；使用金额1200.28万元，占到位资金的19.8%。此外，特惠贷投入农业产业资金1108.1万元。拟定农业结构战略性调整使用计划资金4094.56万元，其中产业补助经费3762.4万元，占91.89%；"一减四增"示范点补助经费176万元，占4.3%；项目培训经费156.16万元，占3.81%。

【龙头企业培育】 相继引进贵州黔牧出山公司、贵州黔晟扶贫开发有限公司、安徽从零药业公司、贵州九丰现代农业科技有限公司等省内外知名企业进驻雷山投资开发；积极争取60万元财政贷款贴息补助企业2家（益明公司和苗家春公司）；动员和引导银枫公司、益明公司等企业积极申报产业子基金项目10家。引进培育企业11个，其中龙头企业7个。参与"企业+农户"模式发展的企业有28个，带动贫困人口3148人。培育扶持合作社、家庭农场等新型农村经营主体，通过"公司+基地+农户"等模式，积极发展壮大茶叶、中药材、黑毛猪等种养殖业。累计建立农民专业合作社388个，实现所有行政村农民专业合作社全覆盖，以"合作社+农户""公司+合作社+农户"模式发展，带动贫困人口48341人，贫困人口入社率达100%。

【产品产销】 自春风行动启动后，雷山县成立农产品产销对接工作专班，研究出台农产品产销对接和直采、直供实施方案。同时，继续强化农产品定向直通、直供，直销机关、学校、医院以及企事业单位的食堂，必须定向贫困村采购农产品，每一个贫困村有一个以上的农产品定向直通渠道。并全力推进"校农结合"，全县学校食堂向贫困村或贫困户采购农产品数量达到学校食堂采购总量的40%以上。年末，全县累计订单农业数量为259.34吨，其中学校143.86吨、超市50吨、东西部对口帮扶城市35.8吨。订单产品实际销售数量311.26吨，实现销售收入127.53万元。

【利益联结机制】 以农村"三变改革"和"三权分置"为切入点，在建立村级集体经济合作组织、整合财政投入和各种涉农资金，进一步壮大村级集体经济上下功夫，从而确保全县154个村的专业合作社实现100%全覆盖，全县建档立卡贫困户100%加入专业合作社并与合作社或企业建立利益联结机制。年末，与企业、合作社建立利益联结关系贫困户11078户，累计入股金额22068.59万元，其中土地折算金额10012.2万元，占45.37%；扶贫小额信贷资金7095万元，占32.15%；财政专项扶贫资金量化股金4961.39万元，占22.48%。带动贫困户经营性收入174.1万元，贫困人口就近务工获得劳务收入7451人。

【茶产业】 全县完成茶园肥培及除草等管理13万亩（次），按480元/亩现金直补的方式对全县2万亩低产茶园及幼龄茶园进行更新改造和抚育管理，重点以施用有机肥为主，辅以中耕除草等进行改造；宣传动员和组织茶农、茶企等茶园业主开展茶园投保工作，全县投保茶园面积3031.76亩，农户自缴保险费6.06万元。组织人员深入各个乡镇为茶农茶企提供技术支撑和业务服务，通过强化茶园肥培管理，实施低产茶园改造及幼龄抚育提升管理，全县茶园投产面积达12.71万亩，完成目标任务的129.7%。年末，全县茶园面积15.2万亩，完成茶产品产量0.39万吨，占任务0.39万吨的100%。茶叶产业综合产值为9.06亿元。茶叶产业带动贫困户3233户13700人增收，其中2018年度茶产业助推建档立卡贫困户脱贫668户2457人。

【畜牧业】 2018年，全县大牲畜存栏20745头，与2017年21280头同比下降2.51%；生猪存栏72181头，与2017年69822头同比增长3.36%，黑毛猪存栏61354头，其中能繁母猪存栏6297头；羊存栏9517只，与2017年9223只同比增长3.19%，禽存笼219748羽，与2017年208686羽同比增长5.3%。大牲畜出栏7142头，与2017年7024头同比增长1.68%；生猪出栏81147头，与2017年78212头同比增长3.75%，黑毛猪出栏68975头；羊出栏4002只，与2017年3661只同比增长9.31%，禽出笼258567羽，与2017年237860羽同比增长8.71%。肉产量达8226吨，与2017年7921吨同比增长3.85%，完成年任务数7937吨的103.25%，其中牛肉893吨，与2017年878吨同比增长3.71%；猪肉6694吨，与2017年6452吨同比增长3.71%；羊肉70吨，与2017年64吨同比增长9.37%；禽肉569吨，与2017年526吨同比增长7.56%。禽蛋1208吨，与2017年960吨同比增长5%。畜牧业总产值26010.6万元，全县畜牧业人均纯收入1734.04元，畜牧业增加值占比29%；水产品产量完成1030吨，与2017年1022吨同比增长0.78%。水产总产值1905.5万元。畜牧业覆盖建档立卡贫困户1.56万人，带动贫困户脱贫1335户4658人。

【中药材】 中药材主要种植有30余个品种，全县累计7万余亩（抚育面积2万亩），产量3.7万吨，产值3亿余元，药农年人均收入达3500余元。完成天麻种植面积2700亩，其中新增种植1500亩，产量达328吨。青钱柳种植面积3.7万亩，产量达2150吨、产值2000万元；药用玫瑰种植面积2200亩，产量110吨，产值1100万元。中药材新增种植面积2.79万亩，完成任务的100%。全县完成花卉种植面积4000亩，占州下达任务的200%。中药材带动贫困户脱贫296户1010人。

【菌产业】 全县充分利用山地和林下优势，大力推广栽培平菇、香菇、白玉木耳、冬荪等食用菌。2018年年末，食用菌生产规模完成628.26亩，完成全年目标任务600亩的104.71%，产量3000吨，占任务100%；完成产值2802.2万元，占任务100%。新建食用菌生产项目7个，涉及永乐、郎德、大塘、达地、方祥5个乡镇，累计用于食用菌财政专项扶贫资金1163.54万元，社会企业资金投入70余万元。其代表有郎德镇食用菌产业园，郎德镇以雷山县欧波农农旅合作总社为龙头，以村级合作社为载体，采取“合作总社+合作分社+贫困户”大抱团模式，大力发展食用菌、订单蔬菜等特色产业，覆盖贫困户797户，带动农民7000余人。同时还涌现雷山县广源冬荪产业发展中心、西江镇小龙村义宏伟香菇种植专业合作社、雷山县益康食用菌科技有限公司等一批食用菌生产经营新型主体。

【蔬菜产业】 全县蔬菜完成播种面积11.02万亩，占年度任务的100.13%，全年累计采收量14.33万吨，占全年采收量142890吨的100.27%；全年产值累计54946.3万元，占全年产值54869.8万元的100.1%。产品出田平均价3.84元/公斤。全县累计蔬菜项目资金投入298.97万元，涌现雷山县大塘镇三农综合开发专业合作社、雷山县郎德镇欧波农农旅专业合作社等。合作社带动蔬菜产业产销对接，促进蔬菜产业有序发展。蔬菜产业带动贫困人口增收2.8万人，实现脱贫105户469人。

【水果产业】 全县有果园面积5.44万亩，其中挂果面积2.51万亩，产生效益面积1.92万亩。全年新建精品果园2078亩，其中老果园提升改造450亩。2018年果品产量7061.2吨，产值3821.48万元；其中桃投产果面积117亩，产量74吨，出园价8元/公斤，产值59.2万元；李投产果面积74亩，产量64吨，出园价8元/公斤，产值51.2万元；杨梅投产果面积5000亩，产量680吨，出园价9元/公斤，产值612万元；及其他樱桃、枇杷等水果投产面积189亩，产量81.2吨。全县果品产业项目资金投入175.9万元，涉及3个乡镇西江镇红心蜜柚、葡萄种植；大塘镇美国大樱桃；郎德镇葡萄基地。水果产业覆盖建档立卡贫困户267户1026人，带动脱贫123户443人。

【土地确权】 全县农村土地确权登记颁证工作开展后，先后完成二轮承包档案摸底调查、户籍调查、航飞和影像图制作、外业勘界调查、二榜公示、合同签订、颁发证书、纠错补漏、档案整理等项工作。2018年6月13日在县政府五楼会议室召开省级检查验收总结会，全县农村土地确权登记颁证工作通过省级验收，完成合同签订33249户，颁发证书31422户，全县确权面积245528亩。

【“三变”改革】 全县行政村（居）共有154个，确定“三变”试点村71个，占行政村总数46.1%。贫困村共有71个，纳入“三变”试点村53个，占贫困村总数74.64%；深度贫困村共有34个，纳入“三变”试点村34个，占深度贫困村总数100%。以扶持壮大村集体经济为基础，全县71个试点村整合财政扶贫资金5488.83万元投入“三变”改革工作。形成股金4683.24万元，其中量化到村集体形成股金2525.79万元，量化到户形成股金2157.45万元，涉及农户8939户33568人，其中量化到贫困户形成股金1926万元，涉及贫困户4102户15769人。注册成立雷山县扶贫开发有限公司，注册资金1亿元，至2018年年末，完成融资3436.8万元，融资资金主要用于村产业扶持等方面。全县完成贫困户建档评级12441户，覆盖率100%，发放“特惠贷”26135万元，惠及贫困群众5227户，获得率42%。对全县建档立卡贫困户采取因户施策，尊重农户意愿，自发选择项目，以发展产业政府补助资金的方式，贫户通过发展产业实现资源变资产；全县获批资金1932.9万元，受益6443户，落实补贴1167户。

【合作社组建】 全县组建村支“两委”领办（党社联建）的农业专业合作社154家，占全县村数的100%；贫困村组建农业（扶贫）专业合作社71个，占贫困村100%；参加合作社贫困人口占100%。划拨入股资金（量化入股合作社）5140万元，覆盖全县合作社154个，其中40个试点贫困村合作社每村100万元（资金量化到贫困户，入股合作社），其余114个村合作社获得资金各10万元（资金量化到贫困户，入股合作社），实现合作社注入贫困户入股资金全覆盖。全县新增农民专业合作社15个，年末全县共有农民专业合作社388个，累计注册资金达45036.25万元，社员达1.98万户，带动3.1万户10.85万人。

【产品安监】 全年组织开展农产品质量安全监管及无公害农产品标志使用、茶叶用药用肥等专项检查57期次，累计参与执法人员194人（次），检查指导生产企业、农民专业合作组织和生产大户135个（次），发放生产记录本101本，与生产者签订安全生产承诺书76份。完成农药快速检测分析5573个，合格率达99.68%；对植株、水产品、畜产品定量检测204个，合格率100%；配合完成省、州监督例行抽送样153个；指导8个乡镇农产品质量安全监管站负责的监控点，累计完成上报检测数据39463条，组织企业开展农残自检236批次。组织完成无公害农产品产地认定种植业7.8万亩，畜牧业产地3个；完成无公害农产品产品认证11个，完成复查换证产品3个；完成绿色食品申报3个。巩固提升国家农产品质量安全县创建试点单位成果，雷山县国家农产品质量安全县创建工作于11月27顺利通过验收。

【龙头企业申报与管理】 2018年5月，组织申报州级农业产业化重点龙头企业2家，申报省级农业产业化重点龙头企业2家，于7月30日通过州农业产业化经营联席会议办公室的审批，雷山县金伟苗族创意有限公司和贵州雷公山仙女塘农业生态有限公司取得黔东南州农业产业化经营重点龙头企业资格。全县共有农业产业化重点龙头企业30家，第一至八批省级农业产业化重点龙头企业监测9家，除1家因运行不佳而自动放弃监测以外，其余经监测为合格。

【家庭农场】 2018年上半年，新增认定家庭农场

9家，全县共有226家，其中种植业19家，畜牧业194家，综合类13家。

【农产品展销】 2018年1月，组织参加杭州农产品展销会的企业有3家，在凯里蝴蝶谷参加由州农委主办的“2018年春节年货展”的有8家，在雷山县城九黎部落门口参加由县政府主办的“我的年货在雷山·赶年场”的合作社和家庭农场有14家；5月14日，县茶叶局组织参加杭州市茶博会的有脚尧公司、苗家春公司、毛克翕公司、福尧公司、老倪公司、大龙公司、敬旺公司、合兴公司；6月30日，组织茶企参加贵州省农委主办的“2018贵州特色农产品产销对接会暨产品展示展销活动”；7月，在佛山参加粤桂黔名优农产品食品展示会的企业有2家；8月，组织参加贵阳农博览会的企业有10家；9月，组织参加第五届中国凉都·六盘水特色农产品展销会博览会的企业有1家，参加贵州省十大优质特色粮油产品评选活动的企业有1家；11月，组织参加长沙农产品交易会的企业有4家，参加杭州市农博览会的企业有3家。这些活动的开展不断提高全县农特产品的知名度，拓展销售市场。

【农业执法】 全年参与检查农资市场429人次、市场180场次、经营户557户，发放宣传资料2.36万份；检查企业125个次，抽检茶叶和蔬果样品71个，其中茶叶25个，水果12个，蔬菜34个，部分样品检测完毕，检测结果均合格，部分样品待检；立案查处农药案件2起，结案2起，累计罚款4840元。

【新农村建设】 完成西江镇堡子村项目建设，项目实施55户，总投资60万元，项目待验收。完成大塘镇干角村项目，总投资50万元，项目待验收。大塘镇岩寨村项目建设总投资40万元，项目完成总工程量的20%。完成雷山县丹江镇猫猫河村黔东南黔森绿色生态产业开发实业有限公司繁育场大型沼气工程建设，项目总投资217万元，其中中央补助75万元，省级配套30万元，企业自筹资金112万元，项目试运行待验收。

【沼气检查】 定期或不定期抽查8个乡镇村寨沼气建设，其中抽查丹江镇10户、大塘镇10户、西江镇5户、郎德镇5户、望丰乡10户，并了解沼气建设的使用情况。随机抽查西江镇猫鼻岭村大坪子养殖场、南屏村玉忠养殖场、银枫生态农林养殖场，其中玉忠养殖场存在安全隐患，并责令限期整改。年内，在养殖场沼气建设项目区订制沼气安全警示牌50块，不断提高沼气项目区养殖户的安全意识。

【环境卫生检查】 年内，检查养殖场8个、专业合作社1个、乡镇蔬菜示范点2个、“四在农家·美丽乡村”新农村工程项目点1个、化肥农药农膜销售点3个；重点检查和治理化肥、农药、农膜、农用包装物、实验室和其他废弃物、畜禽粪便等污染。

【土壤检测】 开展详查点位土壤样品采样8个，并通过终端系统流转和送样到贵州医科大学。完成耕地质量变更调查土壤剖面采样工作，开展土壤剖面采样样品23个，送样到贵州煤田地质局检测得检测结果，并录入系统上报省农委。州农委下达的农资市场肥料样品春季抽检1个样，完成抽样2个，并送达州农委。

【农机主要指标】 全县农机总动力达15万千瓦，单位耕地面积拥有农机总动力0.62千瓦/亩，单位耕地面积拥有农业机械动力指数155%，完成机耕面积14万亩，机播面积0.5万亩，机插秧面积0.1万亩，机灌面积2万亩，机收面积2万亩。完成农机具推广2058台，其中办理农机补贴机具650台，兑现农机补贴资金35.97万元。争取得到茶叶农机化技术试验示范项目1个资金35万元，中央农机购置补贴资金40万元，省级农业行业事务管理经费5万元。

【农机安全生产】 为抓好安全宣传教育，搞好源头管理，强化安全隐患排查整治，巩固全国平安农机示范县工作成果，深入各乡（镇）乡村道路、农机具销售企业（网点）、农机作业集中场点进行安全检查89次。县政府与各乡镇人民政府签订《农机安全生产责任书》8份，县农机办与各农业服务中心签订《农机安全责任书》8份，各乡镇与拖拉机主签订《农机安全责任书》396份，出动监理人员2010余人次，开展安全生产和技术推广宣传培训16场（次），参加学习人员达2800余人次，年内无农机重特大事故发生。

【农机证件检验】 检验拖拉机261台，占全县应检拖拉机326台的80.01%，其中办理注销手续70台、办理报停手续2台、省内转出1台、变更申请34台、拖拉机省内转入4台。办理拖拉机驾驶证有效期满换证业务41件，驾驶证审验326件，补换申领驾驶证6件，省内转入5件，受理初次申领82件，变更身份信息2件。

【种子监管】 全县8个乡镇种子经营点分布：丹江镇10个、西江镇4个、郎德镇5个、永乐镇8个、望丰乡4个、大塘镇5个、达地水族乡4个、方祥乡3个。依法开展种子管理监督工作，全年备案登记受委托经营主要农作物种子经营户40户，经营点（门面）40个。两杂种子备案登记数量为7.29万公斤，同比减少0.31万公斤；其中杂交水稻种备案5.23万公斤，同比增加0.07万公斤；杂交玉米种备案2.06万公斤，同比减少0.38万公斤。在县内重复备案2.52万公斤，其中杂交水稻种子重复备案2.09万公斤；杂交玉米种子重复备案0.43万公斤。杂交种子销售共3.86万公斤，其中杂交水稻种子销售2.87万公斤；杂交玉米种子销售0.99万公斤。两杂种子品种种类分别为水稻种120个，同比少1个品种；玉米80个，同比少16个品种。委托销售企业分别为水稻21家，玉米19家，与2017年持平。

【脱贫攻坚】 除中央及省安排到县的财政专项扶贫资金和退耕还林专项资金外，还从州财政下拨的脱贫攻坚建设专项补助资金中安排不低于4000万元用于实施全县农业结构战略性调整，助推全县"一减四增"工作。除大部分经济林按照退耕还林相关政策补助外，农业产业结构调整其他替代玉米的农作物种植收获前，经县加快农业结构战略性调整助推脱贫攻坚工作领导小组办公室组织验收合格后，种植青钱柳以900元/亩的标准予以补助，种植葡萄等精品水果以800元/亩的标准予以补助，种植以白菜、萝卜、南瓜、辣椒、生姜等为主的大宗蔬菜以500元/亩的标准予以补助。年内，累计开展产业扶贫招商引资活动3次，主要赴上海、杭州、苏州等地开展产业招商活动；建成并投入使用的冷冻仓库有1110吨；绿野谷食品公司在大塘镇建冷库容量2000吨，并完成主体工程；开工建设乌开工业园区冷链仓储一体冷链物流中心，总面积2000平方米，容量500吨。全县建立"村社合一"农民专业合作社157个。

【举办农药经营人员培训班】 5月5日，为期7天的雷山县农药经营人员培训开班仪式在县职业技术学校举行，全县各乡镇的农药经营人员60余人参加培训。

农业园区

【概　况】 2018年，县农业园区管理办公室围绕县委、县政府中心工作，扎实做好农业园区建设各项工作，在园区基础设施、产业布局、品牌培育等都取得一定成效。稳步推进全县4个省级高效农业示范园区在基础设施、产业市场培育等方面的建设，累计争取和安排产业及配套基础设施建设等项目23个，资金32000万元，投入到园区的各种建设，受益行政村59个、贫困户3702户13435人，有力地助推全县脱贫攻坚工作。

【园区公路建设】 年内，结合大塘快速通道、"苗岭天路·花海幽谷"项目推进，雷山至西江、郎德至望丰公路拓宽项目续建工程，达地、大塘风电场等项目建设，采取"四结合"的办法，将临时通道与产业路相结合的方式建设，不断提升完善园区产业路、主要交通干线。

【产业培育】 2018年，在原来的基础上，根据园区示范带动作用，将产业集中成型，地域相连的望丰产业区纳入雷山生态茶园示范园区，统一规划、统一管理。生态茶园区示范园区面积从17.7万亩扩大到22.1万亩，主导产业——生态茶叶面积增加到6.8万亩。利用县委、县政府成功与省司法厅、合力超市等单位产销对接合作机遇，省委省人民政府提出的“一减四增”及县委、县政府推出的因户施策等一系列产业结构调整政策，加大推进各园区内农户种植蔬菜和发展黑毛猪、林下养鸡等产业的力度，季节性蔬菜种植完成5000亩；养殖大户、家庭养殖场有214户，生猪存栏35000头；随着省药材公司在雷山成立的黔晟公司和通过招商引进的安徽从零药业有限公司进驻雷山，园区中药产业面积初步成型。以贵州黔晟药业公司为代表，在大塘镇乔兑片区大力推广黄精、丹参、白及、青钱柳等种植，面积达6000余亩；以郎德镇杨柳食用菌产业园为代表的基地完成菌种种植23万棒，带动脱贫770户2480人。

【企业入驻】 全县入驻4个省级园区的企业达88家，专业合作社65个。纳入园区产值统计企业及合作社共299户。获得“三品一标认证”的经营主体有雷山县黔兴果品专业合作社（3种产品6个认证）、贵州省雷山县苗家春茶业有限公司、雷山县茗聚园茶叶专业合作社、贵州敬旺绿野食品有限公司、贵州省雷山县脚尧茶业有限公司、雷山县望丰乡乌江村茶叶专业合作社等21个，生产要素、企业向园区聚集初步形成。

【招商引资】 年内招商引资项目12个，签约资金163400万元。落地并投入生产的雷山九丰现代农业科技有限公司在雷山大塘镇新塘的九丰农业园项目完成工程量80%，规模初显成效，吸纳当地群众就业务工26人，月工资平均2300元；实训基地培训农民，不断提高农民农业科技水平，成为雷山产业结构调整，实现农业升级的一个窗口，高效产业基地的示范带动初步得到体现，为在山区推行现代化农业起到示范作用。

【重点项目建设】 年内，在参与雷山大塘九丰生态观光农业园项目的建设中，深入检查指导、上承下接做好沟通协调工作。由政府负责完成该项目基础场平、区内公路建设和水电配套，由九丰公司负责地上大棚部分建设，安装智能大棚太阳玻板，地下供水系统、通风、保温保湿系统；玻璃栈道、棚内布局规划正在设计。建成生产大棚16个，总面积29000平方米。自5月起，产品有14个计22000平方米的大棚陆续种上黄瓜、丝瓜、西红柿；6月1日出产，产品陆续投放凯里、贵阳等地，市场销量较好。截至10月底，九丰果蔬出产17.5万公斤，销售收入达45万元。同时，项目吸纳附近村民就业26人，发放劳务工资10万余元；基地长期用工25人（贫困人员8人），发放工资15万元，人均月工资达2200元。年内，基本完成雷山县野生果蔬及浓缩果汁精加工项目。

【州级园区申报】 根据产业布局和群众意愿，于2018年4月下旬向州农委申报州级园区两个，即大塘乔兑中药村产业园区和郎德杨柳食用菌产业园，并获批复。

【县级园区建设】 按照县委县政府的要求，全县8个乡镇都建设一个以上县级产业园区，县级园区面积达338.6平方公里。认真指导各乡镇做好县级农业园区规划建设，组织各乡镇分管园区工作领导、相关工作人员、园区内部分企业负责人、村干代表到其他园区考察学习。稳步推进永乐冷坳中药村产业、高桢大棚蔬菜种植、郎德食用菌、望丰玫瑰花种植园、牡丹园等基地建设，“企业+基地”模式实现互动互促的良好发展。稳步发展茶叶、果蔬、中药材特色种植业等产业，脱贫增收支撑作用逐步显现，为全县脱贫奠定良好的基础。

【园区宣传】 利用“贵州省现代高效农业示范园区网”，加强宣传全县农业园区建设动态。至10月，全县4个园区网络平台累计发布动态信息40期72篇次；传播农业科技知识20篇63次；登载招商引资及其他优惠政策资料43份142次；公示招商项目信息20个；登载供求信息及产品信息42批次。

【脱贫攻坚】 认真开展结对帮扶工作。春节前，组织干部自筹资金4000余元，慰问帮扶户。年内，帮扶的新联村低保、教育资助、以奖代补、医疗救助等惠民政策和扶贫措施得到有效落实，易地扶贫搬迁安置16户，危房改造完成25户，“因户施策”落实108户，产业扶持89户216人。2018年，新联村脱贫71户289人。

农业机械

【概　况】 2018年，雷山县农机服务中心认真抓好农机技术推广、项目建设、农机安全等各项工作，农业机械得到进一步的推广，农机管理有序推进，安全生产工作得到不断强化，农机各项工作取得较好的成绩。完成农机具推广2058台，完成任务数2000台的103%，其中办理农机补贴机具650台，兑现农机补贴资金35.97万元，全县农机总动力达15万千瓦，单位耕地面积拥有农机总动力0.62（千瓦/亩），单位耕地面积拥有农业机械动力指数155%；完成农机技术培训2050人，完成任务数2000人的103%；机耕面积14万亩，机播面积0.5万亩，机插秧面积0.1万亩，机灌面积2万亩，机收面积2万亩。

【农机项目】 年内，累计争取项目资金80万元，其中茶叶农机化技术试验示范项目1个35万元，中央农机购置补贴资金40万元，2018省级农业行业事务管理经费5万元，完成任务数40万元的200%。年末，购置茶叶加工机具12台（套）、茶园管理机械33台（套）。

【平安农机】 抓好安全宣传教育，搞好源头管理，强化安全隐患排查整治，巩固全国平安农机示范县工作成果。深入各乡（镇）乡村道路、农机具销售企业（网点）、农机作业集中场点进行安全检查89次。雷山县人民政府与各乡镇人民政府签订《雷山县农机安全生产责任书》8份，雷山县农机办与各乡镇农业服务中心签订《农机安全生产责任书》8份，各乡镇与拖拉机主签订《农机安全责任书》396份。出动监理人员2010余人次，开展安全生产和技术推广宣传培训16场（次），参加学习人员达2800余人次，全年无农机重特大事故。

【农机检验】 检验拖拉机279台，占全县应检拖拉机326台的85.58%，其中办理注销手续70台、办理报停手续2台、省内转出1台。变更申请34台，拖拉机省内转入4台，办理拖拉机驾驶证有效期满换证业务46证，驾驶证审验331证，补换申请驾驶证7证，省内转入5证，受理初次申请领91证，变更身份信息2证。

【脱贫攻坚】 在脱贫攻坚工作中，春节前夕慰问掌雷村贫困户79户，送去粮油、水果等物资，折合现金7900元，资助掌雷村开展农机购置补贴和农机安全宣传工作经费3000元，帮扶干部为贫困户购置床、碗柜等生活用品折合资金9000元。将县农机办一楼库房无偿提供给掌雷村合作社，开设“雷山味道——掌雷黑毛猪专卖店”，确保掌雷黑毛猪销售有保障。驻村干部带领村民整治村环境卫生，建成村茶叶加工厂1个、蔬菜大棚17个，种植香菇2万棒，完成易地扶贫搬迁工作任务。

【雷山县荣获全国“平安农机”示范县称号】 1月3日，农业部、国家安监总局联合发布“2017年度全国平安农机示范县”，雷山县名列其中。2018年末，雷山县拥有各种农业机械5.73万台（套），农机总动力达17万千瓦，单位耕地面积拥有农业机械动力 0.74 千瓦 / 亩。永乐镇、郎德镇、达地水族乡成功创建平安农机示范乡镇，同时成功创建平安农机示范村 16 个。

县畜牧渔业办公室

【概　况】 2018 年，县畜牧渔业办公室以畜牧渔业增效、农民增收为出发点，以提高畜产品质量和效益为中心，加快规模化养殖步伐，不断提高饲养管理水平，确保全县畜牧业健康稳步发展，强力助推脱贫攻坚工作。全县年末大牲畜存栏 20745 头，生猪存栏 8.3 万头（能繁母猪存栏 6297 头），羊存栏 9517 只，禽存笼 23.84 万羽。大牲畜出栏 7142 头，生猪出栏 10.01 万头，羊出栏 4002 只，禽出笼 36.16 万羽。肉产量达 9800 吨，其中牛肉 893 吨、猪肉 8259 吨、羊肉 70 吨、禽肉 578 吨，禽蛋 1208 吨。畜牧业（饲养量）产值 48600.5 万元，生产产值（出栏、出笼）29706 万元，全县畜牧业人均纯收入 1980 元，畜牧业增加值占比 29%；水产品产量完成 1030 吨，比 2017 年 1022 吨增长 0.78%。水产总产值 1905.5 万元。全县年饲养量 100 头以上的生猪规模养殖场、家庭农场（户）发展到 140 个，全县黑毛猪养殖占全县生猪饲养量的 85% 以上；年牛饲养量 10 头以上的养殖场累计发展到 59 户，年羊饲养量 50 只以上的养殖场累计发展到 34 户；年禽饲养量 500 羽以上的养殖场累计发展到 54 户。

【特色养殖】 全县累计有大鲵养殖场 8 个，养殖面积 5484 平方米，存池大鲵 3179 尾；棘胸蛙养殖场 6 个，养殖面积约 8 亩；野猪养殖 2 家，存栏 100 余头，出栏野猪 315 头；竹鼠养殖 17 户，存笼 4106 只，出笼 4513 只；养殖蜜蜂 82 家共 3192 箱，产蜂蜜 18152 公斤；梅花鹿养殖 3 家，存栏 282 头；特种禽养殖（旱鸭、斗鸡、孔雀、山鸡和鹅）规模饲养有 44 户。

【畜牧执法】 与经营兽药和饲料的经营户签订责任书共 22 份，与全县规模较大的畜禽养殖场签订责任书共 190 份。编发《雷山县人民政府关于严厉打击境内水域非法捕捞渔业行为的通告》，并在雷山县广播电视台播放；在禁渔期共制作禁渔标语横幅 65 幅，重点张贴在全县 8 个乡镇的主要河段；渔业渔政股加强加对全县主要河段的巡查，累计参与执法 89 人次，查处非法捕捞渔业事件 1 起。由畜牧综合执法大队、兽医股共同对全县的兽药经营户、饲料及饲料添加剂经营户和规模较大的养殖场开展兽药经营、使用常规检查，年内累计参与执法 92 人次，未发现违法行为。

【环保整改】 完成中央督察组反馈望丰乡、西江镇两家规模畜禽养殖污染问题整改，销号材料上报州省有关部门备案；完成保护区内的两个养殖场的强拆清理工作，材料待报相关部门销号；方祥乡毛坪村脚访自然寨内的养殖场处理完毕。严格要求对新建养殖场执行环保“三同时”，做好污染防治，不断加强养殖场粪污排放监管。组织编制《雷山县“十三五”山地生态畜牧业发展规划》，完成规划环评工作。全县开展规模养殖场畜禽粪污资源化利用试点整治 10 个，年底验收。

【草地清查】 组织人员完成天然草地样地清查 26 个，其中改良草地样地 2 个，人工草地样地 3 个，非草地类样地 2 个；入户调查 10 户，完成任务数的 100%；8 月 24 日将调查数据整理上报州站。

【农污普查】 开展第二次全国农业污染源普查工作，由乡镇、村对所辖区内畜禽规模养殖场、散养户进行污染源普查，抽样普查共计 21 户（场）点，分布在 7 个乡镇。完成野外作业，进行业内报表、系统操作；调查填报好畜禽养殖源普查报表、水产养殖源普查报表，并于 10 月 31 日前上报材料。

【脱贫攻坚】 全年对帮扶村投入产业发展资金近 100 万元，建成黑毛猪养殖示范基地 4 个，帮助困难党员和计生困难户发展产业，帮扶工作总体成效明显。

生态建设

【概　况】 2018年，始终坚持脱贫攻坚统领经济社会发展工作全局，认真贯彻落实中央、省、州、县的重大决策部署，以保护和建设更好的生态环境，增加群众经济收入，提升群众满意度为目标，认真开展生态文明建设各项工作。

【护林补助发放】 完成聘用新增省级财政资金生态护林员205名，续聘第一批中央财政资金生态护林员232名，并按时发放护林补助。积极向上级林业主管部门争取再获生态护林员指标160名。2018年底，全县生态护林员达597名，累计获得中央和省级资金597万元，全部投入解决建档立卡贫困人口收入短板问题共597户2100余人。

【林补兑现】 累计兑现2018年度公益林补助资金1253.62万元，惠及全县8个乡镇17695户70750余人，其中建档立卡贫困人口6100户24758人。兑现2018年上一轮退耕还林补助资金231.43万元，覆盖带动11926户52693人增收，其中建档立卡贫困人口3348户14005人。

【生态项目】 投资1616万元，完成新一轮退耕还林项目建设1.01万亩。投资2000余万元，完成人工造林1.92万亩，建成特色生态产业青钱柳种植面积1.8万亩。投资8240万元，完成传统村落农村环境综合整治项目建设53个。

【森林投保】 投入155.79万元，完成公益林投保51.93万亩，涉及建档立卡贫困户4548户。投入19.5万元，完成全县建档立卡贫困户所属商品林投保6.5万亩，涉及建档立卡贫困户9314户。

【环保督察问题整改】 认真落实中央环保督察反馈问题的整改工作，完成督察反馈问题整改19个，解决一批遗留的环境问题。清理借欠国家资金，累计核销220.94万元，未核销241.94万元。

【环境保护】 通过“六个严禁”专项执法行动，对省林业局配发的801个疑似非法占用林地和采伐林木图斑逐一核实，构成涉林案240件，其中刑事案件124件，行政案件116件，年度涉林案件线索核实率、涉林行政案件查结率、涉林刑事案件移送率和往年度涉林案件行政处罚执行率“四率”均为100%。通过环境保护“六个一律”专项执法行动，累计查处环境污染案件10起，处罚金额23万元，查封污染企业1家。各相关部门、单位拟建项目积极办理建设项目征占用林地手续和提供环境影响评价报告，全年审核审批项目环评报告书1个、报告表23个，备案登记表73个，审核审批项目占用林地16个。

【污染治理】 完成县城高污染禁燃区划定；进一步加强噪声和油烟污染治理，全面检查县城及西江景区娱乐场所，在烧烤门面摊点等重点区域着力整治餐饮行业油烟，规范安装隔音设备和油烟净化处理器等，处理娱乐场所噪声污染投诉35件，满意率为100%。检查整治餐饮烧烤门面摊点油烟110家、污染企业22家，责令停业整顿20家，下达责令整改文书20份。精准监测县城空气质量，县城环境空气质量综合指数为2.37，优良天数率为99.7%。严格执行污染物总量减排制度，定期检查县城污水处理厂、永乐镇污水处理厂和西江镇污水处理厂，并及时处理存在的问题，各项指标均达到目标任务。加强水源保护地的保护和水质监测，1000人以上集中式饮用水源水质达标率为100%，区域河流监控监测断面水质达到Ⅲ类以上地表水标准。全面完成传统村落农村环境综合整治项目建设53个，农村污水治理得到解决。按照省、州要求，扎实开展土壤污染状况详查工作，完成采集调查重点行业企业基础数据。开展全国第二次污染源普查工作，完成污染源清查点位982个，完成污染源普查点位148个。

水务管理

【概　况】 2018年，县水务局围绕全县减贫摘帽目标，积极推进水库、水利、农村饮水项目建设，各方面的工作取得新的进展。2018年水务投资任务共计3.5亿元，其中水利建设完成投资3亿元，水务建设完成投资0.5亿元；实际到位资金13831.08万元，其中中央资金10861.08万元，省级资金2086万元，地方配套884万元；完成投资6600万元，完成率48%。

【水库建设】 大力抓好在建骨干水源工程建设，改善群众用水条件，为实现2020年“乡乡有稳定水源”目标创造条件。2018年，继续实施鸡鸠水库、西江水库、望丰水库、翁养水库四座骨干水源工程建设，累计到位资金共79196万元，其中中央资金47960万元，省级资金23556万元，地方配套资金7680万元，累计完成形象投资61468.67万元。项目建成后，将解决凯里市城区、雷山县县城、西江镇、丹江镇、郎德镇近15万人的饮水安全问题和灌溉农田3000亩。

【村饮提升工程实施】 为实现农村人口“饮水不愁”目标，雷山县全力推进2018年农村饮水安全巩固提升工程，项目总投资3208.14万元，解决全县8个乡镇60个村12606户4.99万人（建档立卡贫困户4420户1.99万人）安全饮水问题。总工程基本完工，在开展村级验收工作。

【灌溉设施改造】 投入专项资金2002.64万元，实施大塘镇农田水利设施项目和黔东南州雷山巴拉河灌区节水配套改造项目，改善和恢复灌溉面积10430亩，工程进度分别完成95%和90%。

【河道治理】 2018年，以改善河道生态环境和提高河道行洪能力为目标，投入资金3453.08万元，实施丹江河治理工程，有效综合治理河道长度8.85公里，受益人口0.2万人，保护农田0.15万亩，排涝面积达0.15万亩，总工程完成30%。

【水土保持】 2018年投入专项资金700万元，建设2018年国家水土保持重点工程雷山县丹江河小流域治理项目。项目区主要位于雷山县丹江镇掌排村和西门村，治理水土流失面积1400公顷。项目设计治理水土流失面积1400公顷，其中保土耕作590.72公顷，配套发展经济林63.34公顷，封禁治理745.94公顷。配套建设高位蓄水池13口，沉沙池11口，建泵房1座、供水管道625米、输水管道365米，修机耕道3220米，作业便道1507米，立流域标志牌1座、封禁碑牌7块，建休闲亭5座。工程于2018年4月11日开工建设，经上级业务部门的指导及参建各方共同努力，工程完成进度71%。

【工程质量安全检查】 认真传达和落实上级有关单位关于质量与安全生产工作的部署，全力抓好工程质量、施工安全、防汛安全等安全生产工作，切实将安全生产行业监管责任落到实处。年末，累计组织安全生产检查85次，检查企业53家次，发现安全隐患79处，整改79次，整改完成率100%。全县无工程质量事故和安全生产事故发生。

【工程管理】 在水利工程施工中，建立健全的水利工程施工质量管理体系，严格规范水利建设管理，严格执行水利工程施工方案，水利工程设计变更报批制，保证水利工程的整体质量；深入农村饮水安全工程、水库建设、小农水等水利项目工地，针对施工单位和广大农民工，广泛宣传《中华人民共和国劳动法》等法律法规和有关政策，发放宣传资料800余份，群众咨询50余人，提高用人单位和劳动者特别是广大农民工的法律意识，全县涉及水利工程项目施工用人单位暂无拖欠工程款、拖欠农民工工资情况。

【防汛抗旱】 入汛后，扎实开展防汛抗旱工作，严格落实24小时值班值守工作制度和“三个责任人”和“三项基本要求”，启用《县级山洪灾害防治县级非工程措施预警平台》发布重要汛情灾情覆盖2.24万人次，组建县级检查组4个，参与检查32人次，乡镇部门级检查组有108个，参与检查324人次，检查水库水电站10座、学校88所、堤防11处、山洪灾害易发区11个、人口密集区域12个、其他检查20处。共查处隐患22处。

下发整改通知20个，及时督促相关乡镇、部门和业主、施工单位进行整改，并将整改结果限期上报县防办，随时跟踪隐患整改落实情况，做到事事有回音。

【河长落实】 按照省州《全面推进河长制工作方案》的要求，全面建立区域与流域相结合的以县、乡、村三级“河长”为主要内容的“河长制”组织体系，及时印发《雷山县全面推行河长制工作方案》《雷山县丹江镇全面推行河长制工作实施方案》及各项配套制度，梳理确定县、乡、村三级责任河长名录。全县共有河长171名，其中县级河长7名、乡（镇）级河长20名、村级河长144名，基本实现区域内所有河流河长全覆盖。截至2018年第三季度，县级河长累计巡河14次，乡级河长巡河120次；按照省州相关文件要求，先后组织开展固体废物大排查专项行动、河湖管理保护联合执法及督导检查、黑臭水体排查等活动，累计排查出涉水涉河水事问题13起，并要求限期整改完成；长江经济带固体废物清理整治排查登记1起并责令整改，计划年底完成；河湖采砂排查发现永乐河段1处并按要求整改完毕；河湖“清四乱”专项行动中排查3起，最迟于2019年汛前整改完成。自启动“河长制”工作后，累计开展相关主题宣传活动6场次，制作宣传横幅标语、展板230条（个），制作河长制工作宣传手册800份，宣传挂历3000份；至9月，委托设计单位，完成黄里河等5条河流“一河一策”方案的编制审批工作。

【水务改革】 通过整合原有涉水资产，将水务物业公司、源发公司合并至县水务投资公司，构建联合调度运营的水务一体化平台，初步实现县城供水、污水提标改造的科学管理和高效运行。积极探索水价改革发展模式，将西江、永乐两个乡镇的供水工程作为试点，按照居民用水、商业用水标准收取水费，对城镇供用水实行商品化运作，逐步形成“以水养水”的发展模式。

【水法宣传】 认真落实最严格水资源管理制度，强化水法宣传工作，充分利用“世界水日”“中国水周”宣传活动等时机，在城区街道设立宣传点3场次，悬挂宣传横幅5条，组织宣传车下乡巡回宣传4天，覆盖8个乡镇和各采砂场及涉河施工单位，制作采砂禁令标志3处，刷写大标语19幅，张贴标语100多条。同时以河道管理案例为教材，年内对采砂承包人进行集中学习培训1次，解答群众提出的问题咨询60多条次。采取定期和不定期方式巡查水事违法行为，出动车60余辆次，参与执法200人次。经排查，立案查处水事违法案件4起，其中2017年遗留案件2起，新增案件2起，结案3起，结案率为75%。在涉水行政执法中，经做思想工作主动拆除未立案的有8起；完成对丹江河两岸的餐饮、烧烤店的全面摸底排查、台账记录、整改通知书下发等工作。

【水生态建设】 根据《贵州省水利厅关于做好第一批省级水生态文明建设试点验收工作的通知》（黔水资〔2018〕15号）的要求，由雷山县水生态文明建设试点县工作领导小组和黔东南州水务局完成雷山县省级水生态文明建设试点县的初步验收工作。

【污水处理】 2018年5月，为切实抓好中央环保督察反馈意见以及州人民政府领导的批示精神，投入资金200万元，完成雷山县城一期污水处理厂提标改造，使该厂排放标准由原来的城市一级B标提升为城市一级A标。为全面提高雷山县城污水收集能力，改善县城居住环境，先后委托设计单位编制完成《雷山县城镇污水处理二期工程》《雷山县城污水管网改扩建工程》。城镇污水处理二期工程项目中央预算内资金到位1700万元，完成大塘镇污水处理厂征地、地勘、场平工作，完成郎德镇污水处理厂址选定及报批工作。《雷山县城污水管网改扩建工程》可研方案于2017年8月24日经州发改局批复，项目批复总投资6563.71万元，改扩建污水管网32.32公里，主要解决雷山县城的污水收集管网问题，初步设计正待审批中。这两个工程实施完成后，将基本解决县城及周边村寨的污水收集和排污不畅通问题。

【脱贫攻坚】 资助掌坳、小河、平寨、鸡鸠4个帮扶村饮水管道共计21091米，新建成蓄水池、消毒房等建筑物共9座；在2018年干旱季节，资助小河村饮水管道1500米，切实解决该村贫困户喝水难问题；元旦前期到掌坳等帮扶村开展慰问活动，重点慰问贫困党员和贫困计生户，慰问金5000元；建党97周年期间，慰问帮扶村困难党员和退休党员干部，慰问金1800元。

【雷山县丹江河治理工程破土动工】 4月9日，巴拉河流域丹江河段现场机械正有序施工，拉开雷山县丹江河治理工程建设序幕。工程项目治理河段主要从县城二中桥至教厂桥段主河道以及羊排河、鸡勇沟、陶尧河支流河段，建设内容为采用新建护岸、河道清淤等措施治理，河道综合治理长度8.845公里，新建堤防8.376公里，河道清淤长度8.845公里。

茶叶发展

【概　况】 2018年，全县茶园面积15.22万亩，其中可采摘面积12.71万亩。茶青产量17572.5吨，产品产量3905吨，占目标任务数的108.47%；产品产值为55451万元，茶叶产业综合产值为105026.6万元，占目标任务数的100.03%。产品销售3610吨，销售收入为51262万元。2018年茶产业带动贫困户脱贫119户504人。茶产业覆盖全县8个乡镇132个村。全县注册茶叶企业156家，其中获得QS认证生产茶企25家，省级龙头企业5家，州级龙头企业7家，州级示范社1家，获得对外贸易经营资格2家，初级加工厂54家，有茶叶检测机构2家，有清洁化生产线15条，获有茶叶生产与加工技术职称135人，茶叶年加工能力达4000吨以上。

【新建茶地】 根据《关于印发2018年茶叶基地建设与管理实施方案的通知》精神，新建茶园按连片面积达50亩以上以先建后补方式进行。围绕集中连片、重点扶持的原则，完成茶园新建连片基地面积100亩，其中大塘镇30亩，达地水族乡70亩，待验收合格后，予以兑现补助。

【茶园改造】 2017年12月，县人民政府办公室下发《关于印发雷山县2018年茶园基地建设与管理实施方案的通知》，把2万亩的低产茶园改造与幼龄抚育管理提升工作任务明确落实到乡镇、村、组、农户，验收合格的给予480元/亩的补助，以调动广大茶农种茶积极性。2018年低产茶园改造提升与幼龄茶园管护工作完成20319.67亩，占目标任务数102%。

【茶园保险】 强化茶园保险工作，积极组织和宣传动员茶农、茶企等茶园业主开展茶园投保工作，转移化解茶园受灾风险。全县茶园投保面积3554.26亩，2018年5月初核实受损面积为2480.5亩，并开展兑现茶叶保险赔付工作，茶农获得赔付资金总额为99.24万元。

【茶叶培训】 2018年开展茶叶种植、病虫害及茶艺和加工培训达1335人次，占目标任务数的111.25%，其中评茶及茶艺培训1期30人，手工炒茶培训1期35人，茶叶种植及病虫害防治等适用技术培训1270人次。

【茶叶项目建设】 投资89.12万元（其中茶叶产业发展资金60万元），在脚尧、乌尧、满天星等地完成2017年"两办"用茶供应基地冬季封园管理项目建设，基地规模为420亩。投资30万元，建设县茶产品展示及茶艺培训中心，展厅装修完毕。吉利控股集团投资2000万元的雷山县茶旅文化扶贫示范项目，建设年产量210吨（其中绿茶50吨，红茶50吨，大宗茶110吨）茶叶加工厂，厂房面积1219.9平方米，办公楼面积500.7平方米，设备用房面积104平方米，门卫室面积25平方米，流转茶园基地242.8亩；成立贵州雷山茶业实业有限公司，10 月 10 日大宗茶生产线设备运到厂房，并安装试产绿茶 28 公斤，红茶 4 公斤。

【茶叶加工】 按照“企业（初级加工厂）+ 农户 + 基地”模式，积极培育及引进茶叶加工企业，强化茶企生产能力和加工技术水平。年内新建成初级加工厂 8 个，即和平、开屯、高庄、荣防、乌尧、达地、猫鼻岭、里勇 8 个村茶叶加工厂。

【茶叶品牌宣传】 围绕打造雷公山银球茶和雷公山清明茶两个品牌，坚持“以旅促茶、茶旅互动”的理念，积极开展茶叶品牌宣传推介工作以及茶产品展示展销，不断提升雷山茶叶品牌知名度。年内先后组织茶企外出参加贵州湄潭、杭州、重庆等茶博推荐活动 4 次，参与企业 26 家次，完成现场交易额 80 余万元，发放茶旅宣传折页资料 4 万余份，招商引资宣传画册 1 万余份。充分利用移动端媒体和电视台宣传雷公山茶品牌，分别在今日头条、微信、重庆时报、重庆电视台、杭州电视台、雷山电视台、新华网等新闻媒体平台宣传雷山县茶叶品牌，总播报宣传量达 100 余次，新媒体端客户阅读量达 1000 万余次。

【茶叶品质评比】 2018 年 4 月，贵州省雷山县毛克翕茶业有限公司生产车间被中华全国总工会命名为“工人先锋号”；2018 年 5 月，贵州苗岭醉美人茶业有限公司在“太极古茶杯”贵州省第二届古树茶斗茶赛中荣获优秀奖；2018 年 5 月，贵州雷公山茶业有限公司选送的银球牌雷山银球茶（一级）荣获中国（上海）国际茶业博览会评比金奖；2018 年 6 月，雷山县脚尧茶业有限公司选送的脚尧牌清明茶在 2018 年北京国际茶叶展、北京马连道国际茶文化展、梧州六堡茶文化节茶叶产品推选活动中荣获金奖；2018 年 6 月，雷山县苗家春茶业有限公司生产的苗家春高康杯杯香牌银球茶、炒青绿茶、尖茶，被选为中国茶叶学会“评茶师、茶艺师”教学指导茶样；贵州苗岭醉美人茶业有限公司选送的香茶醉美人牌“醉美人红茶”在第八届国际鼎承茶王赛中荣获红茶组特别金奖；2018 年 12 月，雷山县绿叶香茶业有限公司绿烨香牌入选贵州省 2018 年度消费者最喜爱的贵州绿茶品牌。

【雷山县组团参加 2018 中国 · 贵州国际茶文化节】 5 月 6 日，由贵州省人民政府、中国国际茶文化研究会、中国茶叶流通协会联合主办的 2018 中国 · 贵州国际茶文化节暨茶产业博览会在湄潭县举行。雷山县组团选送 9 家茶企优质茶产品参加各项评比及交流展示活动。

【雷山银球茶获第六届“黔茶杯”评比一等奖】 8 月 8 日，2018 年第六届“黔茶杯”评比结果出炉，雷山县选送的“毛克翕特级银球茶”茶样荣获一等奖。

雷公山自然保护区管理

【概　况】 2018 年，雷公山保护区管理局完成天然林资源保护工程和公益林管护面积 68.84 万亩。全年无森林火灾发生。提前兑现 2018 年生态补偿资金 739.26 万元，惠及区内 4 县 10 个乡镇 43 个行政村 4462 户；共立林业刑事案件 6 起，侦破 6 起，抓获犯罪嫌疑人 7 人。共发生林业行政案件 12 起，查处 12 起，行政处罚 13 人次，案件查处率达 100%；据最新“二类调查”数据成果，保护区有林地面积由 2006 年的 62.84 万亩增加到 2018 年的 65.38 万亩，森林覆盖率从 2006 年的 88.76% 上升到 2018 年的 92.34%，活立木蓄积由 2006 年的 345.47 万立方米增加到 2018 年的 416.46 万立方米，生物种类从 2006 年查明的 5084 种，增加到 2018 年查明的 5161 种，实现有林地面积、森林覆盖率、活立木蓄积、生物种类四大指标同步增长；启动森林公安分局业务技术用房项目申报，申报项目资金 260 万元。完成 100 万元中央林业发展改革国家级保护区能力建设项目申报，获省林业局批复实施。完成林业项目投资储备库项目编报 13 个，申报项目资金 3.57

亿元。完成编报“金叶台湾杉等极度濒危野生植物拯救保护设施设备建设项目实施方案”，获省林业局支持项目资金25万元。完成设施设备采购项目120万元，采购计算机、无人机等92台/套。完成林业国家级自然保护区补助资金项目9万元，采购红外相机55台。完成环卫设施项目5.7万元，采购垃圾桶360个。完成管理局业务用房维修改造项目13.7万元，对局机关院落基础设施进行改造维修。完成西江管理站站房维修项目二期工程16万元；投入37万元增密天保工程宣传碑牌，建立永久性界桩界碑、宣传碑牌、警示标牌152块（个）。投入20多万元购置6台空中无人机。管理局工会获2018年度全州工会业务工作考评一等奖。全年发现动物新记录1种、植物新记录5种，发表科研论文8篇。时隔34年后，再次在雷公山自然保护区内发现野生国家二级保护动物“亚洲黑熊”。

【资源保护与管理】 2018年，管理局与各基层管理站（场）签订森林管护责任书7份，管理站（场）与片区负责人签订森林管护责任书37份，与护林员签订管护协议70份，与林农签订管护协议4299份，落实公益林管护面积68.84万亩；完成2018年度68.84万亩森林保险投保工作，保费206.52万元，保险金额为6.88亿元。积极做好交密、小丹江片区641.77亩林地受灾损失理赔工作，共兑现理赔资金33.48万元，涉及农户21户；配合地方政府完成林权纠纷调处1宗，面积1276.79亩，兑现滞留生态补偿金13.09万元。除存在林权纠纷部分无法兑现外，兑现2018年度生态补偿金739.26万元，惠及区内4县10个乡镇43个行政村4462户；招聘6人组成雷公山森林管护巡逻中队，加强雷山至小丹江等重点区域公路沿线的常态化巡逻检查。投入37万元增密天保工程宣传碑牌，建立永久性界桩界碑、宣传碑牌、警示标牌152块（个）；初步建成数字化保护区智慧管理系统平台，在重点林区安装11个森林防火监控转台，在重点村寨、重要路口安装网络球机48个、红外枪机44个，适时对林情、社情进行监控管理。投入20多万元配置6台空中无人机，加强资源的立体巡查。在百户以上村寨安装远程无线喇叭，自动定时开展生态保护法规和政策宣传。制定科学的巡护路线，利用野外巡护系统对100多名林政员、护林员进行巡护管理。实现“山头有转台、路口有探头、林下有人巡、空中有无人机”的立体智慧管理目标；圆满完成中央环保督察专项工作，完成区内村寨集中居住区生活垃圾、生活污水收集处理等环境基础设施建设，完成雀鸟村奇新特种养殖场、兴华黑毛猪养殖场拆除工作，完成大塘湾水厂新扩建房屋拆除及生产线的搬迁工作，完成核心区乔仿自然寨14户48人（含3户养殖场）搬迁工作；深入开展森林保护“六个严禁”等专项行动，全年共立林业刑事案件6起，侦破6起，抓获犯罪嫌疑人7人（其中刑拘网上在逃人员1人，逮捕1人，移送起诉5起6人）。发生林业行政案件12起，查处12起，行政处罚13人次，案件查处率达100%；开展打击破坏野生动物、候鸟迁徙等违法犯罪专项行动，共清理捕鸟网15张，协同州、县（市）林业部门救护、放生野生动物16次40只（条）。开展候鸟和野猪非洲猪瘟等野生动物疫源疫病监测防控工作，未发现野生动物疫病疫情。完成林业有害生物越冬代调查和松材线虫病春、秋季普查面积5.67万亩，开展线路踏查34条，调查样地35个，区内未发生重度危害情况。在区内发现国家二级保护野生动物黑熊和疑似顶级食肉动物伤害山羊事件后，及时加强野生动物保护宣传，并加大红外相机监测力度；森林防火严管期间，组建局机关和基层管理站共7个应急分队，健全森防工作预案，局森防办、各基层管理站（场）坚持24小时值班备勤，并安排专人通过森林防火视频智能监控系统对林区进行24小时不间断监控。全年共组织召开区内乡

（镇）、村、组三级森林防火会议 76 次，进校园宣传 30 次，悬挂横幅 170 幅，张贴防火通告 400 张，张贴防火标语 2080 条，发放宣传资料 10000 余份，签订防火责任状 290 份，签订防火监管协议 136 份。开展防火培训演练 26 次，培训人员 260 人。设立防火卡点 32 个，收缴火源 198 个。野外巡查 1896 人次，车辆巡查 530 台次。查处违规用火 1 起，由村规民约处罚 1000 元。挤出经费 16 万元为防火应急分队（含各村义务消防队员）采购防火服、鞋帽、电筒 704 套，为各管理站配发喊话器、柴刀、防火拖把等物资。投入 7.73 万元，组织文艺队深入区内 4 县 7 个乡镇 17 个村开展森林防火文艺巡回演出 17 场，宣传教育群众 5000 余人次。

【科研工作】 2018 年，组织申报省科技厅科研项目 1 项、州科技局科研项目 3 项。组织申报、评审和实施“雷公山珍稀植物人工繁育技术试验示范”等 5 个项目。启动雷公山保护区珍稀特有植物专题研究项目。完成雷公山生态定位观测研究站建设可行性研究报告并上报省林业局，可研规划投资 1006.22 万元。完成 2019 年中央预算内林业基本建设投资极小种群野生动植物资源拯救项目申报，申报资金 165 万元。完成“金叶台湾杉等极度濒危野生植物拯救保护设施设备建设项目实施方案”编报，获省林业局 25 万元资金支持。完成《秃杉生境对比及人工促进天然更新研究》课题的研究及总结工作，发表研究论文 2 篇。完成《雷公山秃杉研究》专著编写。开展科普宣传活动 2 次，悬挂雷公山珍稀动植物、湿地等宣传挂图 30 余幅，发放宣传资料 300 余册（张），宣传教育群众 400 余人次。接待雷山县丹江小学学生到管理局科普展示厅参观学习 200 人次。与贵州省林科院合作，完成 3 个径流场监测仪器改造安装和 1 座自动气象监测站设备安装。接待人与生物圈国家委员会专家组、广西植物研究所、西华师范大学、贵州师范大学、四川南充大学、凯里学院、贵州大学生物多样性与自然保护研究中心、华南农业大学林学与风景园林学院、西北农林科技大学植物保护学院、杭州植物园、昆明植物研究所等 13 个单位 170 余人次到雷公山保护区开展科学调查研究工作。

【项目申报】 2018 年，完成林业项目投资储备库 13 个项目编报，共申报项目资金 3.57 亿元。启动森林公安分局业务技术用房项目，申报项目资金 260 万元。完成雷公山生态定位观测研究站建设项目可行性研究报告并上报省林业局，申报项目资金 1006.22 万元。完成 2019 年中央预算内林业基本建设投资极小种群野生动植物资源拯救项目申报，申报项目资金 165 万元。完成“金叶台湾杉等极度濒危野生植物拯救保护设施设备建设项目实施方案”编报，获省林业局 25 万元项目资金支持。完成 100 万元中央林业发展改革国家级保护区能力建设项目申报，获省林业局批复并实施。

【脱贫攻坚】 管理局领导班子到帮扶村蹲点调研和开展扶贫工作 40 次。先后选派 1 名副县级干部、2 名科级干部、2 名一般干部到雷山县大塘镇新桥、新联、干角等村开展驻村帮扶工作。抽出 3 名科技人才作为省级科技特派员，深入 11 个贫困村开展科技扶贫。在办公经费中落实帮扶资金共 17.7 万元，包含支持 3 个定点帮扶村办公和发展种养殖产业经费 7.5 万元，支持干角村 5000 元购买 1 套办公电脑及打印机，支持也宜村、咱刀村 1 万元购买红米种子建立 85 亩的红米示范点，支持帮扶村 3 万多元购买 170 个垃圾桶，支持大塘片、桃江片 7000 元开展民族文化传承活动。招收贫困户劳动力 54 人到九十九工区务工，直接增收 5 万元。扶贫日组织干部职工为贫困村捐款 8790 元。干部职工走访慰问帮扶村困难党员和群众 121 人次，发放慰金（含物资折价）2.4 万元。党员干部结对贫困户 65 户，走访贫困户 157 人次。举办 1 期养蜂实用技术培训，培训贫困户 30

余人。组织贫困户、贫困村致富带头人到三穗、剑河等县参观学习农业产业。协调接收大塘镇建档立卡贫困户劳动力 29 人为生态护林员，年人均增收 1 万元。提前兑现区内涉及大塘镇的 10 个贫困村、798 户农户 2018 年度生态补偿资金 129.25 万元。

【宣传工作】 2018 年，共编发局简讯 12 期，发表各类信息 325 篇，其中，国家林业和草原局网站采用 13 篇、省政府网站采用 2 篇、省林业局网站采用 37 篇、州政府网站采用 48 篇、州林业局网站采用 74 篇、其他部门网站采用 52 篇。按时在州政府网站及本局网站公开政府信息 335 条。

【物种新发现】 3 月 25 日，雷公山自然保护区管理局科技人员在开展科研调查中，发现一株大乔木，经鉴定，该植物为苏木科肥皂荚属肥皂荚（Gymnocladus chinensis）种，在雷公山属首次发现，为雷公山自然保护区新记录物种。8 月 21—24 日，上海辰山植物园绣球科植物专家张宪权一行在州林科所及雷公山保护区管理局科技人员陪同下，深入雷公山保护区的雷公山、方祥、小丹江、桃江片区对绣球科植物开展考察研究，经采集并鉴定，发现 4 种绣球科植物新记录，分别为中国绣球、腊莲绣球、长柄绣球和钻地风。至此，雷公山保护区绣球科植物由 4 属增加到 5 属，由 10 种增加到 14 种。

【黑熊再现】 3 月 28 日，雷公山自然保护区管理局两名护林员在巡山过程中发现两只黑色动物幼崽。经动物专家鉴定确认，属国家二级保护动物“亚洲黑熊”。这是时隔 34 年后，再次在雷公山自然保护区内发现的野生亚洲黑熊活体。

【跨界科考】 4 月 9—10 日，中国人与生物圈国家委员会委员、贵州省林业局野生动植物管理站站长、研究员冉景丞一行 5 人赴雷公山自然保护区开展第四届“美丽中国 · 跨界科考”活动调研并召开座谈会议。

【改革调研】 4 月 10—11 日，原州政协副主席邓锦光一行赴雷公山自然保护区调研国家公园体制改革工作并召开座谈会议，中国人与生物圈国家委员会委员、贵州省林业局野生动植物管理站站长、研究员冉景丞应邀到会指导。

【问题整改】 4 月 12 日，州人民政府副州长江朝伦率州环保局负责人一行赴雷公山自然保护区督导中央环保督察反馈问题清单整改工作，实地查看雷公山自然保护区核心区毛坪村乔仿自然寨 7 户原住居民异地移民搬迁进展情况。

【王宁考察】 5 月 7 日，宁夏回族自治区纪委派驻林业厅纪检监察组组长、厅党组成员杨珺、副巡视员王宁一赴雷公山自然保护区考察调研天然林保护工程、森林生态效益补偿等工作。

【新现蝶类】 5 月 15 日，雷公山自然保护区管理局科研人员在保护区开展科研调查时拍摄到一种褐色底白条斑纹的蝴蝶，经鉴定为孤斑带蛱蝶。经查阅《贵州省野生动物名录》，孤斑带蛱蝶属首次在贵州发现，为贵州省蝶类新记录，同时也属雷公山自然保护区蝶类记录。至此，雷公山保护区蝶类记录由 2007 年底的 119 种增加到 129 种。

【李胜清获奖】 4 月 10 日，由中国野生动物协会评选的 2017 年度全国“斯巴鲁生态保护奖”揭晓，贵州省共有 3 人获奖，雷公山自然保护区管理局护林员李胜清榜上有名。斯巴鲁生态保护奖侧重于表彰在中国野生动物保护战线及生态文明建设事业作出突出贡献的基层人员。

【黄润秋调研】 7 月 8 日，生态环境部副部长黄润秋一行赴雷公山自然保护区调研督导“绿盾 2018”国家级自然保护区监督检查专项行动工作。

【专家调研】 8 月 3—5 日，中国人与生物圈国家委员会（中国 MAB）《人与生物圈》杂志副总编辑、中科院国际合作局副研究员陈向军，新华社高级记者、“一带一路”倡议政策研究专家郝耀华，北京生态文明工程研究院研究员、高原生态学专家王方辰，中国地质科学院岩溶研究所研究员、岩溶地质科学专家曹建华，贵州省林业局野生动植物管理站站长、研究员冉景丞等一行赴雷公山自然保护区开展考察调研。

【“绿盾2018”督导】 9月5—6日，国家“绿盾2018”专项行动第八巡察组第五小组徐网谷一行赴雷公山自然保护区调研督导“绿盾2018”国家级自然保护区监督检查专项行动工作。

【环保督察】 11月10日，中央第五生态环境保护督察组总协调人、生态环境部西南督察局副局长柏伦章一行3人到雷公山保护区开展环保督察“回头看”。

【十年评估】 12月9—10日，由生态环境部牵头，中国科学院水利部水土保持研究所研究员程积民为组长的专家组一行7人赴雷公山自然保护区开展国家级自然保护区管理十年评估工作。

森林管理与地质公园

【概　况】 2018年，雷公山国家森林公园、地质公园管理局积极推进雷公山景区开发建设，做好公园的日常管护，扎实开展好“找问题、补短板、抓整改、严责任”“百日会战”等专项行动，全面推进各项政策措施落实。通过全局干部职工的共同努力，各方面的工作都取得新的进展。

【项目实施】 多渠道全方位积极申报办理雷公山景区建设项目的环评、林业用地、生物多样性影响评价报告、水土保持专题报告等手续。拟建的7个子项目环评手续全部获省林业厅批复，生物多样性影响评价报告于2018年5月通过省林业厅组织的专家评审，8月，取得国家林业和草地局的建设行政许可，建设项目林业用地手续在办理中。积极协助雷公山旅游公司和中唐空铁公司进行重组工作，完成雷公山旅游发展有限责任公司资产核实工作。为加快雷公山景区项目建设复工，主动加强与雷公山国家级自然保护区管理局、县国土局等相关部门沟通对接，于2018年9月中旬恢复雷公山响水岩景区景观提升项目和乌东服务区建设项目，恢复提升响水岩景区步道，复建乌东服务区停车场。将丹江森林公园定位为“森林康养基地”，5月20日将申报材料向上报送，被省林业厅明确为全省100个“森林康养基地”试点，争取到林业改革发展专项资金（森林资源监测）88.4万元。为进一步提升贵州黔东南苗岭国家地质公园雷公山园区副碑广场景观，打造苗岭地质公园生态休闲广场，9月初启动雷公山园区副碑广场景观改造项目，项目总体改造面积约1050平方米，改造内容为漫步道、阳光草坡、风雨树、石头碑及留影平台等，项目总投资4万元，项目于10月中旬完工。

【景区环保】 精心部署森林公园的防汛和防火工作，定期和不定期进行安全生产隐患排查工作，发现问题及时进行治理整顿，消除各类安全隐患；开展“多彩贵州文明行动”，努力创建文明景区、文明单位，开展各种环境整治专项行动5次，雷公山景区及单位责任区的环境卫生有明显改善；建立巡查制度，每月不定时巡查资源及环境保护、卫生、项目建设。2018年，累计巡查18次，针对地质公园副碑广场电线杆施工影响景观、24公里服务区施工垃圾多、乌东苗寨新村建房等问题，明确责任主体，建立整改台账，督促责任方及时整改，确保森林公园和地质公园的健康发展。

【脱贫攻坚】 多次宣传和落实毛坪村享受生态补偿、农低保、养老保险、医疗保险、因户施策、危改、三改、特惠贷、易地扶贫搬迁、因户施策、一减四增、退耕还林、良种补贴等优惠政策，每年得到公益林补助约36万元；采取具体措施，为结对帮扶贫困户解决生产生活困难，发动贫困户参与易地扶贫搬迁，切实提升群众认可度，完成2017年搬迁7户，2018年易地扶贫搬迁分户抽签21户；宣传党的路线、方针和扶贫政策，开展“感党恩、跟党走”教育，消除群众

“怨气”、树立群众“志气”，引导贫困户从“要我脱贫”向“我要脱贫”转变，年内累计入户宣传扶贫政策1230人次，确保帮扶工作认可度达100%；为营造良好生活环境，累计指导监督帮助贫困户打扫户内外卫生56户。2018年，投入帮扶资金共23300元，其中：帮助帮扶村的美丽乡村建设、计生“双诚信、双承诺”、春节贫困帮扶、困难户慰问等资金10500元；慰问毛坪小学贫困学生和资助学校师生开展“六一”活动经费2000元；“七一”建党97周年活动慰问困难党员及帮助活动经费3900元；资助毛坪村委食堂用具购置经费3900元；资助毛坪村优秀学生3000元。完成新村38户自来水池新建工程；协助配合县水利局建设完成毛坪村五组人饮工程，解决7户33人的饮水问题，整合资金7万余元；贯彻落实“组组通”项目建设，硬化停车场至新村的公路约1.1公里及新村寨内便民步道1公里；完善太阳能路灯安装，在150盏的基础上新增30盏，涉及资金10.5万元；改建村卫生室并正式启用；建成便民桥3座，涉及资金21.5万元；加快落实新村安置点电改和庭院硬化项目建设。毛坪新村安置点生态搬迁工程进入收尾阶段，待完善配套设施安排农户入住；完成城区集中安置17户，其中2016年10户，2017年7户，2018年易地扶贫搬迁报名22户；完成毛坪村五组7户33人和4个养殖场的搬迁工作。完成2017年度危改三改13户，未完工1户，完成2018年危改8户，未完工1户；累计整治老旧房29户。完成2017年因户施策验收81户，获批61户；组织开展厨师、刺绣、乡村旅游、劳动力实用技能培训6次，覆盖毛坪村所有贫困劳动力；积极开展“一减四增”农业产业结构调整，完成89户52.89亩；发放稻田养鱼鱼苗2750公斤，覆盖贫困户97户，每户29公斤；启动实施稻田养鱼示范点项目并进场施工；发放桃、梨、李、石榴、枇杷等树苗7000株，种植面积40余亩，覆盖农户137户。开展漏评、错评、错退专项治理、网格划分管理、遍访排查整治等工作，建立村级各类台账，完善一户一档及贫困退出信息采集等一系列材料工作，完成2018年毛坪村拟脱贫40户162人。

工　业

工信商务

【概　况】 2018年，着力抓好市场主体培育、经济运行精准调度和服务、项目建设投产达产、商业贸易业的经营协调服务、电子商务、大数据信息化建设、安全生产、驻村扶贫等主要工作，全力推进全县工业、商贸经济快速健康稳定发展。全县规模工业增加值累计完成4157万元，同比增长11.2%，增速排名全州第5位。全县工业固定资产投资完成上报4.92亿元，完成全年目标任务数4亿元的123%。全县万元工业增加值能耗降低率为46.94%。全县累计完成工业用电量692万千瓦时，同比增长65%。

【邮电收入】 邮政公司完成业务收入1330.78万元，同比增长12.64%；广电网络业务总量完成1125.47万元，同比增长69%；电信业务总量完成5.35亿元，同比增长205.19%。

【规模企业入库】 2018年全县规模工业企业入库目标任务为2家。2018年11月5日，雷山合兴生态产品开发有限公司和雷山县老倪青钱柳有限公司入规申报材料通过县统计局的审核并提交上级部门。

【消费零售】 社会消费品零售总额完成55800.7万元，比2017年50590万元增长10.3%，增速排名全州第一；限上零售额完成8936.3万元，比2017年增长2.7%，增速排名全州第三。限上批发业销售额完成9987.3万元，同比增长8.99%。限上零售业销售完成5913.1万元，同比增长0.78%。限上住宿业营业额完成2319.7万元，同比增长8.57%。限上餐饮业营业额完成1192万元，同比增长10.56%。

【市场培育】 2018年州下达雷山县市场主体培育完成6户以上。完成申报材料收集并录入统计入库系统4户，其中零售业1户：贵州黔通智联科技产业发展有限公司；住宿业2户：贵州苗界酒店管理有限公司和贵旅雷山大酒店；餐饮业1户：贵州省西江千户苗寨嘎歌古道资产运营有限公司。

【电子商务】 2018年上半年，全县电子商务网络零售额1.43亿元，全省三类县方阵排名第二，增速排名第二，全州16个县市排名第二。建成“雷山电商”县域电商平台，并完善产品上架和在线销售。依托县原有的网商网店以及西江景区游客流量资源，推动线上销售工作开展。完成县域电商平台“雷山电商”APP开发和投入运营工作；“雷山电商”平台实现交易860余单15.5万元，其中上行销售9.2万元，下行销售6.45万元；与阿里巴巴、沃尔玛、苏宁易购、上海有量、云集、中油、贵州电商云等电商平台合作，提高线上平台销售量。累计开展电商人才培训10期2405人次，其中农村站点负责人及农村青年电商人才培训1305人次（建档立卡贫困户921人次），领导干部驻村第一书记和驻村干部农村电商发展理论培训 100 人次，农村妇女培训 1000 人次。

【信息设施建设】 全县 154 个行政村，光纤宽带接入率、4G 网络覆盖率均为 100%；371 个 30 户以上自然村寨，2/3G 网络覆盖村寨 371 个，覆盖率为 100%；4G 网络覆盖村寨 369 个，覆盖率为 99.5%，完成省下达任务。

【民营经济】 2018 年地区生产总值完成 22.87 亿元，民营经济增加值 11.68 亿元，民营占比 51.06%。

【重点工业项目建设】 雷山县苗岭风电场项目总投资 44238 万元，工程装机 49.5 兆瓦，于 2017 年 6 月 24 日正式动工建设，累计完成投资 21435 万元。雷山县大塘风电场项目总投资 42691 万元，地处雷山县大塘镇、望丰乡及丹江镇，工程建设规模为 48 兆瓦，累计完成投资 40111 万元。益明食品公司年产 1 万吨炒货食品及坚果制品加工项目建筑工程完工，3 条葵花生产线建成投产，2 条花生生产线设备在设备生产商处组装完毕，准备运回。敬旺茶叶加工厂异地技改项目正在开展前期工作。完成郎德加油站和城北加油站建设项目，年底投入运营。

【千吨粮库】 鉴于城北棚户区改造工作需要，县粮油购销公司于 2017 年底将 1400 吨县级储备粮处置完毕，并将粮库全部拆除。年末，由县粮油购销有限责任公司补充承储的 1400 吨县级储备粮全部入库。

【电商扶贫】 2018 年，针对开展精准贫困户人群开展培训 5 期 949 人次。通过加强培训和创业就业引导，电商产业带动创业 391 人，直接或间接带动就业 20467 人，参与电商经营实现户均增收 480 元。鼓励和指导有能力有条件的贫困人员通过网店开展销售，2018 年，雷山县新增网商网店 28 家，平台店铺销售收入 1300 万元。引导企业通过“企业 + 合作社 + 农户”的经营模式，带动就业 400 余人，直接或间接实现销售增收 3000 多户 10000 余人。

【电商交易】 建成“雷山电商”县域电商平台，完善产品上架和在线销售。与中国扶贫网对接，建成“中国扶贫网雷山馆”并上架产品销售。与苏宁易购对接，建成“苏宁易购雷山馆”并上架产品销售。与京东平台对接，建成“京东商城雷山馆”并上架产品销售。大力扶持西江商品公司、毛克翕茶叶公司、黔诚光茗公司等 10 余家企业和个人在淘宝、天猫、微店等建立网店销售雷山农特产品。依托县网商网店以及西江景区游客流量资源，开展线上销售工作，线上交易额达 5200 万元，其中农产品交易 1820 万元。

【项目申报】 按照《2018 年贵州省工业和信息化发展专项资金申报指南》进行资金项目申报，共筛选推荐项目 14 个，获得资金扶持项目 4 个。按照《关于印发〈贵州省中小企业“星光”行动实施方案〉的通知》（黔经信中小〔2017〕8 号）和《贵州省中小企业局关于开展贵州省中小企业“专精特新”（第二批）培育申报工作的通知》要求，组织申报“专精特新”中小企业 7 家。

【信息平台建设】 以大数据为引领发展大数据电子信息产业，大数据平台的应用在全县逐步得到推广。建成投入运行的平台有“通村村”云平台、“民生资金云”平台、“班班通”平台、“智慧西江指挥中心”、智慧西江消防平台、天网工程等，以智慧教育、智慧旅游、智慧政务、智慧党建以及二期天网工程建设为主要内容的智慧雷山也正在建设之中。“通村村”云平台深受各级各部门关注，在中央电视台焦点访谈播出，并作为示范在全省推广。

【安全生产】 认真贯彻落实“党政同责、一岗双责、齐抓共管”安全生产责任制，成立安全生产工作领导小组，签订安全生产“包保”责任书，并按照“管行业管安全，管生产管安全”的要求，与县规模以上及危化企业签订安全生产目标责任书，签订率达 100%，将安全生产责任层层分解、落实到岗、到人。与相关部门联合，多次举办工信商务系统安全知识培训和职业健康安全培训会，深入企业开展安全生产大检查，督促企业提高安全管理能力。在两节、两会、五一期间、防汛期地质灾害、民爆企业、危化企业、易燃易爆和成品油市场开展整治专项检查和常规安全检查，对存在安全隐患的企业下整改通知书，及时整改。

【脱贫攻坚】 2018年，县工信商务局帮扶望丰乡公统村、甘益村、丰塘村，局党组书记任公统村脱贫攻坚战第一指挥长，负责脱贫攻坚全面工作。结合局职能职责，建强基层党组织、夯实基层基础，团结带领人民群众打赢脱贫攻坚战。年内，多方筹措资金投入帮扶村共17万元。

【雷山县组团参加全国“万企帮万村”消费扶贫东西部协作支持贵州发展现场会】 1月9—11日，由全国工商联、国务院扶贫办、贵州省人民政府主办的全国“万企帮万村”消费扶贫东西部协作支持贵州发展现场会在安顺市举办。雷山县组织14家企业及产品参展。

【雷山县农村电子商务产业园被贵州省商务厅授予2017年度电子商务示范基地】 1月12日，贵州省商务厅授予雷山县农村电子商务产业园为2017年度电子商务示范基地。全省共授予14个。

【雷山县举办村级核心电商服务网点业务培训】 2月2日，雷山县2018年村级核心电商服务网点负责人培训班在县农村电商产业园开班。全县80个村级电商核心网点及8个镇级电商网点负责人共88人参加培训。

【雷山县组团赴北京参加农博会】 4月8—10日，第九届中国国际现代农业博览会在北京举行，雷山县精选红米、黑毛猪腊肉腊肠、鱼酱、野生天麻等一系列原生态农副特色产品生产企业组团参展，有20余家相关企业及公司与雷山县确定合作意向。

【雷山县开展“电商扶贫送爱心”公益活动】 5月10日，雷山县电商办组织开展以“电商扶贫送爱心，关爱老人儿童健康”为主题的公益活动，走访慰问敬老院里的老人和儿童，把爱心和温暖送进敬老院，为敬老院送去电风扇等物资价值5200元。

【雷山县兑现批零住餐业奖励资金81万元】 5月10日，雷山县工业信息化和商务局兑现7家企业奖励资金81万元，宏星建材公司获得规模以上工业入库奖励资金40万元；兴邦建材、顺兴商贸、西江千户苗寨旅游商品开发、西江蝴蝶妈妈酒店、黔东南循美酒店和印象西江旅游发展公司分别获得年度限上（年商品销售总额500万元以上）批零住餐企业市场主体培育“新增入库”奖励金8万元、8万元、7万元、6万元、6万元、6万元，共计发放限上批零住餐企业奖励资金41万元。

【雷山县2018年中小企业星光培训开班】 10月29日，雷山县2018年中小企业星光培训开班。全县8个乡镇的中小微企业负责人、民族旅游商品加工经营者、返乡农民工以及高校毕业生等共130人参训。

【雷山县举办电商扶贫优质农产品展销会】 11月18日，由县委县政府主办，县电商办承办的“2018雷山‘苗年节’电商扶贫优质农产品展销会”在雷山县县城木鼓广场举行，全县8个乡镇和优秀企业代表近20家单位参展。

电力供应

【概　况】 2018年，全局安全生产保持平稳，未发生影响安全指标的责任性考核事故、事件，圆满完成全年的安全生产目标，实现年累计安全生产365天，跨年度累计安全生产2557天。供电量完成1.77亿千瓦时，同比增长23.4%；售电量完成1.65亿千瓦时，同比增长23.7%。电费回收率100%。综合线损率6.75%，同比下降0.21个百分点，10千伏及以下有损线损率为5.77%，同比下降 0.42 个百分点。售电平均单价 569.48 元 / 千千瓦时，同比下降 4.52 元 / 千千瓦时（下降原因主要是贯彻执行国家降低一般工商业电价 10% 的工作要求所致）。全年客户平均停电时间（中压）19.335 小时 / 户，综合供电可靠率为 99.8%，同比上升 0.04 个百分点。第三方客户满意度 90 分。在南网公司提出实行“党建 + 经营业绩”两位一体的“双 A 制”考核体系工作中，党建责任制考核和经营业绩考核在凯里电网取得双 A 成绩。

【安全管理】 2018 年，计划开展风险管理 106 项，实际完成 98 项，完成率达 92.4%，开展安全纠察 198 次，发现违章现场 25 个，纠正违章现象 25 个，管理纠察 16 次，综合违章率 1.89%。加强作业现场人身安全管理，开展防范人身事故事件百日巡查，遏制 A 类违章。认真开展乡镇供电所防人身事故专项治理行动。加强线路跨越公路等安全隐患排查治理。2018 年，累计排查出安全隐患 56 处，完成整改 56 处，有效杜绝社会人员触电事件发生。有序推进“机巡 + 人巡”模式，提升设备运维效率和质量。开展输电线路“机巡 + 人巡”551 公里。

【设备管理】 2018 年，累计发现设备基础紧急缺陷 43 条，消缺 43 条，消缺率 100%；发现重大缺陷 15 条，消缺 15 条，消缺率 100%；发现一般缺陷 84 条，消缺 55 条，消缺率 83.52%。总消缺率 91.1%。

【数据治理】 加强数据治理工作。变电站一致性 100%，馈线一致性 100%，变压器一致性 99.6%，用户一致性 98.74%。其中站线关系一致性为 100%，线变关系一致性为 99.84%，中压户变关系一致性为 96.1%，GIS 与生产功能位置一致性为 99.28%，低压户变一致性为 99.99%。

【应急保电】 全年发布防汛黄色预警 4 次；防汛蓝色预警 4 次；低温雨雪冰冻橙色预警 1 次。顺利完成开展保供电工作 36 次，特级 1 次，一级 1 次，二级 10 次，三级 24 次，累计保供电任务 36 次。投运 110 千伏营上变，有效提升西江景区的供电能力。2018 年春节，在全局各部门共同努力下，克服西江景区旅游井喷式的增长造成负荷增长快，配变容量不足，气温较低等困难，利用几年来的智能电网建设创新创先成果，既保障优质服务和增供扩销，又保证设备的健康运行，有效保障旅游核心区域稳定、有序、安全用电，全局职工用实际行动践行“人民电业为人民”的宗旨。

【营销管理】 通过以专业化方式开展营销集约化管理，全年业扩报装完成 12842 件、远程报装率 100%，无一单超时，电子化移交率 100%，新装用户 100% 关联到计量系统；客户服务全年报修（咨询）4234 件，雷山双语（2195598、2295598）服务 2623 件，占全年服务电话 61.95%，发放各类短信约 15 万条，全年无有效投诉事件发生；有效开展配变监测，为各供电所安全供电提供真实负载数据支撑；同期线损异常档案得到全部处理，全年台区异常率同比下降 15%。集约化管理，实现减少资源，全面监控，提升工作效率，全年营销指标得到显著提升。利用台区责任制与村寨便民电费代收点相结合，专变用户采取预购电制措施，确保电费都能颗粒归仓，连续 12 年实现电费全年回收 100%。

【变户管理】 利用营配集约化优势，专业化人员统计、跟踪、处理，确保全年指标完成，同时组织供电所相关人员集中办公处理异常情况，站线变利用比对系统，每周一、三、五查看指标是否有异动，有异动及时与供电所核实反馈，统一由营配班完成，2018 年线变对应专线占比（GIS 与营销系统）100%，变户一致（GIS 与营销系统）99.97%，变户一致（营销与计量系统一致性）99.68%。

【终端管理】 采取三级化管理及专项绩效模式，有效激发台区责任人积极性和主动性，确保各项指标稳定提升。通过日统计，周通报，跟踪分析协调，实现专变自动抄表率从原来的79%上升至99%，配变终端从85%提升至99.44%，低压集抄从86%提升至99%。

【线损管理】 全面推进10千伏及以下同期线损管理，由营配班每月认真分析指标，下发异常到供电所，并与同期线损同步考核，确保数据质量监控平台、大数据可视化应用开发平台一致性。全年营销基础档案得到大幅提升，线路、台区、专变电子化结算率100%，低压用户99.9%以上，双覆盖率及时处理异动始终保持在100%，圆满完成集抄双覆盖工作，为全年同期线损工作打下坚实的基础。

【电网建设】 根据凯里供电局“三大工程攻坚战”工作方案，制定全局具体实施方案。2018年，雷山县电网建设项目总投资13885万元，年度计划投资11086万元，其中主网投资4759万元，完成率100%；配网投资6327万元，完成率100%。新建110千伏西江变电站1座，新建40000千伏安主变1台、110千伏线路20公里，2018年11月完成投运。供电所建设投资460万元，主体工程完工，4月建成投入使用。

【停电管理】 加强配网综合停电管理，全年累计配网停电214次，计划停电204次，非计划停电10次，计划停电率95.32%，非计划停电率4.67%。

【脱贫攻坚】 以新一轮农网改造升级为契机，解决雷山县脱贫摘帽用电及易地扶贫搬迁安置小区用电问题。通过业扩配套项目解决产业用电问题34项。2018年，投资114.74万元，解决农户、合作社、加工厂用电困难71户46个，其中合作社33个、加工厂13个。组织施工人员和配备材料，完成雷山县2018年易地扶贫搬迁工程“一户一表”计量装置安装工作。资助平寨村贫困学生1名，帮助平寨村安装光伏设备，发电量2918千瓦时；达江公司与平寨村共同成立帮平股份合作社，稻田养鱼1500余公斤，养鸡300余只，解决贫困户劳动力就业2人。年内合作社鸡售罄，鱼销售500余公斤，村民分红累计7000余元。

【创新成果获奖】 2018年，创新工作再上新台阶，创新成果及人才培养成效显著，荣获南方电网有限责任公司荣誉3项，贵州电网有限责任公司荣誉3项；《基于移动GIS线路工作票及操作票的研究应用》荣获南方电网公司职工创新成果评比银奖；《营销报修业扩集约化管控平台及移动应用》荣获南方电网有限责任公司职工创新成果评比最具推广价值奖；《木房用户电表集中安装多功能表架》荣获南方电网有限责任公司职工创新成果评比铜奖等。单位的创新工作持续被各级领导高度关注，荣获贵州电网公司2018年科技创新先进集体，苗岭创客工作室荣获贵州电网公司2018年“优秀创新工作室”，14名员工获得公司创新创效成果荣誉。

投资促进

【概　况】 2018年，依托雷山丰富的文化旅游资源和自然生态资源，以招商引资项目建设为抓手，以服务企业为重点，精心组织，狠抓各项工作落实，顺利完成2018年的各项工作任务。全年新引进项目10个，其中开工在建4个、投产6个；新引进项目合同投资额78.62亿元，到位资金21.5亿元（新增项目到位资金17.5亿元，续建项目到位资金4亿元），完成全年任务25亿元的86%。

【产业招商】 党政主要领导围绕产业链招商开展调研72次，组织召开产业招商专题会议51次，外出招商引资9次；策划编制项目40个，其中录入项目平台31个，实现签约项目10个，签约转化率32.26%；新增产业项目9个，新增产业项目投资额39.54亿元；新引进产业链项目9个；新增产业项目入园率100%；新引进高新技术企业2家；新增产业项目开工率100%；新增产业项目投产6个，投产率66.67%；新增产业项目到位资金9.55亿元，新增产业项目到位率为24.15%。

【营商环境整治】 实行县政府主要领导季调度、分管领导月调度、县产业招商工作领导小组办公室周调度的工作机制。印发《贵州省外来投资服务和保障条例》，发放到入驻雷山企业，采取设立举报电话及悬挂投诉意见箱等形式，认真收集企业提出的意见和建议。2018年年初后，由县政府主要领导、分管领导主持投促、国土、住建、供电、供水、政务中心、市监、税务等部门共召开专题会议10次，对营商环境集中整治工作进行安排布置，对企业提出的意见和建议进行梳理，将任务分解到各相关部门进行整改落实，就迎接贵州省财经大学对雷山县2018年营商环境进行测评工作进行专题调度3次，安排行业部门提供样本企业71家，并实地到部门进行督促指导。

【营商环境问题整改】 完成整改厦门大学对雷山县2017年营商环境评估报告在开办企业、办理施工许可、获得信贷等3个方面存在的问题4个。整改落实凯里学院8月对雷山县2018年营商环境自测自评和摸底调查中从开办企业、办理建设许可、获得电力、登记财产、获得信贷、纳税、生产要素成本、政策兑现8个方面存在的软环境方面问题45个，涉及硬环境建设的“政务服务中心小，进驻事项少”的问题尚未得到及时整改，主要原因是2018年年末启动政务中心新办公楼装修工作，待装修工作完成后，共计5500平方米的新政务中心办公楼才能够满足县级部门应进必进的需要。整改落实州招商引资领导小组关于抓好“营商环境”及“放管服”督查问题致县委书记一封信中8个问题之中的7个，尚有“政务服务中心小，进驻事项少”的问题正在整改。

【脱贫攻坚】 2018年，资助排肖村合作社种植猕猴桃、辣椒所需复合肥5吨，价值10000元；对77户贫困户每户发放价值100元的香满园菜籽油1桶和苹果1箱；对10户计生贫困户每户发放慰问金200元；春节慰问贫困党员和党员村干7户，每户发放慰问金200元；“七一”慰问贫困党员和老党员6户，每户发放慰问金200元；资助排肖村党支部“七一”活动经费2000元；资助排肖村两委2018年度办公经费2000元。全年资助（含物资折价）排肖村共2.63万元。

商　贸

供销合作

【概　况】2018年，县供销社重点抓好全县农资组织供应、农产品产销对接、农村电子商服务的提质增效、农民合作社发展、社员股金服务社建设等工作。经全系统共同努力，各项工作取得一定成绩。

年末，全系统实现利润182.92万元，完成年度任务170万元的109.37%；总营业额完成18003万元，完成年度任务18000万元的100%；所有者权益完成1169.02万元，完成年度任务985万元的118.68%；资产总额完成4657.39万元，完成年度任务4354万元的106.97%；农村电子商务销售额完成3574万元，完成年度任务3500万元的102.11%；农副产品购进总额完成3004万元，完成年度任务3000万元的100%；农资供应量完成4000吨，完成年度任务4000吨的100%。新发展农民专业合作社5个，完成年度任务5个的100%；带动贫困467多户；完成年度任务317户的100%。完成雷山县供销社社员股金服务社的开业运营并吸纳股金520万元，完成年度任务的600万元的86.67%；经风险评估调剂社员股金490万元；完成社员入户180户，完成年度任务的600户的30%；发展和提升农村综合服务站90个，完成年底任务90个的100%；完成庄稼医院建设1个，完成年度任务的100%；完成“三位一体”新型基层供销合作社建设2个，完成年度任务的100%；提升改造电商网点16个，完成年度任务的100%。

【商品购销】累计购进各种化肥1995吨，其中尿素495吨，碳铵449吨，磷肥394吨，钾肥37吨，复合肥600吨，有机肥20吨。购进种子金额20万元。累计供应各种化肥4000吨，完成年度任务4000吨的100%，其中尿素870吨，碳铵911吨，磷肥820吨，钾肥96吨，复合肥1183吨，有机肥20吨。种子销售金额20万元。

【产品产销】为推动全县脱贫攻坚“春风行动”工作，县供销社积极抓好全县农产品产销对接工作，并与各乡镇、各有关部门组织协调建立产销网络，开展产销信息调查，促进产销对接，有效增加农民收入。年内，全县农产品产销对接销售349.19万公斤，销售总收入为1186.33万元。

【化肥供应】为平抑化肥市场价格，促进全县农民增收，2018年9月至2019年3月，供销系统内各种化肥淡季储备量2100多吨，有效满足全县春耕生产用肥的需求。为减少农民负担，实现助农增收，供销系统开展化肥预约和配货下乡等上门服务工作，全年累计参与服务车580余辆次，化肥3800吨，让利于民19万余元。为做好售后服务工作，供销社庄稼医院的“庄稼医生”累计深入田边地头，指导群众科学用肥、用药128人次，发放宣传资料600余份，树立供销良好形象。

【蔬菜基地建设】 县供销社系统参与当地党委政府和县农业局组织建设农村蔬菜大棚种植基地。年内，西江社和丹江社累计投入蔬菜大棚种植基地建设资金800多万元，在雷山县丹江、郎德、西江、大塘、永乐、望丰、方祥7个乡镇的21个行政村建成蔬菜大棚种植基地237个，总面积32418平方米。

【安全生产】 2018年，认真学习新修订的《中华人民共和国安全生产法》，组织职工参加县总工会举办的“安康杯”知识竞赛，提高安全意识；系统内层层签订《安全生产责任状》，把安全生产列入年度工作目标考核；认真抓好安全生产检查与排查工作；督促企业加强配送车辆的安全性管理，确保送货下乡的安全。由于措施得力，系统内无重大安全事故发生。全年组织干部职工参加省、州供销改革发展培训3人次，组织基层社企业负责人参加股金服务社业务培训5人次。

【脱贫攻坚】 年内，协助帮扶乌空村开展贫困户移民搬迁动员工作，完成贫困户移民搬迁动员12户；协助帮扶村做好“因户施策”、危房改造和改厨、改厕、改圈等政策的宣传动员；协助帮扶村两委抓好该村的防火安全检查和开展“两防”宣传教育等工作；协助帮扶对象户做好屋内和屋前屋后环境卫生。

食盐购销

【概　况】 2018年，按照州公司下达的目标任务和公司工作计划，围绕集团公司提出的“精主业、促转型、推改革、保稳定”的工作主题，加强食盐销售。全年计划购进食盐480吨，实际完成420吨，完成年计划的88%。年计划销售食盐480吨，实际完成442吨，完成年计划92%。工业盐42吨，畜牧盐20吨。无碘盐3吨。全年现金收入107.4万元。实现税利–58万元。实现利润–48.6万元。费用率为116.7%。货款回笼率100%。

【基础管理】 进一步强化基础管理，实现A级批发企业达标。加强食盐批发许可证申报工作并取得批发许可证。为进一步强化和规范财务管理，降低成本费用开支，公司加强财会监督审核工作：凡公司的各种票据，财会作账必须遵守财会纪律和经理签字后才能记账和支出费用，有效杜绝各种赞助和乱摊派费的开支。做好房租费的收存工作。

【法规宣传】 为维护盐业市场正常流通秩序，保护广大人民群众的切身利益。年内公司不断加大盐业法规的宣传力度，利用“3·15”“5·15”两个宣传日，发放资料、播放音像光碟、展示图片，使广大群众和食盐经营户都知晓基本的盐业法规常识，并能依法经营食盐，自觉抵制工业盐、劣质盐，有效地保护人民群众的身体健康和生命安全。

雷山石油

【概　况】 2018年，雷山石油分公司履行企业社会责任，保障雷山地区油料供给。

【轻油销售】 2018年，公司始终以“为美好生活加油”作为的企业使命，致力于为社会提供更优质的产品和更周到的服务。全年公司轻油销售达13000余吨，成品油销售总额1.2亿元，便利店销售额300余万元。

烟草专卖

【概　况】 2018年，雷山县烟草专卖局（分公司）围绕全年目标任务，以提高经济增长和效益为中心，以专卖管理为抓手，强化各项工作落实。全年销售卷烟4450箱，完成计划任务4450箱的100%，同比减少48.26箱，降幅1.07%；实现销售收入12215.41万元，完成计划11859.25万元的103%，完成调整计划数12215.25万元的100%；单箱均价27450元，同比增加1750元，增幅6.81%。销售贵烟1949.18箱，同比增加38.53箱，增幅20.17%，占比43.8%；销售国产雪茄烟166.62万元，同比减少40.17%。销售重点品牌烟2659箱，同比增加150箱，增幅5.78%，占比59.76%。

【专卖管理】 全年提交卷烟零售许可证申请有124户，专卖部门根据实际勘察情况及局领导专题会议综合评定符合法定办理条件予以办理并正常运行有62户；有效客户762户，比2017年底700户增加62户。通过开展市场检查工作，大力推广“APCD”工作法，在市场检查中产生积极效果，市场监管人员工作认真，监管到位，实时掌握市场动态，对市场进行全面的督查及市场净化率自查率为98.8%。年内，累计查处违法卷烟22.49万支，涉案金额15.26万元。按照办案流程规范结案36起。完成州局下达的一般案件考核指标和5万元以上大要案考核指标。

【财务费用】 全年商品销售税金557.58万元，比2017年415.63万元增加141.95万元，增长34.15%；全年三项费用578.89万元（含年终绩效工资），占年预算批复费用492.59万元（不含年终绩效工资）的117.52%，比2017年减少0.12万元，下降0.02个百分点；考核费用201.05万元，占年度预算批复203.14万元的98.97%。

【基础管理】 年内，通过优化自营店门面功能，出租卷烟特色形象店以及合理利用闲置招待所，新增门面出租效益23万余元；通过流程梳理、环节改善、细小提升，累计完成QC课题1个、A3报告5个以及日常改善11个。

【终端零售】 2018年终端建设投资48990元，建成现代终端25户、旅游终端3户，标杆终端1户。按照“发展同向、工作同心、服务同步、利益同体”的总体要求，围绕“提升客户盈利，深化客我关系”工作主题，以全面推进零售客户自律互助小组建设为抓手，充分发挥稳定市场价格、维护经营秩序、提升客户素质、保障客户盈利的作用，营造诚信经营、放心消费、公平竞争的市场环境，建立成熟、完善的市场价格体系，实现卷烟营销“增量增效”目标任务。11月底，全县建成卷烟零售户自律互助小组7个。

【烟草打假】 年内，对辖区市场开展联合检查，集中主要力量打击“假、私、非”烟违规经营行为，严厉查走私贩私行为。和公、检、法等部门累计开展联合专项行动6次、出动车6辆次，参与执法32人次，加强对辖区开展市场维护检查，治理无证户2户，查处2户，立案2起，查处违法卷烟0.34万支，案值3.8万元，移送工商2起。专卖稽查人员在日常的市场检查工作中，向零售户、消费者宣传烟草专卖法、假烟辨别知识等，引导零售户守法经营、消费者明白消费，做面对面的宣传；注意发挥舆论导向作用，做好对卷烟违法大要案的宣传工作；利用“3·15”“12·4”消费者权益保护日和法制宣传日，宣传制假售假的危害，不断提高卷烟零售户、消费者的法律意识。

【安全培训】 为全面提升职工安全防范意识，依据州局（公司）下发的各项方案，组织开展培训4次，涵盖交通、消防及危险源辨识内容，培训覆盖率100%，同时严格落实三级安全教育培训制度，利用部门例会进行安全知识宣讲，将安全意识落到实处。结合“身边隐患随手拍”活动，年内累计投入整改金额720元，发现隐患9处，整改9处，整改率100%。县局（分公司）安全生产实现“零事故”。

【脱贫攻坚】 年内，对雷山县西江镇白建村残疾卷烟客户陈要鸿进行帮扶，投入帮扶资金4500元为其改造门面，改善经营环境；2月4日，到郎德镇乌瓦村召开2018年脱贫攻坚座谈会；6月1日，县局（分公司）党支部到帮扶村乌肖村开展“六一儿童节”慰问活动，并赠送幼儿园雨伞、书包以及彩色画笔等礼物；在帮扶联系点郎德镇乌肖村大寨修建老年人休闲亭1个；建成乌瓦村余金才故居“党员家风教育基地”。

城乡建设

住房和城乡建设

【概　况】 2018年，县住建局以党建工作为抓手，强力推进各项业务工作落实，科学编制城乡发展规划，努力夯实城乡发展基础，全面助力脱贫攻坚工作，较好地完成各项工作任务。

【乡村规划编制】 雷山县县域乡村规划编制经城市规划委员会审查，原则同意雷山县县域乡村建设规划（2017—2030）。雷山县城乡规划区36个行政村不再进行编制，需要编制的118个非规划区行政村全覆盖，完成编制任务数的100%；118个村规划完成县、乡镇、村三级评审，2018年11月16日，县人民政府批复实施。完成《雷山县县城总体规划（2011—2030）》中期评估工作，完成达地水族乡总体规划、西江镇总体规划、永乐镇总体规划、大塘镇总体规划编制工作。郎德镇总体规划因区域扩建重新编制，优化方案。望丰乡、方祥乡总体规划年底编制完成。

【县城规划编制】 雷山县列为第一批城市设计试点城市之前，2016年6月委托苏州科大城市规划设计研究院对县城北（陶尧片区）区进行新的城市设计，县城北部（陶尧片区）片区城市设计规划范围为1.93平方公里，设计成果经几轮修改完善后，于2017年1月经县人民政府批复实施。2016年6月，委托贵州省城乡规划设计研究院对县城南部（羊排—水电）片区进行城市设计，并命名为雷山易地扶贫搬迁小镇城市设计。设计规划范围为1.16平方公里，设计成果于2017年1月经县人民政府批复实施。至2017年10月，确定整体城市设计范围：北抵锑厂坡，南抵龙头加油站，西抵乌开村寨脚，东抵包家冲，区域面积约为2.96平方公里。设计方案提交黔东南州规划局初步审查，设计单位按照州规划局初审意见进行修改完善后，州城规委于2018年11月28日召开专题审查会原则通过并提出修改意见，待州城规委审查意见出来后再进一步修改完善，报县人民政府审批。将此次整体城市设计作为《雷山县县城总体规划（2011—2030）》修编及下一步控制性详细规划编制的依据。

【"两违"整治】 由县住建、规划、国土、公安、综合执法大队等部门组成联合执法工作组，以丹江镇为重点，以点带面，严格执法管理，常态化开展联合执法行动，强化日常巡查，开展"两违"清理整治工作，稳妥消化"两违"存量。年内，依法强制拆除"两违"建筑35处，拆除违法占地面积3893.71平方米，拆除违法建筑面积10996.58平方米。坚决遏止"两违"增量，全县依法查处"两违"建筑53宗，其中责令停建限期整改7户，责令停工41户，责令限期自行拆除3户，下发整改通知2户。营造"两违"整治氛围，利用电视台、手机报、微信公众平台、横幅标语、发放明白书等方式广泛开展宣传，使广大群众充分认识到清理违法用地、违法建设工作的必要性，争取广大群众的理解和支持，为“两违”清理工作奠定坚实的思想基础和群众基础。健全“两违”管控机制，切实将“两违”清理责任压实到乡镇、村主要负责人，坚决制止责任范围内出现新的违法建设行为，发现违法建设行为及时报告。及时制定信息举报制度，将乡镇党委、政府分管负责人及村两委成员分别纳入乡镇和村级“两违”信息员名单，发现“两违”行为立即报告乡镇人民政府和县工作领导小组办公室，动员和鼓励广大人民群众举报“两违”行为，全县形成齐抓共管，接受社会监督的“两违”工作格局。

【村级设施建设】 建成羊排新村、牛王寨安置区、南猛村、也改村、掌坳村、乔兑村、掌批村、永乐村、新桥村、桥港村、猫猫河村、小开屯村、干皎村、丰塘村等村级公厕16个。建成公统村等村级停车场10个。

【村居环境整治】 结合危房及破旧房改造同步开展改厨、改厕、改圈“三改”建设，2018年完成改厨2873户、改厕1907户、改圈357户。整治农村人居环境，为全县96个非传统村落配备60升垃圾桶3800个、120升垃圾桶380个。在农户家开展地面干净、墙面干净、门窗干净，整治白色垃圾、整治残墙断壁、整治乱搭乱建、整治草堆粪堆，室内物品整洁、厨房卫生整洁、个人衣物整洁“三净四治三整洁”行动，大力提升乡村整体风貌。

【住房保障】 印发《雷山县2018年脱贫攻坚·农村危房“危改”“三改”工程实施方案》和《关于下达雷山县2018年度农村危房改造和住房保障第二批任务的通知》。2018年，全县完成危房改造1718户、破旧房改造2121户，惠及农民13979人，实现农户住房安全100%，助推脱贫攻坚。

【传统村落保护】 2018年，完成第三批传统村落基础设施建设11个，向住建部申报第五批传统村落12个，方祥乡格头村获批“贵州省传统村落示范村”并得到专项建设资金500万元。抓好农村消防设施建设，改造完成并投入使用传统村落消防设施58个。

【城镇建设】 雷山县与州人民政府签订的建筑业产值全年目标任务是4.6亿元，县辖区内本地企业完成建筑业产值3.95亿元，全县建筑业增加值3.46亿元，同比增长14.5%；2018年城镇总人口达5.48万人，城镇化率为43.12%；在2018年上半年贵州省县域第三方阵10个乙类县增比进位中，雷山县示范小城镇建设发展综合指数排名第2位。

【基建项目实施】 继续加快推进雷山县2015年扶贫生态移民（易地扶贫搬迁）工程（丹江镇移民安置示范点）配套基础设施建设。完成雷山县大塘卫生院建设项目、雷山县丹江小学综合楼建设项目、雷山县郎德小学搬迁重建项目、雷山县丹江第二幼儿园建设项目、雷山县公检法系统基础设施建设项目、雷山县郎德镇食用菌产业园建设项目一期工程、雷山县苗疆华府建设项目、雷山县“四在农家、美丽乡村”基础设施建设六项行动计划等8个项目，完成雷山县脱贫攻坚茶旅文化示范项目工程量70%。

【商住楼项目建设】 2018年全县新开工建设项目有2个，即红枫水岸和苗都公馆房地产开发项目，计划总投资68500万元，总建筑面积24.95万平方米。续建房地产开发项目有3个，即千户苗寨文化创意平台街、罗浪州地和苗疆华府，计划总投资52000万元，总建筑面积16.34万平方米。根据房开企业上报的2018年雷山县房地产开发项目投资统计表数据显示，完成房地产开发投资33241万元，同比增长2.1%，县内在库房地产从业人员81人，同比增长103%，从业人员人均月报酬0.43万元，同比增长7.44%。

【商品房销售】 2018年全县商品房预（现）售

申请批准项目5个，预售面积共61619.6平方米，同比增长39.56%。预（现）售住宅341套面积42407.28平方米，商业213套面积19212.32平方米。根据2018年房地产市场运行情况统计表显示，新建商品房销售建筑面积51984.56平方米，2018年度销售50000平方米，销售金额共32488万元；二手房销售建筑面积3592.72平方米，销售金额共1147万元。

【安居项目建设】 2018年主要完成项目有2个，即雷山县教职工公租房配套基础设施建设项目和雷山县乡镇卫生公租房配套基础设施建设项目，涉及项目点22个，项目总投资2000万元，中央到位资金1500万元。

【租赁补贴发放】 2018年度审核累计发放租赁补贴11.61万元，其中第一季度审核累计发放租赁补贴2.7万元、惠及保障对象102户204人，第二季度审核累计发放租赁补贴3.11万元、惠及保障对象115户228人，第三季度审核发放租赁补贴共2.9万元、惠及保障对象104户211人，第四季度审核发放租赁补贴共2.9万元、惠及保障对象108户217人。

【保障性住房维修维护】 为规范市容市貌和做好保障性住房使用安全，在出售保障性住房时与购房户签订装修协议并收缴装修保证金。2018年对完成装修的24套保障性住房进行装修验收。投入资金20万元，维修维护保障性住房各小区保修期外管网设备、清理化粪池、清运建筑装修垃圾。

【棚改项目实施】 2015年永乐南路棚改项目位于长丰片区一带，涉及300户，因资金规模小，采取综合整治的原则进行改造，即能保留居住的房屋，尽可维修整治，达到居住标准；影响道路、人行道或公共设施建设的，该拆则拆，旨在既能改善群众的居住环境，又能改变该区域公路狭窄、无专用人行道的状况。工程完成协议签订158份，其中房改房签订协议58份（户），统规自建和加层扩建协议签订42份（户），宅基地补偿协议签订31户，房屋及附属设施征收补偿27户；安置区拆迁户按时腾空原住旧房交房并拆除，马廊桥安置房完成主体封顶，卫生局安置房以完成基础建设，完成改造主干道1公里，完成人行道铺装1200米，并完成配套排污设施建设。完成庙坡12宗安置用地平整，自建房开始施工；整治公路沿线私房户、公房楼风貌，完成25栋房屋外包装，包装面积8000余平方米；启动2号环线道路和安置区道路（殡仪馆道路）施工。永乐南路棚改项目累计完成投资1.47亿元。雷山县2016年城北区棚户区改造项目位于丹江镇城北老粮食局片区，涉及改造300户，通过政府购买服务方式，住建局作为购买主体，经过公开招投标，县扶贫开发有限责任公司中标成为项目承接主体，并向农发行融资到位资金2.15亿元；经过公开招标，完成设计、地勘、监理及施工单位的选择；出台《雷山县人民政府关于征收县城北区市政基础设施建设暨棚户区改造项目国有土地上房屋决定的公告》，并签订协议300户，兑现补偿资金7021.91万元；安置房及地下车库开始基础施工。雷山县2018年城北区棚户区改造项目位于县城北菜园圃片区，与2016年的老粮食局片区毗邻，涉及改造872户，完成项目立项批复、可研批复及规划两证办理，得到规划批复，完成公示公告程序；完成棚户区政府购买服务手续办理，人大决议通过将购买资金纳入财政预算，住建局作为购买主体，2017年10月9日通过公开招投标程序，县扶贫开发有限责任公司中标成为承接主体，签订购买服务协议，购买资金6.85亿元，同意融资5.25亿元；2017年底，棚户区改造指挥部房屋和土地征收组完成入户摸底调查登记872户，截至2018年11月30日，签订协议872户（货币安置516户、政府搭桥购买商品房199户、实物安置157户），签订率为100%；向农发行申请贷款5.25亿元，各种手续提交省农发行前台审核完毕待批；通过政府搭桥县扶投公司（承接主体）与西江旅游公司签订政府搭桥安置农户的框架协议，将西江旅游公司在红屯堡开发红枫水岸项目的199套商品房作为2018年部分棚户区改造户的安置房，项目主体完工；安置房建设的（勘察、设计、施工）EPC的招标工作，于2018年11月29日完成招标；由专业公司完成红线内房屋的装饰装修丈量及价值评估计算工作，项目因融资未到位导致工程未能开工。

【工程安全监管】 加强工程项目常规检查，定期不定期检查易引起坍塌、高坠、物体撞击事故的土方开挖、边坡支护、脚手架、模板支撑体系、起重机械安装（吊装及拆卸）、临边洞口防护等危险性较大工程安全措施的落实情况，开展汛期、消防、扬尘防治、职业病、食品等安全督查，参与督查186人次，检查建筑工地41个，查出各类安全隐患310余条，普遍存在现场施工用电未满足规范要求、安全外加搭设备未满足规范要求、施工现场未设置有效的排水设施、施工单位未对安全生产和扬尘治理进行自查自纠等问题，累计下发书面整改通知书62份；申报省安优工程2个。

【工程质量监督】 全年下发工程质量监督抽查记录85份（回复率12.5%）、停工通知书16份；开展基础验收17项、主体验收16项、节能验收13项、竣工验收34项，与项目责任主体签订工程质量监督工作目标责任书30份；对违法项目责任主体提出处罚意见14份；负责监督的雷山县思源中学项目分别荣获黔东南州“苗乡侗寨杯”优质施工工程、全省“建筑工程优质质量结构工程杯”竞赛奖荣誉。

【市政环卫】 推行环卫市场化试运行工作，全面落实完成道路清扫保洁58.62万平方米，日均收集城乡生活垃圾转运至凯里焚烧发电厂进行焚烧处理50.05吨，部分生活垃圾转运至县城生活垃圾卫生填埋场覆土填埋处理日均32吨，无害化处理垃圾量约29950.1吨；2018年全县生活垃圾无害化处理率达85.49%。投资67.66万元，完成县城区人行道、公厕、公交站牌、交通标识标牌等市政基础设施新建与维修维护工作；投资8.11万元，安装与维修县城区、思源中学、乌开工业区、阳光家园等路灯321盏，县城区亮化率达98%。2018年，新增绿地面积42561平方米，新增绿化覆盖面积65350平方米，绿化覆盖面积新增1.7个百分点，绿地率达32.9%，绿化覆盖率达40%，人均公园绿地面积达8.9平方米。2018年由县市政局实施的雷山县生活垃圾收运系统二期工程，完成投资2900万元。发放到各乡镇2立方米密闭移动式垃圾箱452个和垃圾运输设备（勾臂车）76辆；建成达地水族乡垃圾中转站并投入使用，县城、西江垃圾中转站正在施工中。积极开展城区各项整治工作，整治超门面经营3182家，取缔乱摆摊设点1280余次，取缔各类违章广告牌52块，整治违停车682辆，处罚214辆。积极推进燃气管理工作，累计6次定期或不定期检查燃气销售点21家，对16家不符合安全要求的燃气销售点发放限期整改通知书16份，处罚到期未整改的燃气销售点8家，全县没有发生燃气事故。

【信访工作】 2018年，累计受理并办结信访5件，接待群众来访85人次，有效化解矛盾，把问题解决在本部门，召开专题会议认真梳理和研究督办信访件，形成化解意见上报县政府审查。全年未出现越级上访和群体上访事件。

【脱贫攻坚】 调整后住建局累计帮扶贫困户155户，涉及大塘镇三湾村、新塘村，丹江镇干皎村、排卡村、排翁村、陶尧村，永乐镇排告村、达地水族乡里勇村。成立丹江、大塘、永乐及达地3个帮扶干部小组开展工作。资助干皎村复印机1台，资助陶尧村办公桌椅5套、档案柜2个、电脑6台。协调资金120万元，硬化陶尧新村道路，协调资金 0.6 万元，修建乌这村便民桥。

新农村建设

【概 况】 2018 年，县新农村建设办按照“望得见山，看得见水，记得住乡愁”主基调，推进农村住房保障、农村人居环境整治、传统村落保护与建设、“四在农家·美丽乡村”工作，并取得显著成效。全县农村危房改造任务数 1718 户，其中 2017 年追加任务 326 户（四类重点对象 308 户、一般户 18 户）、2018 年“春风行动”任务 808 户（均为一般户）、动态调整对象户 584 户（四类重点对象 216 户、一般户 368 户），竣工 1718 户，竣工率 100%。同步实施改厨 2873 户、改厕 1907 户、改圈 357 户。此外，针对原来进行危房改造但房屋仍然破损的农村破旧房 4128 户，整合县级资金改造竣工 4128 户，竣工率 100%。

【村居环境整治】 2018 年是全县“减贫摘帽”之年，为提高基层群众生产生活环境，保持良好农村环境卫生，陆续下发《雷山县扶贫开发领导小组关于进一步加强农村人居环境卫生整治工作的通知》《雷山县扶贫开发领导小组办公室关于印发雷山县改善农村家庭环境及个人助推全县脱贫攻坚工作实施方案》《关于进一步强化农村人居环境整治工作的紧急通知》《关于做好农户室内环境卫生整治的实施方案》，开展村容村寨“七整治”、户户室内“三整治”，为村级配套村级保洁员工资经费 302 万元、村级人居环境整治工作经费 1540 万元、每农户补助 400 元用于整治家庭环境卫生。同时，开展大固鲁村、小固鲁村、连城村地埋式垃圾设施及消防设施建设。配合传统村落建设，为非传统村落配备 60 升垃圾桶 3800 个、120 升垃圾桶 380 个、垃圾手推车 285 辆，不断完善村级垃圾收运系统。

【传统村落保护】 2018 年，县新村办负责雷山县第二批和第三批传统村落除污水、消防设施以外的基础设施建设工作。第二批 42 个传统村落建设累计投入资金 3716 万元，完成停车场、串户步道、寨门、太阳能路灯等建设并验收。第三批 11 个传统村落计划投资 551 万元，安装太阳能路灯 717 盏、建成停车场 3 座、公厕 3 座、仿藤护栏，硬化入户步道。丹江镇乌东村等 11 个村寨获得省级重点传统村落资金 561 万元，完成项目实施方案编制。完成中国传统村落保护发展示范村申报工作，格头村被列入全省 15 个传统村落保护发展示范村之一，获得补助资金 500 万元。此外，完成第五批传统村落申报 12 个，其中通过住建部审核公示 10 个。

【示范村建设】 根据州级工作部署，2018 年雷山县继续推进州级美丽乡村示范村建设 3 个：新桥村、也改村、格头村。新桥村年度计划投资 5660 万元，完成投资 8800 万元，投资完成率 155.48%，启动水上粮仓客栈群、五线下埋、污水处理、综合环境整治、房屋亮化等项目建设。也改村完成投资 118 万元，建成绿化美化、芦笙场、附属设施及公厕项目 3 个；启动格头村精品民宿建设项目。建成羊排新村、牛王寨安置区、南猛村、也改村、掌坳村、乔兑村、掌批村、永乐村、新桥村、桥港村、猫猫河村、小开屯村、干皎村、丰塘村等村级公厕 16 个。建成公统村等村级停车场 10 个。

【脱贫攻坚】 2018 年派驻西江镇小龙村任村“第一书记”1 人，精准帮扶建档立卡贫困户 44 户。为切实有效带动农户脱贫，全体干部职工多次深入农户家庭宣传政策、发放物质、谈心交流，累计发动农户参加因户施策自选项目 44 户；投资 15 万元为帮扶村脚尧村建成茶园观光步道 1.3 公里；投入 62.16 万元启动大龙村停车场建设 1 座，安装太阳能路灯 70 盏。协调帮助小龙村建成通组公路 800 米、生产便民桥 1 座，硬化串户路 1430 米，实施村委楼建设项目。

水库生态移民

【概　况】2018年，县水库和扶贫生态移民局围绕脱贫攻坚“减贫摘帽”的工作安排和部署，积极推进易地扶贫搬迁和水库征地移民安置工作，较好地完成各项工作任务。

【移民搬迁】根据《贵州省易地扶贫搬迁工程建设指挥部办公室关于补充报送2012—2015年扶贫生态移民工程专项清理有关情况的通知》文件精神，县移民局草拟《2015年度扶贫生态移民项目县城楼梯坝安置点和西江千户苗寨移民新村安置点安置房处置方案》，经县长办公会、县委常委会研究通过，根据处置方案，全部退回西江千户苗寨移民新村安置点445户2000人移民指标和相应的中央、省级专项资金，不再实施项目的材料上报州易地扶贫搬迁指挥部备案；明确县城楼梯坝安置小区以2880元/平方米的标准作为生态移民房出售，各乡镇的报名工作在开展当中。全面完成2017年易地扶贫搬迁项目建设及搬迁入住工作，建成2017年易地扶贫搬迁项目安置房53栋114个单元1832套，于6月5日组织开展第二批抽签分房工作，于6月24日组织搬迁入住，在各乡镇及县直有关部门的大力配合下，至10月底搬迁入住工作结束。多渠道筹措2018年项目建设资金，有效推进项目建设，32栋85个单元于2018年11月20日全部完成主体工程。住房简装及基础配套设施建设完成工程量的85%。2018年易地扶贫搬迁项目拟搬迁1347户5279人，至10月30日开展抽签分房工作，完成抽签1347户5279人，抽签率100%。并根据“建成一栋、入住一栋”的原则，同步开展搬迁入住工作，至12月底前全部实现搬迁入住。

【跨域搬迁】雷山县跨区域搬迁任务820人，抽签分房79户337人（有1户抽签后放弃跨区域搬迁），其余的483人向州易地搬迁工程建设指挥部申请退回指标，州指挥部于2018年11月20日批复转为县城内安置，鉴于雷山县“十三五”期间搬迁指标及对象锁定，且未建有此部分的安置房，因此计划在雷山县脱贫攻坚“减贫摘帽”之后，列入2019年进行安置。

【旧房拆垦】组织各乡镇对2016年度的易地扶贫搬迁户旧房进行核查，可不拆除旧房693户，应拆除旧房506户。大力推进易地扶贫搬迁应拆旧房的拆除工作，切实做到应拆尽拆，并在旧房拆除后即时开展复垦复绿工作。全县完成旧房拆除496户，拆旧率98.02%，复垦复绿303户。

【搬迁就业】开展劳动力就业意愿大排查，根据搬迁群众的就业意愿，有针对性地开展烹饪、电工、建筑工、刺绣、旅游、家政服务等就业技能培训和劳动力全员培训工作。搞好劳务输出工作，充分利用杭州市上城区帮扶雷山契机，大力推进对口劳务输出，共同开展贫困劳动力集中招聘、就业岗位集中推荐工作，累计提供就业岗位1000余个。鼓励自主创业，提供牛王寨213个门面优先与牛王寨易地扶贫搬迁安置小区的建档立卡贫困户签订门面经营“0租金”协议，部分搬迁群众通过自主创业实现脱贫。采取优惠政策，吸引企业入驻安置小区，发展脱贫攻坚相关的旅游、刺绣等产业，为搬迁贫困户就近提供就业岗位，实现家门口就业。开展厨师、建筑工、刺绣、电工等易地扶贫搬迁劳动力技能培训129期4815人。2016—2017年易地扶贫搬迁2997户12243人，其中无劳动力83户207人，实现就业创业2868户5002人，一户一人就业率达98.41%。

【社区管理】将牛王寨、小河沟等安置小区纳入西城社区管理，羊排特色小镇纳入东城社区管理，建立安置小区社区服务中心，并派驻人员坐班，为搬迁群众提供基本公共服务；对安置小区实行网格化管理，每栋楼设立楼长，实行楼长负责制，同时引导搬迁户自发成立党支部、社区物业管理组织，逐步让搬迁户实现自我服务、自我管理；根据集中安置小区规模大小，建立健全社区党组织和居民自治组织；设立新时代农（市）民讲习所，宣讲党的十九大精神和扶贫政策，讲好脱贫励志故事，传授培训技能，激发搬迁群众艰苦奋斗、光荣脱贫的内生动力。

【问题整改】 认真开展易地扶贫搬迁对象漏评错评、贫困对象错退、工程项目管理、住房面积不合规、资金管理不规范、后续帮扶措施不到位、资金项目监察有问题等七个专项治理，全面开展国家、省、州督查检查及审计发现问题的整改工作，对短期难以解决的问题，分期分批解决；对具备整改条件的问题，迅速整改，确保效果。累计完成问题整改30个，其他未完成整改的问题做好责任分解，明确整改时限，有序开展整改。

【搬迁核查】 组织各乡镇及相关部门做好“十三五”易地扶贫搬迁基础数据核查工作，精准确认搬迁对象，全面清退“四有人员”、享受2016—2018年度农危改等不符合搬迁政策的搬迁对象；2018年4月26日，顺利完成全州易地扶贫搬迁交叉检查工作；2018年5月，顺利完成省审计厅对雷山县易地扶贫搬迁的专项审计工作；配合县委县政府，顺利举办全州易地扶贫搬迁第三次现场观摩会；顺利完成省易地扶贫搬迁大检查的迎检工作。

【新农村建设】 继续做好水溪村宅基地尚未抽签搬迁群众的思想动员工作，促使宅基地尚未抽签的群众前来抽签。宅基地抽签88户，完成房屋封顶的有52户，购买扶贫生态移民房安置4户，年底全部实现搬迁入住。明确专人负责，对红屯堡水溪村安置点群众自建房进行“每天一检查、每天一调度”，确保水溪新村建设符合规划设计要求，督促指导群众做好建房安全生产工作。

【水库征地】 鸡鸠水库累计完成征地1223.75亩，累计支付征地费用3983.9万元，完成征地总数的75%；西江水库枢纽区和淹没区累计完成征地170.26亩，兑现征地补偿资金420.08万元，完成征地面积的26.41%；翁养水库枢纽区和淹没区累计完成征地273.43亩，兑现补偿资金832.9万元，完成征地面积的88%；望丰水库枢纽区和淹没区累计完成征地487.86亩，完成水库移民搬迁3户，兑现征地补偿资金1257.14万元，完成征地面积的83.67%。

【水库后扶项目实施】 组织实施小水库后期扶持项目2个，涉及资金62万元。2016年度大塘镇掌雷村八一水库村集体管理用房项目完成主体工程建设，待验收；完成并验收2017年度望丰乡公统水库排肖村生产步道拓宽和硬化项目建设。2018年申请得到水库后扶项目资金33.95万元，拟用于望丰乡公统水库库周公路硬化项目。为水溪新村后续发展出谋划策，启动水溪村地质灾害搬迁村集体经济扶持项目建设。做好水库建设前期工作，积极配合水务局做好大塘水库、乔兑水库、柳乌水库、排苟水库的前期工作，启动并完成嘎醉河水库实物调查工作，作好签订《嘎醉河水库工程建设征地和移民安置协议（雷山部分）》准备工作。

【脱贫攻坚】 多次深入水溪村开展走访、回访、因户施策、扶贫政策宣传等工作，确保贫困户见面率、政策知晓率、脱贫满意度达100%；坚持每月打一次亲情电话，加强同帮扶对象的联系，了解帮扶对象的脱贫需求及存在困难，并及时帮助解决。实施水溪村地质灾害移民搬迁村集体经济项目并完成主体验收；完成水溪新村各家各户水电安装的协调工作；协调落实村“两委”办公楼建设资金26万元，开工完成基础建设。

【雷山县召开2018年易地扶贫搬迁工程项目“百日会战”动员部署会】 9月18日，雷山县召开2018年易地扶贫搬迁工程项目“百日会战”动员部署会。县委常委、县委统战部长、县移民局局长金光翔出席会议并讲话。会议传达省委常委、省纪委书记、省监委主任夏红民在雷山县2018年脱贫出列督战大会上的讲话精神，宣读《雷山县

2018年易地扶贫搬迁工程项目“百日会战”工作实施方案》，安排部署2018年易地扶贫搬迁工程项目下一步工作。

房地产管理

【概　况】 2018年，全县新开工建设的房地产项目有红枫水岸和苗都公馆2个，计划总投资68500万元，总建筑面积24.95万平方米；续建房地产开发项目有3个，分别为千户苗寨文化创意平台街、罗浪州地和苗疆华府，计划总投资52000万元，总建筑总面积16.34万平方米。全县完成房地产开发投资33241万元，同比增长2.1%，排名全州第五，县内在库房地产从业人员81人，同比增长103%，从业人员月人均报酬0.43万元，同比增长7.44%。

【商品房预售】 2018年，全县商品房预（现）售申请批准项目5个，预售面积共61619.6平方米，同比增长39.56%，其中“雷山1号”项目预售面积4941.16平方米，“千户苗寨文化创意平台街”项目预售面积16180.7平方米，“罗浪州地”项目预售面积20873.12平方米，“雷山县苗疆华府”项目预售面积8855.46平方米，“红风水岸”项目预售面积10769.16平方米；预（现）售住宅341套面积42407.28平方米，商铺213套面积19212.32平方米。

【商品房销售】 根据2018年房地产市场运行情况统计表显示，新建商品房销售建筑面积51984.56平方米（住宅298套36590.04平方米，非住宅15394.52平方米），累计销售金额33185万元（住宅14766万元，非住宅18419万元）；二手房销售建筑面积3757.78平方米（住宅17套2705.94平方米，非住宅面积1051.84平方米），销售金额共1210万元（住宅销售金额840万元，非住宅销售金额370万元）。

【安居工程项目建设】 2018年，主要完成项目2个，即雷山县教职工公租房配套基础设施建设项目和雷山县乡镇卫生公租房配套基础设施建设项目，涉及项目点22个，项目总投资2000万元，其中中央到位资金1500万元。

【租赁补贴发放】 2018年，累计审核发放租赁补贴11.61万元，其中第一季度累计审核发放租赁补贴2.7万元、惠及保障对象102户204人，第二季度累计审核发放租赁补贴3.11万元、惠及保障对象115户228人，第三季度累计审核发放租赁补贴2.9万元、惠及保障对象104户211人，第四季度累计审核发放租赁补贴2.9万元、惠及保障对象108户217人。

【保障性住房装修维护】 为规范市容市貌和做好保障性住房使用安全，在出售保障性住房时与购房户签订装修协议并收缴装修保证金。2018年，累计验收完成装修的保障性住房24套，投入保障性住房各小区保修期外管网设备维修维护、化粪池清理、建筑装修垃圾清运等费用20万元。

【县城永乐南路棚改项目】 雷山县永乐南路城市棚户区改造项目，改造棚户区300户，新统规统建房屋建筑面积134800平方米，其中一期18220.86平方米、二期116579.14平方米，房屋立面风貌整治300户。管网道路基础设施建设长度3255米，其中一期2126米、二期1129米，改造道路宽度为18米，新建道路为13米。项目总投资2.95亿元。从2017年3月起，项目累计完成房屋及宅地征收并签订协议142户，征收道路（安置地）建设用地73.8亩，拆除卫生局等单位的原办公宿舍楼6个，亮化包装县自来水公司等办公楼25栋，整治民房风貌；开展主干道（含排污排水等地埋设施）、马郎桥头安置房、木鼓广场、河滨道和安置地场平等建设，加强日常巡查，对永乐南路棚改区域涉及两违建筑发布停建令106栋99户。项目累计完成投资17261.32万元，其中2018年1—11月累计完成投资4771.32万元，到位资金2000万元，资金支付1709.36万元。

【住房货币化改革】 根据《雷山县住房分配货币化改革实施意见》文件精神，为进一步推进全县住房分配货币化改革工作，印发《雷山县房地产管理局关于进一步推进住房分配货币化改革工作的函》给原住房（房改房、集资房和经适房）资产有关部门（单位）。结合棚改工作需要，累计完成房改房和集资房面积核准测绘及核价结算单位33个35栋232户，征缴土地出让金和购房款142.94万元。

【物业管理】 为巩固提升“全国文明县城”创建成果，创建“国家卫生县城”，进一步规范物业管理，年内配合丹江镇等有关部门深入县城大中型居住小区，开展物业管理宣传、发放征求意见表、召开小区住户代表会议等工作，指导成立雷山县河滨湾小区和观音阁小区两个业主委员会，并完成备案相关工作。历年累计收缴住宅专项维修基金1588.07万元，支付64.41万元；其中2018年收缴256.93万元，支付16.42万元。

【脱贫攻坚】 干部职工结对帮扶丹江镇治安村、干皎村和大塘镇桥港村及西江镇乌高村贫困户46户，实施帮扶措施46户，其中脱贫26户，未脱贫20户。2018年拟脱贫16户，未脱贫4户（社会兜底）。年内，累计投入脱贫攻坚工作经费3.22万元。

【提案办理】 2018年涉及房地产管理领域的人大建议和政协提案为“关于解决集资建房的房产证的建议”，协助县生态移民局和丹江镇人民政府开展“关于解决县城规划区内建档立卡贫困户住房困难的建议”和“关于小区物业管理配套基础设施建设的建议”及“关于规范居民小区物业管理的建议”，按照要求时限完成建议提案的办理，其中“关于解决集资建房的房产证的建议”办理意见向相关县人大代表汇报，得到满意答复。

【信访工作】 认真抓好综治信访和安全生产工作，加强重要会议期间、节假日的值守调度，强化综治信访和安全生产工作责任，维护综治信访及安全生产工作秩序。2018年，累计收到信访2件，回复2件。

市政管理

【概　况】 雷山县市政管理局内设办公室、业务股、环境卫生管理股、市政公共设施管理股、园林绿化管理股。核定事业编制20名，年末实有14人。2018年来，围绕做细环卫、做强城管、做美绿化、做实设施、做精项目，锻造一支“强责任、讲奉献、严执法、会管理”的雷山市政管理队伍，扎实有效地开展全县市政管理工作。

【垃圾处理】 为巩固创卫成果，2018年，扎实有效地开展全县市容环境卫生管理工作，完成道路清扫保洁58.62万平方米，收集城乡生活垃圾的垃圾量转运至凯里焚烧发电厂进行焚烧处理平均50.05吨/天，部分生活垃圾转运至县城生活垃圾卫生填埋场覆土填埋处理平均32吨/天，无害化处理垃圾量约29950.1吨；2018年，全县生活垃圾无害化处理率达82%。积极配合完成城区扬尘整治、“多彩贵州文明行动”、迎接省州各项检查等多项工作。完成西出口移民房、红屯堡移民安置房、县城区易地扶贫搬迁房等建筑垃圾清运约460吨。2018年，由市政部门实施雷山县生活垃圾收运系统二期工程，完成投资2900万元。县城（丹江）、西江垃圾中转站正在施工中，完成永乐垃圾中转站主体建设，完成达地垃圾中转站建设并投入使用；452个2立方米密闭移动式垃圾箱和76辆垃圾运输设备（勾臂车）送达雷山并全部上好车牌发放到各乡镇使用。

【市政亮化】 投资2.3万元，更换蚩尤大道路灯电缆240米、羊排路三小出口路灯地埋电缆架设桥梁挖机损坏150米。投资66.76万元，完成县城区、思源中学、乌开工业区、阳关家园等路灯安装与维修463盏，恢复全城路灯、指路牌、公交站牌66次；维修垃圾中转站电管和机械事故

32次；投入8万元，维修排水地漏156个。投资61.32万元，实施雷山县蚩尤大道风雨桥及铺道亮化工程，完成蚩尤大道风雨桥亮化3座，辅道路灯安装61盏。2018年，县城区亮化率达98%。投资178.8万元，完成县城区路面修补8160平方米；投资808.7万元，完成丹江小城镇城南片区路灯安装115盏，红屯堡道路、长丰路口道路铺装5500平方米。

【城区绿化】 玉宇小区、中大街、小河沟、新兴街、县医院、县委桥头、一中等人行道树补种桂花树16棵，行道树移栽43棵，清除枯死行道树34棵。完成体育馆、新兴街、健康步道、郎当河口、马加屯路、教厂坝河滨道、木鼓广场、铜鼓广场、银饰街、南门小广场、小河路等绿化树剪枝面积达30120平方米，城区沿街行道树脚绿化苗修剪面积达9000平方米。清理木鼓广场、体育馆门前、铜鼓广场、郎当河口摆放的杜鹃花杂草和垃圾8000余盒，清理铜鼓广场废弃杜鹃花盆3500余盒。刈割铜鼓广场、体育馆门前、郎当河口、北出口等草坪面积达6800平方米。完成房产局和苗都两个十字路口花台转盘灌装水泥浆增重防倒400余盒，整理风吹倒的塑料花盆260余次。修剪城区人行道树枝影响行人的绿化树120余棵。完成城区行道树和绿化带杀虫8次。2018年，新增绿地面积42561平方米，新增绿化覆盖面积65350平方米，绿化覆盖面积新增1.7个百分点，绿地率达32.9%，绿化覆盖率达40%，人均公园绿地面积达8.9平方米。

【城市管理】 开展执法人员法律法规培训48次，提高执法队伍的业务素质。强化案件审核，审批商家产品促销活动36件、审批广告牌设置12件、建筑施工14件，设置春节、苗年节临时摊位144个。积极开展城区各项整治工作，下发整改通知书1300余份，督促清理建设材料乱堆乱放23处，整治超门面经营20182起，取缔乱摆摊设点1208起，清除乱张贴野广告18000余张，清理条幅480余条，粉刷乱涂乱写墙面3600个平方米，取缔各类违章广告牌20余块，整治违停车501辆。加强燃气管理工作，定期或不定期对全县21家燃气销售点进行检查12次，对16家不符合安全的燃气销售点发放限期整改通知书16份，并对8家到期未整改的燃气销售点进行处罚，全县没有燃气安全生产事故发生。

【环评监测】 推进垃圾填埋场环评验收和在线监测验收工作，各项监测数据合格。投入11.45万元，采购化验室设备1套，完善垃圾填埋场化验室配套设施；坚持每周对办公区域和填埋区消杀和灭蝇至少两次，确保环境卫生；做好渗滤液处理站运行工作，排放污水处理后经在线监测合格达标。同时，狠抓垃圾场运行日常管理，组织开展防火演练、用电演练和突发山洪抢险演练。

【综治安全】 认真做好综治安全各项工作，组织全体干部职工和180名环卫工人组建治安巡逻队，积极参与做好单位所在辖区的群防群治巡逻工作，加强对背街小巷和城郊结合部路灯安装与维修力度，亮灯率达100%，群众安全感和满意度有明显提升。由市政局牵头，组织县消防大队、县公安局、县市场监管局一起，与各乡镇安监站、相关部门及气源公司，在全县范围内对瓶装液化气销售点开展全面大检查12次，累计参与检查人员128人次，对全县20家燃气销售点、20个储存库进行检查。从检查结果看，全县燃气销售点对安全生产管理比较重视，安全生产有专人负责，设施、设备有定期维护保养，各项制度较完善。但也发现一些问题，有些销售点空、实瓶混放，杂乱无序以及灭火器压力不够等。针对上述不安全的因素，检查组提出整改意见，要求其限期消除安全隐患，坚决杜绝安全生产事故的发生。参加全县“六月安全宣传月”集中宣传咨询活动，共发放宣传单2000余份。

【脱贫攻坚】 春节期间走访慰问困难党员、计生困难户、留守儿童及留守老人等困难户15户；开展建党97周年“七一”慰问活动，慰问困难党员7人，发放慰问金2100元；坚持开展扶贫日走访活动，组织全局22名帮扶干部深入帮扶村走访贫困户50余次；投入3.96万元，为帮扶村掌排、脚雄、乌开3个村采购垃圾桶528个；投入6.36万元，翻新装修帮扶村掌排村小学教学楼工程；“六一儿童节”慰问帮扶村留守儿童、残疾儿童共21人，发放慰问金4200元。

水　务

【概　况】 2018年，全年完成供水量330.62万吨（县城水厂286.76万吨，西江水厂7.8万吨，营上水厂26.1万吨），占年计划325万吨的101.73%，与2017年相比（以下简称“同比”）增长20.23%；售水量271.72万吨（县城水厂243.02万吨，营上水厂22.1万吨，西江水厂6.6万吨），占年计划260万吨的104.51%，同比增长23.51%；供水与售水产销差率为17.81%。完成工业总产值（主营业务收入）958.37万元（县城水厂799.79万元，西江水厂55.83万元，营上水厂102.75万元），占年计划770万元的124.46%，同比增长43.25%；非主营业务收入886万元，占年计划500万元的177.2%，同比增长93.05%。主营和非主营业务总收入1844.37万元，同比增长63.54%。全年完成污水处理费征收224万元，同比增长24.44%；上缴税金58万元，同比下降18%。

【供水设施建设】 接管西江景区供水设施运营，完成白水河水厂建设及供水系统提升改造。根据县政府和园区管委会的要求，3月初由县水务局移交西江千户苗寨景区（西江镇）供水系统给水务投资公司实行企业化、规范化管理，并承担雷山县西江千户苗寨景区供水改造工程。该工程预算总投资1419万元，实际到位资金1000万元。通过周密安排、合理调度工期、加班加点组织施工，顺利完成白水河水厂、取水拦坝、取输水管道铺设安装和景区部分区域供水管道提升改造，5月1日正式通水，有效解决景区旅游服务行业及当地村民饮水难问题，实现县委、县政府及园区管委会的目标要求。全年完成一户一表安装58户，共有用水户251户，完成供水量29.36万吨，售水量28.34万吨，耗能62.51万元，平均吨水（供水）能耗2.13元。水费收入25.3万元。同时，水厂还完成原西江水利站遗留未缴水费59.06万元的追缴工作，为规范景区供水经营秩序奠定良好的基础。

根据鸡鸠水库工程建设要求，于3月20日正式下闸蓄水，为确保县城区正常供水，制订实施《鸡鸠水库下闸蓄水龙头水源应急取水工程全自动加压供水方案》，该方案预算投资101.84万元，实际投入资金75万元，到位资金60万元。通过加班加点组织施工，在较短的时间内完成该工程建设，确保鸡鸠水库下闸期间县城区正常供水。重新启用鸡鸠水源供水后，积极与水库建设管理单位联系，完成水库生态管搭接取水设施，加强水源地环境保护，保障水质安全。对州环境保护督察整改工作领导小组提出的“雷山县城集中式饮用水源地未建有自动监测站及实现联网”问题，在县有关部门的支持下，投入62万元完成鸡鸠水库水质在线监测系统建设。

完成大塘（莲花）小学水厂建设，5月16日正式通水试运行。完成羊排扶贫搬迁安置小区供水设施建设。截至12月30日，完成DN63–DN200PE各种口径供水管道安装5580米，一户一表安装3224户。完成县城污水处理厂提标改造工程。

《雷山县城供水改扩建工程（二期）》项目莲花水厂完成征地工作，水厂场平及通道建设招标工作在进行中，完成投资66.8万元；《城镇污水处理二期工程》到位资金1700万元，完成大塘镇污水处理厂场地平整和招投标工作，厂区基础施工在进行中，完成投资44万元；有序推进水质检测中心（兼供水服务中心）业务用房项目建设，至年底，水检中心大楼主体工程完工，完成投资222万元。

【供水设施维修】 2018年，先后完成雷榕高速公路水泥搅拌站、丹江镇红屯堡安置地、县城南部路网市政道路工程涉及供水管道改造、县文化展示中心信息服务中心、县档案馆、殡仪馆、法院新办公楼等供水管道铺设及一户一表安装，管道总长2120米，新增入网用户2149户；配合大塘快速通道建设工程，完成DN400球墨铸铁管输水管道改造160米以及DN400PE输水管道安装施工监督，并与鸡鸠水源取水管道搭接供水，替代原来DN400球墨铸铁输水管道。配合县水务局实施《雷山县全面解决农村饮水安全攻坚决战行动》项目建设，基本完成望丰乡、达地水族乡和永乐镇第Ⅰ和第Ⅳ标段工程。1—12月完成对县城区各种口径供水管道抢修96次，完成城乡供水管材管件购置总额710.9万元，比2017年318.8万元增长122.99%；供排水制水药剂购置总额65万元，比2017年41万元增长58.54%，有效保障供水安装、抢险救灾物资供应和供排水质制水所需物资。全年共查出并抢修供水管网漏点39处，发放供水整改和违规自建供水设施用户通知书117份，依照有关规定征收自建供水设施清洗试压费5.27万元，处理用水问题3起，为用户解决不来水、水压低等问题12户（次），管网排污检测57点（次），供水压力检测72点（次）。还加强对水库和县城区橡胶坝的巡查值班和调度工作，在县防汛指挥部的指导下，通过进一步完善管理设施，使水库及橡胶坝安全度汛。

【污水处理设施建设】 完成县城一期污水厂提标改造的同时，在县政府的支持下，投资19.6万元完成该厂总磷总氮在线监测设备安装，落实中央环保督察组“回头看”整改意见。针对西江污水处理厂超负荷运行情况，启动该厂二期改扩建工程，获得州发改委立项批复，工程概算投资1888.53万元，建设规模为3500立方米／日。项目建成后，该厂污水处理能力由1500立方米／日增加到5000立方米／日，排放标准由城市一级B标提升到城市一级A标。

【供水安全】 由于受大塘快速通道、莲花小城镇建设工程施工影响，县城饮用水质浊度超标，用户反响较多。为此，一方面以QQ、张贴通知等形式向用户发送信息说明情况；一方面加大投药制水工作力度，尽最大努力降低水质浊度，在鸡鸠水库下闸蓄水期间未发生饮水中毒安全事故。加大水厂制水和水质检测力度，按要求采水样送州检测，各项指标均达到国家饮用水标准。完成制水药剂购置65万元，保证城乡水厂制水药剂需求，保障水质优质安全。

【供水服务】 除在公司完成立户工作外，到羊排小区为易地扶贫搬迁安置户现场办理立户开水手续，方便用户。全年完成牛王寨、楼梯坝、羊排小区及县城区开水立户2441户，一次性安装194户，一次性改造561户。全年完成抄表水量274.35万吨（县城完成236.25万吨，西江完成38.1万吨），同比增长17.84%；抄表实收水费917.26万元（县城773.13万元，西江144.13万元）；更换到期水表819户，新增入网上机户2149户，网上发布供水服务信息18.47万条。全年共接听办理用户报修电话238户次，业务咨询、开水电话每天平均4～6户。继续做好手机抄表、微信支付、支付宝支付等第三方支付水费端口设施维护和使用管理，不断提高服务效率。认真办理涉及供排水工作信访件5件。7月26日、31日，分别邀请10名县人大代表、政协委员，30名退休老干部先后视察鸡鸠水源、水检中心、水厂、县城污水处理厂。

【脱贫攻坚】 年内，先后投入鸡鸠村帮扶资金52万元（包括协调落实和帮扶物资折价），资助村“两委”购买电脑、打印机、沙发等办公设备经费，制作铝合金“党务、村务公开栏”4块，为39户贫困户购置生活用品。2018年春节开展慰问活动，资助村“两委”办公经费2000元；慰问五保户、计生贫困户各200元及油和米，并为五保户修缮房屋；“三八”妇女节资助该村活动经费1000元；组织公司全体党员与村党支部党员开展“七一”建党节活动，资助村党支部活动经费1000元，慰问五保户200元。

土地和城乡建设综合执法

【概　况】 2018年，县土地和城乡建设综合执法大队围绕工作目标，认真查处县城规划区内违法占地、建设，狠抓案件程序落实，各项工作取得新成效。

【行政执法】 年内，累计开展巡查工作259次，参与执法1250人次，查出各类违法用地、违法建设行为共19起，立案查处25件，下发《责令停止违法行为通知书》19份，查处违法占地面积2763.31平方米，建筑面积5214.39平方米；下发《行政处罚决定书》11份、《履行行政决定催告书》3份、《行政强制拆除违法建筑物决定书》3份；组织行政强制执行和维稳工作8次，大队累计参与维稳109人次，依法拆除违法建筑10栋（12户），拆除违法占地面积1293.94平方米，违法建筑面积2126.58平方米，结案4件，停建处理21件。年末，累计接收搭电接水申请38户（份），其中经实地审核同意搭电14户，与规划、国土、丹江镇协商后办结24户。

【脱贫攻坚】 大队帮扶村为丹江镇虎阳村，年内利用春节、“七一”建党节、吃新节等组织干部职工走访帮扶村，做好节日活动，落实帮扶资金6.8万元；协调修建干皎村人畜饮水工程蓄水池6个（个均32立方米）、消防水池1个200立方米，购置垃圾转运箱3个；新建卫生室1个，占地130平方米，建筑面积135平方米；建成休闲文化长廊1个、凉亭1个；安装太阳能路灯100盏，修建通组道路护栏400米；硬化村内主干道2公里，广播电视、移动网络覆盖全村。资助经费1.26万元，为虎阳村村委会购置办公电脑2台、打印复印一体机1台；资助资金0.56万元，制作村务公开栏，安装村委办公楼防盗窗，更换铝合金窗户及玻璃；协调一事一议项目，落实步道硬化水泥40吨、沙石150立方米，完成饮水安全提升工程管道铺设3580米。完成虎阳村第一批危房及老旧房改造12户，第二批老旧房改造19户；申报干皎村2018年危房改造9户，老旧房改造26户，实施贫困户单独改厨16户，安装非贫困户厨房移动灶台4户。

土地和房屋征收管理

【概　况】 2018年，县土地和房屋征收管理局认真贯彻《中华人民共和国土地管理法》和《国有土地上房屋征收与补偿条例》，严格按照国家政策和有关补偿标准，扎实开展县城永乐南路棚改项目、县城北区棚改项目的土地和房屋征收工作，积极推进长丰村等3个村的脱贫攻坚工作。

【县城永乐南路棚改项目】 完成协议签订158份，其中房改房签订协议58份（户），统规自建和加层扩建协议签订42份（户），宅基地补偿协议签订31户，房屋及附属设施征收补偿27户，拆迁户按时腾空交房并拆除。完成征地96亩；完成公路路面施工铺油；整治包装公路沿线私房户、公房楼外貌；完成公路两侧43户土地（宅基地）丈量；启动2号环线道路施工。至年底，永乐南路棚改项目共完成投资1.47亿元。

【县城北区棚改项目】 完成A区房改房、集资房签订房屋征收协议220户（含粮油公司），签约率占任务数的73%。其中产权调换32户，货币补偿188户；征收房屋面积18979平方米，房屋补偿资金7021.91万元，开始拆除房屋。完成B区490房改房、集资房的装饰装修丈量工作，签订B区房改房、集资房房屋征收模拟协议签订688

户，签约率占任务数的78.9%。通过县政府协调县扶投公司与西江旅游公司签订政府收购房源安置框架协议，将西江旅游公司于红屯堡开发红枫水岸项目的560套商品房以3800元/平方米购买作为2016年、2018年部分棚户区改造户的安置房，用于安置房屋征收对象。完成西门村、响楼村涉及农户27户的土地丈量（司法丈量2户），领取补偿金2户。

【脱贫攻坚】 全力做好丹江镇长丰村、大塘镇桥港村、永乐镇天马山村的脱贫攻坚工作。经协调，县水务局援助63PE管2600米、县住建局援助75PE管1200米、贵州省中顺建筑有限公司和贵州省亚疆工程有限公司各资助10000元、雷山县弓山建筑工程公司捐赠5000元、县安监局捐赠给应急广播器材一套、爱心人士捐赠2000余元等支持帮扶村的建设。协调财政部门奖补水泥84吨、沙子248.5立方米，长丰村组织群众投工投劳硬化产业路150米、串户路876米。

国土资源管理

【概　况】 2018年，县国土资源局认真贯彻各项决策部署，以脱贫攻坚统揽经济社会发展全局，围绕2018年重点工作目标，主动服务，规范管理，全力保障重点建设项目用地，坚守耕地保护红线，用好用活政策，有序推进各项工作。

【土地规划】《雷山县土地利用总体规划（2006—2020年）》于2011年5月经省人民政府批复，规划期（2006—2020）内建设用地总规模指标为2316公顷，耕地保有量指标为15110公顷，基本农田保护面积指标为13548公顷。根据2016年9月26日《黔东南州土地利用总体规划（2006—2020年）调整完善主要规划指标分解方案》要求，到2020年全县建设用地总规模指标调整为2514公顷（增加198公顷），耕地保有量指标调整为15059公顷（核减51公顷）；基本农田面积保有量指标调整为13231公顷（核减317公顷）。其中规划期间（2006—2020年）上级下达给雷山县的耕地保有量指标为15059公顷，至2018年底全县耕地面积为15895.33公顷，较上级下达目标任务多836.33公顷，超额完成耕地保有量目标任务数。规划期间（2006—2020年）上级下达雷山县的基本农田保护面积为13231公顷，2018年底全县基本农田保护面积为13237.66公顷（大于25°以上的基本农田面积占26.99%，面积达2442.26公顷），基本农田保护率为83.28%，实现基本农田保护目标任务。雷山县本轮规划（规划基期年为2014年）的建设用地控制规模为2514公顷，即“十三五”期间的建设用地控制规模为2514公顷，增加指标198公顷。年末，全县城乡建设用地和旅游用地指标约200公顷。

【建设用地申报】 年内累计申报用地面积41.45公顷（新增建设用地39.97公顷）。其中2018年度第二批次城镇（保障性住房）建设用地省国土资源厅审核通过并下达缴费通知，待缴费后上报省政府批复，该批次计15.36公顷（水田11.74公顷），含县2017年易地扶贫搬迁项目13.19公顷（197.8亩），第三小学2.18公顷（32.64亩）；2018年度第三批次城镇建设用地省国土资源厅审核完毕，待下达缴费通知缴费户上报省政府批复，该批次共计26.09公顷（水田13.23公顷），含大塘莲花小学、大塘卫生院、九十七果酒厂、郎德小学、县城南部路网部分用地、雷丹公路路口红茶加工厂、县殡仪馆、凯里高速公路雷山收费站至陶尧连接线、西江营上生态停车场项目9个。同时收集2018年第四批次以及旅游等单选项目用地报批报件材料。

【用地出让】 为推进项目建设用地，盘活土地资产助推脱贫攻坚工作，县国土资源局在全县范围内集中开展盘活存量土地专项工作，清理历年来批而未用、供而未用、低效用地和项目建设中多征土地用地。经排查，全县可盘活存量建设用地共计62宗，总面积1562.3亩。全县共供应土地25宗，总供应面积为245.3公顷，总成交价款29825.17万元。其中挂牌出让17宗，总出让面积为227.99公顷，总成交价款18375万元；协议出让5宗，总面积12.39公顷，收取土地价款11450.17万元；划拨3宗，总面积4.92公顷。上网挂牌出让土地有37宗，包括西江景区11宗、西江凯宏酒店、蓝莓酒庄第二期、益明食品、蚩尤大道剩余土地、西出口农贸市场旁空地、大塘九十七果酒厂、西江白水河、西江营上高速公路服务区等，拟出让面积共1317亩。

【土地整治】 针对后备资源条件不利因素，挖掘后备资源潜力，经摸底核查，县内适合开发旱改水项目后备资源约53.33公顷（800亩），造水田项目约175.77公顷（2636亩），通过望丰造水田及旱改水项目获得新增耕地水田指标329.14亩，节约指标购买价值约6000万元。实施旱改水项目4个，2018年11月完成验收备案，新增水田指标530亩。结合原编制的土地整治规划，积极争取上级资金1121万元，实施大塘镇土地整治项目。由县人民政府印发全县旱改水和造水田实施方案，下达各乡镇目标任务。通过土地整治建设高标准农田等补充耕地，多渠道多方式逐步破解用地指标瓶颈。

【增减挂钩项目实施】 完善2016年批准的400亩增减挂钩指标项目实施方案，实施流转项目。编制2017年批准的300亩城乡建设用地增减挂钩项目实施方案。省国土资源厅尚未批准分配2018年度城乡建设用地增减挂钩指标任务。2018—2020年，全县易地扶贫搬迁还贷增减挂钩节余指标生产任务数为980亩，其中2018年347亩、2019年317亩、2020年316亩。全县2016年度易地扶贫搬迁复垦复绿应拆除旧房为506户，至2018年底拆除496户，拆除面积为36562平方米，复垦复绿面积为26907.76平方米，完成率为73.59%。结合原有影像图，按照增减挂钩宜耕则耕、宜林则林等原则，筛选出雷山县2016年土地利用现状变更调查数据库中村庄及采矿用地图斑实地疑似耕地、园地、林地等农用地的图斑作为适宜开展城乡建设用地增减挂钩项目地块，可挖掘增减挂钩指标1000亩，相关项目实施方案在编制中。

【土地征收】 年内，先后派员支持和协助丹江镇开展县城北棚户区建设项目用地集体土地征地工作。在征地工作中积极做好服务工作，为全县重点建设项目收储土地1614.09亩。依法回收违法用地、闲置抛荒土地和无主土地，并做好闲置土地和原征土地的清理核实录入工作，8月至年末，完成丹江镇和大塘镇历年来的土地征收清理录入工作，其他乡镇在清理之中。

【地籍测绘】 落实县境内十二个高等级测量标志保护经费，除一个国家二级三角点、一个国家二等水准点和6个C级GPS点由省级财政拨款落实外，剩余3个E级GPS点由国土资源局拨款解决，并建立健全测量标志档案。原有数字化地籍地形测绘成果的四个建制镇，地籍测量全部采用静态GPS观测、全站仪全野外数据采集采用现代化的测绘手段。地籍档案由原来的按办理时间顺序排序的归档方式变为“街坊——宗地号”新的归档方式，管理手段逐步走向规范化和科学化轨道。

【执法监察】 2017年共接到32个卫片图斑，图斑总面积1970.1亩，其中耕地面积1088.5亩。2018年通过核实属合法图斑共23个，面积1331.3亩（耕地面积581.99亩），其中获得建设用地批复的有7个、判定为农村道路4个、临时用地5个、设施农用地1个、实地伪变化6个。涉及民生项目违法用地图斑共9个，总面积658.8亩（耕地面积508亩），违法占耕比为88%。根据贵州省人民政府《关于支持黔东南自治州加快旅游业发展的意见》精神，在卫片执法监察信息系统中，暂将9宗违法用地作为边报边用合法化消化处理7宗，年内卫片执法违法占耕比将由原来的88%降至6.7%，低于15%的问责线。年内累计处置违法占地违建30余起，化解土地权属争议案件15起。年内，累计收到行政应诉案件、行政复议案件（包括土地征收、违法占地、土地登记、采矿权）和信访案件16件，其中行政应诉案件和行政复议案件9件，判决完毕3件，被撤销4件，维持原判2件；信访案件7件，并及时给予答复。全县完成农村集体建设用地和宅基地的确权12022宗、房地一体测绘5000宗。

【地质灾害防治】 年初编制完成《2018年地质灾害防治方案》和《2018年地质灾害防治应急预案》，组织召开全县地质灾害防治会议及隐患点监测员培训会，签订责任书，完成全县地质灾害隐患点应急演练148个（次）。配合技术单位开展全县高位地质灾害隐患排查1次，并完成野外核查工作。基本完成西江小学、马家屯坡、雷山县民族中学3个中央资金地质灾害防治项目。

【矿产管理】 年内累计开展矿山检查11次，现场要求整改3次，落实整改3次，在检查过程中未发现重大安全生产隐患。编制完成《雷山县打击非法开采和规范矿产资源行为工作方案》，并经县人民政府审查印发实施，为乡镇在基础设施建设项目临时开采砂石用料提供依据。及时完成中央环保督察反馈问题整改，整改材料移交县生态文明建设管理局。

【不动产登记】 全县不动产登记中心办结不动产登记1726件，在处理中1494件，完成不动产登簿7456件，颁发不动产权证书730本、不动产证明1746件。登记房屋面积55050.94平方米、土地面积801538.82平方米；数据接入总量4514件，上传成功件3957件。同时做好资料移交，尽快推进林权类不动产登记工作。

【土地调查】 按照州第三次土地调查相关文件要求，成立工作领导小组，制定《雷山县第三次土地调查实施方案》《雷山县第三次土地调查宣传方案》，有序开展工作。省财政厅划拨给雷山县的2018年第三次土地调查工作经费148.94万元到账。

【脱贫攻坚】 选派科级干部4名、优秀干部4名和第一书记1名，帮扶永乐镇大寨村、草坪村和高庄村，选派到其他乡镇担任帮扶网格员的优秀干部15名。坚持把服务群众、送温暖作为驻村工作的切入点，积极开展节日走访慰问活动，帮助永乐镇大寨、草坪、高庄3个村解决脱贫攻坚费用25万元，实施草坪村和大寨村土地整治项目2个，投入资金350.44万元，确保3个村实现脱贫目标。

城镇投资开发

【概　况】 2018年，面对宏观政策调控从紧、平台清理整顿深化、土地市场动荡等不利因素，县城镇投资开发有限公司全体员工团结协作，围绕脱贫攻坚、项目建设和公司实体转型等工作目标，勇挑重担，开拓创新，克难奋进，顺利地完成全年各项工作任务。

【融资担保】 为推进全县重点项目建设，雷山县城投公司作为县级融资平台，为县内重点公司、企业贷款作担保。县城投公司作为担保主体，配合西江千户苗寨文化旅游发展有限公司完成融资租赁在内11项融资贷款工作，向黔东南州工商银行、北银融资租赁公司、重庆银行等9家银行、金融租赁公司共贷款14.31亿元，至2018年末共放款11.16亿元。县城投公司作为担保主体，雷山县扶投公司作为融资主体，向农业发展银行雷山支行贷款2.15亿元。县城投公司作为担保主体，雷山县自来水公司作为融资主体，向雷山县农村信用社贷款950万元。

【成立子公司】 2018年2月，县城投公司成立子公司——贵州魅力食族发展有限责任公司作为县城投公司的子公司，该公司主要围绕脱贫攻坚，充分利用优势特色农产品、新鲜蔬菜、肉、水果等优质商品，通过O2O的销售模式与贫困户建立利益链接机制，推动全县电商产业发展。通过贵州魅力食族发展有限责任公司实施的雷山县农特产品电子商务服务平台建设项目，申请得到省级服务业发展引导资金180万元、雷山县“黔货出山”前期经费10万元。公司自2018年9月中旬开业，至年末共实现营业收入388422.44万元。县城投公司成立子公司——雷山县城投建材贸易有限公司，公司建设HSZ180商混生产线1个，通过自有项目使用及对外经营，实现营业额增长，将国有企业实体化转型工作做实。借九十九旅游基础设施建设项目实施之机，县城投公司承包九十九茶园，通过精心管理，争取得到农业开发补助资金140万元，用于茶园提升改造工程，2018年实现茶叶销售1.6万元。

【资金监管】 2018年，公司累计完成项目投资28664.93万元（在建工程项目累计投资13895.66万元，无形资产累计投资14769.27万元），财政专项拨款到位资金6184.44万元。全年完成上缴税额719.32万元，其中耕地税365.35万元，契税346.14万元。2018年全年平均在职员工21人，累计支付在职职工薪酬95.37万元、职工社保费5.34万元、住房公积金9.54万元。至2018年底，公司从金融机构融资贷款债务余额71340万元，支付融资贷款利息共2777.66万元；到期债务共计1660万元，完成债务偿还1660万元。在地方全口径债务监测平台系统录入公司实施的雷山县易地扶贫搬迁（扶贫生态移民）项目等15个重大项目的银行贷款债务及应付工程款债务相关信息数据，累计填报政府隐性债务93388.14万元。对符合2019年地方政府债券需求的雷山县景区多层立体停车场建设项目等26个项目进行填报，累计填报2019年地方政府债券需求金额为185125.77万元。为降低资金支付风险，要求资金支付材料必须由工程管理部认真审核无误并经分管领导审批后方可支付工程款。

【项目建设】 2018年，县城投公司负责实施的项目有雷山县第一中学地下停车场建设项目、雷山县康体中心建设项目、雷山县大塘镇卫生院建设项目、雷山县九十九园区旅游观光配套基础设施（一期）建设项目、雷山县大塘镇极贫乡镇供水工程建设项目等13个，项目总投资45196.3万元，年内完成投资33453.3万元。公司作为名义业主的实施项目有雷山县南部路网市政道路工程建设项目、中国传统村落峰会永久会址暨世界苗族文化展示中心建设项目等8个，其中雷山县南部路网市政道路工程建设项目，设计道路总长为12.06公里，建成道路约5.5公里，主要完成道路、桥梁及管网工程，完成比例约55%。

【资产管理】 2018年，县城投公司完成7宗国有建设用地（面积21.11亩）、2宗国有土地、犀牛塘安置房一楼房产、公安局和检院老办公楼整体房产、康体中心项目用地不动产权登记证的办理工作，确立上述资产的使用权和法律凭证。完成县城投公司固定资产数据收集，把收集到的统计数据资料整理成《办公固定资产总台账》《土地资产总台账》《商铺门面资产总台账》《项目投资总台账》并汇编装订成册，对土地档案进行分类整理，实行一宗地一个袋子。大塘镇（极贫镇）供水工程被征收土地62户，征收土地面积79.82亩，补偿金额为18.34万元。丹江镇教厂倒土场征收耕地、林地等涉及农户27户，征收土地面积176.72亩。清水江（巴拉河）流域治理项目三期土地征收补偿款总计约454万元，基本完成征地工作。

【脱贫攻坚】 2018年，公司主要领导亲自带领和组织公司干部职工在春种秋收时节深入大塘镇干脑村和方祥乡平祥村、水寨村、陡寨村等帮扶村与贫困群众一起吃住，指导、帮助贫困群众整治房前屋后环境卫生，核实贫困户获得的教育、医疗、养老、农村低保、生态补偿、因户施策等扶贫政策支助情况。通过项目资金助力全县脱贫攻坚工作，2018年实施乡镇脱贫攻坚项目9个，总投资8840.16万元，资助方祥民族小学学生住宿用品等物资价值29.06万元。10月，组织全体干部职工踊跃参加“扶贫日”捐款活动，共捐款730元。

交通　邮政　通信

交通运输

【概　况】 2018年，围绕“交通扶贫”和“助推脱贫攻坚”两大工作重心，以“建设好、管理好、养护好、运营好”农村公路创建工作为总目标，狠抓各项工作落实，全县交通运输事业稳步发展。全县交通固定资产投资完成约5.48亿元（不含雷榕高速），其中城市主干道项目完成投资3.2亿元，县乡村公路改造完成投资1.5亿元，组组通公路建设完成投资5800万元，农村公路养护工程完成投资1500万元，站场和桥梁建设完成投资500万元。

【高速公路建设】 凯（里）雷（山）高速公路延伸线雷（山）榕（江）高速公路建设项目累计完成投资8.24亿元，占计划总投资的6.7%。县指挥部牵头完成土地征收丈量任务总量的70.14%（其中正线用地征收丈量完成任务量的81.51%，临时用地征收丈量完成任务量的32.01%），房屋丈量完成任务量的18.83%，征地补偿资金兑现1049.51万元。

【路网投资】 G243雷山—大塘快速通道建设项目完成总投资的43.94%；南部路网（含大桦林业—红屯堡公路和永乐环城公路）完成总投资的28.8%。完成郎德—望丰公路改造工程建设；完成营上—白水河公路建设；雷山—西江公路改造工程完成投资4500万元，完成路基建设；苗岭天路累计完成投资4500万元，完成公路建设4.5公里，完成路基建设25公里；花海幽谷项目完成种植1430多亩，完成建设投资2379万元；雷山县永乐—榕江县平阳公路项目完成6.5公里的路基开挖，完成投资257万元；完成塔石—达地、望丰—舟溪、永乐—柳乌、卡文坳—排告水毁公路修复。

【村组公路建设】 完成30户以上通组公路建设143公里，除因保护区影响的2个项目外，其余均按上级要求完成建设任务；完成30户以下通组公路建设98公里；修复达地至乌空等通村水毁公路42条。建成农村客运招呼站30个，完成羊排公交站主体工程建设；改造农村公路危桥3座，建成通组公路桥梁4座。

【运输行业】 全县有县级二级汽车站1座、乡镇汽车站8座，成立机动车维修企业14家、道路客运企业7家，拥有客车和出租汽车196辆、货车652辆。全年全县货物周转总量35070万吨公里，比2017年增长4.7%，旅客周转总量5852万人公里，比2017年增长13.1%。没有发生一起较大以上道路运输安全生产事故。全县行政村通客运154个，农村通客运率达100%。2018年上半年成立雷山县第一所驾校并投入使用，新增客运企业1家，申请开通雷山—大塘公交专线。“通村村”APP平台3.0版投入使用，1—11月平台完成订单739单，接送38704人次，成交额63.47万元，注册总数 12.48 万人。农村群众出行条件和农村客运车辆实载率得到明显改善和提升。

【公路养护】 全年累计争取中央车购税资金 4002 万元、州级小修保养资金 110 万元、县级小修保养资金 8 万元，修复挡墙共 17 处 4652 立方米，清除塌方 43 处 38740 立方米，填充路面坑槽 3680 平方米，清扫路面 184.2 公里 / 月次，清理边沟 193.7 公里 / 月次；清除公路沿线非法广告 68 处，制止和清理公路沿线上乱堆乱放乱停 46 起，处罚侵害公路路产路权 9 起；完成格头坳至方祥公路 K10+000–K20+597 段中修工程 10.6 公里；完成 S204 促水至佳荣公路（雷山县 Y002 枫树坳至达地段）水毁恢复重建工程 19 公里。

【运输监管】 全年以深入开展"安全大检查"和"客运交通安全教育整治"活动为契机，通过组织客、货运输等企业召开宣传动员大会、签订责任书等多种形式强化客运企业安全生产主体责任落实。协调配合安监、公安、交警、工商、市政等部门，按照"依法依规、实事求是、注重实效"的原则，加大非法营运排查力度，全年累计投入执法人员 1950 人次，出动执法车 450 辆次，检查客货运车 2600 多辆次，警告教育驾驶员 60 多人，查处非法营运车 34 辆次、违法违规客货运车 5 辆次、证件不齐 3 起。行政处罚案件结案率达 98%，未发生任何行政复议和行政诉讼案件。不断完善农村公路、通组公路安保、警示标志等附属设施。在建项目同步规划建设安保工程，累计完成通组公路安保工程 35 公里，完成水毁修复 9.5 公里、桥梁护栏安保改造 35 座。全年累计出动 1075 人次，车 336 辆次，排查在建通村公路安全隐患，发现道路交通安全隐患 15 处，治理 15 处。检查在建的苗岭天路、雷西公路、组组通公路等交通建设项目施工安全，及时搬迁在建易坍方路基工棚，严格要求施工单位提高警惕不良地质地段和危险路段施工，认真落实各项安全生产措施，全面核查特种施工人员上岗资格，杜绝无证上岗，对施工机械要求勤保养、勤检修，严禁施工机械带病施工。加强对爆炸物品的管理和检查，要求施工队实行专人保管、登记使用、持证上岗，防止各类事故的发生，保障公路工程施工安全。全年累计牵头组织召开治超成员单位联席会议 6 次，各治超成员单位开展治超联合执法 86 次。全县累计登记货运车 197 辆，其中大型货运车 2 辆、普通货运车 195 辆，货运源头单位 4 家，恢复货车非法改装 78 辆，恢复出厂拆除率达 90%。

【法制宣传】 利用车站、车辆集散地、各乡镇主要路口、各运输企业等公共场所作为交通法制教育阵地，发放路政宣传资料 5000 多份，制作路政宣传标语 50 余幅，发放运政宣传手册 3000 份，组织全县运输企业主要负责人和运政全体职工召开《道路运输管理条例》宣传大会 1 次，印制道路运输条例宣传单 3000 份，定期组织运政执法人员到车站、客运企业开展道路运输法律法规现场咨询活动。

【脱贫攻坚】 全年累计派驻村干部 22 人，其中副科级以上领导任第一指挥长 3 人，参加全县脱贫攻坚业务培训 3 批次，参训率达 100%。全年累计落实扶贫项目资金 300 多万元，硬化肖家寨内公路 3 公里、接村公路 2.6 公里；完成岩寨村活动场建设、村委楼厨房建设，增设安防工程 500 米；完成丛木村寨内公路硬化建设；支持小开屯村活动场建设。资助各村指挥所工作经费 5 万元（肖家、岩寨、丛木、小开屯和开屯村各 1 万元），走访慰问贫困户，慰问资金（含物资折价）56000 元。

【"组组通"公路项目验收】 6 月 11 日，雷山县组织由县发改局、县交通运输局、县财政局、县安监局、县交警大队、县运管局、县农村公路管理局、县扶贫办等部门有关人员为成员的验收组，对 2017 年农村"组组通"公路建设项目进行验收，一致同意通过验收。

【**雷山县顺利通过2018年省级“四好农村路”示范县检查验收**】 11月8日，雷山县顺利通过2018年贵州省“四好农村路”（建好、管好、护好、运营好）示范县考评验收，成为黔东南州继麻江县之后第二个省级“四好农村路”示范县。2018年6月，雷山县正式启动省级“四好农村路”示范县创建工作。4个多月来，雷山县围绕农村公路“四好”目标，成功创建“四好农村路”示范路约80公里。11月2日，雷山县顺利通过州级“四好农村路”示范县初步验收。

公路管理

【**概　况**】 2018年，承担S308线K156+000–K235+000共计79公里雷山县境内的公路路政管理、公路养护、应急抢险、安全畅通工作任务。贵州省雷山公路管理段在2018年5月被贵州省春运工作联席会议办公室评为贵州省2018年度春运工作先进单位；8月被贵州省凯里公路管理局评为2018年路政执法岗位练兵三等奖；同年被中国公路运输工会贵州省凯里公路管理局委员会评为2018年度先进基层工会。

【**公路保养**】 2018年，凯里公路管理局下达雷山公路段小修保养年初投资计划270.31万元。2018年，完成小修实物工程量210.75万元，其中路基工程14.46万元，路面工程153.48万元，安全设施修复完成36.7万元，预防性养护完成3.58万元，防冻防滑完成2.53万元。受雷榕高速公路建设和雷山至大塘快速道路建设以及扶贫工程的影响，本段2018年路况较2017年大幅度下降。2018年一季度路况完成优良率77.22%，二季度路况完成优良率74.28%，三季度路况完成优良率74.28%，四季度路况完成优良率75.71%。

【**水毁抢修**】 2018年5月后，贵州省雷山县境内多次突降暴雨，造成沿线河流水位暴涨，雷山公路段管养的S308线全线：上边坡塌方58处，安保设施损坏2处。雷山公路段及时启动应急预案，职工上路排查全线易塌方、塌陷的道路安全隐患。同时对垮塌路段，组织力量抢修。截至11月底，全面完成清理坍塌方58处55107立方米，恢复安保设施2处40米，投资共113.19万元。

【**安全生产**】 把安全工作作为头等大事来抓，层层签订安全生产目标责任书，制定完善《安全生产管理办法》。认真开展好“春运”“五一”“国庆”等安全专题活动，及时召开各种安全会议，强化重点部位的安全防范，针对检查安全工作中发现的主要问题和薄弱环节，落实整改责任。对工地安全员进行安全教育8次。与施工队伍签订《安全生产目标管理责任书》和《综治目标管理责任书》，层层落实相关责任；在工程施工时与参与的民工队签订《安全生产施工合同》，明确双方责任；汛期对管养道路沿线所有边沟、桥梁、涵洞进行检查疏通，坚持阴雨天上路巡查和24小时值班制度。通过一系列措施，保障生产及职工生命财产安全，保障公路安全畅通。

【**路政管理**】 2018年，加强路政巡查、路产路权维护工作，加强路域环境整治，截至11月，共上路巡查147天，清除占道堆料104余处470平方米，制止违法建筑1处78平方米，联合执法拆除违法建筑1处60平方米，清理非公路标志24块，联合治理查处超限运输车辆20余辆。查处路政赔（补）偿案件30件，共收取路政赔（补）偿费7.02万元、公路占利用费0.9万元。

【**应急保障**】 严格执行《贵州省公路局公路阻断信息报告制度》，作好值班记录，随时掌握汛期公路阻断信息，及时将公路阻断信息上报局应急办，并联合地方政府和部门的力量，快速抢通公路，有效保障公路畅通。在节假日和重要时间段期间均安排专人24小时值班，做好公路安全保畅、信访等值班工作，保证人民群众节假日的出行安全。

【交通量观测】 根据上级的要求，雷山公路段统计员每月5日和15日开展交通量观测工作，并按时录入交调系统。至10月15日，完成局下达的交通量观测调查任务。

邮政管理

【概　况】 2018年，业务总收入完成1542万元，完成年计划96.84%，比2017年增长6.76%，增长率全州排名第2，完成率全州排名第2。

【专业收入】 全年代理金融业务完成1048.32万元，完成年计划的101.88%，比2017年增长9.76%，增长率全州排名第5，收入占比为68%；代理速递业务完成137.33万元，完成年计划的17.94%，比2017年增长17.94%，增长率全州排名第2，收入占比为8.9%；函件累计完成39.9万元，完成年计划42%，比2017年下降71.3%，增长率全州排名第11；报刊累计完成82.8万元，完成年计划100.99%，比2017年增长30.85%，增长率全州排名第7；集邮累计完成40.2万元，完成年计划42.34%，比2017年下降53.42%，增长率全州排名第17；机要累计完成3831.6元，完成年计划95.8%，比2017年下降6.27%，增长率全州排名第10；增值业务累计完成47.3万元，完成年计划65.64%，比2017年下降17.76%，增长率全州排名第6；分销配送业务累计完成135.9万元，完成年计划194.19%，增长率全州排名第1。

【邮政宣传】 在凯里至雷山公路、雷山县各行政村制作墙体、横幅广告100余条，宣传内容涵盖邮政储蓄、邮政速递、票务业务等；在西江景区设立特色邮政速递揽收服务牌，为游客、商家提供上门揽收服务。利用各网点赶场天，在各营业所（点）门口摆摊开展“刮刮卡抽奖”“优惠购”活动。加强信息报道，全年采写稿件50余篇，其中《贵州邮政》用稿1篇；播放省五一劳动奖章获得者任永锋事迹的宣传视频，感染身边的员工。组织员工参加黔东南州邮政分公司举办的广播体操大赛，获团体奖第二名。

电信通信

【概　况】 2018年，累计完成经营收入1705.94万元（同比增幅12.88%），预算完成率为99.24%（预算完成率全州排名第四位），计费出账收入同比增幅为8.7%，全州排名第11位，与全州平均水平基本持平。2018年底，移动出账用户达17229户（4G用户12025户，4G用户占比70%），同比增长24.85%；全年累计新装移动用户11081户，同比增长48.06%，净增移动用户3429户，同比增长115.39%；移动业务过网份额达16.12%，全年移动业务过网份额提升2.49个百分点；全年用户月均离网率4.09%，移动业务ARPU（每个用户平均收入，下同）值53元，户均用户流量达13.5个GB（千兆），全年累计智能机注册9378台。2018年底，有线宽带出账用户达8699户（活跃用户6230户，活跃率71.6%，其中城市用户4805户，农村用户3894户），同比增长19.9%；全年累计新装有线宽带用户2865户，同比增长35%，净增宽带用户1444户，同比增长79.38%；FTTH（光纤直接到家庭，下同）融合套餐宽带用户达7502户、融合率86.23%，100MB（兆）以上光宽带用户达6118户，占比为70.33%，用户月均离网率1.89%，宽带ARPU值26元。2018年底，天翼高清用户达6992户，活跃用户达2518户，活跃率为36%，渗透率为80%；全年累计新装天翼高清用户3440户，净增2584户。

【电信基础设施建设与维护】 完成新建（含扩容）4G-LTE（网络制式）基站（含1.8GB和800MB）建设12个；完成西江南贵、郎德杨柳等43个点的FTTH宽带零星建设工程，新建

FTTH端口4000余个，完成西江黔堂等30家酒店联盟资源建设开通；完成西江旅游公司、郎德旅游公司、县农村信用合作联社等大客户单位共70余条光纤专线的开通工作；完成雷山—凯里、望丰—舟溪等传输环网光缆传输路由建设；完成县中心局—州中心局宽带出口上行扩容80G，西江机房—县中心局上行扩容至20G工作；完成全年普遍服务大修一期和二期工作；完成县中心局蓄电池及电源设备的更换，完成达地基站、雷公山基站、西江基站、大塘接入网等的蓄电池更换；完成达地机房、永乐机房、桃江机房和西江机房的标准化整治建设工作。2018年保持无特、重大网络障碍发生。

【渠道建设】 共有自营厅1家（两家代理商进驻经营），专营店2家、开放便利型渠道2家，西江支局专营店4家、开放便利型渠道2家，永乐支局专营店5家，便利型渠道2家；2018年底有效渠道达20余家。

移动通信

【概　况】 2018年，通信服务收入6903万元，完成率97.4%，全州排名第一位，增幅23%。净增市场份额64.4%，完成率82.5%，全州排名第四位。4G存量拍照客户保有率80.4%，完成率98%，全州排名第二位。有线宽带净增用户6050户，完成率155.4%，全州排名第一位。重点付费增值业务月均到达值18.5万户，完成率110.9%，全州排名第四位。4G客户净增规模10724户，完成率118.4%，全州排名第四位。亮剑60天收官冲刺全州排名第三位。市场主要绩效综合指标全州排名第三位。和家享劳动竞赛全州排名第一位。

【脱贫通信项目建设】 2018年，根据县委、县政府的安排部署，中国移动雷山分公司“减贫摘帽”通信设施建设项目为3个；至年末，3个项目均建成。计划建设7个4G站，覆盖区域为县城4G弱覆盖、4G扩容需求较大的区域，计划投资210万元；实际完成18个，超目标任务11个。计划5G先期投资（NB物联网）建设共30个点，项目投资计划900万元；实际完成27个点。此外还向上级争取新增FDD1800兆工程25个站点建设，至年末完成18个站点建设。计划建设4G六期二阶段工程9个站，实际完成11个站，超目标任务2个站。

【基站建设】 2018年，共投入建设资金2300万元，共建设完成2G基站163个，4G基站359个，传输线路总长3293公里。2G网络行政村覆盖率100%，自然村覆盖率99%，道路覆盖率93.8%；4G网络行政村覆盖率100%，自然村覆盖率90%，30户以上自然寨4G网络覆盖率99%；有线宽带除丰塘村、三角田村、南猛村、达勒村、天马村、大寨村等13个行政村未覆盖正在建设中以外，有线宽带覆盖141个行政村，有线宽带行政村覆盖率达91.55%，宽带总端口数达27916个，宽带用户13818户。

联通通信

【概　况】 2018年，通服收入完成年计划101%，同比增长15%。是年，被中国联合网络通信有限公司贵州省公司评为“改革先锋”团队、“先进党支部”；被中国联合网络通信有限公司黔东南分公司评为“先进基层党组织”。划小CEO王金匡被贵州省黔东南州公司评为“优秀员工”。

【网络建设】 2018年，雷山分公司累计投入网络建设投资约195万元，重点实现对无线基站、传输网络、宽带固网的改造和专项建设工作。移动网项目，完成对雷山县城、各乡镇和西江核心景区新增建设3G/4G基站8个，新增扩容12个，累计投资99.56万元，全县2G\3G\4G基站累计规模达537个。传输网络改造项目，全年完成投资 57.58 万元。宽带固网项目，共建设宽带接入点 40 多个，全年完成投资约 38 万元。城区宽带到楼道接入能力达 2500 兆，光纤入户接入达 200 兆。

【脱贫攻坚】 选派姜长安驻大塘镇两洋村开展脱贫攻坚工作，向该村捐助网络基础建设和资金帮扶，完成扶贫攻坚任务。在丹江镇、西江镇、大塘镇、永乐镇、方祥乡、达地水族乡共 18 个村开展送话费、送手机、送宽带等惠民活动。

财税　金融

财　政

【概　况】 2018年，全县财政干部上下一心积极应对严峻复杂的经济形势，努力强化财政收入征管，有效保障各项重点支出需要，全力以赴助推脱贫攻坚“减贫摘帽”，财政改革工作进一步向纵深发展。2018年，全县一般公共预算收入完成13712万元，同比减收8572万元，同比下降38.46%。其中，税收收入完成9873万元，同比下降17.83%，减收2143万元，税收收入占一般公共预算收入的比重为72%；全年一般公共预算支出完成146211万元，同比下降6.6%。

【财政改革】 全面推进预决算公开，2017年总决算、2017年部门决算及“三公经费”决算、2018年县本级预算、2018年部门预算及“三公”经费预算等公开率达100%。盘活财政存量资金，清理收回以前年度结余资金17685万元，及时安排支出12737万元。做好财政借款回收，收回行政事业单位借款15115万元、收回国家公职人员长期借用国家资金（借款）1997.73万元。严把国库集中支付关口，办理直接支付9151笔，授权支付14780笔。拒付138笔，拒付金额567万元；提示退还单位完善118笔，提示金额612万元；推动预算执行动态监控系统上线运行，发现并处理违规数据1165条，认定违规金额578万元。严格按照政府采购手续和程序，累计完成政府采购65次，预算采购金额9805.16万元，实际采购金额9616.7万元，节约资金188.46万元，资金节约率为1.92%。组织参加会计初级职称考试86人次，中级职称考试19人次。组织开展会计培训、财政扶贫资金管理使用培训、国有资产监管培训等5期，累计参训近1000人次；配合县委组织部和上级财政、国资等部门举办“新时代学习大讲堂”学习会6期。全县开展预算绩效评价工作单位有24个，累计纳入评价金额21752.37万元。其中自我评价单位12个项目19个，重点评价单位6个项目9个，部门整体支出评价单位6个。项目评价涉及棚户区改造、农业生产发展、防灾救灾、城市公交和客车成品油价补助、财政专项扶贫、政法建设、农业保险、危房改造、森林植被、农村环境整治、退耕还林、森林生态效益补偿、少数民族发展、教育、农村饮水安全等资金领域。开展行政事业性收费项目清理，防止违规收费，优化全县营商环境。实行专人领购和“验旧领新”的票据领销制度，借助非税网络平台，通过网上申报领购票据和缴验核销票据，实现从源头上对各单位收费情况进行实时监督，进一步规范票据管理工作。

【财政扶贫】 对闲置的188.4万元扶贫资金进行清理回收并及时统筹安排使用，调整资金使用方案，加快资金拨付进度，有效保障资金效益；

结合财政扶贫工作实际，重新制定印发《雷山县财政专项扶贫资金管理办法》《雷山县财政专项扶贫资金报账制实施细则》，进一步规范扶贫资金管理使用；结合省、州、县各类督查、检查提出问题，对扶贫资金使用不规范问题认真梳理，发现问题6个并完成整改。新增投入1100万元，以集体经济组织实体经营扶贫产业项目、固定资产投资、“参股农商行＋农业产业”等多种经营模式，扶持行政村发展村集体经济11个。整合涉农资金25586.65万元，整合项目255个，其中农村基础设施建设类项目159个，农业产业发展类项目96个，有效拓宽贫困户增收渠道，解决贫困人口脱贫、改善农村人居环境等问题。扶贫产业子基金到位资金9430万元，受资企业使用9375.51万元；大塘镇（极贫镇）子基金项目申报26个，实际到位资金共23000万元，年内拨付资金20456.72万元；通过提供就业、入股分红、代养包收和回收产品等多种利益联结方式，扶贫产业子基金项目带动丹江、西江和大塘3个乡镇建档立卡贫困户550户2098人人均增收1万元以上；自10月10日启动“绿色产业基金”后，推动扶贫产业子基金转化为“绿色产业基金”项目4个，有投放意向2个，项目总投资1800万元，申请基金800万元。围绕全县2018年决胜脱贫攻坚基础设施建设需要，安排实施2018年“一事一议”项目229个，总投入资金1921.1万元，基本实现全县农村寨内步道硬化、村庄亮化全覆盖，进一步加快小康建设步伐，有效提高农民群众对全县基础设施建设满意度。通过项目融资、向上级争取专项资金、盘活财政存量资金、整合财政涉农资金、争取社会帮扶捐助等，争取资金186906.57万元，有力助推脱贫攻坚。

【民生保障】 切实做好城乡居民最低生活保障，从2018年1月1日起，全县农村低保由2017年3528元/年调整为3876元/年，增长9.86%，惠及6555户20975人；城市低保由532元/月调整为570元/月，增长7.14%，惠及806户1579人，基本实现应保尽保。进一步落实城乡医疗救助、新农合补助、再就业补助、被征地农民社保等政策，拨付城乡医疗救助金270万元，新农合资金5322.42万元，再就业资金630.65万元，被征地农民社保资金88.96万元。强化教育经费保障，安排教育经费19597.15万元，其中上级专项资金11204.68万元，县级配套资金8392.47万元。

【产业扶持】 严格按照合格一户拨付一户政策，兑现2017年微型企业88户补助资金396万元。深入开展“政银保担”合作，推动小额信贷担保工作发展。县丰元担保公司2018年开展担保业务23笔，融资担保资金4130万元，通过融资担保，解决全县一批中小微型企业和个体户融资难问题，这些企业和个体户通过担保贷款投入使用，解决一批劳动力就业问题，带动产业发展，取得较好的经济效益和社会效益。深化农业保险工作，2018年农业保险投保水稻723636.56亩、玉米156亩、能繁母猪458头、育肥猪38812头、公益林120.77万亩、生态鸡1.27万只、茶叶0.3万亩。扎实推进财政涉农补贴资金“一折通”集中统发工作，兑现2018年度耕地地力保护补贴资金1087万元，惠及全县农户32582户。

【国资监管】 加强对全县行政事业单位及县属国企国有资产的监督管理，完成编报2017年度行政事业性国有资产企业国有资产、金融企业国有资产等三大类国有资产向县人大常委会报告，同时做好2017年度行政事业单位经管资产和自然资源国有资产的报告，开展党政机关事业单位、国有企业经营性国有资产的清理工作。组织开展国有经营门面、场地等国有资产的保值增值收益管理，完成资产的处置。进一步规范全县国有企业监督管理，理顺管理关系，加强党风廉政建设，提高企业竞争能力和经济效益，维护国有资产所有者权益，确保国有资产保值增值。制定相关制度对县属国有企业进行约束，促进企业健康、稳健发展。进一步推进公共机构节能管理，认真组织开展公共机构能耗数据统计和核查，全县公共机构能源资源消耗在可控制值内。进一步做好党政机关公务用车制度改革，规范企事业单位车辆购置更新审批，深入开展领导干部违规配备公务用车、超标准配车等问题专项清理，严格执行公车封存停放报备制度，推动公务用车标识化管理，标识化率达100%。围绕绿色办公建设，全面启动全县党政机关等公共机构生活垃圾强制分类工作。认真贯彻落实中央关于进一步深化党政机关和事业单位所办企业改革，基本实现经营性国有资产集中统一监管。

【风险防控】 严格贯彻执行财政部《关于进一步规范地方政府举债融资行为的通知》和省政府债务管理“七严禁”要求，健全政府性债务风险预警、化解和应急处置机制，坚决制止行政事业单位和政府平台公司违法违规举债融资行为。严格置换债券转贷资金使用和项目监管，完成置换债券转贷资金支出1602.96万元，有力推进公益性基础设施建设项目顺利实施。同时，按照全口径、全覆盖要求，进一步清理核实全县政府隐性债务，摸清底数，加强统计监控，并积极抓好政府性债务存在问题整改，债务风险得到较好防控。深入开展会计信息质量检查、“小金库”检查、国家公职人员长期借用国家资金检查、财政扶贫资金专项检查、政府债务检查、非税收入管理专项检查、财政票据检查等，有效保障全县财政工作健康安全运行。

税　务

【概　况】 7月13日，县政府成立雷山县国税地税征管体制改革专项组，随后制定《国家税务总局雷山县税务局挂牌工作实施方案》，原国地税班子多次研究确定新税务机构领导班子和整合后的综合部门集中办公地点。7月20日，县税务局按照税务总局部署，按照统一议程举行挂牌仪式，所属派出机构换挂办公区临时标识牌。挂牌后至“三定”暂行规定落实到位前，县税务局内设机构、派出机构，以县局名称对外执法。机构合并后将进一步整合税务部门资源，形成工作合力，从根本上解决纳税人“两头跑”、税务部门“两头查”的问题。新成立的税务机构，将具体承担所辖区域内各项税收、社保费和非税收入征管等职能。

2018年，县税务局认真学习贯彻党的十九大精神和习近平新时代中国特色社会主义思想，面对新的税收形势和任务，进一步增强政治意识和全局观念，以改革为动力，以创新求发展，紧紧围绕省、州税务局工作会议整体工作思路和部署，创造性地抓好组织收入工作，进一步推进机构改革政策落实，强化税收征管，不断优化纳税服务，确保税费实现应收尽收，为促进雷山经济社会协调发展发挥积极作用。2018年州局下达县局税收入计划为26000万元，一般公共预算收入（州县级）计划12650万元；县政府下达县级一般公共预算计划为9816万元。针对严峻的税收形势，在综合考虑各部门税源分布情况下，充分挖掘税收有利因素，多次进行税收预测分析，1—11月完成各项收入25695万元，同比增长4.63%，增收1137万元。其中税收收入完成24820万元，同比增长3.99%，增收952万元；县财政考核口径收入完成24804万元，同比增长4.71%，增收1115万元，占州局下达税收计划26000万元的95.46%。占雷山县2018年1—11月县财政收入89.4%，为全县的经济发展做出一定的贡献。

【税源清理】 在认真贯彻落实组织收入原则的同时，重点关注工业和餐饮行业发展态势，通过综合治税力量，多方位获取景区餐饮行业信息，加大纳税评估力度，把税负低的企业作为重点征管对象，着力扭转税收增长慢于经济增长局面，切实堵塞征管漏洞。面对平台公司收入大幅下降的现状，转变思路积极应对，创新征管模式，盘活景区税收，努力挖掘税源，找到新的增长点，弥补收入缺口。重点加强对建筑行业、房地产行业及旅游行业税源的分析，深入一线和重点税源企业开展扎实细致的调查研究，分析查找税收减少的根本原因，加强对收入形势研判，加大对组织收入工作的督促指导和统筹协调力度。严密监控行业重点税源企业的发展变化，及时采取应对措施，把握税收主动权。

【依法治税】 认真做好增值税17%、11%两档税率各下调一个百分点的工作，主动协调配合税源管理部门做好政策宣传培训和纳税申报辅导，让全县158户正常生产经营的增值税一般纳税人及时准确享受税率调整的政策红利。认真做好增值税小规模纳税人标准统一到年应税销售额500万元的工作，及时引导增值税一般纳税人办理小规模纳税人登记。认真做好增值税留抵退税相关工作，按照对装备制造等先进制造业、研发等现代服务业符合条件的企业和电网企业的进项税额予以一次性退还的措施，对全县所有企业进行认真的核查。根据总局、省局、州局增值税专用发票风险应对工作部署和要求，及时完成风险推送应对，充分利用增值税发票管理系统、增值税数据分析运用系统和增值税纳税申报票表税比对系统，完善网络风险发现及应对手段，加强对增值税发票发放数量、失控发票、稽核比对异常发票的管理，及时做好增值税扣税票凭证异地核查回复等工作。截至11月30日，累计开展增值税发票风险应对及核查90份，其中中顺公司12份增值税进项专用发票，亚疆公司5份增值税进项专用发票，顺康源公司73份增值税销项专用发票。

【税收优惠】 认真贯彻落实扩大小型微利企业所得税税收优惠政策，通过将所有相关政策汇总、梳理总结成条目形式多渠道向广大纳税人进行政策宣传，由税收管理员对各自管户进行入户辅导，确保每一户应享受税收优惠的纳税户“应享必享、应知必知”。加强税务干部税收业务培训，使涉税受理岗人员及税收管理员熟练掌握税收政策，能及时答复纳税人的涉税咨询及正确指导纳税人享受优惠政策。优化办税秩序，进一步简化申报备案手续，在月度、季度预缴时，企业可自行享受所得税优惠政策，无须税务机关审核批准，使纳税人享受优惠政策更便捷。完善台账管理，优化纳税服务，为所有小微企业建立管理台账，动态掌握企业所得税收入变化情况，及时发现应享受而未自行申报享受税收优惠的企业，提醒辅导企业办理税收优惠申报，确保优惠政策不留死角。2018年1—3季度共优惠80户次，减免税款77.85万元，受惠面达100%。

【个税改革准备】 县局及时成立领导小组，拟定实施方案，明确“时间表路线图”，先后完成自然人数据采集，自然人身份证更正、数据信息比对清理、财政代扣代缴单位的对接，扣缴义务人的认定、扣缴系统银行端的运行维护和扣缴义务人手机APP的培训等工作，为全县2019年1月1日如期全面落实个税改革奠定坚实的基础。

【办税服务】 通过规范窗口设置，全面推行“一窗全能”，实现纳税人“走进一扇门，来到一个窗，办好一切事”。最大限度减少办税环节，压缩办税时间，进一步推进办税便利化改革，优化营商环境，切实增强纳税人的获得感。县局在办税服务场所公布“最多跑一次”服务事项清单，对168个涉税事项，在纳税人资料齐全、符合法定形式情况下，实现让纳税人一次性办理。积极鼓励纳税人对办税服务窗口落实情况开展监督，及时收集反映纳税人和社会各界的意见、建议，认真回应纳税人诉求。

【投诉咨询处理】 指定专人认真做好投诉受理、处理、回复工作，妥善解决纳税人投诉问题，切实保护纳税人合法权益。至11月30日，累计受理纳税人电话咨询116次，受理“12366”纳税服务热线转办纳税人投诉6个，及时进行调查、处理和回复工作，得到纳税人的支持和理解。

【征管改革】 对取消的税务行政审报项目坚决按规定取消审批，对下放的税务行政审批项目认真把好关，实现税收管理由主要依靠事前审批向加强事中事后管理转变，按相关事项的管理办法，把该管的事项管住、管好，防范税收流失。年初对纳税人按2017年缴纳税款从多到少进行排序，把缴纳税款占全局全年80%的纳税人认定为县级重点税源，实行分类分级管理。运用第三方涉税信息对纳税申报情况进行比对，为区分不同风险等级，分别采取约谈和实地核查等方式进行差别化应对，并对县局应对风险质效低方面存在的问题进行整改。通过整合资源，制定集成优化工作分组、集成优化岗位职责及分工等配套文件，并对税收征管中的风险进行梳理，加强各环节监控，进一步加强风险分析及应对，通过开展申报与开票数据的对比，全年未发生欠税风险。认真做好征管数据质量清理工作，及时部署安排清理，层层分解责任，落实到人。至11月30日，共发现各类问题数据共计7652条，完成清理7478条。

【网上办税】 通过“网上办税”系统加快推进网上申报纳税。积极推进第三方涉税信息获取，全面推进网络发票运行，加强发票管理，规范税收经济秩序，保护纳税人的合法权益。优化微机网络设备配置，保障系统运行。为满足县局当前及今后一段时期信息化工作需要，对原有设备作出合理安排，增强办税大厅的服务功能。根据工作中存在的实际问题和应用中的薄弱环节，有效利用各项资源，每月对各分局抽出管理员进行计算机及各征管系统操作技能培训，提升利用计算机处理问题的能力和整体应用征管系统的水平。确保计算机设备及网络安全管理，保障机房、各部门电子设备的正常运行，做好计算机病毒的防范和清理工作，保障系统安全运行，规范全局内外网络的使用和管理。

【风险管控】 通过认真比对完税情况、计税依据，理顺地方涉税申报业务，做好完税分析申报数据分析比较。重点对风险任务涉及欠税管理、增值税发票管理、申报异常、纳税人信息不匹配等风险点，把财务报表中的数据与第三方登记信息结合比对分析，并重点对纳税人财务报表报送情况进行分析，发现纳税申报错误及时纠正。至11月30日，风险管理系统推送任务24批，涉及纳税人317户，累计入库税款1972.4万元、滞纳金154.58万元，风险准确完成率100%，风险识别命中率96.64%。

【税法宣传】 围绕“优化税收营商环境，助力经济高质量发展”的主题，以为企业办实事、解难题，促进企业提速增效、健康发展，服务雷山经济高质量发展为目标，深入定点帮扶企业开展“万名税务干部帮千企，助力经济高质量发展”走访活动。通过广泛听取并收集企业的涉税意见及需求，面对面地辅导企业办理涉税事务，实时解读政策，提高业务辅导精准度。深入帮扶村排告小学开展“税法进校园”活动，采用授课的方式，围绕税收的涵义、作用及意义等内容，通过播放税收宣传动画片的形式，深入浅出地讲解税收的重要性，给学生上一堂别开生面的税收知识课。活动中向师生派发税收知识手册和税收宣传文化衫，并在校园内设置税收宣传板报，积极传播税收理念和知识，得到广大师生的欢迎和好评。以“优化税收营商环境，助力经济高质量发展”为主题，在木鼓广场摆放宣传展板，设置政策宣传讲解台，创新运用书画摄影形式，吸引社会各界人士前来参观咨询。

【社保费征管】 稳步推进社保费征管职能划转。

充分利用省局编发《贵州省社会保险费相关知识手册》《非税收入征缴知识手册》，让干部职工了解掌握政策；通过各种媒介加强对社会保险费和非税收入的宣传力度，增强企业和个人的缴费意识，扩大社会参保覆盖面。通过整合人力资源配置，坚持“税费统管、税费统查”原则，实行社保费和非税收入与税收同征、同管、同查、同考核，切实将社会保险费费源和非税收入管理与税源管理有机结合起来。在日常税收纳税辅导工作中强化社保费、非税收入相关政策宣传，积极为缴费人提供政策咨询和缴费辅导；在日常税收催报催缴工作中督促缴费人按照国家有关规定及时足额申报缴纳社保费和非税收入，确保社保费和非税收入的按时申报、按期交纳；在日常户籍巡查巡访工作中及时掌握缴费人户籍变化及人数增减变化情况，掌握缴费人财务核算涉及缴费信息的基本情况，促进社保费和非税收入规范化、制度化、科学化。逐步厘清业务边界，根据省、州局工作部署，明确与县财政、社保、卫计部门职责划分，不滴不漏，不溢不冒。建立部门间常态化信息共享和协作机制，互通有无，密切配合，齐抓共管。

【脱贫攻坚】 到帮扶村召开座谈会，与村民共商脱贫致富办法，宣讲惠农政策、资助村两委工作经费和物资，慰问贫困党员和困难群众，开展向贫困户捐款。全年提供帮扶资金（含物资折价）7.2万元，干部职工捐款共计1.1万元。

中国人民银行雷山县支行

【概　况】 2018年末，雷山县辖内各项存款余额为496244万元，环比增加8964万元，增长1.83%，较年初增加45853万元，增幅10.18%。各项贷款余额为388767万元，环比减少7900万元，下降0.2%，较年初增加82456万元，增幅26.92%。

【货币信贷】 继续贯彻落实稳健中性货币政策，做好政策传导，落实信贷政策。2018年，支行按照上级行MPA指导增量要求指导县农信社信贷投放，监测管控地方金融机构贯彻落实货币政策，保持货币政策工具目标一致。加强利率管理工作，按时上报《商业银行存款利率表》《利率定价能力评估表》，做好利率报备系统数据上传和监测工作。做好民贸民品优惠利率贴息工作，2018年促成县农信社向雷山县苗家春茶业有限责任公司发放一笔50万元“两民”贴息贷款，让企业享受相关优惠政策。有效运用杠杆化扶贫再贷款支持金融精准扶贫，撬动农信社加大对扶贫攻坚资金投放力度，加强扶贫再贷款管理，督促农信社用好用活扶贫再贷款。12月底，向农信社发放杠杆化扶贫再贷款余额5.06亿元，撬动法人机构自有资金6.84亿元，累计投放16.47亿元扶贫小额贷款，共计有15393户农户受益，其中10700户建档立卡贫困户受益。

【金融扶贫】 2018年，雷山县支行继续推进金融精准扶贫示范县创建工作助力脱贫攻坚，通过引导县域金融机构按照雷山县“全域旅游化，全县景区化”的发展战略，以“突出重点区域、突出带动效应”为出发点，建立“2332”金融扶贫工作机制，全力打造雷山县“旅游产业+金融活水”的金融精准扶贫模式，精准投放“特惠贷”“惠农脱贫贷”等小额扶贫贷款。地方法人机构结合创建示范县推出特色信贷产品“助旅贷”，农总行派人驻雷驻村，推出金融扶贫信贷产品“晶葡e贷”“雷茶e贷”等支持全县脱贫攻坚工作。通过落实人总行深化小微企业金融服务工作会议精神，引导县域金融机构支持实体经济，支持小微企业发展。雷山县西江千户苗寨旅游公司、脚尧茶业公司、欧波农文旅专业合作社等扶贫龙头企业获得农村信用社、农业银行等机构的大额信贷资金支持，加快西江景区、郎德景区等旅游产业及相关扶贫产业的发展。全县金融支持小微企业贷款余额1.27亿元，较年初增加1.01亿元，增长389.04%。同时继续做好行长对村帮扶“五个一”行动计划工作，积极开展对极贫乡镇大塘镇也耶、独南贫困村的帮扶工作。

【金融统计】 加强对银行业金融机构的指导、检查工作，在日常工作中积极对金融机构统计人员进行指导，并开展对农信社统计执法检查和房地产贷款专项统计现场核查工作，通过检查指导，辖内金融统计工作有一定的提高。积极搞好小贷公司数据的代报工作，按照上级的要求按时报送小贷公司各项报表，在报送之前认真执行复核制度，确保数据的准确性。积极配合上级行调查研究工作，及时报送《黔东南州房地产库存数据库》报表，认真撰写信贷收支统计分析报告，为上级行和地方党政部门领导决策提供参考依据。

【金融调查】 加强对经济、金融运行情况调查研究，认真撰写、上报信息和调研报告，组织完成2018年重点课题《基层央行电子化国库业务发展与应用的实践研究（以雷山县支库为例）》，完成的金融第二集团作战调研报告《关于民族地区落实民贸优惠政策较难的原因及对策》被州中支行货信科采用上报，参与撰写的《黔东南州创业担保贷款发展情况及现实困境调查》调研报告被州中支行货信科采用。

【金融稳定】 严格执行存款保险制度2018年完成全县农信社的存款保险风险评级工作，督促农信社完成2017年下半年和2018年上半年保费交纳工作。按时报送《投保机构被保险存款申报表》《投保机构账户统计表》《投保机构运行监测统计表》《1104报表》等，同时向法人金融机构收集《房地产行业资金及资产质量情况月报表》等相关监测资料。做好重点领域的风险防控工作，全年对农信社开展高管人员约谈1次、风险提示2次。

【外汇管理】 不断完善内控管理，积极对接雷山县2家涉外企业即敬旺绿野食品公司和雷山县老倪青钱柳公司开展涉外企业金融服务工作，主动上门帮助企业进行名录登记和开立银行账户等。

【考核评定】 完成对辖内农行雷山县支行、邮储银行雷山县支行、贵阳银行雷山县支行、贵州银行雷山县支行、雷山县农村信用合作联社、财险雷山支公司、寿险雷山支公司的考核评级，监管走访年度考核评级中存在问题的辖内金融机构2次。

【金融事务】 积极与县委办、县政府办、县金融办、县扶贫办、县统计局、县投促局等职能部门进行相关业务的沟通和协调，召开金融联席会议，组织企业调查，参加县域相关工作会议，及时传达和落实有关工作要求，推动货币信贷、金融稳定、调查统计、金融扶贫等工作的开展，协调推动互联网金融专项整治、营商环境整治等工作。

【金融消费权益保护】 完成对县域5家银行业金融机构2017年度金融消费权益保护工作的年度现场及非现场评估工作，组织县域金融机构开展“3·15”国际消费者权益保护宣传活动，积极推动金融违法广告治理工作。

【ACS业务】 紧紧围绕“安全第一”思路，强化对ACS业务规范管理，严格落实按季检查制度，指导开展ACS业务应急演练，ACS业务实现“零差错”目标；抓好移动便民示范工程和优化企业开户服务两项重点工作，及时组织召开专题会议，切实加强沟通协调，强化巡查督导，全年对辖内金融机构进行现场巡查6次，完成“云闪付”拉新10162户，交易136445笔，金额114.34万元，支付结算工作全州排名前列。

【国库管理】 2018年，围绕国库会计标准化建设和“示范库”创建两大任务，加强与财税部门和各经收处的沟通协调，千方百计提高全县电子缴税水平，电子缴税率居全州全列；强化国库标准化建设，支行创建“示范库”通过州中支行验收；对县农行国库经收和集中收付业务组织开展执法检查，对县农行存在的违规行为给予警告并处罚款5.5万元。加强征信知识宣传，组织开展征信业务专题培训，抓好征信信息安全和应收账款平台融资服务平台应用工作，全年完成平台融资 14 笔 10.32 亿元。

【雷山县金融系统积极开展“3·15”金融消费者权益保护宣传活动】 3 月 15 日，雷山县 2018 年以“品质消费·美好生活”为主题的“3·15”消费者权益保护日宣传活动在木鼓广场举行，各金融机构积极参与开展金融消费者权益保护宣传活动，共发放宣传资料 900 余份，悬挂宣传标语 3 幅。

【雷山县开展防范和处置非法集资宣传活动】 5 月 15 日，雷山县 2018 年防范和处置非法集资暨“5·15”集中宣传活动在木鼓广场举行，发放宣传资料 1200 余份，悬挂宣传标语 5 幅，摆放宣传展板 16 张。

银行业监督管理

【概　况】 2018 年，采取风险提示监管措施 2 次，要求信用社加强对各类风险进行有效管理。银监办主任与县联社高管层座谈，要求发挥信用社支农作用，做实普惠金融工作；要求联社高管层，牢固树立“四个意识”，压实责任，扎实做好银行市场乱象的整治工作，采取有效措施打好防范和化解金融风险攻坚战。对雷山县农村信用合作联社存款客户银行卡风险约见高管谈话。约见雷山县农村信用合作联社高管层，通报上半年存在的突出风险和问题，提出监管要求，并形成审慎监管会议纪要。

【案件防控】 按季召开信用社案防例会，听取县联社案防季度检查报告和各网点的案防自查整改情况汇报，并对合规处置不良贷款、信贷领域关键环节的腐败问题、金融乱象的整治、安全保卫工作等方面提出监管要求。召开全县银行业金融机构案防工作会议，传达分局案防工作会议精神，分析辖内案防工作的特点。与丹寨银监办以监审联动方式，对雷山县农村信用合作联社案件风险隐患开展突击排查，进行监审督查。

【微企金融服务】 召开“雷山银行业金融机构小微企业金融服务工作专题会议”，辖内各银行机构主要负责人参加，重点学习《中国银监会办公厅关于 2018 年推动银行业小微企业金融服务高质量发展的通知》（银监办发〔2018〕29 号），围绕文件精神，结合雷山实际，讨论如何做好本县小微企业金融服务工作，分析全县小微企业金融服务的难点和突破口。各银行于 4 月底前向雷山银监办报送 2018 年度各项贷款及小微企业贷款信贷计划。

【普惠金融】 不定期到辖内各银行机构督促了解开展普惠金融工作开展情况。及时向分局报送普惠金融材料。组织辖内银行业金融机构主要负责人赴大塘镇新塘村开展普惠金融工作

【安全保卫】 收集审核辖内各银行机构“安全保卫工作整改方案和措施”。银监办督促银行业机构做好第五轮安全评估检查发现问题整改工作。完成对农业银行雷山县支行开展现场专项安全检查。

【打击非法集资】 与县金融办开展一次打击非法集资排查工作。与县金融办对重庆江舟通商务信息咨询有限公司凯里分公司开展风险排查，未发现该公司在雷山非法集资、传销等情况。

【协调工作】 按县纪委要求对辖内国有商业银行公职人员违纪违法问题线索开展专项清理工作。参加县金融办组织的关于做好黔东南州 P2P 网络借贷风险专项整治工作会，并向县金融办报送 P2P 网络借贷风险专项整治工作台账。

农业银行雷山县支行

【概　况】 2018 年，农业银行雷山县支行全面贯彻落实农业银行总、分行党建和经营工作会议精神，坚持“稳中求进”的工作总基调和高质量发展的基本要求，深入践行“六维方略”贵州版，紧紧围绕业务发展、案防风控、党的建设三大中

心任务，各项工作取得新成效。年末各项存款余额62970万元，较年初上升11702万元；年末各项贷款余额27569万元，比年初上升17253万元。

【业务绩效】 年末各项存款余额62970万元，较年初上升11702万元，各项存款余额时点数为历年最高。通过深入开展"春天行动""仲夏激情""赢在金秋"等系列主题营销宣传活动，推动个人存款业务发展，年末全行个人存款余额26045万元，较年初上升2619万元。年末各项贷款余额27569万元，比年初上升17253万元。与县域龙头企业成功合作，发放固定资产贷款1.05亿元，带动县域旅游产业发展助力扶贫；参与银团贷款完善基础设施建设，发放"荔榕高速"建设项目贷款5000万元；助力当地中小企业发展，共发放贷款309万元；全年共发放个人贷款1688万元，其中"惠农e贷"554万元，农民安家贷413万元，个人自助小额消费贷款400万元，一手房贷款240万元，个人薪资保障贷款55万元，个人理财产品质押贷款25万元。大力拓展中间业务发展，全年实现中间业务收入172万元。抓好电子银行业务，大力营销手机短信、网上银行、手机银行等业务，加大POS机及支付通机具的布放力度；做好汽车分期业务，通过开展举办汽车分期付款业务培训和汽车分期业务宣传活动，支持雷山县37户家庭购置车辆37台，投入资金505万元；抓好信用卡业务，积极向行政事业单位工作人员等客户群体营销公务卡、金融IC卡，全年共发行贷记卡339张；继续加强与公积金管理部的合作，做好公积金委托贷款的发放，全年共发放公积金贷款302笔，金额11119.7万元；大力营销理财产品，做好贵金属、基金销售和第三方存管等业务。

【金融服务】 针对雷山县域特色，面向农户的制定三个特色"惠农e贷"金融服务。创新制定"雷茶e贷"，为茶农授信9户，发放贷款5笔，金额26万元；制定"乡旅e贷"，面向从事旅游住宿、餐饮、特色商品等相关行业的经营商户，对经营商户授信11户，发放贷款3笔，金额26万元；针对总行驻村帮扶的脚猛村产业特点，制定"晶葡e贷"，用于该村从事葡萄产业农户的生产经营，对葡农授信5户，发放贷款6笔，金额32万元。针对县域烟草零售商户推出线上自助贷款产品"烟商e贷"，为烟草零售商户授信338户，累计发放贷款96笔，金额690万元。认真做好小微企业的摸排和对接，深入多个小微企业，查看企业经营和金融需求，针对小微企业实际情况探索适合的贷款模式，在全州率先成功办理"微捷贷"，为当地小微企业发放贷款89万元，并做好对小微企业的信贷支持。加大对金穗"惠农通"工程设施建设力度。支行加强72个助农取款服务点的日常督导检查工作，为农村老百姓小额取现提供方便。继续做好"新农保"金融服务工作，全年共代收保费2725万元，发放养老金2211万元。

【基础管理】 认真落实银监会的要求，组织开展深化市场乱象整治活动，各部门按照业务条线开展自查自纠工作；开展"查教结合学案例·筑牢防线促发展"警示教育活动，组织员工学习《中国农业银行员工违规行为处理办法》《中国农业银行问责办法》《关于进一步强化责任追究工作的指导意见》等文件，结合《岐路年华》违法案例进行解析，达到以案说法、以案明纪，教育引导广大员工增强法治观念，规范员工行为标准和职业操守。不断强化会计基础管理。按照"双基管理"要求，认真开展"三化三铁"创建工作，通过"三化三铁"达标创建活动的开展和"三基本"的学习培训，使员工依法合规经营意识和业务操作技能得到提高。2018年，新增2台超级柜台，加强支行营业网点设备一体化服务，促进网点服务转型，客户分流率得到全面提升，逐步解决窗口拥挤的问题。同时开展网点软转升级，强化柜面服务考核，服务水平和质量得到进一步提高，树立农业银行良好形象，增加市场竞争力，有效地促进支行各项业务的快速增长。

【金融扶贫】 发放精准扶贫贷款，与县域龙头企业合作，发放贷款间接带动建档立卡贫困户5580人。组织落实“金穗圆梦”深度贫困地区大学生助学活动，为163名大学生发放农行助学金共计81.5万元。争取到总行产业扶贫帮扶资金315万元，有效助推雷山县脱贫攻坚工作。至年末，县农行精准扶贫贷款余额较2017年末的0.73亿元实现翻番增长，带动建档立卡贫困户人口由2017年末的257人上升到2018年的5580人。

雷山县农村信用合作联社

【概　况】 雷山县农村信用合作联社共有15个营业网点，其中信用社8个，分社7个。2018年，县农信社全面贯彻落实全省、全州农信社工作会议精神，推动业务加速发展，资产质量、规范管理水平、客户服务水平逐步提升，抗风险能力、市场营销能力、战略研究指导能力进一步增强，经营效益持续向好，服务“三农”、服务中小微企业、服务社区，助力地方经济发展。年末各项存款余额270428.41万元、各项贷款268751.91万元。

【便民服务】 在春节外出务工人员返乡高峰期，组织辖内营业网点在汽车站设立返乡农民工服务站，邀请农民工召开联谊会、座谈会、茶话会、赴广东省广州市开展“农民工金融服务月”活动等，召开联谊会、座谈会等共582场次；服务农民工1700余人次；张贴横幅325张。开展“四扫五进三送”活动，收集农民工信息513条，评级授信114户，发放农民工贷款6832.5万元。制定《雷山联社信用乡（镇）维护达标实施方案》《雷山联社信用工程后续管理与维护实施方案》等一系列针对信用工程维护的实施方案，在全县范围内开展农户评级授信、信贷档案再核实以及农户贷款专项核查，对信用工程进行摸底核实和深入维护。持续推进信用工程升级，全县农户有37943户，建档农户37943户，评级农户37240户，授信农户37240户，建档、评级、授信占比分别为100%、98.15%、98.15%。全县创建信用组1058个、信用村144个、信用乡（镇）8个，农村金融信用县1个，实现信用乡镇全覆盖；累计创建金融信用单位109个。按时开展信用工程年审工作，2018年完成大塘信用镇升级达标验收。制定客户关系管理、VIP客户服务管理相关办法，实行全员参与，提高客户的农信黏度。探索“电商+金融+脱贫”的模式，与县农村电商签订战略合作协议，为抢占市场份额奠定基石。与西江商会签订战略合作协议，西江商会为雷山联社推荐有融资需求的优质客户，让商会会员及战略合作伙伴与雷山联社建立合作伙伴关系。

【贷款清收】 制定《雷山县农村信用合作联社三年不良贷款压降规划方案》，对2018—2020年的不良贷款压降作安排部署，明确清收责任划分至个人、专项考核、绩效挂钩、奖罚两条线、全县域清收的基本原则，为未来三年的不良贷款管理确定方向。年内，清收不良贷款1324笔共10825.5万元，完成任务数的102.5%，其中清收本金10252.05万元、利息573.45万元；累计收回现金5268.26万元（含利息573.45万元）。配合法院依法执行收回贷款334.08万元，诉讼后通过催收或达成协议还款收回贷款251.98万元，共计收回贷款586.06万元。

【小额信贷发放】 通过信贷支持贫困地区及贫困农户发展农业产业，助推县域脱贫攻坚。2018年，全县向贫困农户发放各类贷款17532.07万元，其中“特惠贷”扶贫小额信贷1695.2万元。围绕县域黑毛猪、茶叶、食用菌等优势产业，加大与相关经营主体对接力度，满足其信贷需要。支持雷山县欧波农农旅专业合作社1100万元发展食用菌产业。累计发放农村农户建房、危房改造等小额信贷8011.17万元。支持西江景区商户发展旅游产业，推出“租金贷”“商会贷”“助旅贷”等信贷产品，助力西江景区个体户、农户等客户群体发展“旅游产业+”，全县累计发放乡村旅游等“旅游产业+”贷款5988.47万元。开发“助旅贷”信贷产品，将信贷资金重点投入到旅游业产业及关联产业，助推全县全域旅游化发展，发放“助旅贷”贷款5288万元。按照样板村建档评级标准为大塘镇5810户城乡居民建立经济信息档案，建档率达81.74%，授信总额达5.82亿元，其中为2460户建档立卡贫困户建立经济信息档案，建档率达100%，授信率100%，授信总额达2.18亿元。发放特惠贷执行基准利率，向贫困户让利4477万元；运用扶贫再贷款执行优惠利率，为“三农”发展让利1083万元；建设农村便捷支付环境，为农户节约交通成本约48万元。

【普惠金融】 制订“雷山联社普惠金融先锋队”活动方案。活动为期半年，即从2018年4月1日至9月30日，全社176名合同制员工有167名报名参加，另有26名大厅引导员、保安等辅助岗位员工自愿报名参加。采取常规动作+自选动作，县联社对干部员工的工作时间不做强制规定，对员工自己上报需要完成的阶段性工作任务量进行考核。通过活动开展，各网点、部室既定的工作任务基本完成，全体员工思想上有新转变、工作作风有新提升。

【“村村通”服务点】 在全辖范围内开展“村村通”服务点打造工作，成功打造星级“村村通”服务点9个，不断优化农村服务水平，提高农村金融服务质量和效率。主动对接县域学校签署银行卡批量代开协议，通过上门服务批量发卡2500多张，解决学生持卡率低的问题。因雷山联社2018年电子支付业务做得较好，黔东南州人行于7月组织全州各金融机构到雷山联社学习观摩移动支付先进做法。2018年12月末，累计服务次数866次，办理业务10601笔846.31万元。通过对接行政事业单位，牵头组织流动服务站，现场办理易地扶贫搬迁户缴费，仅15天共计办理近1100笔，组织存款2000余万元。建立移动OA系统建设，从电脑办公转变为移动终端实时办公，实现无纸化办公；建立视频会议系统，解决基层网点工作者参会来回奔波问题；建立事后监督系统，改变手工装订传票的局面，提高账务处理水平；配合全县VIP营销服务，牵头搭建VIP客户系统，VIP客户可凭身份证或者银行卡到辖内任一网点快速办理业务，使“以客户为中心”的服务理念落地推行。

【网点建设】 永乐信用社、西江信用社、方祥分社营业用房建设取得进展，完成永乐信用社办公楼建设土地场坪工程、主体工程的施工前准备工作，主体工程在施工中；对方祥分社综合办公楼原址进行重建，完成房屋的拆除，至年末主体工程在施工中；在西江西街购建营业网点，营业用房完成装修改造待验收；西江信用社新综合营业用房搬迁修建事宜得到落实，年末设计方案提交西江景区管理委员会待审批。实现城西分社二楼大会议室、六楼视频会议室、4个基层营业网点工作环境及职工生活区、西江景区24小时自助银行等9个装修改造项目。

【内部监督】 围绕监督执纪、合规经营、乱象治理、内部控制等方面，先后对辖内15个营业网点及部室开展专项审计4次，专项检查10次，基建修缮工程审计7次，对20名重要岗位人员开展经济责任审计，完成原“四项风险”违规违纪人员的责任认定及追究工作。发出《整改通知书》22份、《督查通知书》2份、《审计报告》33份、《自查报告》8份、《情况通报》2份，开出现场处罚单341张，处罚各类违规违纪人员341人次，党纪、政纪问责76人，罚款金额29.86万元。2018年通过事后监督系统发出监督预警信息27853条，完成处理27853条，处理率为100%。总业务数

819507笔，存在风险的操作32条。按季对业务进行通报并对相关责任人进行处罚。通过2018年6月建立事后监督系统，全辖共办理业务353780笔，对28362笔业务进行监督，监督面达8.02%，共发出差错纠正信息234份，有效促进员工按规定按流程办理业务。

【安保防控】 认真落实开展案件防控检查工作，按季度做好案件风险排查和员工行为排查，对内部员工贷款及其近亲属贷款进行排查，开展存单质押贷款、代理业务及相关系统风险等检查。严格对33笔联社大额贷款进行风险审查；发出合规类如内部职工贷款、防止不良贷款快速上升风险提示6份，合规风险业务辅导2期。安保工作稳步开展，保障日常押运守护工作，对接乡镇网点钞币运送，全年押解现金980余次。加强安全设施建设。加强人防队伍建设，每季度适时开展安全防暴演练和消防演练，并邀请辖区派出所共同演练。与凯里市狮盾保安公司合作，配齐配足保安人员，并持证上岗，全年组织保安勤务培训2次，军事技能培训1次。全年对全辖15个网点、11个（20台）离行式自助银行、10个（23台）在行式自助银行、3个（4台）自助设备开展安全检查13次，现场突击检查3次，上级抽查2次，电话查岗共36次。

【脱贫攻坚】 年内，联社党员、职工群众深入省级极贫镇大塘镇等8个乡镇的93个村、组，与114户贫困户的117名贫困子女开展帮扶联系工作，提供帮扶资金共5.6万元。

中国人民财产保险雷山支公司

【概　况】 2018年，中国人民财产保险雷山支公司实现保费收入2693.3万元，比2017年2127.61万元增加565.68万元，增长26.59%。总赔款支出1381.07万元，实现账面承保利润为758.38万元。雷山县辖内有6家财险主体，2018年人保财险雷山支公司市场份额为60%左右。

【农业保险】 加强与农业、林业、民政等单位的沟通，切实做好辖内水稻、能繁母猪、森林、农房等各项政策性统保业务的承保理赔服务工作。2018年，在全县开展的农业保险有水稻、森林（公益林）、商品林、茶叶及家禽等地方特色农业保险。全年农业保险费收入为665.01万元，增量161.61万元，增长32%，增量险种主要为茶叶保险和商品林保险。

【车辆保险】 加强同交警部门的沟通与联系，推动县域摩托车和驾意险业务的发展。2018年下半年与县交警大队签署“警保合作协议”。车险保费收入1563.88万元，同比增加247.4万元，增速为18.79%。

【其他保险】 学幼险及校园方责任险，雷山支公司于2018年秋季学平险保费收入72万元。校园方责任保险保费收入25万元。全县农村房屋县级统保业务，保费收入48.8万元。办理全县驻村干部人身意外伤害保险，共计850余人，保费42万余元。完成县医院及妇幼保健院、各乡镇中心卫生院的医疗责任险的承保工作，保费收入15万元。

【理赔服务】 以客户为中心强化理赔服务质量，努力提高现场查勘到位率，积极提高人性化服务，加快理赔速度，提高服务质量，改善外部展业环境，提高客户的满意度。全年总赔款支出1381.07万元。

【合规管理】 2018年，公司在业务环节逐步建立和完善相应的规章制度，加强内控制度建设，为合规工作提供制度上的保障。上半年公司开展两次业务自查及反洗钱工作自查，在自查中发现问题，并积极进行整改。至年末，公司未发生行政处罚案件、越权经营行为等违法违规行为。组织公司员工完成年度合规及反洗钱知识测试和2018年廉洁知识测试，提高公司全体员工对合规经营、反洗钱工作的认识。

中国人寿保险雷山支公司

【概 况】 2018年，中国人寿保险雷山支公司围绕省、州公司工作会议精神，加强员工队伍建设，提升售后服务工作，开展扶贫保险，有效应对市场形势变化，全面加快业务发展，公司业务稳步提升，全年实现保费收入1989.74万元，累计赔款支出达1154.5万元。

【保费收入】 2018年，实现保费收入1989.74万元，其中长险首年期缴保费完成401.51万元；短险保费收入572.05万元，续收保费完成1013万元。

【保费支出】 全年累计赔款支出达1154.5万元，其中：小额贷款保险赔款金额236万元；学生保险赔款金额20.33万元；“两保一孤”扶贫保险赔款59笔、赔款59.4万元；满期给付114.5万元，年金给付73.8万元，退保金给付212万元，各项税款支出58万元。

【扶贫保险】 开展“两保一孤”人群保险工作，解决贫困户因患重病无钱入院医治和抵御意外事故发生等问题。

教育　科技

教　育

【概　况】2018 年，全县义务教育阶段学校没有学生因贫辍学，普高辍学率为 0.09%、中职为 6.56%；九年义务教育巩固率 101.8%、学前三年毛入园率 85.6%、高中阶段毛入学率 90.19%、7 ~ 15 周岁“三残”入学率 129.03%，均达到 2018 年任务目标。

【教育工程】建设幼儿园 5 所（乔王幼儿园、乔兑幼儿园、乌勇幼儿园、报德幼儿园、永乐幼儿园）、标准化食堂 12 所（联合、乌流、乌尧、岔河、大塘小学，郎当、乌肖、乌达、雀鸟、乔王、乔兑、报德幼儿园）。其中，幼儿园项目竣工 5 所；除岔河小学食堂进行主体施工外，其余 11 所建成使用。完成莲花小学搬迁及幼儿园项目建设并于 5 月 21 日交付使用，雷山民族中学多功能楼完成主体施工，完成桃江小学搬迁的选址工作和县第四小学初步方案并报送县规划办审核。维修改造完成永乐小学运动场，维修改造学校运动场 8 所（掌批、岔河、乌高、小乌、石板、营上、猫鼻岭、羊吾），桥港、也蒙小学校门及值班室、校园围墙等附属工程完工投入使用，排老、乌达、联兴、柳排幼儿班用房维修改造全面完工投入使用，维修改造县青少年校外活动中心。至年末，达地中心幼儿园建设项目进行二层底板钢筋铺设，公统幼儿园、开心幼儿园、毛坪幼儿园建设项目进行场地平整施工，掌雷幼儿园建设项目完成地质勘察并进行施工图设计，黄里幼儿园建设项目由西江镇政府在开展征地工作。

【教育设备】县财政投入学前教育设备资金 570 万元，为全县 60 多所幼儿园、小学附设幼儿班添置玩教具、办公设备、图书等办学设施设备。县财政投入 52 万元，为莲花小学、乔王幼儿园、乌达幼儿园、雀鸟幼儿园、乌流小学采购食堂设备。毛坪小学、联合小学、乌尧小学的食堂设备获得中国扶贫基金会的爱心食堂项目援助。郎当幼儿园、永乐幼儿园的食堂设备将通过爱心厨房项目实施解决，学校的原有设备将得到补充。完成县一中、二中、三中智慧教育试点项目设备建设，进入培训应用阶段。

【校点布局调整】为优化校点布局，春季学期初，将陶尧小学整体并入县思源实验学校；5 月 21 日，将大塘、莲花小学 661 名学生并入莲花新校区；秋季学期，将城关丹江二小五至六年级并入县第三小学化解学校大班，新增丹江第二、牛王寨、莲花、排老、乔兑幼儿园（班）6 所，在园幼儿 267 人。

【教育扶贫】2018 年，全县享受教育精准扶贫资助政策学生达 18614 人次，资助资金 2879.83 万元。其中县内普高贫困学生资助免学费 2972 人次、免补学费 237.76 万元，享受助学金 2972 人次、资金 222.9 万元，享受精准扶贫专项资助

2407人次、资助金228.67万元；县内中职贫困学生资助免学费461人次、免补资金39.32万元，享受助学金317人次、资金38.82万元，享受精准扶贫专项资助159人次，资金15.47万元；省外高校贫困学生资助免学费239人，享受教育精准扶贫资助112.9万元；县外省内2017—2018学年高中及以上建档立卡贫困户学生教育精准扶贫资助1601人，资金606.82万元；县级非义务教育阶段建档立卡和边缘户贫困学生资助学生4634人（“边缘户”1276人），资助资金523.5万元；2018年秋季省外高校专科及以上建档立卡贫困户学生资助免学费373人，享受教育精准扶贫资助171.59万元；追补兑现2015年年初后三个学年度教育精准扶贫资助漏助1541人次，补发资金549.09万元；贫困幼儿教育资助560人28万元；社会捐资助学378人次，资助资金105万元。

【“两免一补”】 落实义务教育“两免一补”，全县义务教育阶段学生全部免收学费，2018年，享受免费教科书36018人次，金额214.1万元；义务教育阶段家庭经济困难寄宿生生活费补助10737人次，资金614.75万元。2018年，受理学生贷款申请1641人，发放贷款金额1111.38万元，贷款人较2017年增加69人，贷款金额较2017年增加142.2万元，贷款金额创历年新高。年末，回收助学贷款720笔，回收本金352.06万元，回收利息15.04万元，贷款回收率为97.88%。

【控辍保学】 按照“双线”“七长”负责制将辍学学生动员劝返责任分解到乡镇战区、村级指挥所“两委一队”、村帮扶单位、帮扶干部以及学校和“包保”教师头上，实行政府部门和教育系统两条线深入开展动员工作。同时，县委、县政府召开专题会议，研究部署全县控辍保学工作。制定《关于开展好2018年控辍保学工作实施方案》，下发《关于加强“控辍保学”工作的紧急补充通知》等文件，组织督促全县各乡镇、部门、村委、帮扶干部、学校共同开展复学动员。2018年，累计劝返复学172人，全县义务教育阶段没有学生因贫辍学，九年义务教育巩固率101.8%。

【学生营养改善】 2018年，全县实施学前和义务教育营养改善计划学校有142所，受益学生40934人次，上级划拨资金1615.96万元，下拨资金1575.02万元，全县城乡学前和义务教育营养改善计划实现全覆盖。印发《雷山县农村学生（学前教育儿童）营养改善计划提质升级实施方案》，县级财政投入210.27万元采购思源实验学校等学校食堂设备，积极争取中国扶贫基金会爱心厨房项目为西江小学等6所学校添置食堂厨具和餐具价值27.43万元。组织指导学校开展食堂“降C建B”升级提升创建工作，全县义务教育学校食堂持证率达100%，23所食堂被评为B级食堂。按照《贵州省教育厅关于进一步全面深化“校农结合”助推脱贫攻坚的意见》要求，开展农产品采购及食堂管理工作培训，建立“雷山教育校农专班群”，学校和专业合作社通过校农专班群搭建交流、合作、产销平台，发布校农结合专班农产品待售信息。学校与合作社、养殖户签订农产品订购协议，打通农产品进校通道。截至11月底，全县学校食堂采购常用农产品2638.49万元，其中向贫困农户或贫困农户参与合作社采购产品金额为1251.54万元，占总采购金额的47.43%；总采购数量333.43万公斤，其中向贫困农户或贫困农户参与合作社采购135.43万公斤，占采购总量的40.62%，达到省定的40%目标任务。

【脱盲教育】 开展脱盲再教育，印发《雷山县脱盲再教育工作推进方案》，组织学校积极主动会同各乡镇政府，全面开展脱盲再教育培训工作。2018年，全县有62个村寨脱盲再教育培训点开班授课，参加培训1533人次，参与脱盲再教育教师424人次，县级财政划拨专项经费10万元。

【教育资助政策宣传】 开展政策宣传和“大走访”活动，印发《雷山县学生资助政策宣传口袋书》27000本、《农村建档立卡贫困学生资助项目告知书》25200份、《关于教育精准扶贫学生资助申报工作通知》7000份、《学生受助明白卡（书）》50000余份。开展教育资助政策宣传大走访活动，组织教师走访建档立卡贫困户宣传教育扶贫政策12816人次，教师向学生宣传49300人次，学生向家长宣传5123人次，召开主题班会381次，举办主题板报120次，开展其他主题活动307次，帮解决问题627个，全面提高人民群众教育扶贫政策知晓率。

【驻村帮扶】 开展脱贫攻坚结对帮扶工作，选派驻村干部21人，结对帮扶望丰乡乌迭村、羊卡村，其中教育督导室帮扶羊卡村。年内，累计为帮扶村送去帮扶资金10余万元，资助办公等设备折合6万余元。

【“三名”工程】 狠抓“三名”工程建设，印发《雷山县名校（园）长名教师名班主任等“三名”工程实施方案》。2018年，全县评选名师13人（省级1人、县级12人），全县共有各级名师17人（省级3人、州级2人、县级12人）。开展鲍江珍省级名师工作室、李德莉州级名师工作室、徐先敏名师工作室送课下乡活动。

【师资培训】 选派到杭州上城区跟岗学习的中小学校长和教师37人，选派参加“国培计划”乡村教师访名校项目培训的教师55人，参加“国培计划”培训543人次；分别选派参加省、州级培训各202人次；组织参加县级培训800人次，累计培训中小学教师1002人（次），举办“班班通”等教育信息化设备应用培训4期。累计开展县级新聘幼儿班教师跟岗学习、专任教师业务培训380人次。全县中小学教师报名参加青椒计划学习活动1160人次，“青椒计划”骨干教师到北京学习1人。

【师资调配】 通过政府购买服务形式补充学前教育师资61人（专任教师37人、保育员18人、炊事员4人、保卫2人），采取外县选调等方式调入专任教师16人。完成普通高中、城关小学遴选工作，共遴选县乡村教师到普通高中和城关小学任教50人，其中高中22人、小学28人。选派教师进行县内轮岗交流和支教活动228名，选派中小学教师到外县或外乡镇进行“三区”支教13人。

【教师优待】 按照《雷山县关于给予乡村教师生活补助的实施方案》，全县农村教师按每人每月300元、200元两档发放，全县有67所乡村学校享受补助政策教师2217人次，占全县农村教师的100%，发放乡村教师生活补助162.71万元，覆盖率100%。申报审批25年、30年教师荣誉证38人，空岗补员聘任202人，累计完成2018年中小学教师励耕计划、幼儿园困难教师材料审核及推荐21人。

【中考高考】 2018年，全县报名高考1383人，其中普高1339人，中职单报高职44人。参加2018年高考1216人，二本及以上上线628人，上线率为51.6%（2018年4月参加分类考试招生雷山县被录取148人）。全县被录取1207人，录取率为90.14%，其中一本录取90人，二本录取473人，高职专科录取644人。办理报名参加2018年成人高校招生考试135人。2018年，全县中考人均分为418分，较2017年提高31分。

【教研教改】 邀请州教育专家送教到县，开展县级示范课及送课下乡活动，累计送教下乡106节，教师参与活动500多人。组织开展学科优质课大赛、录像课评比活动。申报省州重点及一般课题30个，州级重点课题结题1个，一般课题结题9个。组织教师参加贵州省中小学教师论文评比大赛，雷山获得一等奖26篇、二等奖71篇、三等奖188篇、鼓励奖77人。组织开展中小学教师优质课技能大赛活动，雷山获全州一等奖的有小学语文城镇组1人、乡村组1人、高中语文一等奖1人；获全州二等奖的有初中语文1人，高中物理1人，中职旅游服务1人，中职商贸类信息化1人。

【校园足球赛】 组织参加2018年黔东南州校园足

球联赛暨青少年足球锦标赛，其中初中男子获初中组冠军，并获得参加全省校园足球联赛初中组总决赛资格；高中女子组获第三名、初中女子组获第六名。同时，顺利举办全县“六一”儿童节庆祝活动。

【教具展评】 组织全县幼儿教师开展玩教具制作展评，县级评展作品40件，评出一等奖2名，二等奖3名，三等奖10名，优秀奖25名。推荐参加州级评选作品5件，其中获得州级一等奖4件、二等奖1件，雷山县教育和科技局获得优秀组织奖。4件一等奖的作品被推荐参加省级评选，其中获得省级三等奖1件。

【主题活动】 开展童谣征集活动，共征集作品60余篇，县级初评后报省参加评选。组织开展全县中小学“爱诗词·诵美文”朗诵比赛，纪念“五四”运动知识竞赛活动，“传承经典，继承文明”第三届中小学生软笔书法现场书写大赛，“饮水思源、珍惜粮食、从我做起”征文活动，以及“六一”国际儿童节系列庆祝活动。开展全县2018年中小学艺术展演活动，评定一、二、三等奖，县级优秀作品71个，报送参加全州第六届中小学生艺术展演活动评选获一、二、三等奖共计46个。做好州级优秀推选工作，学生李江燕、王正运、李柯靓被评为州级“优秀少先队员”，教师潘梅花、何成龙被评为州级“优秀少先队辅导员”，教师毛正美被评为州级“优秀少先队志愿辅导员”，丹江小学四（3）活力中队部被评为州级“先进少先队组织”。开展“新时代好少年”学习宣传活动，雷山县丹江小学学生赵建平荣获全省“新时代好少年”称号。组织参加全省2018年“贵青杯”校歌比赛，西江民族小学代表雷山县参加比赛获得三等奖。

【教育招生】 全县完成学前教育招生2232人，小学2084人，初中1939人。2018年，初中毕业生1966人，州级划定雷山县普通高中录取投档分数线为387分，全县实际完成录取投档招生1004人，完成招生任务1000人的100.4%；完成中职招生982人，完成招生任务980人的100.2%。其中，完成在筑职业教育精准脱贫班免费订单117人（省水利水电职业技术学院48人、贵州省财政学校52人、贵州装备制造职业学院中专部17人），完成输送任务100人的117%；雷山县职校精准脱贫班招生44人，完成输送任务30人的146.6%。

【职业教育合作】 2018年，县人民政府先后与贵州水利水电职业技术学院和贵州建工集团、贵州省财政学校签订职教精准扶贫结对帮扶合作框架协议，2018—2020年为雷山开设全免费订单精准脱贫班。县中等职业技术学校和北京百年职校合作开办雷山县百年职校分校，分别与凯宏酒店集团、苗界酒店集团签订为雷山职校学生提供实习基地的协议，与贵阳市白云区职业学校签订“学前教育”专业合作协议。

【留守儿童管理】 进一步贯彻落实好《雷山县薄弱学生群体管理办法》《雷山县教科系统留守儿童关爱教育工作方案》，督促指导学校全面开展留守儿童关爱保护工作。2018年秋季学期，县域内义务教育学校在校生留守儿童有2085人，其中小学1299人、初中786人。通过强化信息动态管理、做好留守儿童登记建档、加强学校与学生家长及其他监护人的联系，共同形成以学生为中心的关爱网络，督促其监护人切实承担起教养孩子的责任和义务。

【特殊教育】 制定出台《雷山县特殊教育随班就读工作实施方案》《雷山县义务教育阶段残疾儿童少年送教上门工作方案》，扎实开展特殊教育工作。实施特殊教育资源项目建设，2018年，投资50万元，建成县级特殊教育资源中心，筹建县第三小学特殊教育资源教室。开展送教上门，按照“一生一案”总体要求，组织教师为不能自理的残疾儿童少年提供送教上门服务23人次。加强师资业务培训，选派参加全州中小学随班就读师资暨特殊教育资源中心管理人员培训教师3名。

落实特殊教育生均公用经费拨付政策，全年划拨特殊教育生均公用经费73.2万元。2018年秋季学期，全县6～16周岁残疾儿童少年有186人（建档立卡86人），入学就读176人，其中建档立卡81人（送教上门23人）；未入学10人（建档立卡随父母外出县外居住5人、入院治疗1人、重病不能送教1人、休学3人）。全县7～15周岁“三残”入学率129.03%，6～16周岁残疾儿童少年入学率为112.9%。

【德育工作】 制定下发《关于全面加强中小学幼儿园德育工作的实施意见》《雷山县学校德育工作管理办法》《雷山县中小学幼儿园德育工作评价方案（试行）》《“大手小手同牵美好生活同创”实施方案》，组织指导学校开展德育工作。开展“少年传承中华传统美德”系列教育活动和“大手小手同牵美好生活同创”主题活动，并表彰优秀征文58篇和优秀辅导教师23名；开展“感恩教育”和“九一八”爱国主义教育活动；组织参加全州第六届中小学生艺术展演活动，表彰中小学18所、学生20名、作品48件、教师57名；组织师生参加全县第五届“新时代最美雷山人”评选活动；组织全县教科系统师生学习习近平总书记给陕西照金北梁红军小学重要回信精神。

【校园环境治理】 会同公安、市监等部门联合开展校园及周边环境专项治理，查出安全隐患38处，现场整改30处，限期整治8处。至年末，完成治理安全隐患5处，整改中1处，监测2处。全县70所中小学校配备法治副校长和法治辅导员52名，每学期至少召开法治教育宣传大会2次，使法治安全教育、安全演练常态化，不断提高师生安全意识。

【教育督导】 完成“办园行为督导评估”16所，占全县幼儿园总数的20%，其中公办园13所、民办园3所。评估结果为良好2所，合格7所，不合格7所。完成第二届兼职督学的选定和聘用。教育督导室与教科局联合组成检查组，对全县中小学、幼儿园开展2018年春、秋两季的学期开学工作检查。启动对乡镇园升级为“县级示范性幼儿园”的过程督导评估工作。

【教育经费】 2018年，上级拨给教育的各种资金共18007.6万元（不含在职干职工资）。其中上级（中央、省、州）专项资金到位共11192.7万元，县级资金6814.9万元。

【雷山县80名贫困生获爱心捐助7.12万元】 1月8日，经省教育发展基金会引进，沈阳1家公司资助雷山县雷山民族中学、雷山第一中学、雷山县第二中学、大塘小学、达地小学80名家庭经济困难学生7.12万元发放仪式在县教科局三楼会议室举行。

【雷山县举办第三届中小学生软笔书法现场书写大赛】 5月29日，以“传承经典继承文明”为主题的雷山县第三届中小学生软笔书法现场书写大赛在丹江小学校举行，全县有80名中、小学生选手参赛。经县书法组委会的评选，雷山民中罗春艳荣获中学组一等奖，丹江小学王伊朵、县第三小学杨金玉荣获小学组第一名。

【雷山县多方募集资金物资助学助力脱贫攻坚】 截至5月底，2018年雷山县共筹资金（含物资折价）432.73万元用于助学，其中慈善捐赠款152.31万元，中小学生学习软件、图书、乒乓球桌等物资价值280.42万元。

【雷山县高考爱心车队开展免费接送学子参加高考】 6月6—8日，2018年高考期间，雷山县交通部门发起免费接送高考学子活动，30辆出租车参与爱心送考志愿服务，贴上“爱心助考送考免费用车”标志，免费为广大考生和家长服务。

【杭州市到雷山开展爱心助学捐赠活动】 8月22日，杭州市发改委副主任朱师钧一行到雷山县开展爱心助学捐赠活动，向雷山县学校捐赠教具500套，为贫困学生送上爱心书包。

【雷山县召开2018年学前教育岗前培训会】 10月7日，县教科局、县诚信劳务派遣有限公司在县示范性幼儿园组织召开全县2018年新招聘学前教育政府购买服务岗位人员岗前培训暨见面会，对全县学前教育学校新进专任教师、保育员、炊事员、门卫等65人进行培训。

【雷山莎蔓莉莎爱心助学基金会成立】 11月18日，雷山莎蔓莉莎爱心助学基金会成立，莎蔓莉莎集团向雷山捐赠20万元启动资金，并组织爱心人士现场捐款34413.26元。捐赠仪式在雷山县固鲁小学举行。莎蔓莉莎美容集团创始人、集团总裁庄玲女士，雷山县委常委、副县长周骆斌出席捐赠仪式并为基金会成立揭牌。

【宁波舜韵电子有限公司等企业到掌雷小学开展捐赠活动】 11月23日，宁波舜韵电子有限公司董事长姚国祥等一行14人到雷山县掌雷小学开展捐赠活动。宁波舜韵电子有限公司向掌雷小学捐赠运动场建设资金152万元，宁波江峰塑化有限公司等6家企业向龙河村捐赠“连心桥”善款22万元。

【贵州雷山老倪青钱柳开发有限公司向雷山县贫困大学生捐赠第3个200万元助学金】 12月，贵州雷山老倪青钱柳开发有限公司总经理吴玲丹一行在雷山县开展捐赠助学活动，向雷山县贫困大学生捐赠助学金200万元。至2018年末累计资助学生1000多人。

【雷山县完成信用贷款6013余万元助贫困生圆梦大学】 2018年，雷山县完成受理学生贷款申请1641笔，申请贷款金额1111.38万元，贷款人较2017年增加69人，贷款金额较2017年增加142.2万元。自2009年启动生源地信用助学贷款以来，雷山县受理大学生助学贷款4368人、贷款10142笔，累计发放贷款6013.22万元。

雷山民族中学

【概　况】 2018年3月创办《雷中校报》。2018年秋季高一新生1000人，其中续招3个智华班150人，2个珍珠班80人。2018年年末，有学生3113人，其中女生1530人。共有61个教学班，其中高一20个班986人，女生456人；高二21个班1084人，女生527人；高三20个班1043人，女生547人。2018年3月被省综治办、省公安厅、省教育厅授予“贵州省安全文明校园”称号。2018年8月入选国家教育部“全国青少年校园足球特色学校”。

【教学质量】 坚持以“为高等院校培育合格新生”为主要任务，以教学为中心，牢固树立科学教学质量观，狠抓高考教学质量。2018年6月1059名高三学子毕业，毕业率99.3%。2018年高考本科上线625人，创历史新高。其中600分以上12人（理科5人、文科7人），比2017年增加6人，增长100%；理科最高分666分、文科最高分646分，分由覃清、李敏芳同学摘取；文化考生一本上线95人（理科77人，文科18人），二本上线416人（理科239人，文科177人），体艺考生本科术科和文化双上线114人。

【政教工作】 抓好班主任和班级考核，每月评出月优秀班主任和优秀班级。坚持安全教育，学期初层层签订安全责任书，进行两次安全大检查。同时邀请交警大队到学校开展交通安全讲座，使学生掌握交通法律法规和交通安全技能。坚持月主题教育，开展2月“行为规范月”、3月“学习雷锋月”、4月“安全法制月”、5月“感恩教育月”、6月“诚信教育月”活动。邀请县法院、县检察院到校开展法治进校园活动，组织师生到县法院观摩“扫黑除恶”庭审，提升学生法律意识。指导并检查各年级4次主题板报。开展“学雷锋活动”、“五四”活动、“十八岁成人仪式”活动。开展“学十九大，圆中国梦”爱国主义读书教育，韦代江获得县演讲比赛一等奖。把德育教育寓于活动之中，学校组织开展“学雷锋系列活动”“节水型学校创建”“文明如厕”“校园足球、篮球比赛”“铜鼓舞操比赛”“感恩演讲比赛”“小手大手同牵、美好生活共创”和纪念

“九一八”“一二·九”等系列相关活动。

藤树琴、刘安信两位老师因教育教学工作突出，分别被黔东南州人民政府授予“师德标兵”“优秀教师”称号。

【教学教研】 开学初，全体教师根据教学大纲、考纲和学生实际情况，制订好本学期教学计划，教务处坚持每月一次教学常规检查，定期、定时、定点检查教师的备课和作业批改情况，发现问题及时与教师沟通，使教学工作落到实处。开展40岁以下中青年教师业务能力测试活动。先后举办教师参与高考模拟考试、教师集体备课展示课。严格规范考试，加强监考过程管理，整顿考纪、考风。每次考试都是在标准化考场中进行，每次阅卷都是采用先进阅卷系统进行流水作业，以保证考试成绩的真实可靠和公正。除组织好常规性月考外，还组织高三3月英语听力考试、3月州模拟考试、4月省模拟考试、5月信息技术学考、6月高考、7月语数外学考及期末考试。继续推行课堂教学大练兵活动，每个教师分别执教一节公开课，公开课共210多节，推选出优秀示范课20多节。学校成立校长为组长的高三毕业班工作领导小组，深入班级、课堂；定期、不定期地研究解决高三教育过程中的实际问题，召开班主任工作会议10次，备课组长高考备考研讨5次，组织召开鼓劲会3次，各备课组开展集体备课14次，各学科累计130余次。实施“同伴互助”工程，教学经验丰富的教师为带教年轻教师，双方签订协议，形成同伴互助。学校继续与浙江杭州源清中学和西安交大苏州附中开展联谊帮扶活动，听学术报告4场，开展同课异构14节，听课教师达200余人次。学校教务处组织教师参加省教科院和省教育学会举办的教学论文和教学设计评选活动，其中3人获得一等奖，17人获得二等奖，57人获得三等奖，老师的教育教学理论水平逐渐提高。在课题研究上，全校有28个校级课题获得立项；刘芬老师负责的《少数民族地区留守高中生心理问题及对策研究》、曾令民老师负责的《乡土地理教学案例的开发与运用——以雷山县为例》、杨文天老师负责的《新课改下基础薄弱学生小组合作学习探究》3个课题获得州级立项并举行开题报告会；刘芬老师负责的州级课题《有效利用学生错题资源，提高高中数学教学质量》、杨文楷老师负责的省级课题《贫困地区突破高中物理教育教学瓶颈的研究》两个课题于2018年12月提交结题申请，等待上级部门的结题鉴定。

【捐资助学】 经上级主管部门审核，2018年上半年，全校符合教育精准扶贫资助条件学生共计1133人，每生资助扶贫专项资金500元，减免书费200元，补助住宿费250元，每生950元，全校资助精准扶贫学生共107.64万元。减免学杂费学生1334人，每生减免学费800元，减免学费共106.72万元。学校1334名四类贫困生全部获得国家助学金，每生750元，资助共100.05万元。高一两个珍珠班共80人，高二一个珍珠班50人，每生每月资助250元，珍珠班资助共16.25万元。学校接受社会资助主要有新长城自强班资助45万元，新西兰资助4.3万元。除享受国家资助的精准、农低保、农残疾、农特救助的四类贫困生外，学校还向家庭贫困的学生免除学费14人共1.37万元。学校资助学生1420人次共381.32万元。2018年下半年，经上级主管部门审核，符合教育精准扶贫资助条件的学生共1144人，每生每学期资助扶贫专项资金500元，减免书费200元，补助住宿费250元，每生每学期减免950元，全校资助精准扶贫学生共108.68万元。减免学杂费学生1342人，每生每学期减免学费800元，减免学费共107.36万元。全校共有1342名四类贫困生获得国家助学金，按照学生的具体情况，本学期全校有1179人享受1000元的国家助学金，极度贫困大塘镇有163人享受1250元的国家助学金，国家助学金共138.28万元。珍珠班资助共

16.25万元。接受社会资助，主要是贵州深圳和中央彩票资助，资助金共24.3万元。除享受国家资助的精准、农低保、农残疾、农特救助的四类贫困生外，本学期学校还向家庭贫困的学生免除学费10人，共0.8万元。

【体育卫艺】 加强艺体生的课外训练，体卫艺处组建体育培训班6个，美术、音乐培训班各3个，每周二、三、四课外活动时间进行训练。组织男、女足球队参加2019年度黔东南州校园三级足球联赛，分别获第四名、第八名的成绩。学校交响乐团于11月3日赴凯里参加黔东南州高中生交响乐比赛，获第三名。在艺术教研组组长杨凯老师的组织下，编练《欢乐的苗家》获黔东南州第六届青少年艺术展演活动中学器乐组第一名、《梨花又开放》获声乐组第三名。在姜通富老师的精心辅导下，学校罗春艳同学获黔东南州第六届青少年艺术展演活动中学组书法第一名。11月，赴遵义仁怀市茅台智华中学参加2018年度联谊活动，学校女篮获第二名、潘加强同学获男子5000米跑第一名、金勇其获男子400米跑第一名，团体总分第六名。组队参加2018年度凯里市第三届“跆拳杯”大众跆拳道锦标赛，学校高一年级雷操政获男子组54公斤级第一名，文幸获男子组53公斤级第一名，余城宏获男子组51公斤级第三名，吴晴云获女子组51公斤级第二名。11月11日，2018年贵州省青少年（山地）自行车锦标赛在玉屏县举行，学校杨桂芳老师带领高二文（9）班王佳楠同学参赛，获第六名。

【非遗传承】 参加芦笙舞蹈、芦笙传习学生增加到31人；有23人稳定参加刺绣学习课程。非遗资金投入不间断，添置刺绣室纱线等刺绣用具达6600元；邀请校外非遗传习老师课时劳务费共3600元。

【脱贫攻坚】 校党委书记、校长李恒到大塘镇新桥村驻村担任第一指挥长，组织驻村教师开展各项脱贫攻坚工作，为帮扶村谋划经济发展。先后投入扶持新桥村10多万元。因脱贫成绩显著，李恒被中共黔东南州人大常委会评为2018年度“脱贫攻坚、人大代表在行动”先进个人。

雷山县中等职业学校

【概　况】 雷山县中等职业学校坐落在西江镇营上村。学校占地面积为50余亩，校舍建筑面积21000平方米，有标准教室17间、客房实训室1间、西餐厅实训室1间、中餐厅实训室1间、导游实训室2间、旅游酒店实训大厅1间、计算机实训室3间、钢琴室1间、乐器房1间、舞蹈室2间、书法室1间、画室1间、电工实训室1间、多功能报告厅1间、茶艺实训室1间、图书室1间、电子商务实训室1间、办公室22间，教学实训设备总值850多万元。2018年，全校事业编制50名，实有56人，其中专任教师48人，本科以上学历51人。专任教师中正高级教师1人、高级教师3人、一级教师19人、二级教师20人。另有公益性岗位8人、水电工1人、临聘3人。2018年末，在校生共188人，其中女生63人；开教学班9个，教学班为：2017级旅游酒店班27人，民族歌舞班22人，电子设备班20人，学前教育班10人；2018级百年旅游酒店1班、2班36人，百年民族歌舞班24人，电子商务班21人，学前教育班18人。2018年，狠抓学校基础设施建设、提升和强化教育教学质量，各方面工作成绩显著。

【教学管理】 严格按照《雷山县中等职业学校教学考核细则》对学校教育教学工作严加考核。随机抽取每班10名学生参与评教工作。加强教学过程的监管力度，严格查处迟到、旷课学生。有20余名任课教师参加雷山县高中阶段教师课堂教学“大练兵”活动。注重课题研究，2018年推送县级立项的课题有李灵武的《改良芦笙实践教学与研究》和吴胜成的《中职乐理课程艺考实践教学研究》。11月组织教师、学生参加2018年黔东南州中职学校技能比赛暨全省技能比赛选拔赛，教师组获数字影音后期制作技术一等奖1个；学生组学前教育玩教具制作团体二等奖1个，学前教育绘画二等奖1个，三等奖1个，学前教育类手工制作二等奖1个，三等奖1个；学生组旅游服务类客中式铺床二等奖1个，中餐宴会摆台三等奖1个；信息技术数字影音后期制作技术三等奖1个，职校获优秀组织奖。2018年雷山县中等职业学校毕业生72人，其中升入高校60人，直接就业12人。

【教育资助】 学生注册入学职校后，由学生填报申请，相关村居委会签意见，并经学校助学金审核领导小组召开审核工作会议确定后，统一上报相关部门，全部资料审核好后，为新生申请办理中职资助卡，每月实行月签确认制度，做到应助尽助，应享尽享。2018年，职校享受国家助学金156人，资金31.18万元；享受国家免学费228人，资金45.48万元；享受教育精准扶贫80人，资金15.2万元。10月19日，职校获重庆市慈善总会（金科地产集团）捐赠助学款100万元。

【成人教育】 认真开展电大的招生、教务、学籍常规工作。春季招生本科21人，专科42人；秋季招生本科21人，专科22人；毕业本科42人，专科71人。因工作成绩较为突出，学校被评为贵州省电大系统“先进工作站”。

【招生宣传】 开展招生宣传活动，在全县各初中学校悬挂职校宣传专栏，向学生介绍职校招生信息和办学特色，重点宣传职校与北京百年职校合作开办的两个精准扶贫班（民族歌舞表演、酒店管理），印制发放招生简章4000份、招生专业介绍2000份，张贴大幅招生海报400余幅。2018年共招生130人，其中百年民族歌舞专业、百年酒店管理与服务3个班71人，电子商务专业35人，学前教育24人。精准贫困户学生55人，就读雷山职校“百年班”的有44人。

【学生实习】 2018年，职校继续与西江千户苗寨文化旅游发展有限公司、凯宏开元酒店在实习实训和就业等方面开展深层的合作，与西江苗界（仰阿莎）签订“校企合作”协议。苏州工艺美术职业学院与职校达成合作，拓宽职校毕业生多渠道升学路子。2018年7月21日，职校与北京百年职校签订合作协议，职校成为百年职校第11所分校——雷山百年职校。百年职校帮助雷山职校按百年职校模式打造“民族歌舞”和“酒店管理”两个专业。7月16日，组织学生到凯宏酒店参加实习18人；2016级电子商务班安排在雷山县电子商务中心实习；2016级民族歌舞班在西江各酒店或农家乐实习8人；2016级民族歌舞班部分同学和2016级普职互通班参加全省艺术考试和高考。2015级旅游酒店班和2015级普职班学生有35人通过学校推优、27人参加高考艺考进入高校学习深造，其余的少部分同学分别安置在凯宏酒店、西江旅游公司等合作企业就业。

【产业培训】 2018年，开展新型职业农民培训3期共159人，其中生态畜牧生产经营型（养殖专业户）1期50人；茶叶生产经营型（茶叶种植规模户）1期50人；农药经营销售1期59人。培训结束经考试、均合格，参加培训学员均获得“新型职业农民培训证书”。

【校际交流】 8月21日，北京百年职校总部余忠茂总督导、郑州百年职校副校长张长新进驻雷山职校帮助筹建雷山百年职校工作。9月15日，百年职校理事会理事成员到雷山职校召开理事会；9月16日，雷山百年职校举办开学典礼，百年职校理事会理事长姚莉及理事会成员，雷山县人民政府县长袁刚等100余人参加。11月1日，中国音乐学院博士生导师张天彤教授率领硕士博士生一行20余人到职校开展民族文化调研工作。

【脱贫攻坚】 选派校领导及6名教师驻村开展脱贫攻坚工作。4月13日，学校组织党员教师到大塘镇南脑村帮助村民开垦荒田种植黄精、蔬菜。

11月10日，学校部分党员教师带领百年班学生帮助连城群众打扫卫生。

雷山县第一中学

【概 况】 雷山县第一中学位于县城东南郊的羊场坝，占地68666.7平方米（103亩），校舍面积21575.4平方米，其中教学楼面积3285平方米，综合楼面积1668.4平方米，办公楼面积1150平方米，学生公寓楼面积9243平方米，学生食堂面积2100平方米，公厕面积625平方米，教职工宿舍面积3504平方米。学校有篮球场3个，排球场2个，羽毛球场2个，标准400米跑道田径场1个，足球场1个，室内篮球馆1个，物理实验室、化学实验室、生物实验室各2个，多媒体教室、阶梯教室、微机室、电子备课室各功能室配备齐全。2018年，全校核定事业编制118名，实有在编在职教职工118人，其中专任教师116人，本科以上学历102人。在专任教师中，高级教师7人，中级教师70人，初级教师39人。2018年末，学校共有学生1642人，其中女生657人；开设教学班共34个，其中七年级11个班509人（女生200人）；八年级12个班555人（女生213人）；九年级11个班578人（女生244人）。

【教学管理】 加强教师队伍建设，狠抓教育教学质量。利用录播室提升各个教研组录像课质量，及时开展听课、评课、议课活动，开展录像课共24节，集体评课议课5次。组织学校教师参加“骨干教师交流”和“骨干教师课堂教学展示”等活动，韦春萍、唐少华等11位教师的示范课被评为“县级示范课”。开展“走出去、引进来”的教研活动，派出教师参加培训学习共3人次；音体美教研组外出参观学习2次；凯里学院旅游学院专家梁焰到校举办教师业务能力提升讲座1次。严格执行月考工作制度，不断规范命题、监考、阅卷、成绩统计及质量分析等相关工作，及时奖励学生。量化检查教师的备、教、改、辅、考、评、说、学等各方面常规工作。

【校园安全】 做好食堂的清洁卫生工作，杜绝食物中毒事件和传染病的发生。完善各种安全制度，制定各种安全应急预案。每周坚持对校园管制刀具和校园及周边安全隐患排查1次以上。对学生进行交通、消防、禁毒、食品、溺水等安全教育。邀请法制副校长和法制辅导员在开学初到学校开展法制宣传和教育讲座。抓好校园卫生管理工作。通过全体师生的共同努力，学校无重大事故发生。

【扶贫工作】 深入帮扶村完成贫困户建档立卡信息。邀请黔东南伟诚农业发展有限公司总经理徐伟诚到望丰乡掌窝村作实地培训，与该村签订收购蔬菜、猪肉协议，收购猪肉1750多公斤折合4万多元，收购魔芋成品0.8万公斤折合3.2万元。春节期间，慰问帮扶村建档立卡贫困户18户，每户慰问物资价值300元。给帮扶村两委配置办公桌、电脑，并捐赠物资价值8000元和办公经费7000元。

雷山县第二中学

【概 况】 2018年，雷山县第二中学核定事业编制120名，年末实有在编在岗教职工116人，其中专任教师112人，本科以上学历79人。专任教师中高级职称20人，中级职称62人，初级职称30人。2018年末，学校共有学生1658人，其中女生716人；开设教学班共32个，其中七年级11个班568人（女生244人）；八年级11个班560人（女生240人）；九年级10个班530人（女生232人）。

【德育工作】 2018年10月20日至11月1日，组织开展第八届“班主任节”感恩活动，举办班主任工作征文比赛，汇编《班主任工作点滴》一书。开展学生“国旗下讲话”、安全第一课及消防、交通、食品卫生等系列主题班会，开展“珍爱生命远离毒品，共创无毒校园”主题教育、新生“安全德育”教育周（军训）、校园消防安全撤离演练教育等活动，对学生进行爱国主义和安全教育，提高学生的文明素质。考核办严格按照班级管理考核内容，坚持每天检查记录，及时公布考核结果，从机制上增强创建文明班级、争做文明学生的自觉性。通过“家长会”、校讯通和“致家长的一封信”等形式，加强家校联系，及时反馈学生教育情况，引导家长科学教育孩子。

【教研培训】 学科组长每周进行教学“五认真”检查1次，定期、定时、定点检查教师的备课和作业批改情况，发现问题及时与教师沟通，使教学工作落到实处。严格考试纪律，营造公平竞争氛围，调动师生教与学的积极性。每次月考必须召开质量分析会，找出存在问题并提出相应的改进措施，使教学更具针对性和实效性，完成九年级月考2次和期末模拟考试1次，七、八年级分别月考1次。7月14—23日，在阶梯教室举办暑期校本培训10天。年内，累计派出教师参加县级培训85人次、州级培训28人次、省级培训9人次、国家级培训3人次。组织公开课共9节。数学组尝试“洋葱数学”教学模式，购进“洋葱数学”辅助用书22套，印发学生寒假作业1600余本。在2018年下半年雷山县初中各学科优质课（录像课）教学技能大赛评比活动中，学校老师获得一等奖6个、二等奖2个。11月26日，举办第五届校园文化科技节活动，学校评出一等奖21个、二等奖36个、三等奖62个。全校教师参加贵州省2018年中小学“微课”应用活动省级评审有27名，王新老师作品获一等奖，杨海涛、陆春昙老师作品获二等奖，杨勇、罗霄、王家会3位老师获得三等奖。11月26日，清镇市第二中学教育集团和清镇市第二中学部分中层人员一行9人到学校进行校际交流活动。12月14日，都匀市第十中学理化生组到学校与理化生组教师开展教学讨论交流。

【巡察整改】 2018年3月23日至4月20日，县委第四轮巡察第四巡查组对学校开展集中巡察。8月27日，县委第四轮巡察第四巡查组向学校反馈巡察情况，指出学校在三个方面存在的11个主要问题。学校党总支制定《雷山二中落实县委第四巡察组巡察反馈意见整改方案》，按时完成整改工作。

【保学控辍】 做好保学控辍工作，安排教师入村动员学生80余次，收集动员入学各种材料，建立一生一案。2018年10—11月期间，学校共派出老师6位，分别到西江中学、乌东小学、毛坪小学、方祥小学、黄里小学开展“送教下乡”活动。累计完成“三残儿童”的清查和登记工作，并建立19名残疾学生一生一档案。

【脱贫攻坚】 开展扶贫资助工作，学校通过各种途径共发放教育扶贫资助政策宣传单6000多份，全校师生捐款近3万元，资助贫困学生46人；2018年扶贫日捐款1.94万元。学校选派老师驻帮扶村望丰乡乌局村开展脱贫攻坚工作5人，并组织党员、教师到村开展扶贫活动，7月31日学校党员先锋队到村开展扶贫政策宣传活动，10月12日到村开展清洁风暴活动。学校拿出2万元支持乌局村开展各项基础设施建设，采购各种帮扶物资达3万余元。

雷山县第三中学

【概　况】 2018年，全校教职工126人，其中在编94人，公益性岗位25人，专任教师89人，中学高级职称19人，中级职称53人。有27个教学班，在校学生1352人。学校生源地为郎德镇各小学和丹江镇第二小学、大塘镇桃江小学、西江镇猫鼻岭小学和龙塘小学。2018年，七年级开设8个教学班，新生报到注册为407人，其中女生171人。2018年，毕业生为496人，其中女生201人。升入高中就读为262人，就读中等职业技术学校为231人。

【德育工作】2018年，组织教职员工参加黔东南州干部职工理论学习考试，参与宪法在线学习和宪法网上答卷等活动，提高教职员工理论修养和法律法规意识。利用升旗仪式，班会课宣讲《中学生守则》《中学生日常行为规范》，教育学生热爱祖国，热爱家乡，热爱学校，铭记社会主义核心价值观，争做社会主义合格小公民。继续深入开展学科法治教育工作，师生学法、知法、守法意识得到提高。加强与家长联系沟通，通报问题学生在校情况，并与家长一同对问题学生进行思想教育。

【教研教改】开展各类教研活动，不断提升教育教学质量。组织教师参加省、州优质课、优质论文大赛等活动。2018年，潘国荣老师被贵州省人事厅、贵州省科学协会评为“优秀科普工作者”，韦进华获得2018年英语优质课县级一等奖。李玉春老师获得2018年语文优质课县级二等奖。余庆、余鹏华获得2018年物理优质课县级二等奖。石阳星获得2018年英语优质课县级三等奖。杨晓燕、李玉春、梁培文、李杰、罗高、吴萍萍、余恩好、白显圣获得2018年全县录像课比赛一等奖。吴如芬、杨再兴获得2018年全县录像课比赛二等奖。2018年全县中考成绩前10名中县第三中学占3名。

【政教工作】做好开学安全第一课、安全主题教育活动，签订各级安全责任书。平时注重安全教育，包括交通、消防、禁毒、人身安全、法治教育等。完善各项安全工作计划及应急预案，开展防踩踏宣传教育及安全应急逃生演练。不定时开展安全隐患排查整治活动。2018年度，学校无安全事故发生。

【体艺卫工作】开展丰富多彩的校园艺术文化生活。校团委、音体美组2018年分别举行中学生武术操、篮球、足球、苗族舞蹈、绘画、摄影、刺绣、书法等比赛活动，校园文化内容丰富，学生团结、竞争意识强。学校“非遗”办通过精心布置，全校师生共同努力，2018年成功举办“校园文化艺术周暨‘非遗’展演活动”，得到县“非遗中心”的肯定与好评。

【扶贫工作】2018年“精准扶贫”工作投入资金8万余元，帮助帮扶村销售农产品10万余元，下村调研扶贫50余次，下村扶贫累计300余人次。

科 技

【概 况】2018年，县科技服务中心立足全县经济社会发展战略重点，以提高全县综合科技进步水平指数为重心，以科技试验示范、成果转化、科技培训为抓手，以加强知识产权培育和科技创新、科技扶贫为着力点，扎实推进各项工作，并取得良好成绩。

【科技培训】充分利用知识产权周和科技活动周联合举办宣传活动，展出各类科普宣传展板70多张，发放专利知识、防震减灾、低碳生活、交通安全、健康生活等宣传资料5000多份。召开雷山县知识产权暨科技创新工作大会，全县8个乡镇分管领导、党政机关领导干部、“三区人才”团队、企业负责人、中介服务机构代表等参加会议100余人。会议兑现2017年知识产权奖补政策资金为16.55万元，对与会的党政机关领导干部、企业管理人员进行知识产权及科技项目知识培训。

【科技管理】全年交易合同27项8502.89万元；吸纳省外交易合同1项56.6万元，创全县技术市场交易工作历史新高；完成省级科技型企业备案21家，占任务数的80.77%；财政科技支出1100万元，2018年上半年全县科技进步统计监测指数为46.2。

【科技项目申报】2018年，累计申报科技项目12个，其中贵州省“雷山乌秆天麻”地理标志产品产业化项目、雷山县大塘镇（极贫镇）星创天地和雷公山原产地乌秆天麻品种提纯与副产品加工技术研究获立项落地，项目资金180万元，省科技厅拨付贵州省雷山县生态肉牛养殖农业科技示范园区项目后期资金50万元。年末，累计争取得到项目资金230万元。

【知识产权保护】 利用知识产权活动周、科技活动周等时间节点开展宣传培训活动，提高民众知识产权保护意识，营造知识产权保护氛围。完成专利申请240件，其中发明专利122件、实用新型专利99件、外观设计专利19件。专利授权49件，其中发明专利3件（累计有效发明专利8件，改变2016年以前全县仅有1件发明专利的现状）、实用新型专利16件、外观设计专利30件，申请量列全省10个国家扶贫开发工作重点县第一位，增速列全州第一位、总量第二位。组织全县的企业和个人参加“2018年黔东南州外观设计专利产品大赛”，大塘镇杨国超的“桌面花兜”获第一名，西江旅游公司的“十二道拦门酒瓶”获第二名，并分别获奖金10000元和5000元，雷山县科技中心获组织奖。

【雷山乌秆天麻和雷山银球茶获得地理标志产品奖励4万元】 9月20日，雷山县的“雷山乌秆天麻”“雷山银球茶”2个国家地理标志保护产品分别获得贵州省科技厅（省知识产权局）奖励各2万元共计4万元。黔东南共有5家获奖，雷山县占2家。

气　象

【概　况】 2018年，县气象局全体干部职工团结一致，奋力拼搏，科学践行“防灾减灾、气象先行”服务理念，抓住服务地方经济发展和气象防灾减灾两个工作重点，各项工作顺利开展。县气象局在全州县级综合气象业务职业技能竞赛中获得团体第三名，在全州第三届人工影响天气高炮安全操作技能竞赛中获得团体三等奖。抽调工作人员驻郎德镇老猫村开展帮扶工作，2018年累计投入帮扶资金2.48万元。

【气温与降水】 2018年平均气温16.1℃，极端最高气温为35℃，出现在7月18日；极端最低气温为-5.7℃，出现在12月30日，年总积温5484.7d·℃（度·日），无霜期297天。年总降水量为1440毫米，与2017年（1494.4毫米）比较减少54.3毫米；最大日降雨量为97.3毫米，出现在6月22日。

【气象服务】 2018年，积极开展传统节假日、重大活动、“春运”、中高考等专题气象服务工作。全县大范围、高强度的灾害性天气不多，但局地性强对流、短时强降水、雷暴等灾害性天气强度强频率高，充分利用雷达、卫星云图、区域自动站监测资料，24小时做好监测预警，并随时与州气象台、邻县气象台进行天气会商，重大天气过程积极开展“三个叫应”工作，及时向县委、县政府汇报天气情况，并向县应急、水务、国土、交通、民政等部门通报雨情、汛情。年内，全县累计出现强降雨天气过程10次。全年累计发布雷电预警31次，暴雨预警20次，大风预警11次，道路结冰预警8次，大雾预警3次，冰雹预警和寒潮预警各1次；制作发布决策服务材料148期，其中《重要气象信息专报》3期、《气象信息快报》27期、《气象信息报告》68期、《专题气象服务》50期。及时准确的气象服务为促进全县经济发展，防灾减灾发挥积极作用，得到相关部门和广大群众肯定。完善与县国土、水务部门合作工作机制，联合开展信息员培训工作；积极拓宽气象信息发布渠道，通过QQ群、微信群、微信公众号及农业气象等APP传播预报预警信息及报送灾害信息；参与州气象局、县政府工作部门及乡镇组织的应急演练，有效提高气象服务水平。

【信息化与观测设施建设】 按照州气象局现代化责任台账要求，逐项完成工作任务；每月按时上报现代化工作动态和工作信息；做好综合业务管理，确保综合气象观测业务稳定可靠运行，观测业务质量达标；在省、州气象局的支持下，2018

年2月完成4套地质灾害隐患点雨量站建设，10月完成5套雷公山生态梯度观测六要素自动站、雀鸟负氧离子站以及排里坳、雷公山顶生态实景监测点建设任务。

【人影工作】 2018年，强化安全责任，与各乡镇签订安全责任书，明确职责，未出现责任事故。年内，开展业务知识专题培训与作业演练3次；采购人雨弹300发，按照作业装备保养规程做好维护保养工作；全年累计申请作业12次，开展作业10次，用弹214发，申请批准作业率达83%；以"防灾减灾日""国际减灾日""安全生产月"和苗族吃新节等地方节日为契机，开展宣传活动12次，发放宣传资料1600余份。完成永乐炮站标准化建设主体工程。4月13日，根据天气预报分析，全县将有一次较大范围强对流天气过程，当日17时50分，根据雷达回波及时组织望丰炮站开展人影作业，此次作业用弹50发，作业后防区内未出现冰雹，防区外围有小颗粒冰雹发生，有效降低全县此次天气过程的冰雹灾害。

【技能认证与执法】 扎实推进县级综合业务规范化，按照《县级综合气象业务岗位技能认证工作方案》，组织参加岗位技能认证报名和考试，有2人获6证。落实气象改革要求，深化防雷减灾体制改革，年内以联合执法和随机抽查等方式开展气象行政执法工作14次，并按月报送"双随机"调度情况。

【信息管理】 按照事务公开相关要求，完善信息公开制度，对要求公开的内容，按规定及时进行公开。积极组织全体干部职工开展学法用法和通过"3·23"世界气象日、"5·12"防灾减灾日、安全生产宣传月宣传气象法律法规、防灾减灾知识等。积极开展气象宣传报道，年内在《中国气象报》刊登3篇，在《贵州气象在线》刊登23篇，县电视台到气象局采访报道1次。建立"雷山气象志愿者联盟"微信群，每天均在微信群中发布天气预报信息，不断拓宽气象信息传播渠道。

文化　传媒　旅游

文体广电

【概　况】 雷山县文体广电新闻出版局紧紧围绕县委、县政府的中心工作，创新方法方式，全力推进文化建设，为全县决战扶贫、决胜脱贫提供坚强的“软实力”，取得较好成效。组织开展文艺演出50余场；举办“非遗＋扶贫”培训3期；博物馆免费开放，接待观众98.66万人次，发放文物保护宣传资料5000余份；为农家书屋更新补充图书120个品种3.16万册；开展文化市场检查，集中销毁非法出版物0.75万册（张）；播出新闻1265条，制作播出各类专题片10部；组织县内体育赛事7个，组织县代表队参加州举办的体育赛事2个。

【文艺活动】 完成“雷山县2018年宣传十九大精神·助力脱贫攻坚”文艺宣传演出、文艺晚会等活动50余场。举办不同主题的歌舞巡游和集农耕文化、建筑文化、服饰文化、饮食文化、节日文化、歌舞文化、婚俗文化等系列活动。开展元旦、新春团拜会、春节期间系列文化活动。开展“学习宣传十九大精神·助力脱贫攻坚”主题摄影展和协助税务部门开展税务工作摄影展活动2次共计16天，观众达8000余人。举办县苗族芦笙舞、乐师培训和乡镇文化站负责人及文化志愿者服务业务培训。完成新编创作作品8个，分别为舞蹈《锦鸡舞》《踩鼓》《在这美丽的山水间》《姑妈宴》，三句半《精准扶贫给家乡带来的新变化》《夸夸十九大》，歌曲《春之歌》《春之韵》；同时协助贵旅集团组织完善编排剧组《蝴蝶妈妈》，5月1日开始向社会公演。完成杭州上城区·雷山县两地文化交流暨帮扶文艺演出。

【非遗传承】 在毛坪和格头两地分别举办“非遗＋扶贫”培训活动3期，培训内容为植物染色和刺绣，参加培训达98人次。指导建设麻料村银绣博物馆，并4月26日正式开馆对外营业，占地面积约200个平方米，银绣馆分上下两层，设有活态展示区、产品展示区和销售区三部分，其中的29个生产与体验平台是专为贫困户帮扶设立的，由当地村民以合作社的形式进行管理。组织县非遗传承基地老师和传承人30人，赴苏州工艺美术职业技术学院参加培训学习；参加2018粤港澳大湾区·泛珠三角（广东）非遗周暨佛山秋色巡游活动；到内蒙古参加守望相助56个民族非物质文化遗产展示活动；参加贵州省第十三届旅发大会；参加多彩贵州非遗集中展示活动；参加贵州省银绣染对话设计师活动；参加黔东南州苗侗医药非遗传承人群培训；组织格头村传承人到丹寨县考察鸟笼制作技艺、蜡染制作技艺2次，组织格头传承人到黎平堂安考察工作站的管理办法。完善格头非遗工作站的各项建设；编辑《我的格头我的家》一书。启动2018年知识产权登记工作，2017年雷山县作为试点，被州知识产权局登记项目15个，全县超额完成项目30个。完成黔东南州第四批州级非物质文化遗产项目代表性传承人、第一批州级非物质文化遗产项目传承人群申报工作；完成雷山县第三批县级非物质文化遗产项目代表性传承人和第一批县级非物质遗产项目传承人群申报工作；王增世、张桂英被文化和旅游部命名为第五批国家级非物质文化遗产项目代表性传承人。设立文化和旅游部非遗观察点办公室。2018年“文化与自然遗产日”，与县摄影家协会在木鼓广场联合举办非遗图片展。

【文物保护】 加强文物保护政策法规学习，将《中华人民共和国文物保护法》《博物馆条例》和国务院《关于进一步加强文物保护工作的指导意见》合订成册印发给所有文博干部人手1册。加强文物消防安全监管，积极开展全县文物消防安全检查工作，每月对各级文物保护单位开展安全检查1次以上，年内没有文物安全事故发生。利用“5·18”博物馆日、“文化和自然遗产日”开展文物保护法律法规宣传活动；郎德上寨博物馆、西江苗族博物馆、县城苗族银饰刺绣博物馆在开展活动中，现场向入馆观众发放宣传资料5项1000余份；截至10月28日，西江博物馆、郎德馆、县银饰馆累计接待社会公众986555人次，讲解914场次。完成郎德上寨古建筑群第二期修缮项目建设。实施郎德上寨古建筑群保护建设项目，10月底完成子项目防水挡墙70%，占总体工程量的40%。完成西江控拜苗族银饰生态博物馆修缮工程，策划专家工作站。完成郎德上寨古建筑群第三期修缮项目和文物消防百项申报工作，并向国家文物局申报资金。

【图书馆藏】 图书馆新增政治、科技、地方文献等图书3000余册，助推脱贫攻坚，为全县154个行政村农家书屋更新补充图书120个品种，共31570册。图书馆全体人员有针对性进行专业学习，参加省、州等组织的各项业务培训5次，人均教育培训30个学时以上。推进图书馆借阅数字化工作，更新借阅系统（Interlib），全面升级图书馆网站和微信公众号，为广大读者和市民提供电子资源阅读、活动预告、新闻资讯等服务，成为信息社会公众了解利用图书馆的窗口。分别到8个乡镇开展免费送书下乡10余次，流动图书车累计下乡镇服务10余辆次。开展“爱诗词·诵美文”朗诵比赛和“4·23”世界读书日读书、演讲比赛等活动，累计参与活动中小学学生3000余名。实施文化惠民工程，助力脱贫攻坚，为牛王寨移民安置区老年活动中心捐赠各类书籍1000余册、桌子6张、椅子20把，同时提供象棋、跳棋、将棋、扑克牌等娱乐设施。

【苗绣产业】 成功举办绣娘技艺提升及思维创新培训2期，绣娘参加培训207名，培训以实用技术为主题，促进绣娘之间刺绣工艺及技能技艺的交流，不断打造具有地方特色的苗绣旅游产品，进一步开拓营销市场。组织举办百名绣娘技艺提升及思维创新培训，完成杭州子卯文化创意有限公司、环球捕手中国田负责人二家公司扶贫项目签约仪式，通过培训和双方的合作交流，让绣娘重新树立对刺绣手艺的认识，帮助绣娘从掌握一技之长，不断转变为广大农村妇女提供更多创业增收机会，实现脱贫致富奔小康。

【文化市场监管】 召开2018年文化市场安全生产工作部署会，与文化市场经营户签订《2018年雷山县文化经营户安全稳定责任书》《守法经营责任书》《禁毒责任书》。完成全县文化市场、新闻出版年报统计，采集录入文化产业统计数据。坚持日常监管与专项行动相结合，严格管理网吧和歌舞娱乐场所，在两节两会、中高考期间及中秋国庆重要时期，对全县网吧及歌舞娱乐场所进行集中整治和监督管理，规范经营秩序，杜绝未成年人进入娱乐场所；完成元旦春节期间文化市场经营单位和旅游景区文化场所安全隐患排查整治，春夏文化市场火灾防控集中整治；对印刷打字复印企业、音像、书店、流动性摊位进行监管和排查，逐一排查印刷企业是否超出范围经营，是否印刷违禁产品，查处流动性书摊，打击淫秽色情和侵权盗版出版物、光碟。监控中小学校周边200米以内的书店报刊亭，彻底清缴有害青少年身心健康的各类不良出版物，有害卡通画册，非法小广告和物品。召开全县“扫黄打非”专项工作部署会议，开展“扫黄打非”清源、固边、净网、护苗、秋风专项联合整治行动，取缔游商地摊2家。集中销毁侵权盗版教辅教材和图书2000余册、教辅试卷及试卷答案2500多张、非法出版书籍2000余册、盗版光碟1000余张。截至2018年10月30日，累计参与执法1152人次，检查经营单位540家次，责令整改违规经营24家次，排查整改安全隐患9家次，编印综合执法简报25期，其中政府网采用2期。协同公安、消防、环保、工商等部门，打击各类违法违规经营行为，充分发挥“12318”文化市场举报热线的作用，高度重视人民群众反映的问题，积极查处危害文化市场公共安全和文化市场违法行为。

【广电宣传】 强化全县脱贫攻坚、移风易俗、清洁风暴、乡村振兴等宣传工作，开设《在习近平新时代中国特色社会主义思想指引下——新时代新气象新作为 聚焦脱贫攻坚》“脱贫攻坚·春风行动”“脱贫攻坚·夏秋攻势”“来一场振兴农村经济的深刻的产业革命”“抓党建促脱贫”“我的脱贫故事”等专栏20多个，深入宣传全县脱贫攻坚等县委、县政府重点工作部署、进展动态和亮点做法，及时反映各项工作的先进典型和举措成效，播出新闻1265条；专题部共制作播出各类专题片共10部，其中拍摄的雷公山雪景，在央视一套《大美中国品冬》中滚动播出；首次与中央电视台《中华民族》栏目合作，拍摄制作两集电视专题片《格头苗寨》。截至10月25日，县台播稿1265条，被州级以上电视台用稿284条，其中中央电视台《新闻联播》《新闻直播间》用稿16条，贵州卫视用稿34条，黔东南电视台《新闻联播》《大健康新闻》等用稿234条。新媒体《悠然雷山》坚持新闻与新媒体同时发声，使雷山新闻传播全面覆盖，不断做好雷山内外宣传工作，充分利用新媒体报道及时有效特点，加大转发转载等宣传力度，新媒体传输平台成为县电视台区域性、全域化的新型主流媒体宣传阵地，其中微信公众号《悠然雷山》不定期推出脱贫攻坚免费公益广告35条次，截至10月25日共推出文稿1632条次；9月，电视台申请开通雷山电视台官方抖音号“悠然雷山”，通过制作发布雷山民族文化、自然风光、奇闻趣事等短视频，广泛宣传雷山，点击量达143万人次。充分发挥广播村村响作用，助力脱贫攻坚工作，按照具体情况，合理安排播放时间，既有效保证村民在家里和田间地头都能全面及时准确地接受教育、了解政策、掌握信息，电视台每天在广播中安排播出雷山新闻和脱贫攻坚免费公益广告，防火安全知识，苗汉版扶贫相关知识等，播出广播时长共计693小时。在全州通联工作中，荣获2017年度全州广播电视新闻宣传通联工作新闻上片一等奖和贵州广播电视台发稿最佳上片奖。全面完成2018年省、州下达的农村电影放映任务1848场次，涉及行政村154个。

【体育赛事】 组织开展2018年雷山县“迎新春”篮球赛和足球赛、2018年度庆“五一”职工篮球赛。4月16日至5月6日，组织116人参加由州体育局、州教育局举办的2018年全州青少年锦标赛，重点参加田径、摔跤、跆拳道、拳击、自行车等比赛，累计获金牌10枚、银牌12枚、铜牌8枚。其中田径乙组运动员杨小龙获得本次锦标赛的男子乙组跳高冠军，1米83的成绩打破全州记录，达到国家二级运动员的水平。2018年度周末足球联赛于2018年4月正式开赛。组织开展全县象棋比赛，象棋爱好者参赛近1000名。全面完成乡镇2018年第一批农体工程1个和行政村体育场建设20个。组织雷山县代表队参加第二届黔东南州县际篮球赛活动。投入资金3万元，升级改造铜鼓广场灯光篮球场供电系统，实行定时开放，满足广大体育爱好者需求。更换县城区部分损坏体育路径工程器材8件，新增安装路径工作2套。民族体育场全天免费向社会开放，累计参加民族体育活动2万人次，继续实施移民搬迁体育场地建设项目2个。成功举办2018年“多彩贵州”山地自行车联赛暨黔东南州庆第六届“雷公山之巅·巴拉河之夏”山地自行车凯雷站比赛活动。

【贵州省“学习宣传十九大精神·助力脱贫攻坚”文艺巡演走进雷山】 1月9日，省文化厅“学习宣传十九大精神，助力脱贫攻坚”文艺巡演走进雷山县大塘镇，演出《咱来报道十九大》《新长征路上的共产党员》等12个节目。活动现场，省文化厅还向困难群众捐赠一批冬季御寒衣服，县图书馆向大塘镇文化站赠送书籍。

【雷山县文化“三下乡”文艺演出活动走进移民安置小区】 2月23日，雷山县2018年“宣传十九大精神·助力脱贫攻坚”文化“三下乡”文艺演出活动在牛王寨安置小区举行。县文化馆和“苗岭一枝花”文艺演出队30余名演职人员表演苗族歌曲《歌唱十九大》等10个节目。

【雷山县举行庆新春闹元宵“中顺建筑杯”篮球运动会】 2月23—28日，雷山县举行庆新春闹元宵“中顺建筑杯”篮球运动会，全县共17支代表队（男12支队、女5支队）220余名运动员参赛。经角逐，西江旅游公司代表队获得男子组冠军，郎德镇欧波农合作社代表队获得女子组冠军。

【雷山县举行首届电声暨民族乐器演唱（奏）大赛】 3月1日晚，2018年雷山县“迎新春”首届电声暨民族乐器演唱（奏）大赛在贵旅雷山会议中心举行。全州各县市的乐队精英共15个乐队或组合参赛。经角逐，雷山县的春冬蝶乐队获得第一名。

【雷山县引进苗家百鼎传奇项目成功签约】 4月19日，雷山县文体广电新闻出版局与湖南百鼎有限公司在县文体广电新闻出版局举行苗家百鼎传奇项目签约仪式。项目选址在西江镇营上村，总投资预算1500万元，主要建设“百鼎祈福塔传奇”“神龙九鼎传奇”“苗女鼎传奇”“苗女绝诗传奇”“古苗风情”“穿越苗王殿”6个室内景点。

【雷山县开展中小学“爱诗词·诵美文”朗诵比赛】 4月23日，以“4·23”世界读书日为主题的全县中小学“爱诗词·诵美文”朗诵比赛在木鼓广场举行，全县各中小学3000余名学生参加。比赛由雷山县文体广电新闻出版局、县教育和科技局主办，雷山县图书馆承办，分为小学组20个组500余名选手和中学组27个组800名选手进行。活动中，雷山县邮政分公司还现场向县第一中学捐赠价值5000元的150余册图书。

【雷山县初中男子代表队在全州青少年校园足球赛中夺冠】 5月28日，2018年黔东南州校园足球三级联赛暨黔东南青少年足球锦标赛在丹寨县举行闭幕式，雷山县代表队获初中男子组冠军、高中女子组第三名、初中女子组第六名好成绩。雷山县组织高中男子、女子，初中男子、女子及小学男子5支代表队参加本届校园足球联赛。

【雷山县暑假公益免费开放培训班开班】 8月1日，以“我学习·我快乐”为主题的暑假公益性免费培训班典礼在县文体广电新闻出版局举行。培训班开办声乐班（民歌、苗歌）、器乐班（芦笙、扬琴）、舞蹈班（民族舞）、书法班、美术班、苗文班8个班次，教学时间为15天，共有235名少年儿童报名参加培训。

民族文化交流

【概　况】 2018年，县民族文化交流发展中心组织开展公共文化品牌打造、传统工艺技能培训等产业发展基础性工作，充分利用雷山县非遗资源加强与外界开展文化交流和产业合作，因地制宜助力脱贫攻坚战，各项工作取得实效。

【民族文化产业】 以民族文化资源为基础，大力开展苗绣技能培训，探索“非遗＋扶贫”的产业发展路子，努力帮助本地妇女居家就业，实现增收。与县妇联等部门联合赴丹江镇、郎德镇、望丰乡、方祥乡、达地水族乡等地举办绣娘技艺提升及思维创新培训，重点对学员进行刺绣工艺及技能操作、刺绣图案设计、色彩搭配、艺术审美等方面进行培训，参训达500余人，后期与企业达成订单合作100余人。打造具有地方特色的苗绣旅游产品，开拓市场，摒弃“等、靠、要”思想，树立自强、自立的产业发展信心，培训工作整体取得一定实效。与杭州多家企业联系，引进杭州子卯文化创意有限公司和环球捕手中国田公司2家，并在郎德镇南猛村、方祥乡毛坪村签订扶贫项目，达成订单合作，解决农村妇女居家就业问题，不断实现增收。

【产品展销】 为促进民族文化的交流与宣传，提升全县苗族文化的知名度及影响力，组织和推荐传统手工企业、工匠艺人赴省内外参加各类展销会、博览会和推介会20余人次。支持鼓励雷山县锦鸡绣业公司和阿妮绣业公司到西江景区开设产品展销窗口。

【脱贫攻坚】 全年为乌达村争取到农民体育健身工程5.15万元，合约食堂建设经费3万元；累计支持乌达村会议桌椅、党建活动费、民族文化活动费2万余元。为单位派驻的驻村干部配备床架、被子、蚊帐、衣服、烤火器、炊具等生活物资价值2万余元。自筹资金1.5万元，为帮扶户赠送水泥、食用油、大米、衣服、毛毯、衣柜、碗柜、扫把、拖把、碗筷等生产生活物资。

党史方志

【概　况】 2018年，中共雷山县委党史研究室（县志办）认真学习习近平重要讲话精神，一手抓脱贫攻坚工作，一手抓业务工作，克难攻坚，狠抓落实，较好地完成各项目标任务。

【党史研究】 完成《中国共产党贵州省雷山县历史》《中国共产党贵州省雷山县历史大事记》2011—2015年资料补充征集工作。启动《第十二届中共雷山县委届史》编纂工作，完成初稿46.7万字。完成编写上报《黔东南执政纪要》雷山县资料稿1万多字。开展党史“六进”宣传工作，结合扶贫攻坚开展“感党恩”教育，开展形式多样的上党课、讲党史活动。

【方志编纂】 2018年4月，聘请史料基础较好的余国伟、文志林等6人与县志办4位在岗人员一道分组交叉对《雷山县志（1988—2015）》作最后一次全面校对，作好出版前的各项准备工作，并于2018年10月正式出版，全志计235万字，搜图片305幅。完成《雷山县志（1729—1987）》再版校对工作，基本定稿，计116.4万字，图片167幅，其中新补充反映该时限内雷山经济社会发展图片107幅。

【年鉴编纂】 完成《雷山年鉴（2017年）》《雷山年鉴（2018年）》编纂工作，形成初稿，两本《雷山年鉴》字数共140多万字。完成编写上报2017年《黔东南年鉴》《贵州年鉴》雷山县资料稿8页，共2万余字。

【脱贫攻坚】 2018年，除1人留守办公室和1人抽在县旧城改造指挥部工作外，其余5人驻村开展脱贫攻坚工作。负责郎德镇排夫村、乌流村，永乐镇乔歪村、高枧村，方祥乡雀鸟村、毛坪村共3个乡镇6个村的脱贫攻坚工作，共结对帮扶37户贫困户。重点抓好帮扶联系村郎德镇排夫村的脱贫攻坚工作中，年内完成危房改造3户、老旧房改造9户，组织开展村内环境整治。实施因户施策6户，实施食用菌项目4户。完成一户一档资料整理55户（其中贫困户10户）。建成村卫生室办公用房1幢；累计投入帮扶资金2.8万余元。

【王翔一行到雷山县督查调研地方志编纂工作】 3月22日，州地方志办主任王翔一行到雷山县督查调研地方志编纂工作，并组织召开调研座谈会。县人大常委会副主任向泽忠参加座谈。在座谈会上，县志办主任吴学农汇报《雷山县（1988—2015）》《西江千户苗寨志》编纂情况，雷公山国家级自然保护区管理局副局长岑应辉汇报《雷公山志》编纂启动情况。

档案工作

【概　况】 2018年，雷山县档案局（馆）认真贯彻落实全省全州档案工作会议精神，围绕县委、县政府中心工作，服务大局，依法履职，开拓创新，档案业务及各项工作取得新进展。雷山县综合档案馆项目正式开工建设，抢救和扫描馆藏民国档案5094卷，收集整理扶贫档案22982件（卷），完成土地确权登记类档案33559卷，做好传统村落档案、重点项目档案的整理工作，开展档案查阅利用服务，全年复印档案资料2160张。

【档案馆项目建设】 扎实推进雷山县综合档案馆项目建设，完成项目立项、选址、可研、初设、招投标等前期工作，并于2018年6月8日正式开工建设，至年末完成三楼顶面、四楼底面的钢筋及浇筑，完成工程总体的55%。支付工程款150万元，前期工作经费18万元。

【档案数字化】 档案数字化建设得到县委县政府的大力支持，年内落实到位资金20万元用于档案数字化建设。开展对馆藏民国档案的抢救和扫描工作，共抢救和扫描5094卷，卷内目录47233条，累计扫描326561页；完成山林证档案的整理、扫描和挂网工作，查询利用档案管理软件系统；扫描现行档案数字化，完成县人社局等7个单位档案数字化共1302卷、卷内目录22371条、图片286025幅。

【扶贫档案整理】 5月9日，县档案局印发《关于成立2018年脱贫攻坚“减贫摘帽”档案指导工作领导小组的通知》（雷档通〔2018〕3号），将县档案局（馆）全体干部职工分为6个指导小组，具体负责深入8个乡镇、18个行业作战部成员单位指导“减贫摘帽”档案的收集整理、归档管理工作。6月27日，县扶贫办、县档案局联合举办全县精准扶贫档案工作业务培训班1期，全县8个乡镇、18个行业作战部成员单位的精准扶贫档案工作者参加培训40人。全县收集整理精准扶贫档案综合类248件，精准识别类2179件，精准施策类311卷6845件，精准脱贫类1373件，照片档案2418张、一户一档12337卷。

【地权档案整理】 雷山县农村土地确权档案工作主要由河南省丰华工程技术有限公司（作业单位）负责收集、整理、归档。县档案局安排一名档案业务人员到县农村土地确权办公室工作，负责监督指导全县农村土地确权档案工作。全县土地确权档案综合类1344件；确权登记类33559卷，其中，一户一档33547卷；纠纷调处类37卷；照片526张，光盘2张；档案数字化扫描62400页。雷山县土地确权档案于2018年6月通过省级验收，验收结果评定为合格。

【传统村落档案整理】 根据州档案局有关文件要求，县档案局于2018年6月28日印发《关于做好2018年中国传统村落保护建档和档案室、生态档案馆建设工作的通知》（雷档通〔2018〕5号），将工作目标和工作任务明确到各乡镇和具体的传统村落，并要求各乡镇、各传统村落要明确一名档案管理人员负责传统村落档案的收集、整理和归档管理工作。7—9月，县档案局组织相关业务人员深入丹江镇、西江镇、大塘镇、望丰乡、方祥乡的9个传统村落开展档案业务指导9次，培训档案管理人员34人次。

【易地扶贫搬迁档案整理】 县易地扶贫搬迁档案工作由县移民局负责收集、整理、归档。县档案局明确一名副局长负责指导易地扶贫搬迁作战部“减贫摘帽”档案的收集、归档和管理工作。开展业务指导和培训4次35人次。易地扶贫搬迁档案还在收集和整理，其中，收集整理一户一档3500卷。

【重点项目档案整理】 2018年，对雷山县2017年扶贫生态移民搬迁、雷山县2015年永乐南路城市棚户区改造等重点建设项目16个，通过对项目实施单位开展重点建设项目档案业务指导，完成重点建设项目档案管理登记16个。但在建设项目档案的收集和管理过程中仍然存在多数工程档案材料没有专人收集保管、档案材料分散、项目档案收集整理工作不被重视等问题。

【抗战与重点档案整理】 继续完成2017年实施的抗日战争档案征集与抢救项目。至2018年6月底，完成抗日战争档案（馆藏1931—1945年期间的全部民国档案）抢救整理与数字化加工558卷，其中档案修裱6877页，编制卷内文件目录12580条，档案全文数字化扫描38094页（幅）。开展2018年国家重点档案目录基础体系建设工作。完成馆藏重点档案案卷级目录5094卷、文件级目录数据库建设47233条，按要求录入数据采集系统，并上报州档案局（馆）。自查2013—2017年重点档案抢救保护与开发项目实施情况，迎接州档案局督查，抓好督查存在问题的整改落实。

【档案安全】 建立健全严格执行档案管理各项规章制度。认真落实档案安全保管责任制，落实档案库房“八防”措施，确保档案实体安全。严格落实《贵州省关于进一步加强档案安全工作的实施方案》，并开展自查自评工作。年内，县档案馆没有发生重大失泄密及安全事故。

【档案服务】 依法做好档案查阅利用服务，简化利用手续，努力提供一站式服务，最大限度地满足利用者需求。全年累计接待各方面查阅人员146人次，查阅档案160卷389件，复印档案资料2160张。开展民生档案跨档查询工作，共接待查询人员2人次。

【档案宣传】 为进一步扩大档案工作社会影响，充分调动全县干部职工及社会各界群众参与档案建设的积极性。6月9日，雷山县档案局工作人员在县木鼓广场开展主题为“档案见证改革开放”的宣传活动，共发放宣传资料600份和《小红的兰台奇遇记》档案宣传漫画50本。

【脱贫攻坚】 县档案局帮扶大塘镇乔仿村。自2018年9月起，局长担任乔仿村脱贫攻坚工作第一指挥长，负责乔仿村的脱贫攻坚全面工作，组织带领驻村干部、网格员、村“两委”干部和帮扶干部开展脱贫攻坚各项工作。局（馆）在职12名干部职工结对帮扶大塘镇乔仿村贫困户34户、干角村贫困户23户、丹江镇教厂村贫困户6户、望丰乡乌江村贫困户5户。结对帮扶干部认真执行周五周六到村入户开展帮扶工作制度，认真开展入户走访，了解贫困户家庭具体情况，大力宣传国家扶贫惠民政策，帮助结对帮扶户解决生产生活中的困难和问题，督促和帮助结对帮扶户搞好家庭环境卫生整治，提高帮扶户的获得感和认可度。

广电网络雷山分公司

【概　况】 2018年，共实现权责发生制收入1681万元，完成全年计划任务的144.25%，较2017年增加850.01万元，同比增幅102.17%；实现现金流收入1350.04万元，完成年初计划任务的125.85%，较2017年增加360.21万元，同比增幅36.39%。

【网络建设】 全年完成户户用用户录入12247户，安装完成8018户，较2017年增加3779户，同比增幅189.14%，完成州任务数的161%；其中新网IP机顶盒用户3822户，“父母乐”等机顶盒4196户，完成达地水族乡综合服务站建设并于2018年6月底正式投入使用。完成易地扶贫搬迁羊排小区的工程建设；完成“生命防护工程”摄像卡口建设和开通；完成智慧西江工程建设。做好重大集客业务的基础建设，完成雪亮工程、新时代大讲堂、天网二期、西江环线天网工程等工程建设。完成高速公路凯里至雷山、西江干线的引接建设。完成郎德、望丰、西江、永乐风电场等干线的迁改建设，确保各乡镇传输信号的畅通；完成开觉村、开屯村等集中住户村的FTTH网络改造；完成2016年、2017年遗留工程和2018年新增工程的验收、转固和请款工作，没有拖欠农民工工资的现象发生。通过拉横幅标语、印制宣传用户手册、入户宣传、业务演示等方式，作好宣传，做到家喻户晓，助推工程的进展和入网率；完成对新建的牛王寨二期、红屯堡、雷山一号、羊排移民小区的新装入户，新增入网用户1763户，针对乡镇和集中行政村进行FTTH网络改造，新增农村用户1648户。

【播出安全保障】 在节假日、敏感期提前布置值班保卫、运行维护和线路巡检等工作。开展消防、安全大检查及安全播出应急演练，加强重点部位和关键路段的盯防，确保节假日以及敏感期等重要安全播出保障期的安全播出任务。安排相关人员及时排除各类安全隐患，强化各项安全防护措施，办公营业场所重点检查电路、防火、防盗，驾驶员重点检查车辆。加强机房的管理，经常开展安全播出隐患排查，及时整改，确保安全无事故。全面完成“春节”“国庆节”等节假日，“4・25”“5・13”等敏感期，“全国两会”“数博会”“酒博会”等重大会议安全播出保障工作，实现公司2018年安全播出、安全生产无事故。

七六四台电视转播

【概　况】 七六四台主要负责中央电视台一套、中央人民广播电台一套、贵州电视台一套和贵州人民广播电台一套节目的转播任务。发射信号覆盖黔、湘、桂三省区的64个县（市），覆盖面积约13万平方公里，覆盖人口2000多万人。

【节目播出】 广播电视节目全年总播出25934小时25分钟，停播时间为0秒。中央台广播电视节目全年播出12981小时25分钟，其中中央电视台一套（18CH），播出时间为6277小时50分钟，中央人民广播电台一套（99.8兆赫兹），播出时间为6703小时35分钟。贵州台广播电视节目全年播出12953小时25分钟，其中贵州电视台一套（11CH）播出时间为6249小时50分钟，贵州人民广播电台一套（101.6兆赫兹）播出时间为6703小时35分钟。

【技术保障】 认真落实机房管理制度，抓好周检、月检、年检工作，坚持周三汇报和重大事项报告制度，组织召开技术领导小组会议8次，研究分析薄弱环节，查缺补漏，认真制定发展规划并组织实施，适时启动安全播出应急预案，确保设备的安全稳定运行。完成无线数字化信号覆盖工程的开机试播。其中，数字广播节目于9月9日开机试播，数字电视节目于10月13日开机试播；购买10千瓦数字广播发射机1台，数字监控系统和CDR前端备份各1套；新立18米高防雷塔2座，在UPS电源前端设计安装防浪涌脉冲等；改造完成高、低压供配电系统，实现市电和自备电源的多重互投，提高一套应急处置能力。重要节目播出保障期或敏感日，领导一线靠前指挥。安排政治立场坚定、作风严谨、业务娴熟的技术骨干在关键岗位值班，蹲点驻守，巡视排查，确保万无一失。

【脱贫攻坚】 七六四台党支部多次组织干部到联系点开展帮扶调研，帮助困难群众理清发展思路，分别为留守儿童户捐赠生活物资和慰问金3000元；为雷山县望丰乡羊卡小学捐赠学习用品价值3500元；为丹江镇排卡村贫困户赠送棉被28床、床架3张和衣架500个，为地方脱贫出列做出应有的贡献。

旅游发展

【概　况】 2018年，全县接待游客1255.27万人次，比2017年增长30.04%；实现旅游综合收入106.68亿元，比2017年增长37.88%。

【旅游规划编制】 委托北京巅峰智业旅游文化创意股份有限公司秉持“全域旅游化、全县景区化”和“多规合一”理念，编制《雷山县全域旅游发展规划》，并通过州级评审后下发。委托贵州成达环保科技服务有限公司编制完成《雷山县全域旅游发展规划及三年行动计划环境影响报告书》，并通过县生态局审批。按照全域旅游示范区创建导则及标准，制定《雷山县创建国家全域旅游示范区实施意见》和分解创建目标任务，成立全域旅游化创建工作领导小组，集中整合全县资源，积极开展国家全域旅游示范区创建工作。

【旅游设施建设】 西江景区顺利通过贵州省2018年“1+5个100工程”验收。大塘集镇景区旅游基础和服务设施项目计划在2018年完成EPC招标挂网工作，并于年底前完工。雷山县大塘镇（极贫镇）短裙苗精品民宿及其配套设施和旅游驿站项目于11月底完成投资额4770万元，占项目总体形象进度33.8%。年内，累计建设旅游厕所7座，总投资约435万元，其中建成投入使用5座。雷山县西江镇开觉村旅游公厕项目年底完工。雷山县大塘镇九十九园区旅游厕所项目完成73%，由于该项目为大塘镇（极贫镇）子基金项目建设中的九十九旅游驿站建设项目的施工内容之一，为确保九十九旅游驿站建设项目整体有序推进，该旅游厕所建设进度放缓。

【旅游质量等级评定】 全面推行贵州省乡村旅游系列标准，开展乡村旅游村寨、经营户（农家乐）、客栈质量等级评定工作。2018年，推荐上报四星级乡村旅游客栈7家，四星级乡村旅游经营户（农家乐）3家，乙级旅游村寨3个。评定通过三星级乡村旅游客栈1家，三星级乡村旅游经营户（农家乐）4家，标准级旅游村寨4个。推荐上报精品级乡村旅游客栈1家，精品级乡村旅游经营户（农家乐）3家，四星级乡村旅游客栈1家。开展“导游员”“讲解员”评选活动，组织县内导游员、讲解员在西江景区举办“名导游”“名讲解”评选大赛。经过评比，评选出雷山县10名“名导游”和“名讲解员”，配合组织部编制“名导游”“名讲解”风采录。组织优秀导游员、讲解员参加黔东南州“十佳乡村旅游讲解员大赛”。抓好宣传咨询服务工作，在“5·19”中国旅游日等节假日，通过悬挂宣传标语，宣传咨询服务、游客满意度调查的方式不断提升旅游服务质量。

【旅游营销】 邀请主流媒体参加各地旅游推介会，加大对雷山品牌的宣传力度，先后到北京、上海、重庆、云南、成都、武汉、南昌、湖南、广西、深圳和中国澳门地区等开展旅游推介宣传工作，年内累计邀请媒体达300余家次，各级媒体共刊发雷山旅游稿件3000多篇（条）。重新编制雷山文化旅游宣传PPT，制定《雷山县2018年杭州文化旅游茶叶推介活动方案》，并于“5·19”中国旅游日在杭州举办雷山县2018年杭州文化旅游茶叶推介活动。根据省州制定的相关旅游优惠政策，广东、广西、福建、湖南、上海、浙江、江苏、湖北、重庆、四川10个省（市）居民到雷山县景区避暑享受门票五折优惠。

【旅游扶贫】 制定《雷山县2018年减贫摘帽旅游产业扶贫实施方案》，以创建国家全域旅游示范区为抓手，大力实施旅游扶贫“九项工程”，推动旅游与多产业融合发展，通过乡村旅游产业扶贫直接或间接带动贫困人口实现增收3.3万人。全县有国家AAAA级旅游景区2个，即西江千户苗寨景区和郎德苗寨景区，大塘新桥短裙苗寨AAA级旅游景区1个，乡村旅游点9个，覆盖全县建档立卡贫困户361户1294人。西江景区、郎德景区统一规划商铺、摊点，无偿提供给景区失地农民、家庭经济困难和就业困难的村民经营摊位450余个。同时，景区还为当地村民提供保安、导游、驾驶、环卫、消防、演员等服务岗位

1000多个，直接带动群众实现增收。全县旅游行业从业人员超过5000人，农村居民人均可支配收入年均增长12%以上。全县有建档立卡贫困户12419户，其中参与特惠贷项目10770户，贷款金额5.34亿元。截至11月29日，入股西江旅游公司用于发展乡村旅游产业的资金达4.17亿元，涉及贫困户8345户，确保贫困户每年稳定获取不低于入股分红的7%，户均分红3500元以上。截至11月12日，全县村集体经济入股西江旅游公司共计6035.62万元，覆盖全县8个乡镇、89个行政村，每年获得入股资金稳定分红的7%。年内，2017年度分红941万元，其中直接分发给贫困户占70%，其余30%用于壮大村集体经济。2018年上半年分红1064.61万元，覆盖农户1421户。

【旅游安全】 开展“元旦”“春节”“两会”“清明”“十一”等节假日和汛期旅游市场秩序、道路交通等专项检查，下发旅游行业安全生产检查整改通知书5份，整改完成率100%；查处一般隐患49处，整改完成率100%。通过上门走访、集中、节庆等方式开展安全生产宣传，累计发放旅游和法律法规资料600余份，在各旅游景区入口、高速入口等设立咨询点宣传消防安全知识、“行游贵州”小程序使用，并提供相应服务。与各旅游景区、旅行社、星级酒店签订《旅游企业诚信经营承诺书》《旅游行业安全生产目标责任书》，恪守安全生产、安全行车、诚信经营、保证质量，杜绝不合理涨价，确保消费安全。根据各旅游景区年初制定培训和演练计划，累计邀请县消防大队指导旅游景区开展安全生产学习培训和应急演练6次。

【A级景区创建】 自全面启动西江景区创建国家AAAAA级旅游景区工作。年内，按照AAAAA级旅游景区创建标准和评定细则，完成《西江千户苗寨创建国家AAAAA级旅游景区景观质量汇报》（PPT）、《西江千户苗寨创建国家AAAAA级旅游景区景观质量评价报告》（画册）、形象宣传片和PPT汇报等材料。

【智慧旅游打造】 按照打造黔东南智慧旅游全域化工作要求，将西江千户苗寨景区和郎德苗寨景区两个国家AAAA级旅游景区智慧云票务门禁系统、景区WiFi、应急安全监控系统等接入州智慧旅游一站式平台。加大投资建设西江千户苗寨大数据指挥中心项目，建成投入使用智慧景区购票管理平台、智慧旅游电子商务旅游公共服务平台、视频监控综合管理平台（大数据指挥中心）。加快推进智慧雷山工程建设项目，充分发挥雷山旅游资源禀赋优势，强化投融资优势，加速信息化创新步伐，加大覆盖交通、旅游、商务、天网、基础设施建设等方面力度。其中，在智慧西江基础上实施的智慧旅游还覆盖雷山县城、郎德、大塘3个景区和全县8个乡镇主要交通出入口，建设内容涵盖综合管理、门户网站群系统、电子票务系统、停车场系统、信息发布系统、智能广播系统、智慧流量管控系统、电子商务平台、微信服务号等。

【雷山县荣获“全国十佳文化旅游名县”称号】 1月27日，由中国林业与环境促进会、中国城市报社、国家发改委宏观经济管理编辑部共同主办的以“推进绿色发展·建设美丽中国”为主题的典范城镇与景区高峰论坛暨中华环保联合会生态城市工作委员会筹委会成立会在全国人大会议中心召开，雷山获得“全国十佳文化旅游名县”称号，西江景区中获得“中国文化生态景区”称号。

【雷山县旅游企业荣获贵州省2017年度“游客满意企业”称号】 2月11日，省旅游发展委员会、省文明办授予雷山县西江千户苗寨景区、西江千户苗寨风情旅行社、李光雄银饰店贵州省2017年度“游客满意企业”称号。

【雷山县举办“名导游名讲解”选拔赛】 3月5日，雷山县2018年“名导游、名讲解”选拔赛在西江景区举行，西江景区、郎德景区和西江苗族博物馆共有23名导游和讲解员参赛，郎德景区的陆盛妮获得选拔赛的第一名。

【西江千户苗寨荣获“2017年度网友最喜爱的贵州十大景区”称号】 3月29日，2017年度网友最喜爱的贵州旅游目的地颁奖典礼在贵阳举行，西江千户苗寨荣获“2017年度网友最喜爱的贵州十大景区”称号。活动由省委宣传部、省旅发委、省互联网信息办公室指导，贵州旅游协会、省互联网发展协会、多彩贵州网、微景天下网等共同主办。网友最喜爱的贵州旅游目的地评选活动自2017年9月1日正式启动，吸引4860余万人次网友通过投票平台对179家星级景区投票。

【西江千户苗寨荣获2018贵州旅业品牌评选“十佳创意营销景区”荣誉称号】 5月19日，2018贵州旅业品牌评选颁奖盛典在贵阳市白云区举行，西江千户苗寨获得“十佳创意营销景区”荣誉称号。

【雷山县端午小长假接待游客24.62万余人次旅游综合收入2.27亿元】 6月16—18日，“端午节”3天小长假期间，雷山县共接待游客24.62万人次旅游综合收入2.27亿元，其中西江景区接待游客14.29万人次，旅游综合收入13083.8万元。

【西江千户苗寨景区举行包粽子有奖擂台赛活动庆端午】 6月17日，西江千户苗寨景区举行“粽子粽子·你的快乐就是我们的宗旨”端午节包粽子有奖擂台赛主题活动，吸引100余名游客和当地村民报名参与包粽子擂台赛活动。

【“百家媒体”走进西江千户苗寨感受西江秋收田园农耕生活】 9月21日，西江千户苗寨首届“中国农民丰收节”开幕仪式在西江旅游景区隆重举行。此次活动由西江千户苗寨景区联合南方卫视邀请广东省和中国香港、澳门、台湾等地区的电视、报纸、广播电台等媒体记者和网络大咖、旅行商组成的采风体验团——“粤港澳台百家媒体西江千户苗寨行”70多人、游客1000余人以及西江苗族同胞2000余人参加开幕仪式。此次“粤港澳台百家媒体西江千户苗寨行”走进西江千户苗寨系列活动为期2天，“百家媒体”相继报道天下西江苗族同胞首届“中国农民丰收节”活动情况。

【融创中国品牌部总监到雷山考察文化旅游项目】 11月26—27日，融创中国品牌部总监、融创公益基金会秘书长崔晓雷一行到雷山县陶尧温泉、雷公山景区、郎德景区、大塘景区、掌坳传统村落等地考察文化旅游项目并座谈。

卫 生

卫生计生

【概 况】 2018年，积极开展健康扶贫。全年补偿农民参合资金7283.87万元。完成居民健康档案建档11.5万余人；扎实推进县级公立医院改革，各项医改指标得到有效控制；全年投入计生利益导向资金93.8万元，全县出生人口1538人，人口出生率为12.38%。

【医疗扶贫】 2018年，全县农业人口有145504人，其中参加新农合145368人，参合较2017年的142237人增加3131人，实际参合率99.91%。全县建档立卡农村贫困人口为48361人，2018年度除死亡或外嫁参加其他医疗保险254人外，农村建档立卡贫困人口应参合48107人，实际参合48107人，参合率达100%。2018年累计报销补偿参合农民156066人次，补偿资金7283.87万元，其中农村建档立卡贫困人口救助9780人，补助资金3018.25万元；大病保险补助941人，补助资金221.38万元；医疗救助4401人，补助资金298.13万元。2018年住院实补比未达90%救助3398人，补助资金261万元。2018年度建档立卡农村贫困人口除民政、计生、残联资助外，县政府按每人每年不低于30元标准资助35258人，资助资金105.77万元。全面启动“先诊疗、后付费”和“一站式”即时结报工作，在县域内定点医疗机构住院的参合农村贫困人口，持医保证（卡）、有效身份证件和扶贫部门出具的贫困证明或民政部门出具的低保特困等相关证明证件办理住院手续，医疗机构审核患者参合或救助身份并与其签订先诊疗后付费协议后，患者无需交纳住院押金，直接住院治疗。全县开展医疗健康扶贫业务培训10次，参加培训1000余人，发放健康扶贫宣传资料5万余份（贫困户户均1份），不断提高农村建档立卡贫困人口政策知晓率。全县常住人口签约服务覆盖率达65%，重点人群签约服务覆盖率达100%，农村建档立卡贫困人口家庭医生签约率达100%，全面完成省、州年度目标任务。

【卫生项目实施】 完成县妇幼保健院、西江镇卫生院、郎德镇卫生院主体工程建设，建成大塘镇卫生院并投入使用；完成维修改造新建村级卫生室92所；完成维修改造望丰乡、方祥乡卫生院老业务用房；启动永乐镇、达地水族乡、望丰乡卫生院扩建项目。

【村医招聘】 通过政府购买服务方式招聘村医，第一批招聘中专以上学历的村医84名，第二批村医招聘通过笔试阶段。完成新招聘村医岗前培训84名，进一步提升村医的责任意识和业务水平，村级医疗卫生服务水平得到有效提升，基本实现村村有村医并能服务群众的目标。

【公立医改】 持续推进县级公立医院综合改革，

有序推进医联体建设，县人民医院在与西江、永乐、郎德、大塘4个乡镇卫生院建成医联体的基础上，又与边远的达地、方祥医院签约成立医疗联合体，覆盖率达75%。在继续深化与州人民医院合作关系的基础上，与贵阳市第四人民医院建成医联体，同时与解放军第四十四医院，浙江建德市第一人民医院建立对口帮扶合作医院。2018年，县人民医院共有内科、外科、护理和影像等科室的医生15名，分别到8个乡镇卫生院指导业务。各项医改指标得到有效控制，2018年1—9月，县人民医院医疗收入5304.86万元，较2017年同期增加983.85万元，增长22.77%；药占比为22.98%，同比下降7.49%；检查化验占比23.84%，同比下降6.79%；百元医疗耗材为18.07元，卫生材料收入为518.82万元，占医疗总收入的比重为9.78%；医务性收入占比43.4%，同比提升13.04%。

【健康管理】 居民电子健康档案累计建档115082人，电子建档率97.78%；65岁及以上常住居民12147人，健康建档14300人，建档率117%；高血压患者累计建档5077人，管理率98%；糖尿病患者累计建档628人，管理率95.6%；严重精神障碍患者405人，规范管理率85.08%；肺结核患者271人，管理率100%，65岁以上老年人中医健康管理12147人，管理率67.3%；0～6岁儿童保健覆盖7896人，健康管理率80.44%；辖区内应建立预防接种证12878人，建立预防接种证12857人，建证率99.84%。

【妇幼保健】 2018年，住院分娩活产973人（剖宫产活产185人），住院分娩率达99.18%；非住院分娩新法接生活产8人；全县高危产妇106人，进行管理106人，高危住院分娩106人，高危管理率100%，高危住院分娩率100%。

【疾病预控】 2018年，全县无甲类传染病报告，报告乙丙类传染病13种，发病数为427例，死亡7例；发病率361.83/10万，死亡率5.93/10万。2018年，发生流行性腮腺炎疫情3起；无重症病例、无死亡病例，无突发性公共卫生事件。

【新建科室】 2018年，县人民医院新成立妇科、康复医学科、传染性疾病科、体检中心、新生儿救治中心、120调度中心。累计安排医护人员到省、州、建德市第一医院等三级医院进修学习25人次，涵盖普外（腹腔镜）、泌尿外科、急诊急救、影像、妇科、康复治疗等多个专业，进一步提升医疗服务质量和水平。

【卫生执法】 2018年，发案58件，结案58件，其中医疗机构立案12件、结案12件；公共场所立案46件，结案46件；罚款累计3.06万元。

【两孩政策】 执行全面两孩政策，全面完成省州下达的人口主体指标目标任务。2018年，全县出生人口1538人，人口出生率12.38‰。

【“两非”整治】 持续推进“两非”整治，促进出生人口性别比平衡，2018年开展集中整治“两非”专项行动5次。抓好计生利导政策衔接，持续搞好计生民生保障，全县累计投入利益导向资金98.3万元，受益计生“两户”2691人次。

【雷山县开展“全国儿童预防接种日”宣传活动】 4月24日，雷山县疾控中心、丹江镇中心卫生院利用县城赶集日开展以“预防接种·守护生命”为主题的“全国儿童预防接种日”宣传活动，发放宣传“全国儿童预防接种日”海报400张，发放《预防接种知识》及《致儿童家长的一封信》等宣传资料2500余份，接受群众咨询150余人次。

【雷山县卫计局发放一批村卫生室健康一体机】 6月9日，雷山县卫计局为8个乡镇95个村卫生室各发放1台健康一体机，并邀请专业技术人员对村医进行健康一体机操作应用技术培训。健康一体机是集心电图、心率、血糖、血压、血氧饱和度、尿常规、体温七项检测功能为一体，并整合二代身份证、居民健康卡、信息管理等软件系统，具备高集成、易操作、便携带、稳定精准等特点。

卫生监督

【概　况】 2018年，加强对医疗机构、公共场所、集中式供水、寄宿式学校、依法执业情况的执法检查，依法严厉打击各种危害人民群众身体健康和生命安全的违法行为，全力维护和保障人民群众健康权益。全年卫生违法案件共立案68件，结案68件，结案率达100%，其中医疗机构立案14件，结案14件；公共场所立案41件，结案41件；学校卫生立案13件，结案13件；罚款2.81万元。

【卫生许可】 在开展卫生许可审查时，坚持以国家相关行业卫生标准为依据，把好准入关，保证许可审批质量的前提下，进一步优化审批程序，减少审批环节，提高审批效率，做到严格审查、严格发证。2018年，共受理卫生许可申报173件，其中公共场所新申请106件，医疗机构执业注册申请3件，医疗机构校验64件，办结64件，办结率为100%。

【公共场所卫生监督】 对全县的公共场所经营单位逐一建档，建档率100%，同时做好档案的日常管理，及时更新，进行网络直报，规范资料的信息化管理。严格对全县285家公共场所经营单位（住宿业187家，美容美发场所82家，商场4户，公共浴室8户，歌舞厅4户）进行卫生监督检查，全年共出动卫生监督人员296人次，监督检查公共场所485户次。全面实行公共场所卫生监督量化分级管理等级评定工作，美容美发场所量化评定78户，评定率达95%；其他公共场所203户量化评定率达100%，监督覆盖率100%。

【饮水监督】 年内，建立市政集中供水单位卫生管理档案，累计监督4次以上；市政供水单位有效卫生许可证和供管水人员健康证、培训证的持证率均达100%。对8户集中式供水单位检查达16次，完成各乡镇供水单位生活饮用水现场快速检测任务。每月督促县自来水厂进行水质检测，市政供水日常监测12次，微生物检验合格率为100%，水质“四项目”检测报告符合生活饮用水一级要求，4月及8月完成水源水，末梢水34项指标水质全分析，11月底按照国家相关要求，完成87项水质指标全分析2次。雷山县生活饮用水检验微生物指标、感官性状和一般指标均合格。

【校卫监督】 对36所学校开展监督检查与执法工作。对县城学校年监督2次，乡镇学校年监督1次，学校建档率达100%。重点检查学校的传染病防控工作、生活饮用水管理、教学环境、教学设备设施、学生住宿环境卫生等状况，针对每个学校存在的问题，提出整改意见，要求学校限期整改到位，消除安全隐患，有效控制传染病的发生。

【餐饮监督】 加强对餐具消毒中心消毒监管，重点检查餐具消毒工艺流程、使用消毒产品合格证明文件、生产记录、餐饮具检验报告、包装及标签等内容是否符合有关规定，从业人员的卫生状况是否符合要求。在检查中对发现存在的问题，现场提出监督意见，限期整改。

【医疗监督】 全年开展检查2次，共检查医疗卫生机构146所、188户（次），包括县医院、疾病预防控制中心、乡镇卫生院、村卫生室、个体诊所、私人医院等。全年参与执法164人次，出动车68辆次。通过监督检查，各医疗机构对存在的问题及时整改，各项工作得到较好完善，依法执业管理取得效果。

【传染病防控】 全年开展检查2次，共检查公立医疗机构11户、民营医院5户、个体诊所25户、村卫生室等医疗机构146家。公立医疗机构肠道和发热门诊合署办公，个体诊所未设立肠道和发热门诊；公立医疗机构传染病疫情报告制度执行情况良好，全部采用国家统一的传染病报告卡并利用网络直报，不存在迟报、漏报情况；个体诊所门诊登记无传染病，传染病疫情报告制度健全。对医疗机构传染病防控工作存在的问题，检查小组当场下达执法文书，责令立即或限期整改。

【医疗废物监管】 制定《雷山县卫生监督局关于开展医疗废物管理监督检查实施方案》，专项培训乡镇卫生院、村卫生室人员2次，全年分2次检查医疗机构146家、个体诊所25家，所有医疗机构及诊所都建立有相关的医疗废物责任制及规章制度，医疗废物能分类存放、收集、运送、贮存，自行处置符合要求。县医院、民营医院、县妇计中心、乡镇卫生院统一使用专用医疗废物垃圾桶，全县有80%的村卫生室使用。县城医疗机构及乡镇卫生院的医疗废物均由凯里回收公司定期回收，既减少自行处置成本，又进一步规范处置医疗废物。

【打击非法行医】 处罚无证行医2户，罚款1300元；取缔个体游医1户，收缴牙科器械1套。通过执法检查，及时通报专项行动进展、案件查处情况，震慑不法分子。

【职业病防治】 利用赶集日在县城大十字开展职业病防治现场宣传活动1次，宣传职业病防治知识，接受农民工职业健康相关知识的咨询，发放职业病防治宣传材料和宣传画1000余份。加强对放射性射线装置与放射防护的监督管理，全县开展放射诊疗的医疗机构4家，发放“放射诊疗许可证”4家。全年参与卫生监督执法26人次、车6辆次，对放射工作人员培训情况、放射工作人员及患者防护用品配备情况等进行监督检查。对检查中发现的问题责令整改。

【卫监协管】 2018年，组织卫生监督协管员及信息员集中培训2次，并检查指导卫生监督协管工作站2次。年内，全县卫生协管服务共发放食品安全宣传资料21632份，开展食品安全宣传活动28次，农村集中式供水巡查1326次，学校供水巡查406次，农村集体聚餐巡查306次。

【专项整治】 年内参与卫生监督22人次、车9辆次，检查医疗机构36家。通过严格的监督检查，进一步规范全县医疗秩序，为全县计划生育优质服务工作提供优良的医疗环境。

【示范点创建】 在雷山县西江千户苗寨景区白水河水厂开展创建乡镇集中式供水示范单位活动。通过督促指导，完善设备设施，制定相关制度，建立健全卫生管理档案，开展供、管水人员卫生知识培训等，顺利完成乡镇集中式供水卫生示范单位的授牌、公示上墙工作。9月底，在西江千户苗寨景区观景台农家小旅店创建卫生示范点（户），授予小旅店“卫生示范户”5家。

【优秀案件评选】 全年共完成优秀案件评析12件，其中医疗机构3件，公共场所9件，案件评查按照《黔东南州卫生监督行政处罚案卷评查表》从案件受理立案、主要证据、审查审批等五个方面开展评查评选，上报州卫监局10件。

【“两项制度”推行】 2018年，在全县一级以上医疗机构推行医疗机构依法执业承诺书和医疗机构依法行医管理员制度（简称“两项制度”），成立工作领导小组，制定工作方案，5月初宣传动员，有序开展“两项制度”工作。通过每半月一报告、每月一巡查的方式，实时掌握医疗机构推行“两项制度”的进度，在监督检查中对工作不力、进度迟缓的单位进行限期整改或通报批评。

【抽查检查】 按照国家、省、州的统一部署，推行“双随机、一公开”，加强事中事后监管。建立执法人员和市场主体名录库，公布执法抽查事项清单，公开抽查结果。2018年共开展双随机抽查12次，抽查事项3项，随机抽取检查单位88家。

【执法记录】 建立健全执法全过程记录工作制度；完成视频监控室建设并投入使用，健全视频、音频记录档案；记录卫生计生监督执法全过程，实现执法全程留痕，真实、准确反映行政执法行为，确保规范文明执法。

【脱贫攻坚】 派驻1名领导干部到望丰乡望丰村担任第一指挥长，1名领导干部到望丰乡五星村担任第一书记，5名网格员派驻三角田村、望丰村、丰塘村开展脱贫攻坚工作，帮助群众出谋划策、千方百计落实各项帮扶措施，让群众增收脱贫。全年干部职工入户宣传政策275人次，帮扶物资价值2.15万元，帮助群众整治家庭环境卫生18次、82户；帮扶贫困学生33人，落实各种资助13.66万元。

疾病预防控制

【概　况】 2018年，县疾病预防控制中心全体职工认真按照州、县卫生工作会议要求，围绕疾病预防控制各项工作指标要点，认真抓好工作的落实，各项工作稳步推进并取得一定成效。全年全县无甲类传染病报告，报告乙丙类传染病13种，发病515例，死亡7例，发病率436.4/10万，死亡率5.93/10万，与2017年（发病率312.69/10万、死亡率0.85/10万）相比，发病率上升39.57%，死亡率上升600%。传染病病种发病例数分别为：肺结核201例，手足口病86例，肝炎75例（乙肝66例、甲肝3例，丙肝4例、戊肝2例），梅毒48例，流行性腮腺炎38例，其他感染性腹泻28例，淋病26例，艾滋病5例，流行性感冒2例，狂犬病2例，急性出血性结膜炎2例，疟疾1例，风疹1例。

【聚集性疫情】 全年全县发生聚集性疫情共13起，其中学校3起、托幼机构5起、家庭聚集5起；累计发病60例，其中托幼儿童40例、散居儿童11例、学生9例；病种分别为：手足口病疫情10起，流行性腮腺炎疫情3起；无重症病例、无死亡病例。疫情发生后，县疾控中心及时报告县卫计局和州疾控中心，并开展流行病学调查、采样、送检；与乡镇卫生院共同对发生疫情的学校和托幼机构进行消毒指导；及时向县卫计局和县教育科技局提交风险评估；对每起疫情的末例病例均进行最长潜伏期的病例监测，疫情结案12起，最长潜伏期监测手足口病疫情1起。

【突发公共卫生事件】 全县发生突发公共卫生事件3起，分别为：雷山县第一中学流行性腮腺炎疫情（一般事件），雷山县丹江镇楼梯坝输入性恶性疟疾病例疫情1例（未分级事件），雷山县望丰乡公统村小学水痘疫情1起（一般事件）。3起疫情累计发病45例，无重症病例、无死亡病例，疫情发生后，州、县疾控中心及时开展流行病学调查，并及时上报国家突发公共卫生事件管理信息系统，针对不同疫情采取相应控制措施，截至11月30日，疫情结案3起，结案率100%。

【食物中毒】 5月，大塘镇也宜村发生食用野生菌中毒事件1起，累计发病4人，其中住院治疗1人，病情平稳无恙3人；11月，丹江镇响楼社区发生食用野生菌中毒事件1起，累计发病18人，其中经过处理症状消失15人，儿患者转入儿科观察治愈出院3人。中毒事件发生后，县疾病预防控制中心及时开展流行病学调查、采样等相关处置工作。

【传染病防控】 全县累计报告狂犬病2例，肺结核201例，甲肝3例，疟疾1例，未发现伤寒副伤寒、乙脑、麻疹、新生儿破伤风病例；全县完成血片涂制340张，其中当地居民血片266张，流动人口血片74张。

【疫苗接种】 累计完成冷链运转工作11次。各疫苗基础免疫报告接种率分别为：卡介苗98.86%，乙肝疫苗99.12%，首针及时接种率98.78%；脊灰疫苗98.79%，百白破疫苗98.82%，含疹类疫苗98.38%，A群流脑疫苗98.7%，乙脑疫苗98.93%。各疫苗加强免疫报告接种率分别为：脊灰疫苗98.71%，百白破疫苗98.93%，白破疫苗98.8%，含疹类疫苗98.95%，A+C疫苗① 98.91%，A+C疫苗② 99.02%，乙脑疫苗98.93%，甲肝疫苗98.92%。预防接种门诊对预防接种异常反应每月进行“0”报告，共报告AEFI病例1例（一般反应）。

【疾病监测】 每月对全县医疗机构的15岁以下儿童AFP病例主动监测3次，共105122人次，10月报告APF病例1例。麻疹/风疹监测：未发现麻疹病例，发现风疹病例1例。腮腺炎监测：发现流行性腮腺炎110例，其中临床诊断病例38例，疑似病例72例。发生流行性腮腺炎疫情4起，其中突发公共卫生事件1起，聚集性疫情3起，累计发病数45例，均按要求规范处置。甲肝监测：发现甲肝3例，均按要求规范处置。两脑、流脑、百日咳监测：未发现乙脑、流脑、百日咳病例。

【结核病防控】 网络追踪结核病人到位46人，到位率为100%（46/46），共登记管理肺结核病人335例，其中涂阳85例（初涂阳81例，复治涂阳4例），涂阴207例，单纯结核性胸膜炎43例，调查涂阳病例密切接触者255人，严格按要求对病人进行治疗管理，管理率100%。继续加强学校结核病的监测和管理工作，对学校师生开展结核病筛查5441人次，查出肺结核7人、胸膜炎3人、肺部感染5人，累计在册管理学生患结核病32例，教师1例，其中外县就读学生12例，本县内就读学生20例（乌流小学1例，丹江三小1例，雷山民中15例，二中2例，一中1例）。督导县人民医院11次、乡镇卫生院4次，访视病人43例。

【艾滋病防控】 累计完成羁押人员检测62人，完成率60.78%（62/102）；娱乐场所人员检测60人，完成率93.75%（60/64）；病毒载量检测39人，完成率97.5%（39/40）；CD4检测47人，完成率71.21%（47/66）；开展20%常住人口HIV筛查25192人，完成率106.7%（25192/23602）。单阳配偶检测13人，完成率100%（13/13），均为阴性；对病人随访153人次，其中失访47人次。

【碘缺病防控】 在第25个“防治碘缺乏病日”，到校园和社区开展宣传工作，累计发放防治碘缺乏病知识宣传单1700余份，接受咨询学生和群众200余次。年内，累计完成5个乡镇学生、孕妇尿碘和食盐含碘量的检测310人，其中学生210人、孕妇100人。

【麻风病防控】 年内未发现新（复发）病人，按要求完成麻风病存活患者调查7人，麻风病人家属体检17人；在麻风病防治日中，累计发放宣传单2800余份，接受咨询200余人，对历年治愈存活的麻风病人进行慰问，累计发送慰问金2800元，食用油11桶，大米7袋，毛毯3床，防护鞋14双，护理包7套。累计上报和排查线索36例，完成任务的90%。

【健康教育】 完成健康教育工作简报的编写12期，发放宣传资料12538份。完成宣传栏定期制作8版，制作宣传横幅，设置咨询台，向群众讲解卫生知识。做好学生营养监测上报工作，完成2017—2018年度的全部信息上报工作，全县上报学校共12所，完成学校基本信息表上报12份、学校供餐信息表上报共48份、学生出勤表上报共100份。按规范要求对8个乡镇的基本公共卫生服务健康教育工作进行督导和指导，全县发放健康教育印刷资料共172843份，播放健康教育影音资料7309次，播放时间为14764小时，设置固定健康教育宣传栏126个，更换健康教育宣传栏940期，开展公众健康教育咨询活动77次，参询6650人次；举办健康知识讲座766次，参加听讲15843人次。每天播放健康素养促进公益广告4次，全年累计播放1200次。

【健康管理】 完成对8个乡镇严重精神障碍患者管理督导4次、线索的诊断复核1次，辖区内登记在册的确诊严重精神障碍患者有474人，在册率4.02‰（指标要求4‰），在管患者443人，管理率93.07%，按照规范要求进行管理的严重精神障碍患者有371人，规范管理率78.27%。开展居民健康档案等其他基本公共卫生服务项目督导4次，建立居民电子健康档案115082人，电子健康档案建档率97.78%，超过75%的指标要求；纳入管理的高血压患者有5188人，按照规范要求进行高血压患者健康管理5061人，规范管理率98%，达到60%以上的指标要求；纳入管理的2型糖尿病患者有664人，按照规范要求进行2型糖尿病患者健康管理519人，规范管理率78%，达到60%以上的指标要求；接受健康管理的65岁及以上老年人有7743人，老年人健康管理率63.7%，达到60%以上的指标要求。对8个乡镇进行肿瘤随访登记和死因监测督导工作1次，肿瘤随访登记报告164例，完成任务数（234例）的70%；死因监测登记报告460人，完成任务数（701例）的65.6%。

【监测检验】 完成从业人员体检4729人次，合格率99.95%；完成麻疹风疹血清样本检测5份；完成集中式供水（自来水公司）常规项目水质检测2次，样品检测4份；根据州卫计委《关于开展“水污染防治重点工作”生活饮用水水质监测工作的通知》，3—9月完成全县常规项目水质监测112份，合格18份，合格率16.07%；完成HIV抗体筛查912例，完成任务数99.67%（912/915）；完成央视“春晚”黔东南肇兴分会场禽流感外环境监测3批次、样品45份；到县医院督导结核实验室工作11次；完成食源性食品风险监测采样16份；完成尿碘检测300份，碘盐监测300份；完成尿碘盲样考核检测2份、碘盐盲样考核检测2份、艾滋盲样考核检测5份、梅毒盲样考核检测5份、麻疹盲样考核检测10份、风疹盲样考核检测10份；完成8个乡镇枯水期、丰水期水样的饮用水卫生采样、监测和网络录入工作38份（乡镇学校3份，乡镇村寨14份，城关2份）；2018年11月15日，实验室通过资质认定评审，实验室监测检测能力由原来的31项上升至45项。

【脱贫攻坚】 全年累计为帮扶村贫困户赠送慰问金6400元，帮扶物资10件，与帮扶村群众开展联谊活动1次，资助活动经费3000元；“七一”建党节慰问帮扶村困难老党员，慰问金1800元；重阳节到帮扶村开展系列敬老活动，资助活动经费3000元。

新型农村合作医疗

【概　况】 2018年，全县农业人口145504人，共有145368人参加新农合，参合较2017年142237人增加3131人，实际参合率99.9%。全县建档立卡农村贫困人口48361人。2018年度参合缴费时，除死亡、外嫁或参加其他医疗保险254人外，农村建档立卡贫困人口应参合48107人，实际参合48107人，参合率达100%。

【医扶政策宣传】 在开展2018年度筹资工作中，县人民政府高度重视，责成县卫计局、县民政局、县扶贫办、县残联于2017年10月联合印发《关于做好2018年新型农村合作医疗筹资工作的通知》，明确各部门、单位工作职责。各乡镇和相关工作部门及时部署，层层落实责任，认真开展筹资工作。县财政局和乡镇财政所完成“新农合定额收费票据”的领取和发放工作；县卫计局为符合计生救助政策的1035人代缴参合资金12.42万元；县民政局为符合民政救助政策的33098人代缴参合资金107.45万元；县残联为符合残联救助政策的573人代缴参合资金1.72万元。县农合中心印制《雷山县新型农村合作医疗宣传手册》《致参合农民朋友的一封信》等宣传资料，由乡镇农合办在筹资期间发放到参合农民手中。全县开展医疗健康扶贫业务培训10次参训1000余人，发放健康扶贫宣传资料5万余份（贫困人口家庭户均1份）。因宣传到位，2018年全县参合率达 99.9%。

【基金筹集】 2018 年，全县共应筹集新农合基金 10229.75 万元（按每人每年 610 元标准计算），其中 2018 年当年应筹集 8822.13 万元，结转 2017 年结余基金 1407.62 万元。2018 年各级财政补助到账基金 5934.56 万元，占当年应筹集资金 8822.13 万元的 67.27%，其中中央财政补助资金按每人每年 356 元配套应到账 5148.65 万元，实际到账 4777 万元；省级财政补助资金按每人每年 113.9 元配套应到账 1647.28 万元，实际到账 1020 万元；州级财政按每人每年 8.04 元配套应到账 116.28 万元，实际到账 116.28 万元；县级财政按每人每年 12.06 元配套应为 175.31 万元，实际到账 175.31 万元；个人缴费资金按每人每年 120 元标准缴纳应为 174.44 万元，实际到账 174.44 万元。

【便民举措】 全县启动“先诊疗、后付费”和“一站式”即时结报工作。在县域内定点医疗机构住院的参合农村贫困人口，持医保证（卡）、有效身份证件和扶贫部门出具的贫困证明或民政部门出具的低保特困等相关证明证件办理住院手续，医疗机构审核患者参合或救助身份并与其签订先诊疗后付费协议后，患者无需交纳住院押金，直接住院治疗。

【医疗补偿】 2018 年，享受新农合报销补助 228919 人次，发生医药总费用 14682.9 万元，新农合补助补偿 10194.33 万元。建档立卡农村贫困人口住院 19395 人次，发生医药总费用为 2485.95 万元，补助 2134.51 万元；其中有 14914 人次经新农合补助、大病保险补助、医疗补助后住院实补比达 90%，另有 4481 人经县级财政补助资金 325.04 万元后住院实补比达 90%。

【大病救治】 2017 年国家健康动态管理系统认定农村建档立卡贫困人口罹患 7 类 13 种大病 3 例。2018 年 7 月 11 日州卫计委下发新增建档立卡贫困人口 28 例，共计 31 例。按所属乡镇将大病集中救治人员名单下发至各乡镇卫生院按照工作要求进行规范管理；2018 年慢性病签约服务人员认定 102 人，各乡镇在国家健康动态管理系统中，完善慢性病签约服务人员信息核定 102 人。2018 年国家健康动态管理系统认定农村建档立卡贫困人口罹患州级认定的 24 种重大疾病 19 人，系统维护 19 人，重病兜底保障一批完成率 100%。

【基金管理】 按照《贵州省新农合基金财务管理办法》《会计管理办法》规定，全县新农合基金在县财政局设立收支专户，实行收支两条线，坚持“以收定支，收支平衡，略有节余，保障适度”和“公开、公平、公正”“封闭运行”的原则，管理新农合基金，专款专用。基金的使用和费用的补偿，实行医疗机构初审、乡（镇）合医办复审、县农合中心终审“三级审核”制度，落实县、乡、村三级每月公示制度和费用报前公示制度，逐层管理，层层把关，畅通信访受理渠道，确保基金安全有效运行。

【定点机构监督管理】 进一步完善《定点医疗机构医疗服务协议书》，制定《定点医疗机构管理规定》。县农合中心与县卫生和计划生育局签订《新农合管理单位工作责任承诺书》，与新农合经办人员分别签订《廉洁自律责任书》，与各新农合定点医疗机构法人代表签订相关《管理承诺书》，从医疗文书、检查、治疗、用药及医疗服务价格等方面规范定点医疗机构费用申报材料和医疗服务行为，完善定点医疗机构医药费用审核报销程序，进一步规范各定点医疗机构新农合工作。

雷山县人民医院

【概　况】 2018 年，县人民医院以全面提高医疗质量为主题，严抓医疗规范化管理和医疗核心制度落实，把医院中心工作与脱贫攻坚、公立医院改革、医疗质量管理督查、平安医院创建、改善医疗服务等系列活动有机结合起来，全院各项工作有序推进。全年出院病人16503人次，较2017年增加1563人次；门诊124848人次，较2017年增加39363人次；手术2172台次，较2017年增加333台次；转诊上级医院486人次，较2017年下降68人次；病床使用率99.83%，治愈率99.91%，死亡率0.09%，平均住院日7.93天。

【检查化验】 2018年，B超检查29778人次；CT检查22991人次，阳性率为83.4%；DR检查26842人次，阳性率为51.5%；心电图检查17592人次；化验检查25583人次；体检1344人次。2018年，共上报传染病984例，肺结核病人353人次。办理出生医学证明1442张。

【医改指标】 搞好公立医院改革各项主体指标的落实，药占比为22.92%，同比下降5.98%；检查化验占比34.61%，百元医疗耗材为17.27元，卫生材料收入为665.72万元，占医疗总收入的比重为9.56%；医务性收入占比32.9%，同比提升6.21%，临床路径完成病例数为12643例，占出院病例76.15%。

【医疗赔偿】 2018年，发生医疗纠纷2起，产生赔偿共5.08万元，较2017年减少1起，赔偿减少0.5万元。

【内部管理】 抓管理队伍及全院职工的培训与培养，邀请北京同合至诚管理公司专家到院开展医院学科发展规划、医院文化建设等专题培训，提高全院干部职工的综合素质。科室每月对医疗质量进行自查，科室间交叉检查，医务科抽查，医疗质量管理委员会每季度督查，对发现的问题和缺陷现场点评，并限时整改，提高检查效果。通过网上采购、院内招标等多种形式节约总务采购成本，并规范一次性耗材使用与管理，探索精细化管理，节约成本。

【人才培养】 2018年，共招聘临床医生27人，护士55人，技师3人，其他3人。全年共选派业务骨干到浙江医科大学第一附属医院等上级医院进修学习18人次，涵盖医院管理、神经内科、产科、泌尿外科、腹腔镜、感染科等多个学科，为医院发展管理及新增科室的开科储备人才。选派业务能力强的护理骨干外出参加专科护士等进修学习8人。发挥建德市第一人民医院、解放军925医院专家团队传帮带作用，除安排专家门诊外，还安排查房带教、病例讨论、业务讲座、手术示教等。与永乐镇卫生院试点建立医共体，选派专家长驻永乐镇卫生院指导业务开展，接受该医院医护人员到县医院进修学习，助推该卫生院发展。

【设备采购】 2018年，自筹资金采购引进中高端四维彩超机2台、全胸震荡排痰机1台、负压吸引器2台、等离子空气消毒机5台、吊塔5台、眼科A/B超1台、眼底照相机1台、纤维鼻咽喉镜1台、裂隙灯图像采集与分析系统1台、康复设备43台等先进医疗设备，医院诊疗能力和诊断水平得到提升，解决医院业务发展的“瓶颈”问题，满足群众需求。

【信息化建设】 进一步改造维护升级医院网络及监控，确保医院信息化系统安全可靠高效运行。采购医学影像系统，升级电子病历系统，按政府采购法有关规定招标手术麻醉管理系统、医院感染管理系统、合理用药系统、临床药学系统，为电子病历应用达到三级水平做足准备。利用微信公众号、排队叫号系统、多媒体发布系统等及时更新县医院简介、专家门诊、住院流程等各类信息，使群众第一时间知晓医院情况，有序到院就医减少排队交费时间，提高群众对疾病的预防和治疗认识。

【健康扶贫】 从医院党员干部中选派4名干部驻达地水族乡小乌村开展脱贫攻坚工作。2018年医院帮扶小乌村资金6万元。年内开展医疗健康扶贫培训3期560余人次，组织健康扶贫医疗组到全县8个乡镇16个村寨开展医疗卫生健康扶贫大型巡诊、义诊和慢性病治疗指导活动125人次，接受健康咨询和义诊服务患者800余人次，高血压、糖尿病等慢性病患者健康指导120人次，发放宣传资料400余份，免费发放药品价值1200余元。

【雷山县人民医院与永乐镇卫生院签订医共体协议】 12月27日，雷山县人民医院医共体永乐镇卫生院签订、揭牌仪式在永乐镇卫生院举行。此后雷山县人民医院选派资深专家常年在永乐镇卫生院坐诊，并对永乐镇卫生院综合建设提供人才、技术支持。

社会生活

民　政

【概　况】 2018年，全县民政工作贯彻落实“民政为民、民政爱民”宗旨，抓好城乡低保等各项保障工作，较好地完成各项工作目标任务。全年发放城乡低保资金5414.49万元、特困供养资金515.57万元、医疗救助金457.26万元、临时救助资金376万元、救灾资金330万元、各类优抚资金751.31万元、孤儿生活保障金126.37万元、高龄津贴142.89万元，办理结（离）婚登记1877对。

【城乡低保】 积极开展城乡低保提标核查工作，按时完成城乡低保提标核查工作任务。2018年提标后，农村低保年保障标准由3528元/人提高到3876元/人，增幅9.86%；城市低保月保障标准由532元提高到570元，增幅7.14%。截至年末，农村低保对象7054户22688人，城市低保对象804户1577人。全年发放城乡低保资金5414.49万元。

【特困供养】 认真贯彻《黔东南特困人员救助供养实施办法（试行）》（黔东南州府发〔2017〕21号）文件精神，特困供养人员供养标准按城低保保障标准的1.5倍发放特困人员救助供养金，全县特困供养人员的供养救助金为855元/月/人，至年末，全县纳入特困供养对象有535人（集中供养对象88人，分散供养对象447人）。全年发放特困供养资金515.57万元。

【医疗救助】 全面贯彻落实《黔东南州医疗救助办法（试行）》精神，广泛宣传医疗救助政策，确保民政兜底保障对象个人自付合规费用医疗救助比例达70%以上。资助农村五保、孤儿、城乡低保、20世纪60年代精简退职老职工、优抚对象参合参保资金达107.45万元，惠及32554人。提高医疗救助保障水平，有效遏制因病致贫，进一步完善医疗救助制度，加大重特大疾病的救助力度。至年末，发放“一站式”医疗救助资金457.26万元，惠及7372人次。开展“两保一孤”投保工作，对全县农村低保长期保障户、农村低保重点保障户、农村特困供养人员、孤儿购买人寿保险5280人，保险费共计52.8万元，进一步保障“两保一孤”困难群体健康，彻底解决看病难的问题。对精神病人看病进行兜底，除对肇事肇祸、困难精神病患者家庭实施医疗救助外，自付部分由民政兜底，救助资金39.53万元，惠及精神病患者家庭307户。

【临时救助】 建立临时救助备用金机制，为保证临时救助工作及时性，县民政局年初下拨临时救助资金146万元，给各乡镇开展救助金额在1000元以下的临时救助工作提供资金，及时解决困难群众基本生活问题。全年召集联席会议10次，全县解决急难救助10例，发放救助资金35万元。加大临时救助力度，按照政策对符合临时救助的困难群众最大限度给予临时救助，为推动脱贫攻坚工作，2018年，县民政局安排临时救助资金达

1000万元。全年，发放临时救助资金达376万元，惠及440户3184人（贫困户228户814人，救助资金103万元）；下拨流浪乞讨资金25万元，累计救助流浪人员42人次；发放20世纪60年代精简退职老职工定期定量补助资金28万元，惠及132人；发放社会救助对象一次性临时价格补贴资金达93.29万元，惠及34888人；发放城乡低保户和五保户2017年应返还电费电量补助资金64.6万元；发放易地扶贫搬迁困难群众一次性临时补助资金1830万元；发放农低保户季节性和特困供养对象救助粮244.25吨，惠及2086户6938人。发放救灾资金330万元，冬春救助棉被1865床。

【农房保险】 2018年，制定《雷山县农村房屋灾害保险工作实施方案》，召开工作部署会，有序推进各项工作；投入36.22万元，资助困难群众缴纳农房灾害保险，政策性农房灾害保险参保30931户，省级统保和县级统保保费均为4.2元/户，总保额1万元；农户参与缴纳部分保额2万元，保费16.8元/户（县政府补助4.8元，群众自缴12元），全县共21331户。五保、孤儿、重点优抚对象户缴纳保费由县民政局代缴。2018年保险公司受理理赔受灾43户，理赔金额34.51万元。

【优抚安置】 发放重点优抚对象定期定量抚恤补助资金和相关各类退伍军人优待政策补助资金共493.81万元，惠及831人；发放企业复员军人2018年生活医疗困难补助金9人共5.23万元；临时救助困难优抚对象9人次，发放困难补助金2.1万元；全县共有重点优抚对象810人，“春节”和“八一”期间累计发放慰问金27.41万元。开展优抚对象医疗救助“一站式”结算服务，补助优抚对象参加农村合作医疗，解决他们“看病难、看病贵”的问题。2018年，累计为重点优抚对象缴纳参合、医保资金267人3.2万元；发放优抚医疗费5.96万元，惠及59人次。补助2018年度残疾军人护理费1人2.71万元。为深入开展拥军共建活动，激励现役军人安心服役、建功立业，发放2017年度自主就业退役士兵（包括高学历青年退役士兵）一次性生活补助资金共39人156.61万元；发放2017年度义务兵家属优待金87户43.5万元；发放2017年度新兵入伍父母家庭奖励金和高学历青年一次性奖励金共25人12.9万元。抓好退伍军人安置工作，完成专业士官安置6人。为拓宽退役士兵就业路子，贯彻落实好上级的文件精神，组织2017年度退役士兵参加免费驾驶技能培训12人。

【社会事务】 开展孤儿排查工作，对符合条件的儿童及时纳入孤儿保障范围，及时发放孤儿基本生活保障金；至年末，全县有孤儿114人，其中集中供养19人，每人每月基本生活保障金1300元；分散供养95人，每人每月基本生活保障金800元；全年发放孤儿生活保障金126.37万元。婚姻登记工作不断规范，坚持依法登记，规范管理，健全完善登记程序；至年末，办理婚姻登记1877对，其中办理结婚登记1328对，办理离婚登记287对，办理补领离婚证8人，补办结婚登记254对，婚姻登记合格率达100%。坚持按照《中华人民共和国收养法》《中国公民收养子女办法》等法律的有关规定，积极参与县计生局、公安局、司法局等部门搞好有关法律法规宣传，认真办理收养登记工作。加强对乡镇集镇社区建设的指导，下拨城乡社区建设补助资金67万元，进一步改善社区办公设备设施，提升服务社区居民水平。稳步推进区划地名工作，第二次全国地名普查工作通过省级验收。

【老龄工作】 认真抓好“敬老月”各项活动，组织慰问困难老人、高龄老人、困难老党员等，全年累计发放慰问资金5600元；严格按照《雷山县80周岁以上老年人高龄津贴制度实施方案》发放高龄津贴。高龄津贴标准为80～89周岁每人每月60元，90～99周岁每人每月100元，100周岁以上每人每月200元。全年发放高龄津贴142.89万元。

【养护楼（院）建设】 雷山县养老服务中心老年养护楼建设项目，建筑面积9300平方米，总投资1400万元（中央资金950万元、地方配套450万元），项目主体工程和附属工程年末竣工验收；大塘镇敬老院建设项目，建筑面积2000平方米，总投资300万元（中央资金211万元，地方配套89万元），项目主体工程竣工；雷山县儿童福利项目，建设面积4200平方米，总投资650万元（中央资金500万元，地方配套150万元），项目主体工程和附属工程竣工验收。

【县殡仪馆建设】 雷山县殡仪馆项目，占地30亩，总建筑面积6336.91平方米，总投资1800万元（中央资金640万元、地方匹配1160万元），项目选址在丹江镇南门坝县自来水公司背后乌相冲内，主要建筑物由综合楼、悼念厅、遗体处理间及骨灰堂、餐厅、公厕等几部分组成，完成立项、项目选址、规划用地山头绿地性质调整、可研、规划设计方案、场平、一期工程招标等工作，并于2018年2月完成场平，第一期主体工程开始动工。5月初，按照县领导提出的“科学、规范、实用”要求，组织设计方、施工方到遵义地区参观学习，在总结外地先进经验的基础上，结合县情优化设计图纸，涉及悼念厅4个及其基础设计变更（增加项目建筑面积）。1号悼念厅完成封顶，2—4号悼念厅和餐厅二楼主体在建中。

【物资储备库建设】 雷山县救助物资储备库项目占地面积2亩，建筑面积800平方米，总投资232万元（中央资金163万元，县级配套资金69万元），项目选址位于雷山县丹江镇南门坝县自来水公司背后乌相冲内。项目完成立项、用地红线划定、宗地测绘、可研报告、设计方案、项目预算等前期工作。完成项目基础建设，正开展一楼主体工程建设。

【脱贫攻坚】 年内，组织干部职工深入帮扶村开展因户施策、动员帮扶对象参加“特惠贷”等工作，全局帮扶对象实施因户施策达95%以上，验收合格率达100%。在春节、“七一”建军节等重要节日，领导带领干部职工深入帮扶村开展慰问活动，了解困难群众的生活状况和生活需求，下拨西江镇猫鼻岭村农村社区建设补助资金2.5万元，下拨北建村农村社区建设补助资金5万元，下拨西江镇龙塘村社区补助资金2万元，发放帮扶村城乡低保资金、优抚抚恤、孤儿和困难群众临时救助资金达80多万元。

人力资源和社会保障

【概　况】 2018年，县人力资源和社会保障系统坚持以脱贫攻坚为统揽、以保障和改善民生为主线、以“就业扶贫”“社保扶贫”为抓手，积极工作，各项人力资源和社会保障工作得到扎实有效开展，顺利完成年初制定的各项目标任务。

【就业培训】 全力推进城镇新增就业，累计实现城镇新增就业2103人，完成全年州任务数1725人的121.91%，县任务2200人的95.59%，同比增长28.7%；稳步推进就业困难人员实现再就业工作，实现失业人员再就业253人，就业困难人员就业183人；农村富余劳动力转移就业新增3918人，完成全年任务数4075人的96.15%；城镇登记失业率为3.06%。大力开展贫困劳动力全员培训，主要开展电工、厨师、建筑工、种植等培训项目，累计开班122期，培训6888人，完成州下达任务数2662人的258.75%。

【小额贷款担保】 2018年，发放小额担保贷款共85笔612万元，其中2018年继续享受无息贷款共61笔419万元；创业小额担保贷款发放共24笔193万元，带动就业114人，其中妇女创业共9笔73万元，高校毕业生共4笔32万元，建档立卡贫困户共8笔64万元，返乡创业共3笔24万元。

【劳务派遣】 为建立劳务派遣长效服务机制，有效开展全县劳务派遣工作，于4月27日建立雷山县驻义乌劳务联络工作站。通过动员组织，2018年输出杭州务工劳动力27人，其中建档立卡贫困劳动力12人。雷山县诚信劳务派遣有限公司共招聘400多人。在全县的公益性岗位人员中，在岗超过3年且距退休超5年的有258人，对这部分人以政府购买公共服务的方式转入雷山县诚信劳务派遣有限公司统一管理。

【贫困人口就业】 2018年，全县建档立卡贫困户12337户48341人，劳动力男16～60周岁、女16～55周岁（含在校生）人员共27136人，无劳动力1459人；实现就业创业扶贫13190人，其中县内就业4393人，县外省内就业1770人，省外就业7027人。开展“就业援助月”“春风行动”以及与对口帮扶城市杭州市上城区联合开展“建档立卡贫困户、易地扶贫搬迁劳动力”现场招聘会等活动，共发放宣传资料20000余份，提供就业岗位7000多个，达成初步用工意向登记400余人，现场咨询服务达1000多人次。全县2016—2017年度易地扶贫搬迁户共2997户12243人，劳动力8365人，实现就业创业3830人，占易地扶贫搬迁劳动力的45.79%，基本实现“一户一就业”目标；2018年完成易地扶贫搬迁贫困劳动力培训83期4155人。根据省、州工作安排，通过黔东南州统一认定的第三方采集机构，基本完成全县劳动力就业信息采集工作。

【公益岗位管理】 强化公益性岗位管理，全县公益性岗位在岗共83人。公益性岗位未整改前，就业专项资金发放345人，交纳社会保险220.29万元，发放工资78.54万元。整改后，就业专项资金发放83人，交纳社会保险37.79万元，发放工资31.45万元。

【社会保险】 社会保险制度运行平稳，参保脱贫，参保防贫的政策效应持续释放。城镇职工、机关事业单位基本养老保险参保为7998人，其中企业职工基本养老保险参保3814人，机关事业单位养老保险参保4184人；征缴收入共9282万元；发放离退休人员基本养老金1969万元；机关事业单位基本养老保险征缴收入5389万元；共发放统筹内养老金5820万元，职业年金20万元。办理企业职工养老保险退休53人，办理职工过世后领取丧葬补助和一次性抚恤费25人次，办理享受遗属生活困难补助费6人，办理退休职工70周岁、80周岁增加基本养老金20人。办理养老保险转移73人，其中省外转入52人、省内转入21人。城乡居民社会养老保险参保72469人，完成州人力资源和社会保障局下达年任务数72103人的100.5%。个人参保缴费262.29万元；累计支出1307.4万元，其中基础养老金发放1220.59万元，个人账户养老金发放28.75万元，退保金发放12.64万元，安葬费发放24.7万元，失地农民增发养老金20.72万元。全县认定为雷山县被征地农民424户1747人，其中领取待遇的有276人，累计增发基础养老金108.71万元；享受缴费补贴698人，累计补贴61.26万元。职工基本医疗保险参保8437人，征缴收入3437万元，完成州人力资源和社会保障局下达年任务数3092万元的111.16%。基本医疗保险支出1005万元。生育保险参保6381人，征缴收入197万元。生育保险费用支出170万元，其中生育医疗费80万元，生育津贴90万元。失业保险参保2398人，征缴收入132万元，累计发放失业保险金22万元。工伤保险参保7350人，征缴收入260万元，工伤保险支出33万元。年内，对参保单位进行书面基金稽核达100%。

【干部管理】 2018年，完成全县公务员统一面向社会公开招录工作，行文录用政法干警1人、公开招录人民警察3人；完成公务员12人、参公人员16人的登记初审、上报审批工作；完成办理2017年录用人民警察14人、公务员3人的转正定级工作。2018年8月完成自主择业军转干部信息系统平台建设工作；按照省、州业务主管部门工作要求，购买配置设备，牵头完成全县军转干部及优抚对象的信息采集工作。完成2017年专项招聘乡镇事业单位人员聘用收尾工作（因聘用对象身孕原因延后完成体检），聘用新进事业单位人员1人，待公示聘用1人；组织参加第六届中国贵州人博会，为县医院引进临床医学专业技术人才，签订就业协议9人；为脱贫攻坚项目引进专家团队，达成初步意向3个；完成2018年事业单位公开招聘工作，聘用到岗23人，因孕延迟体检2人。按期完成上半年政府部门股级以下干部职工调动手续办理工作，经报县人民政府常务会议和县委书记办公会议审批后，办理调动手续95人，办理辞职手续3人，办理借调手续2人。建立全县各专业技术系列职称评审专家库，顺利承接中小学系列中级职称评审权限，完成相关评审工作；完成继续教育学时登记验证2000余人次，完成资格证书审核200余人次；完成各单位岗位设置及聘任工作20人次，办理空岗补缺340人次；推荐申报中高级职称22人，其中高级教师6人，正高级教师1人，工程中级5人，农业中级3人，农业高级1人，群众文化中级1人，卫生副高5人。办理新进人员转正定级手续78人次；组织2018年新进人员参加初聘培训132人；联系贵州大学教授张万萍到郎德镇开展食用菌、蔬菜种植培训；为符合条件的基层就业人员办理学费补偿贷款代偿审核手续20余人次；完成2018年事业单位人事年报报送及全口径人才统计工作；做好事业单位专业技术人员助力脱贫攻坚审批服务工作，审批兼职创业1人，办理手续中3人。全县事业单位应参加2017年度考核3433人，实际参加考核3433人，参考率100%。经考核，评定为优秀等次546人，占15.9%；评定为合格等次2802人，占81.62%；基本合格2人，占0.06%；不合格5人，占0.15%；新参加工作未定等次78人，占2.27%。2018年，流动人员档案库存量为2920份，其中高校毕业生档案库存2227份，中专毕业生档案库存618份，辞职辞退人员档案75份。总共接收341份高校毕业生学籍档案。档案调出101份。全县到村任职高校毕业生只有杨子富1人。完成2018年高校就业见习招募工作，共招募2017年、2018年离校未就业高校毕业生50人，到部分县直和乡镇的事业单位进行就业见习。全县共有“三支一扶”人员5人，分别在丹江镇、西江镇、望丰乡、达地水族乡、方祥乡5个乡镇的扶贫工作站服务。

【工资福利】 推进工资制度改革，完成全县机关事业单位工作人员基本工资标准调整和离休人员离休费调整；为新参加工作人员、新调入人员、到期转正人员核算发放工资；及时办理浮动转固定工资调整、学历变动工资调整；完成雷山县机关事业单位养老保险制度改革实施准备期养老保险基金清算及待遇重算工作；完成职务职级并行审核、乡镇机关事业单位工作补贴审核等工作；完成机关人员年终一次性奖励工资及事业人员的绩效审批工作。

【法规宣传】 组织开展大型集中宣传活动2次，免费发放《中华人民共和国劳动法》《中华人民共和国劳动合同法》《中华人民共和国社会保险法》《工伤保险条例》等劳动保障法律、法规等宣传画报、卡片、小册子、书籍1500余册，开展咨询服务400余人次。同时，编印《全面治理拖欠农民工工资问题政策文件汇编》24册。

【专项检查】 定期开展专项检查和日常巡查，组织开展治欠保支、清理整顿人力资源市场秩序、打非治违等专项检查行动及不定期的日常巡查工作，其中专项检查19户（次）、涉及362人，日常巡查70户（次）、涉及劳动者1967人。

【投诉受理】 积极受理并查处投诉案件，年末累计受理举报投诉案件43件，其中办结27件，协调各类劳资纠纷40余次，为448名劳动者追回工资418.2万元。

【工资保障】 加强工资保障金制度管理，全县共有68个工程项目存储工资保障金，存储金额为

782.38 万元；同时，有 18 个工程项目返还工资保障金，返还金额为 256.37 万元。

【工程建设实名制管理】 加快工程建设领域实名制建设，全县在建工程项目实行实名制管理 17 个，涉及 2613 人，开设农民工工资专户的工程项目 17 个，其中由银行代发农民工工资工程项目 2 个。

【用工年审】 完成 2017 年度全县各类用人单位遵守劳动保障法律法规情况审查工作（即用工年审），审查各类用人单位 148 户，审查通过 98 户，涉及劳动者 1504 人，对审查合格的用人单位及时颁发“人力资源社会保障年审证”作为凭证。

【工伤认定】 年内，累计受理工伤认定申请 50 件，其中认定为工伤 35 件，受理中的有 13 件，不予认定为工伤 2 件；撤回工伤认定申请 1 件，参与出庭应诉工伤认定行政诉讼 2 次。

【争议调解】 认真开展劳动人事争议调解、仲裁，有效维护劳动者和用人单位的合法权益。年内，累计受理劳动人事争议案件 6 件，其中工伤待遇争议案件 4 件，解除劳动争议案件 2 件；涉及劳动者 7 人，涉案金额 112.48 万元。时限内结案率为 100%。

【信访工作】 积极化解信访投诉案件，切实保障人民群众合法利益。全年受理信访案件 8 件，按规定时限办结 8 件。

【脱贫攻坚】 负责丹江镇教厂村、排翁村和达地水族乡达地村、达勒村的脱贫攻坚工作。春节前组织全体在职干部深入帮扶村丹江镇教厂村、达地水族乡达地村看望建档立卡贫困户并送去春节慰问品价值 2.4 万余元。在“七一”期间，组织局党组成员慰问帮扶村贫困党员，送去慰问金 1200 元，并表彰优秀共产党员，激发他们发展产业的信心和决心；积极向上争取资金 10 万元，完成教厂村服务设施项目建设；争取资金 15 万元，实施村旅游公厕建设项目；争取资金 3.5 万元，实施“五小”建设项目；帮扶资金（含物资折价）0.6 万元。通过入户宣传动员，教厂村完成因户施策项目 101 户，达地村完成 78 户；教厂村完成“特惠贷”项目 87 户，达地村完成 92 户。

【雷山县第一批建档立卡贫困户劳动力赴杭州市上城区务工】 3 月 7 日，雷山县第一批 14 名建档立卡贫困户劳动力前往杭州市上城区务工。经与对口帮扶的杭州市上城区人社局对接，共提供 5000 余个就业岗位。

【雷山县参加中国贵州第六届人才博览会引才结果喜人】 3 月 24—25 日，雷山县组织 5 家单位参加中国贵州第六届人才博览会现场开展人才引进工作，共接待 300 余人次，有意到雷山工作并进行报名登记有 124 人，其中硕士研究生 4 人、本科 120 人，专业主要涉及卫生、农业、建设规划等领域。另外，雷山县人民医院招聘临床医生岗位 35 个，报名 39 人。通过现场面试评审，共有 8 名临床医学毕业生与雷山县人民医院达成就业意愿并签订就业协议。

【雷山县举办“劳务协作就业扶贫”系列专场招聘会】 10 月 20 日，在雷山县铜鼓广场举行上城区 · 雷山县劳务协作暨建档立卡贫困户和易地扶贫搬迁户专场招聘会，正式启动东西部劳务协作、就业扶贫系列专场招聘会。杭州市上城区和雷山县共 19 家企业驻场招聘，提供就业岗位 1000 余个。有 600 余人次进场求职咨询，达成就业意向 241 人，其中杭州市 80 人。现场还发放就业创业、技能培训、社会保障、劳动维权等政策宣传资料 600 余份。是日，在雷山县大塘镇中心广场举行此次招聘会大塘分场，该镇有 100 多名贫困劳动力进场求职咨询，达成就业意向 25 人。

住房公积金管理

【概　况】 2018 年，认真贯彻落实《住房公积金管理条例》，完善住房公积金缴存措施，做到应缴尽缴。强化风险防控，优化信息系统及综合服务平台建设，努力提升管理服务水平。全年累计归集10374.93万元，完成全年归集任务的103.74%。

【公积金提取】 全年累计提取住房公积金6508.17万元，比2017年增加2358.34万元。其中：购房提取213笔1595.07万元；偿还购房贷款本息11394笔3189.54万元；建房提取3笔30万元；租房提取431笔401.76万元；购买二手房提取30笔243.09万元；为无房父母或子女购房提取14笔174.2万元；按年提取偿还商业住房贷款79笔122.79万元；离休、退休提取65笔539.01万元；与单位终止劳动合同提取44笔78.85万；死亡提取6笔61.37万元；装修提取2笔16.7万元；大病医疗提取2笔4.94万元；其他（部分）提取3笔11.54万元；其他（销户）提取25笔39.27万元。

【房贷发放】 全年共向302户职工家庭发放公积金贷款11119.7万，其中一手房发放293户10791.5万元，二手房发放9户328.2万元；贷款逾期率为零。

【房贷风险管控】 始终将资金安全放在工作首位，不断加强贷款风险管理，认真制订风险防控措施，找准风险点，严格审核审查相关资料，有效遏制骗贷套提公积金行为，严格执行贷款审批制度。严格做好每周贷款催收工作，及时统计上报贷款催收情况，对不及时还款的职工耐心细致地进行相关法规宣传教育。年内，管理部住房公积金贷款逾期率继续保持为零。

【政策宣传】 2018年5月后，雷山县管理部结合住房公积金自身实际，以《住房公积金管理条例》和公积金政策为重点先后6次到房开企业进行宣传。在宣传过程中，针对广大群众普遍关注的“自由职业者能否缴纳住房公积金”“如何申请住房公积金贷款”“怎么使用住房公积金”等热点问题，工作人员耐心细致地为群众答疑解惑，并赠送宣传彩册280份。活动期间，共发放宣传资料1000多份，接受政策咨询300人次，住房公积金政策的社会认知度得到提升。

【脱贫攻坚】 深入帮扶联系点望丰乡三角田村开展结对帮扶工作。年内管理部组织领导干部入村开展各项帮扶工作20余次。选派管理部刘秀江驻村开展帮扶工作，在财力、人力、物力上对村党建、基础设施建设、扶贫户生产生活等方面给予援助，资助帮扶村资金1.82万元。

民族宗教

【概　况】 2018年，县民族宗教事务局围绕“各民族共同团结奋斗，共同繁荣发展”民族工作主题及全县脱贫攻坚工作，精心部署，抓好落实，有序开展各项民族宗教工作，不断巩固和发展平等团结互助和谐的社会主义民族关系。年内争取到上级资金共487万元。

【政策宣传】 认真开展新修订《宗教事务条例》学习宣传；认真组织乡镇开展脱贫攻坚“双培”行动，通过培训提升群众的技能水平，进一步推进各族群众的团结和谐，帮助少数民族群众加深对党的民族政策理解，自觉维护民族团结和社会稳定。订阅《贵州民族报》《贵州民族研究》等学习资料。

【民族成份确认】 贯彻落实《中国公民民族成份登记管理办法》《贵州省公民民族成份登记管理实施办法》《贵州省公民变更民族成份网上办理管理规定》等民族政策法规，推动民族成份变更、民族成份确认及民族认同工作规范化，全年完成民族成份确认13份，民族成份变更16份。

【模范推选】 积极推荐民族团结进步，创建示范典型，按照州《关于组织开展贵州省第八次民族团结进步模范集体和模范个人推荐评选工作的通知》，推荐申报达地水族乡人民政府、县交通局杨昌杰为2018年民族团结进步模范集体和模范个人，巩固全县民族团结进步创建活动成果。

【项目申报管理】 2018年，争取到上级资金共487万元，其中少数民族发展资金445万元，涉及项目21个；民族宗教工作专项资金37万元，涉及项目13个；教育专项资金5万元，涉及项目2个。为抓好项目资金落实，深入开展项目实地调研，结合全县脱贫攻坚工作及时向县扶贫领导小组请示，抓好少数民族发展资金项目的立项、方案审定及资金下拨工作，确保少数民族发展资金规范使用，推动全县脱贫攻坚工作；做好2015—2018年中央、省级少数民族发展资金项目实施、验收、报账和材料归档整理工作。

【民贸企业建档】 认真开展认定民贸企业调查和建档清理工作，省民宗委、省财政厅、人民银行贵阳中心支行对认定为民贸企业的企业档案资料进行评审，2018年全县民族贸易企业有27家。为加强民族贸易企业政策宣传及管理，推动全县民族贸易企业规范化发展，县民宗局、县财政局、县人行、县信用社等单位集中召开会议落实民族贸易企业贷款贴息政策。2018年第三季度雷山县苗家春茶业有限公司申请办理基准利率贷款贴息，全县实现民贸企业贷款贴息零的突破。

【民族乡扶持】 按照省、州民宗委关于开展脱贫攻坚有关文件精神，积极扶持民族乡发展，深入达地水族乡调查研究，立足推动民族乡经济社会发展，落地民族乡项目资金241万元，涉及项目5个，覆盖达地水族乡10个村，改善相关村寨群众文化活动场所、串户路等基础设施状况。

【“双培”行动】 根据《贵州省民宗委关于实施脱贫攻坚“双培”行动计划的意见》文件精神，为贯彻落实习近平总书记“实现全面小康，一个民族都不能少”的重要指示精神，加强对存在汉语言障碍的少数民族群众，开展“双培”即汉语言培训和实用技能培训，基本扫除少数民族劳动力的汉语言障碍，确保存在汉语言障碍的少数民族贫困劳动力至少掌握一门实用技能，有效增强少数民族群众自我发展能力和脱贫攻坚内生动力，助推全县脱贫攻坚。

【民族文化进校园】 整合资源，大力开展民族文化进校园活动，使民族语言文字、民族歌舞、民族工艺等民族文化项目在传承中得到提高，在传播中得到发展，成为全县民族教育的一大特色。为雷山民族中学争取民族文化进校园资金3万元，西江小学开展民族双语教学资金2万元，推进全县民族文化进校园工作开展。

【古籍整理】 按照全省民族古籍普查安排，积极开展全县民族文化资源和古籍条目收集整理工作。

【民族村寨保护】 年内，贵州省第二批少数民族特色村寨全县被命名挂牌共有17个，居全国县份之首。同时开展全县民族特色村寨普查，上报少数民族特色村寨普查材料，为下一步省民宗委为特色村寨挂牌工作做好准备，促进民族文化保护传承与旅游发展相结合。

【宗教政策宣传】 深入学习宣传上级宗教工作会议精神及党的宗教政策，加强对《中华人民共和国宪法》、新修订的《宗教事务条例》及《贵州省宗教事务条例》的学习。以“宗教政策法规学习月”活动为契机，深入宗教点开展新修订《宗教事务条例》学习宣传，进一步增强信教群众对祖国的认同，对中华民族的认同、对中华文化的认同、对中国特色社会主义道路的认同。

【脱贫攻坚】 协调争取得到资金20余万元，用于支持乌瓦村芦笙场项目建设及生产便民桥建设等，芦笙场项目建设完工验收，方便村民开展集体活动；从2018年5月起，选派干部5名到帮扶村开展脱贫攻坚工作，发动贫困户积极参与因户施策项目实施，所实施项目基本完成和通过验收，第一批验收的项目补助金发放到农户。为大塘镇争取项目扶贫资金30万元，用于大塘镇龙河村、交腊村和掌雷村基础设施建设，加快该镇脱贫攻坚步伐。2018年7月，民宗局党支部到乌瓦村开展活动并慰问贫困党员。

乡 镇

丹江镇

【概　况】 丹江镇位于县境中部偏东南，为雷山县政府驻地。西邻望丰乡，北接郎德镇，东面、东北面抵方祥乡和西江镇，南连大塘镇。全镇总面积 138.8 平方公里，其中耕地面积 1850 亩、林地面积 135403 亩、草地面积 70947 亩。

全镇地势东高西低，东端雷公山海拔 2178.8 米，为全镇最高峰。其余大部分地区海拔在 1200 米以下，为全镇主要农耕区。陶尧河自东向西在小郎荡汇入丹江河，丹江河自南向北流经丹江镇龙头、响楼、固鲁，到郎德镇下郎德村汇入巴拉河。年平均温度 15.4℃，无霜期 265 天，年降雨量 1250 ~ 1337 毫米。主产水稻、小麦、玉米、油菜籽、红苕、洋芋等。

集市贸易颇为繁荣，场集商贾近 2 万余人，每次集市成交额达百万余元，为雷山县最大农贸集市。有长丰土陶村、郎当葡萄村、治安土陶村、羊常豆腐村、乌秀砌匠村等专业村寨，经济特色突出。名山秀水主要有雷公山、响水岩瀑布等，民族村寨主要有排卡芦笙村、猫猫河卫生村，有脚猛、大固鲁、陶尧、白岩、乌东 5 个旅游示范村。

【脱贫攻坚】 构筑横向到镇党政班子成员，纵向到中层干部、驻村干部、帮扶干部、村干部的“大扶贫”工作体系，由镇党政班子领导带头，汇聚全镇干部力量，落实好镇、村、组“三级联动”，围绕“三率一度”，以核查建档立卡信息和宣传扶贫政策为重点，逐户开展精准识别“大回访”、精准退出“大筛查”；组建脱贫攻坚党员先锋队 27 支，选派驻村领导干部 39 名，分别任各村第一指挥长、指挥长、网格员，开展脱贫攻坚工作。成立丹江镇脱贫攻坚“减贫摘帽”指挥部和村级指挥所，健全脱贫攻坚问题整改长效机制，建立台账，明确任务，压实责任，打好“春风行动”“夏秋攻势”和“百日会战”硬仗，组织 27 个村级指挥所和“两委”一队成立核查小组，核查 2014 年建档立卡贫困户 1651 户 6575 人、非贫困户 9678 户 33130 人，为精准帮扶、因户施策奠定坚实基础。成立镇、村两级小额信贷风险管控小组，核查各村用于发展产业的小额信贷资金，确保资金用在发展产业上，全镇参加小额信贷 1106 户，贷款金额 5503 万元。全镇 2014—2018 年累计获批实施扶贫项目 44 个，其中竣工验收项目 29 个，完成率 65.9%；涉及扶贫资金 3617.21 万元，覆盖农户 2500 余户，累计报账 3605.705 万元，报账率 99.68%。全镇共有建档立卡贫困户 1651 户 6575 人，2014—2018 年脱贫 1508 户 6141 人，其中 2018 年脱贫出列 6 个村，脱贫 505 户 1809 人，还有 143 户 434 人未脱贫，全镇综合贫困发生率下降到 1.8%。

【基础设施建设】 年内，获批“一事一议”项目

8个，总资金85.75万元，完成传统村落太阳能路灯、消防水池和环境综合整治项目建设6个，硬化水电村、党高村（脚散）产业路，安装脚猛村太阳能路灯；增加“一事一议”项目28个，总资金147万元，其中串户路项目21个，总里程22公里，惠及20个村3000余人；抓好农村“组组通”公路项目建设，通组公路总里程达10.25公里。

【产业扶贫】 完成低产茶园改造2500亩，完成茶叶投保880亩；组织茶叶种植大户参加茶园种植加工等技术培训，完成茶类农药残留检测200余批次。全镇茶园面积达1.77万亩，可采摘面积1.6万亩，年茶青产量达520吨，实现茶叶综合产值7223万元；贫困户种植茶叶150户594人，通过茶叶产业带动贫困户脱贫181户705人。按照“一村一品”规划，探索“茶叶＋中药材”套种模式，把中药材种植培育成贫困户新的增收产业，完成虎阳村、阳苟村天麻种植示范基地建设10亩，在大固鲁村桃子寨种植六月桃面积50亩；全镇累计葡萄种植面积1800亩、折耳根种植面积400亩、魔芋种植面积200亩、青钱柳种植面积3000亩，中药材种植面积5000余亩。实施陶尧片区生态茶园示范区面积1000亩、固鲁片区生态果品示范区面积1000亩、响楼片区现代蔬菜产业示范区面积1000亩、龙头片区特色养殖示范区1000户；实施脚猛葡萄产业园建设，新增葡萄种植面积200亩，脚猛村葡萄种植总规模达1300亩；投资70万元，实施南屏休闲农业产业园区建设，建成鱼种场、清水鱼塘和稻田养鱼塘。全镇有养殖场63家，其中养殖规模1000头以上龙头企业1家；生猪存栏12500头，牛存栏3800头，羊存栏2300只，家禽存栏35000羽，稻田养鱼面积达7800亩；投入183万元，实施教厂肉牛养殖场项目，建成牛圈3000平方米，肉牛养殖规模达110头。

【易地扶贫搬迁】 确定2016—2018年易地扶贫搬迁对象名单，累计搬迁262户1056人。落实2017年搬迁对象108户445人，第二批抽签分房58户，第一批搬迁入住27户；落实2018年搬迁对象25户125人。整改全镇2016年、2017年易地扶贫搬迁审计问题；发放贫困移民一次性临时救助金共62.25万元；验收全镇2015年扶贫生态移民工程分散安置9户37人，发放专项补助资金共44.4万元。

【“三保障”】 抓好教育、卫生、医疗“三保障”工作。全镇有建档立卡贫困户在校学生1480人（幼儿176人，义务教育776人，高中以上528人），2014—2017年建档立卡贫困户大学生资助203人，申报“边缘户”贫困学生资助88人；全镇有建档立卡贫困户辍学学生10人，经动员辍学返校学生4人；开展贫困户扫盲培训2期189人次。全镇参合9214户30130人（贫困人口参合6549人，参合率达100%），参合资金361.56万元，参合率102.65%；完成审核县内、县外农合报销材料1856人次，累计报销179.18万元；对2017年后住院费用报销比例达不到90%的建档立卡贫困户858人再次补助资金共54.29万元；落实合作医疗救助补偿182人次，累计补偿资金10.47万元。验收2017年危房改造162户，申请拨付第三批补助资金139.15万元；落实2018年农村“危改”“三改”任务233户（四类重点对象危房户99户），竣工232户，完成2018年第一批农村破旧房改造任务217户，拨付第一批危改及老旧房改造资金237.48万元；新增破旧房改造任务268户，改厨任务429户，新增施工队13个210人，完成改造27个村；排查2018年住房保障253户（四类重点对象危房户107户），系统录入2017年、2018年危房改造对象住房信息。

【产业结构调整】 按照“一减四增”工作要求，抓实农业产业结构调整，完成农业产业结构调整面积3080亩，其中调减中药材种植面积1300亩，蔬菜等其他农作物种植面积1780亩，完成调减任务的132%；投入资金44万元新建蔬菜育苗基地1个，免费为群众发放辣椒、黄瓜等秧苗8.27万株；免费为农户发放白菜、洋芋、生姜等种子1.65万公斤，其他蔬菜种566包（罐）；发放种苗惠及全镇24个村1682户（贫困户1244户），免费为300户贫困户发放化肥、农膜等18吨。

【文化旅游】 以民族文化为基础，围绕县委“一主导四围绕”的特色发展之路，加大民族文化的挖掘、保护与开发工作力度，促进文化旅游业的发展；通过举办苗年节、千名姑妈回娘家，大力发展民族文化体验游，带动民族“农家乐”迅速发展；投资70万元，实施乌东村旅游基础设施建设项目，举办旅游贫困户劳动力培训2期90人次。

【村级集体经济】 全镇累计投入村级集体经济发展资金1690万元，各村积极探索“党支部+合作社+贫困户”模式，把党在农村的政治优势和村级合作社的经济优势有机结合，发挥“金种子”带动作用，不断发展壮大村级集体经济，带动贫困户增收脱贫。全镇27个村的集体经济收入累计达105.5万元。

【项目征地】 配合抓好传统村落峰会永久性会址项目、2018年易地扶贫搬迁、雷榕高速公路、大塘风力发电厂、果梅弃土场、雷山县城南部路网市政道路工程建设、城北棚户区改造等项目的征地工作，完成土地征测面积519.41亩（耕地面积229.07亩），发放补偿款2402.1万余元，为稳步推进全县重点项目工程提供保障。

【林业生态】 实施林业生态工程，发放新一轮退耕还林苗木7.6万余株，审核公益林补偿款10159笔，兑现公益林补偿资金209.42万元；聘用生态护林员40名，实现“生态补偿脱贫一批”的目的。抓好“多彩贵州文明行动”、整脏治乱和创建“国家卫生县城”等工作，大固鲁村、猫猫河村分别被省委、省政府授予“2015—2017年度全省文明村”荣誉称号；继续推进改善农村人居环境暨“清洁风暴”行动工作，累计督查评比各村环境卫生9次，督促整改20次。严格落实“河长制”，加强治理镇辖丹江河流域，实现县、乡、村三级“河长”全覆盖。

【社会保障】 逐步完善社会保障体系，加大社会保障力度，完成养老保险代扣代缴4632人，累计缴费金额35.45万元；进一步拓宽就业渠道，完成新增就业登记616人，其中失业再就业82人，困难人员就业56人；组织缺技术贫困户劳动力、易地扶贫搬迁户劳动力，参加种植养殖、中式烹饪、电工、焊工等技能培训9期438人次。完成2018年全镇城乡低保提标核查工作，累计发放农低保资金717.56万元，解决生活困难1268户3618人。累计发放重点优抚对象抚恤金和生活费89.42万元，解决退伍军人生活困难99人；累计发放义务兵优待金9.5万元，惠及义务兵19人；累计发放重点优抚对象民政补助参合资金8160元；走访慰问困难重点优抚人员177人，累计发放慰问金3.54万元。累计发放救灾救济资金75.49万元，救助帮扶困难群众3007户9704人；累计发放农低保季节性缺粮44.52吨，共解决缺粮低保困难户602户1710人；累计发放冬春救助棉被260床；累计发放80岁以上高龄老人生活困难补贴326人16.38万元。加强特殊人群管理救助工作，累计发放重度残疾人护理补贴及托养补助390人24.82万元，护送精神病人就医治疗康复4人次。

【卫生计生】 落实国家基本公共卫生服务项目和基层首诊，完善重点人群健康档案，推进信息化建设，全面完成“两非”和孕前优生健康检查任务，办理生育登记服务360例，其中网上办理106例；免费孕前优生健康检查394人次，妇检1352人次，建立孕产妇保健卡（手册）288人次。入户核实罹患24种重大疾病208人（贫困户60人），提供诊断救治服务208人次；深入全镇32个村（居）开展巡诊（义诊）活动，累计服务1554人次；全面开展家庭医生签约工作，逐步实现家庭医生签约建档立卡贫困户全覆盖，完成家庭签约服务15583人，其中建档立卡贫困户6549人，建档立卡贫困人口签约服务率达100%。

【食品安全】任命食品安全协管员3名，各村明确食品安全信息员1名，建全辖区食品安全监管网络；落实农村自办宴席申报备案制度、农村流动厨师持证上岗制度，2018年农村自办宴席申报备案146次，备案指导率达100%；开展食品药品安全宣传教育活动和法律法规专题讲座各5次，发放各类宣传资料2000余份，接受群众咨询1200余人次。

【安全生产】与各村（居）、辖区各学校各企业及镇属各办站所签订安全生产责任书116份，督促村“两委”与组、户签订安全生产责任书212份；开展红白喜事打招呼60次；排查治理农村消防、非煤矿山、烟花爆竹、加油站、道路交通等重点领域安全隐患，对辖区非煤矿山、危险化学品及烟花爆竹等企业开展安全检查337次，督促企业负责人继续做好冬季春季安全生产隐患排查整治，确保安全生产；对农村消防、农村道路交通等重点领域开展安全隐患排查治理425次；督促各村“两委”组织志愿消防队及群众开展消防安全演练85次；对辖区内各村寨及企业开展安全生产督查，张贴宣传图片48份，整改各类安全隐患58起。做好汛期排查检查，落实汛期安全生产责任，与各村签订“地质灾害防治工作目标”责任书27份，安排专人排查各地质灾害隐患点，随时掌握隐患情况；开展地质灾害隐患点应急演练40余次，参与演练2500余人。

【综治工作】累计排查矛盾纠纷32起，调解32起，成功化解16起；信访案件8起，受理8起，成功化解4起，调查处理4件。开展扫黑除恶专项斗争，充分利用宣传标语、横幅、喇叭、微信群、QQ群进行宣传，累计向群众发放宣传资料13200份。年内发生刑事案件164起，破案66起，破案率为40.24%（与2017年相比破案率下降30.59%）；查处“黄赌毒”案件21起，查处涉案人员37人；强化东、西城社区网格规范化管理，成立小区业主自治管理委员会12个。

【法治教育】利用“三八”国际妇女节、苗族爬坡节等节日，累计开展法治宣传12场次，发放宣传资料2000余册，接受法治教育1000余人。开展人民调解员培训2期200余人。开展社区矫正和安置帮教工作，定期走访社区在册服刑人员41人，新增社区矫正18人，解除社区矫正13人，撤销暂予监外执行1人。开展法律援助服务工作，累计为群众提供法律咨询200余人次，发放法律宣传手册1000余本，提供法律援助2件，代写法律文书10件。

西江镇

【概　况】西江地名系苗语音译，清雍正建置后称鸡讲。乾隆三年（1738年）置鸡讲司，为丹江厅通判所辖三土司之一。西江镇位于贵州省黔东南苗族侗族自治州雷山县东北部，东临台江县排羊乡，西连丹江镇，南连方祥乡，北接凯里市三棵树镇，是雷山县的北大门。国土面积178.98平方公里，其中林地188210.7亩，耕地39843.15亩，人均耕地面积1.43亩。西江镇是一个苗族文化的聚集地，苗族人口占总人口的99.5%，有中国最大的苗寨——西江千户苗寨，2007年被建设部授予“中国历史文化名镇”称号，被中国国土经济学会评为“中国景观村落”。全镇辖西江、营上、连城、白碧、龙塘、猫鼻岭、北建、羊吾、中寨、黄里、大龙、小龙、乌尧、脚尧、干荣、长乌、开觉、堡子、控拜、麻料、乌高21个行政村，1个居民委员会，62个自然寨，222个村民小组，7219户，总人口27810人。镇境属亚热带季风气候，雨量充沛，冬无严寒，夏无酷暑，雨热同步，冬春多雨，年均气温14℃～16℃，最冷月平均气温3.5℃，绝对最低气温-9℃，最热月平均气温20℃，绝对最高气温35.1℃。年降雨量1200～1500毫米，相对湿度80%以上，无霜期250～270天。西江气候温暖，热量条件较好，适宜农、林、牧业生产。境内河流长度为16.8公里，流域面积为65.39平方公里，平均比降45.7%，最大洪水流量455立方米/秒，最枯流量0.25立方米/秒，年平均流量为1.84立方米/秒。探明的矿点有开觉和白水河硅矿各1个，主要含砷、铅、锌等。境内森林资源，以杉树、松树、枫香树、板栗树、青㭎树、樟树、茶子树、映山红等居多，还有桂皮、木姜、杞木、杜仲、五倍子等树种和药材。

2018年，生产总值完成8.15亿元，增长13.5%。500万元以上固定资产投资完成4.64亿元。社会消费品零售总额完成3.42亿元，增长15.8%。农村居民人均可支配收入达9321.75元，贫困发生率从2017年的12.02%下降到2018年的1.89%。

【脱贫攻坚】 2017年底，全镇贫困户未脱贫853户3061人。根据整县“减贫摘帽”工作目标，到2018年底全镇贫困村计划出列8个，脱贫建档立卡贫困人口629户2594人，通过发展生产和就业脱贫460户1926人，发展教育脱贫33户151人，易地搬迁脱贫109户458人，生态保护脱贫11户38人，社会兜底脱贫16户21人。2018年底未脱贫228户480人，贫困发生率降为1.89%。按照五个一批脱贫计划表，全镇组织全体帮扶干部召开动员会2次、培训会4次、项目推进会7次，每周一组织21个村包村领导召开扶贫工作调度会。319名帮扶干部为贫困户因户施策制定帮扶计划1881份（户），确保精准施策、精准帮扶，到2018年底，贫困户因户施策项目受益覆盖率100%，集体经济全部实现利润分红的有21个，每个村至少有主导产业1个，每户都有帮扶项目，确保增收稳定。全镇贫困户1881户，符合条件贷款1881户，累计获特惠贷1643笔8182.68万元，其中发展农业生产类“特惠贷”贷款项目用于贫困户自主发展产业，累计贷283笔1382.68万元。采取“公司＋农户”运营模式，引导没有产业、没有动力、没有发展能力的贫困户把贷款资金入股西江旅游公司，每年固定分红3500元，累计贷1360笔6800万元，2018年获得分红476万元。2017年和2018年，全镇累计获得因户施策项目资金686.3万元，调项资金10.8万元，覆盖贫困户1658户，项目资金使用报账率100%，竣工率100%。21个村村集体经济1320万元入股西江旅游公司，2017年实现利润分红92.4万元，分红覆盖全镇1878户贫困户，户均分红295元。2018年村集体经济项目实现利润分红103.88万元，分红覆盖全镇1881户贫困户，户均分红386元。

【脱贫问题整改】 年底，省督导组到西江镇督查发现问题51个109条，整改销号108条，整改销号率为99%。州督导组（州督战队）到西江镇督查发现问题219个479条，整改销号478条，整改销号率为99%。2018年，西江镇举一反三自查，发现存在问题1839户，整改1839户，整改销号率为100%。针对存在的漏评、错评、错退问题，严格按照识别程序做到应纳尽纳、应退尽退，完成整改整户漏评67户190人、户内漏人46户71人、整户错评90户374人、户内错评17户25人。经整改，自然增加110户137人，自然减少117户129人。发放《黔东南州脱贫攻坚政策学习参考手册》8000本，入户宣传5206户次，提高群众对精准扶贫政策的知晓率和精准扶贫工作的认可度。

【扶贫项目】 2014—2018年，累计获批项目55个，其中2014年13个、2015年8个、2016年11个、2017年7个、2018年11个、资金结余或调整项目5个。获批资金5823.95万元，其中2014年1269.1万元、2015年1605.55万元、2016年1140万元、2017年905.6万元、2018年903.7万元（到位资金881.1万元）。2014—2017年累计验收项目44个，竣工率100%。2018年11个项目中完工9个，其中通过县级验收6个，报账资金837.6万元，报账率95.06%，竣工率81.8%。2014—2018年，建档立卡贫困户受益扶贫项目11669户次42897人次。

【农牧茶药】 全镇开展调减玉米替代作物种植技术培训，入村指导20余次，培训农民400余人，完成中药材种植56.2亩，水果种植230亩，小米种植150亩，红心蜜柚种植500亩，花椒种植170亩，葵花种植380亩，辣椒种植150余万株，稻田养鱼200亩。粮食总产量稳定在9000吨以上。全镇黑毛香猪存栏6025头，出栏7860头；完成农户育肥猪保险12707头，其中贫困户育肥猪保险12583头，非贫困户育肥猪保险124头。能繁母猪保险108头，其中贫困户能繁母猪保险112头。推广良种家禽10000羽，杂交仔猪1663头。全镇有茶叶面积13622.11亩，2018年采摘茶青4431.15吨，收购资金1614.3万元，生产干茶126.75吨，半成品茶叶销售收入1880.75万元；中药材面积6150余亩，产值达2000万元。全镇累计建有农村电子商务点21个、镇电商示范点1个，2018年线上交易额达5585.4万元。

【社会保障】 2018年，全镇参合25045人，参合资金30.05万元，参合率为101.1%，农村建档立卡贫困户五重医疗保障兜底累计495人次，发放补偿资金66.08万元；2017年农村建档立卡贫困人口实补比未达90%累计740人次，发放补偿资金54.38万元；提供2017年、2018年实补比达90%的农村建档立卡贫困人口报销凭证2375份、参合人员凭证1877份。累计发放2017年度公益林补助资金130.37万元、2018年度公益林补助资金132.39万元，其中重点公益林为122.31万元，地方公益为10.08万元。累计发放28名生态护林员全年工资26.81万元。

【园区建设】 狠抓园区建设项目，500万元以上固定资产投资完成4.64亿元。按照《服务质量与环境质量篇》与《旅游景区质量等级景观质量评估报告书》要求，整改与提升旅游步道、栈道、休息设施、标识标牌、灯光、污水、绿化、旅游公厕。完成古街、游方街、一号风雨汽车站至四号风雨桥公厕路面石板铺装建设。完成环寨公路绿化、羊排段假树根造型及假山、龙潭桥头凉亭、东引段步道建设工程。完成西街尾绿化边坡治理、西门牛角至景区内绿化、高速路口至大北门沿线绿化等项目。完成西江景区西江中学门口、羊排片区、西江景区博物馆及观景台片区、也蒿新村、南贵片区污水管网工程。稳步推进创AAAAA项目、牛文化艺术街区项目、悦榕桩、索道项目、鱼田弯生态停车场项目。鱼田弯生态停车场项目实施方案报城规委、林地相关手续在办理中。西江景区创AAAAA申报材料经过专家预评审。制定《西江千户苗寨乡村旅游综合体关于全省提升型100个旅游景区2018—2022年建设工作方案》。

【旅游管理】 围绕“守住两条底线、用好两个宝贝，努力打造国内外知名苗族文化旅游目的地”的战略定位，以创建国家旅游度假区为抓手，加快大西江景区建设，逐步把全镇8个国家传统村落和13个苗寨串联起来，统筹规划建设，努力做到全面统筹、全域发展、全面提升、全景体验、全面监管，推动全镇旅游市场淡季不淡，旺季更旺、持续井喷。年底，西江景区共接待游客390.16万人次，比2017年增长41.59%，实现综合收入3.93亿元，比2017年增长25.31%。2018年，通过提炼“西江十年”发展成果，提升示范宣传效应。用“一本书”“一本影集”“一个专刊”“一个模式”“一批典型”展现“西江十年”的发展历程，总结“西江十年”的华丽蜕变，提升西江的知名度和影响力。2018年，西江景区被国家旅游局评为“中国十大国际乡村旅游目的地”。

【环境整治】 深入实施“四在农家·美丽乡村”六个小康行动计划，加大水、电、路、讯、房、寨等项目建设力度，进一步改善农村人居环境，强化改善行政村人居环境工程 21 个。大力开展人居环境整治行动，实现村寨人居环境整治常态化；开展文明节俭办红白喜事树文明乡风，抵制滥办酒席、大办酒席、高价彩礼等陈规陋习，对甘当贫困户的农户进行批评教育。在全镇范围内全面推行镇、部门、村三级河长制，清理河道 60 公里、公路村道 100 公里，清除生活垃圾 300 吨、废渣 1500 吨，完成传统村落环保项目 8 个，农村环境卫生得到明显改善。

【教育卫计】 2018 年，全镇幼儿入园率为 88.6%，小学入学率为 99.95%，初中入学率为 92.15%，初中升学率为 100%，“三残”入学率为 100%。幼儿园、小学和初中的教师学历合格率为 100%、中级职称达 60% 以上。申请贵州建工集团资助贫困户学生 509 人。完成农村饮水安全巩固提升工程建设 9 个（干荣村、长乌村、堡子村、控拜村、乌高村、麻料村、脚尧村、黄里村、开觉村），累计投资 465.23 万元，有效解决 2442 户 10252 人（建档立卡贫困户 635 户 3118 人）的饮水难、饮水不安全的问题。总投资 194.94 万元，完成农村饮水安全项目建设 7 个（白碧村、北建村、小龙村、羊吾村、中寨村、乌尧村、连城村）。积极落实二孩政策，加大创“国优”宣传力度，不断提高人口计划生育服务水平，年人口出生率、自然增长率分别为 9.26‰和 1.54‰。西江镇卫生院“五室化”（数字化预防接种门诊、远程会诊室、化验室、B 超及心电图室、DR 室）和景区卫生院原址重建项目建成投入使用。

【综治维稳】 在西江景区推行“大数据 + 全民共治”治理模式，把科技创新成果运用到维护稳定、社会治理、执法办案、服务群众等工作中，不断提升智能化管理水平，实现苗寨景区长期可持续发展。全镇聘请和明确 21 个村村级警务助理，不断充实政法队伍力量，形成较大的治安防治体系，确保辖区社会治安大局稳定。信访工作和安全生产工作形势稳定。依法治访、诉访分离得到有效落实。不断拓展法律援助渠道，社会矛盾纠纷得到有效化解。扎实开展安全生产隐患排查、消防演练等专项行动，全年没有发生安全生产责任事故。

大塘镇

【概　况】 大塘镇位于雷山县城南部，东南分别与方祥乡、永乐镇接壤，北连丹江镇，西靠望丰乡，南抵丹寨县排调镇，地势较高，谷深壑幽，境内最高的行政村为交腊村，海拔 1353 米，最低的行政村为也耶村，海拔 800 米。全镇国土面积 230.88 平方公里，耕地面积 21899.6 亩，森林覆盖率 72.6%。镇辖乌独、也宜、交腊、高岩、水溪、鸡鸠、掌坳、平寨、小河、新桥、咱刀、新联、新塘、桥港、掌批、排里、也耶、独南、桃江、岩寨、干角、乔仿、山湾、干脑、乔兑、桥王、掌雷、两洋、南脑、乌勇、龙河、年显共 32 个行政村和大塘居委会，计 212 个村民小组 82 个自然寨，2018 年有 6782 户 24651 人，其中农业人口为 6353 户 24008 人，占总人口的 97.39%，属扶贫开发一类重点贫困乡镇。

全镇居住着苗族、汉族、彝族、侗族、瑶族、水族等民族。镇政府驻新桥村，海拔 910 米，镇境属北亚热带季风湿润气候区，为中亚热带气候，年日照时数为 1225 ~ 1530 小时，日照率为 28% 左右，平均气温在 14℃ ~ 15℃，无霜期在 250 ~ 260 天，年均降雨量在 1250 ~ 1340 毫米。境内资源丰富，矿产有铅锌锑矿，主要分布在咱刀、新桥、独南、交腊等村，其品位高，储藏量大，属混合型矿区。植被完好，气候适宜、有独特的自然风光和天然森林。旅游资源分为山水风光、天然森林和民族风情三大类型。尤其是民族风情和自然景观的原生态品质，开发潜力较大。大塘镇域以苗族居多，其中掌坳、新桥两村的民族歌舞、风土人情、民居建筑令中外游客赞不绝口。新桥享有“明清建筑、唐朝服饰”的美称，“水上粮仓”独一无二，民族服饰及歌舞被赞为“超短裙苗第一村”。掌坳被誉为“铜鼓舞发源地”，多次参加省内外演出，屡获殊荣引起轰动。排里芒筒芦笙浑圆厚重，具有较高的知名度。掌批扁担舞被称为“田坎上的芭蕾”。掌坳、新桥两村被省、州列为黔东南民族风情旅游景点。各村寨除同样过“春节”外，较为盛大的苗族节日主要有“端午节”“吃新节”“苗年节”以及13年一次的“鼓藏节”等。干角、岩寨、桃江、山湾等村在每年春天举行“踏青祭祀节”以丰富村民文化生活。

2018年，全镇人均可支配收入9287元，同比增长10.6%。银行存贷款余额分别为2.47亿元和2.88亿元，同比增长52.4%、62.75%。固定资产投资累计达6.12亿元。全镇建档立卡贫困人口为2498户9904人，贫困发生率为41.25%，2014—2017年脱贫1386户6074人，2018年初未脱贫1112户3830人，贫困发生率为15.95%。2018年底标注脱贫933户3347人，未脱贫179户483人，贫困发生率下降到2.01%，全镇实现脱贫出列。

大塘镇党委先后获得贵州省“五好基层党组织”“脱贫攻坚先进党组织”、黔东南州“全州脱贫攻坚先进党组织”“全州先进基层党组织”“全州民族团结进步模范集体”、雷山县“全县脱贫攻坚先进党组织”“五好基层党组织”等集体荣誉称号。

【脱贫责任体系建设】 成立大塘战区脱贫攻坚指挥中心，下设协调调度专项分中心7个。组建脱贫攻坚村级指挥所32个，共有工作队员173名，第一指挥长均由副科级以上领导干部担任。县政协主席、大塘镇党委第一书记、大塘战区脱贫攻坚指挥部指挥长韦通贤每星期统一调度32个村级指挥所第一指挥长，安排脱贫攻坚各项工作，压紧压实脱贫攻坚工作责任，完善脱贫攻坚组织体系和指挥体系。下发《大塘战区脱贫攻坚干部责任追究办法（试行）》，采取一周一报、一月一比、一季一评、半年一述方式，建立问责机制，明确职责，层层压实责任，将脱贫攻坚工作责任细化分解到村到组到人。建立纵到底、横到边的脱贫攻坚责任网格体系，压力层层传导，逐级明确权责，确保人人有责任、个个有担当、事事有人管。

【“通村村”服务平台】 建立健全“通村村”服务平台，针对境内山高坡陡、村寨分散，群众出行难、乘车难、物流难等问题，大塘镇借助大数据手段率先建成雷山县最完善、注册用户最多的“通村村”农村出行服务平台。以农村客运智能化为突破点，利用“互联网+农村客运”，整合农村客运数据，探索打造农村班线、包车预定、出租车服务、购票、物流等，通过客户端，实现“人”“车”供需信息无缝衔接，出行信息相互匹配，实现“线上调度、按需发车”，有效解决大塘镇群众出行“候车时间久”和客运车辆“空驶往返”问题，极大方便群众出行，有效降低出行成本。

【精准扶贫】 根据省、州脱贫攻坚存在的问题，通过“五项专项治理”，开展精准识别“回头看”“大排查”等，各村指挥所采取分片式网格化管理，入户对全村农户进行再识别、再核查、再确认，切实解决漏评错评问题，实现贫困户信息变动实时动态管理。通过整村逐户对建档立卡贫困户再复核、再动员、再培训，确保精准识别、精准退出。2018年动态管理新识别贫困户5户17人，家庭成员自然增加86人、减少54人，做到精准锁定，不漏一户，不漏一人。

【“六个小康”建设】 以“六个小康”（小康路、小康水、小康房、小康电、小康讯、小康寨）建设为抓手，扎实抓好脱贫攻坚项目建设。年内总投入887.94万元，累计完成通组公路硬化19.73公里，实现通村通组公路安全防护栏建设全覆盖。投入260余万元修复水毁公路塌方路面30多处；投入116万元，完成32个村“一事一议”入户路、串户路路面硬化26.11公里。投资5.79亿元修建完成鸡鸠水库，可解决雷山县城区和凯里市城区共15.14万人的生活用水以及下游2630亩农田灌溉用水问题。投入2400万元实施八一水库土地整治项目，改善周边9个村7000多人的生产生活条件。累计投入5000余万元实施农村小农水重点项目建设；投入700余万元完成桥王、掌批等村饮水安全工程，解决村寨饮水难题。开展大塘水库（新桥小型水库）建设和乔兑水库（乌兑小型水库）前期调研工作，并完成外业勘察工作。完成农村饮水安全巩固提升工程29个，完成大塘珍稀植物园灌溉工程，新增灌溉面积285.4亩、恢复灌溉面积130亩。实施农田水利基础设施项目，其中完成渠道防渗改造10余公里。深入开展农村危房改造和破旧房屋提升工作。2018年完成危房改造279户，投入危改资金318.3万元，其中贫困户97户、享受危改资金203万元，户均享受危改资金2.09万元；破旧房改造1008户，投入改造资金724.8万元，其中贫困户434户，享受改造资金317万元，户均享受改造资金7300元。扎实推进城乡电网升级改造，做好用电项目技术服务及电力配套项目设施，保障农产品加工、规模养殖、家庭农场及农村基础设施动力用电，新建35千伏变电站1座，架设线路3.9公里；新增输电线路2.2公里，10千伏线路19.04公里，台区36台，进一步提升城乡供电能力，分别安装完成养殖小区31个和茶叶加工厂5个的用电设备，满足脱贫攻坚产业发展用电需求。加强农村用电安全，实现农村电改工程全覆盖。全镇实现村村通宽带、寨寨通电话，农村广播电视综合信息网络行政村双向覆盖率达100%。全镇32个村寨移动4G信号除高岩村干打基（地名）外，均实现4G信号全覆盖。完成中国传统村落名录“一村一档”和保护发展规划编制工作。整合“一事一议”、传统村落、“风貌整治”等项目资金，完成新桥村、桥王村、掌坳村等基础设施建设，综合整治传统村落环境。

【易地搬迁】 坚持把易地扶贫搬迁作为打赢脱贫攻坚战的首要工作，按照县城集中安置方案要求，大塘镇2016年年初后共搬迁1104户4589人，其中2016年294户1207人；2017年437户1858人，跨区域搬迁8户33人；2018年搬迁365户1491人。按照“搬得出、稳得住、能致富”的目标，对搬迁户进行“一户一技能、户户有就业”定向培训，全镇实现就业1876人，其中贫困户1619人；培训952人次，其中贫困户917人次；培训后实现就业616人，其中贫困户596人。

【产业扶贫】 与贵州瓮福集团、天赐大健康集团签订茶叶产业战略合作协议，与三农合作社、合兴生态开发有限公司签订茶叶收购协议，扩大茶叶种植面积，强化基地管理，提高茶叶采摘率。通过建设茶叶加工厂，延伸茶叶产业链，增加茶叶附加值。全镇共种植茶叶2.84万亩，可采摘1.5万亩，2018年收购茶青182.97吨，加工干茶38.93吨，综合产值1163.5万元。2016年年初后全镇茶产业累计带动实现就业532户，户均实现增收3700元以上。与银枫生态、万城牧业黑毛猪养殖公司合作，采取“公司＋合作社＋贫困户”模式，发展黑毛猪养殖产业村32个。投入3100万元新建人畜分离养殖小区31个，以入股的形式将产业子基金全部量化到贫困户，以公司承包、总社和分社管理模式，每年投入承包费7万元，总收入达217万元，有效带动31个村2432户贫困户增收，户均增收890余元。2018年黑毛猪出栏2.42万余头，产值达5190余万元。年末，12个村人畜分离小区项目分红84万元，贫困户户均分红728.53元。年显村绿壳蛋鸡养殖项目分红2.5万元，贫困户户均分红214.28元。与黔晟公司合作，借助大塘中药材智慧生态循环经济扶贫产业园示范带动，精准实施中药材种植产业扶贫，先期发展中药材繁育基地100余亩；种植天麻200亩。带动1895户种植丹参2000亩，其中贫困户1375户；亩产1500公斤，产值900万元。带动476户，其中贫困户257户种植黄精750.27亩，总产值达5461.61万元。兑现桥王等9个村中3个村级合作社和343户种植户2018年黄精、天冬种植土地流转费、种植管护费等共计136.65万元，贫困户户均增收1100元。养蜂业初具规模，覆盖带动桥王等6个村所有贫困户发展养蜂业，养蜂560箱，产值100.8万元，带动贫困户实现增收389户。认真抓好畜、禽、蛋、鱼等产业，全年肉类产量达2552.09吨，产值9485.95万元，比2017年增长10.6%。与凯里监狱等7家监所以及学校、企业签订蔬菜收购合同，全镇蔬菜种植面积1724亩，新建蔬菜大棚60个，食用菌大棚83个，辐射贫困户724户。香菇菌投放7.4万棒、竹荪菌9000棒，采摘香菇1.75万公斤。累计供应各种蔬菜310余吨，带动贫困户566户实现户均增收3000元以上。严格按照《关于印发雷山县建档立卡贫困户因户施策自选项目实施方案的通知》，通过落实户均3000元普惠政策，帮助贫困户通过发展产业实现增收。完成2017年因户施策自选项目验收1998户，补贴资金共计599.4万元。完成2018年因户施策自选项目验收1260户，发放补助资金共计260万元。与贵州高速商贸集团公司达成战略合作协议，积极推进大塘镇“山货”上架销售，年内原生态绿茶、原生态红茶、原生态红米、特色鱼酱酸等农特产品在贵州80个高速服务区上架6548件，帮助贫困户拓宽产品销路。

【社会保障】 深入实施教育精准扶贫，加快推进教育基础设施建设，完成大塘小学搬迁到莲花新校区，儿童营养餐实现全覆盖。年内，大塘镇共有在校生4056人，其中贫困学生1652人，非贫困村学生2404人，帮助残疾儿童入学18人，小学入学率达100%。2014—2018年，大塘考取大专以上院校的学生有557人，其中贫困学生285人，非贫困学生272人。九年义务教育阶段没有辍学学生。深入实施医疗健康扶贫，解决“因病致贫、因病返贫”问题。2018年全镇建档立卡贫困户参合率100%，家庭医生签约率达100%。共报销6802人次，总费用达1724.67万元，累计报销1241.54万元，平均报销比例达71.98%；其中贫困户就医1659人次，总费用723.58万元，报销690.5万元，报销比例达95.43%。新建村卫生室22个，改、扩建4个，有效解决农村群众就医难问题。深入实施民政保障扶贫，落实城乡居民最低生活保障机制，做到不落一户、不漏一人、应保尽保，低保对象认定准确率达100%。2018年农村低保1172户3834人，月保障金54.03万元，城低保15户20人，月保障金9800元。资助农村困难群众参合6295人共计20.7万元，医疗救助872人次45.67万元。救助流浪乞讨人员14人次、精神病人22人次。发放救灾资金30万元，发放临时救助资金48.8万元。搞好困弱群体人员的管理和救济，全镇有特困供养96人，其中集中供养35人、分散供养61人，分散供养对象均与监护人员签订监护协议。孤儿38人，其中县福利院8人、散居生活30人。80岁以上高龄老人357人，月发放高龄津贴2.22万元。深入实施就业精准扶贫，帮助协调1340人（其中贫困户816人）到贵州高速集团、建工集团、七冶集团、合力集团、雷山县益民食品公司、雷山黔晟扶贫公司等实现就业，争取省、州、县各类教育培训资源支持，实现贫困人口就业3778人。

【扶贫项目实施】 严格按照大塘镇（极贫镇）“1+7+1”脱贫攻坚规划编制项目和安排资金，编制大塘镇脱贫攻坚总体规划及交通、水利、特色产业等专项规划，编报子基金项目26个，计划申报子基金项目7个8.12亿元。年内实质性启动实施子基金项目26个，到位子基金2.3亿元，年内划拨使用子基金2.14亿元；启动实施非子基金项目70余个，完成投资约4.6亿元。建设完成并投入使用大塘小学及幼儿园、大塘卫生院等一批子基金项目。认真抓好财政扶贫资金项目报账工作，2018年大塘镇财政扶贫项目获批5个资金706万元，项目完成报账669.32万元，报账率94.8%。成功办理“特惠贷”2278户，贷款总金额11352.3万元，获贷率为91.82%。贷款资金主要用于农户因地制宜发展产业，对没有产业发展意愿或无力发展产业的农户，将资金入股合作社，每年获取入股分红的7%。按照“北西江—南大塘”的战略定位，全面启动南部片区短裙苗农耕文化暨珍稀植物观光旅游带和建设大塘风电场等项目，着力打造大塘文化旅游景点。年末，短裙苗旅游文化配套基础设施项目完成主体工程；风电场项目征地250.45亩，兑现征地款315.5万元。完成九十九园区茶文旅项目休闲步道、观景亭等建设，大塘九丰生态农业园蔬菜陆续上市。完成杉木社会造林补植补造和荒山造林480亩，累计完成春、秋松材线虫病普查29300亩。兑现公益林和退耕还林补助284.87万元，按照每年1万元的劳务补贴方式实行生态护林有偿管理，聘用贫困户劳动力为生态护林员179名，切实做好生态补偿脱贫。

【省州帮扶】 用好省、州帮扶力量，省纪委监委先后选派干部9名，组成前线工作队定点帮扶大塘镇深度贫困村4个；省委常委、省纪委书记、大塘镇（极贫镇）定点包干脱贫攻坚指挥部指挥长夏红民先后深入大塘镇调研指导脱贫攻坚工作5次，先后对大塘镇脱贫攻坚工作作出批示7次。省纪委副书记、监委会副主任、大塘镇定点包干脱贫攻坚指挥部常务副指挥长黄文胜，省纪委常委、省委巡视办主任、大塘镇定点包干脱贫攻坚指挥部前线工作队队长梁伟，州委、州政府、州纪委、县委、县政府主要领导等各级领导干部挂帅督战，累计协调落实帮扶资金16.33亿元，2018年帮助引进《西江盛典》、九丰公司高产蔬菜项目等落地大塘，协调开展一批社会捐赠，加强项目建设的督促检查和民生资金监督，切实有效助力大塘镇脱贫攻坚。省国资委先后选派干部8名，定点帮扶深度贫困村6个；省国资委党委书记、主任、大塘镇定点包干脱贫攻坚指挥部副指挥长汤向前，深入大塘镇调研指导，先后协调建工集团、黔晟国资和机场集团等国企9家，帮扶筹资1亿元建设大塘镇中药材智慧生态循环经济扶贫产业园，2018年先后争取帮助帮扶村改善基础设施和更新办公设备等资金200余万元。

【大塘镇3000多贫困人口喝上“放心水”】 6月1日，由雷山县水务局、县财政局、县发改局、县扶贫办、县卫计局等部门组成的验收小组，对大塘镇2017年农村饮水安全巩固提升工程进行县级完工验收，原则同意通过县级完工验收。大塘镇2017年农村饮水安全巩固提升工程总投资322.39万元，于2017年12月开工建设，2018年5月20日完工，有效解决大塘镇12个村9363人（贫困人口3099人）的饮水难和不安全问题。

【大塘镇召开“抓党建、带产业、促脱贫”现场培训会暨九丰农业蔬菜种植推广现场观摩会】 6月28日，大塘镇召开“抓党建、带产业、促脱贫”现场培训会暨九丰农业蔬菜种植推广现场观摩会。观摩会表彰南脑村、新塘村等10个先进集体和钱朝安、蒲世民等30名优秀个人。

【黔晟中药材公司与大塘镇三农合作社签订黄精种植协议】 8月27日，贵州省雷山县黔晟中药材公司与大塘镇三农合作社签订黄精种植协议，黔晟中药材公司董事长陈星，雷山县人大常委会副主任、大塘镇党委书记张洪智参加。2018年1—7月，黔晟中药材公司累计完成投资约3250万元，建成标准化薄膜大棚3个共4160平方米和标准化玻璃大棚2个共2195平方米，组培、粗加工、仓储等建筑框架工程完成地面二层建设工作；完成种植示范基地栀子药材800亩，黄精1000亩，金丝黄菊、天冬等药材200亩，项目实施在用地、用工及药材种植共覆盖823户2859人（贫困户415户1422人），共支付租金、工资等479.5万元，每户年增收5800余元，人均年增收为1600多元。

永乐镇

【概　况】 永乐镇位于雷山县城东南部，镇政府驻地距雷山县城55公里。海拔630米，东接榕江县，南与达地水族乡相邻，西与桃江乡和丹寨县排调镇接壤，北与方祥乡、大塘镇毗邻，地处北纬26° 7′ 23″～26° 8′ 35″和东经108° 6′ 37″～108° 18′ 10″，地势东西窄，南北长。全镇总面积257平方公里，其中耕地面积18515.85亩，林地面积134748亩。

清代，永乐镇属都匀八寨厅（今丹寨县）。民国时期，隶属独山专区八寨县。民国9年（1920年），隶属八寨县第五区。民国21年（1932年），置永乐镇，以后均为乡。1961年8月划属雷山县。1984年置乡级镇。1992年3月，撤区并乡建镇，将开屯乡、排告乡、柳乌乡、乔桑乡、永乐乡5个乡合建永乐镇，下辖永乐、肖家、乔歪、格益、加支、加鸟、党开、天马山、也牛、岩寨、丛木、小开屯、乔洛、柳乌、柳排、长坡、乔配、排告、加勇、和平、乔桑、坝子、高枧、高庄、草坪、大寨、也牛共27个行政村和1个永乐居民委员会、248个村民小组、127个自然寨。

永乐镇地处都柳江源头，南部大部分地区属温暖区和温和气候区。气候比较温和，立体气候明显，降雨量充沛，冬无严寒、夏无酷暑，年均气温15℃～17℃，无霜期250～270天，年降雨量1350～1500毫米。主产水稻、小麦、玉米、油菜籽、辣椒等。矿藏主要有锑矿。矿点主要分布在苦李冲、永乐、开屯、乔洛、乔歪、也牛、高庄等地。苦李冲、开屯锑矿地处雷公山自然保护区内属限制开采区。

2018年末，全镇有5592户28460人。农业人口27297人，占95.92%；非农业人口1163人，占4.08%。苗族20716人，占总人口的72.78%；汉族3558人，占12.5%；侗族1663人，占5.84%；水族1842人，占6.47%；瑶族438人，占1.54%；其他少数民族243人，占0.85%。

【基础设施建设】 全镇2018年“组组通”公路拟修43条，总里程87.92公里，其中开工42条，竣工39条；完成财政奖补“一事一议”项目，寨内步道硬化72.26公里，累计安装完成7个行政村太阳能路灯460盏；完成乔歪、草坪、高庄等村委楼主体工程建设，完成天马山、乔洛等村卫生室主体工程9个。

【产业扶贫】 全面推进农业产业结构调整，调减玉米种植2990亩，替代作物面积1690亩。提升改造完成低产茶园面积1500亩。全镇建档立卡贫困户完成稻田养鱼面积4000亩，黑毛猪养殖3100头，小黄牛养殖2613头，蜜蜂养殖400箱，竹鼠养殖3000只，梅花鹿养殖180头，野猪养殖100头。年内共获得扶贫项目7个，资金683.1万元，项目竣工率达57.14%，资金报账率达77.56%。获得村集体经济项目3个，获批资金376.1万元，项目报账资金235.05万元，报账率62.5%。

【易地搬迁】 开展2016年易地扶贫搬迁拆旧督导工作，完成旧房拆除81栋，占任务数的105.1%。完成2017年度易地扶贫搬迁安置房抽签、钥匙发放333户1361人，入住176户720人。完成2018年易地扶贫搬迁安置房抽签174户662人、跨区域搬迁安置房抽签20户84人。

【社会保障】 全镇实现义务教育阶段无学生因贫辍学目标。组织各村指挥所开展2015—2018年度非义务教育阶段建档立卡贫困户学生享受教育资助情况排查，排查出疑似漏助学生324名，并及时将漏助信息汇总上报县教育资助中心，经过比对核实兑现教育资助学生248名；向西江旅游公司申报全镇非义务教育阶段助学金学生407人。全镇筹资参合25052人，参合率为102.52%；经排查全镇重大疾病患者有351人，并分村建立台账，研判兑现全镇2017年贫困人口住院农合报销比例未达90%的补足资金63.5万元；兑现全镇2018年贫困人口住院补偿未达90%的补足资金25.82万元；2018年完成家庭医生签约2377户8667人。进一步夯实各村住房保障基础，全镇完成农村危房改造350户、破旧房改造692户、单独改厨158户。2018年，全镇有城低保16户22人，累计发放城低保金12.88万元；有农低保1527户5336人，累计发放农低保金934.32万元。全镇有特困供养人员160名，累计发放资金153.9万元；全镇有孤儿21名，累计发放资金20.16万元；全镇有高龄老人369名，累计发放补助资金13.99万元；经摸底排查，全镇有留守儿童285名；落实优抚对象抚恤补助相关政策，兑现发放抚恤资金20.17万元，发放优抚资金41.68万元。发放自然灾害救助资金50万元、棉被260床、大米38700公斤，发放春节慰问金2.76万元。开展大病医疗救助125人次19.88万元；开展临时救助292人次50.14万元。残疾人参合113人，扶持残疾家庭创业就业示范户3户，发放资金1.2万元；一、二类残疾重度补贴352人，发放资金23.72万元，发放残疾人凝冻寒冷补贴0.84万元。

【扶贫问题整治】 针对各村排查出疑似漏评、错评（四有人员），全员信息不准，逻辑关系错误等问题，由镇扶贫工作站分类建立台账，镇党委、镇政府召开会议逐一分析研判，提出初步处理意见反馈至各村。村级复核复查，召开会议严格按照程序开展评议，提出整治意见，并公示评议结果。经镇级审核和县公示公告，全镇漏评户整户新增28户85人，错评户拟整户清退123户442人，户内错评15户22人，户内漏人新增103户176人，自然增加95户115人，自然减少164户181人。专项治理后，贫困发生率从治理前的16.31%降低至16.2%，贫困发生率保持稳定。全镇累计完成破旧房改造692户，其中四类重点对象为439户。在资金使用不规范专项治理方面，为加强对村级财务的管理，2018年1月起，全镇基本实现27个村财务管理“村财镇管”全覆盖，统一由镇财政所审核把关，进一步规范村级财务管理；由镇财政所、扶贫工作站、农业服务中心等部门组成工作组，对全镇闲置扶贫资金进行清查，累计清查出闲置扶贫资金278.2万元，其中闲置1～2年的有144.5万元，闲置2年以上的有0.64万元；项目推进缓慢造成闲置资金118.7万元，项目竣工结余资金25.8万元，并将项目结余资金重新申请调整使用。在扶贫领域腐败和不正之风专项治理方面，深入开展扶贫领域“护民生、促脱贫”专项行动，累计发现2017年度涉及享受非惠普制政策的国家公职人员及其近亲属人员有90人，村干部及其近亲属人员有96人，建档立卡贫困户涉及的“四有人员”有538户2195人，清退123户442人；镇党委、镇政府组成专项督查组，定期或不定期对脱贫攻坚各项工作开展督查，年内累计通报16期5人次，提醒谈话114人次，批评教育11人次：发现涉及贪污贿赂、以权谋私，以及向扶贫项目资金、惠农资金、基础设施建设资金伸黑手问题线索20个，经过分析研判和调查核实后，部分问题作答复，信访了结6件，立案3件。在开展东西部扶贫协作存在问题专项治理方面，组成东西部扶贫项目协作督导专班，全镇获批帮扶项目5个，获批资金150万元，其中投资30万元的乔歪村步道硬化项目完成并通过县级验收；投资30万元的乔歪村家庭农场养殖项目建成并通过镇、县级验收；投资30万元的乔歪村辣椒种植项目完成种植61.35亩，建成辣椒烘干房2个；投资40万元的排告小学修缮项目建成并通过镇、县级验收；投资20万元的柳排村茶叶加工厂项目完成场平。在农村饮水安全巩固提升专项治理方面，巩固和完善加勇村、乔配村、高庄村、草坪村、小开屯村、丛木村、肖家村、乔洛村、岩寨村的人饮工程。

【贫困发生率】 2018年，全镇共有建档立卡贫困人口2382户8979人，贫困发生率从2014年初的34.12%降至2017年底的16.24%，脱贫1060户3792人，2018年底综合贫困发生率降至1.9%以内。

【就业培训】 全年开展劳动力蔬菜种植培训500余人次；开展贫困劳动力技术培训600人次（易地搬迁移民89人）；年内完成全镇劳动力就业培训2000余人次。组织参加杭州市帮扶专场招聘会2期300余人次。

【林业生态】 年内，全镇累计踏查民用材2259.4立方米，商品材516.85立方米，检尺调运旧房材料75.66立方米；检尺松杉木料108.31立方米、楠竹300根；参加公益林政策性森林火灾保险8个村6837户65994.53亩；累计兑现公益林、退耕还林、造林等补偿资金145万元；完成2017年新一轮退耕还林设计工作1500亩；完成国家公益林的落界核实31061.38亩；完成春秋两季松材线虫病调查4.81万亩；悬挂横幅标语30余条，发放禁火令1000余份，在各行政村主要进山路口设立“两防”守卡点34个，组建30人以上村级义务灭火队伍27支；接镇内贫困户劳动力为护林员153人。

【农机茶药】 完成农机补贴登记115台，发放补贴资金3.99万元；完成拖拉机年检21台，签订拖拉机驾驶责任状24份。完成低产幼龄茶叶改造示范面积2018亩，覆盖茶农233户938人，其中覆盖贫困户茶农168户677人。完成党参、茯苓、黄精、淫羊藿、前胡、瓜蒌、天冬、生姜等中药材种植共5000余亩。

【“三变三资”核查】 开展“三变”改革农村产权确权和村集体“三资”清理核查及登记等基础性工作，引导成立村级集体经济组织27个，覆盖贫困人口2439户8596人；通过“三变”，新组建专业合作社参与改革27个，带动村集体入股资金1200万元，农民入股资金100万元，农民入股变为股东2439户，整合各类资金1500万元。

【畜牧业】 全镇生猪存栏7864头、牛存栏2946头、羊存栏496只、禽类存栏13722羽（鸡存栏13436羽，鸭存栏212羽，鹅存栏74羽），马存栏156匹，犬存栏1126只。生猪出栏10422头（黑毛猪出栏5823头），牛出栏1249头，羊出栏257只，土鸡出栏7640羽，肉类总产量971.64吨。禽蛋产量2.82吨；牛杂交改良210头，猪杂交改良1820头。

【综治工作】 与各村、各单位签订信访、综治、禁毒、反邪教等目标责任书4500余份，开展各类法规知识宣传咨询活动4场次，发放扫黑除恶、禁毒、反邪教等10余种法律法规知识宣传资料8000余份，接受教育的群众和学生累计2万余人。接待群众电话来访22件，办结18件，办理中4件。排查各类矛盾纠纷22起，调处率和调处成功率均达100%。全镇发生刑事案件15起，破案3起；立治安案件11起，查处8起，待处3起。排查全镇出租房屋49家，流入镇辖区暂住人口有103人。上访事项查处结果书面答复率达100%，接转办信访案件12件，办结8件，在办理中4件。排查整治学校及周边治安秩序，在11所学校开展思想道德和法制教育13次。

【卫计文化】 全年门诊1.32万人次，住院992人次；总收入258.6万元，较2017年增长65.58%；健康扶贫工作在2018年的全县健康扶贫工作会上作经验交流发言，全镇医疗健康扶贫工作先后在省、州、县等媒体刊播16次。上半年全县公共卫生考核排名第二。全年收取社抚费14万元。全年开展免费孕前优生健康检查246人，完成率为100%。春节期间开展文化活动，涉及村（居）28个，举办“三下乡”专场演出3场次，组织申报非物质文化遗产传承人5人，完成农家书屋书籍发放工作。

【经济普查】 成立第四次全国经济普查工作领导小组，开展第四次全国经济普查工作，选聘普查指导员和普查员12名，全镇完成前期摸底普查登记上报单位327个、个体户723户。

【土地管理】 全镇完成村民建房用地勘测工作2个批次。完成雷榕高速公路征地1650亩，发放征地资金382.5万元。召开专题会议，安排部署全镇国土资源的保护与利用工作，与村（居）签订《永乐镇2018年国土资源目标管理责任书》28份。开展国土资源动态巡查工作，查处违法用地3宗0.83亩。发放“土地管理法律法规明白卡”“地质灾害防治明白书”等宣传资料200余份，与28个村（居）签订地质灾害防治目标责任书28份。组织镇安监站、综治办、卫计院、派出所、国土所等部门在格益等4个村长高寨等7个地灾隐患点开展突发性地质灾害避险逃生应急演练4次。

【环境整治】 集中整治农村突出的环境卫生脏乱差问题。建立由建档立卡贫困户劳动力组成的公益性岗位队伍，划分保洁区域进行。由村级指挥所组织“第一书记”、驻村工作队员和群众，在重点节假日和每月开展大扫除1次。争取到县市政局划拨的垃圾清运车14辆，配置垃圾箱1237个，投入资金1.77万元采购垃圾清运手推车5辆、垃圾桶134个。聘请集镇保洁员4名、村级保洁员78名，负责全镇28个村（居）的环境清洁工作。

【雷榕高速公路永乐匝道工程正式开工】 3月28日，雷榕高速公路永乐匝道工程举行开工仪式，该工程连接S308省道和雷榕高速公路。

【杭州上城区清波街道到永乐调研扶贫产业项目】 7月4日，杭州市上城区清波街道到永乐镇排告村调研校园建设和产业发展，并组织召开座谈会。会上上城区清波街道向永乐镇捐赠10万元扶贫资金。

郎德镇

【概　况】 郎德镇位于雷山县西北部，距县城15公里，距州府凯里市29公里。镇境北接凯里市三棵树镇，东接西江镇，南与丹江镇连接，西与望丰乡接壤。总面积73.35平方公里；耕地面积1027公顷，其中田702公顷、土325公顷。森林覆盖率达69.5%，林地面积占总面积的19.07%，草地面积占总面积的28%。

镇境属北亚热带季风性湿润气候，冬无严寒、夏无酷暑，无霜期长，雨热同季，热量和水资源丰富。山地气候差异明显，年最高气温35℃，最低气温–8.7℃，一般年均气温15℃左右，年均日照1237.5小时以上，年降雨量1336毫米左右，春夏偏多，秋冬偏少。土壤以pH值为6.5的黄壤为主，质地良好，土质疏松、腐层深厚，水质无任何污染，特有的光温湿度及土壤肥力条件极适宜于林木及猕猴桃、中药材的生长。

全镇辖下郎德、上郎德、报德、也利、乌流、也改、排夫、乌瓦、乌肖、乌吉民、南猛、老猫、杨柳13个行政村、123个村民小组、41个自然寨共2797户，总人口10963人；其中少数民族人口10742人，占97.98%。镇政府驻下郎德村，海拔750米。

境内苗族文化资源丰富，是有名的苗族风情旅游景区，有“中国民间艺术之乡”“全国重点文物保护单位”郎德上寨、“芦笙舞之乡”南猛村和“中国木鼓舞之乡”乌流村。

【脱贫研判与产业扶贫】 从2018年4月开始，以“七类特定群体”为重点，围绕“两不愁三保障”和“排他性因素”，对照识别标准和程序，全面启动开展漏评错评和错退专项治理工作，并于7月31日前完成信息录入，全镇有贫困户810户3031人。2018年10月11日战区指挥部对全镇13个村2018年拟脱贫建档立卡贫困户进行集中研判，拟脱贫296户1023人，其中放心户265户922人，缺项户31户101人。投入资金800万元发展订单蔬菜产业，受益农户2180户9000人（贫困户716户2650人）。建成占地面积121亩的食用菌产业园1个，每年可产食用菌棒1000万棒，年内产菌棒20万棒，推广吊脚楼家庭食用菌微农场87户，种植食用菌面积达452亩，累计产值达200万元，受益农户540户2200人（贫困户416户1226人）。以黑毛猪、黄牛等为重点，大力发展畜牧养殖产业，其中大牲畜出栏1800头、家禽出栏3816羽，产值达1600万元，覆盖农户2260户9800人（贫困户750户2750人）。投入资金300万元，累计完成精品水果种植面积1200亩，实现产值200万元，受益农户200户1600人（贫困户76户268人）。

【基础设施建设】 大力推进农村“组组通”三年大决战，年初统计全镇需要建设通组公路29条总里程78.8公里，涉及全镇13个村29个村民小组（自然寨）。实施郎望公路升级改造工程，建成南猛、上郎德等村产业路24.5公里。2018年，实施农村饮水安全项目16个，总投资324万元，完成投资226.1万元，建成项目9个；解决饮水困难1048户（贫困户769户1350人）。完成乌吉民、乌瓦、下郎德3个村电改1014户；积极争取“传统村落”保护项目，完成农村人居环境整治工程2个（报德村、乌流村），先后投入资金1000万元，新增步道硬化10000余平方米，新增村民活动场所6000余平方米。

【易地搬迁】 完成2016年易地扶贫搬迁104户397人，累计发放易地扶贫搬迁一次性补助资金58.5万元，涉及103户390人。2017年易地扶贫搬迁入住119户503人。2017年跨行政区域搬迁5户20人，抽签3户14人。2018年易地扶贫搬迁动员77户288人，启动抽签动员工作，于10月30日到雷山县丹江镇羊排广场抽签。完成2016年易地扶贫搬迁19户的旧房拆除工作，完成率100%；复垦复绿完成13户，完成率为68.42%。落实2017年易地扶贫搬迁就业119户，完成率为100%，实现搬迁户户均稳定就业1人以上。

【“三保障”工作】 扎实推进教育精准扶贫，做好农村贫困家庭学生“控辍保学”工作。落实多元扶持与资助政策，精准扶持资助建档立卡贫困户及“边缘户”贫困学生，落实补助普高（中职）学生135人、大专学生131人、本科学生69人，资助非义务教育阶段“边缘户”贫困学生20人。开展扫盲培训8期256人次。全面落实“四重医疗保障”制度，推行农村贫困人口家庭医生签约全覆盖，抓好大病专项救治和慢性病健康管理工作，遏制农村群众因病致贫和因病返贫现象发生。全镇有重大病患者22人、慢性疾病患者279人，均获得医疗报销；建档立卡贫困人口住院累计412人，获得医疗救助307人，获得医疗救助总金额17.91万元，医疗救助率为74.5%。积极动员群众参加农村医疗合作保险，全镇参合人口9839人，其中贫困人口3031人，贫困人口参合率达100%。全镇危房改造累计竣工81户，完成率77.88%；破旧房改造竣工117户，完成率91.41%。

【村镇保洁】 推行农村垃圾清扫保洁模式，全镇有垃圾车7辆、垃圾转运车1辆、焚烧炉2个；建成垃圾处理站1个，占地面积120平方米。13个行政村配备保洁员、垃圾运输员35名，建设垃圾集中收集处理点，配备密闭移动垃圾箱34个。垃圾统一收集到镇垃圾中转站后再转运至县城处理，农村寨内公共区域生活垃圾实现日产日清。建成传统村落污水处理系统9个、湿地污水处理池11个，全镇生活污水无害化处理率达85%。

【扶贫问题治理】 把脱贫攻坚存在问题整改作为脱贫攻坚工作重点和补短板、强基础的重要内容，作为脱贫攻坚工作提质增效的重要抓手。围绕以贫困人口漏评错评错退、农村危房改造不到位、农村饮水安全巩固提升不到位、扶贫资金使用不规范、“四场硬仗”存在问题、东西部扶贫协作存在问题、扶贫领域腐败和不正之风八个方面为主要内容开展专项治理。选优配强驻村人员31人，“网格化”管理干部73人，加强驻村人员培训，解决干部能力不足、政策不熟问题。利用新时代农民讲习所，累计开展思想教育宣传和感恩教育活动60期2420人次，开展农技培训30期8256人次，占全镇总人口71%；开展“高价彩礼、滥办酒席、争当贫困户、环境脏乱差”专项整治工作宣传50次，治理次数15次，全镇13个村将治理内容纳入村规民约；加强宣传教育，动员贫困户参与因户施策、先建后补项目实施200户，通过食用菌技术培训和养猪技术培训，在郎德镇欧波农合作社和郎德景区实现稳定就业100余人，在食用菌基地、养殖基地、蔬菜基地做临工50余人，贫困户获得“特惠贷”分红公益性岗位安排614个。

【产业调整】 2018年，在全镇13个村级合作社（分社）的基础上，注册成立雷山县欧波农文旅专业合作社（总社），采取“总社＋分社＋农户”模式，明确总社负责产业扶贫项目的融资、招投标、物流运输、农产品销售，分社具体负责指导农户发展种植养殖产业，农户具体负责生产和采摘，在全镇范围内大力发展食用菌、订单蔬菜和黑毛猪养殖等产业，把总社、分社和农户的利益紧密连接起来。合作社牵头落地产业扶贫项目14个。多渠道筹资，在杨柳村建立的食用菌产业园区占地面积120亩，涵盖食用菌研发、菌棒生产及发菌、培训、销售等业务，年产菌棒1000万棒，第一批30万棒菌投产，产菌棒20万棒。由合作总社分别在也利村、南猛村、杨柳村和老猫村建立食用菌发菌示范基地，大棚占地总面积3.6万平方米，可发菌15万余棒，将带动附近村寨贫困户实现门口就业60人。探索搭建“ERP销存管理系统＋云计算＋网络商城”的“智慧产销”一体化大数据云平台，在13个村成立农产品供销服务实体店和“智慧产销”数据端，提高农户生产效率和总社的销售效率。筹资购买载重6吨运输车2辆，聘请专职驾驶员及管理员4人，组建运输队，搭建独立物流平台，并借助“智慧产销”一体化大数据云平台，随时到村到组到户收购农产品，确保全镇农产品销售渠道畅通。

【特色旅游】 依托国家AAAA级郎德旅游景区带动作用，充分利用得天独厚的旅游资源和民族文化优势，大力发展“旅游＋特色农业”。完成杉木造林面积329.3亩，完成花椒种植508亩。大力发展“旅游＋特色工业”，景区民族工艺品加工、销售店从5家发展到64家。大力发展“旅游＋特色服务业”和“旅游＋特色电商业”，全镇旅游接待户从12家发展到86家，民宿客栈从10余家发展到40余家，苗族服饰出租和摄影从6家发展到20余家。年末，郎德景区共接待游客40.57万人次，实现旅游综合收入3.44亿元。

【卫生计生】 郎德卫生院远程医疗救助点建成使用，有序推进医院扩建工作，全面宣传落实两孩政策。扎实开展生殖保健、优生指导、随访巡诊、基本免费生育四项服务。按照县“四重医疗保障”政策要求，镇卫生院设立一站式结算窗口，落实建档立卡贫困户“先诊疗，后付费”制度。全镇病人享受农合报销补助16757人次计645.98万元。全镇建立健康档案2475户8561份。为65岁以上老年人进行保健服务，完成体检598人。截至2018年9月30日，全镇出生108人，其中一孩出生27人、二孩及以上出生81人。常住人口出生83人，流动人口出生25人；政策内出生107人，政策外出生1人；男孩出生58人，女孩出生50人。常住人口出生率10.3‰，自然增长4.2‰。符合政策生育率99.1%，其中常住人口符合政策生育率98.6%，流动人口符合政策生育率100%。

【低保救助】 2018年，全镇享受农村低保512户1750人。累计发放各类优抚定补资金2.37万元、救助大米17115公斤。冬春救助棉被100床，救助总人口1462人。发放中央自然灾害补助资金1.5万元、2018冬春救助州级补助资金5000元、两批自然灾害资金2.6万元。累计受理医疗救助咨询280余件，其中符合条件给予办理121件，发放救助资金16.87万元。至10月，全镇累计办理临时救助26件，其中镇级办理3件，发放救助资金3000元，惠及6人。完成系统录入残疾658人，办理二代残疾人证260余人。全镇高龄老人有125人，累计发放高龄津贴6.89万元。

【综治工作】 组织镇综治办、司法所、安监办、派出所联合开展综治宣传活动15次，发放宣传资料8000余份，不断提高群众安全防范意识。按照小事不出村，大事不出镇的要求，年内累计排查出民间矛盾纠纷6起，调解成功5起；为困难群众、残疾人提供法律援助3件。

【爱心企业到雷山县郎德镇开展扶贫捐赠活动】 11月26日，由内蒙古燕谷坊集团牵头，壹点壹公益基金会、味来智选等企业共同组织的"壹点壹公益基金会 & 草原公益店铺'种子计划'启动暨爱心捐赠仪式"在雷山县郎德镇岔河小学举行，捐赠该校电子阅览室电脑12台。

【范省伟赴郎德镇督导调研脱贫攻坚工作】 11月28日，州委常委、州纪委书记、州监委主任范省伟一行到郎德镇调研脱贫攻坚工作。座谈会上，郎德镇党委书记陈继山向调研组汇报郎德镇脱贫攻坚工作开展情况。座谈会后，范省伟一行前往该镇乌肖村、乌瓦村、乌吉民村进行实地调研。

【郎德镇召开产业扶贫分红大会】 12月15日，郎德镇召开脱贫攻坚产业扶贫分红大会。县委常委、县纪委书记、县监委主任雷林多，副县长周骆斌，县人大常委会副主任向泽忠出席会议，郎德镇领导班子成员、欧波农理事会成员以及各村代表参会。会上，欧波农合作社提供分红资金123.15万元，郎德镇参与入股的820户贫困户均获得分红。

望丰乡

【概　况】 望丰乡位于雷山县西部，北界郎德镇与凯里市舟溪镇，西接丹寨县，南抵大塘镇，东与丹江镇相连。有雷（山）舟（溪）公路穿境而过，东通雷山县城，西抵凯里市舟溪镇。境内地势较低，南部最高山峰党欧神海拔1456米，其余均在1200米以下。东部有宽阔的河谷地带，西部为一谷地，南部略高。全乡总面积101.2平方公里，耕地面积10794亩，其中田7740亩、土3054亩。

清代望丰（堡）为丹江厅西部政治、经济、文化的中心。乾隆三年（1738年）设丹江厅乌叠司，并设乌叠铺，驻兵管理驿道及投递事宜。民国初年，设保、甲。民国20年（1931年）为丹江县第四区（西区）驻地，驻望丰堡（今望丰村），辖培新乡（今望丰新堡），合远乡（后改为乌江乡）、甘益乡（后改为公统乡），尧德乡（今报德）。民国33年（1944年）置雷山设治局望丰乡。1950年9月雷山解放，为雷山县望丰乡，含原乌江乡、公统乡、大塘乡的独南村等。1953年3月，乌江乡、公统乡分设，单置望丰乡。1954年，望丰乡、乌江乡、公统乡属雷山苗族自治县丹江区。1958年9月实行公社化时，望丰与公统、蜂糖（丰塘）、乌江、独南合建团结人民公社。1959年1月，雷山县合建凯里县后，望丰公社改称为望丰管理区。1961年8月，恢复雷山县建置，称望丰公社，含望丰、乌江、蜂糖（丰塘）、乌的。1963年，撤销望丰公社，分设望丰公社、乌江公社、公统公社，均属丹江区辖。1967年，公统公社改称红卫公社。1984年7月，撤销人民公社，恢复乡镇建置，改称望丰乡，同时红卫公社恢复称公统乡。1992年3月撤区并乡建镇，将望丰乡、乌江乡、公统乡合建望丰乡，乡政府驻地望丰村。辖望丰、乌迭、羊卡、乌局、三角田、青山、乌江、五星、乌的、荣防、掌窝、乌响、乌这、排肖、公统、丰塘、甘益，共17个行政村、62个自然寨、139个村民小组。2018年有4125户15719人。

【脱贫攻坚】 成立由乡党委书记、乡长任双指挥长的“减贫摘帽”总指挥部，由县委常委担任望丰战区指挥长，同时成立村级指挥所，构建上下联动、横向联合、齐抓共管的工作格局。研究制定《雷山县望丰乡2018年整乡减贫摘帽工作实施方案》及各类脱贫攻坚子方案13个。坚持每月召开党政班子会议或扶贫开发领导小组会议2次以上，对全乡脱贫攻坚工作进行微观调度，确保各项任务按既定时间节点落实。严格按照程序，完成新识别和返贫户信息采集工作，全乡新识别2018年建档立卡贫困户9户11人（特困分散供养6户6人、社会散居孤儿1户1人、困境儿童1户1人、漏评1户3人），返贫1户3人（主要劳动力患精神病，学生2人）；完成户内漏人识别5户5人，自然新增识别29户32人，自然减少识别35户45人。全乡有建档立卡贫困人口1345户5228人，已脱贫1233户4931人（2018年脱贫616户2370人），未脱贫112户297人，贫困发生率下降到1.99%。五星、荣防、乌的、乌响、掌窝、青山、三角田、公统8个村为贫困村，其中五星、荣防、青山、公统4个村为深度贫困村，乌的、三角田两个村分别于2016年和2017年脱贫出列，公统、青山、荣防、乌响4个村于2018年脱贫出列。

【产业扶贫】 全乡茶园总面积2.2万亩，人均茶园1.4亩，带动脱贫507户2093人；全乡种植玫瑰、青钱柳等中药材面积1.1万亩，带动脱贫400户1729人；全乡共有杨梅、梨子等精品水果基地9085亩，带动脱贫148户510人；全乡种植特色蔬菜面积年均8000余亩，带动脱贫529户2222人；全乡特色生猪养殖存栏8000余头，带动脱贫792户2361人。

【易地搬迁】 完成“十三五”期间易地扶贫搬迁635户2500人，其中巩固2016年易地扶贫搬迁162户608人,2017年易地扶贫搬迁223户976人，完成2018年易地扶贫搬迁任务240户916人。

【基础设施建设】 全乡“组组通”公路项目、农村饮水安全提升工程、“亮化”工程均实现全覆盖；2018年，全乡“一事一议”寨内步道硬化建设项目涉及村17个总里程26公里，完成24公里，年底实现全覆盖；全面改善农村人居环境，共配备垃圾清运车19辆，聘请垃圾清运车辆司机1名、保洁员22人，发放垃圾清理小推车85辆、环卫器材48套；完成传统村落污水处理系统收尾建设项目9个。

【社会保障】 推进“9+3”义务教育工作，学龄儿童入学率100%，全乡义务教育阶段没有辍学学生。2018年，全乡完成村级卫生室标准化建设8个；参加农村合作医疗15066人，贫困人口参合率达100%，贫困人口住院医疗费用报销比例达90%以上；完成农村危房改造440户，竣工率为100%；完成农村老旧房整治386户，竣工率为100%。全乡累计识别低保户547户1850人，其中贫困户365户1180人、非贫困户182户670人；五保户42户。

【扶贫问题整改】 认真做好督查反馈问题整改工作。一户一档资料收集完成90%，并进行查缺补漏工作；认真抓好省、州、县督查反馈问题整改，省督导组督导全乡累计发现问题66个，其中落实整改销号65个；州督导组督导全乡累计发现问题319个，其中落实整改销号311个；县“百日会战”综合督查组督查全乡累计发现问题1251个，其中落实整改销号1217个。

坚持问题导向，精心会诊、对症下药、各个击破。针对软件“不过硬”、硬件“还很软”问题，望丰战区围绕实现“一达标、两不愁、三保障”目标抓关键重点工作，共下达《督战令》30期，确保农村危房改造和破旧房改造、易地扶贫搬迁、教育医疗、公共服务设施、农村饮水安全等任务的完成。针对“底数不清楚、政策不掌握、识别不精准、群众不认可”等问题，望丰战区全面开展“请群众检查、让群众满意”暨“群众当检查组”活动。在推进每项重点工作时，由村支两委代表、建档立卡户代表、非贫困户代表、寨老代表、意见户代表等组成的群众检查组，围绕“一达标、两不愁、三保障”、“三率一度”、环境卫生、乡风文明建设等开展检查，有效推动各项工作的落实。年内，累计开展活动100次，参与群众963人次，其中贫困户代表578人次，干部参与296人次，检查684户，发现和解决问题475件。

【扶贫项目实施】 认真组织实施财政专项扶贫项目，完成2017年项目建设，资金备案率、资金报账率、项目竣工率、项目公示公告率均达100%。2018年，获得财政专项扶贫资金446万元，实施项目11个，其中完成县级验收项目6个、完成乡级验收申报县级验收中项目3个、竣工项目2个，资金备案率100%、资金报账率77%、项目竣工率81.8%、项目公示公告率100%。获得东西部扶贫协作杭州市对口帮扶项目资金441万元，覆盖贫困户991户3469人。获得社会帮扶项目（吉利和传化集团）资金2155万元，雷山脱贫攻坚茶旅文化示范项目建设在三角田村落地，2018年6月启动实施茶叶加工厂项目建设，厂房主体工程于2018年9月建成，10月7日试产，其他附属设施在建设中，项目建成后可推动三角田村、青山村和望丰村实现贫困户户均茶叶年收入达1.2万元，可通过收购茶青和分红惠及望丰乡17个村茶农1742户6097人、贫困户1345户5228人。全乡获得水电路房讯寨“六个小康”建设资金累计达3150万元。

【就业培训】 认真做好贫困劳动力和易地搬迁劳动力培训工作，全乡完成建档立卡贫困户集中培训755人，培训内容有农作物种植、中式烹调、维修电工等，实现就业436人。

【刘劲到望丰乡调研脱贫攻坚工作】 12月4日，县委常委、组织部部长、县委党校校长刘劲到望丰乡调研脱贫攻坚工作，实地察看贵州雷山云尖茶业有限公司，并与望丰乡党政班子成员座谈交流。

达地水族乡

【概　况】 达地水族乡地处雷山县南部，距县城86公里，东临榕江县塔石、三江乡，南靠三都水族自治县巫不、羊福乡，西连丹寨县雅灰乡，北与雷山县永乐镇毗邻。是雷山县最边远的乡镇，是雷山县东南部重要的商贸集镇。

达地水族乡辖行政村10个、居委会1个、村民小组97个、自然寨135个。全乡共有3174户、11574人，其中农业人口10958人占总人口94.68%，非农业人口616人占5.32%；苗族4710人占总人口40.69%，水族4609人占39.82%，汉族1575人占13.61%，瑶族525人占4.54%，其他少数民族155人占1.34%。全乡总面积72.9平方公里，总耕地面积7487亩（田6658亩，土829亩）；平均海拔825米，最高海拔1472米，最低海拔484米，年平均降雨量1900毫米。

【脱贫攻坚】 组建由乡党政班子成员、包（驻）村干部、帮扶干部、村干部组成的信息工作队伍，以建档立卡贫困户信息核查和扶贫政策宣传为重点，逐村逐户开展精准识别“大回访”、精准退出“大筛查”，围绕“三率一度”，紧扣“一达标、两不愁、三保障”目标要求，认真开展贫困人口精准识别和精准退出查缺补漏工作。完成全乡建档立卡贫困户走访回访2889户11497人，全乡建档立卡贫困户1195户5108人，其中脱贫1114户4904人、未脱贫81户204人；2018年脱贫352户1377人，贫困发生率为2.01%。2017年脱贫出列也蒙村、里勇村；2018年脱贫出列乌达、小乌、背略、达地、达勒、高车6个村。

全乡第一批破旧房改造任务110户、第二批破旧房改造任务279户，年内完成农村危房改造66户和破旧房改造389户；完成2017年第一批、第二批易地扶贫搬迁入住及后续管理服务265户1145人；完成2015年生态移民安置点搬迁入住工作；完成2016年搬迁对象旧房拆除95户，宅基地复垦复绿50户6.75亩；2018年动员易地扶贫搬迁对象抽签分房281户1053人；累计开展建筑、民族手工艺、厨艺等就业技能培训14期736人，确保搬迁户户均实现就业1人以上。

【基础设施建设】 全乡完成"组组通"公路建设项目2个，总里程4.73公里；按照"四好农村路"标准，加大对全乡通村通组公路边沟、涵洞排水不畅、塌方、管护不到位等问题的处理力度，出台《达地水族乡农村公路管理工作制度》，按属地划分明确农村公路管理范围和内容的行政村有10个，总里程128公里。完成达地至塔石、达地至乌空、达地宋家路口至同鸟、达地至背略、达地至里勇等公路改造提升和"窄改宽"项目，完成200万元少数民族发展资金串户步道硬化项目，年内竣工投入使用。总投资133.91万元，完成农村饮水安全巩固提升工程建设并投入使用4个；完成全乡电网改造工程；完成全乡基站建设工程。完成2018年财政奖补"一事一议"太阳能路灯项目建设，建成717盏；投入资金19万元，完成2018年"一事一议"寨内步道硬化项目建设，总里程4.2公里。

【产业调整】 全乡有茶园面积2.08万亩、初级茶叶加工厂7家。茶青收购82.5吨，收购资金165万元，惠及农户1150余户，其中贫困户800余户，平均每户增收1400余元；青钱柳、天麻、白及、独角莲、金钩藤等中药材种植累计面积达6800亩；加快以蔬菜为主的短、平、快增收项目建设，完成蔬菜种植1000余亩，总产值达150余万元。抓好"一减四增"产业结构调整，全乡玉米调减种植面积达2130.6亩，生猪存栏9160头，大牲畜存栏2468头，畜禽肉产量1200余吨，鱼产量130吨；中药材等经济作物的种植面积达6800亩；建有农民专业合作社19家。

【扶贫项目实施】 2014—2018年，全乡共获批实施财政专项扶贫资金项目45个（含财政资金村集体经济项目2个，资金200万元），涉及扶贫资金2867.89万元，覆盖农户2300余户。年底，扶贫项目累计报账2556.82万元，报账率为95.83%；其中2014—2017年财政项目35个（含滞留结余资金），资金2073.09万元，累计报账率为100%。其他建设项目8个，投入财政专项资金594.8万元，累计报账547.22万元，报账率92%。2016—2018年；累计获批杭州对口帮扶项目4个，总投入对口帮扶资金183万元。全乡村集体和"三变"项目资金1092万元，其中有一部分转投西江旅游公司，贫困户得到效益分红70%。因户施策自选项目实施991户，覆盖全乡贫困户82.85%。乌达村食用菌产业投产。也蒙村蔬菜（西葫芦）种植效益初显。全年累计办理"特惠贷"1135户，贷款总金额5567.9万元。

【社会保障】 全面排查统计各年龄段辍学儿童，确保适龄儿童入学；全面核准省内外就读大中专院校以上学生和建档立卡贫困户及"边缘户"贫困学生，认真贯彻落实好各级各类学生资助政策，实现学前教育、义务教育"营养计划""三免两补"全覆盖，非义务教育阶段教育扶贫专项资金全覆盖，做到应补尽补，精准资助。全乡参合10595人，参合率100%，其中贫困人口参合5108人，参合率达100%；贫困户家庭医生签约率达100%；贫困户参合补助10.59万元；通过"三个一批"排查，贫困人口罹患24种重大疾病54人，非贫困人口罹患24种重大疾病45人，贫困人口罹患39种慢病181人，非贫困人口罹患39种慢病172人；全面落实社会兜底保障政策，全年发放农村低保金261.24万元，涉及237户694人，发放城镇低保金7.53万元，涉及8户10人；发放自然灾害生活补助资金30万元，救助872户1752人，发放2017—2018年冬春救助棉被200床，救助200户；发放80周岁以上高龄老人津贴133人10.08万元；发放农村分散特困供养生活补助金30.06万元，惠及农户32户35人；发放重点优抚对象9人抚恤金11.6万元；发放60周岁以上农村籍退役军人生活补助28人资金5.6万元。

【社会帮扶】浙江省杭州市上城区望江街道资助困难学生助学金10万元，帮扶高车村养牛项目93万元，帮扶乌空、排老、达地和乌达4个深度贫困村公益性岗位就业资金10万元；北京市房山区韩村河镇韩村河村帮扶背略村带动茶叶产业土地流转资金25万元；广东省清远市英德市英红镇锦田村帮扶里勇村垫资建设产业路3.2公里和里勇村幼儿园；民进黔东南州委帮扶资金12万元，并引进佳和盛世置业有限公司帮扶资金5万元。

【林业生态】2018年，全乡退耕还林任务1000亩，发放杉木苗65000株、青钱柳苗24000株；完成2017年公益林生态补偿21.89万元和2018年公益林生态补偿25.02万元，发放10个村10名建档立卡贫困户护林员补助资金10万元。严格落实“河长制”，加强对辖区内河流环境卫生治理工作。根据村寨情况划分保洁区域，组建建档立卡贫困户劳动力公益性岗位队伍，对各村的通村公路、寨内步道等公共区域进行保洁，定期组织参与环境卫生整治工作；争取到县市政局划拨垃圾清运车15辆，配置垃圾箱99个、果皮箱639个，聘请乡级保洁员7名、村级保洁员105名，负责全乡11个村（居）的环境卫生清洁工作。

【就业培训】走访就业困难人员和零就业家庭58户；完成城镇新增就业90人，失业人员实现再就业6人，农村富余劳动力转移就业420人；完成贫困劳动力技能培训18期818人。

【教育卫生】加快发展学前教育、巩固提升义务教育，配合加快推进村级幼儿园建设；持续加大“控辍保学”力度，实现小学、初中无辍学；完成村卫生室建设8个（维修2个），启动乡卫生院新楼建设。计生工作由控制人口数量为主向提升素质、优化结构转变，由管理为主向服务转变，全面开展免费孕前优生健康检查，全年完成免孕检58对116人、妇检49人。

【安全生产】年内，完成辖区非危险化学品、烟花爆竹等企业安全检查52次；完成农村消防、农村道路交通等重点领域安全隐患排查治理420次；督促各村“两委”组织警务助理及群众开展消防安全演练20余次；全面督查辖区内各村寨及企业安全生产，张贴宣传资料3500份，整改各类安全隐患58起，开展红白喜事打招呼162次。

【社会治安】年内累计排查矛盾纠纷22起，调解22起，成功化解20起；信访案件6件，受理6件，成功化解6件。利用宣传标语、横幅、喇叭、微信群、QQ群等有效形式广泛开展扫黑除恶专项斗争宣传，累计向群众发放宣传资料4000余份，并利用民族节日开展平安建设主题宣传活动。

【文化活动与文化场所建设】引导排老、乌达等村民间举办2018年达地瓜年活动，保护、传承和挖掘民族文化，不断提高达地水族乡对外知名度和美誉度。完成乡民族文化博物馆、乌空村民族文化活动场所等项目建设；完成同鸟水寨、马路苗寨传统村落消防设施项目和环境综合整治项目建设；完成里勇村、小乌村党赖组、背略村平寨组的民族民间活动场所项目建设。

方祥乡

【概　况】方祥乡位于雷山县东部，雷公山东南麓，地处雷公山国家级自然保护区内，地跨北纬26°19′19″～26°29′30″，东经108°11′34″～108°19′53″，东抵台江、剑河、榕江三县，南连永乐镇，西邻丹江镇和大塘镇，北同西江镇接壤，政府驻地平祥村距县城47公里。全乡属于雷公山国家级自然保护区核心区，总面积144.4平方公里，其中耕地面积13.39万亩，林地面积20.5万亩，森林覆盖率达84.6%。方祥乡是全省100个一类重点扶贫乡镇之一。

境内雷公山主脉两面环绕，群山环峙，峰峦绵亘。雷公山国家级自然保护区主体大部分在其境内。格头一带，为古亚热带植物区系孑遗物种的秃杉成片群落区，是国内仅存三个地区中面积最大、数量最多的一处。河流主要有乌迷河和南哨河（毛坪河），两河分别发源于雷公山东坡和南坡，均属清水江水系。乌迷河自西南向东北流入台江，南哨河自西向东南流经榕江县境，汇入剑河。两河水流湍急，具有较大的水力开发利用价值。全乡河流可发电装机储量9000千瓦以上，实际开发装机1930千瓦。两河谷地区年平均气温14.3℃～15.8℃，无霜期230～241天。西、北、东部地区气候温凉，日照偏少，多阴云雨雾罩，春季升温迟，秋季降温早，秋风及倒春寒等自然灾害频繁，对粮食生产制约较大，适宜于林木、茶叶、中药材生长。主产水稻、小米。矿藏主要有硅、锑等。多金属矿点分布在雷公山自然保护区内，列为禁止开采区。

乡政府驻地海拔895米，辖平祥、毛坪、雀鸟、格头、陡寨、水寨、提香7个村民委员会，44个村民小组，10个自然寨，2018年有1592户5992人，民族以苗族为主。雷（山）毛（坪）公路穿越境内南部进入榕江县小丹江。

【脱贫攻坚】 组建村级脱贫攻坚指挥所7个，以县直帮扶单位主要领导担任第一指挥长、指挥长，下派帮扶单位60%以上干部驻村开展脱贫攻坚工作，全乡有驻村第一书记7人，驻村干部14人，网格员47人，同步小康工作组干部35人。组织驻村工作组、村指挥所成员等集中开展各类脱贫攻坚业务知识培训22期1626人次；发放政策明白卡4600余份，利用村级广播、村级公示栏、帮扶干部“扶贫日”走访、回访等形式向贫困户讲解精准扶贫政策6400余户次；制作“四卡合一”明约栏600余张；入户开展就业推荐宣传4500余次；组织召开院坝会、座谈会、村民小组会、群众大会336次参会6100余人次，大幅度提升群众对精准扶贫政策知晓率。2018年，通过村级分析研判及村民会议后上报乡级公示退出173户611人，整户漏评1户1人，户内漏人3户3人，自然增加14户16人，自然减少13户18人，返贫2户8人，户内错评2户2人。完成2018年退出贫困户的信息核查和系统录入工作，完成贫困户档案建档500余户。105名干部结对帮扶贫困户585户2123人。年内脱贫175户611人，其中放心户138户493人，缺项户37户118人。毛坪村减少贫困人口162人，贫困发生率下降至1.82%；陡寨村减少贫困人口99人，贫困发生率下降至1.87%；提香村减少贫困人口149人，贫困发生率下降至1.67%；平祥村减少贫困人口61人，贫困发生率下降至1.82%。全乡2018年脱贫174户614人。全乡尚有贫困人口53户114人，综合贫困发生率下降至1.97%。2018年易地扶贫搬迁108户393人，全乡累计完成搬迁370户1450人。帮扶干部利用每周五、周六“帮扶日”走访入户，帮助贫困户解决生产生活困难，累计组织贫困户开展房前屋后、室内外、厨房环境卫生整治3500余户次；帮扶干部累计帮助解决贫困户难题1200余个，宣传扶贫政策4300余人次，出资为贫困户购置布衣柜、碗柜等150余件。

【基础设施建设】 通过排查，全乡所有通村公路硬化率、符合通客运条件的村寨通客运率、农村公路养护率、重点路段安全隐患治理率均达100%。累计投入各类资金200余万元，完成水寨村公路硬化1公里、雀鸟村进寨公路和产业路硬化1.5公里、陡寨村产业路及通组公路硬化1.8公里、平祥村通组公路1.5公里。投入资金440余万元，完成寨内串户步道硬化7000余平方米和平祥、水寨的排污工程建设。全面实施新一轮农村电网升级改造工程，年内完成电网改造农户达100%；投资100余万元完成毛坪新村用电、平祥村电网升级改造等工程。2018年，全乡各村有线电视网络、固定宽带、无线通信网络覆盖率均达100%。

【产业发展】 2018年累计投入资金507.75万元，其中财政扶贫资金337万元（基础设施10万元、村集体经济153.8万元、产业发展173.2万元），杭州对口帮扶资金170.75万元。种植天麻面积75亩，商品天麻产值750万元，覆盖农户779户3032人（贫困户180户716人），人均可增收2400余元；青钱柳种植面积4000亩，可采摘面积1000亩，覆盖农户1600户6180人（贫困户526户1894人），人均增收310元；茶叶种植7260亩，可采摘面积1800亩，覆盖农户1516户6010人（贫困户558户2090人），人均增收287元；黑毛猪存栏3600余头，带动农户1100户4180人（贫困户468户1687人），人均增收860元；稻田养鱼面积800亩，带动农户1200户4560人（贫困户488户1757人），人均增收273元；蜜蜂养殖700箱，带动农户220户858人（贫困户130户468人），人均增收407元。

【集体经济】 年内，累计到村集体经济和“三变”资金1126.85万元，均投入西江旅游公司以7%的比例保底分红，同时各村都按照7∶3的比例将所获得的收益分配给贫困户。2017年，累计获得分红资金54.85万元，其中陡寨村13.76万元、格头村12.81万元、毛坪村7.28万元、雀鸟村8.4万元、水寨村4.2万元、提香村4.2万元、平祥村4.2万元，受益农户1617户（贫困户577户），非贫困户户均分红126.58元，贫困户户均分红570.39元。2018年，累计获得分红71.88万元。

【小额信贷】 年内，全乡参加扶贫小额贷款546户，其中还贷款2户，签约投入西江旅游公司542户（陡寨村78户，格头村46户，毛坪村94户，平祥村107户，雀鸟村59户，水寨村84户，提香村74户），转入贷款资金2710万元；因错评、死亡绝户、判刑收监等原因，向西江旅游公司申请退本返利7户（毛坪村2户，平祥村3户，雀鸟村1户，提香村1户）；发展产业2户（平祥村1户，提香村2户），贷款资金19万元。2016—2018年，共贴息243.42万元，其中2018年贴息119.3万元。

【“三保障”】 深入开展“控辍保学”、教育“9+3”和普通高中以上建档立卡贫困学生救助工作。全乡适龄儿童入学率达100%，落实教育精准扶贫资助学生149人次，累计发放补助资金29.88万元，实现建档立卡贫困户教育保障全覆盖。全乡在校学生共984人，其中建档立卡贫困户学生307人。义务教育阶段及以下建档立卡贫困户在校生186人，普通高中及以上建档立卡贫困户在校生93人，均享受建档立卡贫困户学生资助。全乡义务教育阶段残疾学生有4人，入学4人。同时充分利用农民夜校和讲习所，抓好扫盲和脱盲后继续教育。全乡举办缺技术建档立卡贫困户劳动力厨师电工技能培训3期142人次。2018年，全乡参合1582户5794人，参合率达100.78%。卫生院门诊、住院报销和省外报销累计20969人次，报销总金额614.09万元。排查建档立卡贫困人口住院报销未达90%以上有152人次，按程序补报兑现。2018年，全乡危房改造任务数为20户，年内竣工18户；老旧房整治302户，竣工293户。

【环境整治】 抓好农村人居环境整治。全乡新增村保洁员55名，累计组织动员贫困户1300余人参加公益性劳动54场次，组织农户开展卫生环境整治1900余户次，累计开展村寨卫生清洁风暴行动87次，清理垃圾68吨，村容寨貌、人居环境得到进一步改善和提升。

【农业结构调整】 2018年，开展农业结构调整工作，农作物种植面积2166亩，其中蔬菜338亩，水果750亩，中药材天麻270亩、青钱柳780亩，食用菌香菇大棚15个种植12万棒，其他经济作物28亩。全乡茶园面积6743亩，可采摘面积2600余亩，茶青产量355.75吨，产值1650万元；有大小茶叶加工厂5个，加工茶叶98余吨。全乡改造低产茶园面积982.61亩；中药材种植面积累计达7066亩，其中冰球子285亩、天麻1392亩（55680平方米）、铁皮石斛403亩（26880丛）、青钱柳4076亩、钩藤220亩、雷公藤156亩、黄柏79亩；完成折耳根种植面积254亩、魔芋种植面积136亩、朝天椒种植面积500亩、山药种植面积65亩。2018年，全乡黑毛猪生猪存栏3452头，禽类存栏4717羽，牛存栏522头，羊存栏298只；全乡猪出栏1876头，牛出栏36头，羊出栏125只，禽类出栏2106羽；肉类总产量为150.66吨，总产值达468.98万元，其中猪肉产量141.25吨，牛肉产量4.53吨，羊肉产量1.98吨，禽肉产量2.9吨。

集中开展农产品质量安全培训2次，累计受训60余人；完成农产品检测样品4477个；完成农户农业保险投保1622户5254.26亩。累计完成精品果树种植3.65万株，退耕还林面积为500亩。

【民生计生】 2018年，全乡实现城镇新增就业89人，其中失业人员再就业6人、困难人员就业6人，自主创业10人；农村富余劳动力转移就业410人，参加就业创业培训560余人次。2018年农村新型养老保险参保2132人，收缴养老金21.29万余元。其中领取待遇857人，全年累计发放养老金77.13万元，办理养老保险待遇申请26人，办理死亡人员注销28人，新参保366人。全乡有农低保411户1310人，累计发放农村低保资金134.07万元；发放2017—2018年冬春救助棉被170人170床，发放2018年农村低保季节性缺粮户救助粮食1127包16905公斤。累计发放80周岁以上老人高龄津贴4.95万元。累计发放护林员工资5.04万元。2018年出生54人，性别比107.7（女为100），人口出生率9.12‰，人口自然增长率1.52‰。

【综合治理】 累计排查农村消防、道路交通、烟花爆竹、建筑施工、地质灾害及食品等安全隐患59处，整改59处，设立安全警示牌42块；建立各村机动车及驾驶员登记台账。召开驾驶员道路交通安全警示教育培训会13次，受训500余人次。签订乡与村、村与组、组与户道路交通责任状1600余份和道路交通安全承诺书500余份，登记劝导车辆300余辆次。签订2018年冬季春季森林防火责任书7份。开展食品卫生安全检查排查工作，检查个体户13户、饮食店3户；检查学校食堂食品卫生8次，签订食品安全责任书7份。开展“扫黑除恶”专项行动16次，接处警12件48人次，出警48人次，辖区无涉黑涉恶违法犯罪案件发生；开展依法治理宣传教育活动25场次；举办法制宣传讲座21场次（校园法律宣传讲座13场次）；悬挂宣传横标14幅，张贴宣传标语350幅；发放法律常识普及读本2490余本；发放印有法律知识的围腰388张；发放宣传资料3130余份；开展集中宣传活动9场次，接待法律咨询19人次，提供法律援助1件，陈列宣传展板48幅，受教育1362人。年内调解各类纠纷12起，调解成功12起，调解成功率为100%。

【搬迁补偿】 完成雷公山国家级自然保护区核心区毛坪村脚访自然寨住户搬迁拆迁10户、养殖3户，兑现拆迁补偿资金231万余元；完成雀鸟村养殖场拆迁2个，兑现补偿资金44万余元。

【移风易俗】 根据《雷山县文明委倡导全县推行“六个一”规范农村酒席操办实施办法》，完成格头村、雀鸟村合约食堂示范点建设。同时，开展高价彩礼、滥办酒席、争当贫困户、环境脏乱差等专项整治工作，将整治内容纳入《村规民约》，累计开展宣传治理116次，利用新时代农民讲习所开展宣传教育85期。

【方祥乡首个“合约食堂”开业】 6月2日，方祥乡首个“合约食堂”在格头村开业，为一对新婚夫妇操办婚宴。为规范农村操办酒席，提倡节约、杜绝浪费，格头村建立完善“合约食堂”酒席申报、安全管理、卫生消毒等制度。

人　物

王先贵

王先贵　男，苗族，1979年10月20日生，雷山县望丰乡人，大学本科学历，中共党员。2003年8月至2008年10月，为雷山民族中学教师，2008年10月至2009年2月，为贵州省雷山县国家保密局工作员；2009年2月至8月，任雷山县委办公室秘书一股股长，2009年8月至2016年12月，先后任雷山县委政策研究室副主任、雷山县委办公室副主任、县委政策研究室主任、雷山县同步小康创建活动领导小组办公室副主任（兼），2016年12月至2017年4月，任雷山县中等职业学校校长；2017年4月起任贵州省雷山县望丰乡党委副书记、乡长。

2017年4月王先贵任望丰乡人民政府乡长后，积极推进大扶贫战略行动，先后开展春季攻势、夏季大比武和秋季攻势，集中优势兵力打好基础设施、易地扶贫搬迁、产业扶贫、教育医疗住房“三保障”四场硬仗。2017年，全乡共脱贫197户783人，贫困人口减少到2460人，1个贫困村出列，贫困发生率下降到15.65%，脱贫攻坚首战告捷。

为准确把握贫困村、贫困户的真实状况，2018年他走遍全乡17个行政村、62个自然寨、139个村民小组的田间地头，走访三分之一左右的贫困群众。通过深入调查研究，对全乡的贫困状况、经济发展现状、致贫原因、群众脱贫愿望及贫困户需求等有了更深刻的认识，通过开展大排查、大回访查漏补缺工作，全乡整户新增漏评81户289人，自然新增和系统漏人新增119户201人，自然减少133户134人，整户清退21户71人。精准识别出建档立卡贫困户1296户5001人，真正解决“帮扶谁”的问题。

他强化工作落实，组织力量高质量打好四场硬仗。高质量抓好“组组通”公路建设，望丰乡完成30户以上“组组通”项目，启动实施30户以下“组组通”项目。农村饮水安全提升工程“全覆盖”，完成9个传统村落消防设施建设，实现农村饮水和消防用水分离。高质量抓好易地扶贫搬迁，完成2014年、2016年搬迁对象302户1410人；完成2015年生态移民搬迁、2017年及2018年易地扶贫搬迁和跨行政区域搬迁对象核定任务；完成2015年分散安置验收兑现15户63人，完成集中安置点28户132人的安置房屋建设验收工作。高质量抓好产业扶贫项目，扎实开展脱贫攻坚“春季攻势”“夏季大比武”“秋季攻势”等行动，全年共投入扶贫资金585.2万元，项目备案率、启动率均达100%。建成乌局村茶叶加工厂并投入使用，望丰村、荣防村茶叶（青钱柳）加工厂项目建设稳步推进；建成青山村黑毛猪养殖场；完成公统杨梅园改造提升200亩，建成公统村杨梅园交易市场；启动实施五星村中华蜂养殖基础建设项目。完成低产茶园改造2500亩，全乡茶园面积达22064.33亩，人均茶园达1.47亩，可采茶园面积达1.6万亩，全年茶青产量420吨，干茶产量71吨，实现综合产值达5000万元；青钱柳、玫瑰花、金丝黄菊等中药材种植累计面积1.1万亩；建成冬荪试验种植基地；生猪存栏8000余头，出栏8120头，年肉产量81吨。同时，全乡建成农村电子商务服务站（点）共22个，实现村村全覆盖，其中乡级综合电商中心1个、贵农网点18个，邮乐网点3个，杨梅、金秋梨、山野菜、中药材累计线上销售额达80多万元。高质量抓好教育医疗住房“三保障”，坚持教育事业优先发展，“9+3”义务教育工作顺利推进，学龄儿童入学率100%，义务教育基本均衡发展工作顺利通过国家验收，基本普及十五年教育和党政主要领导及人民政府履行教育工作情况“两项教育督导”工作顺利通过省人民政府验收。2017年“雨露计划·圆梦行动”受助贫困大学生25人，受助金额10万元。卫计事业健康发展，建成望丰乡中心卫生院“五室一中心”远程医疗服务室和望丰乡中心卫生院中医馆，全面开展农民健康检查、妇幼卫生和免疫工作，全乡参合率达98.2%，贫困人口参合率达100%，全面落实“五重医疗救助”政策，门诊、住院补助655.38万元。投入资金157.5万元，完成农村危房改造440户，同步启动实施“三改”65户；启动望丰乡总体规划编制工作，完善乡村规划设计，提升城乡规划管理水平。

因工作突出，2018年7月王先贵被中共贵州省委表彰为“全省脱贫攻坚优秀共产党员”。

王泽智

王泽智 男，苗族，1983年5月生，雷山县大塘镇人，大学本科学历，中共党员。2011年10月至2013年11月，为贵州省雷山县桃江乡人力资源和社会保障服务中心工作员、主任，2013年11月至2015年1月，为雷山县大塘镇人力资源和社会保障服务中心工作员，2015年2月起，为贵州省雷山县非公有制企业和社会组织工委办公室工作员、综合股股长，2016年9月起任贵州省雷山县大塘镇龙河村第一书记。

2016年9月驻村开展工作后，王泽智从环境卫生整治到壮大村集体经济，从入户摸底扶贫基础数据到发展特色种植养殖产业，认真履行职责，安心驻村，真心帮民，得到当地群众一致认可。

在走访时王泽智发现部分农户家里既有大学生又有高中生，家庭负担较重但又不是建档立卡贫困户，有的家庭为不让孩子辍学常年外出务工。在2016年底开展“回头看”工作时，组织村“两委”成立评议小组，通过群众大会把家里有高中以上在读学生且家庭负担较重的22户家庭纳入建档立卡贫困户，精准开展扶贫工作。

龙河村是雷山县二类贫困村，距县城37公里，海拔802米，山高坡陡，全村由5个自然寨组成，居住较为分散，村里有407人长期外出务工。为发展壮大村集体经济，王泽智和村“两委”成员多方考察学习，选择发展羊肚菌、生姜产业。经过协调争取到20万元项目资金。为实施好项目，王泽智组织村“两委”和村合作社成员到湖南等地考察，采集龙河村土壤标本送去检测，确定是否适宜发展上述产业。2017年10月，与合作公司签订羊肚菌菌种销售与产品回收合同，正式启动实施羊肚菌种植项目。是年，龙河村通过种植羊肚菌、生姜，为村集体增收40余万元，覆盖贫困户106户413人。

为改变群众出行难、无路灯的状况，他争取到“通组公路”硬化项目资金9万元、青石板步道硬化资金30万元、太阳能路灯建设资金42.9万元、消防设施建设资金63万元、停车场建设资金5.1万元，硬化通组公路300米，青石步道硬化150米，建成太阳能路灯150盏。他积极协调爱心企业到村开展贫困户春节、“六一”等慰问活动，发放慰问金3万元，架起干群“连心桥”。

因工作突出，2018年7月王泽智被中共贵州省委表彰为“全省脱贫攻坚优秀共产党员”。

余　晖

余　晖　男，汉族，1983年1月生，安徽金寨人，大学本科学历，中共党员。

2005年7月至2006年6月，为中国国际扶贫中心见习人员，2006年6月至2009年10月，为中国国际扶贫中心综合处科员，2009年10月至2012年10月，为中国国际扶贫中心培训处副主任科员、交流处副主任科员，2012年10月起，为中国国际扶贫中心交流处主任科员。

2017年8月，余晖被派驻贵州省黔东南州雷山县郎德镇南猛村任第一书记。他组建融合一、二、三产业发展的南猛村共济乡村旅游专业合作社，成为南猛村脱贫攻坚的“中心枢纽”。为经营好合作社，余晖带领村“两委”成员探索出新路子。从老党员杨金文手中流转出150多亩茶园，由村合作社经营2年，走上正轨。合作社创办的南猛共济烤鱼店，客源和知名度得到提升。为进一步激发村民尤其是建档立卡贫困户的内生动力，茶园由合作社承包给村民，由村民自行经营管理，烤鱼店也承包给村民，自负盈亏。争取到2016年发展壮大村集体经济党建扶贫示范点建设项目100万元，用于购买九黎部落门面，采取承包经营的形式来增加收入给贫困户分红。在余晖等帮扶干部用心用情用力帮扶下，南猛村成为全县第一个“无闲人”“无闲田”“无闲钱”的“三无村”，成为集体经济超100万元的村。

余晖组织实施“梯田花海”项目发展旅游业。他和村“两委”成员挨家挨户做群众思想工作。经协商，98%以上村民同意把自家在寨子周围的农田全部流转到合作社，共计300亩。“梯田花海”总投资150万元，完成向日葵、白日草、波斯菊等观赏型花种种植。同时，在农户房前屋后配套种植1500株樱桃树和1500株桃树，建设观景台、农家乐、观光步道、旅游公厕和铁索桥等基础设施，初步实现“一步一景”。旅游项目实施惠及农户194户756人。

余晖争取到财政扶贫项目资金200万元，发展食用菌产业。建设占地约38亩的食用菌种植大棚，项目建成后，可种植玉木耳137500棒，年产值可达61万元。他加强村里的基础设施建设，争取到项目资金560万元，启动实施3条生产公路建设共12公里。

因工作突出，2018年7月，余晖先后被中共黔东南州委、中共贵州省委表彰为“全州脱贫攻坚优秀党务工作者”“全省脱贫攻坚优秀村第一书记”。

杨　冰

杨　冰　男，苗族，1970年12月生，贵州省丹寨县人，大学本科学历，中共党员。1995年5月至2001年5月，为黔东南州政府办公室工作员、科员；2005年5月至2002年7月，任黔东南州政府办公室项目科副科长；2002年7月至2008年5月，先后任黔东南州政府办公室农业科、秘书七科、秘书四科科长；2008年5月至2011年10月，任锦屏县副县长；2011年10月至2017年7月，任黔东南州政府副秘书长、州政府督查室主任、州政府办党组成员。2017年7月起，任中共雷山县委副书记。

杨冰任中共雷山县委副书记后，把主要工作精力放在抓好全县脱贫攻坚工作上。他立足工作实际，理思路、抓重点、细谋划、破难点，尽心尽力履行岗位职责，坚持以脱贫攻坚统揽经济社会发展全局，较好地开创新的工作局面。

杨冰组织实施大扶贫战略行动，集中优势兵力全力打好农村“组组通”公路三年大决战、易地扶贫搬迁、产业扶贫、教育医疗住房“三保障”

四场硬仗，全县减少贫困人口2200户8963人，有13个贫困村出列，贫困发生率从2016年的19.59%下降到13.37%。雷山县在贵州省2017年市县两级党委和政府脱贫攻坚成效考核评价排第8名。

杨冰围绕提高“两率一度”，结合脱贫攻坚任务，紧紧围绕县委、县政府的决策部署，认真开展遍访贫困村贫困户和建档立卡“回头看”等工作，摸实情，搞调研，从实际出发认真细致抓好精准扶贫、精准脱贫，组织各乡镇和扶贫办等部门的精兵强将开展漏评错评和错退专项治理工作，新纳入建档立卡贫困户2590户4863人，剔除1649户2158人，净增941户2705人，进一步夯实扶贫“精准”基础。

杨冰在工作中坚持把产业扶贫作为主攻方向，组织驻村工作队员引导贫困户实施每户补助3000元的因户施策项目，主攻乡村旅游、茶叶、蔬菜、食用菌、中药材、生态畜禽等产业，大力发展有市场前景、贫困户参与度高和受益面广的特色产业，做到村村有主导产业、户户有增收项目、人人有脱贫门路。推进全县农业结构战略性调整，完成蔬菜种植面积2.72万亩，投产茶园面积12.71万亩，食用菌栽培166万棒，中药材新增面积1.89万亩，生态家禽出笼8.63万羽，禽蛋273.3吨，大牲畜出栏0.18万头，生猪出栏1.95万头。认真组织持续抓好社保兜底扶贫，累计发放低保、医疗救助、临时救助、五保供养、自然救助等民政资金达6267.55万元。持续抓好生态补偿扶贫，全县累计兑现公益林补偿金达1194万元，覆盖全县8个乡镇2.37万户。吸纳272名有劳动能力的贫困人口就地转成护林员。持续抓好金融扶贫，累计发放“特惠贷”4.47亿元，惠及贫困户9025户。

杨冰不断创新发展思路，将基层党建工作与精准扶贫工作紧密融合，在全县154个村组建以第一书记或村党支部书记为队长的“党员脱贫攻坚先锋队”。推行“党支部＋龙头企业＋合作社＋农户”模式，农户以土地、山林、房屋等资源入股合作社，由合作社实行“统一管理、统一营销”，产生经济效益后，利润实行按股分红。完成土地流转（入股）合作社4166亩［其中茶园1916亩、耕地（田土）1150亩、山林400亩、果园700亩］，房屋入股合作社1400余栋。全县共投入村级集体经济发展资金达3.45亿元。

为抓好社会帮扶工作，杨冰积极主动联系，经多次调研，利用好国务院扶贫办、杭州市上城区以及省纪委、省国资委等帮扶雷山的各类资源。吉利控股集团有限公司和雷山县签订《吉利控股集团帮扶雷山县茶旅结合扶贫示范项目战略合作协议书》，吉利控股集团投资2000万元资金帮助建设雷山县茶旅文化示范项目，推动雷山县茶产业发展，助力雷山脱贫攻坚。

因工作突出，2018年7月杨冰被中共贵州省委表彰为“全省脱贫攻坚优秀共产党员”。

附 录

中共雷山县委　雷山县人民政府
关于推进乡村振兴战略的实施意见

（雷党发〔2018〕1号）

（2018年4月10日）

为进一步贯彻好党的十九大战略部署，落实好《中共中央国务院关于实施乡村振兴战略的意见》（中发〔2018〕1号）、《中共贵州省委贵州省人民政府关于乡村振兴战略的实施意见》（黔党发〔2018〕1号）精神，全面贯彻落实中央、省委、州委农村工作会议精神，扎实推进新时代雷山乡村全面振兴，现结合我县实际，制定本实施意见。

一、实施乡村振兴战略的总体要求

（一）重要意义。实施乡村振兴战略，是以习近平同志为核心的党中央作出的重大战略部署，是决胜全面建成小康社会、全面建设社会主义现代化国家的重大历史任务，是解决人民日益增长的美好生活需要和不平衡不充分的发展之间矛盾的必然要求，是新时代“三农”工作的总抓手，是我县决胜脱贫攻坚、加快农业农村现代化的重大机遇。全县上下务必牢固树立“四个意识”，深刻认识实施乡村振兴战略的重大意义，把思想和行动统一到党中央、省委、州委部署上来，切实增强责任感使命感紧迫感，举全县之力，聚各方之智，奋力推动农业全面升级、农村全面进步、农民全面发展，谱写新时代雷山乡村全面振兴新篇章，奋力开创雷山百姓富、生态美的绿色发展新未来。

（二）指导思想。以习近平新时代中国特色社会主义思想为指导，全面贯彻党的十九大精神和习近平总书记在贵州省代表团重要讲话精神，全面贯彻落实中央、省委、州委农村工作会议各项部署，加强党对“三农”工作的领导，坚持稳中求进工作总基调，牢固树立新发展理念，落实高质量发展的要求，统筹推进“五位一体”总体布局和协调推进“四个全面”战略布局，大力培育和弘扬新时代贵州精神，坚持把解决好“三农”问题作为全县工作重中之重，坚持农业农村优先发展，按照产业兴旺、生态宜居、乡风文明、治理有效、生活富裕的总要求，加快建立城乡融合发展体制机制和政策体系，统筹推进农村经济、政治、文化、社会、生态文明和党的建设，守好发展和生态两条底线，用好生态环境和民族文化“两个宝贝”，坚决高质量打赢打好精准脱贫攻坚战，加快推进农业农村现代化，走中国特色社会主义乡村振兴道路，让农业成为有奔头的产业，让农民成为有吸引力的职业，让农村成为安居乐业的美丽家园。

（三）目标任务。紧紧围绕决胜脱贫攻坚、同步全面小康、开启农业农村现代化新征程的整体布局，以打造“四在农家·美丽乡村”升级版为主抓手，远谋近施，分阶段推进。

2018年，制定并启动实施乡村振兴建设五年规划，全县农村经济和社会事业实现高质量发展。第一产业增加值同比增长7%左右；农民人均可支配收入同比增长12.5%左右；减少农村贫困人口16000人，减少贫困村50个，到2018年末贫困发生率降至1.94%以内，实现整县“减贫摘帽”目标；促进农村劳动力转移就业2000人，引导1000名农民工返乡创业就业；完成农村“组组通”公路171公里，改造农村危房1000户，农村集中供水率100%、自来水普及率95%以上，电网供电可靠率99.7%，建成6000户农村无害化卫生厕所、21个村公厕；新增“三品一标”农产品种植面积5000亩，打响雷山无公害绿色有机农产品品牌；学前三年毛入园率、九年义务教育巩固率、高中阶段教育毛入学率分别达88.9%、91%、90%以上；完成154个村农民体育健身工程，建设农村幸福院4个，农村低保平均保障标准提高到3908元/年，农村社区服务站覆盖100%的行政村；中心乡镇卫生院100%达到甲等乡镇卫生院标准；森林覆盖率稳定在72.5%以上。

至2020年，与全国全省全州同步实现全面小康，乡村振兴取得重要进展，加快推进农业农村现代化建设。美丽宜居乡村建设扎实推进，农村基础设施和农村人居环境明显改善，公路实现组组通，完成新一轮农村电网改造，完成农村厕所改造，森林覆盖率达75%以上；现代山地特色高效农业持续发展，无公害绿色有机农产品产地认证面积3.5万亩以上，农业生产能力和供给水平明显增强，农业综合生产能力稳步提升，农业供给体系质量明显提高，农村一二三产业融合发展水平进一步提升；农民增收渠道进一步拓宽，农民人均可支配收入达1万元以上，农村民生保障和社会事业加快发展，城乡居民生活水平差距持续缩小，共同富裕的制度基础基本形成；以党组织为核心的农村基层组织建设进一步加强，乡村治理体系进一步完善，农村文明新风进一步提升；培育一批产业发展型、乡村旅游型、民族特色型、生态保护型、城郊集约型、文化传承型、康体养生型示范村寨。

到本届政府任期届满时，在社会主义现代化新征程上迈出乡村振兴新步伐。农村生态宜居初步实现，饮用水水质全部达标，垃圾无害化处理率达到90%以上，森林覆盖率保持在75%以上；山地现代农业产业体系、生产体系、经营体系建设取得明显进展，农村产业结构持续优化，经济作物占种植业比重提高到70%以上，畜牧业占农业总产值比重提高到40%以上。城乡融合发展体制机制初步建立，城乡居民收入比收窄到3∶1以下，基本公共服务均等化水平进一步提高，乡村治理进一步完善，治理能力现代化水平明显提升。

至2035年，全县乡村振兴取得决定性进展，农业农村现代化基本实现。

至2050年，与全国一道实现乡村全面振兴，农业强、农村美、农民富全面实现。

（四）基本原则

——坚持党管农村工作。毫不动摇地坚持和加强党对农村工作的领导，健全党管农村工作领导体制机制和党内法规，确保党在农村工作中始终总揽全局、协调各方，为实施乡村振兴战略提供坚强有力的政治保障。

——坚持农业农村优先发展。把实施乡村振兴战略作为全县的共同意志、共同行动，做到认识统一、步调一致，注重协同性、关联性，在干部配备上优先考虑，在要素配置上优先满足，在资金投入上优先保障，在公共服务上优先安排，加快补齐农业农村短板，推进乡村全面振兴。

——坚持农民主体地位。充分尊重农民意愿，切实发挥农民在乡村振兴中的主体作用，调动农民的积极性、主动性、创造性，发动农民建设美丽家园，把维护农民群众根本利益、促进农民共同富裕作为出发点和落脚点，促进农民持续增收，不断提升农民的获得感、幸福感、安全感。

——坚持城乡融合发展。坚持全面深化改革，坚决破除束缚城乡要素自由流动、束缚农村生产力发展体制机制弊端，推动新型工业化、信息化、城镇化、农业现代化同步发展，加快形成工农互促、城乡互补、全面融合、共同发展的新型工农城乡关系。

——坚持生态优先绿色发展。牢固树立和践行绿水青山就是金山银山的理念，全面落实节约优先、保护优先、自然恢复为主的方针，统筹山水林田湖草系统治理，严守生态保护红线，以绿色发展引领乡村振兴。

——坚持因地制宜突出特色。科学把握乡村的差异性和发展走势分化特征，做好顶层设计、注重规划先行，把握主要抓手、推广成功模式，尊重基层首创、重视典型引路，划分发展类型、践行分类指导，久久为功，扎实推进。

二、坚决高质量打赢打好精准脱贫攻坚战，加快实现生活富裕目标

（一）把摆脱贫困作为乡村振兴的首要任务。围绕2018年整县“减贫摘帽”目标，深入贯彻落实精准扶贫精准脱贫基本方略，落实好坚决打好精准脱贫攻坚战三年行动指导意见，按照“一达标、两不愁、三保障”和“四个切实”“五个一批”“六个精准”的要求，瞄准贫困人口精准帮扶，压紧压实脱贫攻坚责任，强化扶贫领域监督执纪问责，更加注重提高脱贫质量，切实做到责任落实、政策落实、工作落实，确保标注准确、退出真实，实现脱真贫、真脱贫。

（二）高质量打好脱贫攻坚“四场硬仗”。1.高质量打好基础设施建设硬仗。持续打好农村基础设施建设硬仗，重点加快农村通组公路建设，确保至2018年10月底，高质量完成全县171公里的组组通公路硬化建设。同时，按照“四好农村路”的要求，将县、乡、村、组路全部纳入养护范围，养护费用纳入财政预算，既要把农村公路建好，更要管好、护好、运营好，为广大农民脱贫致富奔小康提供更好交通保障。持续加大农村水利项目建设力度，加快补齐供排水、污水处理等基础设施建设短板，进一步改善农村生产生活条件。

2.高质量打好产业扶贫硬仗。坚持把产业扶贫作为主攻方向，坚持强龙头、创品牌、带农户，积极推广“乡村旅游+”产业扶贫模式，千方百计争取产业扶贫基金和旅游产业发展子基金，以“龙头企业+合作社（党支部）+贫困户”为抓手，全面推进农业产业结构战略性调整，扎实抓好“一县一业”产业发展，指导各乡镇、各村按照“一乡一特、一村一品”的要求，围绕乡村旅游、茶叶、大宗蔬菜、食用菌、中药材、生态畜禽等特色养殖产业，因地制宜选好选准主导产业，每个乡镇必须有1个特色种类，每个村必须有1个优势品种，搞好布局，集中连片发展，扩大产业规模。以贫困户稳定收益增收脱贫为核心，创新产销对接机制和利益联结机制，让产业发展有效惠及广大农户，让贫困户在产业链上稳定受益，实现增收脱贫致富。

3.高质量打好易地扶贫搬迁硬仗。坚持县城集中安置，全力加快城南易地扶贫搬迁小镇建设，确保在2018年4月底前全面完成2017年工程建设任务，6月底前全面完成搬迁任务，力争10月底前确保12月底前完成2018年易地扶贫搬迁任务。扎实做好搬迁人口后续发展工作，精准落实“一步搬到位、六个全覆盖”政策，确保有劳动力的搬迁户每户至少有一人熟练掌握一门技术，有一个以上稳定就业岗位，确保搬得出、稳得住、能脱贫。

4.高质量打好教育医疗住房“三保障”硬

仗。全力抓好教育保障政策落实。落实好建档立卡贫困户及“边缘户”贫困学生教育扶贫全覆盖政策，落实好各项教育扶贫政策，与建工集团共同实施好1000万元教育扶贫专项资金连续滚动四年帮扶计划，确保不让一名贫困学生因贫失学，确保不让一户农户因学致贫。加快推进农村贫困劳动力全员培训和上岗就业。加大职业教育精准脱贫班招生宣传力度，积极动员贫困初、高中应届毕业生进入职业教育精准脱贫班学习，努力实现“职教一人，就业一个，脱贫一家”。全力抓好医疗保障政策落实。落实好农村贫困人口“五重医疗保障”政策，确保建档立卡贫困人口到公立医院治疗合规费用全额报销，农村贫困人口100%参合（保）。开展大病集中救治，落实“定点医院、定诊疗方案、定单病种收费标准、定联动报销比例”等“四定”措施；全面提升36种慢性病保障水平，实施慢性病签约服务管理；积极开展医生巡诊义诊活动，实行医生定期到乡镇卫生院、村卫生室坐诊，指导基层做好疾病诊断、治疗、康复工作，让贫困群众看得起病、看得好病、减少生病，从根本上遏制因病致贫、因病返贫。全力抓好住房保障政策落实。对贫困户住房保障不达标的，全面实施改造和建设，及时足额拨付项目资金，倒排工期计划，落实时间表、路线图、责任人，保障各项计划任务顺利推进，确保困难群众住有所居、居有所安。鼓励和支持农村建筑工匠带头人及贫困户参与农村“危改”“三改”工程建设。

（三）激发贫困人口内生动力。坚持扶贫与扶志、扶智相结合，坚持救急纾困和内生脱贫相结合，以新时代农民讲习所为主要平台，办好脱贫攻坚农民夜校，广泛宣传党的十九大精神及“三农”、脱贫攻坚政策措施，提升贫困群众发展生产和务工就业基本技能，引导贫困群众克服等靠要思想。依托中小学教育资源，广泛发动农村教师，会同乡镇干部重点对少数民族、老年人、妇女等实施脱盲再教育，2018年完成2000人次的扫盲培训任务。大力弘扬新时代贵州精神，积极开展“主动脱贫光荣、争当贫困户可耻”主题教育活动，积极宣传脱贫攻坚先进人物和典型事迹，促进形成自强自立、争先脱贫的精神风貌。改进帮扶方式方法，鼓励勤劳致富，鞭策消极懒惰。

三、加快推动乡村产业高质量融合发展，着力筑牢产业兴旺基础

（一）全面推广“乡村旅游+”特色产业发展模式，积极构建一二三产业融合发展体系。按照“全域旅游化、全县景区化”的思路，在“全景式打造，全季节体验，全产业发展，全社会参与，全方位服务，全区域管理”上精准发力、持续用力，全力打造雷山文化旅游升级版，让游客在雷山行之顺心、住之安心、食之放心、娱之开心、购之称心、游之舒心。加快西江景区提质扩容和申报AAAAA级景区的工作，加快雷公山景区、郎德景区、大塘景区开发，加快以开屯、也蒙为重点的南部苗族农耕文化旅游带打造，逐步向58个传统村落、民族特色村寨拓展，形成相互支撑的景区体系，提升雷山旅游的核心竞争力和品牌影响力，推动旅游业持续“井喷”。强化利益联结，按照“股份合作型”“劳动就业型”“辐射带动型”的旅游扶贫模式，让建档立卡贫困户在产业链上尽快受益。千方百计做好“旅游+”这篇大文章，促进一二三产业深度融合发展。狠抓“旅游+特色农业”，围绕乡村旅游，大力发展茶叶、中药材、蔬菜、食用菌、生态畜禽等特色山地农业，推动绿色农产品持续“泉涌”。按照一园一特色、一园多看点的方向，打造一批现代山地特色高效农业观光园，把农业园区做成旅游景区，把农特商品做成旅游商品，把美丽乡村做成游客集散平台。2018年，建成循环农业、创意农业、农耕体验三位一体的“农文旅”乡村旅游综合体1个；至2020年，打造完成5个，实现以农促旅、以旅兴农的有机结合。狠抓“旅游+

特色绿色工业”，深入实施工业倍增计划和绿色园区建设行动，加快推进乌开工业小区和螺丝山生态工业园区建设，发展壮大以茶叶精深加工、银饰刺绣工艺品、中药饮片产业、特色食品加工、山泉水加工、风力发电等为重点的特色绿色工业，加快形成集生产、加工、销售为一体的完整产业链。狠抓“旅游＋特色服务业”，坚持星级酒店和精品民宿同步推进，积极推进“千户精品民宿”建设，深入实施乡村旅游示范村建设，着力完善旅游村寨的道路、供水、供电、通信和公厕、停车场、污水、垃圾处理等设施建设，提升乡村旅游的管理和服务水平。加快智慧旅游平台建设，把农村电商和乡村旅游结合起来，加强线上宣传和营销，不断提升智能导游、电子讲解、在线预订、信息推送等服务能力。

（二）加快农业产业结构战略性调整。把握好农业产业革命“产业选择、培训农民、技术服务、资金筹措、组织形式、产销对接、利益联结、基层党建”八要素，来一场振兴农村经济的深刻的产业革命，切实推进思想观念转变、产业发展方式转变、作风转变。深入推进农业绿色化、优质化、特色化、品牌化，促进产业生态化、生态产业化，以供给侧结构性改革为主线，加快推进农业产业结构战略性调整，重点实施“一减四增”工程，2018年全县玉米种植面积调减22000亩以上，改种其他经济作物，提升农业质量效益。做大经济作物产业，巩固茶叶生产优势，提高雷山茶叶市场占有率和品牌影响力；大力发展蔬菜生产，打造一批标准化、规模化示范基地；积极发展食用菌生产，推进青钱柳、天麻等中药材产业发展。坚持“扩生猪、增牛羊、扩家禽、养特色”，加快发展生态养殖业，畜牧业在农业总产值中的比重稳步提高，稻田养鱼持续发展，基本满足本县市场需求。积极发展林业产业，引导大规模种植青钱柳、花卉苗木等，扶持发展林下经济。

（三）大力推进科技兴农质量兴农。加强现代农业产业技术体系建设，强化新品种、新技术、新工艺引进和推广应用，推进山地农业机械化、信息化、智能化建设，提升现代农业设施装备水平和支持保障能力。以国家有机产品认证示范区、国家农产品质量安全县和国家级出口食品农产品质量安全示范区创建为抓手，瞄准老百姓的“菜篮子”“米袋子”和“果盘子”，大力实施质量兴农战略，推动农业由增产导向转向提质导向，实现无公害绿色有机农产品“泉涌”。2018年，“三品一标”产地认定面积达到26万亩以上、农产品认证累计达35个以上，农产品认证证书35张以上；建成有机农业园区2个以上，规模以上农产品加工业总产值达到2.8亿元，全县农产品加工转化率达到14.75%以上。2019年，“三品一标”产地认定面积达到27万亩以上、农产品认证累计达40个以上，农产品认证证书40张以上。建成有机农业园区3个以上，全县农产品加工转化率达到22%以上。到2020年，“三品一标”产地认定面积达到28万亩以上、农产品认证累计达45个以上，农产品认证证书45张以上。建成有机农业园区4个以上，全县农产品加工转化率达到28%以上。

（四）狠抓强龙头创品牌带农户。坚持强龙头，围绕打造全产业链，发展壮大新型农业经营主体，大力引进培育龙头企业。2018年引进和培育规模以上农业龙头企业2家以上；2019年达3家以上；至2020年达5家以上。坚持创品牌，按照“跨区域推进、高标准建设、全产业链谋划”的要求，集中力量打造雷公山茶、雷公山黑毛猪、雷公山乌秆天麻、雷公山中药材等重点产业和农业区域公共品牌。2018年，培育1个以上农产品区域性公共品牌；2019年，培育2个以上农产品区域性公共品牌；至2020年，全县达6个以上农产品区域性公共品牌。坚持带农户，大力扶持村支两委领办的农民专业合作社发展，贫困户全部吸纳进入合作社，全面推广“龙头企业＋合作社（党支部）＋农户”生产组织模式，让小农户在产业发展中获得更多的利益。充分发挥农民专业合作社、家庭农场、专业大户、中介组织、产业经纪人等新型经营主体联系千家万户的作用，构建现代农业社会化服务体系，把小农生产引入现代农业发展轨道。至2020年，形成龙头企业顶天立地、中小企业和农民专业合作社铺天盖地、产业整体活力强、广大农户增收致富快的现代农业经营体系。

（五）狠抓农产品质量监管。完善农产品和食品安全监管体系，加强农业投入品和农产品质量安全监管，实现农产品质量安全可追溯。加大农业行政执法力度，深入开展农产品质量安全专项整治，严厉打击在农药中非法添加隐性成分、违法使用禁限用农兽药、不规范使用兽用抗菌药、私屠滥宰牲畜等行为。加快推进农产品检验检测体系和乡（镇）监管站规范化建设，加快建立质量安全追溯和信用体系，配齐村食品安全协管员。加强农产品质量安全检验检测和动植物疫病防控能力建设，至2020年，实现每个现代农业园区、“三品一标”龙头企业和农民专业合作社、屠宰场、超市均配有农产品检测设备，提升农产品质量安全水平，实现主要农产品农药残留和畜禽水产品药物残留检测合格率达98%以上，确保全县不发生农产品质量安全事故和区域性重大动植物疫情。

（六）优化拓展农业园区功能。加大农业产业招商力度，针对产加销一体化的全产业链农业综合项目、冷链物流体系建设项目等引进一批实力雄厚的企业入驻园区，延伸产业链条，增强园区功能，促进一二三产业融合发展。进一步加强农业园区路、水、电、讯等基础设施建设，加强信息网络、电子监控视频等配套设施建设，发展园区电子商务，完善市场信息监测预警体系，建立园区电子商务网上交易平台。建立以园区为单元的乡连乡、村连村、户连户的园区“集群”绿色优质农产品产业带。2018年，建成有机农业园区2个以上、力争创建亿元企业园区1个以上；到2020年，累计建成有机农业示范园区5个以上，累计创建亿元企业园区达3个以上，争取创建1～2个国家级现代农业产业园。

（七）拓宽农产品销售渠道。落实好农校、农医、农企、农超、农军对接机制，发挥好东西部扶贫协作平台作用，加强与杭州市上城区等对口帮扶城市的合作，开设雷山农产品销售中心，经常性在对口帮扶城市开展农产品推销活动，动员帮扶城市一批有实力的企业到雷山共建农产品直供基地，鼓励发展订单农业，不断拓宽农产品销售渠道。探索建立县级农产品销售平台，加大冷链物流体系建设力度，鼓励建立农产品直营店、专销区、定点市场，支持供销、邮政及各类企业把服务网点延伸到乡村，加快建立产销对接的有效机制。抢抓苏宁易购帮扶我县和雷山列入阿里巴巴打造的10个电商脱贫样板县的重大机遇，加强农村电商人员业务技能培训，运营好县、乡、村电子商务服务站点，鼓励传统企业开辟农产品网上销售渠道，通过线上与线下齐发力，提高雷山优质农特产品的知名度和市场占有率。

四、加快推进农村人居环境治理，全力打造生态宜居环境

（一）推动农村基础设施提档升级。大力实施“四在农家·美丽乡村”小康行动升级版，推动农村基础设施加快改善、城乡基础设施互联互通。抓好“小康路”建设，落实好省里确定的村组公路硬化、农村公路优化提级等“小康路”建设七大工程，每个行政村都要规划建设停车场，全面改善农村出行条件。2018年完成村寨串户道路硬化建设，建设村级停车场15个；2019年，建设村级停车场20个；至2020年，实现全县村级停车场全覆盖；至2022年，新增通组公路（产业路）硬化60公里、寨内步道硬化36公里、农村停车场13个。抓好“小康水”建设，统筹推进城乡水务一体化，重点解决农村饮水安全问题，提高农业灌溉能力，改善农村水环境。全面实施2018年农村饮水安全巩固提升工程，力争解决1.9万人饮水安全问题。2018年骨干水源工程建设4个，2019年建设2个，2020年建设2个；到2020年力争全面完成“县县有中型、乡乡有稳定水源”的骨干水源工程建设，基本解决工程性缺水问题。加强高标准农田建设，2018年造田及旱改水1071亩，2019年造田及旱改水1179亩。抓好“小康电”建设，以农村电网改造提升等为重点，加快农村用电公共服务均等化，2018年完成新一轮农村电网改造，实施深度贫困村电网改造升级，电网供电可靠率达到99.8%，户均配变容量不低于2千伏安，全面提升供电服务水平。抓好“小康讯”建设，实施数字设施提升行动，继续推进行政村通光纤建设，优化行政村4G网络质量并向30户以上自然村寨延伸，提升“广电云”覆盖规模，加强物联网等技术运用，加快联通农村信息化“最后一公里”。2018年新增多彩贵州“广电云”户户用工程用户6100户；到2019年底，实现“广电云”户户用工程全覆盖。

（二）大力改善农村人居环境。强化规划引领，以行政村和30户以上的自然寨为单位，采取“专业机构+本土人才”的模式，加快工作步伐，确保2018年上半年全部完成村庄规划设计编制，实现全县村庄规划全覆盖。抓好“小康寨”建设，围绕“道路硬化、卫生净化、村庄亮化、环境美化、生活乐化”目标，建成一批美丽宜居新村。抓好“小康房”建设，遵循功能完善、安全适用、经济美观的原则，突出自然生态、民族文化、地域特色，彰显乡村风貌。以农村生活垃圾、污水治理、村容村貌提升为主攻方向，大力开展农村人居环境整治三年行动，扎实推进整体改善农村人居环境“10+N”行动计划，全面开展农村“厕所革命”，有效推进村容村貌整治，扮靓农村底色，提升农村颜值。切实加大农村“两违”整治力度，严禁乱搭乱建，突出保护好自然风貌、建筑风格、民间风俗、民族风情和特色风物，为原住民留下美好家园，为城里人留下美丽乡愁，为旅游者留下美妙回忆。加快推进“百村会战”工程和“百村示范”行动，加强传统村落和特色民族村寨保护。

（三）加强农村生态环境保护。深入实施大生态战略行动，全面加强生态环境保护，实施重要生态系统保护和修复工程，加强退耕还林、植树造林、天然林保护等生态工程建设，全面保护古树名木，大力推进村内绿化、围村片林和农田林网建设，稳步提高全县森林覆盖率。2018年完成新一轮退耕还林1万亩以上；2019年完成营造林1万亩以上；2020年完成营造林9000亩以上。巩固强化三级河长制，严格落实河长责任，加强农村水环境治理和饮用水源保护。继续加大中央环保督察反馈问题整改力度，扎实推进蓝天、碧水、净土三大行动，深入实施“双十”“双源”工程，持续开展“六个一律”环保利剑行动，做好全国第二次污染源普查相关工作，抓好重点领域、重点行业、重点企业污染治理，至2020年，县城环境空气质量优良天数比例稳定在95%以上，水功能区水质目标达标率95%以上，县城集中式饮用水水源地水质达标率稳定在100%。

（四）大力发展农业清洁生产。开展农业绿色发展行动，坚持投入减量、绿色替代、种养循环、综合治理，推进有机肥替代化肥、畜禽粪污处理、农作物秸秆综合利用、废弃农膜回收、病虫害绿色防控，实现农业用水总量控制，化肥、农药使用量减少、畜禽粪便、秸秆、农膜基本资源化利用的“一控两减三基本”目标。科学划定畜禽禁养区，开展种养结合循环农业和废弃物资源化利用试点，推进适度规模养殖，落实畜禽养殖废弃物减量化控制、无害化处理措施。加强农村环境监管能力建设，严禁工业和城镇污染向农业农村转移。

五、大力发展农村社会事业，促进城乡基本公共服务均等化

（一）优先发展农村教育事业。高度重视发展农村义务教育，推进建立以城带乡、整体推进、城乡一体、均衡发展的义务教育发展机制。全面落实九年义务教育经费保障机制，全面改善农村义务教育薄弱学校基本办学条件，加强寄宿制学校标准化、农村教学信息化建设。深入实施农村义务教育学生和学前教育儿童营养改善计划。大力实施《雷山县学前教育三期行动计划》，以公办幼儿园为主体，积极发展农村学前教育，进一步加快中心村和边远村寨农村小学低年级+幼儿园建设步伐，基本建成广覆盖、保基本、兜底线、有质量的学前教育公共服务体系。发挥希望工程积极作用，动员社会力量参与农村教育事业。推进农村普及高中阶段教育，大力发展职业教育。健全学生资助制度，落实好各类学生资助政策，使绝大多数农村新增劳动力接受高中阶段教育，更多接受高等教育。把农村需要的人群纳入特殊教育体系。统筹配置城乡师资，推动优质学校辐射农村薄弱学校常态化，推行乡村教师“县管校聘”，建好建强乡村教师队伍，缩小城乡学校师资差距。至2020年，全县学前三年毛入园率、九年义务教育巩固率、高中阶段毛入学率分别达90%、95%、92%以上。至2022年，实现县域内义务教育优质均衡发展，学前和高中阶段教育办学水平明显提高，全县教育总体水平达到全省平均水平以上。

（二）大力促进农村劳动力就业创业。健全覆盖城乡的公共就业服务体系，深入实施农村转移劳动力技能培训，促进农村劳动力多渠道就业，提高就业质量。继续实施“雨露计划”“三女培育”工程；每年至少培训“持家女”“家政女”“锦绣女”1000人以上。深化户籍制度改革，让更多有条件、有意愿、在城镇有稳定就业和住所的农业转移人口在城镇有序落户，依法平等享受城镇公共服务。实施乡村就业创业促进行动，推进“雁归兴贵计划”“锦绣计划”，落实创业小额担保贷款、社保补贴、场租补贴、一次性创业补贴等政策，吸引更多农民工返乡创业、灵活就业。至2022年，促进农村劳动力转移就业2万人，引导5000名农民工返乡创业就业。支持发展乡村旅游、手工艺等特色产业，实现乡村经济多元化，增加就业岗位和创业机会，拓宽农民增收渠道。

（三）加快推进健康乡村建设。落实政府办医主体责任，坚持基本医疗服务事业公益性。继续落实好农村医疗卫生服务能力提升三年行动计划，增加乡村医疗卫生服务资源供给，全面推进乡镇卫生院提档升级，大力推动村卫生室规范化建设，不断提升基层医疗服务和水平。2018年，完成乡镇卫生院“五室”建设，实现深度贫困村卫生室规范化建设全覆盖、易地搬迁扶贫安置区卫生室建设全覆盖、农村中小学校医务室标准化建设全覆盖。加强乡村医疗卫生人才队伍建设，加大人才培训力度，全力抓好全科医生队伍建设，继续推进农村订单定向免费医学生（全科医生）培养。至2020年，实现每万名居民中有2～3名合格的全科医生，乡镇卫生院90%以上医疗技术人员取得大专以上学历，通过向社会购买服务的方式，在每个村配备一名中专以上学历的村医，不断改善全县医疗条件和水平。至2022年基本建成“30分钟乡村健康服务圈”，使群众就近享受到较高水平的医疗服务。加强乡村中医药服务，至2020年实现乡镇卫生院中医综合服务区全覆盖。强化农村公共卫生服务，深入开展爱国卫生运动，加强慢性病综合防控，大力推进农村精神卫生、职业病和重大传染病防治。规范开展家庭医生签约服务，加强妇幼、老人、残疾人等重点人群健康服务。加强健康教育，倡导优生优育。

（四）加快完善农村社会保障体系。全面实施全民参保计划，充分发挥现行社会保险政策作用，完善并落实社会保险扶贫政策，适时适度逐步提高城乡居民基本养老保险最低缴费标准。支持帮助建档立卡贫困人口参加社会保险，逐步提高社会保险待遇水平，助力参保贫困人口精准脱贫。2018年，对建档立卡未脱贫的贫困人口，全员组织参加城乡居民基本养老保险，按省、州、县分担比例筹集资金，以每人每年50元的标准为其补助代缴养老保险费。实现建筑项目参加工伤保险全覆盖，切实保障因工作遭受事故伤害或者患职业病的农民工及时获得医疗救治和经济补偿。全面加强信息化和标准化建设，将社会保险信息系统延伸到乡镇和行政村，打造方便快捷的基层经办服务平台，实现参保人员参保登记、参保缴费、待遇领取、权益查询、生存认证等“五个不出村”。2022年，基本实现参加城乡居民基本养老保险全覆盖。健全完善以最低生活保障为中心，以特困供养、医疗救助、教育救助等专项救助为辅助，以临时救助、社会捐助、邻里互助为补充的综合社会救助体系。扎实抓好社会保障兜底工作，对符合低保条件的困难家庭全部纳入低保进行生活救助，切实保障和改善困难群众基本生活。至2020年，农村社区服务站覆盖所有行政村，农村低保平均保障标准提高到4500元/年。健全农村留守儿童和妇女、老人以及困境儿童关爱服务体系，深入开展绿丝带志愿服务行动和留守儿童“合力监护、相伴成长”专项行动。构建多层次农村养老保障体系，加强特困养老服务机构建设，大力发展互助养老，确保人人享有基本养老服务。加强和改善农村残疾人服务。

六、大力发展优秀乡村文化，积极构建乡风文明体系

（一）加强农村思想道德建设。以社会主义核心价值观为引领，采取符合农村特点的有效方式，深入宣传宣讲习近平新时代中国特色社会主义思想和党的十九大精神，深化中国特色社会主义和中国梦宣传教育，大力弘扬民族精神和新时代贵州精神，加强爱国主义、集体主义、社会主义教育，引导农村群众感恩党、听党话、跟党走。加强宣传文化阵地建设，兴办新时代农民（市民）讲习所，2018年，建成新时代农民讲习所154个和市民讲习所11个，实现行政村（社区）全覆盖。实施公民道德建设工程，深入开展“明礼知耻·崇德向善”主题实践活动，推进社会公德、职业道德、家庭美德、个人品德建设和诚信建设，强化公民社会责任意识、规则意识、集体意识、主人翁意识。广泛开展对党和国家有忠心、对父母长辈有孝心、对社会有爱心、对伙伴有诚心、对发展有恒心、对自己有信心的“六心”教育，提升农民精神面貌。

（二）传承弘扬乡村优秀传统文化。切实传承弘扬优秀农耕文化，推动优秀农耕文化遗产合理适度利用。深入挖掘农耕文化蕴含的优秀思想观念、人文精神、道德规范，充分发挥其在凝聚人心、教化群众、淳化民风中的重要作用。深入实施农耕文化、民族民间文化进校园工程，建立农业实训体验基地，增强青少年对传统农耕文化和民族优秀文化的了解和认同。划定乡村建设中的历史文化保护线，保护好历史名镇名村及农村文物古迹、传统村落、民族村寨、传统建筑、农业遗迹。开展好全县民族特色村寨普查，积极向上级申报更多更具特色的民族村寨。大力支持苗族飞歌、锦鸡舞、银饰蜡染刺绣手工技艺等活态的、无形的乡村文化传承发展。开展“我们的节日”主题活动，弘扬具有厚重少数民族文化色彩的苗族“苗年”“吃新节”“鼓藏节”及水族“瓜年”等少数民族节庆文化，丰富农民文化生活，让优秀文化滋养乡风文明。深入推进民族传统文化研究，积极做好国家课题和项目申报，认真开展民族古籍整理工作。加强农村档案工作，抓好名镇名村志、特色志等编撰。

（三）加强农村公共文化建设。 健全乡村公共文化服务体系，推进基本公共文化服务标准化均等化。发挥县级公共文化机构辐射作用，加快推进乡镇综合文化站、村级综合性文化服务中心建设，加强村文化活动室、农家书屋等建设，逐步实现乡村两级公共文化服务全覆盖。大力实施文化惠民工程，统筹城乡公共文化设施建设布局和资源配置，引导公共文化资源向农村倾斜，丰富农村文化业态，活跃农村文化市场，加强农村文化市场监管。挖掘培育乡土文化本土人才，开展文化结对帮扶，引导社会各界人士投身乡村文化建设，支持“三农”题材文艺创作生产，打造一批文化产业示范村、优秀演出团、特色文化产品等，推动文化下乡，广泛开展农民乐于参与的群众性文化活动，充分展示新时代农村农民的精神面貌。广泛开展文化科技卫生“三下乡”、文化进万家、“文军扶贫”等活动。

（四）开展农村移风易俗行动。 广泛开展文明村镇、星级文明户、文明家庭等群众性精神文明创建活动，提升农民文明素质和农村社会文明程度，积极创建省级农村精神文明示范县。加强农村科普教育，倡导健康生活，引导农民群众崇尚科学，养成健康、文明、科学的卫生习惯和绿色生活方式。从2018年起，开展高价彩礼、滥办酒席、争当贫困户治理三年专项行动，倡导文明节俭办婚礼和治丧，遏制大操大办、人情攀比、厚葬薄养、建生祭坟等陈规陋习。至2020年，所有行政村成立红白理事会或相应的群众自治组织，落实红白喜事打招呼制度，探索推进农村“合约食堂”。加强无神论宣传教育，抵制封建迷信活动。积极稳妥推进火化、改革土葬，有效遏制散埋乱葬，大力倡导生态殡葬、文明低碳祭扫。深化农村殡葬改革，加快公益性墓地和县殡仪馆建设步伐，确保县城率先实现集中治丧。稳步推进乡镇集中治丧点和农村公益性公墓规划，力争乡镇政府所在地全部实现集中治丧。

七、加强农村基层基础工作，建立健全治理有效机制

（一）加强农村基层党组织建设。 扎实推进抓党建促乡村振兴，突出政治功能，提升组织力，抓乡促村，把农村基层党组织建成坚强战斗堡垒。强化农村基层党组织领导核心地位，积极探索建立联村党委、产业党组织、园区党组织，持续整顿软弱涣散村党组织，每年按10%的比例进行排查，促进整顿转换提升。建立选派第一书记工作长效机制，全面向贫困村、软弱涣散村和集体经济薄弱村党组织派出第一书记。对现有第一书记、驻村干部、村党支部书记进行一次全面评估，不符合要求的，及时进行调整，充分发挥好基层党组织、党员干部在乡村振兴中的战斗堡垒作用和先锋模范作用。持续深化“党员脱贫攻坚先锋队”和第一书记驻村工作实体化，结合落实“十户一体”，组织和发动贫困户选准主导产业，通过运营好村合作社和农村电商发展产业，或有组织地外出务工，走出一条“党带群、强带弱、富带穷”的抱团脱贫致富新路，努力提升群众的参与感、获得感及干部的成就感。加强农村服务型、发展型党组织建设，抓好乡镇党委书记、村党组织书记和农村致富带头人“三支队伍”建设。实施农村带头人队伍整体优化提升行动，选优配强村党组织书记，注重吸引高校毕业生、返乡农民工、机关事业单位优秀党员干部到村任职。利用三年时间，在农村党员致富带头人、复员军人、返乡务工人员等群体中，为每个村培养3名以上后备干部。加大在优秀青年中发展党员力度，做好共青团推荐入党工作。至2020年，每个村发展不少于3名优秀青年党员。切实加强对全县近五年来未发展党员的村进行全面排查，对不发展党员村全面“清零”。建立村级党员定期培训制度，确保农村党员每年不少于两次培训。推行村级小微权力清单制度，加大基层小微权力腐败惩处力度。严厉整治惠农补贴、集体

资产管理、土地征收等领域侵害农民利益的不正之风和腐败问题。

（二）深化村民自治实践。坚持自治为基，加强农村群众性自治组织建设，健全和创新村党组织领导的充满活力的村民自治机制。推动村党组织书记通过选举担任村委会主任。全面建立健全村务监督委员会，推行村级事务阳光工程。依托村民会议、村民代表会议、村民议事会、村民理事会、村民监事会等，形成民事民议、民事民办、民事民管的多层次基层协商格局。推动乡村治理重心下移，尽可能把资源、管理下放到基层。继续开展以村民小组或自然村为基本单元的村民自治试点。发挥新乡贤作用，重视村规民约、寨老、理老等在乡村治理中的重要作用，指导各村制定完善《村规民约》，有效规范村民自治。加强农村社区治理创新。创新基层管理体制机制，整合优化公共服务和行政审批职责，打造“一门式办理”“一站式服务”的综合服务平台。全面推行网格化服务管理模式，推广好“大数据＋全民共治”“十户一体”等社会管理模式，发挥其在乡村治理中的积极作用。大力培育服务性、公益性、互助性农村社会组织，积极发展农村社会工作和志愿服务，建好党团志愿服务站。集中清理上级对村级组织考核评比多、创建达标多、检查督查多等突出问题。深化村务公开制度，推动乡镇政府政务公开与村务公开有效衔接，将惠民资金使用、土地确权分配、征地拆迁补偿等纳入村务公开目录，确保各项惠民政策落地落实，切实维护群众利益。

（三）加强农村法治建设。坚持法治为本，树立依法治理理念，强化法律在维护农民权益、规范市场运行、农业支持保护、生态环境治理、化解农村社会矛盾等方面的权威地位。重点加强普法教育和法治宣传，进一步调动农村干部群众尊法学法守法用法的积极性，增强基层干部法治观念、法治为民意识和依法办事的能力。加大对公共法律服务工作的投入力度，建立健全乡村纠纷调处机制，推动农村矛盾纠纷多元化解，至2020年，每个村成立人民调解委员会和公共法律服务工作室，乡村法律顾问村村全覆盖，加强对农村居民的法律援助和司法救助。乡镇干部、驻村干部定期对农村进行法治宣传，将法治观念、法治为民意识宣传到位，将政府涉农各项工作纳入法治化轨道。深入推进综合行政执法改革向基层延伸，推动执法队伍整合，执法力量下沉，提高执法能力和水平。积极开展“民主法治示范村”创建活动。

（四）提升乡村德治水平。坚持德治为先，以德治滋养法治、涵养自治，让德治贯穿乡村治理全过程。深入挖掘乡村熟人社会蕴含的道德规范，结合时代要求进行创新，强化道德教化作用，引导农民向上向善、孝老爱亲、重义守信、勤俭持家。建立道德激励约束机制，引导农民自我管理、自我教育、自我服务、自我提高，实现家庭和睦、邻里和谐、干群融洽。广泛开展好媳妇、好儿女、好公婆等评选表彰活动，开展寻找最美乡村教师、农技员、医生、村官、家庭等活动。开展农村“道德讲堂”活动，深入宣传道德模范和身边典型事迹，以道德模范、身边好人引领乡村新风尚，弘扬真善美，传播正能量。

（五）建设平安和谐乡村。加强和创新农村社会治理，健全落实社会治安综合治理领导责任制，大力推进农村社会治安防控体系建设，推动社会治安防控力量下沉。深入实施乡村警务战略，进一步加强村级警务室建设。深入开展扫黑除恶专项斗争，严厉打击农村黑恶势力、极端宗族恶势力，严厉打击黄赌毒、盗拐骗等违法犯罪。依法打击农村非法宗教活动，防范、抵制和打击邪教，深入开展“无邪教村”创建活动。强化农村安全隐患排查治理和矛盾纠纷排查化解，规范交通、民爆物品、消防等领域安全管控。完善县乡村三级综治中心的服务功能和运行机制。

加强严重精神障碍患者、吸毒人员、刑满释放人员、社区矫正人员等特殊人群服务管理，落实农村留守儿童的帮扶管理措施。全面推进农村“雪亮工程”建设，至2019年90%以上的行政村重点公共区域公共安全视频监控实现全覆盖。加强基层安全生产监管，建成覆盖所有乡镇、村（社区）和监管对象的网格化监管体系。加强农村防灾减灾救灾能力建设，积极开展综合减灾示范创建。

八、深入推进农村综合改革，增强乡村振兴内生动力

（一）深化农村“三变”改革。以发展集体经济、促进农民增收、强化基层治理为根本目的，以资源变资产、资金变股金、农民变股东“三变”改革统揽农村各项改革，聚焦股份合作这个核心，推动城乡资源要素整合，促进适度规模经营，激发农村发展动能。加快制定配套政策，吸引集体资金、农民自筹资金、社会资金和信贷资金参与“三变”改革，完善“三变”改革在用地、用工、税收、帮扶等方面的配套措施，为推进“三变”改革提供政策保障。继续完善县、乡、村三级“三变”工作队伍，重点依托旅游业、种植业、养殖业、农产品加工业等特色优势产业推“三变”，2018年底“三变”改革覆盖所有行政村，利益联结所有贫困户。完善财政资金变股金等配套政策，推行合同书、股权证、分红单“三个到户”，加强权益保障和风险防控。推广“保底收益＋效益分红”等利益联结机制，鼓励探索贫困户入股参与乡村旅游等模式，拓宽农民、专业合作社和村集体经济组织增收渠道。大力推广“党建引领、改革推动、合股联营、村民自治、共同富裕”的“塘约经验”，以“龙头企业＋合作社（党支部）＋贫困户”为抓手，推进“村社合一”，发展壮大村级集体经济。

（二）巩固和完善农村基本经营制度。巩固和完善农村基本经营制度，落实农村土地承包关系稳定并长久不变政策，衔接落实好第二轮土地承包到期后再延长30年的政策。认真抓好农村土地确权登记颁证工作，把准政策方向、规范工作步骤，全面核实人员信息和各项数据，认真梳理和化解矛盾纠纷，真正把工作抓紧抓实抓细，实实在在给农民“确实权、颁铁证”，确保至2018年6月底基本完成承包地确权颁证工作。完善农村承包地“三权分置”制度，在依法保护集体土地所有权和农户承包权前提下，平等保护土地经营权。农村承包土地经营权可以依法向金融机构融资担保、入股从事农业产业化经营。实施新型农业经营主体培育工程，培育发展家庭农场、合作社、龙头企业、社会化服务组织和农业产业化联合体，发展多种形式适度规模经营。

（三）深化农村土地制度改革。扎实推进“房地一体”的农村集体建设用地和宅基地使用权确权登记发证工作。完善盘活利用农民闲置宅基地和闲置农房政策，探索宅基地所有权、资格权、使用权“三权分置”，落实宅基地集体所有权，保障宅基地农户资格权和农民房屋财产权，适度放活宅基地和农民房屋使用权，不得违法违规买卖宅基地，严格实行土地用途管制，严格禁止下乡利用农村宅基地建设别墅大院和私人会所。稳妥开展农村承包地经营权和农民住房财产权抵押贷款试点。在符合土地利用总体规划前提下，县政府通过村土地利用规划，调整优化村庄用地布局，有效利用农村零星分散的存量建设用地；预留部分规划建设用地指标用于单独选址的农业设施和休闲旅游设施等建设。

（四）稳步推进农村集体产权制度改革。逐步构建归属清晰、权能完整、流转顺畅、保护严格的农村集体产权制度，保护和发展农民作为农村集体经济组织成员的合法权益。稳步推进农村集体产权制度改革实施，落实农村土地集体所有权、农户承包权、土地经营权“三权分置”办法。全面开展农村集体资产清产核资，摸清集体经营性资产和资源性资产家底，有序推进农村经营性资产股份合作制改革。坚持农村集体产权制度改革正确方向，发挥村党组织的领导核心作用，防止内部少数人控制和外部资本侵占集体资产。探索农村集体经济多种实现形式和运行机制，管好用好集体资产，促进集体资产保值增值。维护农民的土地承包权、宅基地使用权、集体收益分配权，引导进城落户农民依法自愿有偿转让上述权益。加快农村产权交易市场建设，2020年，全面完成农村产权交易市场建设。

（五）深化财政支农改革和农村金融制度创新。坚持将农业农村作为财政投入的重点领域，确保力度不减弱、总量有增加，进一步优化投入结构、创新使用方式、提升支农效能。固定资产投资继续向农业农村倾斜。落实以绿色化为导向的农业补贴政策，深入推进农业“三项补贴”制度改革，发挥规划统筹引领作用，多层次多形式推进涉农资金整合。创新财政资金使用方式，推广政府和社会资本合作、担保贴息、以奖代补等措施，发挥财政资金的引导和杠杆作用，撬动更多金融和社会资本投向农业农村。加快农村金融制度创新，鼓励金融机构创新“三农”金融服务产品，把更多资源配置到农村。深入推进政策性农业保险，扩大特色农产品的保险范围，确保农产品产量不受损失，销售收入不受影响。

（六）统筹推进农业农村其他改革。以完善产权制度和要素市场化配置为重点，完善城乡要素合理流动机制，积极引导城市资源要素向农业农村流动。持续推进“放管服”改革，减少涉农行政许可审批手续和环节，方便农民群众和新型经营主体办事创业。强化绿色生态导向，完善农业支持保护机制。深化集体林权制度改革，推进林地“三权分置”和适度规模经营。深化农村水利制度和农业综合水价改革。全面深化供销合作社改革，鼓励基层供销社领办农民合作社，支持农产品电商平台和乡村电商服务站点建设，健全农产品市场和农产品直采直销体系，培育形成线上线下融合发展的新型现代流通网络。

九、大力建设高素质农村人才队伍，强化乡村振兴智力支撑

（一）大力培育新型职业农民。全面建立职业农民制度，实施新型职业农民培育工程，加快构建职业农民教育培训体系。支持新型职业农民通过弹性学制参加中高等农业职业教育。创新培训机制，支持龙头企业、农民专业合作社、专业技术协会等主体承担培训。对全县贫困劳动力开展大规模全员培训，至2020年完成轮训一遍。积极引导外出农民工返乡创业创新，鼓励有志于现代农业建设的农村青年、农技人员、大中专毕业生和退役军人等加入职业农民队伍。建立完善返乡创业园、创业孵化基地，整合支持农村创业创新的市场准入、财政税收、金融服务、用地用电、创业培训等优惠政策，提供一站式服务。引导符合条件的新型职业农民参加城镇职工养老、医疗等社会保障。

（二）加强农村专业人才队伍建设。建立县域专业人才统筹使用制度，提高农村专业人才服务保障能力。鼓励高校毕业生、企业主、农业科技人员等各类人才下乡回乡创业创新，继续实施大学生志愿服务西部计划、“三支一扶”、特岗教师计划等，在实施乡村振兴战略中建功立业。着力抓好乡村教师素质提升，每年培训乡村教师200名以上。制定落实激励政策，推动优秀校长和骨干教师向乡村学校流动。实施村医培养计划，确保每个行政村至少有1名中专以上学历村医。培养乡村规划建设人才队伍，多渠道推进服务乡村规划编制工作人员下乡。积极建立乡村规划所。加强乡村旅游人才队伍建设，提高乡村旅游从业人员整体素质和服务水平。落实手工技艺传承人群“十百千万”培训计划。针对乡镇事业单位农林水、医疗卫生、规划建设等专业岗位紧缺人员，结合实际，实施专项招聘。围绕产业结构调整、易地扶贫搬迁、农村科技服务等工作，组建青年突击队，确保各项工作扎实有效推进。

（三）鼓励社会各界投身乡村建设。建立有效激励机制，以乡情乡愁为纽带，深入实施春晖行动，吸引支持企业家、党政干部、专家学者、医生教师、规划师、建筑师、律师、技能人才等，通过下乡担任志愿者、投资兴业、包村包项目、行医办学、捐资捐物、法律服务等方式服务乡村振兴事业。鼓励返乡下乡人员依法以入股、合作、租赁等形式使用农村集体土地发展农业产业，依法使用农村集体建设用地开展创业创新；支持返乡下乡人员依托自有和闲置农房院落发展农家乐，开展乡村旅游；在符合农村宅基地管理规定和相关规划的前提下，允许返乡下乡人员和当地农民合作改建自住房。引导工商界人士积极投身乡村振兴事业，落实和完善融资贷款、配套设施建设补助、税费减免等扶持政策，明确政策边界，保护好农民利益。发挥工会、共青团、妇联、科协、残联等群团组织的优势和力量，发挥各民主党派、工商联、无党派人士等积极作用，支持农村产业发展、生态环境保护、乡风文明建设、农村弱势群体关爱等。实施乡村振兴“农民工返乡创业行动”“青年建功行动”“巾帼行动”。加强对下乡组织和人员的管理服务，使之成为乡村振兴的建设性力量。

十、坚持农业农村优先发展，强化乡村振兴投入保障

（一）确保财政投入持续稳定增长。建立健全实施乡村振兴战略财政投入保障机制，公共财政支出优先向“三农”领域倾斜，多层次多维度推进涉农资金整合，确保财政对农业农村投入只增不减，与乡村振兴目标相适应。创新财政资金投入方式，通过财政金融联动、创新投融资机制，用足、用好、用活脱贫攻坚投资基金和政策性融资担保政策。完善扶贫产业子基金使用和监管办法，统筹抓好基金和财政专项扶贫、涉农等相关资金的协同使用。根据中央预算内投资方向，积极从农村饮水安全、水利基础设施、交通基础设施、易地扶贫搬迁、以工代赈、医疗卫生事业、节能环保与生态建设等基础设施方面申报项目。积极创造条件发行地方政府新增债券，进一步规范地方政府举债融资行为。多渠道加大对新型农业经营主体支持力度。

（二）积极创新资金筹集机制。发挥政府财政投入撬动作用，改善农村投资环境，完善相关政策措施，推广运用“PPP”等合作模式，引导各类工商资本、社会资本投入乡村振兴。建立政府控股的投资平台公司，引导农业产业投资方向，防控经营风险。调整完善土地出让收入使用范围，进一步提高农业农村投入比例。推广一事一议、以奖代补等方式，鼓励农民对直接受益的乡村基础设施建设投工投劳，扩大农民建设管护参与面与受益面。

（三）着力强化金融支农力度。坚持农村金融改革发展的正确方向，健全适合农业农村特点的农村金融体系，推进农村金融机构回归本源，把更多金融资源配置到农村经济社会发展的重点领域和关键环节。抓好财政金融扶贫，探索扶贫龙头企业与金融机构开展金融合作试点，建立扶贫融资担保政策和扶贫项目风险补偿等机制，强化扶贫小额信贷规范化管理，坚持精准到户，打通金融服务脱贫攻坚“最后一公里”。加快推进省级金融精准扶贫示范县创建工作，建立和完善金融扶贫服务体系。围绕“三农”融资特点，在风险可控的条件下，积极创新金融精准扶贫信贷产品，加大精准扶贫“特惠贷”推广工作力度，积极争取政策，逐步实现“户户贷”向“人人贷”转变。推广农业银行“金穗扶贫惠农贷”“美丽乡村贷”和“惠农脱贫贷”、邮政储蓄银行“惠农易贷”、贵州银行扶贫产业发展子基金项目、贵阳银行“爽农惠民贷”等信贷产品，支持建档立卡贫困农户发展产业，力争小额信贷实现建档立卡贫困户全覆盖。推动金融支持农村“三变”等改革。推进农业保险扩面、增品、提标，支持开展特色产品保险。严厉打击农村非法集资和金融诈骗。加快乡村信用体系建设。

十一、加强和改善党对“三农”工作的领导，强化乡村振兴政治保障

（一）加强和改善党对“三农”工作的领导。健全党委统一领导、政府负责、党委农村工作部门统筹协调的农村工作领导体制。调整加强县委农村工作领导小组，县委、县政府主要领导任组长，县委、县政府分管领导任副组长。建立实施乡村振兴战略领导责任制，层层压紧压实责任、传导压力，在中央统筹、省负总责下，切实做到县抓落实、乡村组织实施。党政一把手是第一责任人，县、乡、村三级书记抓乡村振兴。全县各级各相关部门主要领导要亲自抓，分管领导要具体抓，尤其是各乡镇党政主要领导要把精力重点放在乡村振兴上，分管领导要专心抓好脱贫攻坚和乡村振兴工作，确保各项决策部署不折不扣落到实处。对县委、县政府有关乡村振兴战略的安排部署进行责任分解，针对重点领域工作制定专项实施方案。各乡镇每年向县委、县政府报告实施乡村振兴战略进展情况。建立乡镇（部门）党政领导班子和领导干部推进乡村振兴战略的实绩考核制度，将考核结果作为选拔任用领导干部的重要依据。各部门单位要结合自身职能定位，明确思路、细化措施、主动作为、加强协作，形成推动乡村振兴强大合力。全面贯彻落实农村工作条例，确保乡村振兴战略有效实施。

（二）持续加强“三农”工作队伍建设。高度重视农业农村干部的培养、配备和使用，培养造就一支懂农业、爱农业、爱农民的“三农”工作队伍。加强“三农”干部队伍培训，全面提升政策理论水平和工作实践经验。乡镇党政主要领导要懂“三农”工作，会抓“三农”工作，分管领导要真正成为“三农”工作的行家里手。乡（镇）、村两级干部要集中精力抓好“三农”工作。乡镇新招录的公务员、事业单位人员，以农业及农业相关专业人员为主。拓宽县农口部门和乡镇干部来源渠道。把农村一线锻炼作为培养干部的重要途径，注重从优秀村干部中考录乡镇公务员、选任乡镇领导干部、招聘乡镇事业编制人员，形成人才向农村基层流动的用人导向。拿出一定事业编制，面向优秀村干部进行招聘，面向社会招聘基层工作人员。

（三）科学制定乡村振兴战略规划。加快对接国家、省、州乡村振兴战略规划，制定县级乡村振兴战略五年规划，明确目标任务，细化实化工作重点和政策措施，谋划实施若干重大工程、重大项目、重大行动。各乡镇、各部门单位要统筹管理，通盘考虑基础设施、公共服务、资源能源、产业发展、生态保护等布局，分类制定推进方案，抓好工作落实，打造乡村振兴雷山样板。强化乡村建设规划引导，深入开展以行政村和30户以上的自然寨为单元的村庄规划编制，进一步完善村庄规划建设管理，针对不同类型，分类推进实施。

（四）加强乡村振兴舆论保障。加强舆论引导，大力宣传党的乡村振兴方针政策和基层丰富实践，动员全社会力量关心、支持和推动乡村振兴，凝聚起全社会振兴乡村的强大合力。通过电视台、手机报及微信公众平台等媒体对乡村振兴成功经验、先进典型等进行宣传报道，讲好雷山实施乡村振兴的好故事，传播好声音，振奋基层干部群众精神，积极营造实施乡村振兴战略浓厚氛围。

（五）切实转变工作作风。大力推行政策设计、工作部署、干部培训、监督检查、追责问责“五步工作法”，一抓到底、抓出成效。建立科学的考核评价体系，广泛运用“晒、比、评、述”机制，推动责任落实、政策落实、工作落实。加大督导力度，县委县政府督查室要开展经常性督查、专项督查，确保各项工作落到实处。要以上率下大兴调查研究之风、真抓实干之风、勤俭节约之风，驰而不息纠治“四风”，推动乡村振兴战略取得实实在在的成效。

实施乡村振兴战略意义重大，使命光荣。我们要紧密团结在以习近平同志为核心的党中央周围，高举习近平新时代中国特色社会主义思想伟大旗帜，积极投身新时代乡村振兴的宏伟事业，团结奋进、拼搏创新，苦干实干，后发赶超，为开创雷山百姓富、生态美的绿色发展新未来而努力奋斗！

中共雷山县委 雷山县人民政府关于举全县之力深入实施高质量打赢打好脱贫攻坚战三年行动的决定

（雷党发〔2018〕20号）

（2018年7月12日中国共产党雷山县第十三届委员会第五次全体会议通过）

为深入学习贯彻习近平扶贫思想，全面落实《中共中央、国务院关于打赢脱贫攻坚战三年行动的指导意见》《中共贵州省委、贵州省人民政府关于深入实施打赢脱贫攻坚战三年行动发起总攻夺取全胜的决定》和《中共黔东南州委、黔东南州人民政府关于牢记嘱托感恩奋进深入实施打赢脱贫攻坚战三年行动的决定》精神，确保今年如期实现整县“减贫摘帽”，到2020年与全国全省全州同步全面建成小康社会。现就我县举全县之力深入实施高质量打赢打好脱贫攻坚战三年行动，作出如下决定。

一、深入学习宣传贯彻习近平扶贫思想，全面把握打赢脱贫攻坚战的总体要求

（一）指导思想

以习近平新时代中国特色社会主义思想为指导，深入学习贯彻习近平扶贫思想，全面贯彻党的十九大精神和习近平总书记在贵州省代表团重要讲话精神，按照省委十二届三次全会、州委十届五次全会的部署和要求，牢记嘱托、感恩奋进，真抓实干、埋头苦干，大力培育和弘扬“团结奋进、拼搏创新、苦干实干、后发赶超”的新时代贵州精神和“敢闯新路，敢于突破，敢于胜利”的黔东南精神，坚持精准扶贫精准脱贫基本方略，按照省负总责、县抓落实的管理体制，全面履行好县抓落实的职责，坚持把脱贫攻坚作为头等大事和第一民生工程，以脱贫攻坚统揽经济社会发展全局，坚持大扶贫工作格局，坚持党中央确定的脱贫攻坚目标和扶贫标准，紧扣2018年整县“减贫摘帽”目标，聚焦深度贫困地区和特殊贫困群体，突出问题导向，优化政策供给，下足绣花功夫，深入实施大扶贫战略行动，着力激发贫困人口内生动力，着力夯实贫困人口稳定脱贫基础，着力加强扶贫领域作风建设，认真落实“五个一批”“六个精准”脱贫措施，用好“五步工作法”和“晒、比、评、述”“抓两头带中间”工作机制，持续打好脱贫攻坚“四场硬仗”，统筹农业产业革命“八要素”，抓党建促脱贫“十攻略”，扎实推进振兴农村经济的深刻的产业革命，切实提高贫困人口获得感，坚决夺取2018年整县“减贫摘帽”之年的决定性胜利，坚决夺取2019年巩固提升的关键性胜利，坚决夺取2020年决胜脱贫攻坚、同步全面小康的全面胜利。

（二）基本原则

——坚持党的领导，强化组织保证。坚持发挥各级党委总揽全局、协调各方的作用，强化党政一把手负总责的领导责任制，县乡村三级书记一起抓，为打赢脱贫攻坚战提供坚强政治保证。

——坚持精准方略，提高脱贫质量。坚持“六个精准”，做到扶真贫、真扶贫，脱真贫、真脱贫。严格执行现行扶贫标准，既不随意降低标准，也不盲目拔高标准，更加注重帮扶长期效果，更加注重抑制返贫，攻坚期内，脱贫不脱政策。

——坚持产业振兴，夯实脱贫根基。推进振兴农村经济的深刻的产业革命，以农业供给侧结构性改革为主线，全面落实产业选择、培训农民、技术服务、资金筹措、组织方式、产销对接、利益联结、基层党建“八要素”，培育提升特色优势产业。

——坚持强化保障，确保综合施策。坚持发挥政府投入主体和主导作用，增加金融资金对脱贫攻坚战的投放，发挥资本市场支持贫困地区发展作用，吸引社会资金广泛参与脱贫攻坚，形成脱贫攻坚资金多渠道、多样化投入。

——坚持群众主体，激发内生动力。坚持扶贫和扶志、扶智相结合，强化脱贫光荣导向，注重提高贫困人口自我发展能力，组织、引导、支持贫困群众用自己辛勤劳动实现脱贫致富。

——坚持社会动员，凝聚各方力量。深化东西部扶贫协作和党政机关、事业单位定点扶贫，调动社会各界参与脱贫攻坚积极性，实现政府、市场、社会互动和行业扶贫、专项扶贫、社会扶贫联动。

——坚持从严要求，促进真抓实干。用好政策设计、工作部署、干部培训、监督检查、追责问责“五步工作法”，提高攻坚能力。实施经常性的督查巡查和最严格的考核评估，激励干部新时代新担当新作为，确保脱贫过程扎实、脱贫结果真实，使脱贫攻坚成效得到群众认可、经得起实践和历史检验。

（三）目标任务

至2018年底，确保全县实现整县“减贫摘帽”，建档立卡贫困人口脱贫1.6万人以上，50个以上建档立卡贫困村出列，贫困发生率下降到3%以下，贫困人口错退率、漏评率控制在2%以内，群众对脱贫攻坚认可度达90%以上，农村贫困人口有稳定收入来源，脱贫人口年人均纯收入达3535元以上，不愁吃、不愁穿，农村贫困人口义务教育阶段零辍学、教育扶贫政策应享尽享，贫困人口在公立医院治疗合规费用报销比例达90%以上，所有农村贫困人口住房结构安全、不透风、不漏雨；2019年，进一步巩固“减贫摘帽”成果，全县建档立卡贫困人口脱贫2000人以上，建档立卡贫困村全部出列，所有建档立卡贫困人口稳定实现“两不愁、三保障”；至2020年，贫困人口全部脱贫，实现与全国全省全州同步全面建成小康社会。

二、全力以赴打好脱贫攻坚“四场硬仗”，坚决攻克深度贫困堡垒

（四）全力以赴打好以农村“组组通”公路为重点的基础设施建设硬仗

按照“不搬迁的村寨要通公路、不能通公路的村寨要搬迁”的要求，深入实施农村“组组通”公路三年大决战，三年任务两年完成，2018年10月底前全面完成全县“组组通”公路硬化建设任务，同步实施完成农村水毁公路的修复，整治沿线边沟，美化公路环境，确保人民群众安全出行和车辆的正常通行。2018年实现全县30户以上村民小组（自然寨）100%通硬化路。

加快推进雷榕高速公路、国省道改造等重大项目建设，加快推进窄路基路面农村公路加宽改造和危桥改造，基本实现乡道及以上公路安全隐患路段治理全覆盖。扎实推进“四好农村路”建设，建好、管好、护好和运营好农村公路。改造建设一批贫困乡村旅游路、产业路、资源路，加快推进“苗岭天路”的建设，优先改善自然人文、传统村落和具有旅游开发价值民族村寨等旅游景点景区交通设施。

全力推进乡村振兴战略，扎实推进“四在农家·美丽乡村”小康行动计划升级版建设，加快水利、电力、通信等乡村基础设施建设。加快推进大塘、乔兑、柳乌、达地骨干水源工程前期工作，确保2019年初开工建设。加快实施覆盖8个乡镇60个行政村的农村饮水安全巩固提升工程，落实工程建设和管护责任，强化饮水水源保护和水质保障，因地制宜加强供水工程建设与改造，确保2018年10月底完成主体工程建设，12月底前验收，确保全县所有农村群众安全方便的用上自来水，农村自来水普及率、饮水安全率达100%。2018年底前全面完成传统村落污水处理设施建设。推进农村水土保持和水生态建设工程。继续加快推进2018年农村电网改造升级，实现全县组组通动力电。深入实施“宽带乡村”工程、多彩贵州广电云“户户用”工程，2018年底30户以上自然寨4 G移动信号全覆盖，实现全县农村广电网络电视或“户户用”全覆盖。到2019年，全县所有行政村移动网络全覆盖，4G网络全覆盖。加快“旱改水”“造水田”、高标准基本农田建设、复垦复绿工作进度，加强水利改造等项目与旱改水项目的有效结合，多渠道补齐“占优补优”“占水补水”短板。

开展农村人居环境整治三年行动和“一事一议”项目建设，进一步改善农村人居环境。加快农户生活污水分散和集中处理技术的推广使用。推进“厕所革命”，因地制宜普及不同类型的卫生厕所，同步开展厕所粪污治理。探索建立村庄保洁制度，解决村内道路泥泞、村民出行不便等问题。建立“村组收集、乡镇转运、县级集中处理”的农村垃圾分类收集和集中处理机制。探索建立有机废弃物兑换的绿色积分制，鼓励农民群众参与农村环境改善。加快建设森林小镇、森林村庄，构建人与自然和谐发展的优美环境。

（五）全力以赴打好易地扶贫搬迁硬仗

对居住在“一方水土养不起一方人”地方的贫困人口，实施易地扶贫搬迁，到2018年底全面完成4333户1.7521万人的易地扶贫搬迁脱贫任务，其中建档立卡贫困人口4184户1.6894万人。

全力加快2017年度易地扶贫搬迁房和配套基础设施建设，加强宣传动员和组织入住工作，确保按照既定时间节点，一户不少、一人不落地全面完成2017年度易地扶贫搬迁工作任务。全力加快推进2018年度易地扶贫搬迁项目建设步伐，压紧压实责任，强化施工组织，科学倒排工期，加强要素保障，尽快精准确定并录入搬迁对象，做到该搬迁的一个不漏，不该搬迁的坚决不搬，确保2018年12月底前完成2018年易地扶贫搬迁任务。

全面落实“六个坚持”，扎实推进“五个三”综合配套政策的落实，有效盘活耕地、林地、宅基地等资源，切实落实好“一步搬到位、六个全覆盖”扶持政策，建好社区党组织和公共服务机构，推动优质服务资源下沉，全面做好搬迁群众就业、就学、就医、养老、社会治理等服务，引导搬迁群众培养良好生活习惯，尽快融入新社区，助推特色新型城镇化建设。

全力推进就业扶贫，坚持以贫困家庭人口和易地扶贫搬迁家庭劳动力为重点，依托杭州市上城区和帮扶企业、县内企业、农业园区、工业小区，推动就业意愿、就业培训、就业技能与就业岗位精准对接，提高劳务输出组织化程度和就业扶贫覆盖面，确保有劳动力的搬迁户每户1人以上稳定就业创业，帮助搬迁群众就业增收，确保搬迁一户、稳定脱贫一户，做到“挪穷窝”与“换穷业”并举，搬迁与脱贫同步。优先在有劳动力的贫困人口中选聘生态护林员。鼓励开发多种形式的公益岗位，通过以工代赈、以奖代补、劳务补助等方式，动员更多贫困群众参与小型基础设施、农村人居环境整治等项目建设，吸纳贫困家庭劳动力参加保洁、治安、养路、管水、护林、扶残助残、养老护理等工作，增加劳务收入。积极鼓励和引导施工企业优先吸纳当地贫困人口参与工程建设，支付合理劳务报酬。积极与相关企业沟通对接，加快建好“扶贫车间”，通过灵活组织就业、弹性就业，保障搬迁群众稳定就业、增收脱贫。

（六）全力以赴打好产业扶贫硬仗

坚定不移地走“一主导四围绕”的特色发展之路，坚持把乡村旅游作为战略性主导产业来抓，加快推进“全域旅游化、全县景区化”步伐，全力打造国内外知名苗族文化旅游目的地，推动旅游业持续“井喷”，做大做强旅游经济。加快实施旅游扶贫“九大工程”，强化利益联结，通过“景区带村”“能人带户”，按照“股份合作型”“劳动就业型”“辐射带动型”的旅游扶贫模式，提升旅游助推脱贫贡献率。2018 年力争接待游客人次增长 30% 以上，实现旅游综合收入增长 35% 以上，直接或间接带动贫困户增收脱贫 7400 人以上。积极推广“乡村旅游 +”产业扶贫模式，以“龙头企业 + 合作社（党支部）+ 贫困户”为抓手，以农业供给侧结构性改革为主线，牢牢把握农业产业革命“八要素”，围绕乡村旅游大力发展茶叶、大宗蔬菜、中药材、食用菌、精品水果、生态畜禽等特色产业，因地制宜选好选准乡镇主导产业和村级特色产业，确保每个乡镇有 1 个 1000 亩左右相对连片的主导产业示范点，每个村有 1 个 500 亩左右相对连片的优势品种示范点，推动形成“一乡一特色种类”“一村一特色品种”的特色产业发展格局。2018 年，全县茶园面积达 16.21 万亩，覆盖建档立卡贫困户 1.37 万人，发展茶产业带动脱贫 668 户 2340 人；中药材面积达 6.64 万亩，覆盖建档立卡贫困户 2550 人，发展中药材带动脱贫 296 户 1010 人；累计完成蔬菜种植 11 万亩、食用菌栽培 520.76 万棒，覆盖建档立卡贫困户 2.8 万人，带动脱贫 247 户 1081 人；发展精品水果 0.3 万亩，覆盖建档立卡贫困户 267 户 1026 人，带动脱贫 123 户 443 人；生态畜禽达 30 万头（羽），覆盖建档立卡贫困户 1.56 万人，发展生态畜禽带动脱贫 1335 户 4658 人。大力发展以农产品加工、旅游商品加工为主的特色生态工业，2018 年，工业企业达 145 家，带动 416 户 1260 人贫困人口脱贫。大力发展特色服务业，带动 579 户 2084 人贫困人口脱贫。大力推进特色城镇化，加大易地扶贫搬迁力度，2018 年，完成 2017 年度 7598 人、2018 年度 5278 人搬迁入住，实现稳定脱贫。2019 年、2020 年继续巩固提升，为全面同步小康和现代化建设奠定坚实基础。

坚决打好调减玉米种植面积硬仗，按照“一减四增”要求，落实好因户施策、先建后补政策和农业产业结构调整补助政策，加快农业产业结构战略性调整，切实调减玉米等低效传统产品，大力发展茶叶、大宗蔬菜、中药材、食用菌、精品水果、生态畜禽等特色产业，加快发展对贫困户带动作用明显的农产品加工业、特色手工业、休闲农业。大力发展森林旅游、森林康养、林下经济，延伸生态产业链，着力构建生态产业化山地特色生态产业经济体系，实现荒山增绿、贫困群众增收。

全面开展“千名农技专家下基层”活动，统筹行业部门、企业等技术力量，围绕种、养、加、销的关键环节提供实用技术服务，实现对每个扶贫产业、每个贫困村、每个合作社的全覆盖。充分发挥基层农技推广体系、涉农企业培训作用，重点开展建档立卡贫困户全员培训，确保每个贫困户有 1 人掌握一门以上实用技术，促进家庭经济增收。强化农机与农艺结合，促进现代农业生产。

以农村资源变资产、资金变股金、农民变股东的“三变”改革为抓手，落实农户在产业链、利益链、价值链中的环节和份额，确保贫困群众持续增收，稳定脱贫。加快推进农村集体产权制度改革，制定实施集体经济薄弱村发展提升计划，通过盘活集体资源、入股或参股、量化资产收益等渠道，发展壮大村级集体经济。积极推进扶贫资金所有权、使用权、收益权“三权分置”改革创新。

（七）全力以赴打好教育医疗住房“三保障”硬仗

大力实施农村住房保障行动，同步推进农村破旧房专项整治。精准摸清农村危房和破旧房改造底数，落实实施主体，加强资金保障，全面实施改造和建设，确保 2018 年 11 月底全面完成，确保困难群众住房结构安全又不透风、不漏雨。建立农村危房和破旧房改造台账并实施精准管理、动态调整，改造一户、销档一户，防止漏改错改。明确农村危房和破旧房改造基本安全要求，保证正常使用安全和基本使用功能，因地制宜实施“三改”。千方百计加强资金保障，据实足额拨付农村危房改造和农村破旧房改造资金，加强补助资金使用管理和监督检查，确保资金使用安全，提高资金使用效率。鼓励和支持农村建筑工匠带头人及贫困户参与农村危房“危改”“三改”和农村破旧房改造等工程建设。将农村危房“危改”“三改”、破旧房整治纳入建筑工程质量安全大检查范围，加强质量安全监管，严格执行“五主体、四到场”制度。建立完善农村危房改造和破旧房改造信息公示制度。

着力实施教育脱贫攻坚行动。继续压缩党政机关 6% 的行政经费支持教育脱贫攻坚。加快推进农村寄宿制学校和城镇义务教育学校建设，积极发展农村学前教育，进一步加快中心村和边远村寨农村小学低年级 + 幼儿园建设步伐。进一步加强控辍保学，强化义务教育控辍保学联保联控责任，实施贫困学生台账化精准控辍，做到义务教育阶段建档立卡贫困户学生“零辍学”。精准关爱留守儿童、困境儿童。开设“绿色通道”，确保贫困学生无障碍入学。与建工集团共同实施好 1000 万元教育扶贫专项资金连续滚动四年帮扶计划，确保不让一名贫困学生因贫失学，不让一户农户因学致贫。开展对农村建档立卡在校贫困学生的精准统计，着力抓好非义务教育阶段建档立卡贫困学生应享尽享教育扶贫政策的大排查、大整改，确保非义务教育阶段建档立卡贫困学生全部享受教育扶贫政策，做到建档立卡贫困户学生资助不漏一个、不掉一人，实现教育扶贫资助政策全覆盖。深入实施农村义务教育学生和学前教育儿童营养改善计划，着力推进营养改善计划提质升级。深入推进职业教育精准扶贫，办好免费订单职业教育精准脱贫班，引导建档立卡贫困家庭初中毕业生和高考未能录取的高中毕业生到职校就读，拓宽就业渠道，努力实现“职教一个，就业一人，脱贫一家”。推动全县各类学校服务农村产业革命，探索集团化推进“校农结合”。统筹配置城乡师资，落实好“特岗计划”，加大乡村教师培训力度，加大农村学校音、体、美等紧缺学科教师补充力度，建好建强乡村教师队伍，缩小城乡学校师资差距。依托中小学教育资源，实施少数民族群众汉语言和实用技术培训行动计划，多形式办好扫盲班，全面开展农村扫盲教育。

深入实施健康扶贫工程。建立建档立卡贫困人口数据与城乡居民基本医保参保数据比对机制，落实参保个人缴费财政补贴政策，确保城乡居民基本医疗保险覆盖所有建档立卡贫困人口。全面落实“四重医疗保障”制度，坚决落实县内先诊疗后付费，就医结算一站式服务，确保建档立卡农村贫困人口住院医疗费用中的政策范围内费用实际补偿比达到 90% 以上。加强政策宣传，确保新农合参合率达 100%。抓好家庭医生签约履约工作，确保家庭医生签约率达 100%。加快村级卫生室标准化建设，2018 年确保实现村级卫生室标准化建设全覆盖，并在每个村配备 1 名中专以上学历医学类专业的村医，扎实落实好医生到乡镇卫生院、村卫生室定期坐诊、巡诊制度，为群众提供优质医疗服务。全面完成并巩固农村医疗卫生服务能力三年提升计划，实施新一轮基层卫生服务能力提升工程，大力实施基层医疗卫生人才岗位履职能力培训。抓好大病集中救治一批、慢病签约服务一批、重病兜底保障一批，对农村贫困人口开展7大类13种大病集中专项救治。全面提升24种大病39种慢性病医疗保障水平，实施慢性病签约服务管理。全面实施“光明扶贫工程”，将罹患白内障的建档立卡农村贫困人口全部纳入救治范围，实行免费集中救治，实现建档立卡白内障患者免费救治全覆盖。将脱贫攻坚与落实生育政策紧密结合，深入推进生育健康全程服务，实施妇幼重大公共卫生服务项目。

（八）实施“四个聚焦”，主攻深度贫困

按照“扶贫资金要向深度贫困地区聚焦、东西部扶贫协作要向深度贫困地区聚焦、基础设施建设要向深度贫困地区聚焦、帮扶力量要向深度贫困地区聚焦”的“四个聚焦”要求，举全县之力打好大塘镇（极贫镇）和深度贫困村脱贫攻坚战，采取超常规举措，精准发力攻克贫中之贫、坚中之坚。加大政策扶持和资金投入力度，“四场硬仗”项目优先在大塘镇和34个深度贫困村实施。全力加快县城至大塘快速通道、九十九园区、“苗岭天路·花海幽谷”、大塘景区、大塘九丰生态农业园、《西江盛典》等重点项目建设步伐。积极引导企业帮扶、社会帮扶等各类资源从人力、物力、财力上给予34个深度贫困村重点倾斜，选好配强深度贫困村村支两委班子和第一书记、驻村干部，用“绣花”功夫着力解决这些地方基础设施和公共服务严重滞后、脱贫内生动力不足等系列问题，不断增强深度贫困村和贫困群众自我发展能力。

（九）强化特殊贫困群体帮扶举措

强化综合保障性扶贫。统筹各类保障措施，建立以社会保险、社会救助、社会福利制度为主体，以社会帮扶、社工助力为辅助的综合保障体系，为完全丧失劳动能力和部分丧失劳动能力且无法依靠产业就业帮扶脱贫的贫困人口提供兜底保障。完善城乡居民养老保险制度，对符合条件的贫困人口由政府代缴城乡居民养老保险费。继续实施社会服务兜底工程，加快建设为老年人、特困供养人员、精神障碍患者等特殊群体提供服务的设施。鼓励通过互助养老、日间照料等途径，创新家庭养老方式。加快建立贫困家庭“三留守”关爱服务体系，落实家庭赡养、监护照料法定义务，探索建立信息台账和定期探访制度。全面开展农村低保专项治理，重点治理农村低保腐败问题和作风问题，确保“应保尽保”“应退则退”。强化司法保障，切实维护贫困群众的合法权益，体现社会公平正义。

开展贫困残疾人脱贫行动。将符合条件的建档立卡贫困残疾人纳入农村低保和城乡医疗救助范围。完善困难残疾人生活补贴和重度残疾人护理补贴制度。深入实施“福康工程”等残疾人精准康复服务项目，优先为贫困家庭有康复需求的残疾人提供基本康复服务和辅助器具适配服务。帮助贫困家庭残疾儿童多种形式接受义务教育。资产收益扶贫项目优先安排贫困残疾人家庭。切实加大培训工作力度，大力扶持残疾人创业就业，不断拓宽贫困残疾人增收渠道。

（十）开展扶贫扶志行动

扎实开展“牢记嘱托·感恩奋进”教育，深化“党的声音进万家·总书记话儿记心上”活动，以扶智扶志“双扶”活动年为契机，开展“扶志转勤、扶勤转能、扶能转富”活动，深入开展“甘当贫困户可耻、主动脱贫光荣”主题教育。加强扶贫与扶志扶智相结合，充分运用新时代农民（市民）讲习所，对农民开展思想、道德、文化、感恩教育，弘扬自力更生、艰苦奋斗、勤劳致富传统美德，克服“等靠要”思想，纠治好逸恶劳、争戴穷帽、不赡养老人、不抚育儿女、坐等政府送钱送物等陋习恶习，教育和引导广大群众用自己的辛勤劳动实现脱贫致富。继续开展“十大脱贫之星”等系列评选活动，培养树立一批脱贫攻坚先进典型，推广一批脱贫攻坚经验做法，营造比学赶超的浓厚氛围，充分激发贫困群众脱贫攻坚内生动力。以村为单位，开展菜单式的实用技术、技能培训，培育贫困群众发展生产和务工经商的基本技能，组织、引导、支持贫困群众自力更生、艰苦奋斗，真正实现“群众干、干部帮”。

加强农村精神文明建设，实施文化下乡工程，传承发展优秀民族文化，有序推进农村移风易俗，扎实抓好高价彩礼、滥办酒席、争当贫困户治理三年专项行动，逐步推广农村“合约食堂”和“六个一（一桩事、一房族、一升米、一锅香、一天时、一地点）”规范农村操办酒席机制，把规范城乡操办酒席管理等有关规定转化为村规民约，发挥村民议事会、道德评议会、红白理事会、禁毒禁赌会等群众组织作用，坚持自治、法治、德治相结合，狠刹酗酒、偷盗、黄赌毒等邪气以及滥办酒席、大办酒席、高价彩礼等陈规陋习和歪风，形成文明乡风、良好家风、淳朴民风。开展村级活动场所和农村家庭环境卫生专项整治行动，确保形象良好、卫生整洁。把扶贫领域诚信纳入信用监管体系，将不履行赡养义务、不抚育儿女、虚报冒领扶贫资金、严重违反公序良俗等行为列入失信人员名单。

三、坚持问题导向，深入开展扶贫领域突出问题“八个专项治理”

（十一）深入开展贫困人口漏评错评专项治理

坚持对照标准查、发动群众查、突出重点查、数据比对查、扶贫专线查、对应程序查、落实责任查，档案资料查，严格标准要求，组织各村第一书记、村“三大员”、驻村干部形成工作团队，不能分开工作，一户不漏的“拉网式”排查，一户一户甄别研判，及时组织召开村民小组会议或村民大会评议，大幅度降低漏评率、错评率，显著提高群众认可度。重点排查建档立卡之外的农村低保户、危房户、大病患者家庭、重度残疾人家庭、义务教育阶段辍学生家庭、老人户、居住偏远农户、长期在外返回户等八类特定群体和建档立卡之内达标退出后又返贫的脱贫户，做到该进的一个不漏、不该进的一个不进，确保全面精准。加强对建档立卡内“四有人员”数据比对，排查错评户，并严格按程序进行清退。适时开展建档立卡专项督查检查。扎实推进建档立卡贫困户与农村低保户的有效衔接。

（十二）深入开展贫困人口错退专项治理

坚持系统锁定对象筛查，核查退出是否符合程序、标准，开展入户核查认定，着力补齐短板，严格落实责任，坚决纠正“按指标脱贫”“数字脱贫”“被脱贫”现象，大幅度降低错退率。开展各级干部遍访贫困村、贫困户活动，严格执行贫困识别和退出标准、程序，不断提高精准识别和精准退出质量，完善动态管理机制，切实做到“脱贫即出、返贫即入”。

（十三）深入开展农村危房和破旧房改造不到位专项治理

对建档立卡贫困户、农村低保户、分散供养特困人员、贫困残疾人家庭等 4 类重点对象住房保障情况进行全面排查，加强对农村危房改造台账内危改对象的复核和农村破旧房对象的排查力度，实现应改尽改。全面加快各项工作进度，落实好实施主体，加强资金保障，确保 2018 年 11 月底前一户不漏地全部改造到位，确保贫困群众住房结构安全，不透风、不漏雨。

（十四）深入开展扶贫资金使用不规范专项治理

坚持因地制宜、群众利益至上原则，规范统筹整合使用财政涉农资金，不得擅自改变支出方向和扩大支出范围。建立健全财政扶贫资金动态监控机制，构建县、乡二级从预算安排到拨付、使用、绩效评估的全流程监控机制，紧盯到村财政扶贫资金以及村合作社资金，加强财政扶贫资金日常监管和专项检查，实现扶贫资金审计全覆盖。加快资金拨付和使用进度，提高使用效率，实现扶贫目标与扶贫资金投入总体平衡，确保在短期内2017年以前的项目资金报账率达100%，2018年达到90%以上。

（十五）深入开展扶贫领域腐败和不正之风专项治理

重点查处和纠正贯彻党中央脱贫攻坚决策部署不坚决不到位、弄虚作假问题，主体责任、监督责任和职能部门监管职责不落实问题；严肃查处贪污挪用、截留私分、虚报冒领、强占掠夺等行为，提高群众获得感和认可度。切实发挥巡察利剑作用，把扶贫领域腐败和作风问题作为巡察重点，认真开展专项巡察。深入推进扶贫领域“护民生、促脱贫”监督执纪问责行动，常态化开展“访村寨、重监督、助攻坚”专项行动，强化对基层党员和行使公权力公职人员的监督监察，优先立案调查扶贫领域腐败问题。把惩治“蝇贪”和扫黑除恶结合起来，坚决打击“村霸”“寨霸”。切实发挥好审计监督、民生监督、舆论监督、群众监督作用，处理好各级群众工作中心（站）收集的群众意见和诉求，用好县委、县政府“扶贫专线”，做到阳光扶贫、廉洁扶贫。扎实开展脱贫攻坚作风建设年活动，持续正风肃纪、兴“三风”纠“四风”，重点整治工作脱离实际、作风简单粗暴，表态多调门高、行动少落实差、不担当不作为等形式主义、官僚主义突出问题。坚持用好问责“杀手锏”，狠抓失职失责反面典型，强化通报曝光，以常态化问责倒逼担当尽责。

（十六）深入开展农村饮水安全巩固提升不到位专项治理

重点实施好《雷山县农村饮水安全巩固提升不到位专项治理方案》，围绕农户家中是否有自来水，水质是否安全等重点，持续加大农村饮水安全排查力度。加快推进农村饮水安全工程建设进度，确保年内不漏一村一寨、不落一户一人地解决好农村饮水安全巩固提升不到位的问题。充分发挥督导工作组的职能作用，常态化开展农村安全饮水问题整改督导，对整改不力或整改不到位的有关部门、乡镇，从严从重追责问责。

（十七）深入开展“四场硬仗”推进不力问题专项治理

坚持标准，细化措施，加强调度，明确时间表、责任人，加快推进农村“组组通”公路大决战，确保2018年10月底前全部建成通车。易地扶贫搬迁按照“缺什么补什么”的要求，科学组织昼夜施工，全力加快施工进度，扎实做好2017年度搬迁工程竣工收尾和搬迁入住，加快2018年度搬迁工程建设，尽快全面完成2016年度旧房拆除和复垦复绿，坚决打好易地扶贫搬迁硬仗。认真把握好农业产业革命“八要素”，扎实抓好农业产业结构调整，推进特色农产品进学校、进超市、进企业、进机关，确保农业产业结构调整调得动、产得出、卖得好。不漏一户一人地落实教育扶贫政策措施，确保不让一名贫困学生因贫失学，确保不让一户农户因学致贫；不漏一户一人地落实医疗扶贫政策，遏制农村家庭因病致贫返贫；不漏一户一人地落实住房保障政策，确保困难群众住有所居、居有所安。

（十八）深入开展东西部扶贫协作不力问题专项治理

认真落实与杭州市上城区开展的东西部扶贫协作三年行动计划和年度工作计划，坚持以“强基础、扶产业、促旅游、支教育、助医疗、育人才、接劳务”为协作重点，发展一批产业、培养一批人才、打造一批品牌，不断提高帮扶成效和协作水平。深入研究杭州市上城区与我县在区位特征、资源禀赋、产业结构、市场互补、人力资源、政策支持等方面的优势和特点，实现深度合作、互利共赢。建立健全东西部扶贫协作项目库，梳理提出年度具体任务清单，做到项目化、事项化推动扶贫协作工作。积极与杭州市上城区和有关街道、部门对接，增加双方互派挂职干部、专业技术人才的数量。

四、深入推进振兴农村经济的深刻的产业革命

（十九）下大力全面落实“八要素”

坚持质量兴农、绿色兴农、品牌强农，全面落实产业选择、培训农民、技术服务、组织方式、资金筹措、产销对接、利益联结、基层党建“八要素”，加快推进农业由增长导向转向提质导向，构建现代农业产业体系、生产体系、经营体系。各级各部门要对照“八要素”找差距，缺什么补什么，强弱项补短板，一个要素一个要素地设计、部署、检查、考核、推进，全流程、全环节推进农村产业革命，促进产业革命纵深推进，开花结果。各相关部门要结合职能从“八要素”中找到切入点，为产业革命多出力、多做贡献。

（二十）下大力抓好产销对接

积极开展产销对接，搭建农产品产销对接服务平台，扶持一批农产品营销队伍，引导生产基地按照市场需求进行订单式生产，推动加工企业、农贸市场、电商企业、学校食堂、宾馆酒店、景区景点农家乐、生活超市等市场主体与贫困村建立长期稳定的产销关系。支持供销、邮政及各类企业把服务网点延伸到贫困村，推广以购代捐的扶贫模式，组织贫困村农特产品定向直供党政机关、军警、学校、医院、企事业单位食堂和交易市场，建立稳定长期的销售渠道，形成以销定产、以销促产、产销互联的发展格局。加强与中央、省、州帮扶单位和杭州市上城区对口帮扶单位的工作对接，组织开展本地农产品直销配送，建设定点销售窗口。充分用好鲜活农产品运输绿色通道政策，在对口帮扶城市设立农产品分销中心，开展展销推介活动。开展农产品产业链招商，引进农产品生产、加工、销售等优强龙头企业，逐步形成农产品供应链体系。开展农村电商扶贫专项行动，抢抓苏宁易购帮扶我县和雷山列入阿里巴巴打造的10个电商脱贫样板县的机遇，加强农村电商人员业务技能培训，运营好县、乡、村电子商务服务站点，大力发展农村现代化物流体系和冷链物流体系，通过线上与线下齐发力，提高雷山优质农特产品的知名度和市场占有率。综合运用财政、保险等多种手段，建立风险补偿机制，防范可能存在的市场风险和自然风险，让农民少担风险多得实惠。

（二十一）下大力提高规模化标准化水平

坚持走规模化经营、标准化生产的道路，以规模化带动标准化、以标准化推动规模化。各乡镇要进一步完善主导产业扶贫方案，指导各村制订主导产业扶贫方案，完善主导产业扶贫项目库，切实抓好主导产业示范点建设，示范点主导产业要相对连片。要立足资源禀赋、产业基础和市场需求，按照长短结合、突出短平快的思路，做大特色优势产业规模，形成“拳头”产品。要加强对农产品产业链、价值链的研究，从选育种、种植到田间管理，再到分拣、包装、加工、储运、销售等都要精细化、上档次，经得起市场的检验，提高市场竞争力。

（二十二）下大力培育壮大农业产业经营主体

坚持强龙头、创品牌、带农户，加快发展现代山地特色高效农业园区，大力开展招商引资和招才引智活动，做大做强本地农业龙头企业，引进一批农业产业化龙头企业，加大新型农业经营主体培育力度，改变龙头企业数量少规模小、合作社自我发展能力弱的状况。推广“龙头企业+合作社（党支部）+贫困户”模式，完善新型农业经营主体与贫困户联动发展的利益联结机制，采取股份合作、订单帮扶、生产托管等方式，实现贫困户与现代农业发展有机衔接。规范村支两委领办的村级合作社的运营管理，大力推广“村社合一”“党社联建”等模式，发挥好农村合作社在村级产业发展中的骨干作用，积极发展壮大村级集体经济。支持合作社跨村发展，合作社要

覆盖全部贫困户，力争覆盖全部农民。政府部门和龙头企业、农户共同研究市场特点，一个产品一个产品、一个市场一个市场地研究，确保在产销对接、流通环节上实现重大突破，推动绿色优质农产品上规模、扩产量、成批量。以国家有机产品认证示范区、国家农产品质量安全县和国家级出口食品农产品质量安全示范区创建为抓手，加强农产品“三品一标”认证申报，加大政策扶持力度，加快创建一批绿色农产品知名品牌，实现无公害绿色有机农产品“泉涌”。

五、强化政策支持，夯实脱贫攻坚支撑保障

（二十三）强化财政投入保障

坚持增加政府扶贫投入与提高资金使用效益并重，健全与脱贫攻坚任务相适应的投入保障机制。积极争取中央转移支付、中央财政专项扶贫资金、省级财政一般性转移支付资金、各类涉及民生的专项转移支付资金、社会扶贫资金和基建投资。加快存量国有资产盘活，有序出让闲置土地，为脱贫攻坚提供充足的资金保障。加强资金整合，确保整合资金围绕脱贫攻坚项目精准使用，提高使用效率和效益。探索建立扶贫资金循环使用、滚动发展的机制。推广政府与社会资本合作、政府购买服务等扶贫模式，支持引导市场和社会通过委托、承包、采购等形式，参与脱贫攻坚和扶贫项目建设。全面加强各类扶贫资金项目绩效管理，落实资金使用者的绩效主体责任，明确绩效目标，加强执行监控，强化评价结果运用，提高扶贫资金使用效益。建立和优化县级脱贫攻坚项目库，健全公告公示制度。县、乡扶贫资金分配结果一律公开，乡、村两级扶贫项目安排和资金使用情况一律公告公示。加强扶贫资金项目常态化监管，规范审批手续和资金拨付程序，疏堵并举防范化解扶贫领域融资风险。

（二十四）加大金融扶贫支持力度

积极争取扶贫再贷款政策和银行金融机构支持，最大限度地争取扶贫再贷款额度。用好“特惠贷”“惠农贷”，建立健全金融支持产业发展与带动贫困户脱贫的挂钩机制和扶持政策。争取政策性银行机构继续加大对我县农村基础设施建设、易地扶贫搬迁等领域投入力度。积极争取和用好脱贫攻坚产业子基金（或绿色产业基金），吸引更多社会资金参与脱贫攻坚。用好用足贫困地区企业上市“即报即审、审过即发”绿色通道政策，加大我县企业上市培育力度，加快引进拟上市企业落户雷山，支持我县企业转型升级。建立完善农业保险、大病保险、农房保险等保险服务脱贫攻坚保障体系和农业担保机制，减少农户因灾等非人为因素造成的损失。

（二十五）完善扶贫开发用地政策

加快编制村庄规划和村级土地利用规划，挖掘土地优化利用脱贫的潜力，用好土地整治等政策，引导农田集中连片、建设用地集约紧凑。对农村基础设施、易地扶贫搬迁、民生发展等脱贫攻坚项目用地应保尽保。推进放管服，进一步压缩扶贫项目用地手续办理时限。对于急需开工建设的易地扶贫搬迁项目建设用地，根据省、州规定，在符合规划、做好补偿安置前提下，可以先行用地。实施城乡建设用地增减挂钩助力脱贫攻坚三年行动，稳妥推进易地扶贫搬迁等旧房拆除和复垦复绿，形成城乡建设用地增减挂钩节余指标流转交易收益，主要用于“十三五”时期脱贫攻坚和乡村振兴。鼓励农业生产和村庄建设等用地复合利用，拓展土地使用功能，提高集约利用水平。在农村中发展设施农业，其生产设施和附属设施、配套设施用地直接用于或者服务于农业生产，依法按农用地管理，不需办理农用地转用审批手续，完善新增建设用地保障机制，将新增建设用地计划指标确定一定比例用于支持农村新产业、新业态发展。严格执行农村建房规划建设管理法规，规范乡村建设规划许可，严格宅基地审批管理，大力整治违法占地和违法建房，采取综合措施引导农民集中建房。利用农民闲置宅基

地和闲置农房利用政策，探索宅基地所有权、资格权、使用权“三权分置”，依法适度放活宅基地使用权。鼓励和支持农民合作社、农业龙头企业、国有企业等以出租、合作等方式盘活利用空闲农房及宅基地。在符合总体规划、集镇规划和村庄规划用地范围内，通过村庄整治、宅基地整理等节约的集体建设用地采取入股、联营、整合、置换等方式，重点支持发展乡村休闲旅游、养老等产业。

（二十六）落实生态扶贫政策

加快生态保护修复力度，严格按照国家和地方公益林补偿标准兑现补偿金，实现生态改善和脱贫双赢。积极争取新一轮退耕还林支持，在确保县级耕地保有量和基本农田保护任务的前提下，将25度以上坡耕地、重要水源地15～25度坡耕地和移民搬迁撂荒耕地纳入新一轮退耕还林工程范围，对符合退耕政策的贫困村、贫困户实现全覆盖。积极争取中央、省、州加大对我县天然林资源保护工程建设和雷公山国家级自然保护区建设的支持力度，扎实推进生态保护扶贫行动，争取更多的生态护林员指标，向易地扶贫搬迁对象倾斜，力争更多有劳动能力的贫困人口新增选聘为生态护林员。深化集体林权制度改革，创新林业生产经营模式、林业管理服务模式、投融资支持模式、生态保护和建设模式，建立国有性质林业资产运营公司，多渠道融资筹资，探索推进“资源变资产、资金变股金、农民变股民”林业改革，盘活贫困人口林木、林地资产，增加贫困人口资产性收入。

（二十七）实施人才和科技扶贫计划

健全完善人才服务脱贫攻坚的有效机制，认真贯彻落实贫困地区人才支持等计划，扩大急需紧缺专业技术人才选派培养规模。在县乡公务员考试录用中从大学生村官、“三支一扶”等人员中定向招录公务员，继续开展好面向脱贫攻坚中表现优秀的村干部、大学生村官、第一书记和驻村干部定向招录乡镇公务员工作。动员全社会科技力量投入脱贫攻坚主战场，开展科技精准帮扶行动。大力实施事业单位专业技术人员助力脱贫攻坚三年行动计划（2018—2020），鼓励引导事业单位专业技术人员到贫困村挂帮、参与项目合作、兼职、在职创办企业或带薪离岗创业，牵头组建各类合作社，发展扶贫产业助推脱贫攻坚。实施农民全员培训三年行动计划，加快构建一支有文化、懂技术、善经营、会管理的新型职业农民队伍。统筹各类培训资源，落实职业培训补贴政策，组织有就业培训意愿的贫困家庭劳动力参加岗前培训、订单培训和岗位技能提升培训，确保每个有劳动能力的贫困人口熟练掌握一门实用技能。

六、充分动员全社会力量，积极投身脱贫攻坚主战场

（二十八）深入推进东西部扶贫协作和定点扶贫

积极借助国务院扶贫办、省纪委、省国资委、省高速集团、州纪委等定点帮扶和杭州市上城区对口帮扶以及社会各界爱心企业、爱心人士的力量，主动加强与定点帮扶单位汇报沟通，深入研究所需与所能的结合点，加大项目资金筹集、基础设施改善、发展平台搭建、智力文化帮扶、旅游开发推介等争取支持力度，最大限度争取帮扶资源，扩大帮扶范围，提升帮扶实效。

着力抓好东西部对口协作工作，积极推进与杭州市上城区各层级、多领域的交流协作，争取在产业合作、劳务协作、人才支援、资金支持和社会参与等方面得到更多支持，把上城区资本、技术、市场、人才优势和雷山资源、生态、文化等优势结合起来，让上城区的产业、资金、人才等要素更多流入我县，让我县绿色优质农产品、旅游商品、健康食品等更多进入杭州市场，促进合作双赢。切实加强帮扶资金的监管和使用，提高资金使用效益，注重项目的选择和落地，抓好项目化推进、实物化落实。加快帮扶协作项目建设进度，形成看点、亮点，提高群众的获得感和满意度。深入开展县直机关企事业单位定点帮扶工作，建立县直机关企事业单位定点帮扶考核机制，强化定点帮扶工作的考核。

（二十九）激励各类企业、社会组织和社会力量扶贫

巩固政府、市场、社会互动和行业扶贫、专项扶贫、社会扶贫联动格局，用好用足企业和社会帮扶力量，深入推进国有企业“百企帮百村”，进一步引导省国资委帮扶雷山的国有企业及县内国有企业通过发展产业、对接市场、安置就业等多种方式帮助贫困户脱贫。深入推进民营企业“千企帮千村”行动，引导民营企业积极开展产业扶贫、就业扶贫、公益扶贫。大力开展扶贫志愿活动，充分发挥工商联、群团组织和社会组织的作用，大力开展巾帼扶贫行动，充分利用“春晖行动”“博爱家园”等平台载体，聚集社会各方面资源助推脱贫攻坚。广泛动员组织各类志愿服务团队、社会各界爱心人士开展扶贫志愿服务。引导退休干部、退休教师、退休医生、成功企业家等各方人士支持家乡脱贫攻坚。

（三十）加快大数据与脱贫攻坚深度融合

依托“贵州扶贫云”，强化扶贫领域相关部门数据的融合交换、共享使用和分析监测，实现户籍、教育、健康、就业、社会保险、住房、车辆、银行、农村低保、残疾人等信息与贫困人口建档立卡信息有效对接，加快精准扶贫数字化应用。运用大数据助推产业扶贫，强化扶贫开发大数据平台、精准扶贫大数据支撑平台共享使用，拓展扶贫数据系统服务功能，为脱贫攻坚决策和工作指导等提供可靠支撑。

七、加强和改善党对脱贫工作的领导，为夺取脱贫攻坚战全面胜利提供坚强的政治保障

（三十一）进一步落实脱贫攻坚责任制

坚决扛起脱贫攻坚重大政治任务，坚持“县抓落实”的管理体制和党政“一把手负总责”的责任制，压紧压实责任链任务链。继续扎实推进县级领导“下抓两级”工作制度，全面落实“一线工作法”，一线统筹、一线指挥、一线冲锋，切实抓好联系帮扶村、帮扶户各项工作，当好脱贫攻坚的示范。继续推行脱贫攻坚战区、作战部管理责任制，全面履职尽责、实干担当，坚持谁主管、谁负责的原则，全力守好“主阵地”、种好“责任田”、啃下“硬骨头”、攻克“决战点”，扎实推动各项脱贫攻坚政策措施落地生根。

坚持党政“一把手负总责”的责任制，县委、县政府每月至少专题研究两次脱贫攻坚工作，乡镇党委和政府参照执行。当前各级党政正职的主要工作就是抓好脱贫攻坚。县委、人大、政府、政协领导班子成员必须聚焦脱贫攻坚，根据职责分工，找准位置，发挥作用，形成整体合力。八大战区指挥长、各行业作战部指挥长和工作组组长分别领衔负责组织完成本战区、本行业作战部和本工作组2018年减贫摘帽各项目标任务。乡镇党政领导班子成员、村“三大员”要落实好“基层主推”的主体责任，时时事事处处聚焦脱贫攻坚，特别是“一把手”要亲自安排部署工作、亲自研究解决问题、亲自督促检查落实，对推进情况、存在问题等都要了如指掌；其他班子成员要在脱贫攻坚中对号入座、找准位置，强化政治责任和政治担当，一级抓一级，层层抓落实，做到责任落实、政策落实、工作落实。实施县委书记遍访贫困村，乡镇党委书记和村党组织书记遍访贫困户，确保各项政策精准落地。

县直各部门、各单位必须紧紧围绕脱贫攻坚发挥职能作用，凝聚打赢脱贫攻坚战的强大合力。县扶贫开发领导小组成员单位每年要向县委报告本部门、本单位脱贫攻坚工作情况。

（三十二）完善脱贫攻坚考核监督机制

进一步完善扶贫考核监督工作，改进对乡镇和县直部门的扶贫工作考核，注重考核结果运用，发挥考核的正向激励和负向惩戒作用。广泛运用

“晒、比、评、述”和“抓两头带中间”工作方法，把脱贫攻坚工作列为领导干部年度述职重要内容，作为考核奖惩、选拔任用的重要依据，对脱贫攻坚期间表现优秀、符合条件的优先提拔使用，对未完成年度减贫任务和工作任务的乡镇、县直部门党政主要领导进行严肃问责，对落实不力或搞“数字脱贫”“虚假脱贫”的从严从重追究责任。

进一步完善监督机制，县扶贫开发领导小组要定期、不定期组织脱贫攻坚督查巡查，纪检监察机关和审计、财政、扶贫等部门按照职能开展监督工作。发挥县脱贫攻坚督导组的作用，常态化开展督促指导，及时发现问题、解决问题。开展行业部门扶贫责任制考核和驻村帮扶考核，帮扶单位党委（党组）重视不够，所选派的第一书记和驻村干部县乡村评议不好、群众反映差、帮扶成效不好的，单位年度目标考核不能评为一等奖。

（三十三）建强农村基层党组织

全面推广抓党建促脱贫“十攻略”，深入推进“党员脱贫攻坚先锋队”和驻村工作实体化，持续整顿软弱涣散党组织，全面强化农村基层党组织领导核心地位。以提升组织力为重点，突出政治功能，把农村党组织建设成为宣传扶贫政策、落实脱贫任务、领导脱贫攻坚、团结动员群众、推动改革发展的坚强战斗堡垒。根据脱贫攻坚需要，科学合理组建农村基层党组织。全面落实村“两委”联席会议、“四议两公开”和村务监督等制度，推进基层民主建设。把扫黑除恶和加强基层党组织建设结合起来，防止家族势力、地方黑恶势力、违法违规宗教活动侵蚀基层政权，干扰破坏村务。

全面选优配强村党组织书记，注重从农村致富带头人、大学生村官、复员退伍军人、外出务工经商返乡创业人员、村医村教中培养选拔，把政治过硬、能力突出、熟悉基层、热爱农村的优秀党员选配到村党组织书记岗位上来。以乡镇为单位组织摸排，逐村分析研判，按照“一好双强”（即政治素质好、带富能力强、协调能力强）标准和打赢脱贫攻坚战的需要，对不能胜任的村党组织书记，坚决及时撤换。本村没有合适人选的，从县乡机关公职人员中派任。

扎实开展驻村“轮战”工作，派强用好第一书记和驻村工作队。落实好贫困村党组织书记和第一书记的调整任用相关要求，实行州、县两级党委书记“双签字”制度。大力推动村党组织书记通过选举担任村主任。加强农村党员队伍建设，注重从脱贫攻坚一线发展党员，把优秀农村党员纳入村“两委”后备干部培养。

（三十四）培养锻炼过硬的脱贫攻坚干部队伍

保持乡镇党政正职稳定，县乡其他干部要保持相对稳定，但对于不能胜任的要及时撤换，对于弄虚作假的要坚决问责。实施脱贫攻坚全面培训，落实分级培训责任，保证乡镇、村主要负责同志和扶贫系统干部轮训一遍。加大对贫困村村干部培训力度，突出需求导向和实战化训练，每年对乡镇干部、村“两委一队三个人”进行专题培训。全面培训贫困村党支部书记和第一书记，着力增强发展经济、改革创新、依法办事、化解矛盾、带领群众脱贫攻坚的能力。贫困村党支部书记重点做好学习宣传贯彻习近平扶贫思想、抓好产业发展、促进充分就业、壮大集体经济、团结凝聚群众、加强党员教育管理监督等工作。第一书记重点做好落实扶贫政策、建强基层组织、掌握村情民意、推进志智双扶、落实对口帮扶、凝聚脱贫攻坚合力等工作。

认真落实中央关于进一步激励广大干部新时代新担当新作为的意见，加强对脱贫攻坚一线干部的关爱激励，大力选拔使用敢于负责、勇于担当、善于作为、实绩突出的干部，对奋战在脱贫攻坚一线的干部要落实好相关保障，改善工作条件。对在脱贫攻坚中有突出贡献的干部，给予“立功”受勋；对在脱贫攻坚中因公牺牲的干部和基层党员的家属及时给予抚恤，做好帮扶慰问。进一步健全村干部报酬增长机制，全面发放正常离任村干部生活补贴。

建立健全容错纠错机制，坚持依纪依法和“三个区分开来”相结合，树立尽职免责、失职追责的鲜明导向，旗帜鲜明为敢于担当的干部撑腰鼓劲。严肃查处诬告陷害行为，及时为受到不实反映的干部澄清正名、消除顾虑。

（三十五）营造脱贫攻坚良好舆论氛围

运用广播电视、手机报、互联网、新媒体等渠道，运用新时代农民（市民）讲习所等平台，深入宣传习近平扶贫思想，宣传党中央、省委、州委及县委打赢脱贫攻坚战的重大决策部署，宣传脱贫攻坚典型经验和成就，创作和推出一批反映扶贫脱贫先进典型的文艺作品，讲好扶贫脱贫故事。广泛开展脱贫攻坚先进集体、先进党员和群英谱评选表彰活动，开展脱贫攻坚带头致富、带领群众致富的“双带”群众表彰活动，选树脱贫攻坚先进典型，发挥榜样的巨大力量，用身边人身边事示范、激励、带动广大干部群众，营造比学赶帮的浓厚氛围。以生动丰富、喜闻乐见的形式，进一步加强扶贫政策宣传，加大政策解读力度，打通政策知晓、落实“最后一公里”，确保扶贫政策家喻户晓、人人皆知，持续增强贫困群众的获得感和满意度。

（三十六）做好脱贫攻坚风险防范工作

积极开展对扶贫主导产业面临的技术和市场等风险评估，制定防范和处置风险的应对措施，防止产业项目盲目跟风、一刀切导致失败造成的损失。规范扶贫小额贷款使用，防范还款风险等问题发生。防止金融机构借支持脱贫攻坚名义违法违规提供融资。防止社会风险，防止贫困户和其他农户因享受政策利益失衡引发矛盾，做好群众疏导工作。

（三十七）统筹衔接脱贫攻坚与乡村振兴

脱贫攻坚期内，乡村振兴主要任务是脱贫攻坚。乡村振兴相关支撑政策要优先向极贫乡镇、边远乡镇、深度贫困村、边远村寨倾斜，补齐基础设施和基本公共服务短板，以乡村振兴巩固脱贫成果。

全县广大干部群众要紧密团结在以习近平同志为核心的党中央周围，以习近平新时代中国特色社会主义思想为指导，牢记嘱托，感恩奋进，以抓铁有痕、踏石留印的精神，采取超常规举措，向贫困发起总攻，确保如期实现整县“减贫摘帽”，坚决夺取脱贫攻坚战全面胜利，为开创雷山百姓富、生态美的绿色发展新未来而努力奋斗！

雷山县人民政府
关于命名雷山县第一批“三名工程”名人才的决定

（雷府发〔2018〕5号）

各乡（镇）人民政府，雷山文化旅游产业园区管委会，县人民政府各工作部门、各直属机构：

近年来，全县各级各部门深入贯彻实施人才强县战略，广大人才勤奋工作，锐意进取，大胆创新，在全县各行业、各领域涌现出一大批业务精湛、贡献突出、素质优良的优秀人才。为进一步加强我县人才队伍建设，加大本土人才培养力度，营造人才竞相成长的良好氛围，激励各类人才更好地为我县经济社会加速发展贡献聪明才智，助推脱贫攻坚、全面同步小康。根据《中共雷山县委办公室雷山县人民政府办公室印发〈关于加强“三名工程”评选管理工作的实施意见〉的通知》（雷党办发〔2017〕58号）、《县人民政府办公室关于印发雷山县名校（园）长名教师名班主任等“三名工程”实施方案的通知》（雷府办发〔2018〕5号）规定，经组织申报、层层推荐，评选出41名“三名工程”名人才。为树立榜样，激励先进，经研究，决定授予杨春梅、杨朱洁、李魏国、杨光宾、吴茜等41人雷山县第一批“三名工程”名人才荣誉称号。

希望受到命名的同志珍惜荣誉，戒骄戒躁，充分发挥示范引领作用，再接再厉，不断创新，为我县经济社会发展再建新功。全县广大人才要以“名人才”为榜样，勇于探索，敢于创新，在工作岗位上扎实工作、开拓进取，为深入推进我县各项事业作出新的更大贡献。

全县各级各部门要高度重视人才工作，深入学习贯彻习近平总书记关于人才工作的重要批示、讲话、论述精神，牢固树立人才是第一资源的理念，创新人才工作体制机制，进一步营造尊重劳动、尊重知识、尊重人才、尊重创造的良好社会氛围，充分激发各类人才的创新精神和创造活力，为我县决胜脱贫攻坚、全面同步小康、构建富美雷山新篇章提供坚强的人才保证和智力支持。

附件：雷山县第一批“三名工程”名人才名单

雷山县人民政府

2018年8月21日

附件：

雷山县第一批“三名工程”名人才名单

（排名不分先后）

一、教育系统“名人才”（共12人）

（一）名校（园）长（1人）

杨春梅　雷山县示范性幼儿园园长、一级教师

（二）名教师（6人）

吴克燕　雷山民族中学一级教师

杨正奇　雷山县第一中学高级教师

杨代鸿　雷山县第二中学高级教师

韦承凤　雷山县丹江小学教科室主任、一级教师

杨秀娟　雷山县第三小学副校长、一级教师

余秋辉　雷山县丹江第二幼儿园园长、一级教师

（三）名班主任（5人）

滕树琴　雷山民族中学班主任、高级教师

龙绍益　雷山县第一中学班主任、高级教师

李相丽　雷山县第二中学班主任、高级教师

侯娟秀　雷山县丹江小学班主任、一级教师

杨　妮　雷山县丹江第二小学班主任、一级教师

二、卫计系统“名人才”（共12人）

（一）名院长（2人）

罗辉俊　雷山县郎德镇卫生院院长、执业医师

杨胜龙　雷山县望丰乡卫生院院长、执业医师

（二）名医师（5人）

李富军　雷山县永乐镇卫生院副院长、副主任医师

龙吉盛　雷山县人民医院副院长、主治医师

杨朱洁　雷山县人民医院中医科主任、主任医师

郎金丽　雷山县人民医院麻醉科主任、主治医师

石昌霞　雷山县人民医院内一科主任、副主任医师

（三）名护士（5人）

张英梅　雷山县西江镇卫生院公共卫生科主任、主管护师

杨胜兰　雷山县丹江镇卫生院公共卫生科主任、主管护师

袁瑞谦　雷山县人民医院护理部主任、副主任护师

文晓英　雷山县人民医院内二科护士长、主

管护师

杨　莉　雷山县人民医院内三科护士长、主管护师

三、旅游系统“名人才”（共21人）

（一）名厨师（5人）

李魏国　雷山县西江苗界酒店管理有限公司厨师长

龙祖卫　雷山县韶源生态美食城法人、厨师

刘　伟　贵旅雷山大酒店厨师长

金星东　雷山县圣城佳源酒店有限公司总厨

杨发志　雷山剑龙潭食府厨师长

（二）名工匠（8人）

杨光宾　雷山县杨光宾苗族银饰传承工作室负责人、省级工艺大师、国家级非物质文化传承人

莫厌学　雷山县莫厌学芦笙制作坊法人、省级工艺大师、国家级非物质文化传承人

顾永冲　贵州永冲银饰法人、省级工艺大师、省级非物质文化传承人

穆修和　雷山县穆修和银饰坊创办人、省级工艺大师、省级非物质文化传承人

杨阿妮　雷山县阿妮绣业有限公司法人、省级工艺大师、省级非物质文化传承人、第二批州级拔尖人才

高成春　贵州成春非物质文化遗产传播开发有限公司法人、省级工艺大师、省级非物质文化传承人、州级首批名绣娘

甘小芝　雷山县锦鸡绣业有限公司法人、州级非物质文化传承人、州级首批名绣娘

张桂英　雷山县永乐张桂英苗族刺绣坊法人、国家级非物质文化传承人、州级首批名绣娘

（三）名导游（4人）

吴　茜　雷山县旅游发展委员会工作员、导游

赵巧云　雷山县雷公山国家森林公园管理局市场管理股股长、导游

陆盛妮　雷山县郎德文旅发展有限责任公司导游

吴艳洁　贵州省西江千户苗寨文化旅游发展有限公司导游

雷山县人民代表大会常务委员会工作报告（摘要）

——在县第十七届人民代表大会第三次会议上

（2019年1月12日）

县人大常委会副主任　邱兆娟

2018年主要工作回顾

2018年，在县委的坚强领导下，县人大常委会以习近平新时代中国特色社会主义思想为指导，以习近平总书记关于坚持和完善人民代表大会制度的重要思想统领人大工作，深入贯彻落实党的十九大和十九届二中、三中全会精神以及习近平总书记在贵州代表团重要讲话精神，依法履职，积极作为，较好地完成县十七届人大二次会议确定的各项工作任务，为推动全县经济社会发展和民主法治建设作出积极贡献。一年来，共召开常委会议10次、主任会议16次、专题会议4

次、听取和审议“一府两院”工作报告13个、专项汇报6次、提出审议意见56条、做出决议决定8项、组织代表视察调研和考察18次、执法检查1次。

一、切实提高政治站位，坚定正确政治方向

人民代表大会制度是坚持党的领导、人民当家作主、依法治国有机统一的根本政治制度，集中体现社会主义民主政治的特点和优势，必须长期坚持、全面贯彻和不断发展。县人大常委会牢固树立“四个意识”，切实增强“四个自信”，坚决维护习近平同志在中央和全党的核心地位，自觉在思想上政治上行动上同以习近平同志为核心的党中央保持高度一致，自觉把党的领导贯穿于人大工作的各方面和全过程，保证县委的决策部署在人大得到全面落实。县人大常委会党组认真履行把方向、管大局、保落实的政治领导责任，健全重大事项向县委请示报告制度，召开重大会议、作出重大决议以及监督中的重大问题，及时向县委请示汇报，并按照县委要求抓好贯彻落实。实践证明，旗帜鲜明讲政治是做好人大工作的重要前提，坚持党的领导是坚持和完善人民代表大会制度，确保人大工作沿着正确方向前进的根本保证。

二、聚力聚焦脱贫攻坚，彰显人大履职担当

（一）全力以赴聚焦脱贫攻坚。2018年是我县减贫摘帽出列之年，县人大常委会始终把打赢脱贫攻坚战作为履职的重中之重，充分发挥人大监督职能，主动聚焦脱贫攻坚，倾心倾力于脱贫攻坚工作。县人大常委会班子成员挂帅出征，身先士卒，靠前指挥，分别担任县减贫摘帽“百日会战”综合督察组总指挥、乡镇战区副指挥长和州“减贫摘帽”县交叉检查督导组组长，有效地推动脱贫攻坚工作。

（二）积极开展“脱贫攻坚·人大代表在行动”主题活动。县人大常委会以开展委员牵引、代表领头雁、支部联动等工程，充分发挥引领作用，推动脱贫攻坚扎实开展。一是实施委员牵引工程。按照“常委会委员创办的龙头企业+合作社+农户”的发展模式，充分发挥委员和代表创办的龙头企业带头作用，使龙头企业在吸纳农村富余劳动力就业、带动地方特色产业发展做出积极贡献。如县人大常委会委员唐俊平、吴先海带领群众种植蔬菜、发展茶叶，帮助9532名群众增收脱贫。二是实施代表领头雁工程。坚持把代表参与脱贫攻坚作为检验代表履职成效的重要内容，积极引导和支持代表在脱贫攻坚中展示才能、发挥优势、彰显作用，涌现出一批真心助贫、真情帮贫、真诚扶贫的“明星”代表。如：李世达代表带领全村种植茶叶达3620亩，带动全村脱贫；余志章代表在发展蔬菜产业中，吸纳牛王寨和脚雄村贫困户20多名劳动力就业；文冲代表积极带领群众建设稻田养鱼基地，种植玫瑰、荷花，大力发展农业生态旅游产业，增加农民收入，壮大村级集体经济。三是实施支部联动工程。积极探索“2+N”支部联动发展模式（机关和帮扶村党支部+龙头企业<合作社>+基地+农户），有力地推动也蒙村发展蔬菜产业助推脱贫。2018年，也蒙村种植两季蔬菜共创收60.61万元，种植户户均增收8190元。

三、发挥人大监督效能，切实增强监督实效

县人大常委会服务大局，充分发挥人大职能作用，在参与中监督、在监督中支持，切实推动“一府一委两院”工作，促进经济社会持续健康发展。

（一）加强对脱贫攻坚领域的监督。围绕民生抓监督，重点围绕脱贫攻坚“三保障”开展视察调研、听取和审议政府报告。一年来，常委会先后听取和审议县人民政府关于易地扶贫搬迁情况报告，关于全县重大工程及重点项目建设和“十件民生实事”实施情况报告，关于全县中小学校、幼儿园建设管理和教育教学工作情况报告，关于农村医疗卫生保障和服务情况报告，关于县城棚户区改造工作推进和实施情况报告等，提出的意见建议得到县委支持和县人民政府采纳，有效地促进各项工作顺利开展。

（二）强化四个方面监督。一是加强财政预算审查监督。常委会听取和审议县人民政府关于2017年财政决算及2018年上半年财政预算执行情况的报告、关于2017年度财政预算执行和其他财政收支的审计工作情况的报告，提出建设性意见，并批准预算。听取审议和批准县人民政府《关于审议调整2018年雷山县财政预算的议案》。二是加强经济社会发展监督。常委会听取和审议县人民政府关于2018年上半年国民经济和社会发展计划执行情况报告、关于文化和旅游融合发展的报告、关于规划编制及执行情况的报告等。三是加强司法工作监督。常委会听取和审议县人民政府关于实施《黔东南苗族侗族自治州农村消防条例》情况报告，听取和审议县人民法院关于刑事审判工作情况报告，听取和审议县人民检察院关于保护未成年人合法权益工作情况报告，听取和审议县人民政府关于全县扫黑除恶专项斗争工作情况报告。四是加强对会议决定决议落实的监督。将县第十七届人大二次会议通过的工作报告、决定决议和常委会决定决议列入2018年人大监督的重点内容，通过代表视察、专题调研、听取和审议政府专项工作报告等形式抓好监督，增强监督实效。

（三）依法行使三大职权。一是行使好重大事项决定权。常委会审议和批准县人民政府《关于审议调整雷山县2018年政府工作报告目标任务的议案》、关于国有资产管理情况的报告。二是行使好重点工作监督权。紧紧抓住打好脱贫攻坚"四场硬仗"重点环节，实施全方位、全过程监督，不走过场、不走形式，取得实效。三是行使好重要人事任免权。一年来，常委会先后组织15人任前法律知识考试，任命国家机关工作人员15人，任命人民陪审员13人，选举上级人大代表1人，免去职务3人，接受辞职2人。

四、坚持代表主体地位，发挥代表主体作用

（一）强化代表素质建设，提高代表履职能力。通过创新培训方式、优化培训内容，对县人大代表150人进行培训，极大地提高代表履职能力。坚持常委会领导联系代表和代表联系选民制度，坚持邀请人大代表列席常委会议、参加视察调研和执法检查活动，加强代表素质培养，增强代表履职意识，在实践中锻炼提高代表履职能力。

（二）监督代表建议有效办理。加强代表建议办理督办，提高办理落实率和代表满意率。常委会及时移交县十七届人大二次会议收到的155件代表意见建议，专门听取和审议县人民政府关于办理代表意见建议情况的报告。代表对建议办理工作表示满意的有154件，基本满意的有1件，满意率为99.35%。

五、着力加强自身建设，提升素质增强能力

县人大常委会主动适应新时代人大工作，不断强化作风建设，进一步提高人大常委会、人大干部的履职能力和服务水平。

（一）提高理论素养，思想政治建设得到进一步提升。深入学习贯彻党的十九大精神，坚定不移地用习近平新时代中国特色社会主义思想武装头脑、指导实践、推动工作，在政治思想觉悟、履职能力和决策水平方面都得到提高，有效地推动工作。严格履行"一岗双责"制度，机关党建和廉政建设得到加强。2018年，县人大机关党支部被州委表彰为"全州脱贫攻坚先进党组织"。

（二）切实转变作风，人大工作进一步加强。强化作风建设，常委会组成人员、人大代表和机关干部密切联系群众，主动深入基层调研，摸清实际情况，分析具体问题，提出可行建议，常委会委员审议能力和调研能力、人大代表履职能力和机关干部服务水平都得到提高。

（三）加强业务指导，乡镇人大工作有效开展。注重对乡镇人大工作的业务培训和指导，坚持邀请乡镇人大主席、基层代表列席常委会议，参加视察调研和执法检查活动，有效地推动乡镇人大工作的开展。

回顾过去一年的工作，我们的工作与新时代的要求，与党和人民的期待还有不少差距，主要表现在人大监督实效有待增强、代表主体作用有待进一步发挥、代表建议办理质量有待提高、人大自身建设有待加强。这些问题和不足，常委会将认真研究，切实解决，更好地履行宪法和法律赋予的职权。

2019年主要工作任务

2019年，是中华人民共和国成立70周年，也是全面建成小康社会，实现第一个百年目标的关键之年。我们要以习近平新时代中国特色社会主义思想为指导，全面贯彻党的十九大和十九届二中、三中全会精神，深入贯彻落实习近平总书记对贵州工作系列重要指示批示精神，牢记嘱托、感恩奋进，围绕中心、服务大局，进一步提高履职能力，充分发挥代表主体作用，依法监督，突出实效，切实担负起宪法和法律赋予的神圣职责。

一、强化新思想引领，推进新时代人大工作

要深入学习领会习近平总书记关于坚持和完善人民代表大会制度的重要思想，在学懂弄通做实上下功夫，加强理论武装，提高政治站位，增强工作能力，更好地发挥国家权力机关作用，自觉把人大工作紧紧扣在贯彻落实党中央重大决策部署上来，紧紧扣在回应人民群众重大关切上来，紧紧扣在厉行法治、推进全面依法治国上来。要勇于担当，求真务实，把人大工作放到大局中去思考、谋划和推进，只要是上级党委交办的工作任务，都要不折不扣地完成，只要是改革发展需要、人民群众期盼，属于人大职权范围内的事项，都应当大胆地推进。我们还要善于从政治上、大局上看待问题、分析问题，接地气、察民情、聚民智、解民忧，审议好议案和报告，并提出有针对性、可操作性的意见和建议。

二、突出重点抓落实　深化监督求实效

（一）围绕脱贫攻坚巩固提高着力创新对“钱”的监督。把加强全口径预决算审查监督作为人大监督重点，依法管好政府“钱袋子”，推进预算执行联网监督，实现县级人大常委会和同级政府预算系统联网。建立政府审计监督与人大审查监督相衔接的工作机制。进一步加强对国有资产、国有资源管理监督力度。2019年，常委会将对全县脱贫攻坚项目实施效益开展专题调研，对乌开工业园区企业用地效益、生产经营情况和纳税情况集中视察，对雷山茶产业发展和低产茶园改造项目实施情况进行专题询问，并听取和审议县人民政府的报告。

（二）围绕重大事项重点项目着力改进对“事”的监督。注重把行使决定权与监督权有效结合起来，把握好对重大事项的监督。重点围绕发展规划、城镇建设、重大民生工程、重大建设项目等事项，依法作出决议决定。推行县人大常委会审议县政府实施“民生工程”、重大政府性投资项目满意度测评制度。2019年，常委会将对县城南部路网建设、城北棚户区改造和县城至大塘快速通道建设项目进度进行集中视察，将西江千户苗寨景区去商业化专项整治安排专题调研，把加强西江千户苗寨景区正面宣传、消除网络负面影响工作开展专题询问。

（三）围绕增强人大权威着力加强对决定决议落实的监督。人大及其常委会对重大事项作出的决定决议，常委会将采取专题调研、实地视察等多种形式对落实情况进行全方位、多角度的监督，以强化执行，提高实效，全力确保决定决议贯彻到位、落实到位，必要时可以依法组织代表约见国家机关负责人。

（四）围绕推进法治建设着力加强对依法行政的监督。2019年，我们将开展《贵州省大扶

贫条例》、《黔东南苗族侗族自治州农村公路条例》等法律法规的执法检查，积极配合州人大开展《黔东南苗族侗族自治州农村消防条例》执法检查“回头看”工作。听取和审议“两院”相关专项工作报告。

三、切实加强代表工作，保障代表依法履职

（一）密切代表与人民群众的联系。加强代表与群众的联系和交流，畅通社情民意表达和反映渠道，号准人民群众的脉搏，集中人民群众的智慧，帮助人民群众排忧解难，提高群众认可度、满意率。人大代表要深入基层、深入群众，认真听取群众意见、呼声，结合自身工作实际和专业特长，在深入研究、反复论证的基础上提出高质量的议案和建议。人大代表必须与民贴近、为民释疑、为民领路、为民代言、为民解难，才能受到群众广泛好评，才能获得人民群众的信任和拥护。

（二）创新代表活动方式，丰富代表活动内容。积极开展县乡两级人大代表培训，努力提升代表履职能力。实行代表履职登记制度。开展代表进选区、进基层一线、进群众家中活动，向群众问疾苦、问心声、问良策。深入开展“脱贫攻坚·人大代表在行动”主题活动，鼓励各级人大代表积极投身脱贫攻坚工作。

（三）加强阵地建设，搭建新型代表联络平台。按照省人大提出的“五有”标准（即有统一规范的名称、有明确的职能定位、有固定的活动场所、有稳定的工作队伍、有完善的规章制度）建设县、乡人大代表联络站；认真做好“智慧人大”信息平台建设的前期准备工作，搭建新型代表联络平台，为人大及其常委会依法履职提供便捷高效、安全可靠的网络平台保障。

（四）强化代表建议办理，激发代表履职活力。我们将进一步加大代表建议督办力度，研究制定进一步提高代表建议办理质量和实效的督办措施及考核办法，开展代表建议办理“回头看”活动。

四、全面加强自身建设，提高服务工作水平

常委会把加强人大自身建设摆在更加重要的位置，以深化人大机关机构改革为契机，进一步调整优化机构职能，加强干部队伍建设，不断提高依法履职能力、工作质量和服务水平，有效担负起各项法定职责，在新的历史条件下推动人大工作与时俱进。

（一）着力加强政治思想建设。要坚持用习近平新时代中国特色社会主义思想武装头脑，加强机关干部理想信念教育，使县人大机关干部牢固树立正确的人生观、价值观，时刻保持积极向上、奋发有为的精神状态。

（二）着力加强作风建设。扎实推进作风建设，牢固树立为人民服务的宗旨，以高度负责的工作态度，求真务实的工作作风，把各项法定职权行使好。在监督过程中，要始终围绕党委的重大决策部署和人民群众关切的热点难点问题，正确处理监督与支持的关系，推动各项决策部署真正落到实处，确保人民群众得到实实在在的实惠。

（三）着力提升服务水平。进一步加强干部队伍建设，提升人大机关干部服务意识。对人代会、常委会会议、主任会议的服务和人大执法检查、视察、评议等重要活动的服务工作，要超前谋划、提前协调，精心筹备、细致周到。对代表的服务工作，要按照代表法的要求，为代表执行职务提供各方面的服务和保障。

中国人民政治协商会议第九届雷山县委员会常务委员会工作报告（摘要）

——在政协第九届雷山县委员会第五次会议上

（2019 年 1 月 10 日）

县政协副主席　杨光泽

2018 年工作回顾

2018 年，是我县脱贫攻坚“减贫摘帽”之年，县政协常委会在中共雷山县委的坚强领导和上级政协的指导下，深入学习贯彻落实习近平新时代中国特色社会主义思想、中共十九大精神和习近平总书记在贵州省代表团重要讲话精神，坚决维护习近平总书记在党中央和全党的核心地位，坚决维护以习近平同志为核心的党中央权威和集中统一领导，牢记嘱托，感恩奋进，坚持团结和民主两大主题，紧紧围绕中心、服务大局，以脱贫攻坚统揽经济社会发展全局，认真履行政协职能，充分发挥政协作用，为推动我县经济社会高质量发展作出积极的贡献！

一、坚定政治方向，凝聚脱贫攻坚思想共识

常委会始终把强化政治理论学习摆在首要位置，把握政治方向，增强政治定力，凝聚思想共识，担负起助推脱贫攻坚重大政治责任。

政治站位不断提高。始终坚持党对政协工作的领导，做到“两个维护”。以党组中心组学习、常委会学习、专题学习研讨等方式，组织政协委员、政协干部认真学习领会习近平新时代中国特色社会主义思想，中共十九大精神和习近平总书记在贵州省代表团重要讲话精神，树牢“四个意识”，坚定“四个自信”，增进高度的政治认同、思想认同、理论认同、情感认同，夯实团结奋斗的共同思想政治基础，坚定不移地贯彻执行中央、省委、州委和县委的决策部署，主动把握大势、自觉服务大局，在重大决策上搞好协商，在具体工作上搞好协调，主动向县委汇报工作，开展议政监督选题、政协会议活动报请县委审定，确保政协工作始终与县委中心工作同步合拍，努力把县委的决策转化为广大政协委员、社会各界人士的广泛共识和自觉行动。

政治意识不断增强。深入学习习近平总书记在庆祝改革开放 40 周年大会上的重要讲话精神以及加强和改进人民政协工作的重要思想，认真贯彻落实中共中央办公厅《关于加强新时代人民政协党的建设工作的若干意见》和全国、全省、全州政协系统党的建设工作座谈会议精神，充分发挥政协党组在政协工作中的领导核心作用和政协委员中党员的先锋模范作用。认真落实从严管党治党责任，严明党的政治纪律和政治规矩，严格遵守中央八项规定以及省委、州委、县委有关实施细则规定。扎实推进“两学一做”学习教育常态化、制度化，强化思想建设和党性修养。加强党组自身建设和意识形态工作，定期或不定期召开党组会议，研究部署政协重要工作，保证党的理论和方针政策在政协工作中得到贯彻落实。

二、围绕中心大局，汇聚脱贫攻坚强大合力

常委会始终把促进发展作为履职第一要务，坚持以脱贫攻坚统揽经济社会发展全局，紧扣中心任务，助推脱贫攻坚“减贫摘帽”贡献智慧和力量。

（一）聚焦脱贫攻坚协商议政有新成果

全体会议广泛协商。九届三次会议期间，广大政协委员本着高度负责的责任心和使命感，针对全县脱贫攻坚实现整县“减贫摘帽”、“三农”工作、项目建设、产业发展等方面提出 81 条意见建议，一些建议被县委县政府吸纳到决策之中。如：“科学制定我县乡村产业发展方案，选择茶、药、菜（菌）、畜（禽）等突出地方特色优势品

种进行培植培育，实施一乡一特，打造一村一品”的建议采纳到产业发展中，助推我县围绕乡村旅游大力发展茶、药、菜（菌）、生态畜（禽）等特色产业，实现农民人均1亩茶、半亩药、半亩菜（菌）、1头猪，带动贫困户增收脱贫。又如“着力解决农村人饮工程设施不足问题”的建议，县水务部门全力推进农村饮水安全巩固提升工程，解决全县60个村1.26万户4.99万人安全饮水问题。再如“加快通组公路和产业路建设进度，方便群众生产生活”的建议，县交通部门大力实施农村“组组通”公路建设，建成143.06公里通组公路，实现农村串户路全覆盖，极大地改善群众出行条件。

专题会议重点协商。围绕全县经济社会发展、重大工程和重点项目、茶叶产业、提案办理等方面召开政协常委会议重点协商，围绕全县特色生态工业园区建设、农村人居环境整治等方面召开主席会议专题协商，形成《关于2018年全县重大工程和重点项目建设情况的协商报告》《关于我县特色工业园区建设情况的协商报告》《关于我县农村人居环境整治情况的协商报告》6篇报告呈报县委、县政府参阅，得到县委、县政府主要领导高度重视，县委书记黄清发对呈报的《协商报告》都作出批示，有效推动相关工作的落实。比如，“加快我县特色工业园区建设，创造更多就业岗位，解决更多易地扶贫搬迁户就地就业”的建议，相关职能部门着力加快乌开工业小区第二期基础设施建设，引进一些企业入园发展生产，吸纳300余人贫困群众就业。又如“加大农村人居环境治理力度，消除脏、乱、差问题”的建议，在全县扎实开展“讲卫生·除陋习·树新风”专项行动，每个村投入10万元，集中开展村容寨貌“七整治”，做到“三净四治三整洁”，农村环境卫生得到较大改善。

座谈会议专题协商。以脱贫攻坚和营商环境为主题，召开县人民政府县长与政协委员座谈会议。6名委员分别就脱贫攻坚“四场硬仗”“五个一批”“一达标两不愁三保障”“三率一度”以及招商引资投资环境等方面各抒己见，畅所欲言，提出21条意见建议。袁刚县长与委员们倾心座谈，深入交流沟通，共商我县实现整县“减贫摘帽”工作大计。一些意见建议转化为相关职能部门的工作措施，推动脱贫攻坚工作。如：“着力改善农村居住条件”的建议，县住建部门加大危房、破旧房改造力度，完成改造任务，惠及13979人，基本实现农户均有安全住房。围绕学前教育事业发展，召开主席与委员协商约谈会，就加快学前教育设施建设工作提出意见建议，县教科部门积极吸纳，完成5所村级幼儿园建设，投入600多万元添置学前教育设备，接收400多名幼儿入园。

（二）聚焦脱贫攻坚民主监督有新成效

政协提案监督有力。县政协九届三次会议以来共立案127件提案，通过县级领导领衔督办、主席会议协商督办、民主评议提案办理等方式，加强提案办理协商，促进提案办理落实。提案办复率达100%，满意率为97.64%，有《关于建立产业扶贫长效机制的建议》《关于解决村医养老保险问题的建议》《关于加强我县旅游产业均衡发展的建议》等60件提案得到有效落实，切实解决群众关心、社会关注的一些热点难点问题，不断增强群众获得感和认可度。

调研视察监督有为。围绕易地扶贫搬迁、县城南部路网建设、驻村干部作风问题、文化旅游产业发展、县城污水收集系统建设、提案办理等方面开展专题调研视察，形成《关于我县驻村干部作风建设情况的调研报告》《关于我县易地扶贫搬迁项目实施情况的视察报告》等8篇调研视察报告，提出42条意见建议，一些意见建议得到县委县政府主要领导的批示和相关部门的采纳。比如，“切实解决易地扶贫搬迁项目建设用料难题，加快项目建设进度”的建议，实行一天一调度机制，三班倒加班加点施工，完成全县易地扶贫搬迁任务。又如“要调整帮扶方式，健全帮扶干部、驻村干部考核管理机制，形成合力助推脱贫攻坚”的建议。县委深入推进脱贫攻坚作风建设年各项工作，组建4个脱贫攻坚干部作风纪律专项督查组，严格督查干部到岗到位、作用发挥情况，重点跟踪督查各级干部特别是领导干部按照既定目标、既定工期、既定责任推进具体工作的情况，对在脱贫攻坚中不担当、不作为的干部进行问责，压实责任，形成合力，推动脱贫攻坚工作。

民主评议监督有效。按照常委会年度工作要点，对县民政局开展民主评议工作，就班子建设、为民服务、办事效率、廉政勤政等方面，通过走访、座谈和问卷调查等形式，在广泛听取意见建议的基础上，提出9条意见建议，督促县民政局整改落实。例如：该局认真落实“一站式”医疗救助工作，发放医疗救助资金1000多万元，有效缓解困难群众看病难问题。对《贵州省传统村落保护与发展条例》实施贯彻情况进行民主监督，在组织委员认真学习《条例》基础上，通过走访、视察等方式，提出“保护传统村落，应当要建立健全保障机制”等五个方面的建议，为我县传统村落的保护与发展献计献策。县住建部门高度重视，组建工作专班，编制完成我县乡村规划，并经县城规委评审通过。新申报的10个国家级传统村落已通过住建部审查公示。

社情民意监督有序。常委会重视社情民意反映工作，将社情民意反映作为每次常委会议议程，会上认真收集，会后精心整理，将群众期盼解决的热点、难点问题呈报县委、县政府，督促相关部门加以解决。全年上报社情民意信息19篇（则），其中《关于加快马家屯边坡治理进度的建议》《关于恢复文体中心篮球场设施的建议》《关于在放学时段增加2路3路公交车辆的建议》等社情民意，得到重视和解决。

（三）聚焦脱贫攻坚参政议政有新作为

尽职尽责助推脱贫攻坚。常委会把脱贫攻坚作为政协一项政治任务，把脱贫攻坚主战场作为参政议政平台，贯穿于政协履职工作始终，时时处处事事确保政治同向、思想同心、步调同频、行动同力。2018年7月，省政协在全省政协系统启动开展脱贫攻坚“百千万行动”工作，县政协及时向县委汇报，得到县委的高度重视，制定《雷山县政协脱贫攻坚“百千万行动”实施方案》，把委员参与脱贫攻坚、共建小康社会与政协工作一起部署，一起落实。政协领导班子成员坚决服从县委的安排，主动作为、率先垂范，担负起脱贫攻坚的政治责任，分别在全县5个脱贫攻坚战区中，担任指挥长、副指挥长，联系37个贫困村，帮扶64户贫困户，协助县委、县政府推进战区脱贫攻坚工作。在工作中，扑下身子，真蹲实驻，靠前指挥、一线督导，全力抓好脱贫攻坚战区及联系村日常调度指挥、协调落实、督促检查，走访群众，帮助贫困户解决生产生活困难和问题，为实现整县“减贫摘帽”辛勤工作。县政协办公室按照县委安排，精心组织政协机关对永乐镇开屯村、乔洛村开展帮扶工作，两个村共有853户3394人，建档立卡贫困户293户1065人。为切实做好帮扶工作，选派机关11名干部分别驻两村担任第一指挥长、第一书记、网格员，从整顿村级组织抓起，协调资金1200多万元，着力实施基础设施建设、发展产业，开展信息核实、整治居住环境等工作，激发群众内生动力，凝聚群众力量投入脱贫攻坚，群众的生产生活条件得到极大的改善。在全体政协机关干部的努力下，开屯、乔洛两村贫困发生率大幅度下降，实现贫困村出列目标。

发挥优势助推脱贫攻坚。按照省州政协“百千万行动”安排，注重发挥政协委员的主体作用，认真开展脱贫攻坚“百千万行动”工作，坚持委员唱主角、当主力、担主责，组织全体委员投身脱贫攻坚主战场，开展精准帮扶，取得良好效果。全县149名委员分别联系6个乡镇、61个贫困村，结对帮扶564户建档立卡贫困户，围绕“一达标两不愁三保障”开展帮扶工作。特别是25名企业政协委员，充分发挥行业引领及联系面广作用，在发展产业提供就业岗位、销售农特产品、参与村级建设、资助贫困学生等方面做大量卓有成效的工作，据统计，企业委员直接或间接共投入3500多万元助推脱贫攻坚工作，拉动220个贫困人口就地就业，销售农特产品产值达5000多万元，带动380户1030人发展产业脱贫；积极牵线搭桥联系爱心人士，资助寒门学子。比如：毛华、杨志勇、杨继英、文振英、余荣富、李世陆等委员发展茶叶产业，带动贫困群众增收，引资助学；李光雄、杨阿妮、李敏、张桂英、李玉芳、李兴付等委员依托民族文化资源优势，发展银饰、刺绣、酒店服务业带动群众增收；吴志勇、王应锋、杨志伟等委员发展食品、山泉水、魔芋加工，拉动贫困户就地就业，吴先锐、余俊海、黄富雁、白柜铭、李俊、陈永福、杨昌学等委员在村级一线发挥领头雁作用，担负起带领群众脱贫致富重任，全身心投入脱贫攻坚，确保实现贫困村脱贫出列。宋武、岑应霞、郑杰、郎金泽、文永清、文志伟等45名委员在村级脱贫攻坚指挥所担任第一指挥长、指挥长、网格员，全力以赴落实好县指挥中心的各项决策部署，为“减贫摘帽”艰辛工作。政协委员主体作用在脱贫攻坚“百千万行动”工作中得到充分体现，展示政协委员参与脱贫攻坚的情结与风采。

三、激发自身活力，集聚脱贫攻坚彰显作为

常委会始终坚持把加强自身建设作为强基固本、激发活力助推脱贫攻坚的基础工作来抓，不断创新完善机制，着力提升政协服务大局的能力和水平。

党的建设进一步加强。认真贯彻落实上级党委和县委关于加强党的建设有关要求，组织召开县政协党的建设工作座谈会议，安排部署政协党的建设工作，充分发挥政协党组的领导核心作用，认真履行从严管党治党职责。针对省委第二巡视组巡视反馈县政协存在的不足和问题，县政协党组召开专题会议研究，认真制定整改方案，并已整改落实。认真落实党风廉政建设“一岗双责”责任制，严肃党内政治生活，认真组织召开2017年度民主生活会和巡视专题民主生活会，大力加强政协机关思想建设和组织建设，不断提高机关党员干部的政治理论素养和业务能力水平。认真落实“三会一课”制度，县政协党组成员带头深入联系部门、村党支部上党课、作宣讲，以普通党员身份参加所在支部召开的组织生活会以及相关活动。加强班子建设，根据州委和县委的安排，召开县政协九届四次会议，补选1名县政协副主席。强化廉政、勤政建设，为政协营造团结奋进、风清气正的政治生态环境。

专委工作进一步强化。提案委、经科委、人资委、教卫委围绕社会管理、产业发展、环境保护、民生改善等问题开展对口协商活动，积极为相关职能部门建言，帮助提高服务效率。文史委积极开展史料收集，启动编写《雷山教育史话》，协助州政协完成《黔东南名山名水》文史资料征集。在脱贫攻坚工作中，各专委会主任服从大局、服务中心，在做好专委工作的同时，还驻村任第一指挥长、指挥长、网格员、督查员，担负起脱贫攻坚的政治责任，兢兢业业，扎实有效抓好脱贫攻坚各项工作，为我县脱贫攻坚实现“减贫摘帽”作出应有贡献。

服务委员进一步提升。建立主席、副主席和政协机关干部联系基层一线委员制度，主席、副主席、副县级干部、专委会主任分别联系8至10名政协委员，定期不定期深入基层了解他们工作、生活情况，帮助解决困难和问题，鼓励和引导他们积极参与脱贫攻坚工作。加强委员学习培训，利用省、州政协培训平台和县政协全体会议，先后选派 15 名委员参加省政协理论培训班学习，邀请省政协理论研究室杨沛源副主任等专家学者为委员培训新修订《宪法》《政协章程》以及脱贫攻坚政策知识，进一步夯实委员履职基础，提高委员参政议政水平，增强助推脱贫攻坚的能力。

社会联谊进一步拓展。认真做好省、州政协到雷山开展课题调研及省内外政协系统、客商到我县考察接待工作，全年接待 70 余批次，广交朋友，进一步宣传、推介雷山，不断扩大雷山对外知名度和影响力；围绕脱贫攻坚，组织脚尧茶业公司、毛克翕银球茶公司等企业主动与省国资委对接，在省国资委的协调帮助下，与其管辖企业形成良好的销售对接机制，有效推动茶产业发展；发挥智力支边优势，加强与各民主党派和爱心人士联系，章如庚慈善基金会为我县部分中小学添置价值 200 万元“爱心图书”，谢明祥等社会爱心人士为我县 190 名贫困学生资助 25.16 万元。

机关效率进一步提高。认真处理脱贫攻坚与政协履职的关系，做到脱贫攻坚和协商监督两不误、双促进。严格按照中央、省委、州委、县委的有关要求，进一步规范机关办文、办会、办事程序，进一步加强干部队伍建设，形成踏实干事、用心做事、规范办事的良好氛围。加强政协对外宣传，积极编报政协工作信息，编辑出版《雷山政协》内部季刊 2 期，制作宣传专栏 4 期，全年被省州政协报刊采用宣传报道 29 篇，传递政协好声音，树立政协好形象。

在取得成绩的同时，我们清醒地看到，新时代县政协常委会的工作与中央、省委、州委和县委的要求，与全体委员和广大群众的期盼，还存在许多不足和差距。主要是：协商议政不够有深度，调查研究质量不够高，民主监督不够有实效，团结联谊交流不够广，联系群众还不够密切，委员主体作用发挥还不够等等。对于这些问题，我们在今后的工作中要不断加以改进提高。

2019 年主要任务

2019 年，是新中国成立 70 周年，是人民政协成立 70 周年，也是我县脱贫攻坚决胜之年。县政协常委会工作的总体要求是：以习近平新时代中国特色社会主义思想为指导，全面贯彻中共十九大和十九届二中、三中全会精神，深入贯彻落实习近平总书记对贵州工作系列重要指示批示精神，牢记嘱托，感恩奋进，紧紧围绕县委提出的“坚持以脱贫攻坚统揽经济社会发展全局，坚持‘生态立县、文化兴县、旅游强县’战略，守好发展和生态两条底线，用好民族文化和生态环境两个宝贝，坚定不移地走‘一主导四围绕’特色发展之路”的要求，认真贯彻落实全国、全省、全州政协系统党的建设座谈会议精神，加强政协党的建设工作，坚持团结和民主两大主题，认真履行职能，深入推进脱贫攻坚“百千万行动”，为促进全县脱贫攻坚决胜之年的根本性胜利和乡村振兴战略的实施作出新的贡献。

一、要在思想政治建设上有新加强

在新的伟大时代，我们要巩固脱贫攻坚成果、实施乡村振兴战略，就必须用习近平新时代中国特色社会主义思想武装头脑、指导实践、推动工作。要通过县政协党组中心组学习会、专题学习研讨会等多种形式，进一步深入学习宣传贯彻中共十九大精神，深入领会和把握习近平新时代中国特色社会主义思想的科学体系、精神实质、实践要求，牢固树立“四个意识”，坚定“四个自信”，做到“两个维护”。要把学习贯彻习近平总书记关于加强和改进人民政协工作的重要思想作为政协一项长期任务抓紧抓实，切实在学懂弄通上下功夫，以理论学习、思想武装促进政协工作质量提升，担负起新时代人民政协的新使命。要把中共中央和省委、州委、县委的决策部署贯彻落实到政协履职全过程、政协工作各方面、自身建设各环节，始终坚持在县委的领导下工作，做到县委有部署，政协坚决贯彻执行，县委交任务，政协坚决认领完成。要大兴调查研究之风，崇尚实干、力戒空谈、精准建言，努力使政治协商更有效、民主监督更有为、参政议政更有力。

二、要在协商议政监督上有新作为

认真学习贯彻中央、省委、州委和县委关于经济社会发展、脱贫攻坚等一系列决策部署精神，增强思想共识，形成促进发展强大合力。围绕全县脱贫攻坚成果巩固、经济社会发展、重大工程重点项目建设、提案办理落实等开展常委会议协商，围绕农村产业革命、城镇建设、民营经济发展等方面开展主席会议协商，围绕易地扶贫搬迁巩固开好县长与委员座谈会，围绕特色生态工业发展开好主席与委员协商约谈会，围绕民生事业发展积极开展对口协商、界别协商，使协商议政活动更加广泛、更有成效。围绕群众普遍关心的问题、反映强烈的问题和期盼解决的难题，通过提案、专题协商、专项视察、社情民意等形式，提出有针对性的意见建议。继续开展好民主评议窗口行业部门，帮助提高为民办事效率，增强民主监督实效。围绕乡村振兴战略实施、中药材产业发展、社会管理、教育卫生等重点工作，深入开展调研视察，努力形成一批有深度、有广度、高质量的调研视察报告供县委县政府决策参考。

三、要在脱贫攻坚巩固上有新成效

继续把脱贫攻坚“百千万行动”作为党委有号召、政协有行动的具体实践，作为围绕中心服务大局的一项政治任务，驰而不息一抓到底。要坚定不移贯彻落实习近平扶贫思想，按照省、州政协关于脱贫攻坚“百千万行动”的安排部署，政协领导班子率先垂范，深入边远贫困村寨调研了解，为贫困群众办好事办实事。充分发挥政协委员的主体作用，鼓励有条件的企业委员主动继续参与脱贫攻坚“百千万行动”，进村结对帮扶，解决农民创业中遇到的信息、技术、资金等困难问题，努力搭建平台，提供就业岗位，实现增收脱贫。要发挥政协联系面广的优势，积极牵线搭桥，动员民营企业、社会组织及爱心人士参与脱贫攻坚工作，广泛凝聚帮扶力量，汇聚助推脱贫攻坚强大合力。

四、要在自身建设发展上有新活力

要加强政协党的建设工作，始终坚持党对政协工作的领导，认真贯彻落实中共中央办公厅《关于加强新时代人民政协党的建设工作的若干意见》和全国、全省、全州政协系统党的建设工作座谈会议精神，全面推进政协党的政治建设、思想建设、组织建设、作风建设，建立政协党组成员联系党员委员、党员委员联系非党委员的制度，发挥政协委员中党员的先锋模范带头作用。坚定不移推动全面从严治党向纵深发展，严明政治纪律，严守政治规矩，严格尊崇党章，严肃党内政治生活，维护政协良好政治生态。加强作风建设，时刻绷紧“作风建设永远在路上”这根弦，大力改进工作作风，坚决抵制“四风”，严格执行中央八项规定和省州县有关实施细则规定，遵守党纪国法，筑牢反腐防线。要加强委员队伍和界别建设，进一步为委员搭建学习培训平台，拓展眼界思路，优化知识结构，加强与委员联系沟通，积极创造履职平台，充分发挥委员主体作用。要加强机关自身建设，认真抓好机构改革工作，按照县委关于政协机构改革的要求，完善内部机构职能职责，强化政协干部队伍建设，创新和完善机关管理机制，提高机关精细化科学化规范化管理水平，继续加强专委会建设和智力支边工作，加强对外宣传，深化对外联谊工作，使政协履职各项活动更加经常、规范、有序，更加彰显特色，更加富有成效。

雷山县 2018 年国民经济和社会发展统计公报

2018 年，雷山县坚持以习近平新时代中国特色社会主义思想为指导，全面贯彻党的十九大和十九届二中、三中全会精神，深入贯彻落实习近平总书记对贵州工作系列重要指示批示精神，以脱贫攻坚统揽经济社会发展全局，落实好新发展理念，守好发展和生态两条底线，用好民族文化和生态环境两个宝贝，坚决打好精准脱贫、防范化解重大风险和污染防治三大攻坚战，积极应对新挑战、有效化解新矛盾，推动经济社会持续健康发展。2018 年全县地区生产总值完成 35.29 亿元，同比增长 11.1%；500 万元以上固定资产投资完成 31.15 亿元，同比增长 19.7%；规模以上工业增加值 4807 万元，同比增长 6.5%；社会消费品零售总额 8.13 亿元，同比增长 8.0%；农村居民人均可支配收入达 9297 元，同比增长 10.6%；城镇居民人均可支配收入达 29705 元，同比增长 9.5%。

一、综合核算

经济总量快速增长。地区生产总值完成 35.29 亿元，同比增长 11.1%，经济总量超越麻江、丹寨，摆脱长期垫底的局面，增幅居全州第 4 位。其中第一产业增加值完成 8.05 亿元，同比增长 6.6%；第二产业增加值完成 5.88 亿元，同比增长 12.5%；第三产业增加值完成 21.36 亿元，同比增长 12.2%。三次产业结构为 22.8∶16.7∶60.5，对经济增长的贡献率分别为 13.2%、18.7%、68.1%。

2018 年全县地区生产总值构成

表 1　　单位：万元

指标名称	2018 年	同比增长（%）
地区生产总值	352923	11.1
农、林、牧、渔业	84327	6.6
工业	24277	10.2
建筑业	34564	14.5
批发和零售业	19735	3.3
交通运输、仓储和邮政业	11922	8.8
住宿和餐饮业	14169	5.8
金融业	20023	9.4
房地产业	6250	22.7
营利性服务业	97573	41.8
非营利性服务业	40083	-21.2
第一产业	80526	6.6
第二产业	58842	12.5
第三产业	213556	12.2

注：绝对值按现价，增长速度按可比价核算

二、农业

农业结构调整加快。2018 年全县实现农林牧渔业总产值 14.04 亿元，同比增长 6.7%，增加值 8.43 亿元，同比增长 6.6%；粮食作物播种面积 10463 公顷，完成粮食总产量 4.46 万吨。调减玉米种植 2.2 万亩，完成中药材种植抚育 1.8 万亩、药用玫瑰种植 2200 亩，建成食用菌生产大棚 628 亩。加强农产品产销对接，完成生鲜农产品销售 1800 吨，销售收入 3621 万元。完成低产茶园及幼龄茶园改造 2 万亩，茶产品产量

3905吨，实现综合产值10.5亿元。黑毛猪、林下鸡等特色养殖业规模化发展，肉类总产量达6310吨，同比增长3.9%。全国农产品安全县创建通过考核验收。

畜牧业呈现平稳增长。扶贫项目覆盖扩大，充分调动了养殖户的积极性，推动畜牧业发展。2018年畜牧业增加值完成1.96亿元，同比增长4.8%。生猪出栏62472头，增长3.3%；牛出栏2720头，增长8.8%；羊出栏2620只，增长4.8%；禽蛋产量325吨，增长8.3%。

三、工业和建筑业

工业经济平稳增长。全部工业增加值完成2.43亿元，同比增长10.2%。其中，规模以上工业增加值4807万元，同比增长6.5%。启动乌开工业小区二期基础设施、康利6万吨山泉水等项目建设。

建筑业快速发展。资质以内建筑业企业总产值4.53亿元，同比增长29.1%；全县建筑业增加值3.46亿元，同比增长14.5%。

四、固定资产投资

固定资产投资快速增长。2018年完成500万元以上固定资产投资31.15亿元，同比增长19.7%。其中房地产开发投资3.2亿元，同比增长1.9%；5000以上项目联网直报完成投资23亿元，同比增长12.4%。

交通设施趋于完善。启动雷榕高速、大塘快速通道、永乐至榕江平阳、雷山至西江、雷山至舟溪等公路建设，完成30户以下村寨“组组通”公路建设90公里，建成农村客运招呼站56个，完成郎德至望丰公路改造等项目建设。水利工程加快推进。累计投入6.27亿元，加快推进西江、望丰（排卡）、翁养等水库建设。累计投入3900万元，完成沟渠防渗51.1公里和大塘农田水利设施、巴拉河灌区节水改造，改善和恢复灌溉面积1.3万亩。乡村面貌日新月异。投入2270.万元，完成改厨2873户、改厕1907户、改圈357户、配备移动灶台3833户。投入465万元，建成10个停车场、16个村级公厕，为96个村配备垃圾桶4180个、手推垃圾车285辆。投入6000余万元，完成58个传统村落消防设施改造。投入1.27亿元，完成129个村寨农村电网升级改造。

五、商业贸易

近年来，住房、旅游、电子商务等新消费热点的较快增长对推动消费结构升级和消费需求稳定增长发挥了重要作用。全年完成网络零售额3.68亿元，顺利通过国家级电子商务进农村示范县绩效考评，列入阿里巴巴重点打造的10个电商脱贫样板县之一，荣获“中国社交电商消费扶贫示范县”称号。随着“旅游强县”战略不断深入，旅游业对消费的带动作用更加凸显。餐饮住宿、交通运输、商品零售、汽车销售等产业在旅游的带动下持续旺盛，2018年限额以上贸易服务业企业达29家。2018年，全县实现社会消费品零售总额8.13亿元，同比增长8%。完成规模其他营利性服务业营收入18332万元，同比增长44.3%。

六、交通、邮政和电信业

交通运输、邮政和电信业较快发展。全社会货物周转总量35070万吨公里，同比增长4.7%；旅客周转量5852万人公里，同比增长13.1%。年末全县境内公路里程1596.458公里，其中高速公路11.5公里（主道，不含支线），国道19.301公里，省道219.448公里，县道203.808公里，乡道234.062公里，村道716.798公里，组道191.541公里。通水泥（沥青）路行政村154个，通客运车辆行政村154个。全县营运载客汽车151辆。

根据全年完成邮政业务总量2277万元，比2017年增长29.9%；根据州工信部门数据显示，电信业务总量6.83亿元，比2017年增长198.3%。全县年末电信业用户到达数（持卡）140264户。手机普及率99.2部/百人，互联网普及率39.3户/百户。

七、旅游业和招商引资

西江索道、悦榕庄酒店、大塘短裙苗精品民宿、《西江盛典》剧场等项目建设有序推进。苗年系列活动转为民间主办获得成功。多彩贵州中国原生态国际摄影大展永久落户郎德苗寨，并建立了原生态文化艺术中心。第六届“雷公山之巅·巴拉河之夏”山地自行车赛等系列活动完美落幕。“非遗＋扶贫”绣娘技能培训成效显著，雷山纳入全国首批十个“非遗＋扶贫”重点支持地区之一，承办了全国非遗工作站现场会。大型舞剧《蝴蝶妈妈》正式向社会公演。全县文化产业增加值占 GDP 比重为 9.05%，排在全省第三方阵乙类县第一位。接待游客 1291.35 万人次，旅游综合收入 106.88 亿元，分别增长 33.78% 和 38.13%。西江旅游公司获得省长质量奖提名奖和贵州省文化产业十佳企业称号。

加大产业大招商力度。新引进项目 10 个，到位资金 23.34 亿元。成功引进贵州高速石油公司、贵州农旅共济实业公司等一批企业落户雷山。

八、财政、金融

财政总收入完成 30237 万元，公共财政预算收入完成 13712 万元。公共财政预算支出 145971 万元，其中财政八项支出 90676 万元。全税收收入 26960 万元，同比增长 2.5%。

金融实力不断提升。大力开展金融风险排查工作，针对金融风险领域的风险专项排查行动，加大非法集资防范、处置和打击工作力度，扶持中小微企业贷款，推进项目融资，设立脱贫攻坚基金产业子基金，推出小额扶贫贷款产品，全县金融活力不断增强。2018 年期末，金融机构存贷款余额 88.5 亿元，同比增长 17.5%，其中金融机构存款余额达 49.62 亿元，同比增长 10.2%，金融机构贷款余额达 38.88 亿元，同比增长 26.9%。

九、人口

按公安部门户籍数据统计，2018 年末，我县有户籍总人口 163229 人，比 2017 年多 1352 人。其中苗族人口 137383 人，水族人口 6854 人，侗族人口 4115 人，布依族人口 277 人，其他民族 2036 人，少数民族人口占比 92.3%。根据统计口径，2018 年，我县年末常住人口数为 11.87 万人，比 2017 年增加 0.05 万人，年平均常住人口数为 11.845 万人。

十、教育和卫生

教育事业均衡发展。2018 年，全县共有各级各类学校 113 所，其中独立开办的幼儿园 42 所（民办 8 所），小学 64 所（完小 25 所、教学点 39 所），初级中学 4 所，九年一贯制 1 所，普高 1 所，中职 1 所。在园（班）幼儿 5105 人，小学在校生 11924 人，初中在校生 5895 人，普通高中在校生 3113 人，中等职业技术学校在校生 288 人。全县在职公办教职工 2389 人，其中幼儿园 396 人、小学 1051 人、初中 560 人、普通高中 317 人、中职 65 人。全县学校专任教师 1795 人，其中幼儿园 299 人，公办园专科及以上学历教师占 76.25%；小学 807 人，专科及以上学历教师占 88.72%；初级中学 426 人，本科及以上学历教师占 79.58%；普通高中 210 人，本科及以上学历教师占 99.05%，研究生学历教师占 1.9%；职业高中 53 人，本科及以上学历教师占 84.91%。全县学前三年毛入园班率 85.58%，小学入学率 99.51%，初中入学率 96.19%，九年义务教育巩固率 101.8%，高中毛入学率 90.19%。学生人均校舍建筑面积，小学 12.36 平方米，初中 13.17 平方米，普通高中 23.46 平方米，中职 57.15 平方米。生均图书册数，小学 27.92 册，初中 46.47 册，普通高中 40.15 册，中职 17.36 册。2018 年雷山参加中考 1966 人，参加高考 1216 人，二本及以上上线 628 人。

卫生事业健康发展。2018 年，我县共有医疗机构 165 个，其中医院 7 个，卫生院 8 个，民办非企业（诊所）9 个，村卫生室 139 个。医疗机构共有床位 892 张，其中医院 661 张，卫生院 188 张，妇幼保健站 43 张。全县医疗机构在岗职工 992 人（卫生技术人员 769 人），其中，执业（助理）医师 213 人（执业医师 151 人），注册护士 297 人，药师 25 人，技师 76 人，其中检验师

41 人，见习医师 59 人，其他技术人员 25 人，管理人员 35 人，工勤人员 22 人。全县医疗机构诊疗 35.63 万人次，入院 27860 人，出院 27503 人。全县新农合参合率达 99.9%，住院补偿 15.61 万人次、7283.87 万元。

十一、人民生活和社会保障

人民生活水平进一步提高。2018 年全县城镇居民人均可支配收入达 29705 元，同比增长 9.5%；农村居民人均可支配收入达 9297 元，同比增长 10.6%。2018 年，全县城镇新增就业 1505 人。

2018 年居民人均可支配收入构成

表 2　　单位：元

	城镇居民	农村居民
人均可支配收入	29705	9297
（一）工资性收入	18815	2784
（二）经营净收入	4114	1282
（三）财产净收入	3482	39
（四）转移净收入	3294	5193

脱贫攻坚成效明显。抓牢抓实易地扶贫搬迁，2017 年度 1798 户 7598 人已搬迁入住；完成 2018 年度 1398 套安置房建设，搬迁 1347 户 5279 人。投入 5309 万元，建成“组组通”公路 143 公里，全县 30 户以上自然寨通组公路硬化基本实现全覆盖。抓牢抓实产业扶贫，积极推动“乡村旅游 + 产业扶贫”建设，大力发展茶、药、菜、畜（禽）等特色产业。获批财政专项产业扶贫资金 9405 万元，实施产业扶贫、因户施策项目 65 个，贫困户人均“1 亩茶、半亩药、半亩菜（菌）、1 头猪”的目标基本实现。抓牢抓实住房教育医疗“三保障”，投入 5092 万元，完成农村危房改造 1718 户、破旧房改造 4128 户，群众安全住房问题得到解决。开通贫困家庭学生资助“绿色通道”，累计落实教育资助资金 1697 万元，资助学生 5204 人次，确保了全县适龄儿童不因贫因残辍学。建档立卡贫困户参合率 100%、家庭医生签约率 100%、住院报销达 90% 以上，“先诊疗、后付费”一站式服务得到较好落实。雷山东西部扶贫协作得到中央政治局常委、全国政协主席汪洋同志批示肯定。2018 年，全县出列贫困村 53 个，脱贫 4562 户 16965 人，贫困发生率从 2017 年的 14.05% 下降到 1.9%。

民生保障得到改善。完成老年养护楼、儿童福利院建设。累计发放低保、救济款物等 8325 万元，发放城乡居民养老金 2210 万元，发放特困供养人员补助 515 万元，发放 1886 名残疾人护理补贴 131 万元。城镇登记失业率为 3.06%。

十二、资源、环境和生产安全

全县总面积 1204.35 平方公里，年末耕地面积 23.84 万亩，森林覆盖率达 72.56%。水环境质量及管理指数 1.91，大气环境质量及管理指数 2.93，城乡生活垃圾无害化处理率 89.84%。

据州安监局数据反馈，2018 年全县发生安全生产事故 8 起，死亡 2 人，与 2017 年比死亡减少 2 人。

2018 年雷山县县级领导名录

中共雷山县委

书记：黄清发（白族）

副书记：袁　刚（汉族）　杨　冰（苗族）

肖宁舟（苗族，挂职）

张春森（苗族，挂职）

向　波（土家族，挂职）

常委：周哲云（苗族）　杨　艳（女，苗族）

雷林多（苗族） 黄超群（侗族）
金光翔（苗族） 郭建强（苗族）
龙志波（苗族） 卢立群（挂职）
缪 凡（挂职）
戴技才（汉族，挂职）
喻 谋（汉族，挂职）

雷山县人大常委会

主任：刘光信（侗族）
副主任：邱兆娟（女，壮族）
向泽忠（苗族） 李胜平（苗族）
杨彰郡（侗族） 杨胜荣（苗族）
张洪智（苗族）

雷山县人民政府

县长：袁 刚（汉族）
副县长：周哲云（苗族）
张晓玲（女，苗族）
李绍雄（苗族） 蒋云生（苗族）
杨 和（苗族）
卢立群（挂职，2016.03 挂任）
缪 凡（挂职，2016.07 挂任）
戴技才（汉族，挂职）
喻 谋（汉族，挂职）

政协雷山县委员会

主席：韦通贤（苗族）
副主席：杨光泽（苗族）
杨 莉（女，苗族）
杨慧萍（女，苗族）
侯建群（女，苗族）
李 彬（苗族） 吴文学（水族）
罗 爵（苗族）

中共雷山县纪律检查委员会

书记：雷林多（苗族）

雷山县人民法院

院长：王忠书（女，苗族）

雷山县人民检察院

检察长：郭苏斌（侗族）

雷山县人民武装部

部长：唐仕勇
政委：李有飞

雷山文化旅游产业园区

副书记：郭建强（苗族，分管常务工作）
罗 爵（苗族）
副主任：罗 爵（苗族，分管常务工作）